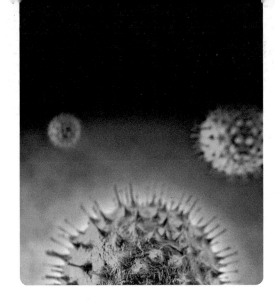

CBAC
Bioleg
ar gyfer U2

Marianne Izen

Illuminate Publishing

CBAC Bioleg ar gyfer U2

Addasiad Cymraeg o *WJEC Biology for A2*
a gyhoeddwyd yn 2016 gan Illuminate Publishing Limited,
argraffnod Hodder Education, cwmni Hachette UK, Carmelite House,
50 Victoria Embankment, London EC4Y 0DZ

Ariennir yn Rhannol gan
Lywodraeth Cymru
Part Funded by
Welsh Government

Cyhoeddwyd dan nawdd Cynllun Adnoddau Addysgu a Dysgu CBAC

Archebion: Ewch i www.illuminatepublishing.com
neu anfonwch e-bost i sales@illuminatepublishing.com

Mae cofnod catalog ar gyfer y llyfr hwn ar gael gan y Llyfrgell Brydeinig

ISBN 978-1-911208-32-7

Printed by Severn, Gloucester

09.21

Polisi'r cyhoeddwr yw defnyddio papurau sy'n gynhyrchion naturiol, adnewyddadwy ac ailgylchadwy o goed a dyfwyd mewn coedwigoedd cynaliadwy. Disgwylir i'r prosesau torri coed a gweithgynhyrchu gydymffurfio â rheoliadau amgylcheddol y wlad y mae'r cynnyrch yn tarddu ohoni.

Gwnaed pob ymdrech i gysylltu â deiliaid hawlfraint y deunydd a atgynhyrchwyd yn y llyfr hwn. Os cânt eu hysbysu, bydd y cyhoeddwyr yn falch o gywiro unrhyw wallau neu hepgoriadau ar y cyfle cyntaf.

Mae'r deunydd hwn wedi'i gymeradwyo gan CBAC ac mae'n cynnig cefnogaeth ar gyfer cymwysterau CBAC. Er bod y deunydd wedi bod drwy broses sicrhau ansawdd CBAC, mae'r cyhoeddwr yn dal yn llwyr gyfrifol am y cynnwys.

Atgynhyrchwyd y cwestiynau arholiadau gyda chaniatâd CBAC.

Dyluniad gwreiddiol: Nigel Harriss
Gosodiad: Neil Sutton, Cambridge Design Consultants

Llun y clawr: Shutterstock: Aqua Images

Caniatâd:

© **Alamy**: t179: blickwinkel; t219: Nigel Cattlin; t287, 308, 309: BSIP SA.

© **iStock**: t100(ch):AndyRoland; t106: pilipenkoD; t115(b): thp73; t137: PaulCowan; t185: ElementalImaging; t186: Whiteway (Castanwydden y meirch), kiorio (Cyngaf); t227(b): Elena Elisseeva; t262: stockdevil; t269: Scharvik; t292: muratseyit; t293: JFalcetti; t312: Mihai Andritoiu; t313: BanksPhotos; t322: Liz Leyden; t323: JohnCarnemolla.

© **Fotalia**: t101(ch): ijacky; t177: Roman Samokhin; t186(Bronfraith): Erni; t186(coden bys): Denis Tabler; t188: Bogdan Wankowicz; t192(ch): emer; t193: Christian Pedant; t212: zuzanaa.

© **Shutterstock**: t32(d): Gingo_o; t32(ch): Morten Normann Almeland; t34: Morten Normann Almeland; t39: Jill pk; t55: dreamerb; t76: Villiers Steyn; t82: dreamerb; t84: Christopher Kolaczan; t91: Ihervas; t97(d): Ozja; t97(ch): Panaiotidi; t98:TCreativeMedia; t100(bd): Chris G. Walker; t100(gd): Sylvie Lebchek; t101(gd): Christopher Meder; t101(bd): Jolanta Wojcicka; t102(ch): Kletr; t102(d): oticki; t104(bd): Taina Sohlman; t104(gch): EMJAY SMITH; t105: Barbara Tripp; t107(ch): Jaochainoi; t107(d): Mikhail Olykainen; t108: Hector Ruiz Villar; t111: Toa55; t112(bch): adisak soifa; t112(bd): Rudmer Zwerver; t112(gch): Incredible Arctic; t113(b): shaferaphoto; t113(g): Khoo Eng Yow; t115(g): Milosz Maslanka; t116: irabel8; t117: golddc; t121: kocakayaali; t122: Anna Jurkovska; t131(g): Blamb; t135: Bartosz Budrewicz; t160: Jose Luis Calvo; t161: Jose Luis Calvo; t163(b): Designua; t164: Alexilusmedical; t172: Leptospira; t173(bch,bd,gd): Sebastian Kaulitzki; t173(gch): Timof; t178: Georgy Markov; t180: kitzcorner, t181: Jubal Harshaw; t184: Allen McDavid Stoddard; t186 (Dant y llew): Gajus; t186 (Pabi): wolfman57; t186(Palmwydden goco): Sergieiev; t186(Alstromerias): Nadezda Verbenko; t192(d): Nadezda Verbenko; t195: Susan Schmitz; t198(b): yevgeniy11; t198(g): oksana2010; t206(b): dioch; t206(g): Aleksey Stemmer; t211: Sebastian Kaulitzki; t216(b): bikeriderlondon; t216(g): Tinawut Krapanpongsakul; t221(b): visceralimage; t221(g): FotoRequest; t224: Jiri Balek; t225: AndreJakubik; t227(g): lkpro; t229(bch): tony mills; t229(bd): Anatoly Vlasov; t229(gd): Alexander Varbenov; t231: Ryan M. Bolton; t232: Boris15; t233: Linda Bucklin; t235: science photo; t238: toeytoey; t240: Vit Kovalcik; t241: extender_01; t249: oticki; t266(bch): Kletr; t266(bd): toeytoey; t271: Designua; t279: Jubal Harshaw; t280: Anna Jurkovska; t281: Jose Luis Calvo; t285: Jose Luis Calvo; t286: sciencepics; t291: Hein Nouwens; t292(bch): Praisaeng; t292(bd): fred Goldstein; t293: stihii; t294(bd): RomanYa; t294(bch): doctorkan; t294(gch): Samuel Cohen; t294(gc): Puwadol Jaturawutthichai; t295: frescomovie; t296(bd): Sebastian Kaulitzki; t296(ch): Alila Medical Media; t296(gd): Alila Medical Media; t297: Alila Medical Media; t300(b): joshya; t300(g): La Gorda; t304: joshya; t307(b): Matthew Cole; t307(g): Designua; t308: Puwadol Jaturawutthichai; t311(b): Alila Medical Media; t311(gch): KPG_Payless; t311(gd): SvedOliver; t312: xpixel; t317: Belozorova Elena; t319(b): Erni; t319(g): jack perks; t320: JSseng; t323: Pim Leijen; t324: BlueRingMedia; t325(b): Gil.K; t325(gch): Carlos Romero; t325(gd): Larry Bruce; t326: Olivier Le Moal; t327: Igor Stramyk; t329: Mark Yarchoan.

© **Llyfrgell Ffotograffau Gwyddoniaeth**: t25: Dr. Kenneth R. Miller; t35: Nigel Cattlin; t61: Martin Shields; t89: Biophoto Associates; t123(ch): Thomas Deerinck, NCMIR; t123(d): Dr. Donald Fawcett, Visuals Unlimited; t141: Science Pictures Limited; t142: Wim Van Egmond, Visuals Unlimited; t156: Steve Gschmeissner; t163(g): Biophoto Associates; t165: D. Phillips; t206: Dept. of Clinical Cytogenetics, Addenbrooks Hospital; t263(b): Eye of Science; t263(g): Dr Linda Stannard, UCT; t281: Medical Images, Universal Images Group; t286: Molly Borman; t294: Zephyr; t295: Ciepro; t309: Peter Gardiner; t312: Pr Michel Zanca, ISM; t318: Omikron.

© t56: Ytambe(Wikipedia Commons)

© t70(ch): Dr. M. Cheek, RBG Kew

© t131: CBAC Safon Uwch 1074/02 Bioleg Ddynol – HB4, Ionawr 2014

© t218(ch+d): Olaf Leillinger

© t266: www.celtnet.org.uk/medicine/malaria.ph

© t293(ch,c): www.studyblue.com

© t70®, 154, 213(i gyd): Dr M S Izen

Cynnwys

Beth mae'r llyfr hwn yn ei gynnwys

Mae cynnwys y llyfr hwn yn cyfateb i fanylebau Bioleg U2 CBAC. Mae'n darparu gwybodaeth a chwestiynau arholiad enghreifftiol i'ch helpu chi i baratoi ar gyfer yr arholiadau ar ddiwedd y flwyddyn. Mae'r llyfr yn rhoi sylw i'r canlynol:

- Y tri Amcan Asesu sy'n ofynnol ar gyfer cwrs Bioleg CBAC. Mae disgrifiad pellach o'r rhain isod.

- Mathemateg bioleg, fydd yn cynrychioli o leiaf 10% o'ch asesiad, ac sy'n darparu esboniadau ac enghreifftiau wedi'u cyfrifo.

- Gwaith ymarferol: mae asesu eich sgiliau ymarferol a'ch dealltwriaeth o fioleg arbrofol yn cynrychioli o leiaf 15% o'ch cymhwyster, a gallwch chi ddatblygu hyn drwy ddefnyddio'r llyfr hwn. Mae rhai tasgau ymarferol wedi'u cynnwys yn y testun ac mae arbrofion pwysig yn cael eu trafod yn fanwl ar ddiwedd y bennod berthnasol.

Mae cynnwys y llyfr hwn wedi'i rannu'n glir yn ôl yr unedau o'r cwrs sy'n cael eu profi yn yr arholiad U2, h.y. Uned 3 – Egni, Homeostasis a'r Amgylchedd ac Uned 4 – Amrywiad, Etifeddiad ac Opsiynau. Mae'r gwaith ymarferol sydd yn Uned 5 wedi'i ddisgrifio ar t9 a thrwy gydol y testun, lle mae'n berthnasol. Mae'r map o'r fanyleb ar tt10–13 yn eich galluogi chi i nodi, ar gyfer pob testun, y gosodiadau perthnasol yn y fanyleb.

Mae pob pennod yn ymwneud ag un testun, wedi'i rannu'n nifer o is-destunau. Mae'r rhain wedi'u rhoi ar ddechrau pob pennod, fel rhestr o amcanion dysgu. Ar ddiwedd pob uned, mae cwestiynau sydd wedi'u cynllunio i'ch helpu chi i atgyfnerthu'r hyn rydych chi wedi'i ddysgu ac ymarfer ar gyfer yr arholiadau. Mae atebion y cwestiynau hyn wedi'u rhoi yng nghefn y llyfr. Nid y timau sy'n paratoi papurau arholiad sydd wedi ysgrifennu'r cwestiynau yn y llyfr hwn, a dydy'r cwestiynau hyn ddim wedi mynd drwy'r broses werthuso fel y mae papurau arholiad, ond, serch hynny, byddant yn ddefnyddiol i chi wrth i chi baratoi ar gyfer eich arholiad.

Deunydd yn yr ymylon

Mae ymylon pob tudalen yn darparu amrywiaeth o ddeunydd i ategu eich dysgu:

Termau Allweddol

Mae angen i chi wybod sut i ddiffinio'r termau hyn. Maen nhw wedi'u hamlygu'n las yng nghorff y testun ac yn ymddangos yn yr Eirfa yng nghefn y llyfr hwn. Hefyd, fe welwch chi dermau eraill yn y testun mewn teip trwm, sydd wedi'u hesbonio yn y testun, ond heb eu diffinio yn yr ymyl. Mae defnyddio termau allweddol yn bwysig oherwydd mae papurau arholiad yn gallu cynnwys nifer o dermau y bydd angen i chi eu diffinio.

 1 Gwirio gwybodaeth

Cwestiynau byr yw'r rhain i brofi eich dealltwriaeth o'r pwnc, gan roi cyfle i chi ddefnyddio'r wybodaeth rydych chi wedi ei dysgu. Mae dau fath o'r cwestiynau hyn: llenwi bylchau mewn darn ysgrifenedig, a chyfateb termau â brawddegau sy'n benodol i'r pwnc dan sylw. Mae'r atebion wedi'u rhoi yng nghefn y llyfr.

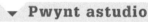
▼ Pwynt astudio

Wrth i chi astudio, cewch chi gyngor i'ch helpu chi i ddeall a defnyddio cynnwys y wybodaeth. Yn y deunydd hwn, efallai y caiff gwybodaeth ffeithiol ei phwysleisio, neu ei hailddatgan i wella eich dealltwriaeth.

Mynd ymhellach ▶

Efallai y bydd hyn yn darparu gwybodaeth ychwanegol sydd ddim yn y prif destun, ond sy'n berthnasol iddo. Efallai y bydd yn darparu mwy o enghreifftiau, ond nid yw'n cynnwys gwybodaeth gaiff ei phrofi mewn arholiad.

Sylwch

Mae'r nodwedd hon yn darparu cyngor cyffredinol neu benodol i'ch helpu chi i baratoi ar gyfer yr arholiad. Darllenwch y rhain yn ofalus iawn.

Mae cysylltau at rannau eraill o'r cwrs wedi'u hamlygu yn ymyl y dudalen, yn agos at y testun perthnasol. Bydd y rhain yn eich cyfeirio chi at feysydd lle mae perthynas rhwng adrannau. Efallai y bydd hi o fudd i chi ddefnyddio'r Cysylltau hyn i daro golwg arall ar destun cyn dechrau astudio'r testun presennol.

Mae amcanion dysgu'n cael eu darparu yma. Maen nhw'n fwy penodol i'r maes dan sylw na'r amcanion dysgu mwy cyffredinol sydd wedi'u rhestru ar ddechrau'r pwnc.

GWEITHIO'N WYDDONOL

Mae'r nodwedd hon yn eich helpu chi i ddeall rhywbeth am wyddoniaeth ei hun, sut rydym ni wedi cael gwybodaeth wyddonol, pa mor ddibynadwy yw hi o ganlyniad i hynny a beth yw ei chyfyngiadau. Gallai hefyd eich helpu chi i gael gwell ymwybyddiaeth o sut rydym ni'n defnyddio gwyddoniaeth i wella ansawdd ein bywyd. Mae'n bwysig deall y broses wyddonol, gwybod sut cafodd tystiolaeth ei chasglu a sut i'w gwerthuso hi. Bydd y deunydd hwn yn eich helpu chi i ddatblygu'r arfer o gwestiynu, wrth ymdrin â thystiolaeth wyddonol. Mae trafodaeth bellach, fwy manwl am Weithio'n wyddonol isod.

Gweithio'n wyddonol

Cysondeb sy'n gwneud gwyddoniaeth yn werthfawr. Dan amodau addas, mae planhigion yn cyflawni ffotosynthesis; mae amlyncu rhai bacteria yn cynhyrchu symptomau rhagweladwy penodol; mae llosgi mwy o danwydd ffosil yn rhoi mwy o garbon deuocsid yn yr atmosffer. Mae'r arsylwadau hyn yn wir bob amser, a dyna pam mae gwybodaeth wyddonol mor werthfawr. Nid yw'n fater o farn a gallwn ni ddangos ei fod yn wir, o fewn cyfyngiadau arbrawf. Fodd bynnag, wrth i fethodoleg a thechnoleg wella, mae dealltwriaeth yn gwella hefyd, felly caiff cysyniadau ac esboniadau eu haddasu. Fel hyn, rydym ni'n diweddaru gwyddoniaeth mewn proses barhaus. Mae gan y gymuned wyddonol weithdrefnau i brofi a gwirio canfyddiadau a chasgliadau gwyddonwyr unigol. Mae'r ffaith bod twyll gwyddonol yn cael ei drin mewn modd difrifol, yn meithrin hyder yn y gweithdrefnau.

Mae'n bwysig eich bod chi'n gallu dangos eich dealltwriaeth o'r broses wyddonol ac o effaith gwybodaeth wyddonol ar unigolion ac ar gymdeithas. Mae'r rhain yn cael eu harddangos drwy gydol y cwrs hwn, ac mae'r llyfr hwn yn tynnu sylw atynt yn gyson. Mae rhai enghreifftiau wedi'u rhoi isod:

- Mae data o arsylwadau a mesuriadau yn hanfodol bwysig, e.e. 3.5(i) Effeithiau gweithgareddau dynol ar y gylchred garbon, gan gynnwys y newid i ddosbarthiad rhywogaethau a difodiant o ganlyniad i newid hinsawdd.

- Mae esboniad da yn caniatáu i ni ragfynegi beth allai ddigwydd mewn sefyllfaoedd eraill, e.e. 3.5(a) Esboniad o lif egni a chylchu maetholion drwy ecosystemau a sut mae hyn yn arwain at newidiadau i faint a chyfansoddiad poblogaeth.

- Gall fod cydberthyniad, achos neu gysylltiad siawns rhwng ffactor a chanlyniad, e.e. 4.3(ch) Defnyddio prawf Chi sgwâr i brofi am etifeddiad Mendelaidd.

- Gallai damcaniaeth newydd ddarparu esboniad am y data sydd ar gael, e.e. 3.1(a) Synthesis ATP gan gynnwys llif protonau i lawr graddiant protonau drwy ATP synthetas, ym mhroses cemiosmosis. Mae'r gwrthwyneb hefyd yn wir, h.y. gall data newydd ategu damcaniaeth neu olygu bod angen ei haddasu hi.

- Nid yw llunio a phrofi esboniad gwyddonol yn broses syml. Mae ansicrwydd yn perthyn i unrhyw ddata. Gall arsylwad fod yn annibynadwy oherwydd cyfyngiadau'r cyfarpar mesur neu'r unigolyn sy'n ei ddefnyddio, e.e. 4.4(ff) Defnyddio celloedd bonyn i gymryd lle meinweoedd ac organau wedi'u difrodi.

- Mae llunio arbrawf a diddwytho esboniad am y canlyniadau yn gamau creadigol. Mae ffyrdd gwahanol o arddangos yr un effaith, ac mae'n bosibl i wahanol bobl esbonio'r un data mewn ffyrdd gwahanol, e.e. 3.2(ng) Sut mae adeiledd deilen yn helpu planhigion i gyflawni ffotosynthesis yn effeithlon: mae diamedr a dosbarthiad y stomata ar ddail rhywogaeth benodol yn gallu amrywio mewn gwahanol gynefinoedd. Mae'n debygol y bydd eu gwerthoedd yn cael eu pennu gan wahanol ffactorau sy'n gwrthdaro.

- Mae defnyddio gwybodaeth wyddonol mewn technolegau, defnyddiau a dyfeisiau newydd yn gwella ein bywydau'n fawr ond gall fod sgil effeithiau anfwriadol ac annymunol i hyn hefyd, e.e. 4.5(ch) Mae gan y wybodaeth sy'n dod o ddyfeisio'r adwaith cadwynol polymeras a phroffilio genetig ddefnydd arwyddocaol ym maes gwyddoniaeth fforensig, ond mae angen sgìl i ddehongli proffiliau genynnol yn iawn.

- Mae defnyddio gwyddoniaeth yn creu goblygiadau cymdeithasol, economaidd, gwleidyddol a moesegol, e.e. 3.6(dd) Mae cysyniad terfynau'r blaned yn dangos sut mae ymddygiad bodau dynol yn effeithio ar bob bywyd ar y Ddaear gan ei fod yn effeithio ar systemau'r blaned gyfan.

Gofynion mathemategol

Mae asesu eich sgiliau mathemategol yn bwysig iawn ac mae rhai enghreifftiau cyffredin o ddefnyddio mathemateg mewn bioleg wedi'u cynnwys drwy'r llyfr hwn i gyd. Does dim byd anodd yma. Paratoi ar gyfer arholiad bioleg ydych chi, nid arholiad mathemateg, ond mae dadansoddi rhifiadol yn dal i fod yn bwysig, a bydd yr enghreifftiau hyn yn eich helpu chi i wneud hynny. Mae'r gofynion mathemategol wedi'u nodi yn Atodiad C, ar t70 eich manyleb. Ac eithrio ystadegau, sy'n cyfateb i Lefel 3 neu Safon Uwch, mae lefel y ddealltwriaeth yn cyfateb i Lefel 2 neu TGAU Mathemateg.

Asesu

Mae'r tabl isod yn dangos cynnwys cwrs UG a Safon Uwch Bioleg CBAC:

	Cydran	Pwnc
UG/U2 Blwyddyn 1	Uned 1 – Biocemeg Sylfaenol a Threfniadaeth Celloedd	Uno elfennau cemegol â'i gilydd i ffurfio cyfansoddion biolegol
		Adeiledd a threfniadaeth celloedd
		Cellbilenni a chludiant
		Ensymau
		Asidau niwclëig
		Cellraniad
	Uned 2 – Bioamrywiaeth a Ffisioleg Systemau'r Corff	Hanes esblygiadol
		Cyfnewid nwyon
		Cludiant
		Maethiad
U2 Blwyddyn 2	Uned 3 – Egni, Homeostasis a'r Amgylchedd	Pwysigrwydd ATP
		Ffotosynthesis
		Resbiradaeth
		Microbioleg
		Maint poblogaeth ac ecosystemau
		Effaith dyn ar yr amgylchedd
		Homeostasis a'r aren
		Y system nerfol
	Uned 4 – Amrywiad, Etifeddiad ac Opsiynau	Atgenhedlu rhywiol mewn bodau dynol
		Atgenhedlu rhywiol mewn planhigion
		Etifeddiad
		Amrywiad ac esblygiad
		Cymwysiadau atgenhedliad a geneteg
		Opsiwn A – Imiwnoleg a chlefydau
		Opsiwn B – Anatomi cyhyrysgerbydol dynol
		Opsiwn C – Niwroleg ac ymddygiad

Amcanion asesu

Yn ogystal â phrofi eich gwybodaeth am y pwnc, mae arholiadau'n profi sgiliau sy'n gysylltiedig â sut rydych chi'n defnyddio'r wybodaeth honno. Mae'r Amcanion Asesu yn disgrifio'r sgiliau hyn, ac mae cwestiynau arholiad wedi'u hysgrifennu er mwyn eu hadlewyrchu nhw. Dyma gyfraneddau'r marciau:

	Uned	% cyfanswm y marciau			
		Pwysiadau'r unedau	AA1	AA2	AA3
UG	1	20	17.5	22.5	10
	2	20	17.5	22.5	10
U2	3	25	6.7	10.8	7.5
	4	25	6.7	10.8	7.5
	5	10	2.6	5.4	2.0
Cyfanswm Safon Uwch		100	30	45	24

Rhaid i chi fodloni'r Amcanion Asesu hyn yng nghyd-destun cynnwys y pwnc, sydd wedi'i nodi'n fanwl yn y fanyleb.

AA1

Dangos gwybodaeth a dealltwriaeth o syniadau, prosesau, technegau a gweithdrefnau gwyddonol.

AA2

Defnyddio gwybodaeth a dealltwriaeth o syniadau, prosesau, technegau a gweithdrefnau gwyddonol:

- mewn cyd-destun damcaniaethol
- mewn cyd-destun ymarferol
- wrth drin data ansoddol
- wrth drin data meintiol.

AA3

Dadansoddi, dehongli a gwerthuso gwybodaeth, syniadau a thystiolaeth wyddonol er mwyn:

- llunio barnau a dod i gasgliadau
- datblygu a mireinio dyluniadau a gweithdrefnau ymarferol.

Bydd y sgiliau mathemategol a asesir yn cyfrannu 10% o'r marciau, o leiaf.

Bydd y sgiliau ymarferol a asesir yn cyfrannu 15% o'r marciau, o leiaf.

Bydd cwestiynau arholiad yn cyflwyno gwybodaeth mewn sefyllfaoedd newydd. Does dim disgwyl i chi fod yn gyfarwydd â'r senarios newydd hyn, ond cewch chi eich profi yn ôl eich gallu i ddefnyddio eich gwybodaeth chi ar eu cyfer. Mae'n hanfodol dewis a chyfleu gwybodaeth a syniadau mewn modd cryno a chywir, gan ddefnyddio terminoleg wyddonol briodol. Profir y sgil hwn o fewn pob un o'r tri amcan asesu.

Yr arholiadau

Mae'r cymhwyster UG yn cynnwys dau arholiad ysgrifenedig ac mae'r cymhwyster Safon Uwch yn cynnwys y ddau hyn a thri arall. Mae'r trydydd o'r rhain yn cynnwys cydrannau ymarferol ac ysgrifenedig. Mae'r tabl isod yn disgrifio eu strwythur.

Fydd dim mwy na 10% o farciau unrhyw un papur yn profi cofio syml (AA1). Rhoddir y rhan fwyaf o'r marciau am y sgiliau a ddatblygwyd i roi syniadau gwyddonol ar waith (AA2) ac am ddadansoddi, dehongli a gwerthuso (AA3), fel sydd wedi'i esbonio uchod. Mae disgwyl i chi allu cysylltu gwahanol rannau o'r fanyleb â'i gilydd: bydd nifer bach o farciau ym mhob papur ar gael am gyfeirio at wybodaeth neu gysyniadau o rannau eraill o'r fanyleb.

Uned	Teitl yr uned	Strwythur		Hyd Arholiad	Marciau	% o'r cyfanswm
1	Biocemeg Sylfaenol a Threfniadaeth Celloedd	Cwestiynau byr a chwestiynau hirach; rhai mewn cyd-destun ymarferol; un ymateb estynedig.		1 awr 30 munud	80	20
2	Bioamrywiaeth a Ffisioleg Systemau'r Corff	Cwestiynau byr a chwestiynau hirach; rhai mewn cyd-destun ymarferol; un ymateb estynedig.		1 awr 30 munud	80	20
3	Egni, Homeostasis a'r Amgylchedd	Cwestiynau byr a chwestiynau hirach; rhai mewn cyd-destun ymarferol; un ymateb estynedig.		2 awr	90	25
4	Amrywiad, Etifeddiad ac Opsiynau	Adran A	Cwestiynau byr a chwestiynau hirach; rhai mewn cyd-destun ymarferol; un ymateb estynedig.	2 awr	70	25
		Adran B	Dewis un opsiwn o dri; cwestiynau byr a chwestiynau hirach.		20	
5	Arholiad Ymarferol	Tasg arbrofol		2 awr	20	10
		Tasg dadansoddi ymarferol		1 awr	30	

Cwestiynau arholiad

Yn ogystal â gallu cofio ffeithiau biolegol, enwi ffurfiadau a disgrifio eu swyddogaethau, mae angen i chi hefyd ddeall egwyddorion sylfaenol y pwnc a deall cysyniadau a syniadau cysylltiedig. Mewn geiriau eraill, mae angen i chi ddatblygu sgiliau fel y gallwch chi ddefnyddio'r hyn rydych chi wedi'i ddysgu, efallai mewn sefyllfaoedd nad ydych chi wedi'u gweld o'r blaen. Efallai y bydd gofyn i chi gydgyfnewid rhwng data rhifiadol a graffiau, dadansoddi a gwerthuso data rhifiadol neu wybodaeth fiolegol ysgrifenedig, dehongli data, ac esbonio canlyniadau arbrawf.

Mae'r gwerth marciau ar ddiwedd pob rhan o bob cwestiwn a nifer y llinellau sydd wedi'u darparu i chi ysgrifennu arnynt yn rhoi canllaw defnyddiol i faint o wybodaeth sy'n ofynnol yn yr ateb.

Bydd disgwyl i chi ateb gwahanol fathau o gwestiynau, er enghraifft:

- Cwestiynau ateb byr: mae'r rhain yn gofyn am gyfrifiad syml neu ateb cryno, e.e. enw ffurfiad a'i swyddogaeth, am un marc.

- Cwestiynau strwythuredig: mae'r rhain mewn llawer o rannau, maen nhw fel rheol yn ymwneud â thema gyffredin, ac maen nhw'n mynd yn anoddach wrth i chi weithio drwyddynt. Gall cwestiynau strwythuredig fod yn fyr, gan ofyn am ateb cryno, neu gallan nhw roi cyfle am ysgrifennu estynedig. Mae nifer y llinellau yn dynodi pa mor hir ddylai eich ateb fod. Mae'r dyraniadau marciau ar ddiwedd pob rhan o'r cwestiwn yno i'ch helpu chi: os oes tri marc wedi'u dyrannu, rhaid i chi roi tri phwynt gwahanol.

- Cwestiynau rhyddiaith estynedig: bydd pob papur arholiad yn cynnwys un cwestiwn, sy'n werth naw marc, ac sy'n gofyn am ateb ar ffurf rhyddiaith estynedig. Nid traethawd yw hwn felly does dim angen strwythur cyflwyniad – corff – casgliad. Yn aml, bydd ymgeiswyr yn rhuthro i ateb y cwestiynau hyn. Dylech chi gymryd eich amser i ddarllen y cwestiwn yn ofalus i ganfod yn union beth mae'r arholwr yn chwilio amdano yn yr ateb, ac yna lunio cynllun. Bydd hyn yn eich helpu chi i drefnu eich meddyliau mewn ffordd resymegol a bydd hefyd yn rhoi rhestr wirio i chi allu cyfeirio'n ôl ati wrth ysgrifennu eich ateb. Fel hyn, byddwch chi'n llai tebygol o'ch ailadrodd eich hun, crwydro oddi wrth y pwnc neu anghofio pwyntiau pwysig. Efallai yr hoffech chi ddefnyddio diagramau i esbonio eich ateb, ond os ydych chi'n gwneud hyn, gwnewch yn siŵr eu bod nhw wedi'u lluniadu'n dda ac wedi'u hanodi'n llawn.

I gael 7–9 marc, dylech chi ddarparu'r rhan fwyaf o'r wybodaeth ffeithiol berthnasol gyda rhesymu gwyddonol clir; caiff 4–6 marc eu rhoi os oes rhai pethau amlwg wedi'u hepgor ac 1–3 marc os nad oes llawer o ffeithiau wedi'u galw i gof ac os nad oes llawer o bwyntiau dilys. O fewn y band marciau uchaf, bydd darn ysgrifenedig sy'n ateb y cwestiwn yn uniongyrchol, gan ddefnyddio brawddegau graenus a therminoleg fiolegol addas, a bodloni pob un o'r tri Amcan

Asesu, yn cael 9 marc. Ond pe bai ateb yn rhoi'r un wybodaeth gyda sillafu neu ramadeg gwael, neu ddarnau amherthnasol, dim ond 7 marc fyddai'n ei gael.

Mae cwestiynau arholiad wedi'u geirio'n ofalus iawn. Mae'n hanfodol nad ydych chi'n eich cosbi eich hun drwy eu darllen nhw'n rhy gyflym neu'n rhy arwynebol. Cymerwch amser i feddwl am union ystyr pob gair yn y cwestiwn er mwyn i chi allu llunio ateb cryno, perthnasol a chlir. I gael yr holl farciau sydd ar gael, mae'n hanfodol eich bod chi'n dilyn y cyfarwyddiadau'n fanwl. Dyma rai geiriau gorchymyn sy'n cael eu defnyddio'n aml mewn arholiadau:

- *Anodwch*

  Anodi diagram yw rhoi disgrifiad byr gyda phob label.

  Enghraifft: Anodwch y diagram o'r blodyn i ddangos swyddogaethau ei rannau.

- *Cymharwch*

  Os oes gofyn i chi wneud cymhariaeth, gwnewch gymhariaeth glir ym mhob brawddeg, yn hytrach nag ysgrifennu paragraffau ar wahân am y pethau rydych chi'n eu cymharu.

  Enghraifft: os oes gofyn i chi gymharu systemau nerfol Cnidariad a fertebrat, ysgrifennwch frawddeg sy'n cyfeirio at y ddau ohonynt, e.e. 'mae gan Gnidariad nerfrwyd ond mae gan fertebrat brif system nerfol'.

- *Disgrifiwch*

  Gall y term hwn gael ei ddefnyddio lle mae angen i chi esbonio fesul cam beth sy'n digwydd. Mewn cwestiwn graff, er enghraifft, os oes gofyn i chi adnabod tuedd neu batrwm syml, dylech chi hefyd ddefnyddio'r data a roddwyd i chi i ategu eich ateb. Ar y lefel hon, nid yw'n ddigon dweud bod 'y graff' neu 'y llinell yn mynd i fyny ac yna'n gwastadu'. Mae disgwyl i chi ddisgrifio beth sy'n mynd i fyny, yn nhermau'r newidyn dibynnol h.y. y ffactor sydd wedi'i blotio ar yr echelin fertigol, ac esbonio eich ateb drwy ddefnyddio ffigurau a disgrifiad o raddiant y graff.

  Enghraifft: Disgrifiwch grynodiad progesteron drwy gydol y gylchred fislifol.

- *Gwerthuswch*

  Nodwch y dystiolaeth o blaid ac yn erbyn cynnig a ffurfiwch gasgliad ynglŷn ag a yw'n debygol bod y cynnig yn ddilys ai peidio.

  Enghraifft: Gwerthuswch y gosodiad bod defnyddio mwy o wrteithiau nitrogenaidd wedi cyfrannu at ewtroffigedd.

- *Esboniwch*

  Efallai y bydd cwestiwn yn gofyn i chi ddisgrifio ac esbonio. Chewch chi ddim marc am ddisgrifio beth sy'n digwydd yn unig – mae angen esboniad biolegol hefyd.

  Enghraifft: Defnyddiwch y graff i esbonio arwyddocâd biolegol y newidiadau i grynodiad progesteron yn ystod y gylchred fislifol.

- *Cyfiawnhewch*

  Byddwch chi'n cael gosodiad a dylech chi ddefnyddio eich gwybodaeth fiolegol fel tystiolaeth i ategu'r gosodiad hwnnw. Dylech chi nodi tystiolaeth i'r gwrthwyneb a ffurfio casgliad ynglŷn ag a ellir derbyn y gosodiad gwreiddiol.

  Enghraifft: Cyfiawnhewch y gosodiad bod gweithgareddau dynol wedi bod yn gyfrifol am gynnydd sylweddol yng nghyfraddau difodiant planhigion ac anifeiliaid.

- *Enwch*

  Rhaid i chi roi ateb syml. Does dim rhaid i chi wastraffu amser drwy ailadrodd y cwestiwn na rhoi eich ateb mewn brawddeg.

  Enghraifft: Enwch yr organeb sy'n achosi malaria.

- *Nodwch*

  Rhowch ateb byr, cryno heb esboniad.

  Enghraifft: Nodwch enw'r graff sy'n dangos cyfradd ffotosynthesis fel swyddogaeth tonfedd golau.

- *Awgrymwch*

  Mae'r gair gorchymyn hwn yn gallu ymddangos ar ddiwedd cwestiwn. Efallai nad oes ateb pendant i'r cwestiwn, ond mae disgwyl i chi gynnig syniad call yn seiliedig ar eich gwybodaeth fiolegol.

  Enghraifft: Awgrymwch pam mae gan ynysoedd ar y môr, fel Madagascar, nifer mawr o rywogaethau planhigion ac anifeiliaid sydd ddim yn bodoli ar y tir mawr.

Gwaith ymarferol

Mae gwaith ymarferol yn cael lle amlwg o fewn Bioleg CBAC, oherwydd mae'n darparu ffordd i chi atgyfnerthu'r hyn rydych chi wedi'i ddysgu a ffordd i chi ddatblygu sgiliau sy'n gwella eich gallu i gynllunio a dylunio cyfres o gamau i'w cymryd, i drin cyfarpar yn gorfforol ac i ddadansoddi a gwerthuso canlyniadau. Bydd yr arbrofion sydd wedi'u nodi yn eich manyleb yn eich helpu chi i ddatblygu cymhwysedd, a chaiff y cymhwysedd hwn ei asesu. Dylech chi allu gwneud y canlynol:

- Dilyn cyfarwyddiadau ysgrifenedig.
- Defnyddio dulliau ymchwiliol wrth ddefnyddio offer a chyfarpar.
- Defnyddio ystod o gyfarpar a defnyddiau'n ddiogel.
- Gwneud a chofnodi arsylwadau.
- Gwneud gwaith ymchwil, nodi'r cyfeiriadau rydych chi wedi'u defnyddio ac ysgrifennu adroddiad am eich canfyddiadau.

Mae arbrofion yn cael eu dylunio am lawer o resymau. Gallant, er enghraifft, brofi rhagdybiaeth, mesur paramedr neu ymchwilio i ymateb. Fel ym mlwyddyn gyntaf y cwrs hwn, rhaid ystyried rhai agweddau penodol yn ofalus:

- Sail resymegol.
- Dyluniad, gan gynnwys diffinio newidynnau.
- Dull, gan gynnwys eich dewis o nifer y darlleniadau i'w cymryd ar gyfer pob un o werthoedd y newidyn annibynnol.
- Canlyniadau, gan gynnwys dylunio tabl canlyniadau synhwyrol.
- Dadansoddi rhifiadol gan gynnwys cyfrifiadau, cynrychioli mewn graff a dadansoddiad ystadegol, lle bo'n berthnasol.
- Esboniad biolegol o'ch canfyddiadau. Dylech chi allu dweud a yw cysylltiad sy'n ymddangos rhwng dau newidyn yn bodoli oherwydd siawns, ai dim ond cydberthyniad ydyw neu a oes sail fiolegol iddo.
- Cysondeb.
- Cywirdeb.
- Gwaith pellach.
- Goblygiadau moesol a moesegol eich gwaith o ran materion cymdeithasol, amgylcheddol ac economaidd, lle bo'n berthnasol.

Mae gwaith ymarferol yn llawer mwy na dim ond gwneud arbrofion, er bod y rhain yn bwysig yn y labordy ac yn y maes. Yn ystod y cwrs hwn, efallai y gwnewch chi waith ymarferol sy'n cynnwys:

- Microsgopeg, sy'n caniatáu i chi ddeall ffurfiad go iawn yn well, yn hytrach na'r ffurfiad fel mae wedi'i bortreadu mewn diagram. Yn wir, mewn rhai arbrofion, mae microsgopeg yn hanfodol i wneud darlleniadau.
- Astudio a dehongli delweddau ffotograffig.
- Dyrannu meinweoedd, organau ac organebau cyfan.

Yn y cwrs Bioleg U2, mae gwaith ymarferol yn cynrychioli o leiaf 15% o'r holl farciau sydd ar gael. Mae'n cael ei asesu:

- Yn yr holl bapurau theori: mae o leiaf 5% o'r holl farciau sydd ar gael yn gwestiynau ar bapurau ysgrifenedig sy'n sôn yn uniongyrchol am waith ymarferol. Mae'n bwysig, felly, eich bod chi'n cadw nodiadau labordy rhagorol drwy gydol y cwrs, oherwydd bydd y rhain yn ddeunydd adolygu hanfodol i chi.
- Yn yr arholiad ymarferol: mae hwn yn cynrychioli 10% o'r holl farciau sydd ar gael. Mae'n cael ei brofi mewn dwy dasg:
  - Bydd y dasg arbrofol yn para 2 awr. Yn ystod Tymor y Gwanwyn yn ail flwyddyn y cwrs, byddwch chi'n cael cyfarpar a dull arbrofol i wneud arbrawf unigol. Bydd eich athro/athrawes yn eich arsylwi chi i asesu eich sgiliau ymarferol.
  - Bydd y dadansoddiad o arbrawf yn para awr. Byddwch chi'n cael senario ymarferol, gyda data, a byddwch chi'n gwneud papur ysgrifenedig am yr arbrawf. Hefyd, efallai y rhoddir micrograff golau neu electron micrograff i chi i brofi eich sgiliau microsgopeg. Efallai y bydd gofyn i chi wneud lluniad biolegol o ran ohono neu ei ddefnyddio i wneud mesuriadau a chyfrifiadau.

Map o'r fanyleb

Pennod	Testun	Rhan o'r fanyleb	Tudalen
15 – Opsiwn B: Anatomi cyhyrysgerbydol dynol	**Meinweoedd ysgerbydol**		
	Cartilag	a	279
	Esgyrn a swyddogaethau eu cydrannau	b, c, cd, d	280
	Clefydau esgyrn	dd, e	282
	Cyhyrau ysgerbydol	f	284
	Y ddamcaniaeth ffilament yn llithro	ff	287
	Cyhyrau plycio cyflym a chyhyrau plycio araf	g	289
	Amodau anaerobig	ng	289
	Ffynonellau egni wrth i gyhyrau gyfangu	h	290
	Yr ysgerbwd dynol		
	Adeiledd	a	291
	Toriadau	b	291
	Yr asgwrn cefn	c	293
	Anffurfiadau osgo	ch	294
	Swyddogaethau'r ysgerbwd	d	295
	Cymalau		
	Mathau o gymalau	a	295
	Arthritis	b, c	296
	Cymalau fel liferi	ch	298
	Y cymal synofaidd	d	300
	Cyhyrau gwrthweithiol	dd	300
16 – Opsiwn C: Niwroleg ac ymddygiad	**Yr ymennydd**		
	Adeiledd yr ymennydd	a, b	303
	Y system nerfol awtonomig	c, d	305
	Y cortecs cerebrol	e	306
	Y dynanod cortigol	f	308
	Iaith a lleferydd	g	309
	Niwrowyddoniaeth		
	Astudio'r ymennydd	a	310
	Datblygiad yr ymennydd	b	314
	Niwroplastigedd	c	314
	Genynnau, datblygiad yr ymennydd ac ymddygiad	ch	315
	Mynegiad yr ymennydd a salwch meddwl	d	315
	Ymddygiad		
	Ymddygiad cynhenid	a	317
	Ymddygiad dysgedig	b, c	317
	Byw mewn grwpiau cymdeithasol	ch	319
	Cytrefi ewcymdeithasol	d	320
	Strwythur cymdeithasol fertebratau	dd	321
	Ymddygiadau carwriaeth	e, f	322

Uned 4 – Amrywiad, Etifeddiad ac Opsiynau

Pwysigrwydd ATP

Mae planhigion gwyrdd yn dal egni golau ac yn ei drawsnewid yn egni cemegol yng nghynhyrchion ffotosynthesis, fel glwcos. Pe bai resbiradaeth yn ymddatod y moleciwlau hyn yn uniongyrchol, byddai'r egni'n cael ei ryddhau mewn modd afreolus. Yn lle hynny, caiff yr egni ei ryddhau'n raddol a'i gadw ar ffurf egni potensial mewn graddiant protonau ar draws pilen. Caiff ei drosglwyddo ar ffurf egni cemegol i'r moleciwl rhyngol, ATP, sy'n golygu y gellir rhyddhau'r egni mewn symiau bach, hawdd eu rheoli, yn ôl yr angen. Mae ATP yn gronfa o egni cemegol potensial ac mae'n gweithredu fel rhyngolyn cyffredin mewn metabolaeth, gan gysylltu adweithiau sy'n defnyddio egni ac adweithiau sy'n cynhyrchu egni. Mae'n debyg mai esblygiad cynnar ATP synthetas sy'n gyfrifol am swyddogaeth bwysig ATP ym mhob system fyw. Rydym ni'n disgrifio ATP fel 'cyfnewidiwr egni cyffredinol'.

Cynnwys y testun

Erbyn diwedd y testun hwn, byddwch chi'n gallu gwneud y canlynol:

- Esbonio bod ensymau dadhydrogenas yn cynhyrchu cydffactorau wedi'u rhydwytho, fel NAD wedi'i rydwytho, yn ystod proses resbiradaeth.
- Deall sut mae pilenni mewnol cloroplastau a mitocondria yn sefydlu graddiannau protonau.
- Gwybod bod electronau yn teithio drwy gyfres o gludyddion i gyrraedd ocsigen, y derbynnydd electronau terfynol.
- Esbonio sut mae ATP synthetas yn gweithio gan arwain at ffurfio ATP.
- Deall ystyr y term cemiosmosis.
- Disgrifio sut gallwn ni ddefnyddio derbynyddion electronau artiffisial i fonitro actifedd dadhydrogenas.

Pwysigrwydd ATP

Caiff ATP ei ddisgrifio fel cyfnewidiwr egni cyffredinol. Mae hyn yn golygu bod pob cell yn ei ddefnyddio i roi egni i'w hadweithiau. Mae'n cael ei wneud pan fydd egni ar gael, er enghraifft yn ystod resbiradaeth ac adweithiau golau-ddibynnol ffotosynthesis; mae'n cael ei ymddatod pan fydd angen egni ar y gell, er enghraifft ar gyfer biosynthesis, i gyfangu cyhyrau ac i bweru pympiau Na^+/K^+ y bilen. Mae ATP yn un o'r moleciwlau sy'n nodweddiadol i bob system fyw ac mae'n debygol ei fod yn bresennol yn LUCA (*last universal common ancestor*), sef cyd-hynafiad cyffredinol olaf pob cell.

Mae ATP yn ddelfrydol i'w swyddogaeth oherwydd mae:

- yn anadweithiol
- yn gallu symud allan o fitocondria i'r cytoplasm
- yn rhyddhau egni'n effeithlon
- yn rhyddhau meintiau defnyddiol o egni, fel nad oes llawer yn cael ei wastraffu ar ffurf gwres
- yn hawdd ei hydrolysu i ryddhau egni
- yn hawdd ei ailffurfio drwy gyfrwng ffosfforyleiddiad.

Cemiosmosis

Yn ystod synthesis ATP, mae electronau a phrotonau sy'n dod o atomau hydrogen yn dilyn llwybrau gwahanol:

- Mae electronau o atomau hydrogen yn cael eu trosglwyddo o foleciwl rhoddwr i dderbynnydd. Yna, mae cyfres o adweithiau yn trosglwyddo'r electronau o un moleciwl i'r nesaf ar hyd cadwyn. Mae pob trosglwyddiad yn adwaith rhydocs, lle mae un moleciwl yn cael ei ocsidio, h.y. yn colli electronau, a'r nesaf yn y gyfres yn cael ei rydwytho, h.y. yn ennill electronau. Mae adweithiau ocsidio yn darparu egni, ac yn y pen draw mae'r egni hwn yn cael ei ddefnyddio i syntheseiddio ATP.

- Mae'r egni sy'n cael ei ryddhau gan yr adweithiau ocsidio'n pwmpio'r protonau o'r atomau hydrogen ar draws pilen fel eu bod nhw'n fwy crynodedig ar un ochr i'r bilen na'r llall. Mae'r gwahaniaeth rhwng y crynodiad protonau a'r wefr ar y naill ochr a'r llall i'r bilen yn gwneud graddiant electrocemegol, ac mae'n ffynhonnell egni potensial. Mae protonau'n llifo'n ôl i lawr y graddiant hwn, mewn proses o'r enw **cemiosmosis**, drwy'r ensym ATP synthetas, sydd weithiau'n cael ei alw'n ATP synthas. Mae'r egni sy'n cael ei ryddhau wrth iddynt wneud hyn yn cael ei drawsnewid yn egni cemegol mewn ATP.

Pilenni'r mitocondria a'r cloroplastau

Mae ATP synthetas yn gwneud ATP o'r egni sy'n gysylltiedig â graddiannau protonau ar draws pilenni. Does gan facteria ddim pilenni mewnol, ac maen nhw'n defnyddio'r gellbilen i sefydlu graddiant protonau, drwy bwmpio protonau allan i'r cellfur. Mae resbiradaeth yn defnyddio pilenni mewnol y mitocondria; mae ffotosynthesis yn defnyddio pilenni thylacoid y cloroplastau. Mae'r swyddogaeth gyffredin hon rhwng pilenni mewnol y mitocondria a'r cloroplastau a chellbilen bacteria yn ategu damcaniaeth endosymbiosis. Rhaid i'r pilenni hyn beidio â gadael dim byd ond protonau drwyddynt, a hynny dan reolaeth gryf. Mae protonau'n fach iawn ac yn mynd drwy foleciwlau dŵr yn hawdd, felly rhaid i'r pilenni hefyd fod yn dal dŵr. Dyma pam rydym ni'n eu galw nhw'n **bilenni wedi'u selio**'.

 Cyswllt Rydych chi wedi dysgu am adeiledd a phwysigrwydd ATP yn ystod blwyddyn gyntaf y cwrs hwn.

 Term Allweddol

Cemiosmosis: Llif protonau i lawr graddiant electrocemegol, drwy ATP synthetas, ynghyd â synthesis ATP o ADP ac ïon ffosffad.

 Pwynt astudio

Mae'r gair 'cemiosmosis' yn deillio o air Groeg sy'n golygu 'gwthio'. Peidiwch â'i gymysgu â symudiad dŵr ar draws bilen athraidd ddetholus.

 Pwynt astudio

Mae enwau biocemegol yn cael eu diffinio gan Gyd-gomisiwn Cyfundrefn Enwau Biocemegol. Mae diweddariad 2013 yn ystyried bod yr enwau ATP synthetas ac ATP synthas yn golygu'r un peth.

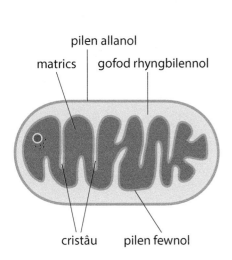

pilen allanol

matrics | gofod rhyngbilennol

cristâu | pilen fewnol

Adeiledd sylfaenol mitocondrion

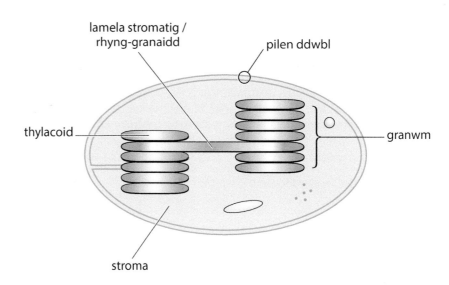

lamela stromatig / rhyng-granaidd

pilen ddwbl

thylacoid

granwm

stroma

Adeiledd sylfaenol cloroplast

Y graddiant protonau

Mae graddiannau protonau yn bodoli mewn systemau anfyw, fel agorfeydd hydrothermol alcalïaidd mewn cefnforoedd. Mae'n bosibl bod graddiannau protonau naturiol fel y rhain wedi cyfrannu'n sylweddol at darddiad bywyd, oherwydd mae graddiannau protonau yn un o nodweddion sylfaenol pob peth byw.

Yng nghyfnod golau-ddibynnol ffotosynthesis, mae egni o olau yn cynhyrfu electronau. Mae'r electronau hyn yn symud drwy gyfres o gludyddion yn y pilenni thylacoid ac mae eu hegni'n pwmpio protonau o'r stroma i'r bylchau rhwng y pilenni thylacoid. Mae'r egni'n cael ei ryddhau ym mhroses cemiosmosis, lle mae protonau'n llifo'n ôl i lawr graddiant electrocemegol i'r stroma, drwy ATP synthetas. Mae'r egni'n cael ei ymgorffori mewn ATP. Yr ATP hwn sy'n pweru adweithiau golau-annibynnol ffotosynthesis ac mae egni'n cael ei ymgorffori mewn macrofoleciwlau sy'n cael eu gwneud gan y gell.

Yn ystod resbiradaeth, mae egni sy'n deillio o foleciwlau bwyd yn cynhyrfu electronau. Yna, bydd yr egni hwn ar gael wrth iddyn nhw symud drwy gyfres o gludyddion ar bilen fewnol y mitocondrion. Mae'r egni'n pwmpio protonau ar draws y bilen, o'r matrics i'r gofod rhyngbilennol, gan sefydlu graddiant protonau. Mae egni'n cael ei ryddhau ym mhroses cemiosmosis, wrth i'r protonau lifo'n ôl i mewn i'r matrics drwy ATP synthetas i gael ei ymgorffori mewn ATP. Mae'r egni sydd ddim yn cael ei ymgorffori mewn ATP yn cael ei golli ar ffurf gwres.

Mae tarfu ar raddiannau protonau yn achosi marwolaeth:

- Apoptosis yw marwolaeth raglenedig celloedd ac mae'n digwydd, er enghraifft, yn ystod datblygiad embryo. Mae'n gweithio drwy atal graddiannau protonau rhag ffurfio ar draws cellbilenni.

- Mae DNP yn wenwyn mitocondria sy'n caniatáu cludiant electronau ond sydd ddim yn caniatáu synthesis ATP, h.y. mae'n eu 'dadgyplu' nhw. Mae rhai pobl wedi defnyddio DNP i geisio colli pwysau. Mae'r corff yn ocsidio brasterau a charbohydradau, felly mae'n colli pwysau, ond mae'r holl egni sy'n cael ei ryddhau o'r moleciwlau hynny'n cael ei drawsnewid yn wres, oherwydd dydy'r corff ddim yn gallu gwneud ATP. Mae'r corff yn gorboethi, ac mae hyn yn gallu lladd yr unigolyn.

Cyswllt Mae disgrifiad o adweithiau golau-ddibynnol ffotosynthesis ar t26. Mae disgrifiad o ymddatod bwyd yn ystod resbiradaeth ar t43.

Y gadwyn trosglwyddo electronau

Mae'r gadwyn trosglwyddo electronau yn gyfres o gludyddion protein ar bilenni mewnol mitocondria a chloroplastau. Mae'n rhyddhau egni o electronau ac yn ei ymgorffori mewn ATP.

Ym mhroses resbiradaeth, mae atomau hydrogen sy'n deillio o ymddatod glwcos yn cael eu trosglwyddo gan ensymau dadhydrogenas i'r cydensymau NAD ac FAD ac yn cael eu cludo i bilen fewnol y mitocondrion. Mae electronau a phrotonau'r atomau hydrogen yn dilyn llwybrau gwahanol ond gan eu bod nhw i gyd yn symud drwy'r gadwyn trosglwyddo electronau, rydym ni'n aml yn dweud bod y system yn cludo atomau hydrogen. Mae pob dau broton sy'n cael ei gyflenwi gan NAD wedi'i rydwytho yn rhyddhau digon o egni i syntheseiddio tri moleciwl o ATP. Pan mae FAD wedi'i rydwytho yn cyflenwi dau broton, does dim ond digon o egni i syntheseiddio dau foleciwl o ATP.

Mae egni'r pwmp protonau a'r gadwyn trosglwyddo electronau yn dod o adweithiau ocsidio, h.y. colli electronau. Ffosfforyleiddiad yw ychwanegu grŵp ffosffad. Felly enw'r broses o syntheseiddio ATP drwy ychwanegu ïon ffosffad at ADP gan ddefnyddio egni sy'n deillio o adweithiau ocsidio yw ffosfforyleiddiad ocsidiol.

Yn ystod ffotosynthesis, mae grwpiau o bigmentau a phroteinau o'r enw ffotosystemau yn trosglwyddo electronau cynhyrfol i dderbynyddion electronau ac, o'r fan honno, i gyfres o gludyddion proteinau, i gyd ar y pilenni thylacoid. Mae protonau o ddŵr a'r electronau yn cael eu trosglwyddo i'r cydensym NADP ac yna i glyserad ffosffad, ar y llwybr sy'n syntheseiddio carbohydradau. Mae'r egni sy'n pweru'r pwmp protonau a'r gadwyn trosglwyddo electronau yn y cloroplast yn dod o olau, felly mae cloroplastau'n syntheseiddio ATP drwy gyfrwng ffotoffosfforyleiddiad.

GWEITHIO'N WYDDONOL

Mae gwahanol feysydd gwyddoniaeth yn ategu ei gilydd. Roedd electron micrograffau cynnar o fitocondria yn dangos 'gronynnau coesog' neu 'ronynnau elfennol' ar y cristâu, a mwy mewn celloedd gweithgar, e.e. ffibrau cyhyr, nag mewn celloedd anweithgar. Sylwodd biocemegwyr mai ATP synthetas oedd y gronynnau coesog.

▼ Pwynt astudio

Mae ATP yn cael ei gynhyrchu wrth i brotonau lifo ar draws pilenni mewnol mitocondria a chloroplastau, i lawr eu graddiant crynodiad drwy ATP synthetas, mewn proses o'r enw cemiosmosis.

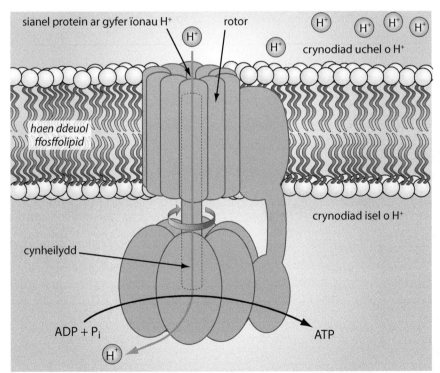

Cymhlygyn ATP synthetas

Mae ATP synthetas yn bodoli ym mhob Bacteria, Archaea ac Ewcaryot felly rydym ni'n tybio ei fod wedi esblygu'n gynnar iawn yn hanes bywyd. Mae'r diagram yn dangos y cymhlygyn ATP synthetas mewn mitocondrion. Mae'n nano-beiriant. Wrth i'r protonau dryledu i lawr eu graddiant electrocemegol drwy'r ATP synthetas, mae'r egni sy'n cael ei ryddhau yn achosi i'r rotor a'r cynheilydd gylchdroi. Caiff egni mecanyddol y cylchdroi hwn ei drawsnewid yn egni cemegol wrth i ïon ffosffad, Pi, gael ei ychwanegu at ADP i ffurfio ATP yn y pen catalytig. Mae'n cymryd tri phroton i symud y rotor drwy 120°, gan ryddhau 1 moleciwl ATP.

Gwirio gwybodaeth

Parwch y termau A–CH â'r gosodiadau 1–4:

A.   ATP

B.   ATP synthetas

C.   Graddiant protonau

CH. Cemiosmosis

1.   Moleciwl rhyngol mewn metabolaeth celloedd sy'n gysylltiedig â defnyddio neu gynhyrchu egni.

2.   Taith protonau i lawr eu graddiant electrocemegol drwy ATP synthetas, ynghyd â synthesis ATP.

3.   Y gwahaniaeth rhwng crynodiad protonau a'r wefr ar y naill ochr a'r llall i bilen sy'n darparu'r egni ar gyfer synthesis ATP.

4.   Cymhlygyn protein sy'n rhychwantu pilen fewnol mitocondrion a philen thylacoid mewn cloroplast ac yn cataliyddu synthesis ATP.

Mae'r tabl yn dangos sut mae'r systemau trosglwyddo electronau a synthesis ATP yn debyg ac yn wahanol mewn mitocondria a chloroplastau:

		Mitocondria	Cloroplastau
Tebyg		Defnyddio ATP synthetas	
		2 broton yn darparu egni i syntheseiddio 3 ATP	
		Pwmp protonau ar draws pilen fewnol yr organyn	
		Cadwyn trosglwyddo electronau ar bilen fewnol yr organyn	
Gwahanol	Math o ffosfforyleiddiad	Ffosfforyleiddiad ocsidiol	Ffotoffosfforyleiddiad
	Ffynhonnell egni	Egni cemegol mewn adweithiau rhydocs	Golau
	Safle'r gadwyn trosglwyddo electronau	Cristâu	Pilenni thylacoid
	Cydensym	NAD, FAD	NADP
	Graddiant protonau	Gofod rhyngbilennol $\rightarrow$ matrics	Gofod thylacoid $\rightarrow$ stroma
	Nifer y pympiau protonau	3 gydag NAD; 2 gydag FAD	1
	Derbynnydd electronau terfynol	Ocsigen a H^+	Ffotoffosfforyleiddiad cylchol: cloroffyl; Ffotoffosfforyleiddiad anghylchol: NADP + H^+

Ymarfer ymarferol

Ymchwilio i actifedd dadhydrogenas mewn gwahanol rywogaethau burum

Sail Resymegol

Ensymau yw dadhydrogenasau sy'n cludo atomau hydrogen o wahanol swbstradau ac yn eu trosglwyddo nhw i gydensymau, fel NAD ac FAD yn y mitocondria. Mae'r hydrogen yn rhydwytho'r cydensymau. Maen nhw'n rhoi'r atomau hydrogen i gludyddion yn y gadwyn trosglwyddo electronau a thrwy wneud hynny, maen nhw'n cael eu hocsidio unwaith eto. Gallwn ni ddefnyddio derbynnydd hydrogen artiffisial, fel methylen glas, i arddangos sut mae'r dadhydrogenasau'n eu rhydwytho nhw.

Mae potensial rhydwytho cyfansoddyn yn dynodi pa mor debygol ydyw o gael ei rydwytho. Mae gan fethylen glas botensial rhydwytho uwch nag NAD ac FAD ac felly, os yw pob un yn bresennol, fel yn yr arbrawf hwn, mae methylen glas yn cael ei rydwytho cyn NAD ac FAD.

Mae methylen glas yn las tywyll pan mae wedi'i ocsidio a gallwn ni fonitro ei rydwythiad gan ei fod yn colli ei liw wrth rydwytho. Gallwn ni ddefnyddio'r amser mae'r methylen glas yn ei gymryd i golli ei liw i fesur cyfradd actifedd dadhydrogenas.

Dyluniad

	Enw'r newidyn	Gwerth y newidyn
Newidyn annibynnol	Rhywogaeth burum	Gwahanol rywogaethau burum bragwr a burum pobydd
Newidyn dibynnol	Amser i'r methylen glas ddadliwio	Eiliadau
Newidyn rheoledig	Crynodiad burum a glwcos	100 g o furum sych + 54 g o glwcos mewn 1 dm³ o ddŵr. (Mae crynodiad y glwcos yn 0.3 mol dm⁻³)
	Crynodiad methylen glas	0.05 g 100 cm⁻³
	Tymheredd	30 °C
Dibynadwyedd	Cynnal y prawf â phob rhywogaeth dair gwaith a chyfrifo'r amser dadliwio cymedrig	
Prif berygl	**Risg**	**Mesurau rheoli**
Methylen glas	Niweidiol os caiff ei lyncu neu os caiff llwch ei fewnanadlu	Pwyso'r powdr a gwneud yr hydoddiant mewn cwpwrdd gwyntyllu; gwisgo mwgwd.
	Llidus i'r croen a staenio'r croen	Osgoi cysylltiad â'r croen.
	Llidus i'r llygaid	Defnyddio sbectol diogelwch.

Cyfarpar

– Dangosydd rhydocs: methylen glas 0.05 g 100 cm⁻³
– Daliant burum 100 g dm⁻³
– Baddon dŵr 30 °C
– Tiwbiau profi
– Cyrc i'r tiwbiau profi
– Chwistrell 10 cm³
– Chwistrell 1 cm³
– Stopgloc

Amlinelliad o'r dull

1. Chwistrellwch 10 cm³ o'r daliant burum wedi'i droi i mewn i diwb profi.
2. Rhowch y tiwb profi mewn baddon dŵr am 5 munud i ecwilibreiddio ar 30 °C.
3. Ychwanegwch 1 cm³ o'r methylen glas.
4. Trowch y tiwb profi a'i ben i lawr unwaith i'w gymysgu a dechreuwch y stopgloc.
5. Rhowch y tiwb profi'n ôl yn y baddon dŵr.
6. Amserwch pa mor hir mae'r cymysgedd yn ei gymryd i golli ei liw, gan gofio y bydd y cymysgedd yn rhan uchaf y tiwb profi yn aros yn las gan ei fod yn dod i gysylltiad ag ocsigen yn yr aer.

Gwaith pellach

- I ymchwilio i effaith pH ar gyfradd actifedd dadhydrogenas, gallwch chi wneud daliannau burum mewn byffer ar wahanol werthoedd pH, e.e. pH 1, 3, 5, 7, 9, 11.
- I ymchwilio i effaith crynodiad glwcos ar gyfradd actifedd dadhydrogenas, gallwch chi wneud y daliant burum â gwahanol grynodiadau glwcos, e.e. 0.1, 0.3, 0.5, 0.7 a 0.9 mol dm⁻³.

Mae ffotosynthesis yn defnyddio egni golau i syntheseiddio moleciwlau organig

Mae ffotosynthesis yn digwydd mewn cloroplastau, lle mae pigmentau fel cloroffyl yn dal egni golau. Gallwn ni rannu prosesau biocemegol ffotosynthesis yn ddwy ran, y cyfnod golau-ddibynnol a'r cyfnod golau-annibynnol. Mae'r cyfnod golau-ddibynnol, ar bilenni thylacoid y cloroplastau, yn cynnwys cludiant electronau a ffotolysis dŵr. Mae'n cynhyrchu ATP drwy gyfrwng cemiosmosis, NADP wedi'i rydwytho, a'r cynnyrch gwastraff, ocsigen. Mae'r cyfnod golau-annibynnol yn digwydd yn y stroma: mae carbon deuocsid yn cyfuno â derbynnydd 5 carbon, a gyda phŵer rhydwytho ac egni o'r cyfnod golau-ddibynnol, mae'n gwneud glwcos.

Cynnwys y testun

Erbyn diwedd y testun hwn, byddwch chi'n gallu gwneud y canlynol:

- Disgrifio dosbarthiad cloroplastau a'u swyddogaeth fel trawsddygiaduron.
- Disgrifio'r sbectrwm amsugno a'r sbectrwm gweithredu.
- Nodi bod y cyfnod golau-ddibynnol yn digwydd ar bilenni thylacoid y cloroplast ac ar eu traws nhw.
- Deall bod pigmentau cloroplastau wedi'u grwpio gyda'i gilydd i ffurfio ffotosystemau I a II, lle mae cymhlygion antena'n dod ag egni o ffotonau golau i'r ddau fath o ganolfan adweithio.
- Esbonio bod cemiosmosis a chynhyrchu ATP yn rhan o ffotoffosfforyleiddiad cylchol ac anghylchol.
- Disgrifio'r cyfnod golau-ddibynnol fel ffotoactifadu cloroffyl a throsglwyddo egni i gynhyrchu ATP, NADP wedi'i rydwytho a'r sgil gynnyrch ocsigen.
- Esbonio bod yr NADP wedi'i rydwytho a'r ATP yn cael eu defnyddio yn y cyfnod golau-annibynnol, pan gaiff carbon deuocsid ei sefydlogi a'i rydwytho i ffurfio glwcos.
- Disgrifio sut mae metabolynnau cellog yn deillio o gynhyrchion ffotosynthesis.
- Esbonio sut mae arddwysedd golau, crynodiad carbon deuocsid a thymheredd yn gallu bod yn ffactorau cyfyngol i ffotosynthesis.
- Disgrifio swyddogaethau nitrogen a magnesiwm mewn planhigion blodeuol.

Golwg gyffredinol ar ffotosynthesis

Hafaliad cyffredinol ffotosynthesis yw $6CO_2 + 6H_2O \longrightarrow C_6H_{12}O_6 + 6O_2$

Mae'r diagram yn dangos bod dau gam i ffotosynthesis: y cyfnod golau-ddibynnol a'r cyfnod golau-annibynnol.
Mae'r cyfnod golau-ddibynnol yn trawsnewid egni golau yn egni cemegol. Mae ffotolysis dŵr yn rhyddhau electronau a phrotonau. Mae egni wedi'i gludo gan electronau'n sefydlu graddiant protonau ar draws y bilen thylacoid. Mae'r egni'n cael ei ddefnyddio i ffosfforyleiddio ADP, sy'n cynhyrchu ATP, ym mhroses **ffotoffosfforyleiddiad**. Mae'r protonau a'r electronau'n rhydwytho NADP. Yn y cyfnod golau-annibynnol, mae'r ATP a'r NADP wedi'i rydwytho'n rhydwytho carbon deuocsid ac yn cynhyrchu glwcos, sy'n cynnwys egni.

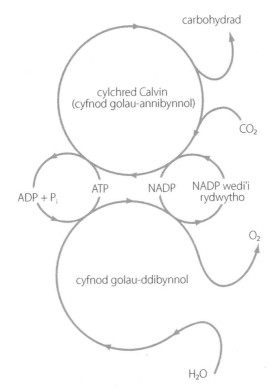

carbohydrad

cylchred Calvin (cyfnod golau-annibynnol)

CO_2

ADP + P$_i$ ATP   NADP   NADP wedi'i rydwytho

O_2

cyfnod golau-ddibynnol

H_2O

Crynodeb o ffotosynthesis

DYLECH CHI WYBOD ›››

››› Adeiledd a swyddogaeth cloroplastau

››› Bod ffotosynthesis yn broses dau gyfnod

››› Adweithyddion a chynhyrchion ffotosynthesis

Term Allweddol

Ffotoffosfforyleiddiad: Adwaith endergonig sy'n bondio ïon ffosffad â moleciwl ADP gan ddefnyddio egni o olau, i wneud ATP.

Dosbarthiad cloroplastau mewn perthynas â dal golau

Mae ffotosynthesis yn digwydd mewn cloroplastau. Mae cloroplastau wedi'u hamgylchynu â philen ddwbl. Mae'r bilen fewnol yn plygu am i mewn i wneud lamelâu thylacoid. Mae'r rhain yn cyfuno mewn pentyrrau o hyd at 100 o ffurfiadau siâp disg, gan ffurfio grana, lle mae'r pigmentau ffotosynthetig wedi'u lleoli a lle mae adweithiau cyfnod golau-ddibynnol ffotosynthesis yn digwydd. Y stroma yw'r rhan fewnol llawn hylif, sy'n trochi'r thylacoidau a'r grana, lle mae'r adweithiau golau-annibynnol yn digwydd. Mae gronynnau startsh yn y cloroplast yn edrych yn wyn oherwydd mae'r staen sy'n cael ei ddefnyddio ar gyfer electron micrograffau, sef osmiwm tetrocsid, yn rhwymo â lipid, ond ddim â charbohydradau.

Electron micrograff o gloroplast

Mynd ymhellach ▶

Mae dilyniant basau'r nifer bach o enynnau mewn cloroplastau yn dynodi ei bod hi'n wir eu bod nhw'n ddisgynyddion cyanobacteria, fel yr awgrymodd llawer o fiolegwyr ar ddechrau'r 20fed ganrif ac fel y gosododd Lynn Margulis y peth yng nghysyniad endosymbiosis, yn 1967.

Mae angen golau ar gloroplastau, felly dim ond yn y rhannau o'r planhigyn sydd mewn golau – y dail a'r coesyn, maen nhw i'w cael. Y ddeilen yw prif organ ffotosynthesis ac mae'r rhan fwyaf o'r cloroplastau i'w cael yn y mesoffyl palisâd. Maen nhw hefyd yn bodoli yn y mesoffyl sbyngaidd, ond yr unig gelloedd epidermaidd sy'n cynnwys cloroplastau yw'r celloedd gwarchod.

Mae adeiledd dail yn golygu eu bod nhw'n gweddu'n dda i'w swyddogaeth ym mhroses ffotosynthesis:

	Nodwedd adeileddol	Arwyddocâd i ffotosynthesis
Deilen	Arwynebedd arwyneb mawr	Dal cymaint o olau â phosibl
	Tenau	Golau'n mynd yr holl ffordd drwy'r ddeilen
	Mandyllau stomata	Caniatáu i garbon deuocsid dryledu i mewn i'r ddeilen
	Bylchau aer yn y mesoffyl sbwngaidd	Caniatáu i garbon deuocsid dryledu i'r celloedd sy'n cyflawni ffotosynthesis
	Bylchau rhwng celloedd palisâd	Caniatáu i garbon deuocsid dryledu i'r celloedd sy'n cyflawni ffotosynthesis
Celloedd	Mae'r cwtigl a'r epidermis yn dryloyw; mae cellfuriau cellwlos yn denau	Golau'n treiddio drwodd i'r mesoffyl
	Mae gan gelloedd palisâd wagolyn mawr	Mae cloroplastau'n ffurfio un haen ar ymylon pob cell felly dydyn nhw ddim yn cysgodi ei gilydd
	Mae celloedd palisâd yn silindrog ac yn hirgul ar ongl sgwâr i arwyneb y ddeilen	Mae dail yn gallu cynnwys nifer mawr o gelloedd palisâd; dim ond drwy ddau gellfur epidermaidd ac un cellfur palisâd mae'n rhaid i olau deithio cyn cyrraedd cloroplastau. Pe bai'r celloedd wedi'u pentyrru'n llorweddol, byddai'r golau'n mynd drwy lawer o gellfuriau ac yn cael ei amsugno, felly ni fyddai'n gallu cyrraedd cloroplastau.
Cloroplastau	Mae gan gloroplastau arwynebedd arwyneb mawr	Amsugno cymaint â phosibl o olau
	Mae cloroplastau'n symud o fewn celloedd palisâd	Mae cloroplastau'n symud tuag at ran uchaf y gell ar ddyddiau cymylog, i amsugno cymaint â phosibl o olau. Os yw arddwysedd y golau'n uchel iawn, maen nhw'n symud i waelod y gell, i amddiffyn pigmentau rhag cael eu cannu (bleached).
	Mae cloroplastau'n cylchdroi o fewn celloedd palisâd	Mae thylacoidau yn helpu i amsugno cymaint â phosibl o olau
	Mae pigmentau yn y thylacoidau mewn un haen ar arwyneb y bilen thylacoid	Mae pigmentau'n amsugno cymaint â phosibl o olau
	Mae tua phum gwaith cymaint o gloroplastau mewn celloedd palisâd nag mewn celloedd mesoffyl sbyngaidd	Mae celloedd palisâd yn rhan uchaf y ddeilen ac maen nhw'n cael llawer mwy o olau na'r celloedd mesoffyl sbyngaidd, felly mae'r cloroplastau'n dal cymaint â phosibl o olau

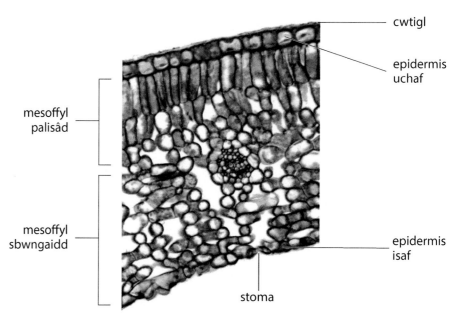

Adeiledd deilen

Cloroplastau fel trawsddygiaduron

Mae trawsddygiadur yn newid egni o un ffurf i ffurf arall. Mae bwlb golau, er enghraifft, yn trawsnewid egni trydanol yn olau a gwres, ac mae injan yn trawsnewid yr egni cemegol mewn petrol yn egni cinetig, gwres a sain. Mae trawsddygiaduron biolegol yn llawer mwy effeithlon na dyfeisiau artiffisial fel y rhain, ac yn gwastraffu llai o egni wrth wneud y trawsnewidiadau. Mae cloroplastau yn drawsddygiaduron; maen nhw'n troi'r egni mewn ffotonau golau yn egni cemegol, sydd ar gael drwy ATP ac yn cael ei ymgorffori mewn moleciwlau fel glwcos.

GWEITHIO'N WYDDONOL

Arbrawf Engelmann

Cafodd safle ffotosynthesis ei arddangos yn 1887 gan y botanegydd, Engelmann. Roedd ei arbrofion yn defnyddio'r alga gwyrdd ffilamentog, *Cladophora*, i ganfod pa donfeddi golau oedd y mwyaf effeithiol. Rhoddodd Engelmann *Cladophora* mewn daliant o facteria mudol, aerobig wedi'u gwasgaru'n gyson, a chyfeiriodd amrediad o donfeddi atynt. Ar ôl cyfnod byr, sylwodd fod y bacteria'n clystyru'n agos at y cloroplastau mewn golau coch a glas. Ei gasgliad oedd bod y tonfeddi hyn yn arwain at gyfradd ffotosynthesis uchel, a oedd yn cynhyrchu llawer o ocsigen ac felly'n denu'r bacteria.

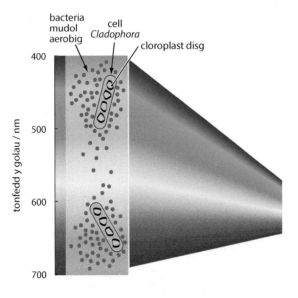

Arbrawf Engelmann

DYLECH CHI WYBOD ›››

››› Bod cloroplastau yn drawsddygiaduron egni

››› Enwau'r pigmentau ffotosynthetig

››› Diffiniadau'r sbectrwm amsugno a'r sbectrwm gweithredu

››› Adeiledd y cymhlygyn antena

Mynd ymhellach ▶

Mae trawsnewid biolegol mewn anifeiliaid yn cynnwys trawsnewid gwres, golau a sain yn egni trydanol mewn organau synhwyro a thrawsnewid egni cemegol yn egni cinetig a gwres mewn cyhyrau. Mae rhai anifeiliaid, gan gynnwys pryfed tân a'r bacteria ffosfforesgol, yn gallu trawsnewid egni cemegol yn olau.

Pigmentau ffotosynthetig

Pigment yw moleciwl sy'n amsugno golau ar donfeddi penodol. Yn y cloroplastau, mae egni golau'n cael ei ddal gan bigmentau ffotosynthetig, ac mae gwahanol bigmentau'n dal gwahanol donfeddi. Mae hyn yn golygu bod amrediad mawr o donfeddi'n gallu cael eu hamsugno, felly mae'n fwy defnyddiol na phe bai dim ond un pigment yn amsugno amrediad bach o donfeddi. Mewn planhigion blodeuol, mae dau brif ddosbarth pigmentau sy'n gweithredu fel trawsddygiaduron, sef cloroffyl a charotenoidau.

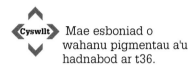

Mynd ymhellach

Ffaeoffytin yw cynnyrch llwydlas ymddatodiad cloroffyl, ac nid yw hwn yn cynnwys ïon magnesiwm. Mae'n gallu amsugno golau ond ei swyddogaeth yw trosglwyddo electronau yn ffotosystem II, yn hytrach nag amsugno golau.

Cyswllt Mae esboniad o wahanu pigmentau a'u hadnabod ar t36.

Dosbarth pigment	Pigment	Tonfeddi amsugno brig / nm	Lliw'r pigment	Bodoli ym mha blanhigion
Cloroffyl	cloroffyl-a	435, 670–680	melynwyrdd	Pob planhigyn (mwsoglau, rhedyn, conwydd, planhigion blodeuol)
	cloroffyl-b	480, 650	gwyrddlas	Planhigion mwy datblygedig (conwydd, planhigion blodeuol)
Carotenoidau	β-caroten	425–480	oren	Pob planhigyn
	santhoffyl	400–500	melyn	Y rhan fwyaf

Cynaeafu golau

Sbectra amsugno a gweithredu

Gallwn ni ddangos bod y gwahanol bigmentau'n amsugno golau ar wahanol donfeddi drwy wneud hydoddiannau ar wahân o bob un a chyfeirio golau drwyddynt. Graff yw **sbectrwm amsugno** sy'n dynodi faint o olau mae pigment penodol yn ei amsugno ar wahanol donfeddi. Mae cloroffyl-a a cloroffyl-b yn amsugno egni golau yn rhannau coch a glas-fioled y sbectrwm gan mwyaf ac yn adlewyrchu gwyrdd, sy'n rhoi lliw gwyrdd i ddail. Mae'r carotenoidau, β-caroten a santhoffyl, yn amsugno'r egni golau o ran glas-gwyrdd y sbectrwm, felly mae'r rhain yn ymddangos yn felyn-oren.

Fodd bynnag, dydy amsugno ar donfedd benodol ddim yn dynodi a yw'r donfedd honno'n cael ei defnyddio mewn ffotosynthesis mewn gwirionedd. Graff yw **sbectrwm gweithredu** sy'n dangos cyfradd ffotosynthesis ar wahanol donfeddi golau, wedi'i fesur yn ôl màs y carbohydrad sy'n cael ei syntheseiddio gan blanhigion mewn gwahanol donfeddi.

Drwy arosod sbectrwm gweithredu ar y sbectrwm amsugno, gallwn ni weld bod cydberthyniad agos rhwng y ddau. Mae hyn yn awgrymu bod y pigmentau sy'n gyfrifol am amsugno'r golau yn cael eu defnyddio mewn ffotosynthesis.

Termau Allweddol

Sbectrwm amsugno: Graff sy'n dangos faint o olau sy'n cael ei amsugno ar wahanol donfeddi.

Sbectrwm gweithredu: Graff sy'n dangos cyfradd ffotosynthesis ar wahanol donfeddi.

Graff yn dangos y berthynas rhwng y sbectrwm amsugno a'r sbectrwm gweithredu

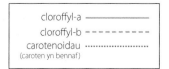

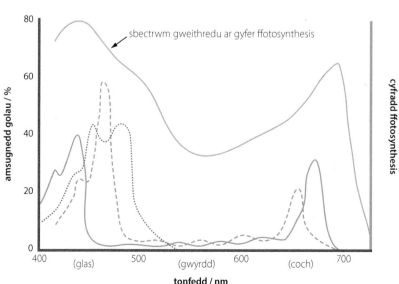

Y ffotosystemau

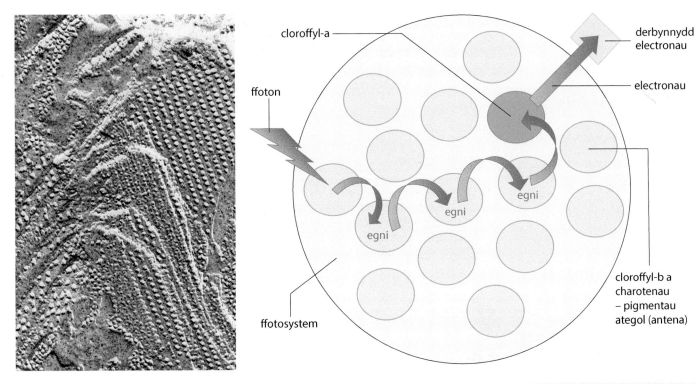

Pilen thylacoid cloroplast yn dangos araeau (rhesi) o ffotosystemau

Ffotosystem

Mae ffotosystemau ym mhlân y bilen thylacoid. Mae pob un yn cynnwys:

- Cymhlygyn antena, sy'n cynnwys y pigmentau ffotosynthetig. Mae cloroffyl a charotenoidau wedi'u hangori yn ffosffolipidau'r bilen thylacoid, ac wedi'u dal at ei gilydd gan foleciwlau protein mewn clystyrau o hyd at 400 o foleciwlau. Yr enw ar bob clwstwr yw **cymhlygyn antena**. Mae'r cyfuniad o bigmentau'n caniatáu amsugno golau ar amrediad o donfeddi.

- Canolfan adweithio, o fewn y cymhlygyn antena. Mae'n cynnwys dau foleciwl o'r prif bigment, cloroffyl-a. Pan mae'r moleciwlau cloroffyl-a yn amsugno golau, mae eu cyffroad yn caniatáu i bob un allyrru electron. Mae dau fath o ganolfan adweithio:

  - Mae ffotosystem I (PSI) wedi'i threfnu o gwmpas moleciwl cloroffyl-a gyda brig amsugno o 700 nm. Rydym ni hefyd yn ei galw hi'n P700.

  - Mae ffotosystem II (PSII), (a gafodd ei ddarganfod ar ôl PSI, sy'n esbonio'r rhifo,) wedi'i threfnu o gwmpas moleciwl cloroffyl-a gyda brig amsugno o 680 nm. Rydym ni hefyd yn ei galw hi'n P680.

Mae rhai ffotonau'n cael eu hamsugno gan gloroffyl-a yn uniongyrchol, ond mae llawer yn cael eu hamsugno'n gyntaf gan gloroffyl-b a'r carotenoidau, sef y pigmentau ategol (neu bigmentau antena). Mae'r ffotonau'n cyffroi'r pigmentau ategol ac mae egni'n mynd drwyddynt i'r ganolfan adweithio, lle mae electronau cloroffyl-a yn cael eu cyffroi a'u codi i lefel egni uwch. Cloroffyl-a yw'r moleciwl pwysicaf yn y ganolfan adweithio oherwydd hwn sy'n trosglwyddo egni i adweithiau dilynol ffotosynthesis. Rydym ni'n ei alw'n brif bigment, neu'n bigment craidd.

 Term Allweddol

Cymhlygyn antena: Arae (*array*) o foleciwlau protein a moleciwlau pigment ym mhilenni thylacoid y grana sy'n trosglwyddo egni o olau ar amrediad o donfeddi i gloroffyl-a, yn y ganolfan adweithio.

▼ **Pwynt astudio**

Mae'r ddwy ffotosystem yn gasgliad o bigmentau ategol, sy'n amsugno golau ar wahanol donfeddi ac yn trosglwyddo'r egni i ganolfan adweithio.

Dau gyfnod ffotosynthesis

Mae ffotosynthesis yn cynnwys dilyniant o adweithiau sy'n digwydd ar y pilenni thylacoid, gan ddefnyddio golau fel ffynhonnell egni a chan ddefnyddio dŵr. Y dilyniant hwn yw'r **cyfnod golau-ddibynnol** ac mae'n cynhyrchu:

- ATP, sy'n darparu'r egni cemegol wedi'i drawsnewid o egni golau, i syntheseiddio moleciwlau sy'n cynnwys llawer o egni fel glwcos.
- NADP wedi'i rydwytho, sy'n darparu'r pŵer rhydwytho i syntheseiddio moleciwlau fel glwcos o garbon deuocsid.
- Ocsigen, sgil gynnyrch, sy'n deillio o ddŵr. Mae ocsigen yn tryledu allan o'r cloroplast, allan o'r celloedd ffotosynthetig ac allan o'r ddeilen drwy'r stomata.

Mae'r adweithiau sy'n defnyddio ATP ac NADP wedi'i rydwytho, i wneud moleciwlau fel glwcos, yn digwydd mewn hydoddiant yn y stroma. Maen nhw'n gallu digwydd yn y golau, ond does dim angen y golau. Yr adweithiau hyn sy'n gwneud y **cyfnod golau-annibynnol**, ac maen nhw'n cynnwys cylchred o adweithiau o'r enw cylchred Calvin, sydd wedi'i henwi ar ôl un o'r rhai wnaeth ei darganfod hi.

Y cyfnod golau-ddibynnol

Ffotoffosfforyleiddiad

Ffosfforyleiddiad yw ychwanegu ïon ffosffad at ADP. Mae'r term **ffotoffosfforyleiddiad** yn awgrymu bod egni'r adwaith hwn yn dod o olau. Mae gan ffotosynthesis ddau lwybr ar gyfer ffotoffosfforyleiddiad. Mae ffotoffosfforyleiddiad anghylchol yn cynnwys PSI a PSII ac mae llwybr yr electronau yn llinol. Mae ffotoffosfforyleiddiad cylchol yn defnyddio PSI yn unig ac mae'r electronau'n mynd drwy gylch.

Taith electronau

Ffotoffosfforyleiddiad cylchol

- Mae PSI yn amsugno ffotonau, sy'n cyffroi electronau yn y moleciwlau cloroffyl-a yn y ganolfan adweithio.
- Mae'r rhain yn cael eu hallyrru a'u codi gan dderbynnydd electronau, sy'n eu hanfon nhw i lawr cadwyn o gludyddion electronau yn ôl i PSI. Mae'r egni sy'n cael ei ryddhau wrth i'r electronau fynd drwy'r gadwyn trosglwyddo electronau yn ffosfforyleiddio ADP i ffurfio ATP.
- Mae electronau wedi llifo o PSI i'r derbynnydd electronau, ac yn ôl i PSI felly rydym ni'n galw'r ffosfforyleiddiad hwn yn ffotoffosfforyleiddiad cylchol.

Ffotoffosfforyleiddiad anghylchol

Ar lwybr arall, mae electronau'n cael eu trosglwyddo o'r derbynnydd electronau i NADP wedi'i ocsidio yn y stroma, sydd, gyda phrotonau o ffotolysis dŵr, yn cael ei rydwytho:

- Dydy'r electronau heb ddychwelyd i PSI felly mae'r cloroffyl yno'n cael ei adael â gwefr bositif.
- Mae'r wefr bositif yn cael ei niwtralu gan electronau o PSII. Mae'r rhain wedi cael eu cyffroi i lefel egni uwch drwy amsugno golau, wedi cael eu codi gan dderbynnydd electronau ac wedi teithio i lawr y gadwyn trosglwyddo electronau i PSI.

- Mae taith electronau i lawr y gadwyn trosglwyddo electronau yn darparu egni i ffosfforyleiddio ADP. Gan fod yr electronau o PSII yn symud i un cyfeiriad yn unig (PSII → derbynnydd electronau → cadwyn trosglwyddo electronau → PSI), mae hyn yn ffotoffosfforyleiddiad anghylchol.

- Mae'r cloroffyl yn PSII yn cael ei adael â gwefr bositif sy'n cael ei niwtralu gan yr electronau sydd wedi'u rhyddhau yn ystod ffotolysis dŵr.

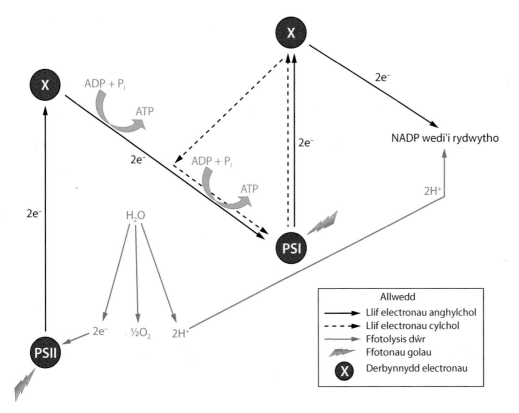

Crynodeb o'r cyfnod golau-ddibynnol

Os trowch chi'r dudalen drwy 90°, gallwch chi weld bod taith yr electronau wedi'i lluniadu'n debyg i'r llythyren Z, felly rydym ni'n galw taith yr electronau yn **gynllun Z**.

Ffotolysis dŵr

Yn y bylchau thylacoid, mae moleciwlau dŵr yn amsugno golau, sy'n anuniongyrchol yn achosi iddynt ddaduno i gynhyrchu hydrogen, ocsigen ac electronau:
$H_2O \rightarrow 2H^+ + 2e^- + \frac{1}{2}O_2$. Enw'r broses lle mae golau'n hollti dŵr yw **ffotolysis**. Mae'r broses yn cael cymorth gan gymhlygyn protein yn PSII, sef yr unig ensym rydym ni'n gwybod amdano sy'n achosi i ddŵr gael ei ocsidio.

- Mae'r electronau sy'n cael eu cynhyrchu yn cymryd lle'r rhai gafodd eu colli o PSII.

- Mae'r protonau o'r dŵr a'r electronau o PSI yn rhydwytho NADP.

- Mae ocsigen yn tryledu allan o'r cloroplast a'r gell, allan drwy'r stomata fel cynnyrch gwastraff.

Taith protonau a ffosfforyleiddiad

- Wrth i electronau fynd drwy bwmp protonau yn y bilen thylacoid, maen nhw'n darparu egni i bwmpio protonau o'r stroma i'r gofod thylacoid. Mae'r protonau'n uno ag ïonau H^+ o ffotolysis dŵr ac yn cronni. Maen nhw'n cynhyrchu graddiant electrocemegol, gan fod mwy ohonynt y tu mewn i'r gofod thylacoid nag sydd y tu allan, yn y stroma. Mae'r graddiant hwn yn ffynhonnell egni potensial.

- Mae cemiosmosis yn digwydd. Mae'r ïonau H^+ yn tryledu i lawr eu graddiant electrocemegol drwy'r ATP synthetas yn y bilen thylacoid, i mewn i'r stroma. Mae hyn yn darparu'r egni sy'n deillio o olau ac yn cael ei gludo gan yr electronau. Wrth iddynt fynd drwy ATP synthetas, mae ADP yn cael ei ffosfforyleiddio i ffurfio ATP.

- Ar ôl cyrraedd y stroma, mae ïonau H^+ yn cael eu pasio i NADP wedi'i ocsidio, gan ei rydwytho: NADP + $2H^+$ + e^- ⟶ NADP wedi'i rydwytho. Mae tynnu ïonau H^+ fel hyn, ar y cyd â'r pwmp protonau, yn cyfrannu at gynnal y graddiant protonau ar draws y pilenni thylacoid.

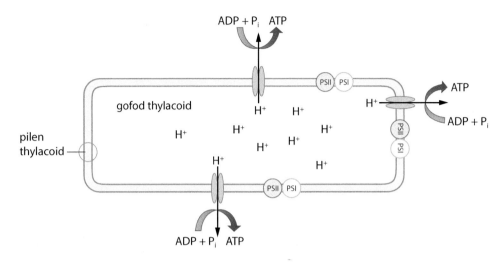

Cynhyrchu ATP yn y cloroplast drwy gyfrwng cemiosmosis

I grynhoi, dyma'r tri ffactor sy'n cynnal y graddiant protonau rhwng y gofod thylacoid a'r stroma:

- Y pwmp protonau sy'n gysylltiedig â'r gadwyn trosglwyddo electronau yn gwthio protonau i'r gofod thylacoid.

- Ffotolysis dŵr yn y gofod thylacoid.

- Tynnu protonau o'r stroma i rydwytho NADP.

Gallwn ni grynhoi cyfnod golau-ddibynnol ffotosynthesis fel hyn:

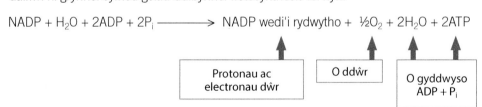

$$NADP + H_2O + 2ADP + 2P_i \longrightarrow NADP \text{ wedi'i rydwytho} + \tfrac{1}{2}O_2 + 2H_2O + 2ATP$$

| | Protonau ac electronau dŵr | O ddŵr | O gyddwyso ADP + P_i |

	Math o ffotoffosfforyleiddiad	
	Cylchol	**Anghylchol**
Ffotosystem	PSI yn unig	PSI a PSII
Cloroffyl yn y ganolfan adweithio	P700	P680
Llif electronau	Cylchol	Llinol
Cynhyrchu ATP	✓	✓
Ffotolysis dŵr	✗	✓
Cynhyrchu ocsigen	✗	✓
Rhydwytho NADP	✗	✓
Ble mae'n digwydd	Ym mhob organeb ffotosynthetig	Mewn planhigion, algâu, cyanobacteria

Yn 1939, dangosodd Robert Hill fod cloroplastau wedi'u harunigo yn cynhyrchu ocsigen o ddŵr ym mhresenoldeb ocsidydd. Adwaith Hill yw hwn. Yn y gell, NADP yw'r ocsidydd sy'n tynnu hydrogen o ddŵr. Yn y labordy, rydym ni'n defnyddio'r llifyn glas DCPIP yn lle NADP, ac, ym mhresenoldeb golau, mae'n colli ei liw wrth gael ei rydwytho:

$$\text{DCPIP wedi'i ocsidio} \xrightarrow{\text{golau + cloroplastau}} \text{DCPIP wedi'i rydwytho}$$

glas tywyll   di-liw

Y cyfnod golau-annibynnol

Mae'r cyfnod golau-annibynnol yn digwydd mewn hydoddiant yn stroma'r cloroplast ac mae'n cynnwys llawer o adweithiau, ac ensym gwahanol yn catalyddu pob un. Mae'r adweithiau'n defnyddio cynhyrchion y cyfnod golau-ddibynnol:

- Mae ATP yn ffynhonnell egni.
- NADP wedi'i rydwytho yw ffynhonnell y pŵer rhydwytho; mae'n rhydwytho carbon deuocsid.

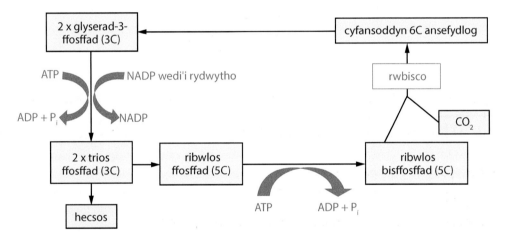

Cylchred Calvin

- Mae moleciwl derbyn pum carbon, ribwlos bisffosffad (RuBP), yn cyfuno â charbon deuocsid, wedi'i gatalyddu gan yr ensym ribwlos bisffosffad carbocsylas, neu wedi'i dalfyrru – rwbisco. Hwn yw'r protein mwyaf cyffredin yn y biosffer, ac mae'r crynodiad uchel hwn yn adlewyrchu ei bwysigrwydd.
- Mae'n ffurfio cyfansoddyn ansefydlog â chwe charbon.
- Mae'r cyfansoddyn chwe charbon yn hollti ar unwaith i ffurfio dau foleciwl o gyfansoddyn tri charbon, sef glyserad-3-ffosffad (GP).
- Mae GP yn cael ei rydwytho gan NADP wedi'i rydwytho i ffurfio trios ffosffad. Mae angen egni i rydwytho moleciwl ac yn yr achos hwn, mae'r egni'n cael ei ddarparu gan yr ATP gafodd ei wneud yn y cyfnod golau-ddibynnol. Trios ffosffad yw'r carbohydrad cyntaf sy'n cael ei wneud ym mhroses ffotosynthesis.
- Mae NADP yn cael ei ailffurfio.
- Mae rhywfaint o'r trios ffosffad yn cael ei drawsnewid yn glwcos ffosffad, ac yna mae hwn yn cyddwyso i ffurfio startsh.
- Mae'r rhan fwyaf o'r trios ffosffad yn mynd drwy gyfres o adweithiau sy'n atffurfio RuBP felly mae'r cylch yn gallu parhau. ATP sydd wedi'i wneud yn y cyfnod golau-ddibynnol sy'n darparu'r egni er mwyn i hyn ddigwydd.

▼ **Pwynt astudio**

O bob chwe moleciwl trios ffosffad sy'n cael eu ffurfio, mae pump yn cael eu defnyddio i atffurfio ribwlos bisffosffad a dim ond un moleciwl sy'n cael ei drawsnewid yn glwcos.

Gwirio gwybodaeth

Nodwch y gair neu'r geiriau coll:

Yn yr adwaith golau-annibynnol, mae carbon deuocsid yn cyfuno â'r derbynnydd 5 carbon, ... Caiff ATP a .... wedi'i rydwytho o'r cyfnod .... eu defnyddio i gynhyrchu ....

Mae asetyl cydensym A yn foleciwl pwysig yn y llwybr resbiradol. Mae disgrifiad o'i swyddogaeth mewn resbiradaeth ar t45.

GWEITHIO'N WYDDONOL

Yr enw ar y dilyniant o ddigwyddiadau yng nghyfnod golau-annibynnol ffotosynthesis yw cylchred Calvin, oherwydd cafodd ei ddarganfod gan Calvin a'i gydweithwyr. Roedden nhw'n defnyddio ^{14}C, radioisotop carbon, wedi'i ymgorffori mewn ïonau hydrogen carbonad, $H^{14}CO_3^-$, fel ffynhonnell carbon deuocsid ar gyfer ffotosynthesis gan y protoctistan *Chlorella*. Cafodd $H^{14}CO_3^-$ ei ychwanegu at dop llestr lolipop fflat. Roedd y *Chlorella* yn cyflawni ffotosynthesis a bob 5 eiliad, cafodd samplau eu rhoi mewn methanol poeth i atal unrhyw adweithiau cemegol pellach. Cafodd y cyfansoddion a gynhyrchwyd eu gwahanu drwy gyfrwng cromatograffaeth a'u henwi.

Y cyfarpar lolipop

blaen   ochr

Syntheseiddio cynhyrchion

Mae anifeiliaid yn bwyta i gael y defnyddiau crai ar gyfer egni a thwf, ond mae organebau ffotosynthetig yn gallu gwneud yr holl foleciwlau sydd eu hangen arnynt. Fel anifeiliaid, mae angen brasterau, proteinau a charbohydradau arnynt, ond gellir gwneud y rhain i gyd, yn uniongyrchol bron, o'r cyfansoddion 3C sy'n cael eu cynhyrchu yng nghylchred Calvin.

Carbohydradau: yr hecsos cyntaf sy'n cael ei wneud yw ffrwctos ffosffad. Mae hwn yn gallu cael ei drawsnewid i ffurfio glwcos a'i gyfuno â'r glwcos i wneud swcros, i'w gludo o gwmpas y planhigyn. Mae'r moleciwlau α-glwcos yn gallu cael eu trawsnewid yn startsh, i'w storio, neu'u trawsnewid yn β-glwcos, sy'n polymeru i ffurfio cellwlos ar gyfer cellfuriau.

Brasterau: mae asetyl cydensym A (AsCoA) yn gallu cael ei syntheseiddio o glyserad-3-ffosffad, sy'n cael ei wneud yng nghylchred Calvin, a'i drawsnewid yn asidau brasterog. Mae trios ffosffad yn gallu cael ei drawsnewid yn uniongyrchol i ffurfio glyserol, cyfansoddyn 3C arall. Mae asidau brasterog a glyserol yn cyflawni adweithiau cyddwyso i ffurfio triglyseridau.

Proteinau: mae glyserad-3-ffosffad hefyd yn gallu cael ei drawsnewid yn asidau amino ar gyfer synthesis proteinau. Mae'r grŵp amino yn deillio o ïonau NH_4^+, sy'n cael eu gwneud o ïonau nitrad (NO_3^-) sy'n dod i mewn drwy'r gwreiddiau ac yn cael eu cludo drwy'r planhigyn i gyd.

Ffactorau cyfyngol mewn ffotosynthesis

Mae angen amgylchedd addas ar blanhigion er mwyn cyflawni ffotosynthesis yn effeithlon. Mae angen y pethau canlynol arnynt:

- Yr adweithyddion carbon deuocsid a dŵr
- Golau â digon o arddwysedd a thonfeddi addas
- Tymheredd addas.

Os yw unrhyw un o'r ffactorau hyn ar goll, all ffotosynthesis ddim digwydd. Mae gan bob ffactor werth optimwm, lle mae cyfradd ffotosynthesis ar ei huchaf. Os yw gwerth unrhyw un yn is na'r optimwm, mae cyfradd ffotosynthesis yn gostwng. Felly, mae gwerth y ffactor hwnnw'n rheoli cyfradd ffotosynthesis. Os yw'n cynyddu, bydd ffotosynthesis yn digwydd yn gyflymach. Mae'r ffactor yn **ffactor gyfyngol**, oherwydd mae'n cyfyngu ar gyfradd ffotosynthesis, neu'n ei rheoli hi.

Crynodiad carbon deuocsid

Wrth i grynodiad carbon deuocsid gynyddu o sero, mae cyfradd yr adweithiau golau-annibynnol yn cynyddu, ac felly mae cyfradd ffotosynthesis yn cynyddu, sy'n dangos bod crynodiad carbon deuocsid yn ffactor gyfyngol. Os yw'r crynodiad yn cynyddu'n uwch na 0.5%, mae cyfradd ffotosynthesis yn aros yn gyson, sy'n awgrymu nad yw crynodiad carbon deuocsid yn effeithio ar gyfradd ffotosynthesis ac nad yw felly yn ffactor gyfyngol ar y crynodiadau hyn. Mae'r gyfradd yn gostwng uwchben tua 1% wrth i'r stomata gau, gan atal mewnlifiad carbon deuocsid.

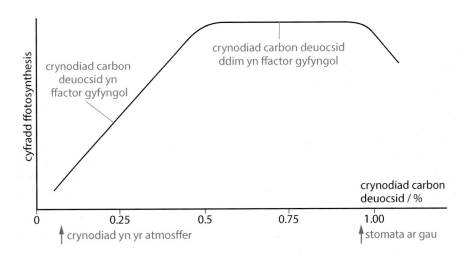

Carbon deuocsid fel ffactor cyfyngol

Mae crynodiad carbon deuocsid fel arfer yn ffactor gyfyngol i ffotosynthesis mewn planhigion daearol, oherwydd mae ei grynodiad yn yr aer tua 0.04%. Mae ffotosynthesis planhigion cnwd ar ei fwyaf effeithlon oddeutu 0.1% carbon deuocsid. Mae arbrofion gyda thomatos yn dangos ffotosynthesis cyflymach fyth ar 0.5%, ond dim ond yn y tymor byr. Mae planhigion dyfrol ac algâu yn defnyddio carbon deuocsid o'r ïon hydrogen carbonad, HCO_3^-. Mae rhai algâu yn gallu defnyddio carbonig anhydras i gynyddu crynodiad carbon deuocsid yn eu celloedd, fel nad yw'n ffactor gyfyngol i'w ffotosynthesis. Mae'r crynodiad optimwm i algâu tua 0.1 mol dm^{-3} h.y. tua 0.1%.

Cyfradd yr adwaith arafaf mewn dilyniant sydd yn pennu cyfradd gyffredinol y broses. Rydym ni'n galw'r adwaith hwn yn gam cyfyngu cyfradd. Yn adweithiau golau-annibynnol ffotosynthesis, yr adwaith sy'n cael ei gatalyddu gan rwbisco yw'r cam cyfyngu cyfradd.

Term Allweddol

Ffactor gyfyngol: Ffactor sy'n cyfyngu ar gyfradd proses ffisegol oherwydd ei bod hi'n brin. Mae cynyddu ffactor gyfyngol yn cynyddu cyfradd y broses.

Mynd ymhellach ▶

Mae carbon deuocsid yn tryledu i ddail ac yn hydoddi, gan wneud asid carbonig. Mae ïonau H^+ sy'n ffurfio wrth i hwn ddaduno yn lleihau'r pH, gan ddadnatureiddio proteinau. Mae stomata yn cau pan mae'r carbon deuocsid yn cyrraedd 1% er mwyn atal hyn.

Cyswllt Ym mlwyddyn gyntaf y cwrs, gwnaethoch chi ddysgu bod carbonig anhydras yn chwarae rhan yng nghelloedd coch y gwaed, yn y broses o gludo carbon deuocsid.

Mynd ymhellach ▶

Mae bridwyr planhigion yn ceisio cynyddu effeithlonrwydd rwbisco, i gynyddu cyfradd y cyfnod golau-annibynnol ac, o ganlyniad, cynnyrch planhigion cnwd. Byddai'n ddefnyddiol cael amrywiaethau o rwbisco sy'n dal i weithio'n effeithlon wrth i dymereddau byd-eang gynyddu.

Arddwysedd golau

Mae arddwysedd golau yn ffactor arwyddocaol o ran rheoli cyfradd ffotosynthesis.

- Os yw'r planhigyn mewn tywyllwch, mae adweithiau golau-annibynnol ffotosynthesis yn dal i fod yn bosibl ond dydy'r adweithiau golau-ddibynnol ddim yn bosibl, felly does dim ocsigen yn cael ei ryddhau.

- Wrth i arddwysedd golau gynyddu, mae'r adweithiau golau-ddibynnol yn digwydd yn fwy a mwy effeithlon, felly mae cyfradd gyffredinol ffotosynthesis yn cynyddu. Mae arddwysedd golau yn rheoli cyfradd ffotosynthesis, felly mae'n ffactor gyfyngol.

- Ar arddwysedd penodol, tua 10 000 lux, mae adweithiau'r cyfnod golau-ddibynnol ar eu cyfradd uchaf. Dydy arddwysedd golau uwch ddim yn cynhyrchu adweithiau cyflymach, felly mae cyfradd ffotosynthesis yn aros yn gyson. Dydy arddwysedd golau ddim yn ffactor gyfyngol.

- Os yw arddwysedd y golau'n uwch fyth, bydd cyfradd ffotosynthesis yn gostwng oherwydd bod y pigmentau ffotosynthetig yn cael eu difrodi. Fyddan nhw ddim yn amsugno golau mor effeithlon, ac felly mae'r cyfnod golau-ddibynnol yn methu.

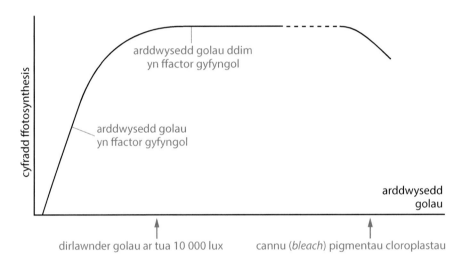

Arddwysedd golau fel ffactor gyfyngol

Planhigion haul a chysgod

Mae gwahanol rywogaethau wedi addasu fel bod eu ffotosynthesis yn fwy effeithlon mewn gwahanol arddwyseddau golau. Mae planhigion haul, fel *Salvia*, yn cyflawni ffotosynthesis yn fwy effeithlon mewn arddwysedd golau uchel ac mae planhigion cysgod fel lili'r dyffrynnoedd yn fwy effeithlon ar arddwysedd golau isel.

Salvia

Lili'r dyffrynnoedd

Gallwn ni asesu ffotosynthesis yn nhermau mewnlifiad carbon deuocsid i gelloedd ffotosynthetig. Wrth i arddwysedd golau leihau, mae cyfradd yr adweithiau golau-ddibynnol yn lleihau. Mae cyfradd yr adweithiau golau-annibynnol hefyd yn lleihau ac felly mae cyfradd mewnlifiad carbon deuocsid yn lleihau. Ar arddwysedd golau penodol, mae angen cyn lleied o garbon deuocsid nes bod resbiradaeth yn darparu'r cyfan sydd ei angen a does dim yn cael ei amsugno. Yn yr un modd, mae'r holl ocsigen sydd ei angen ar gyfer resbiradaeth yn cael ei ddarparu gan ffotosynthesis. Felly, does dim cyfnewid nwyon. Yr arddwysedd golau lle mae hyn yn digwydd yw'r **pwynt digolledu golau**. Mae'n digwydd ar arddwysedd golau is mewn planhigion cysgod nag mewn planhigion haul, felly mae'r rhain yn gallu tyfu mewn cynefinoedd mwy cysgodol na phlanhigion haul.

Term Allweddol

Pwynt digolledu golau (a elwir weithiau'n **pwynt digolledu**): Yr arddwysedd golau lle does gan blanhigyn ddim cyfnewid nwyon net oherwydd mae cyfaint y nwyon sy'n cael eu defnyddio a'u cynhyrchu mewn resbiradaeth a ffotosynthesis yn hafal.

Mynd ymhellach ▶

Mae angen amrediad tymheredd cyfyngedig ar blanhigion i dyfu'n dda, e.e. mae llysiau tymor cynnes, fel tomatos, yn tyfu orau rhwng 16 °C a 27 °C ac mae llysiau tymor oer, fel letys ac ysbigoglys, yn tyfu orau rhwng 10 °C a 21 °C.

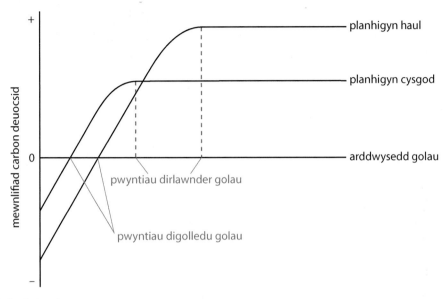

Pwynt digolledu golau

Cyswllt Rydych chi wedi dysgu am effaith tymheredd ar adweithiau sy'n cael eu rheoli gan ensymau yn ystod blwyddyn gyntaf y cwrs hwn.

Tymheredd

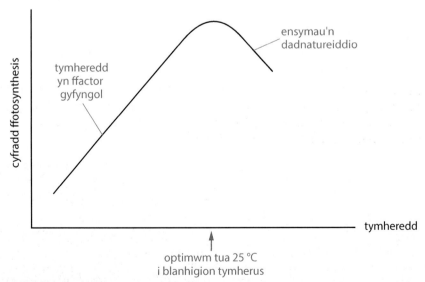

Tymheredd fel ffactor gyfyngol

Mae tymheredd uwch yn cynyddu cyfradd ffotosynthesis oherwydd mae egni cinetig y moleciwlau dan sylw yn cynyddu. Dros dymheredd penodol, sy'n wahanol mewn gwahanol rywogaethau, mae'r ensymau'n dechrau dadnatureiddio ac mae cyfradd ffotosynthesis yn gostwng. Felly, mae tymheredd yn rheoli cyfradd ffotosynthesis ac felly mae'n ffactor gyfyngol.

Mynd ymhellach ▶

Mae'r goblygiadau i gynhyrchu cnydau yn bwysig, oherwydd bydd llai o ddŵr ar gael mewn mannau tyfu cnydau fel ymateb i'r newid yn yr hinsawdd.

Dŵr

Pan mae dŵr yn brin, mae celloedd planhigyn yn plasmolysu, mae stomata'n cau, mae'r planhigyn yn mynd yn llipa ac mae hyn yn effeithio ar lawer o swyddogaethau ffisegol. Mae arbrofion â phlanhigion sydd ddim yn cael digon o ddŵr yn dangos bod hyd yn oed ychydig bach o brinder dŵr yn gallu lleihau faint o garbohydrad sy'n cael ei wneud, felly mae faint o ddŵr sydd ar gael yn ffactor gyfyngol i ffotosynthesis. Ond gan fod hyn yn effeithio ar gymaint o systemau, dydy hi ddim yn hawdd gweld yr effaith ar ffotosynthesis yn unig.

Mae ffactorau cyfyngol yn gallu cyfuno

Weithiau, bydd gan blanhigyn werthoedd optimaidd ar gyfer yr holl ffactorau amgylcheddol hyn, ac yna bydd yn cyflawni ffotosynthesis yn effeithlon ac yn tyfu'n dda. Ond os yw llawer o'r ffactorau hyn yn cyfyngu ar blanhigyn, er enghraifft blodyn y gwynt mewn coedwig dderw ar fore oer yn y gwanwyn, pan mae tymheredd ac arddwysedd golau'n isel, bydd ei allu i gyflawni ffotosynthesis yn lleihau a bydd yn tyfu'n araf. Y ffactor sydd agosaf at ei gwerth isaf posibl yw'r un sy'n rheoli gwir gyfradd ffotosynthesis.

Blodau'r gwynt

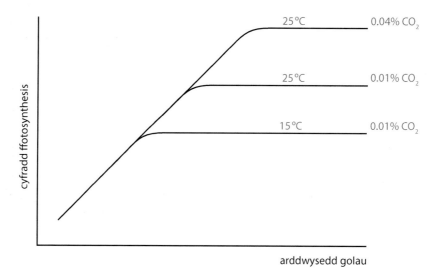

Mae ffactorau cyfyngol yn gallu cyfuno

Mynd ymhellach ▶

Mae ffactorau cyfyngol yn berthnasol i bob proses a phob organeb fyw, nid dim ond ffotosynthesis mewn planhigion datblygedig. Mae arddwysedd golau yn ffactor gyfyngol bwysig mewn cymunedau dyfrol. Mae rhan ffotig corff dŵr yn cynrychioli'r dyfnder mae golau'n treiddio iddo. Nid yw'n aml yn fwy na 150 m, felly rhaid i'r organebau sy'n cyflawni ffotosynthesis aros o fewn y dyfroedd arwyneb hyn. Does dim llawer o olau o gwbl yn treiddio drwy'r rhan 'ddysffotig' ac yn y rhan 'affotig' does dim golau'n treiddio o gwbl. Heb ffotosynthesis, yr unig ocsigen o dan y rhan ffotig yw ocsigen sydd wedi tryledu i lawr o'r arwyneb, felly mae cyfradd fetabolaidd yr organebau yno yn isel. Dim ond y rhan ffotig sy'n gallu cynnal gwe fwyd o organebau sy'n pori. O dan y rhan ffotig, rhaid i organebau ddefnyddio technegau anarferol i gael bwyd, fel cemosynthesis, sydd wedi'i ddisgrifio ar t72, a bwyta detritws, fel morfilod marw sydd ar wely'r môr. Mae'r carcasau morfilod yn gallu bod mor ddwfn â 3000 m ac, mewn tywyllwch llwyr, maen nhw'n cynnal cymunedau anifeiliaid nodweddiadol gan gynnwys y mwydyn esgyrn, *Osedax*, sy'n tyllu i mewn i'r esgyrn i gael bwyd, Crustacea fel isopodau mawr, cimychiaid byrdew, crancod a berdys, pysgod fel ellyllon môr a siarcod cwsg, a chwerwddwr y môr.

Maethiad mwynol

Mae ar blanhigion angen maetholion anorganig a gall y rhain fod yn ffactorau cyfyngol i'w metabolaeth os nad oes llawer ohonyn nhw ar gael. Mae ganddyn nhw amryw o swyddogaethau:

- Adeileddol, e.e. calsiwm yn lamela canol cellfuriau.

- Syntheseiddio cyfansoddion sydd eu hangen ar gyfer twf y planhigyn, e.e. i actifadu ensymau – mae angen magnesiwm ar ATPas a DNA polymeras.

- Maen nhw'n gallu ffurfio rhan annatod o foleciwl, e.e. magnesiwm mewn cloroffyl, haearn yng nghludyddion y gadwyn drosglwyddo electronau a manganîs yn ffotosystem II.

Mae macrofaetholion yn cynnwys nitrogen, potasiwm, sodiwm, magnesiwm, calsiwm, nitrad a ffosffad. Mae angen mwy o'r rhain na'r microfaetholion, er enghraifft manganîs a chopr.

Nitrogen

Mae'r rhan fwyaf o'r nitrogen yn y pridd yn yr hwmws, mewn moleciwlau organig o organebau sy'n pydru. Mae nitrogen anorganig yn bodoli fel ïonau amoniwm, NH_4^+ neu ïonau nitrad, NO_3^-. Mae planhigion yn cael nitrogen drwy'r gwreiddiau ar ffurf nitradau gan mwyaf, ond mae *Rhizobium* yn y gwreiddgnepynnau hefyd yn darparu ïonau amoniwm i'r planhigyn. Mae'r ïonau'n cael eu cludo yn y sylem a'u danfon i'r celloedd. Mae nitrad yn cael ei drawsnewid yn ïonau amoniwm, sy'n ffurfio grwpiau amino ($-NH_2$) asidau amino. Mae asidau amino'n cael eu cludo yn y ffloem a'u defnyddio i syntheseiddio proteinau, cloroffyl a niwcleotidau.

Oherwydd ei fod yn cyfrannu at synthesis proteinau ac asidau niwclëig, mae symptomau diffyg nitrogen yn cynnwys llai o dwf yn y planhigyn cyfan. Mae nitrogen yn un o gydrannau cloroffyl ac felly mae ei ddiffyg hefyd yn achosi clorosis, pan fydd dail yn troi'n felyn gan nad oes digon o gloroffyl yn cael ei gynhyrchu. Mae clorosis yn ymddangos mewn dail hŷn yn gyntaf.

Dail clorotic *Brassica napus*

Magnesiwm

Caiff magnesiwm ei amsugno ar ffurf Mg^{2+} a'i gludo yn y sylem. Mae ei angen ar bob meinwe, ond yn enwedig dail. Mae magnesiwm yn ffurfio rhan o'r moleciwl cloroffyl ac felly clorosis yw prif symptom diffyg magnesiwm. Mae hyn yn dechrau rhwng gwythiennau dail hŷn wrth i'r magnesiwm sy'n bodoli yn y planhigyn gael ei symud a'i gludo i ddail newydd. Mae ïonau magnesiwm hefyd yn bwysig i actifadu ensymau fel ATPas.

4

Gwirio gwybodaeth

Parwch y termau 1–4 â'r disgrifiadau A–CH.

1. Ffactor gyfyngol.
2. Planhigyn cysgod.
3. Clorosis.
4. Pwynt digolledu.

A. Dail yn troi'n felyn mewn perthynas â diffyg magnesiwm.
B. Yr arddwysedd golau lle does gan blanhigyn ddim cyfnewid nwyon net.
C. Planhigyn sy'n cyflawni ffotosynthesis yn fwy effeithlon mewn arddwysedd golau isel.
CH. Ffactor sydd, os caiff ei gwerth ei gynyddu, yn cynyddu cyfradd ffotosynthesis yn uniongyrchol.

Ymarferion ymarferol

Defnyddio cromatograffaeth i ymchwilio i wahanu pigmentau cloroplastau

Sail resymegol

Mae gan blanhigion blodeuol ddau brif grŵp o bigmentau cloroplast, sef cloroffyl a charotenoidau, ac mae'r rhain wedi'u lleoli ar bilenni lamelâu'r stroma a'r grana. Gallwn ni eu hechdynnu nhw drwy eu hydoddi nhw mewn hydoddydd organig a'u gwahanu nhw drwy ddefnyddio cromatograffaeth.

Yn nhechneg cromatograffaeth bapur, mae cymysgedd mewn hydoddiant yn cael ei roi ar bapur â mandyllau bach iawn o'r un maint â'i gilydd, sef papur cromatograffaeth. Mae'r hydoddiant yn symud drwy'r sianeli drwy gyfrwng capilaredd, ac wrth iddo wneud hynny, mae'r hydoddydd yn anweddu fel bod yr aer o'i gwmpas yn ddirlawn â'i anwedd. Mae gwahanol hydoddion yn dod allan o'r hydoddiant mewn gwahanol fannau ar y cromatogram. Y mwyaf hydawdd yw'r hydoddyn a'r lleiaf y mae'n arsugno wrth y papur cromatograffaeth, y pellaf y bydd yn teithio cyn dod allan o'r hydoddiant. Os defnyddir hydoddydd addas, bydd holl gydrannau'r cymysgedd yn gwaddodi mewn mannau gwahanol.

Mae hyn yn golygu bod patrwm cromatogram yn dibynnu ar y canlynol:

- Yr hydoddydd sy'n cael ei ddefnyddio i echdynnu'r cymysgedd i'w wahanu.
- Yr hydoddydd sy'n cael ei ddefnyddio i wahanu'r cymysgedd.
- Priodweddau ffisegol a chemegol y papur cromatograffaeth.

Mae'r un egwyddorion yn berthnasol os ydym ni'n defnyddio gel silica yn lle papur cromatograffaeth. Fodd bynnag, er mwyn cymharu cromatogramau mewn modd ystyrlon, rhaid iddynt fod wedi'u paratoi yn union yr un fath â'i gilydd.

Cyfarpar

- Dail ysbigoglys
- Siswrn
- Tywod: mae hwn yn sgrafellog (*abrasive*) ac yn helpu i dorri celloedd
- Pestl
- Morter
- Propanon: i echdynnu'r pigmentau ac fel cydran o'r cymysgedd i'w wahanu
- Dŵr distyll
- Ether petroliwm (ffracsiwn 40–60 °C): cydran o'r cymysgedd i'w wahanu
- Stribedi papur cromatograffaeth, 20 mm × 300 mm
- Pensil
- Pren mesur
- Tiwb capilari
- Sychwr gwallt
- Tiwb berwi
- Topyn
- Pibed ddiferu
- Ffiol (*Vial*)

Dull

Paratoi'r hydoddiant pigment

1. Malwch 2 g o ddail ysbigoglys wedi'u torri'n fân gyda phinsiad o dywod mewn 5 cm³ o bropanon, i wneud slwtsh.
2. Ysgwydwch y cymysgedd yn egnïol gyda 3 cm³ o ddŵr distyll.
3. Gadewch y cymysgedd am 8 munud.
4. Cymysgwch ef â 3 cm³ o ether petroliwm, drwy ei ysgwyd yn ysgafn.
5. Gadewch iddo sefyll fel bod yr haenau'n gwahanu.
6. Trosglwyddwch yr haen uchaf o ether petroliwm, sy'n cynnwys y pigmentau cloroplastau, i ffiol, gan ddefnyddio piped ddiferu.

Paratoi'r papur cromatograffaeth

1. Tynnwch linell â phensil ar draws y papur cromatograffaeth 20 mm o un pen.
2. Tynnwch yr hydoddiant pigment cloroplastau i mewn i diwb capilari a rhowch smotyn bach ar ganol y llinell bensil. Gwnewch yn siŵr nad yw'r tiwb capilari'n mynd drwy'r papur cromatograffaeth nac yn ei rwygo.
3. Sychwch y smotyn â sychwr gwallt mor gyflym â phosibl i'w atal rhag ymledu.
4. Ailadroddwch hyn nes bod yna smotyn bach, dwys o'r pigment.

Cynnal y cromatogram

1. Rhowch gymysgedd ffres 2:1 o bropanon:ether petroliwm yn y tiwb berwi hyd at ddyfnder o 5 mm.
2. Llithrwch y papur cromatograffaeth i mewn i'r tiwb berwi, gan ofalu nad yw'n cyffwrdd ag ochrau'r tiwb berwi, fel bod ei ben ychydig bach yn is nag arwyneb yr ethanol ond y smotyn yn uwch nag ef, heb fod yn ei gyffwrdd.
3. Plygwch ben y papur cromatograffaeth dros ymyl y tiwb berwi a daliwch ef yn ei le â thopyn rwber.
4. Heb symud y tiwb berwi, gadewch i'r hydoddydd ddringo i fyny'r papur nes ei fod 10 mm oddi wrth y top.
5. Tynnwch y papur cromatograffaeth allan o'r tiwb berwi a thynnu llinell bensil ar draws y papur ar unwaith i farcio ffin yr hydoddydd.
6. Gadewch i'r papur cromatograffaeth sychu.

Asesu risg

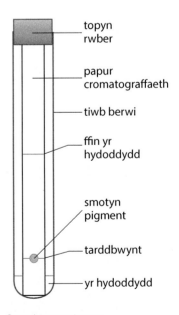

Perygl		Risg	Mesur rheoli
Propanon / Ether petroliwm	Gallai achosi niwed i'r llygaid	Mwydo defnydd dail; Arllwys hydoddydd cromatograffaeth	Sbectol diogelwch
	Gallai ddiseimio'r croen	Mwydo defnydd dail; Arllwys hydoddydd cromatograffaeth	Gwisgo menig
	Gallai ei fewnanadlu waethygu problemau resbiradol	Mwydo defnydd dail; Arllwys hydoddydd cromatograffaeth	Gweithio mewn cwpwrdd gwyntyllu
	Peryglon tân	Cynnau ar ddamwain	Gweithio mewn cwpwrdd gwyntyllu

topyn rwber

papur cromatograffaeth

tiwb berwi

ffin yr hydoddydd

smotyn pigment

tarddbwynt

yr hydoddydd

Cynnal y cromatogram

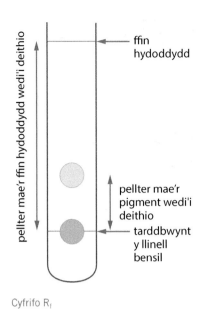

pellter mae'r ffin hydoddydd wedi'i deithio

ffin hydoddydd

pellter mae'r pigment wedi'i deithio

tarddbwynt y llinell bensil

Cyfrifo R_f

Adnabod y pigmentau

- Mesurwch y pellter o'r tarddbwynt i ffin yr hydoddydd.
- Mesurwch y pellter o'r tarddbwynt i ganol pob smotyn pigment.
- Cyfrifwch R_f ar gyfer pob pigment, lle mae

$$R_f = \frac{\text{pellter mae'r pigment wedi'i deithio}}{\text{pellter mae ffin yr hydoddydd wedi'i deithio}}$$

- Gallwch chi ddefnyddio data sydd wedi'u cyhoeddi i adnabod y pigmentau oherwydd mae R_f yn gyson ar gyfer pob pigment mewn hydoddydd penodol. Mae'r tabl yma'n dangos data gwahaniad â chromatograffaeth bapur mewn 2:1 propanon:ether petroliwm.

Lliw'r smotyn	Pigment	R_f
melyn	β-caroten	0.96
melynfrown	santhoffyl	0.75
llwyd	ffaeoffytin	0.70
gwyrddlas	cloroffyl-a	0.58
gwyrdd	cloroffyl-b	0.48

Canlyniadau

- Os yw'r pellter o'r tarddbwynt i ffin yr hydoddydd = 185 mm, defnyddiwch y mesuriadau canlynol i gyfrifo R_f pob pigment
- Defnyddiwch y tabl uchod i awgrymu beth yw pob pigment.

Rhif y smotyn	Pellter o'r tarddbwynt / mm	$R_f = \dfrac{\text{pellter mae'r pigment wedi'i deithio}}{\text{pellter mae ffin yr hydoddydd wedi'i deithio}}$	Pigment
1	176		
2	144		
3	124		
4	104		
5	92		

Gwaith pellach

- Profi effaith gwahanol gyfnodau o dywyllwch ar bigmentau dail.
- Cymharu pigmentau mewn dail collddail ar wahanol adegau o'r flwyddyn.
- Ymchwilio i effaith diffyg magnesiwm neu haearn ar bigmentau dail drwy dyfu planhigion o hadau mewn hydoddiant heb ddim magnesiwm neu heb ddim haearn.

Ymchwilio i swyddogaeth nitrogen a magnesiwm ym mhroses twf planhigion

Sail resymegol

Mae planhigion yn amsugno ïonau nitrad ac ïonau magnesiwm drwy eu gwreiddiau. Mae'r nitrad yn darparu'r nitrogen sydd ei angen i syntheseiddio asidau amino, niwcleotidau a chloroffyl. Mae angen ïonau magnesiwm i wneud cloroffyl, a hefyd i actifadu ensymau. Heb yr ïonau hyn, mae twf a datblygiad yn dioddef.

Mae llinad y dŵr, *Lemna sp.*, yn blanhigyn blodeuol bach iawn, heb wir goesyn na gwreiddiau. Mae corff y planhigyn wedi'i wneud o ffrondau gyda nifer bach o wreiddiau'n hongian lawr i mewn i'r dŵr. Mae fel arfer yn atgynhyrchu'n anrhywiol, o feristem ar waelod y ffrond.

Cyfarpar

- Cyfrwng meithrin hylifol di-haint:
  - Cyfrwng cyflawn, yn cynnwys y catïonau Ca^{2+}, Mg^{2+}, Na^+, K^+ a Fe(III), a'r anïonau SO_4^-, PO_4^{3-}, Cl^- ac NO_3^- .
  - Cyfrwng heb ïonau nitrad
  - Cyfrwng heb ïonau magnesiwm
- Dysglau Petri 9 cm di-haint
- Llinad y dŵr, *Lemna sp.*
- 1% sodiwm hypoclorit
- Dŵr distyll di-haint
- Biceri 250 cm^3 di-haint
- Dolen facteriol ddi-haint

Planhigyn llinad y dŵr

Dull

Diheintio arwyneb llinad y dŵr

- Rhowch y planhigion mewn 100 cm^3 o 1% sodiwm hypoclorit mewn bicer am 30 eiliad, a'i chwyrlïo'n ysgafn am 1 munud.
- Arllwyswch y sodiwm hypoclorit i ffwrdd a boddwch y planhigion â dŵr distyll di-haint. Chwyrlïwch ef yn ysgafn am 1 munud.
- Arllwyswch y dŵr distyll i ffwrdd a boddwch y planhigion eto â dŵr distyll di-haint. Chwyrlïwch ef yn ysgafn am 1 munud.
- Arllwyswch y dŵr distyll i ffwrdd a rhowch ddŵr distyll di-haint ffres yn ei le.

Meithrin y planhigion

Defnyddio techneg ddi-haint:

- Rhowch 5 cm^3 o'r cyfrwng ym mhob dysgl Petri.
- Trosglwyddwch 20 o unigolion *Lemna* i bob dysgl, gan ddefnyddio dolen facteriol ddi-haint i'w codi nhw o'u gwaelod, i osgoi eu difrodi nhw.
- Rhowch nhw mewn golau amgylchol (*ambient*) ar dymheredd ystafell.
- Monitrwch nhw am gyfnod o bythefnos.

Asesu risg

Perygl	Risg	Mesur rheoli
Mae'r hydoddiant meithrin yn gallu bod yn llidus i'r croen neu'r llygaid	Gallech ddod i gysylltiad â nhw wrth ei baratoi neu ei arllwys	Gwisgo sbectol diogelwch a gorchuddio'r croen

Canlyniadau

Cyfrwng	Disgrifiad o'r planhigion
Cyflawn	Planhigion gwyrdd; ffrondau newydd wedi ffurfio; llawer o wreiddiau i'w gweld
Diffyg nitrad	Dail yn felynwyrdd; dim ffrondau newydd; ychydig bach o wreiddiau byr
Diffyg magnesiwm	Dail â darnau melyn; rhai â ffrondau newydd; llawer o wreiddiau i'w gweld

Gwaith pellach

- Gallech chi brofi màs sych y dail ar ôl eu meithrin nhw mewn gwahanol gyfryngau.
- Gallech chi echdynnu pigmentau o'r dail, eu gwahanu nhw drwy gyfrwng cromatograffaeth a'u henwi nhw.

Ymchwilio i effaith crynodiad carbon deuocsid ar gyfradd ffotosynthesis

Sail resymegol

Gallwn ni asesu effaith crynodiad carbon deuocsid ar gyfradd ffotosynthesis mewn dyfrllys drwy fesur cyfaint yr ocsigen sy'n cael ei gynhyrchu mewn ffotosynthomedr. Mae'r carbon deuocsid yn cael ei ddarparu gan hydoddiant sodiwm hydrogen carbonad. Mae'n cael ei ddefnyddio yng nghyfnod golau-annibynnol ffotosynthesis, yn y cam cyfyngu cyfradd:

$$\text{ribwlos bisffosffad + carbon deuocsid} \xrightarrow{\text{rwbisco}} \text{rhyngolyn 6C ansefydlog.}$$

Dyluniad

Newidyn	Enw'r newidyn	Gwerth y newidyn		
Annibynnol	Crynodiad y carbon deuocsid	Sodiwm hydrogen carbonad 0, 0.01, 0.1, 0.5, 1 mol dm^{-3}		
Dibynnol	Cyfaint yr ocsigen	Wedi'i fesur mewn cm^3		
Rheoledig	Arddwysedd golau	Defnyddio'r un bwlb golau ar bellter cyson drwy gydol yr arbrawf		
	Tymheredd	Tiwb berwi mewn baddon dŵr, wedi'i fonitro â thermomedr		
Rheolydd	Ailadrodd yr arbrawf dan yr un amodau gan ddefnyddio dyfrllys wedi'i ferwi.			
Dibynadwyedd	Gwnewch 3 darlleniad ar bob crynodiad carbon deuocsid a chyfrifwch gyfaint ocsigen cymedrig.			
Asesu risg		Perygl	Risg	Mesur rheoli
		Mae sodiwm hydrogen carbonad yn gallu bod yn llidus i'r croen a'r llygaid	Wrth wneud hydoddiannau neu eu harllwys nhw	Pwyso'r solid mewn cwpwrdd gwyntyllu
		Gallai nwy gronni yn y ddysgl meithrin ac achosi i'r gwydr dorri	Yn ystod cyfnod yr arbrawf	Gwisgo sbectol diogelwch
		Gallai gormod o wres o'r lamp achosi llosgiadau	Wrth drin cyfarpar	Sicrhau nad yw'n dod i gysylltiad â'r croen

Dull

- Rhowch ddyfrllys fel cyrnddail (*Ceratophyllum demersum*) neu darian y dŵr (*Cabomba furcata*), dan oleuadau, gyda chyflenwad o swigod aer am lawer o oriau cyn yr arbrawf.
- Rhowch 30 cm^3 o'r hydoddiant sodiwm hydrogen carbonad yn y tiwb berwi.
- Rhowch ddarn o ddyfrllys yn y tiwb berwi, gyda'r coesyn am i fyny.
- Torrwch ben y coesyn i ffwrdd â siswrn miniog.
- Rhowch y tiwb berwi mewn bicer o ddŵr i gynnal ei dymheredd; gallwch chi fonitro hwn â thermomedr.
- Llenwch y chwistrell â hydoddiant hydrogen carbonad a gwthiwch y plymiwr i mewn i gael gwared ar yr holl aer o'r cyfarpar, a fel bod y tiwb wedi'i lenwi'n gyfan gwbl â hydoddiant.
- Rhowch y twndis ym mhen y tiwb dros ben y dyfrllys sydd wedi'i dorri. Defnyddiwch efel grom i sicrhau bod pen y dyfrllys o dan y twndis.
- Rhowch lamp 200 mm oddi wrth y bicer sy'n dal y tiwb berwi, a defnyddiwch orchudd gwres os yw'r bwlb yn un gwynias.
- Gadewch i'r dyfrllys ecwilibreiddio am 5 munud.
- Gwthiwch y plymiwr i mewn i orfodi unrhyw nwy sydd wedi cronni yn ystod y broses ecwilibreiddio i adael y tiwb.
- Dechreuwch yr amserydd.

- Ar ôl 3 munud, tynnwch blymiwr y chwistrell yn ôl fel bod y swigen nwy sydd wedi'i chasglu yn y tiwb capilari wrth y raddfa raddedig.
- Os yw'r raddfa wedi'i graddio mewn cm^3, darllenwch gyfaint y swigen nwy yn uniongyrchol. Os yw'r raddfa wedi'i graddio mewn cm, dyma sut i ganfod y cyfaint:
  - Mesurwch ddiamedr y tiwb capilari i ganfod y radiws (radiws, $r = \frac{diamedr}{2}$).
  - Cyfrifwch arwynebedd y trawstoriad (arwyneb, $A = \pi r^2$).
  - Cyfrifwch gyfaint y swigen (cyfaint, $V = \pi r^2 \times$ hyd y swigen).
- Gwthiwch y chwistrell i mewn fel bod y swigen aer yn cael ei gorfodi i mewn i'r hydoddiant yn y tiwb berwi er mwyn gwneud darlleniad arall.

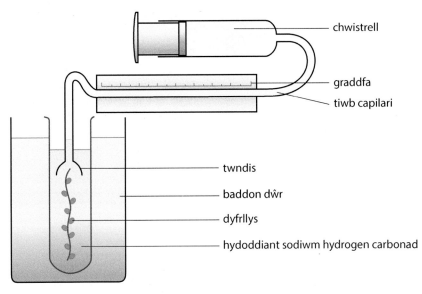

chwistrell

graddfa

tiwb capilari

twndis

baddon dŵr

dyfrllys

hydoddiant sodiwm hydrogen carbonad

Ffotosynthomedr

Ffynhonnell gwall

Mae cyfaint yr ocsigen sy'n cael ei gynhyrchu yn amcangyfrif rhy isel oherwydd:

- Mae rhywfaint o'r ocsigen sy'n cael ei gynhyrchu gan ffotosynthesis yn cael ei ddefnyddio yn ystod resbiradaeth.
- Mae ocsigen ychydig bach yn hydawdd mewn dŵr.

Felly, bydd gwall bach, ond cyson, yn y mesuriad cyfaint.

Canlyniadau enghreifftiol

Crynodiad y sodiwm hydrogen carbonad / mol dm^{-3}	Cyfaint yr ocsigen gafodd ei gasglu mewn 3 munud / cm^3				Cyfaint yr ocsigen gafodd ei gasglu bob munud / cm^3
	1	2	3	Cymedr	
0	0	0	0	0	0
0.1	2.0	2.6	2.6		
0.5	4.0	3.9	3.5		
0.75	3.9	3.6	3.6		
1	4.1	3.5	3.8		

- Cwblhewch y tabl a phlotiwch y data ar graff.
- Darganfyddwch grynodiad yr hydoddiant sodiwm hydrogen carbonad lle mae adweithiau cyfnod golau-annibynnol ffotosynthesis yn dod yn gyson. Gallwn ni feddwl am hwn fel y crynodiad lle mae rwbisco, sy'n cataleiddu'r cam cyfyngu cyfradd mewn ffotosynthesis, yn dod yn ddirlawn.

Gwaith pellach

- Profi effaith tymheredd drwy roi'r tiwb berwi sy'n cynnwys y dyfrllys mewn baddonau dŵr sydd wedi'u cadw ar wahanol dymheredd.
- Profi effaith arddwysedd golau drwy symud y lamp i wahanol bellteroedd oddi wrth y dyfrllys.
- Profi effaith tonfedd golau drwy orchuddio'r bicer â hidlyddion gwahanol liwiau. Er mwyn i'r dyfrllys gael yr un arddwysedd golau ar bob tonfedd, rhaid gwneud darlleniadau â mesurydd golau wedi'i orchuddio â'r hidlyddion dros y chwiliedydd, i ganfod pellter y lamp, ar bob tonfedd, sy'n cynhyrchu'r un arddwysedd golau.

Pennod 3

Mae resbiradaeth yn rhyddhau egni cemegol mewn prosesau biolegol

Mae egni cemegol sy'n cael ei ymgorffori mewn moleciwlau organig yn ystod ffotosynthesis yn cael ei ryddhau yn ystod resbiradaeth. Pe bai moleciwlau sy'n cynnwys llawer o egni'n cael eu hymddatod yn uniongyrchol, byddai'r egni'n cael ei ryddhau mewn modd afreolus. Yn lle hyn, caiff egni ei drosglwyddo i ryngolyn, ATP, mewn dilyniant o adweithiau ocsidio-rhydwytho, sy'n rhyddhau'r egni mewn symiau bach, hawdd eu rheoli. Mae ATP yn gronfa o egni cemegol potensial ac mae'n gweithredu fel rhyngolyn cyffredin mewn metabolaeth, gan gysylltu adweithiau sy'n defnyddio egni ac adweithiau sy'n cynhyrchu egni. Mae ymddatod cyfansoddion sy'n cynnwys llawer o egni yn absenoldeb ocsigen, yn rhyddhau llawer llai o egni nag os yw ocsigen yn bresennol.

Cynnwys y testun

Erbyn diwedd y testun hwn, byddwch chi'n gallu gwneud y canlynol:

- Amlinellu resbiradaeth fel cyfres o bedwar cam gwahanol sydd wedi'u cysylltu: glycolysis, yr adwaith cyswllt, cylchred Krebs a'r gadwyn trosglwyddo electronau.

- Esbonio bod glycolysis yn digwydd yn y cytoplasm lle caiff glwcos ei ymddatod i ffurfio pyrwfad gan gynhyrchu ATP ac NAD wedi'i rydwytho.

- Disgrifio sut mae pyrwfad yn tryledu i fatrics y mitocondrion ac yn trawsnewid yn asetyl cydensym A yn yr adwaith cyswllt.

- Disgrifio cylchred Krebs fel cyfres o adweithiau sy'n arwain at ffurfio ATP a charbon deuocsid, a rhydwytho'r cydensymau NAD ac FAD.

- Esbonio bod cylchred Krebs yn cynnwys adweithiau datgarbocsyleiddiad a dadhydrogeniad.

- Esbonio bod ffosfforyleiddiad ocsidiol wedi'i leoli ar gristâu'r mitocondria ac yn defnyddio cludyddion electronau, pympiau protonau ac ATP synthetas i gynhyrchu ATP.

- Disgrifio sut mae resbiradaeth anaerobig yn dibynnu ar glycolysis yn unig, gan drawsnewid pyrwfad yn ethanol a charbon deuocsid mewn ffyngau a phlanhigion dan rai amodau penodol, ac yn lactad mewn anifeiliaid.

- Deall bod resbiradaeth anaerobig yn cynhyrchu llawer llai o egni na resbiradaeth aerobig.

- Disgrifio sut gallwn ni ddefnyddio brasterau ac asidau amino fel ffynonellau egni amgen.

Golwg gyffredinol ar resbiradaeth

Gallwn ni ddiffinio bywyd mewn llawer o wahanol ffyrdd, ond un peth sy'n gyffredin ym mhob model bywyd yw presenoldeb metabolaeth. Mae'r term metabolaeth yn cyfeirio at holl adweithiau'r organeb. Mae resbiradaeth yn llwybr metabolaidd, sy'n golygu ei fod yn ddilyniant o adweithiau dan reolaeth ensymau. Mae adweithiau resbiradaeth yn gatabolig. Maen nhw'n ymddatod macrofoleciwlau sy'n cynnwys llawer o egni, fel glwcos ac asidau brasterog. Yn ystod resbiradaeth, caiff bondiau C–C, C–H a C–OH eu torri i ffurfio bondiau â llai o egni. Mae'r gwahaniaeth egni'n caniatáu ffosfforyleiddiad ADP i ffurfio ATP. Dydy ATP ddim yn 'cynhyrchu' egni, ond mae'n rhyddhau egni wrth gael ei hydrolysu. Mae'r egni hwn ar gael i'r gell ei ddefnyddio, neu caiff ei golli ar ffurf gwres.

Mae tri math o ffosfforyleiddiad:

1. Ffosfforyleiddiad ocsidiol, sy'n digwydd ar bilenni mewnol y mitocondria yn ystod resbiradaeth aerobig. Mae'r egni i wneud yr ATP yn dod o adweithiau ocsidio-rhydwytho ac mae'n cael ei ryddhau wrth i electronau gael eu trosglwyddo ar hyd cadwyn o foleciwlau cludo electronau (*electron carrier molecules*).

2. Ffotoffosfforyleiddiad, sy'n digwydd ar bilenni thylacoid y cloroplastau yn ystod cyfnod golau-ddibynnol ffotosynthesis. Mae'r egni i wneud yr ATP yn dod o olau ac mae'n cael ei ryddhau wrth i electronau gael eu trosglwyddo ar hyd cadwyn o foleciwlau cludo electronau.

3. Ffosfforyleiddiad lefel swbstrad, sy'n digwydd pan gaiff grwpiau ffosffad eu trosglwyddo o foleciwlau cyfrannol, e.e. glyserad-3-ffosffad, i ADP i wneud ATP yn ystod glycolysis, neu os oes digon o egni wedi'i ryddhau ar gyfer adwaith i rwymo ADP â ffosffad anorganig, e.e. yng nghylchred Krebs.

Rydym ni'n adnabod tri grŵp o organebau, gan ddibynnu ar eu resbiradaeth:

- Mae'r rhan fwyaf o organebau byw'n **resbiradu'n aerobig**, gan ddefnyddio ocsigen i ymddatod swbstradau, a rhyddhau swm cymharol fawr o egni. Aerobau anorfod yw'r rhain.

- Mae rhai micro-organebau, gan gynnwys burum a llawer o facteria, yn resbiradu'n aerobig, ond hefyd yn gallu resbiradu heb ocsigen; anaerobau amryddawn yw'r rhain.

- Mae rhai rhywogaethau bacteria ac Archaea yn defnyddio **resbiradaeth anaerobig**. Maen nhw'n resbiradu heb ocsigen a dydyn nhw ddim yn gallu tyfu os oes ocsigen yn bresennol. Anaerobau anorfod yw'r rhain.

▼ Pwynt astudio

Mae moleciwl cyfnewid egni, fel ATP, yn gweithredu fel rhoddwr egni uniongyrchol i fodloni anghenion metabolaidd y gell. Mae moleciwl storio egni, fel startsh, yn storfa hirdymor o egni cemegol potensial.

Termau Allweddol

Resbiradaeth aerobig: Rhyddhau symiau mawr o egni, a'i ddarparu ar ffurf ATP, drwy ymddatod moleciwlau. Ocsigen yw'r derbynnydd electronau terfynol.

Resbiradaeth anaerobig: Ymddatod moleciwlau yn absenoldeb ocsigen, gan ryddhau swm cymharol lai o egni, a gwneud ychydig bach o ATP drwy gyfrwng ffosfforyleiddiad lefel swbstrad.

Mynd ymhellach ▶

Resbiradaeth yw'r broses o ryddhau egni o fwyd. Yn fwy penodol, resbiradaeth yw'r broses o gynhyrchu ATP. Celloedd ewcaryotig sydd â'r mecanwaith biolegol mwyaf effeithlon ar gyfer hyn. Yn y bôn, maen nhw'n tynnu electronau o glwcos ac yn eu pasio nhw, yn eu mitocondria, i ocsigen. Ond ymysg yr Archaea a'r Eubacteria, mae llawer mwy o bosibiliadau. Does dim rhaid i'r ffynhonnell electronau fod yn glwcos. Does dim rhaid iddi fod yn organig hyd yn oed, ac mae rhai celloedd yn defnyddio mwynau fel hydrogen sylffid, nwy hydrogen neu ïonau Fe(II) i gael electronau. Does dim rhaid i'r derbynnydd terfynol fod yn ocsigen. Mae rhai procaryotau'n defnyddio ïonau nitrad, nitraid, sylffad neu sylffit. Mae'r un bacteriwm yn gallu defnyddio gwahanol ffynonellau a suddfannau electronau gan ddibynnu ar ei amgylchedd, oherwydd mae'n hawdd iddo gael y genynnau sy'n codio ar gyfer yr ensymau gofynnol gan facteria eraill. Gall un bacteriwm fod â mwy o amrywiaeth bosibl o fewn ei lwybrau resbiradol na holl barth yr Ewcaryotau.

▼ **Pwynt astudio**

Mae asid mewn hydoddiant (e.e. asid pyrwfig) yn gwneud ïon (e.e. pyrwfad). Mae'r asidau yn y gell wedi'u hydoddi, felly rydym ni'n defnyddio enwau ïonau'r asidau, sy'n diweddu ag '-ad' yma, yn hytrach nag enwau'r asidau.

Sylwch

Er bod glwcos yn cynnwys llawer o egni mae'n gymharol anadweithiol oni bai ei fod wedi'i ffosfforyleiddio.

Term Allweddol

Dadhydrogeniad: Tynnu un neu fwy o atomau hydrogen allan o foleciwl.

Resbiradaeth aerobig

Gallwn ni rannu resbiradaeth aerobig yn bedwar cam gwahanol sydd wedi'u cysylltu:

- Glycolysis, sy'n digwydd mewn hydoddiant yn y cytoplasm ac yn cynhyrchu pyrwfad, ATP ac NAD wedi'i rydwytho.

- Yr adwaith cyswllt, mewn hydoddiant ym matrics y mitocondrion. Mae pyrwfad yn cael ei drawsnewid yn asetyl cydensym A.

- Cylchred Krebs, mewn hydoddiant ym matrics y mitocondrion yn cynhyrchu carbon deuocsid ac FAD ac NAD wedi'i rydwytho.

- Y gadwyn trosglwyddo electronau, ar gristâu pilen fewnol y mitocondrion, lle mae'r egni o brotonau ac electronau yn cynhyrchu ATP o ADP a ffosffad anorganig, P_i.

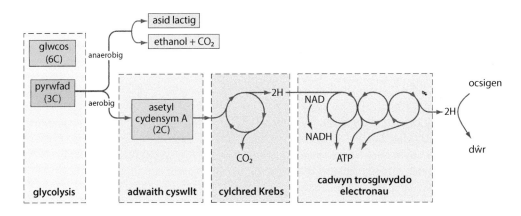

Crynodeb o resbiradaeth

Glycolysis

Glycolysis yw cam cyntaf resbiradaeth aerobig a resbiradaeth anaerobig. Mae glycolysis yn digwydd yn y cytoplasm, oherwydd dydy glwcos ddim yn gallu mynd drwy bilenni mitocondria. Ond hyd yn oed pe bai'n gallu gwneud hynny, dydy'r ensymau i'w ymddatod ddim yn bresennol yn y mitocondria ac felly fyddai hi ddim yn bosibl ei fetaboleiddio yno.

- Mae moleciwl glwcos yn cael ei ffosfforyleiddio drwy ychwanegu dau grŵp ffosffad, gan ddefnyddio dau foleciwl ATP, i wneud hecsos ffosffad o'r enw glwcos deuffosffad. O ganlyniad, mae'r glwcos wedi'i ffosfforyleiddio:

  - Yn fwy adweithiol felly mae angen llai o egni actifadu ar gyfer yr adweithiau dan reolaeth ensymau.

  - Yn bolar ac felly'n llai tebygol o dryledu allan o'r gell.

- Mae'r glwcos deuffosffad yn hollti'n ddau foleciwl trios ffosffad, siwgr 3 charbon, sef glyseraldehyd-3-ffosffad.

- Mae'r ddau foleciwl trios ffosffad yn cael eu **dadhydrogenu**, h.y. mae hydrogen yn cael ei dynnu o bob un, gan eu hocsidio nhw i ffurfio pyrwfad, moleciwl arall â 3 charbon. Mae'r atomau hydrogen yn cael eu trosglwyddo i NAD, moleciwl cludo hydrogen, gan wneud NAD wedi'i rydwytho. Mae'r camau hyn yn rhyddhau digon o egni i syntheseiddio pedwar moleciwl ATP. Mae'r ATP yn cael ei ffurfio drwy gyfrwng ffosfforyleiddiad lefel swbstrad: mae'r ffosffad o'r trios ffosffad yn trawsnewid ADP yn ATP, heb ddefnyddio cadwyn trosglwyddo electronau, gan gynhyrchu pyrwfad.

O'r 4 ATP gafodd eu gwneud yn y ffosfforyleiddiad lefel swbstrad, cafodd 2 eu defnyddio i ffosfforyleiddio'r moleciwl glwcos. Felly, caiff 2 ATP net eu hennill o bob moleciwl glwcos.

Mae'r broses hefyd yn cynhyrchu dau foleciwl o NAD wedi'i rydwytho. Os oes ocsigen ar gael, mae gan bob un y potensial i syntheseiddio tri moleciwl ychwanegol o ATP, gan wneud cyfanswm o chwech o'r gadwyn trosglwyddo electronau.

Caiff rhywfaint o egni ei golli ar ffurf gwres ond mae llawer o egni potensial cemegol yn aros yn y pyrwfad. Os oes ocsigen ar gael, gellir rhyddhau rhywfaint o'r egni hwn drwy gyfrwng cylchred Krebs, yn y mitocondria.

Yr adwaith cyswllt

Mae'r adwaith cyswllt yn cysylltu glycolysis â chylchred Krebs:

- Mae pyrwfad yn tryledu o'r cytoplasm i mewn i fatrics y mitocondrion.
- Mae'r pyrwfad yn cael ei ddadhydrogenu ac mae'r hydrogen sy'n cael ei ryddhau'n cael ei dderbyn gan NAD i ffurfio NAD wedi'i rydwytho.
- Mae'r pyrwfad hefyd yn cael ei **ddatgarbocsyleiddio**, h.y. mae moleciwl carbon deuocsid yn cael ei dynnu ohono. Yr oll sy'n weddill o'r moleciwl glwcos gwreiddiol yw grŵp asetad â 2 garbon sy'n cyfuno â chydensym A (CoA), i ffurfio asetyl cydensym A (AsCoA), sy'n mynd i gylchred Krebs.

Crynodeb o'r adwaith cyswllt:
pyrwfad + NAD + CoA $\longrightarrow$ AsCoA + NAD wedi'i rydwytho + CO_2

Term Allweddol

Datgarbocsyleiddiad: Tynnu grŵp carbocsyl o foleciwl, gan ryddhau carbon deuocsid.

Sylwch

Does dim angen i chi wybod enwau na fformiwlâu rhyngolion resbiradaeth nac enwau'r pympiau protonau a'r cludyddion electronau yn y gadwyn trosglwyddo electronau. Yr unig enwau ensymau yn y llwybr resbiradol mae gofyn i chi wybod amdanynt yw dadhydrogenas a datgarbocsylas.

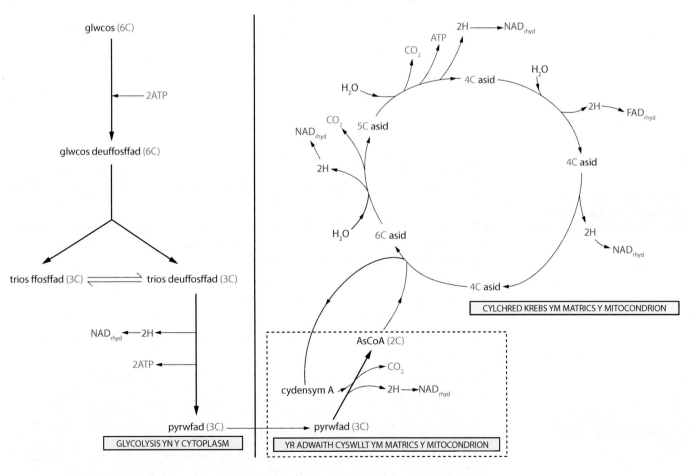

Crynodeb o glycolysis, yr adwaith cyswllt a chylchred Krebs

Cylchred Krebs

Mae cylchred Krebs yn fodd o ryddhau egni o fondiau C–C, C–H a C–OH. Mae'n cynhyrchu ATP, sy'n cynnwys yr egni oedd wedi'i storio yn y bondiau cemegol yn y moleciwl glwcos gwreiddiol. Mae hefyd yn cynhyrchu NAD wedi'i rydwytho ac FAD wedi'i rydwytho, sy'n danfon atomau hydrogen i'r gadwyn trosglwyddo electronau ar bilen fewnol y mitocondrion. Mae adweithiau cylchred Krebs yn defnyddio tri moleciwl dŵr. Mae carbon deuocsid yn cael ei ryddhau fel cynnyrch gwastraff.

- Mae asetyl CoA yn mynd i gylchred Krebs drwy gyfuno ag asid 4 carbon i ffurfio cyfansoddyn 6 carbon; caiff y CoA ei atffurfio.
- Mae'r asid 6 carbon yn cael ei ddadhydrogenu, i wneud NAD wedi'i rydwytho, ac yna ei ddatgarbocsyleiddio i wneud carbon deuocsid ac asid 5 carbon.
- Mae'r asid 5 carbon yn cael ei ddadhydrogenu, i wneud NAD ac FAD wedi'i rydwytho, ac yna ei ddatgarbocsyleiddio i wneud carbon deuocsid ac atffurfio'r asid 4 carbon.
- Mae'r asid 4 carbon yn gallu cyfuno â mwy o AsCoA ac ailadrodd y cylch.

Yng nghylchred Krebs, mae dau fath pwysig o adwaith:

- Mae datgarbocsyleiddiad yn digwydd ddwywaith. Mae datgarbocsylasau'n tynnu carbon deuocsid o grwpiau –COOH rhyngolynnau cylchred Krebs, wrth i asid 6C $\longrightarrow$ asid 5C $\longrightarrow$ asid 4C.
- Mae dadhydrogeniad yn digwydd bedair gwaith. Mae dadhydrogenasau'n tynnu parau o atomau hydrogen o ryngolynnau cylchred Krebs. Mae'r rhain yn cael eu casglu gan gludyddion hydrogen gan roi tri moleciwl o NAD wedi'i rydwytho ac un moleciwl o FAD wedi'i rydwytho.

Mae'r grŵp asetad o'r moleciwl glwcos gwreiddiol nawr yn cael ei ymddatod yn llwyr i ffurfio carbon deuocsid a dŵr. Mae'r egni o fondiau'r moleciwl glwcos yn cael ei gludo gan electronau yn yr atomau hydrogen yn yr NAD a'r FAD wedi'u rhydwytho.

I grynhoi, bob tro mae cylchred Krebs yn troi caiff y pethau canlynol eu cynhyrchu:

- Un ATP wedi'i gynhyrchu drwy gyfrwng ffosfforyleiddiad lefel swbstrad
- Tri moleciwl NAD wedi'i rydwytho
- Un moleciwl FAD wedi'i rydwytho
- Dau foleciwl carbon deuocsid.

Y gadwyn trosglwyddo electronau

Mae'r gadwyn trosglwyddo electronau wedi'i lleoli ar gristâu pilenni mewnol y mitocondria. Mae'n gyfres o foleciwlau protein sy'n gludyddion ac yn bympiau, ac rydym ni weithiau'n eu galw nhw'n 'ensymau resbiradol'. Mae'r moleciwlau cludo yn cynnwys cytocromau ac felly mae rhai pobl yn galw'r gadwyn trosglwyddo electronau yn gadwyn cytocrom. Proteinau wedi'u cyfuno â haearn neu gopr yw cytocromau, ac mae cludiant electronau yn ocsidio a rhydwytho'r ïonau metel.

Mae'r adweithiau mae'r rhain yn eu catalyddu'n rhyddhau egni, sy'n cael ei gludo gan ATP. Mae'r **cydensymau** NAD ac FAD yn cludo atomau hydrogen i'r gadwyn trosglwyddo electronau. Mae NAD yn bwydo electronau a phrotonau i'r gadwyn trosglwyddo electronau cyn i FAD wneud hynny. Mae pob pâr o atomau hydrogen sy'n cael eu cludo gan NAD wedi'i rydwytho'n darparu digon o egni i syntheseiddio tri moleciwl ATP, gan ddefnyddio tri phwmp protonau. Mae FAD wedi'i rydwytho'n trosglwyddo'r atomau hydrogen yn uniongyrchol i'r ail bwmp protonau, felly mae gan y system gludo sy'n cynnwys FAD ddau bwmp ac mae'n cynhyrchu dau foleciwl ATP am bob pâr o atomau hydrogen.

▼ Pwynt astudio

Yng nghylchred Krebs, mae'n bwysig bod yr asid 4C yn cael ei atffurfio i gyfuno ag asetyl cydensym A, neu fel arall byddai'r AsCoA yn cronni.

▼ Pwynt astudio

Mae cylchred Krebs yn rhyddhau atomau hydrogen; gallwn ni ddefnyddio'r rhain mewn ffosfforyleiddiad ocsidiol i ddarparu egni i wneud ATP.

DYLECH CHI WYBOD ›››

- ››› Bod y gadwyn trosglwyddo electronau wedi'i lleoli ar bilen fewnol y mitocondria
- ››› Sut caiff ATP ei syntheseiddio yn y gadwyn trosglwyddo electronau

Term Allweddol

Cydensym: Moleciwl sydd ei angen ar ensym er mwyn gweithredu.

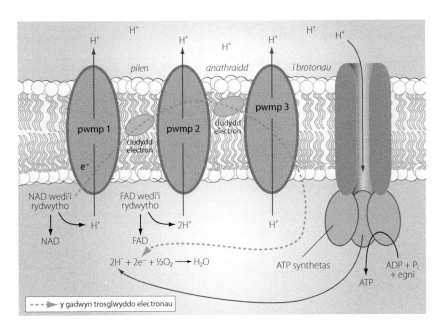

Y gadwyn trosglwyddo electronau

Taith electronau

- Mae'r NAD wedi'i rydwytho'n cyfrannu electronau'r atomau hydrogen i'r cyntaf mewn cyfres o dri chludydd electronau yn y gadwyn trosglwyddo electronau.

- Mae'r electronau o'r atomau hyn yn darparu egni i'r pwmp protonau cyntaf ac mae protonau o'r atomau hydrogen yn cael eu pwmpio i'r gofod rhyngbilennol.

- Mae'r electronau'n teithio ar hyd y gadwyn o foleciwlau cludo, gan ddarparu egni i bob un o'r tri phwmp protonau yn ei dro.

- Ar ben draw'r gadwyn, mae'r electronau'n cyfuno â phrotonau ac ocsigen i ffurfio dŵr:

$$2H^+ + 2e^- + \tfrac{1}{2}O_2 \longrightarrow H_2O$$

Taith protonau

- Mae'r bilen fewnol yn anathraidd i brotonau ac felly mae'r protonau'n cronni yn y gofod rhyngbilennol.

- Mae crynodiad y protonau'n mynd yn uwch yn y gofod rhyngbilennol nag yn y matrics, gan sefydlu graddiant crynodiad a gwefr, sy'n cael ei gynnal gan y pympiau protonau.

- Yn y bilen mae cymhlygion protein, sef sianeli y mae protonau'n llifo'n ôl drwyddynt i fatrics y mitocondrion. Mae'r ensym ATP synthetas yn ymwneud â phob sianel. Mae protonau'n tryledu'n ôl drwy'r sianeli hyn, ac wrth iddynt wneud hynny, mae eu hegni potensial trydanol yn cynhyrchu ATP: $ADP + P_i \longrightarrow ATP + H_2O$.

- Ar ben draw'r gadwyn, mae'r protonau'n cyfuno ag electronau ac ocsigen i ffurfio dŵr.

Rydym ni'n dweud mai ocsigen yw 'derbynnydd electronau terfynol' neu 'dderbynnydd hydrogen terfynol' y gadwyn trosglwyddo electronau. Mae'n hanfodol oherwydd mae'n cael gwared ar brotonau ac electronau; mae ocsigen yn cael ei rydwytho drwy ychwanegu ïonau hydrogen ac electronau, i wneud dŵr. Mae cyanid yn atalydd anghystadleuol i'r cludydd terfynol yn y gadwyn trosglwyddo electronau. Yn ei bresenoldeb, dydy electronau a phrotonau ddim yn gallu cael eu trosglwyddo i ddŵr. Maen nhw'n cronni, gan ddinistrio'r graddiant protonau. Dydy ATP synthetas ddim yn gallu gweithio ac mae'r gell yn marw'n gyflym iawn.

I bob moleciwl glwcos sy'n mynd i mewn i gylchred Krebs, mae'r system trosglwyddo electronau yn derbyn

- 10NAD$_{rhyd}$ sy'n cynhyrchu $10 \times 3 = 30$ ATP

- 2FAD$_{rhyd}$ sy'n cynhyrchu $2 \times 2 = 4$ ATP

Resbiradaeth anaerobig

Os does dim ocsigen i dynnu atomau hydrogen o NAD wedi'i rydwytho, a gwneud dŵr, dydy'r gadwyn trosglwyddo electronau ddim yn gallu gweithio. Does dim ffosfforyleiddiad ocsidiol a does dim ATP yn ffurfio. Heb ocsigen, dydy'r NAD wedi'i rydwytho ddim yn gallu cael ei ocsidio eto a does dim NAD yn cael ei atffurfio i godi mwy o hydrogen. O ganlyniad, dydy'r adwaith cyswllt na chylchred Krebs ddim yn gallu digwydd a dim ond cam cyntaf resbiradaeth, glycolysis, sy'n bosibl. Er mwyn i glycolysis barhau, rhaid tynnu pyrwfad a hydrogen yn gyson ac atffurfio NAD. I wneud hyn, mae pyrwfad yn derbyn yr hydrogen o'r NAD wedi'i rydwytho. Yr unig ffordd o wneud ATP yn absenoldeb ocsigen yw drwy gyfrwng ffosfforyleiddiad lefel swbstrad.

Mae dau wahanol lwybr anaerobig i ddileu'r hydrogen o'r NAD wedi'i rydwytho. Mae'r ddau o'r rhain yn digwydd yn y cytoplasm:

- Mewn anifeiliaid, efallai na fydd celloedd cyhyr yn cael digon o ocsigen yn ystod ymarfer corff egnïol. Pan nad oes ocsigen ar gael, pyrwfad yw'r derbynnydd hydrogen ac mae'n cael ei drawsnewid yn lactad, gan atffurfio NAD. Os bydd ocsigen ar gael rywbryd ar ôl hynny, mae'n bosibl resbiradu'r lactad i ffurfio carbon deuocsid a dŵr, gan ryddhau'r egni sydd ynddo.

- Mewn rhai micro-organebau, fel burum, ac mewn celloedd planhigion dan rai amodau penodol, fel mewn gwreiddiau mewn pridd dwrlawn, caiff pyrwfad ei drawsnewid yn garbon deuocsid ac ethanal, sy'n dderbynnydd hydrogen, gan ddatgarbocsylas. Mae ethanal yn cael ei rydwytho i ffurfio ethanol ac mae NAD yn cael ei atffurfio, ym mhroses eplesiad alcoholig. Dydy'r llwybr hwn ddim yn gildroadwy, felly hyd yn oed os bydd mwy o ocsigen ar gael yn nes ymlaen, dydy ethanol ddim yn cael ei ymddatod. Mae'n cronni yn y celloedd ac yn gallu cynyddu i grynodiadau gwenwynig.

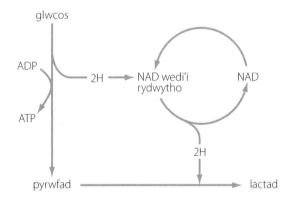

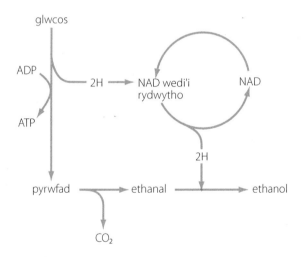

GWEITHIO'N WYDDONOL

Mae'n bwysig cyfathrebu'n fanwl gywir. Mae gan rai geiriau fwy nag un ystyr, ac mae hynny'n gallu achosi problem. Mae rhai pobl, er enghraifft, yn mynnu na ddylid defnyddio'r gair 'resbiradaeth' os nad oes cadwyn trosglwyddo electronau ar waith. Felly, bydden nhw'n galw adweithiau resbiradaeth anaerobig yn 'eplesiad'. Fodd bynnag, rydym ni'n defnyddio'r gair 'eplesiad' ar gyfer pethau gwahanol:

- Ar gyfer adweithiau resbiradaeth anaerobig
- Ar gyfer adweithiau sy'n ffurfio ethanol
- Ar gyfer unrhyw adweithiau bacteria.

Yn y llyfr hwn, rydym ni'n defnyddio 'resbiradaeth anaerobig' i olygu resbiradaeth heb ocsigen. Rydym ni'n defnyddio'r term 'eplesiad' ar gyfer cynhyrchu ethanol.

Y gyllideb egni

Resbiradaeth aerobig

Mae'r tabl yn dangos nifer y parau o atomau hydrogen a moleciwlau ATP sy'n cael eu cynhyrchu ym mhob cam yn ystod resbiradaeth o un moleciwl glwcos, sy'n golygu dau dro cylchred Krebs. Defnyddiwch y diagramau llif o glycolysis, yr adwaith cyswllt a chylchred Krebs i ddeall sut rydym ni'n cael y rhifau. Cofiwch fod pâr o atomau hydrogen sy'n cael eu cludo gan NAD wedi'i rydwytho yn cynhyrchu 3 ATP a gan FAD wedi'i rydwytho yn cynhyrchu 2 ATP:

Cyfnod	Parau o atomau H wedi'u cludo gan NAD	Parau o atomau H wedi'u cludo gan FAD	ATP o ffosfforyleiddiad ocsidiol	ATP o ffosfforyleiddiad lefel swbstrad	Cyfanswm nifer y moleciwlau ATP
Glycolysis	2		6		8
				2	
Adwaith cyswllt	2		6		6
Cylchred Krebs	6		18		24
		2	4		
				2	
Cyfanswm	10	2	34	4	38

Mae hyn yn rhoi cyfanswm o 38 moleciwl ATP o bob moleciwl glwcos sy'n cael ei resbiradu. Cyfanswm damcaniaethol yw hwn a dydy'r gell ddim mor effeithlon â hyn fel rheol oherwydd:

- Mae ATP yn cael ei ddefnyddio i symud pyrwfad, ADP, NAD wedi'i rydwytho ac FAD wedi'i rydwytho ar draws pilen y mitocondrion.
- Mae'r graddiant protonau'n gallu cael ei beryglu os yw protonau'n gollwng ar draws pilen fewnol y mitocondrion, yn hytrach na mynd drwy ATP synthetas.
- Mae moleciwlau hefyd yn gallu gollwng drwy bilenni.

Ar gyfartaledd, mae celloedd yn cynhyrchu 30-32 moleciwl ATP o bob moleciwl glwcos sy'n cael ei resbiradu.

Os caiff môl o glwcos ei hylosgi mewn ocsigen, mae'n cynhyrchu 2880 kJ. Yr egni sydd ei angen i wneud ATP = 30.6 kJ/môl. Os ydym yn ystyried yr uchafswm damcaniaethol, mae môl o glwcos yn gwneud 38 môl o ATP sy'n gyfwerth â (30.6 × 38) = 1162.8 kJ.

$\therefore$ effeithlonrwydd cynhyrchu ATP =

$$\frac{\text{egni sy'n cael ei ddarparu drwy ATP}}{\text{egni sy'n cael ei ryddhau wrth hylosgi}} \times 100 = \frac{1162.8}{2880} \times 100 = 40.4\% \text{ (1 lle degol (ll.d.).}$$

Uchafswm damcaniaethol yw hwn ac mae'n uwch na dulliau artiffisial o drosglwyddo egni. Mae effeithlonrwydd peiriant petrol mewn car, er enghraifft, tua 30%.

 Cyswllt Cafodd trosglwyddo egni mewn ffotosynthesis ei drafod ar t23.

DYLECH CHI WYBOD ›››

››› Y gwahaniaeth rhwng ffosfforyleiddiad lefel swbstrad a ffosfforyleiddiad ocsidiol

››› Cynnyrch ATP o glycolysis, yr adwaith cyswllt a chylchred Krebs

››› Y gwahaniaeth o ran cynnyrch ATP rhwng resbiradaeth aerobig ac anaerobig

››› Y rheswm dros y gwahaniaeth o ran cynnyrch ATP o NAD wedi'i rydwytho ac FAD wedi'i rydwytho

Sylwch

Yn aml, bydd ymgeiswyr yn datgan bod resbiradaeth yn 'cynhyrchu' egni. Dydy hi ddim yn bosibl cynhyrchu egni, dim ond ei newid o un math i fath arall. Mae hi hefyd yn bosibl ei drosglwyddo o un moleciwl i foleciwl arall.

Gwirio gwybodaeth

Cysylltwch y prosesau 1–5 â'r lleoliadau, A, B neu'r ddau, lle maen nhw'n digwydd.

1. Cylchred Krebs.
2. Eplesiad.
3. Y gadwyn trosglwyddo electronau.
4. Glycolysis.
5. Ffosffforyleiddiad.

A. Cytoplasm.
B. Mitocondrion.

Resbiradaeth anaerobig

Heb yr ATP synthetas sy'n gysylltiedig â'r system trosglwyddo electronau, dim ond ym mhroses glycolysis mae ATP yn cael ei ffurfio; mae'r broses hon yn gwneud dau foleciwl ATP o bob moleciwl glwcos, drwy gyfrwng ffosfforyleiddiad lefel swbstrad. Mae hwn yn swm bach o'i gymharu â'r 38 moleciwl ATP sy'n cael eu cynhyrchu yn ystod resbiradaeth aerobig.

Ym mhroses resbiradaeth anaerobig, dydy pyrwfad ddim yn cael ei drosglwyddo i'r mitocondria ond mae'n cael ei drawsnewid, yn y cytoplasm, yn ethanol mewn planhigion neu'n lactad mewn mamolion. Mae'r 2H sy'n cael eu rhyddhau wrth drawsnewid glwcos yn byrwfad yn rhydwytho NAD ac maen nhw'n cael eu rhyddhau eto wrth ffurfio ethanol mewn celloedd planhigion neu'n lactad mewn celloedd mamolion. Mae nifer enfawr o wahanol lwybrau metabolaidd wedi'u canfod mewn bacteria ac Archaea, ac mae eu prosesau eplesu yn cynhyrchu llawer o asidau ac alcoholau organig.

Effeithlonrwydd cynhyrchu ATP =

$$\frac{\text{egni sydd ar gael oherwydd ATP}}{\text{egni sy'n cael ei ryddhau wrth hylosgi}} \times 100 = \frac{30.6 \times 2}{2880} \times 100 = 2.1\% \text{ (1 ll.d.)},$$

sy'n llawer llai effeithlon na resbiradaeth aerobig.

DYLECH CHI WYBOD ›››

››› Mae cynhyrchion hydrolysis lipidau, asidau brasterog a glyserol, yn gallu mynd i'r llwybr resbiradol ar wahanol fannau, gan gynhyrchu ATP

››› Mae asidau amino yn gallu darparu egni dan amodau eithafol

Llwybrau resbiradol amgen

Weithiau, rydym ni'n galw cylchred Krebs yn 'ganolfan fetabolaidd' oherwydd mae llwybrau metabolaidd carbohydradau, lipidau a phroteinau'n gallu cyfrannu ati ac mewn rhai sefyllfaoedd, mae'n bosibl defnyddio brasterau a phroteinau fel swbstradau resbiradol. Mae asetyl cydensym A yn foleciwl pwysig iawn oherwydd mae'n cysylltu metabolaeth y tri math o facromoleciwl.

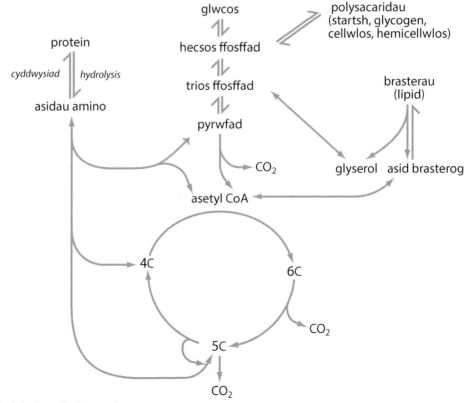

Swbstradau a llwybrau egni amgen

▾ Pwynt astudio

I lawer o gelloedd, glwcos yw'r unig swbstrad resbiradol posibl, ond mae eraill yn ymddatod asidau brasterog, glyserol ac asidau amino wrth resbiradu.

Lipidau

Mae braster yn darparu storfa egni ac yn cael ei ddefnyddio fel swbstrad resbiradol pan fydd lefelau carbohydrad yn y corff, fel glycogen a glwcos yn y gwaed, yn isel. Yn gyntaf, mae braster yn cael ei hydrolysu i ffurfio'r moleciwlau sydd ynddo, sef glyserol ac asidau brasterog. Yna, mae'r glyserol yn cael ei ffosfforyleiddio gydag ATP, ei ddadhydrogenu ag NAD a'i drawsnewid yn siwgr 3-charbon, trios ffosffad, sy'n mynd i'r llwybr glycolysis:

▼ **Pwynt astudio**

Mae'r rhan fwyaf o lwybrau metabolaidd yn arwain at asetyl CoA. Mae'n cael ei ffurfio drwy ocsidio carbohydradau, brasterau a phroteinau ac yn caniatáu bwydo'r cynhyrchion ocsidio i mewn i gylchred Krebs.

Caiff y moleciwlau asid brasterog cadwyn hir eu hollti'n ddarnau 2 garbon sy'n mynd i gylchred Krebs ar ffurf AsCoA. Mae hydrogen yn cael ei ryddhau, yn cael ei gasglu gan NAD ac yn cael ei fwydo i'r gadwyn trosglwyddo electronau. Mae hyn yn cynhyrchu niferoedd mawr iawn o foleciwlau ATP ond mae'r union nifer yn dibynnu ar hyd cadwyn hydrocarbon yr asid brasterog. Mae gan gadwynau asid brasterog hirach:

- Mwy o atomau carbon, felly maen nhw'n cynhyrchu mwy o garbon deuocsid. Dim ond hyn a hyn o waed mae cyhyrau'n ei gael, a phe baen nhw'n resbiradu braster, yn hytrach na glwcos, bydden nhw'n cynhyrchu mwy o garbon deuocsid nag y byddai'n bosibl ei symud oddi wrthyn nhw'n ddigon cyflym.

- Mwy o atomau hydrogen, felly maen nhw'n rhydwytho mwy o NAD, ac felly'n cynhyrchu mwy o ATP. Mae hyn yn esbonio pam mae meinweoedd â chyflenwad gwaed cyfoethog, fel yr afu/iau, yn resbiradu braster: mae'n hawdd cludo'r holl ATP sy'n cael ei gynhyrchu o gwmpas y corff.

- Mwy o atomau hydrogen, felly maen nhw'n cynhyrchu mwy o ddŵr. Mae'r 'dŵr metabolaidd' hwn yn bwysig iawn i anifeiliaid y diffeithdir ac yn esbonio pam maen nhw'n resbiradu braster.

Proteinau

Mae protein yn gallu cael ei ddefnyddio fel swbstrad resbiradol pryd bynnag y bydd cyflenwadau egni deietegol yn annigonol; caiff cydran protein y bwyd ei atgyfeirio at ddibenion egni os nad oes digon o garbohydrad a braster yn y deiet. Os ydym ni'n newynu am amser hir, caiff protein meinweoedd ei ddefnyddio i gyflenwi egni. Mae cyhyr y galon a meinwe arennau ymysg y cyntaf i gael eu ymddatod gan y corff i ryddhau protein. Mae protein yn cael ei hydrolysu i'w asidau amino ansoddol, sy'n cael eu dadamineiddio yn yr afu/iau. Mae'r grŵp amino'n cael ei drawsnewid yn wrea a'i ysgarthu. Caiff y gweddill ei drawsnewid yn asetyl CoA, pyrwfad neu un o ryngolion eraill cylchred Krebs, a'i ocsidio:

Sylwch

Fel arfer, yr unig adeg y caiff protein ei ddefnyddio fel swbstrad resbiradol yw pan fydd holl gronfeydd carbohydradau a brasterau wedi'u disbyddu.

Mynd ymhellach ▶

Mae ymarfer corff yn ymddatod protein cyhyrau, gan gynyddu crynodiad wrea yn y gwaed. Mae hefyd yn achosi diffyg hylif, sy'n cynyddu'r wrea yn y gwaed eto. Mae rhedwyr marathon yn gallu dangos symptomau llawer o wrea yn y gwaed, e.e. cramp, ffitiau, cosi.

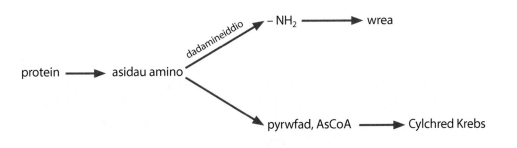

Ymarfer ymarferol

Ymchwilio i ffactorau sy'n effeithio ar resbiradaeth mewn burum

Sail Resymegol

Mae carbon deuocsid yn cael ei gynhyrchu gan furum wrth iddo resbiradu'n aerobig neu'n anaerobig. Rydym ni'n defnyddio nifer y swigod carbon deuocsid sy'n cael eu cynhyrchu mewn amser penodol i fesur cyfradd resbiradaeth. Gallwn ni fesur y gyfradd mewn amrywiaeth o sefyllfaoedd ffisegol. Yn yr arbrawf sydd wedi'i ddisgrifio yma, rydym ni'n mesur effaith crynodiad swcros ar gyfradd resbiradaeth.

Cyfarpar

- Burum (100 g dm^{-3})
- Hydoddiannau swcros (0, 0.2, 0.4, 0.6 a 0.8 mol dm^{-3})
- Chwistrell 20 cm^3
- Pwysyn
- Cafn
- Amserydd
- Baddon dŵr electronig ar 30 °C

Dull

- Trowch yr hydoddiant burum a thynnwch 5 cm^3 i mewn i'r chwistrell 20 cm^3.
- Golchwch du allan y chwistrell dan dap dŵr i gael gwared ar unrhyw hydoddiant burum sydd yno.
- Tynnwch 10 cm^3 arall o hydoddiant swcros i'r chwistrell.
- Tynnwch y plymiwr yn ôl bron at ben baril y chwistrell.
- Trowch y chwistrell a'i phen i lawr yn ofalus i gymysgu'r cynnwys.
- Rhowch y chwistrell yn llorweddol yn y baddon dŵr, gan sicrhau bod y ffroenell (*nozzle*) ar yr ochr uchaf a rhowch y pwysyn ar ben y chwistrell i'w dal hi yn ei lle.
- Rhowch 2 funud i'r burum a'r swcros ecwilibreiddio ar y tymheredd.
- Pan fydd swigod nwy yn dod allan o ffroenell y chwistrell yn rheolaidd, cyfrwch y nifer sy'n cael eu rhyddhau mewn un munud.

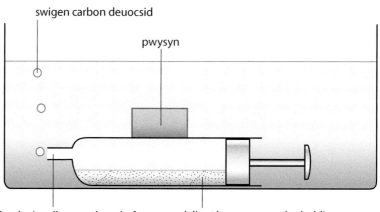

swigen carbon deuocsid

pwysyn

ffroenell y chwistrell ar yr ochr uchaf

daliant burum mewn hydoddiant swcros

Diagram o'r cyfarpar

Asesu risg

Perygl	Risg	Mesur rheoli
Adwaith alergaidd â burum	Dod i gysylltiad â'r croen neu'r llygaid	Gwisgo sbectol diogelwch; gorchuddio'r croen
Sioc drydanol o'r baddon dŵr	Sioc drydanol wrth dynnu'r plwg allan â dwylo gwlyb	Sychu dwylo cyn tynnu'r plwg allan

Canlyniadau

| Crynodiad swcros / mol dm^{-3} | Nifer y swigod bob munud | | | |
	1	2	3	Cymedr
0	1	3	2	2
0.2	5	9	10	
0.4	14	13	12	
0.6	12	12	18	
0.8	13	10	13	

- Cwblhewch y tabl canlyniadau.
- Plotiwch graff o'r canlyniadau, gan roi crynodiad y swcros ar yr echelin-x.
- Darganfyddwch y crynodiad glwcos lle mae'r adweithiau ar eu cyflymaf. Hwn yw'r crynodiad glwcos lle mae'r ensym sy'n catalyddu'r cam cyfyngu cyfradd yn ddirlawn.

Gwaith pellach

- Gallwn ni brofi effaith tymheredd drwy ddefnyddio gwahanol dymereddau, e.e. 10, 30, 50, 70 a 90 °C.
- Gallwn ni asesu effaith pH drwy wneud pob hydoddiant mewn byfferau â gwahanol werthoedd pH, e.e. pH 1, 3, 5, 7, 9.

Pennod 4

Microbioleg

Mae micro-organebau yn cynnwys bacteria, ffyngau, firysau a phrotoctista. Maen nhw'n gwneud gwaith pwysig yn y biosffer, ac eto allwn ni ddim eu gweld nhw â'r llygad noeth. Mae bacteria a ffyngau yn pydru organebau marw, gan ryddhau ac ailgylchu maetholion. Gan ddefnyddio llwybrau metabolaidd tebyg, gallan nhw ddifetha cnydau sydd wedi'u cynaeafu. Mae rhai bacteria'n bathogenau ac, fel micro-organebau eraill, yn achosi clefydau mewn bodau dynol, cnydau ac anifeiliaid domestig. Ond nid yw rhai, fodd bynnag, yn cael unrhyw effaith ac mae llawer ohonyn nhw'n fuddiol. Mae bacteria'n atgenhedlu'n anrhywiol, drwy ymholltiad deuol, ac maen nhw'n gallu gwneud hynny'n gyflym iawn. Mae rhai hefyd yn gallu atgenhedlu'n rhywiol.

Mae'r adran hon yn ymwneud yn bennaf â bacteria, gan ddisgrifio eu dosbarthiad, eu twf a ffyrdd o fonitro niferoedd eu poblogaethau. Byddwn ni'n disgrifio dulliau o feithrin bacteria, gan roi pwyslais ar egwyddorion techneg aseptig.

Cynnwys y testun

Erbyn diwedd y testun hwn, byddwch chi'n gallu gwneud y canlynol:

- Disgrifio sut gallwn ni ddosbarthu bacteria yn ôl eu siâp ac yn ôl techneg staen Gram.
- Disgrifio adeiledd cellfuriau bacteria.
- Esbonio sut mae tymheredd, pH, ocsigen a maetholion yn effeithio ar dwf bacteria.
- Esbonio pwysigrwydd rhai rhagofalon diogelwch penodol wrth weithio gyda micro-organebau.
- Disgrifio sut gallwn ni fonitro twf bacteria mewn nifer o ffyrdd, gan gyfeirio'n arbennig at dechneg cyfrif cytrefi.
- Dangos sut i amcangyfrif y nifer mewn poblogaeth bacteria drwy wanedu, platio a chyfrif cytrefi.

Dosbarthu bacteria

Rydym ni'n meddwl bod miliwn o facteria mewn 1 cm^3 o ddŵr croyw a 40 miliwn mewn 1 g o bridd. Mae 10^{13} o gelloedd yn y corff dynol ond yn byw yn y coludd mae ein 'microbiom' yn cynnwys 10^{14} o facteria, o 500–1000 o wahanol rywogaethau. Yr amcangyfrif yw bod 5×10^{30} o facteria yn y byd a bod cyfanswm eu màs yn fwy na chyfanswm màs yr holl anifeiliaid a phlanhigion. Mae'r niferoedd enfawr hyn yn unig yn ddigon o reswm i astudio bacteria.

Mae'r gwahaniaethau ffisegol rhwng bacteria yn ymwneud â'u maint, adeiledd eu cellfuriau a, drwy hynny, eu nodweddion staenio a'u siâp. Mae eu gwahaniaethau genetig yn cynhyrchu gwahanol nodweddion metabolaidd a gwahanol foleciwlau arwyneb, felly mae ganddyn nhw wahanol briodweddau antigenig.

Mae bacteria yn amrywio'n sylweddol o ran maint. Y lleiaf yw'r Archaea, fel *Nanoarchaeum equitans*, sydd â diamedr o 0.4 µm – yr organeb leiaf rydym ni'n gwybod amdani sy'n gallu atgynhyrchu'n annibynnol. Mae maint y moleciwlau sydd eu hangen ar gyfer bywyd yn cyfyngu ar faint y celloedd lleiaf. Y bacteriwm mwyaf sydd wedi'i ddisgrifio yw'r bacteriwm sylffwr *Thiomargarita namibiensis*. Mae ei ddiamedr yn 750 µm ac mae'n bosibl ei weld â'r llygad noeth, er mai gwagolyn yw'r rhan fwyaf o'r gell. Mae diamedr *E. coli* yn 1.8 µm a'i hyd yn 7 µm.

Mae'r diagram yn dangos cymhariaeth rhwng gwahanol facteria.

DYLECH CHI WYBOD ›››

››› Sut rydym ni'n dosbarthu bacteria

››› Adeiledd cellfur bacteria mewn perthynas â thechneg staen Gram

 Cyswllt Cewch chi ddysgu mwy am briodweddau antigenig bacteria os ydych chi'n astudio Opsiwn A: Imiwnoleg a Chlefydau.

Mynd ymhellach ▶

Haemophilus influenzae yw un o'r bacteria lleiaf rydym ni'n gwybod amdanynt. Mae'n bwysig oherwydd mae'n bodoli yn llwybr resbiradol bodau dynol, a hon oedd yr organeb gyntaf i ni ddilyniannu ei genom cyfan.

Sylwch

Mae bacteria, fel pob organeb fyw arall, yn cael eu henwi yn ôl y system finomaidd, e.e. *Staphylococcus aureus*.

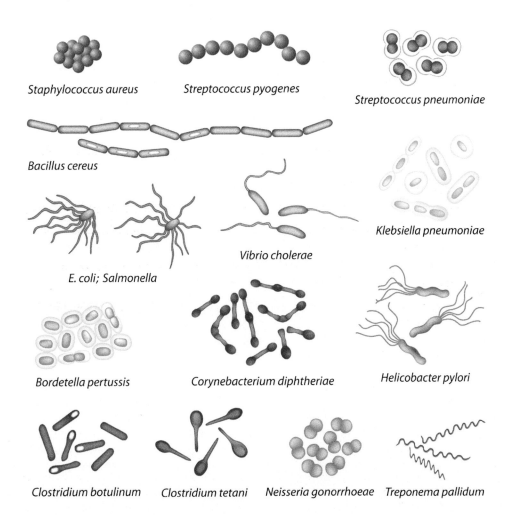

Staphylococcus aureus

Streptococcus pyogenes

Streptococcus pneumoniae

Bacillus cereus

Klebsiella pneumoniae

Vibrio cholerae

E. coli; Salmonella

Bordetella pertussis

Corynebacterium diphtheriae

Helicobacter pylori

Clostridium botulinum   Clostridium tetani   Neisseria gonorrhoeae   Treponema pallidum

Lluniadau o facteria

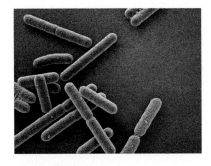

Delwedd microsgop electron sganio o *E. coli*

Term Allweddol

Staen Gram: Dull o staenio cellfuriau bacteria i gynorthwyo i'w hadnabod nhw.

Mynd ymhellach ▶

Digwyddodd tri datblygiad pwysig ym maes microbioleg rhwng 1881 ac 1887: Cyflwynodd Fanny Hesse jeli agar i'r labordy, dyfeisiodd Hans Gram ei staen a dyfeisiodd Julian Petri ei ddysgl.

▼ **Pwynt astudio**

Mae staen Gram yn rhwymo wrth y peptidoglycan mewn cellfuriau bacteria. Dydy Archaea ac Ewcaryotau ddim yn cynnwys peptidoglycan, felly dydy staen Gram ddim yn eu staenio nhw.

Dosbarthu yn ôl siâp

Mae gan genws bacteria un o dri phrif siâp, ac weithiau mae'r enw'n rhoi syniad o'i siâp:

- *Bacillus* neu siâp rhoden, e.e. *Escherichia; Bacillus*
- *Coccus* neu siâp sffêr, e.e. *Staphylococcus; Streptococcus*
- Sbiral neu siâp corcsgriw, e.e. *Spirillum*.

Mae'n aml yn bosibl gwahaniaethu ymhellach rhwng bacteria yn ôl y ffordd maen nhw'n tueddu i grwpio. Gallan nhw fod yn unigol, e.e. *Helicobacter*; mewn parau, e.e. *Diplococcus pneumoniae*; yn ffurfio cadwynau, e.e. *Streptococcus*; neu mewn clystyrau, e.g. *Staphylococcus*.

Dosbarthu yn ôl adwaith staen Gram

Mae staen Gram yn galluogi microbiolegwyr i wahaniaethu rhwng bacteria Gram positif a bacteria Gram negatif. Mae'r priodweddau staenio gwahanol yn digwydd oherwydd gwahaniaethau yng nghyfansoddiad cemegol eu cellfuriau. Cyn cael eu staenio, mae bacteria yn ddi-liw. Ar ôl cael eu staenio, mae bacteria Gram positif wedi'u staenio'n fioled ac mae bacteria Gram negatif yn goch:

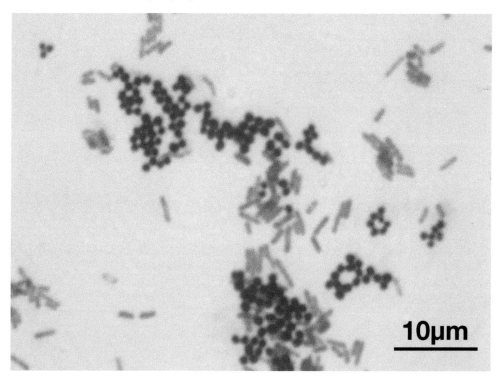

Ffotomicrograff o facteria wedi'u staenio â staen Gram

Mae cellfur pob bacteriwm yn rhwydwaith 3-dimensiwn o bolysacaridau a pholypeptidau, sef peptidoglycan neu fwrein. Mae'r moleciwlau hyn yn trawsgysylltu, gan roi cryfder a siâp i'r gell. Mae'r mur yn amddiffyn rhag chwyddo a byrstio neu lysis o ganlyniad i fewnlifiad dŵr drwy osmosis. Mae gan facteria Gram positif yr adeiledd cellfur sylfaenol hwn ac mae gan facteria Gram negatif haen allanol ychwanegol o lipopolysacarid.

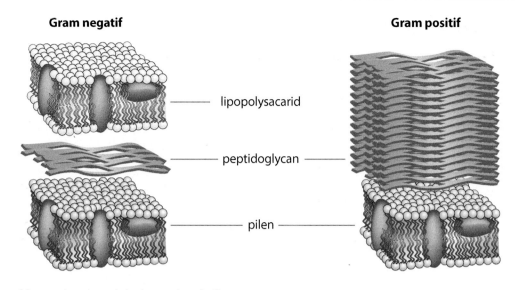

Gram negatif **Gram positif**

lipopolysacarid

peptidoglycan

pilen

Cellfur bacteria

Mae pedwar cam i dechneg staenio Gram:

Adweithydd	Swyddogaeth	Effaith
Fioled grisial	Llifyn sylfaenol	Rhwymo wrth y peptidoglycan fel bod y bacteria i gyd yn staenio'n borffor
Ïodin Lugol	Mordant	Rhwymo'r fioled grisial wrth y peptidoglycan yn gryfach
Aseton-alcohol	Cyfrwng dadliwio	Cael gwared ar fioled grisial a lipopolysacarid sydd heb rwymo: • Mae bacteria Gram negatif yn colli eu staen ac yn troi'n ddi-liw • Mae bacteria Gram positif yn aros yn borffor
Saffranin	Gwrthstaen	• Mae bacteria Gram negatif yn staenio'n goch • Mae bacteria Gram positif yn aros yn borffor.

Bacteria Gram positif

Ar ôl cael eu staenio, mae bacteria Gram positif yn fioled neu'n borffor dan y microsgop. Mae'r rhain yn cynnwys *Bacillus, Staphylococcus* a *Streptococcus*.

Mae absenoldeb haen lipopolysacarid allanol yng nghellfuriau bacteria Gram positif yn golygu eu bod nhw'n gallu rhwymo wrth staen yn effeithlon ac yn golygu bod y gwrthfiotig, penisilin, a'r ensym, lysosym, yn cael mwy o effaith arnynt nag ar facteria Gram negatif.

Mae bacteria yn creu ac yn torri cysylltiadau cemegol yn eu cellfuriau yn gyson. Mae'r ensym gwrthfacteria lysosym, sy'n bodoli mewn dagrau a phoer mewn bodau dynol, yn hydrolysu'r bondiau sy'n dal y moleciwlau peptidoglycan at ei gilydd.

Mae penisilin yn atal y bondiau sy'n cydgysylltu moleciwlau peptidoglycan rhag ffurfio. Mae hyn yn arbennig o arwyddocaol os yw'r bacteria'n gwneud cellfuriau newydd wrth rannu. Felly, mae penisilin yn gwneud y cellfuriau yn adeileddol wan fel eu bod nhw'n chwalu'n hawdd. Mae mewnlifiad dŵr drwy gyfrwng osmosis yn byrstio'r gell.

Bacteria Gram negatif

Mae gan facteria Gram negatif gellfur mwy cemegol gymhleth na bacteria Gram positif. Mae eu peptidoglycan wedi'i ategu gan foleciwlau mawr lipopolysacarid sy'n amddiffyn y gell ac yn cau llifynnau fel fioled grisial allan, felly mae'r rhain yn edrych yn goch neu'n binc dan y microsgop.

Mae bacteria Gram negatif yn cynnwys rhywogaethau *Salmonella* ac *E.coli*. Mae'r lipopolysacarid allanol yn amddiffyn y peptidoglycan oddi tano felly dydy lysosym ddim yn effeithio arnynt ac maen nhw'n gallu gwrthsefyll penisilin. I reoli'r rhain, mae angen defnyddio dosbarth arall o wrthfiotigau sy'n ymyrryd â gallu'r gell i wneud proteinau. Mae celloedd ewcaryotig hefyd yn gwneud proteinau, ond mae'r mecanwaith cellog ar gyfer gwneud proteinau yn wahanol i'r un mewn bacteria, felly dydy'r gwrthfiotigau hyn ddim yn eu niweidio nhw.

▼ **Pwynt astudio**

Does dim cellfuriau mewn celloedd anifail, felly dydy penisilin ddim yn difrodi celloedd bodau dynol.

Gwirio gwybodaeth

Parwch y termau 1–3 â'r gosodiadau A–C.

1. Peptidoglycan.
2. *Bacillus.*
3. Lipopolysacarid.

A. Bacteria siâp rhoden.
B. Yn bodoli ym mhob cellfur bacteria.
C. Yn bodoli mewn bacteria Gram negatif yn unig.

Mynd ymhellach ▶

Dydyn ni ddim yn gallu meithrin llawer o facteria oherwydd eu bod nhw: yn gydymddibynnol, ag angen rhywogaethau eraill, yn barasitiaid mewngellol, â gofynion twf penodol iawn, ag amser mitotig hir iawn neu'n cael eu gwenwyno gan gydrannau cyfryngau.

▼ **Pwynt astudio**

Dwy broblem bosibl y mae'n rhaid eu hosgoi wrth weithio gyda bacteria yw bod yr amgylchedd yn halogi'r meithriniadau dan sylw, a bod y meithriniadau yn halogi'r amgylchedd.

Term Allweddol

Techneg aseptig: Math o ymarfer yn y labordy sy'n cadw cyfarpar yn ddi-haint ac yn atal halogi'r cyfarpar a'r amgylchedd.

Yr amodau sydd eu hangen i feithrin bacteria

Mae micro-organebau'n gallu cyflawni ymholltiad deuol ac atgynhyrchu'n gyflym mewn amgylchedd addas. Mewn amodau delfrydol, maen nhw'n rhannu bob ugain munud. Yn y labordy, gallwn ni dyfu bacteria ar amrywiaeth eang o swbstradau cyn belled â'u bod nhw'n cael maetholion, dŵr ac amodau ffisegol addas, fel tymheredd. Mae gofynion micro-organebau yn amrywio ac maen nhw fel rheol yn tyfu dros amrediad o dymheredd a gwerthoedd pH, gyda gwerth optimwm o fewn yr amrediad.

Mae angen yr amodau canlynol ar ficro-organebau er mwyn tyfu:

- Maetholion – yn y labordy caiff maetholion eu cyflenwi mewn cyfrwng maetholion. Gallwn ni feithrin y bacteria mewn cyfrwng hylifol, sef potes maetholion, neu ar gyfrwng wedi'i galedu ag agar. Mae'r cyfryngau'n darparu dŵr ac yn cynnwys:
  - Ffynhonnell carbon ac egni, glwcos fel rheol.
  - Nitrogen ar gyfer synthesis asidau amino, mewn moleciwlau organig ac ar ffurf anorganig, fel ïonau nitrad.
- Ffactorau twf sy'n cynnwys fitaminau, e.e. biotin a halwynau mwynol e.e. Na^+, Mg^{2+}, Cl^-, SO_4^{2-}, PO_4^{3-}.
- Tymheredd – gan mai ensymau sy'n rheoli metabolaeth bacteria, mae'r amrediad 25–45 °C yn addas i'r rhan fwyaf o facteria. Mae'r optimwm i bathogenau mamolaidd oddeutu 37 °C, sef tymheredd y corff dynol.
- pH – mae'r rhan fwyaf o facteria yn ffafrio amodau ychydig bach yn alcalïaidd (pH 7.4), ac mae ffyngau yn tyfu'n well mewn amodau niwtral i ychydig bach yn asidig.
- Ocsigen – mae angen ocsigen ar lawer o ficro-organebau er mwyn eu metabolaeth; aerobau anorfod yw'r rhain, e.e. *Mycobacterium tuberculosis*. Mae rhai'n tyfu orau pan fydd ocsigen yn bresennol, ond yn gallu goroesi yn ei absenoldeb; anaerobau amryddawn yw'r rhain, e.e. *E.coli*. Mae eraill yn methu â thyfu ym mhresenoldeb ocsigen; anaerobau anorfod yw'r rhain. Mae bacteria *Clostridium* yn anaerobau anorfod sy'n cynhyrchu tocsinau neu wenwynau mewn clwyf. Maen nhw'n dinistrio meinweoedd y corff yn y cyflwr o'r enw 'madredd llaith'.

Mae yna wahanol ffyrdd o ddisgrifio cyfryngau meithrin:

- Dim ond cynhwysion hysbys sydd mewn cyfrwng 'wedi'i ddiffinio'.
- Mae cyfrwng 'heb ei ddiffinio' yn cynnwys cydrannau sydd ddim i gyd yn hysbys, gan eu bod nhw'n cynnwys, er enghraifft, echdynion burum neu bepton cig eidion.
- Mewn cyfrwng detholus, dim ond rhai bacteria sy'n gallu tyfu, e.e. dim ond bacteria Gram negatif sy'n gallu tyfu yn agar MacConkey; os yw'r cyfrwng yn cynnwys tetracyclin, dim ond bacteria sy'n gallu gwrthsefyll tetracyclin fydd yn gallu tyfu ynddo.

Egwyddorion techneg aseptig

Caiff bacteria a ffyngau eu meithrin ar, neu mewn, cyfrwng sydd wedi'i ddylunio i gyflenwi holl ofynion maethol a ffisegol y gell. Mae **techneg aseptig**, neu dechneg ddi-haint, lle caiff y cyfarpar a'r offer eu cadw rhag micro-organebau, yn atal halogiad meithriniadau bacteria gan ficrobau eraill a halogiad yr amgylchedd o'u cwmpas nhw.

I atal meithriniadau pur a chyfarpar rhag cael eu halogi gan facteria o'r amgylchedd:

- Diheintiwch bob cyfarpar a phob cyfrwng cyn ei ddefnyddio i'w atal rhag cael ei halogi cyn cychwyn.
- Byddwch yn ofalus wrth drin meithriniadau, gan fflamio gyddfau dysglau meithrin cyn eu hagor a'u cau nhw a defnyddiwch gyfarpar fel dolenni di-haint i atal halogiad dilynol.

I atal y bacteria sy'n cael eu defnyddio mewn arbrofion rhag halogi'r amgylchedd:

- Diheintiwch yr arwyneb gwaith cyn ac ar ôl arbrawf gan ddefnyddio diheintydd, er enghraifft, Lysol 3%.

- Defnyddiwch y technegau trin cywir i atal yr organebau sy'n cael eu meithrin rhag halogi personél a'r amgylchedd o'u cwmpas. Wrth gyflawni proses brechu:

  - Daliwch botel y meithriniad mewn un llaw; tynnwch y caead â bys bach y llaw arall. Peidiwch â rhoi'r caead i lawr ar yr arwyneb gwaith.

  - Fflamiwch geg y botel am 2 neu 3 eiliad.

  - Pasiwch y ddolen frechu drwy fflam nes ei bod hi'n eirias, a gadewch iddi oeri yn yr aer.

  - Peidiwch â chodi caead y ddysgl Petri yn bellach nag sydd ei angen i adael i'r ddolen frechu fynd i mewn.

  - Caewch gaead y ddysgl Petri â dau ddarn o dâp gludiog. Peidiwch â selio'r holl ffordd o gwmpas oherwydd gallai hyn greu amodau anaerobig ac, o bosibl, annog twf micro-organebau **pathogenaidd**.

  - Magwch y bacteria ar oddeutu 25 °C. Ddylech chi ddim meithrin meithriniadau ar 37 °C gan fod y tymheredd hwn yn ddelfrydol i dwf llawer o rywogaethau pathogenaidd.

  - Peidiwch ag agor dysglau Petri ar ôl magu bacteria ynddynt.

- Mewn labordy, y ffordd orau o ddiheintio pethau yw mewn ffwrn aerglos. Cynhwysydd wedi'i selio yw hwn lle caiff offer gwydr a metel eu gwresogi ar 121 °C mewn stêm dan wasgedd am 15 munud ar ôl cyrraedd y gwasgedd gofynnol.

- Ar ôl defnyddio defnyddiau tafladwy, fel dysglau Petri plastig, gallwch chi eu selio nhw mewn bagiau plastig sy'n addas i'w rhoi mewn ffwrn aerglos, eu gwresogi nhw yn y ffwrn aerglos ac yna eu rhoi nhw mewn bin sbwriel.

Term Allweddol

Pathogen: Organeb sy'n achosi clefyd mewn organeb letyol.

▼ Pwynt astudio

Rydym ni'n defnyddio ymbelydredd gama yn fasnachol i ddiheintio cyfarpar plastig fyddai'n ymdoddi mewn ffwrn aerglos.

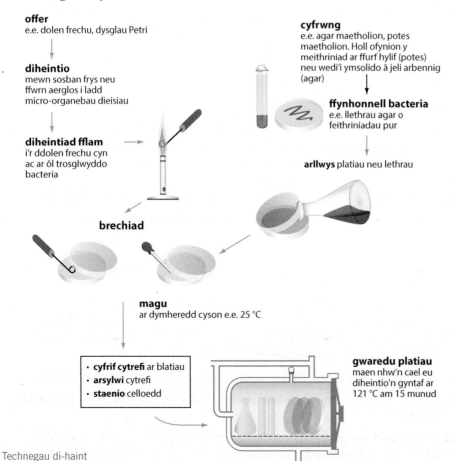

offer
e.e. dolen frechu, dysglau Petri

diheintio
mewn sosban frys neu ffwrn aerglos i ladd micro-organebau dieisiau

diheintiad fflam
i'r ddolen frechu cyn ac ar ôl trosglwyddo bacteria

brechiad

magu
ar dymheredd cyson e.e. 25 °C

- **cyfrif cytrefi** ar blatiau
- **arsylwi** cytrefi
- **staenio** celloedd

cyfrwng
e.e. agar maetholion, potes maetholion. Holl ofynion y meithriniad ar ffurf hylif (potes) neu wedi'i ymsolido â jeli arbennig (agar)

ffynhonnell bacteria
e.e. llethrau agar o feithriniadau pur

arllwys platiau neu lethrau

gwaredu platiau
maen nhw'n cael eu diheintio'n gyntaf ar 121 °C am 15 munud

Technegau di-haint

8

Gwirio gwybodaeth

Nodwch pa rai o'r chwe gosodiad canlynol am dechnegau aseptig sy'n anghywir.

1. Fflamio ceg neu wddf potel y meithriniad.
2. Gadael y caead oddi ar y ddysgl Petri am rai munudau ar ôl brechu.
3. Magu ar 37 °C.
4. Selio'r ddysgl Petri a'r caead yr holl ffordd o'i amgylch.
5. Diheintio'r holl gyfarpar mewn dŵr berwedig am 15 munud.
6. Diheintio'r arwyneb gwaith cyn ac ar ôl arbrawf gan ddefnyddio diheintydd.

Dulliau mesur twf

Mae amcangyfrif twf poblogaeth bacteria yn bwysig dros ben. Mae swyddogion iechyd yr amgylchedd yn archwilio mannau sy'n gwerthu bwyd yn rheolaidd ac yn cymryd samplau i'w dadansoddi. Mae byrddau dŵr yn archwilio cyflenwadau dŵr yn ddyddiol. Rhaid i wneuthurwyr bwyd sicrhau bod y bwyd maen nhw'n ei werthu yn addas i'w fwyta. Mae llawer o eitemau, fel bwydydd a chyffuriau, yn cael eu cynhyrchu gan ddefnyddio bacteria wedi'u tyfu mewn eplesyddion diwydiannol 200 dm^3. Mae mesur twf eu poblogaeth yn fanwl gywir yn rhan bwysig o'r broses.

Gallwn ni fesur maint poblogaeth o ficro-organebau mewn meithriniad hylifol:

- Yn uniongyrchol, drwy gyfrif celloedd:
  - Mae cyfrif hyfyw yn disgrifio celloedd byw yn unig.
  - Mae cyfrif cyfanswm yn disgrifio celloedd byw a chelloedd marw.
- Yn anuniongyrchol, drwy fesur cymylogrwydd y meithriniad. Gallwn ni ddefnyddio'r dull hwn fel techneg gwaith maes, gan ddefnyddio amsugnedd golau sampl o ddŵr afon i ddynodi nifer y bacteria sy'n bresennol.

Mesur twf yn uniongyrchol

Platio cytrefi a'u cyfrif nhw

Dydy hi ddim yn bosibl cyfrif poblogaeth gyfan o ficro-organebau. Yn lle hynny, rydym ni'n cyfrif nifer y celloedd mewn sampl bach iawn o feithriniad. Hyd yn oed wedyn, mae'n debygol y bydd y dwysedd poblogaeth mor uchel nes ein bod ni'n gorfod gwanedu'r meithriniad i gyfrif y celloedd. Mae'r math hwn o gyfrif yn dibynnu ar y ffaith bod pob cell fyw yn ffurfio **cytref**, felly mae'n rhoi cyfrif hyfyw.

Term Allweddol

Cytref (o facteria neu ffwng): Clwstwr o gelloedd, neu glôn, sy'n cael ei ffurfio o un bacteriwm neu sbôr ffwngaidd drwy atgynhyrchu anrhywiol.

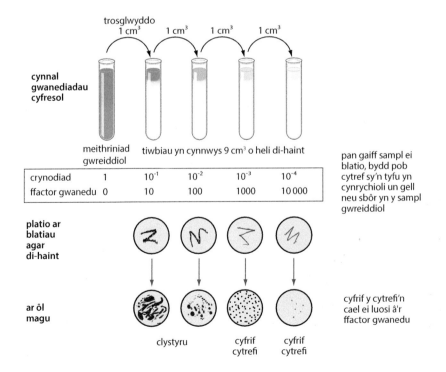

Amcangyfrif poblogaeth bacteria

Rydym ni'n defnyddio gwanediad cyfresol i wanedu'r sampl. Pan mae 1 cm³ o ddaliant yn cael ei ychwanegu at 9 cm³ o gyfrwng, mae wedi'i wanedu 10 gwaith ac mae'n wanediad 10^{-1}. Drwy ailadrodd y broses hon, gallwn ni wneud gwanediadau 10^{-2}, 10^{-3}, 10^{-4} ac ati. Ond os ydym ni'n ychwanegu 0.1 cm³ bob tro at 9.9 cm³, mae'r gwanediad cyntaf yn 10^{-2} ac mae'r gwanediadau canlynol yn 10^{-4}, 10^{-6}, 10^{-8}, ac ati.

Mae 1 cm³ o bob sampl gwanedig yn cael ei daenu dros blât agar di-haint a'i fagu ar 25 °C am ddau ddiwrnod, i adael i'r bacteria dyfu. Rydym ni'n dewis dysgl sy'n cynnwys 20–100 o gytrefi ar wahân, ac yn cyfrif y cytrefi. I ddod o hyd i gyfanswm nifer y celloedd hyfyw, rydym ni'n lluosi nifer y cytrefi â'r ffactor gwanedu briodol.

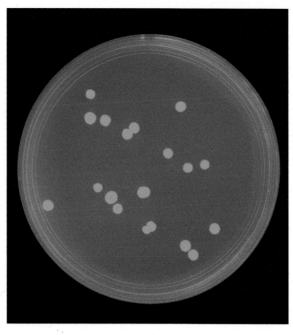

Cytrefi o facteria yn cynnwys genyn y sglefren fôr ar gyfer protein fflworoleuol gwyrdd.

Os yw 1 cm³ o wanediad 10^{-5} yn cynhyrchu cymedr o 85 cytref ar bob plât:

y crynodiad gwreiddiol = 85×10^5 cm⁻³ = 8.5×10^4 (1 ll.d.) cm⁻³.

Os yw 0.5 cm³ o wanediad 10^{-7} yn cynhyrchu cymedr o 129 cytref ar bob plât:

y crynodiad gwreiddiol = $\dfrac{129}{0.5} \times 10^7 = 258 \times 10^7 = 2.6 \times 10^9$ (1 ll.d.) cm⁻³.

Os yw'r gwanediad yn ormod, fydd dim digon o gytrefi ar bob plât i'r cyfrif fod yn ystadegol ystyrlon. Os nad yw'r gwanediad yn ddigonol, bydd cytrefi'n cyfuno, neu'n 'clystyru', ac efallai na fydd y cyfrif yn gywir – bydd yn rhoi nifer rhy isel.

Defnyddio haemocytomedr

Mae hwn yn ddull mwy manwl gywir na chyfrif cytrefi. Mae'n defnyddio sleid microsgop arbenigol, sef haemocytomedr. Dydy hi ddim yn bosibl gwahaniaethu rhwng celloedd byw a chelloedd marw, felly mae'n rhoi cyfrif cyfanswm o'r celloedd.

Mesur twf yn anuniongyrchol

Tyrbidimetreg

Gallwn ni ddefnyddio colorimedr i fesur cymylogrwydd y meithriniad wrth i niferoedd y celloedd gynyddu. Rydym ni'n deillio mesuriadau o boblogaeth y bacteria drwy ganfod amsugnedd y daliant ac wedyn darllen graff safonol o amsugnedd golau wedi'i blotio yn erbyn nifer y celloedd bacteria. Mae hyn yn rhoi cyfrif cyfanswm o'r celloedd, oherwydd dydy'r colorimedr ddim yn gallu gwahaniaethu rhwng celloedd byw a chelloedd marw.

▼ Pwynt astudio

Rydym ni'n cyfri'r gwahanol gytrefi bacteria gan dybio bod pob cytref wedi dod o un gell o'r meithriniad gwreiddiol, sydd wedi rhannu'n anrhywiol.

▼ Pwynt astudio

Gallwn ni amcangyfrif cyfraddau twf drwy fesur diamedr cytref o facteria neu ffyngau yn rheolaidd wrth iddi ymledu o bwynt canolog dros arwyneb cyfrwng twf solid.

Ymarfer ymarferol

Ymchwilio i niferoedd bacteria mewn llaeth

Sail resymegol

Mae diodydd llaeth eplesedig ar gael yn fasnachol, gan gynnwys brandiau cyfarwydd fel Yakult ac Actimel. Mae'r rhain yn cael eu gwneud o laeth amrwd gan facteria asid lactig, gan gynnwys *Lactobacillus a Lactococcus*. Mae'r bacteria hyn yn anaerobau amryddawn ac maen nhw'n trawsnewid lactos yn y llaeth yn lactad. Mae'r swm bach o ATP sy'n cael ei gynhyrchu yn darparu egni, ac mae'r bacteria'n atgynhyrchu. Mae eu niferoedd yn cynyddu wrth i'r llaeth aeddfedu. Gallwn ni fonitro'r boblogaeth drwy blatio a chyfrif cytrefi sydd wedi'u cynhyrchu gan wanediad addas o laeth o wahanol oed.

Mae angen paratoi nifer mawr o blatiau yn yr arbrawf sydd wedi'i ddisgrifio yma, a gallech chi ei gynnal mewn grwpiau yn hytrach nag fel unigolion.

Dyluniad

Newidyn	Enw'r newidyn		Gwerth y newidyn		
Annibynnol	Oed y llaeth		0, 3, 6, 9, a 12 diwrnod cyn y dyddiad olaf defnyddio		
Dibynnol	Nifer y bacteria ym mhob cm^3		Nifer cm^{-3}		
Rheoledig	Tymheredd		Magu meithriniadau ar 25 °C		
	Amser magu		2 ddiwrnod		
	Cyfansoddiad cemegol y cyfrwng maetholion		Platio pob sampl ar yr un cyfrwng maetholion		
Rheolydd	Ailadrodd yr arbrawf dan yr un amodau gan ddefnyddio daliannau bacteriol wedi'u berwi a'u hoeri.				
Dibynadwyedd	Gwnewch 5 plât ar bob crynodiad llaeth a chyfrifwch nifer cymedrig y cytrefi ar y gwanediad lle rydych chi'n gwneud y cyfrif.				
Asesu risg	**Perygl**	**Risg**		**Mesur rheoli**	
	Dod i gysylltiad â bacteria pathogenaidd	Gallai pathogenau fynd i mewn i'r meithriniad wrth i chi baratoi'r platiau		Defnyddio techneg ddi-haint i baratoi cyfarpar a gwneud meithriniadau	
		Gallai pathogenau ffurfio cytrefi ar y platiau agar		Magu'r platiau ar 25 °C	
				Peidio ag agor y platiau ar ôl eu tapio nhw ar gau	
				Lladd unrhyw ficrobau drwy roi'r platiau mewn ffwrn aerglos cyn cael gwared arnynt	

Dull

- Paratowch wanediadau cyfresol o'r llaeth o bob oed i roi gwanediadau 10^{-2}, 10^{-4}, 10^{-6}, 10^{-8} a 10^{-10} drwy gymysgu 0.1 cm^3 o'r llaeth eplesedig â 9.9 cm3 o'r cyfrwng ym mhob trosglwyddiad.
- Ar gyfer pob gwanediad o laeth o bob oed, taenwch 1 cm^3 o'r daliant bacteriol ar arwyneb agar maethol solid mewn dysgl Petri. Gwnewch dri ailadroddiad o bob gwanediad ar bob oed.
- Caewch gaead pob dysgl â dau ddarn o dâp.
- Labelwch y dysglau ar eu gwaelod, gan nodi'r gwanediad a'r oed.
- Trowch y dysglau Petri â'u pennau i lawr a magwch nhw ar 25 °C am ddau ddiwrnod.
- Ar gyfer y llaeth o bob oed, canfyddwch pa wanediad sy'n rhoi rhwng 20 a 100 o gytrefi ar wahân ar bob plât.
- Cyfrwch y cytrefi a chyfrifwch gymedr.
- Rhowch y dysglau mewn ffwrn aerglos cyn cael gwared arnynt.

Canlyniadau enghreifftiol

Amser cyn y dyddiad olaf defnyddio / diwrnodau	Oed y llaeth / UM	Nifer y cytrefi ar bob plât				Gwanediad y daliant	Nifer yn y sampl heb ei wanedu (1 ll.d.)	Log$_{10}$ y nifer yn y sampl heb ei wanedu (1 ll.d.)
		1	2	3	Cymedr			
12	0	17	29	21	22.3	10^{-6}	2.2×10^7	7.3
9	3	11	8	13		10^{-8}		
6	6	98	84	96		10^{-8}		
3	9	81	69	65		10^{-10}		
0	12	96	95	74		10^{-10}		

- Cwblhewch y tabl canlyniadau.

- Plotiwch graff o dwf y boblogaeth dros y 12 diwrnod blaenorol. Oed y llaeth yw'r newidyn annibynnol a dylech chi ei blotio ar yr echelin lorweddol. Mae'r echelin fertigol yn dangos nifer y bacteria yn y sampl heb ei wanedu, a gallwch chi blotio hyn mewn amryw o ffyrdd:

  - Ar bapur graff llinol â graddfa log ar yr echelin fertigol, fel yr isod, a phlotio nifer y bacteria.

  - Ar bapur graff llinol, plotio'r log$_{10}$, fel sydd wedi'i ddangos ar t67.

  - Ar bapur graff lled-log, plotio'r nifer gwirioneddol ar yr echelin fertigol:

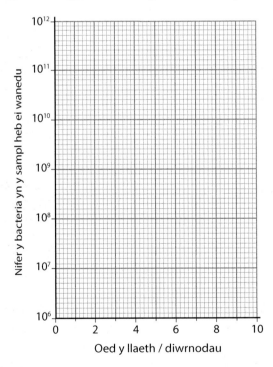

Cromlin twf y bacteria

Gwaith pellach

- Staeniwch sampl o laeth eplesedig â staen Gram a darganfyddwch:
  - Siapiau'r bacteria
  - Y cyfrannau o'r gwahanol siapiau sy'n Gram positif ac yn Gram negatif.
- Plotiwch gromliniau twf poblogaeth gwahanol fathau o laeth eplesedig, e.e. kefir, leben.

Pennod 5

Maint poblogaeth ac ecosystemau

Mae ffactorau biolegol ac amgylcheddol yn rheoli twf poblogaeth. Olyniaeth yw'r ffordd mae strwythur cymunedau a chyfansoddiad eu rhywogaethau yn newid dros amser. Mae egni'n pasio ar hyd cadwyn fwyd ar ffurf biomas, ond mae colledion egni yn cyfyngu ar hyd y gadwyn. Mae angen carbon a nitrogen ar bob organeb, ac mae micro-organebau yn chwarae rhan allweddol wrth ailgylchu'r rhain drwy'r ecosystem. Mae amaethyddiaeth, datgoedwigo a llygredd wedi newid ecosystemau'n ddramatig ac felly rhaid i ni werthuso arferion amaethyddol yn ofalus a'u haddasu nhw i gynnal y cynnydd parhaus ym mhoblogaeth bodau dynol.

Erbyn diwedd y testun hwn, byddwch chi'n gallu gwneud y canlynol:

- Esbonio ffactorau sy'n rheoli maint poblogaeth.
- Disgrifio sut i samplu poblogaethau ac asesu eu cyflenwad a'u dosbarthiad.
- Deall cysyniadau ecosystem, cynefin, cymuned, cynhyrchedd cynradd ac eilaidd.
- Disgrifio trosglwyddiad biomas drwy'r ecosystem, a'i ddangos mewn pyramidiau biomas.
- Esbonio pam mae cynhyrchedd eilaidd llysysyddion yn is na chynhyrchedd eilaidd cigysyddion.
- Disgrifio ac esbonio'r gwahaniaethau rhwng olyniaeth gynradd ac eilaidd.
- Deall bod dadelfenyddion yn organebau allweddol sy'n ymwneud â chylchu maetholion.
- Disgrifio'r gylchred garbon a sut mae datgoedwigo a hylosgi yn effeithio arni.
- Deall beth sy'n achosi cynhesu byd-eang, a deall ei effeithiau.
- Esbonio pam mae angen newid arferion amaethyddol.
- Disgrifio swyddogaeth micro-organebau yn y gylchred nitrogen.
- Disgrifio pwysigrwydd gwrteithiau ac aredig a draenio tir amaethyddol.
- Disgrifio sut mae defnyddio gwrteithiau yn gallu arwain at lygredd dŵr.

Twf poblogaeth

Ffactorau sy'n rheoli maint poblogaeth

Mae rhai ffactorau mewn ecosystem sy'n effeithio ar yr holl organebau sy'n byw ynddi ac mae'r ffactorau hyn yn newid yn gyson. Felly mae ecosystemau yn ddynamig:

- Mae arddwysedd yr egni sy'n llifo drwy'r ecosystem yn amrywio.
- Mae cylchredau biolegol, fel y gylchred nitrogen, yn amrywio'r mwynau sydd ar gael.
- Mae cynefinoedd yn newid dros amser wrth i olyniaeth ddigwydd.
- Mae rhywogaethau newydd yn cyrraedd a dydy rhai rhywogaethau ddim yn bresennol mwyach.

O ganlyniad, dydy nifer yr unigolion mewn **poblogaeth** ddim yn aros yr un fath. Mae'r ffactorau canlynol yn pennu maint poblogaeth ar adeg benodol:

- **Cyfradd geni**, sydd hefyd yn cyfeirio at ddeor, atgenhedlu drwy gyfrwng ymholltiad deuol a phob ffordd arall mae organebau byw yn cynyddu eu niferoedd.
- Cyfradd marw.
- **Mewnfudo**.
- Allfudo.

Mae genedigaethau a mewnfudo yn cynyddu maint poblogaeth, ac mae marwolaeth ac allfudo'n ei lleihau hi. Os yw effeithiau cyfunol genedigaethau a mewnfudo'n fwy nag effeithiau marwolaethau ac allfudo, mae maint y boblogaeth yn cynyddu.

Maint poblogaeth

Mae gwahanol rywogaethau yn defnyddio gwahanol strategaethau ar gyfer twf poblogaeth, gan ddibynnu ar eu nodweddion:

- Rhywogaethau ar ffo yw rhywogaethau sy'n wael am gystadlu: yn lle hynny, maen nhw'n dibynnu ar allu i atgenhedlu a gwasgaru mewn niferoedd mawr i gynyddu eu niferoedd. Maen nhw'n meddiannu amgylchedd newydd yn gyflym, e.e. algâu yn cytrefu craig noeth; helyglys hardd yn cytrefu tir sydd wedi'i glirio gan dân.
- Mae **rhywogaethau ecwilibriwm** yn rheoli eu poblogaeth drwy gystadlu o fewn cynefin sefydlog. Mae eu patrwm twf arferol yn gromlin sigmoid (siâp S) sef y gromlin dwf un cam. Mae hon i'w gweld, er enghraifft, pan gaiff bacteria eu rhoi mewn hydoddiant maetholion ffres neu pan gaiff cwningod eu cyflwyno i ynys am y tro cyntaf.

Y gromlin dwf un cam

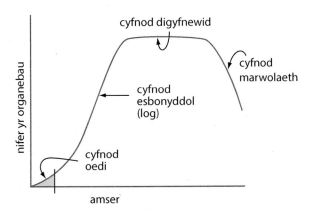

Graff yn dangos newidiadau yn nhwf poblogaeth

DYLECH CHI WYBOD ›››

››› Y ffactorau sy'n pennu maint poblogaeth

››› Y camau yng nghromlin twf poblogaeth

››› Beth yw cynhwysedd cludo ac ymwrthiant amgylcheddol

››› Y gwahaniaeth rhwng ffactorau dwysedd-ddibynnol a ffactorau dwysedd-annibynnol

››› Sut i gyfrifo cyfradd twf poblogaeth o gromlin dwf

Sylwch

Dewiswch eich geiriau'n ofalus. Mae mamolion yn cael eu geni ond mae burum a bacteria'n cyflawni ymholltiad deuol; mae ymlusgiaid ac adar yn deor o wyau ac mae planhigion blodeuol yn datblygu o hadau.

Termau Allweddol

Poblogaeth: Grŵp o organebau o'r un rhywogaeth sy'n rhyngfridio ac yn byw mewn cynefin penodol.

Cyfradd geni: Gallu poblogaeth i atgenhedlu; nifer yr unigolion newydd sy'n ymddangos o ganlyniad i atgenhedlu bob uned amser.

Mewnfudo: Symudiad unigolion i mewn i boblogaeth o'r un rhywogaeth.

Rhywogaethau ecwilibriwm: Rhywogaethau sy'n rheoli eu poblogaeth drwy gystadlu yn hytrach na thrwy atgenhedlu a gwasgaru.

Mae pedwar cam i'r gromlin dwf un cam:

1. Y cyfnod oedi. I ddechrau, dydy'r boblogaeth ddim yn cynyddu ond yna bydd cyfnod o dwf araf. Mewn bacteria, gall hyn bara o rai munudau i nifer o ddyddiau. Mae'n gyfnod o addasu neu baratoi i dyfu, lle mae gwaith metabolaidd dwys yn digwydd, yn enwedig synthesis ensymau. Mewn organebau sy'n atgenhedlu'n rhywiol, fel cwningod, y cyfnod oedi yw'r amser mae unigolion yn ei gymryd i aeddfedu'n rhywiol, dod o hyd i gymar a chario eu hepil.

2. Y cyfnod esbonyddol. Wrth i'r niferoedd gynyddu, cyn belled â nad oes ffactor yn cyfyngu ar dwf, bydd mwy o unigolion ar gael i atgenhedlu. Mae celloedd bacteria yn rhannu ar gyfradd gyson ac mae'r boblogaeth yn dyblu bob uned amser. Mae nifer y celloedd yn cynyddu'n logarithmig ac felly rydym ni hefyd yn galw'r cyfnod esbonyddol yn gyfnod log.

Dydy'r gyfradd hon ddim yn gallu para am byth oherwydd mae **ymwrthiant amgylcheddol** yn dechrau effeithio arni hi:

– Mae llai o fwyd ar gael

– Mae crynodiad cynhyrchion gwastraff yn mynd yn fwy a mwy gwenwynig

– Does dim digon o le na digon o safleoedd nythu.

Mae'r boblogaeth yn dal i gynyddu, ond yn arafach, felly mae graddiant y graff yn lleihau.

Mae ymwrthiant amgylcheddol yn cynnwys yr holl ffactorau sy'n gallu cyfyngu ar dwf poblogaeth. Ar gyfer bacteria mewn fflasg, mae'r ffactorau hyn yn cynnwys:

– Y bwyd sydd ar gael

– Gorlenwi

– Cystadleuaeth

– Gwastraff gwenwynig yn cronni.

Fodd bynnag, mewn sefyllfa lai artiffisial, gall ffactorau eraill chwarae rhan hefyd. Ar gyfer y cwningod ar ynys, mae'r ffactorau hyn yn dal i fod yn berthnasol ond mae ffactorau **biotig** ychwanegol gan gynnwys:

– Ysglyfaethu

– Parasitedd a chlefydau oherwydd mae poblogaeth fwy dwys yn golygu bod haint yn gallu lledaenu'n gyflymach

– Cystadleuaeth gan rywogaethau eraill am safleoedd nythu a bwyd.

Mae ffactorau **anfiotig** fel tymheredd ac arddwysedd golau hefyd yn gallu effeithio ar faint poblogaeth.

3. Mae'r cyfnod digyfnewid yn digwydd pan mae'r gyfradd geni yn hafal i'r gyfradd marw. Mae'r boblogaeth wedi cyrraedd ei maint mwyaf, sef **cynhwysedd cludo** yr amgylchedd penodol hwnnw, h.y. uchafswm nifer yr unigolion mae ardal yn gallu eu cynnal. Mae'r union nifer yn dibynnu ar yr adnoddau sydd ar gael, e.e. mae mwy o fwyd yn cynyddu'r cynhwysedd cludo. Dydy'r boblogaeth ddim yn hollol gyson, ac mae'n amrywio o gwmpas y cynhwysedd cludo fel ymateb i newidiadau amgylcheddol, e.e. nifer yr ysglyfaethwyr.

4. Y cyfnod marwolaeth. Mae'r ffactorau sy'n arafu twf poblogaeth ar ddiwedd y cyfnod oedi yn mynd yn fwy arwyddocaol ac mae maint y boblogaeth yn lleihau nes bod y gyfradd marw'n fwy na'r gyfradd geni, ac mae graddiant y graff yn negatif.

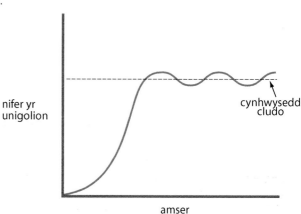

Graff yn dangos cynhwysedd cludo

Termau Allweddol

Ymwrthiant amgylcheddol: Mae hyn yn cyfeirio at ffactorau amgylcheddol sy'n arafu twf poblogaeth.

Biotig: Rhan o amgylchedd organeb sy'n fyw, e.e. pathogenau, ysglyfaethwyr.

Anfiotig: Rhan o amgylchedd organeb sy'n anfyw, e.e. tymheredd yr aer, argaeledd ocsigen.

Cynhwysedd cludo: Y nifer uchaf y mae poblogaeth yn amrywio o'i gwmpas mewn amgylchedd penodol.

Ymwrthiant amgylcheddol a'r cynhwysedd cludo

Mae ysglyfaethwyr fel rheol yn fwy na'u hysglyfaeth ac yn tueddu i'w lladd nhw cyn eu bwyta nhw. Mae cyflenwad yr ysglyfaeth yn cyfyngu ar niferoedd yr ysglyfaethwyr ac mae nifer yr ysglyfaethwyr yn rheoli nifer yr ysglyfaeth. Mae perthynas ysglyfaethwr–ysglyfaeth yn achosi i'r ddwy boblogaeth osgiliadu ac mae adborth negatif yn rheoli'r osgiliadau hyn. Mewn arbrawf clasurol yn defnyddio data wedi'u casglu ers 1920, mae niferoedd y lyncsod ac un rhywogaeth ysgyfarnog mewn rhannau o Ganada wedi cael eu hamcangyfrif. Roedd eu niferoedd yn amrywio o gwmpas cynhwysedd cludo pob un oherwydd:

- Mae nifer mawr o lyncsod yn ysglyfaethu'r ysgyfarnogod, felly mae poblogaeth yr ysgyfarnogod yn lleihau.
- Yna does dim digon o fwyd i'r lyncsod, felly mae niferoedd y lyncsod yn lleihau.
- Felly mae llai o ysglyfaethu ar yr ysgyfarnogod, felly mae niferoedd yr ysgyfarnogod yn cynyddu eto.
- Mae mwy o ysglyfaeth i'r lyncsod, felly mae niferoedd y lyncsod yn cynyddu.

Mae'r cylch hwn yn ailadrodd tua bob 10 mlynedd, ac mae'n dangos sut mae niferoedd poblogaeth ar y cynhwysedd cludo'n gallu dibynnu ar y niferoedd mewn rhywogaethau eraill. Byddai esboniad tebyg yn berthnasol i berthnasoedd eraill rhwng ysglyfaethwyr ac ysglyfaethau, e.e. niferoedd tylluan a llygoden mewn coetir, a pherthnasoedd rhwng llysysyddion a phlanhigion, e.e. coalas a choed ewcalyptws.

Cyfrifo cynnydd poblogaeth o graff

Os yw cynnydd poblogaeth yn fawr iawn, er enghraifft mewn poblogaeth bacteria mewn tiwb profi, mae amrediad y niferoedd yn rhy fawr i blotio graff ar raddfa linol. Felly, rydym ni'n defnyddio graddfa $\log_{10}$, lle mae pob marc ar raddfa'r boblogaeth ddeg gwaith cymaint â'r marc blaenorol.

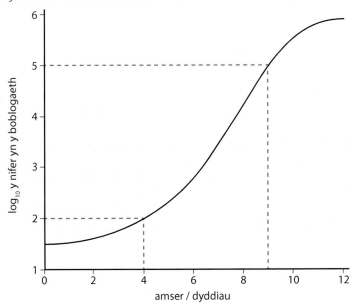

Cromlin twf bacteria

Cyfradd twf yn y cyfnod esbonyddol =

$$\frac{\text{nifer y bacteria ar ddiwrnod 9} - \text{nifer y bacteria ar ddiwrnod 4}}{9 - 4} \text{ y diwrnod}$$

Gan ein bod ni'n plotio graddfa log, allwn ni ddim darllen y niferoedd go iawn ar ddiwrnod 9 ac ar ddiwrnod 4. Y nifer go iawn yw gwrthlog y rhif ar y raddfa, h.y. y nifer mae'r rhifau ar yr echelin yn logarithmau iddo.

$$\therefore \text{cyfradd twf yn y cyfnod esbonyddol} = \frac{\text{gwrthlog 5} - \text{gwrthlog 2}}{9 - 4} \text{ y diwrnod}$$

Mynd ymhellach ▶

65 miliwn o flynyddoedd yn ôl, aeth dinosoriaid oedd ddim yn hedfan yn ddiflanedig. Mae'n debygol eu bod nhw wedi mynd dros eu cynhwysedd cludo oherwydd nad oedd bwyd ar ôl iddynt. Mae tystiolaeth yn dangos trawiad asteroid a llawer o weithgarwch folcanig. Rhoddodd y rhain gymaint o lwch yn yr atmosffer, nes bod y diffyg golau haul wedi lladd y planhigion. Felly, doedd dim bwyd i ddinosoriaid llysysol, e.e. *Triceratops horridus*, ac roedden nhw'n marw. Roedd hyn yn golygu nad oedd bwyd i'r dinosoriaid cigysol, e.e. *Tyrannosaurus rex*, ychwaith, felly roedd y rhain yn marw.

Sylwch

Byddwch yn ofalus os ydych chi'n plotio ar raddfa log. Does dim sero, oherwydd mae pob marc ar yr echelin yn ddegfed rhan o'r marc nesaf i fyny.

- Yn yr enghraifft sydd wedi'i dangos yma, mae'r log yn rhif cyfan:

Gwrthlog$_{10}$ 5 = 10^5 = 100 000 a gwrthlog$_{10}$ 2 = 10^2 = 100 .

∴ cyfradd twf yn y cyfnod esbonyddol =

$$\frac{100\,000 - 100}{5} = \frac{99\,900}{5} = 19\,980 \text{ y diwrnod.}$$

- Os nad yw'r log yn rhif cyfan, gallwch chi ddefnyddio eich cyfrifiannell i ganfod y gwrthlog. Er enghraifft, i ganfod gwrthlog 6.7:
  - Pwyswch SHIFT log
  - Pwyswch 6.7
  - Pwyswch = i roi'r ateb 5.011873 × 10^6 (6 ll.d.)

Ffactorau sy'n rheoli cynnydd poblogaeth

Mae rhai ffactorau amgylcheddol yn cael mwy o effaith os yw'r boblogaeth mewn ardal benodol yn fwy. Mae'r ffactorau hyn yn effeithio ar gyfran ehangach o'r boblogaeth os yw'r boblogaeth yn fwy dwys ac felly rydym ni'n galw'r rhain yn **ffactorau dwysedd-ddibynnol**. Ffactorau biotig yw'r rhain ac maen nhw'n cynnwys clefyd, parasitedd a disbyddu cyflenwad bwyd, e.e. os yw poblogaeth yn fwy dwys, mae parasitiaid yn cael eu trosglwyddo'n fwy effeithlon ac maen nhw'n effeithio ar gyfran uwch o'r unigolion. Yn yr un modd, os yw dwysedd ysglyfaethau'n uwch, mae'n haws i'r ysglyfaethwr ganfod ysglyfaeth ac mae'n bwyta cyfran uwch ohonynt.

Dydy effaith ffactorau anfiotig yn yr amgylchedd ddim yn dibynnu ar ddwysedd poblogaeth. Mae'r rhain yn ffactorau dwysedd-annibynnol. Mae'r effaith yr un fath beth bynnag yw maint y boblogaeth ac mae'n digwydd fel rheol oherwydd newid sydyn i ffactor anfiotig, e.e. llifogydd neu dân. Mae *Daphnia*, y lleuen ddŵr, yn cael chwalfa poblogaeth wrth i'r tymheredd ostwng yn sydyn; mae poblogaethau'r wenynen fêl yn cael eu lladd gan bryfleiddiaid neonicotinoid.

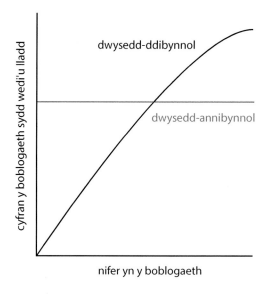

Effeithiau ffactorau dwysedd-ddibynnol a ffactorau dwysedd-annibynnol ar boblogaethau

Mae niferoedd poblogaethau yn anwadalu (*fluctuate*)

Yn gyffredinol, caiff maint poblogaeth ei reoli gan y cydbwysedd rhwng y gyfradd geni a'r gyfradd marw. Fodd bynnag, mae maint poblogaethau'n anwadalu; dydy eu maint ddim yn aros yn gyson, er nad yw'r anwadaliadau hyn yn fawr nac yn afreolus fel rheol mewn rhywogaethau ecwilibriwm. Mae'r niferoedd yn eu poblogaethau yn amrywio o gwmpas pwynt gosod, sef y cynhwysedd cludo. Mae adborth negatif yn rheoleiddio maint y boblogaeth:

- Os bydd y boblogaeth yn codi'n uwch na'r pwynt gosod, bydd ffactor dwysedd-ddibynnol yn cynyddu'r gyfradd marw neu'n gostwng y gyfradd bridio i'r fath raddau nes bod y boblogaeth yn lleihau.

- Os bydd y boblogaeth yn gostwng yn is na'r pwynt gosod, caiff yr ymwrthiant amgylcheddol ei ostwng dros dro fel bod y boblogaeth yn cynyddu eto.

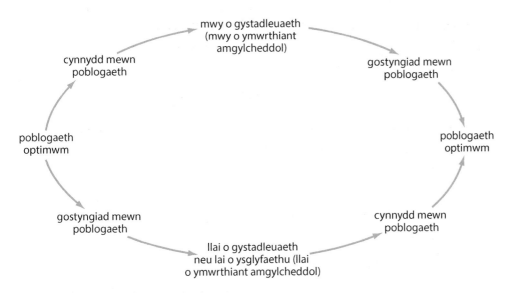

Rheoli poblogaeth drwy adborth negatif

Gwirio gwybodaeth

Parwch y termau 1–4 â'r gosodiadau A–CH.

1. Cyfnod digyfnewid.
2. Cyfnod oedi.
3. Cynhwysedd cludo.
4. Ffactor dibynnol ar ddwysedd.

A. Cyfnod o baratoi i dyfu.
B. Disbyddu cyflenwad bwyd wrth i ddwysedd poblogaeth gynyddu.
C. Y maint poblogaeth mwyaf y mae'r adnoddau sydd ar gael yn gallu ei gynnal.
CH. Mae cyfradd geni unigolion newydd yn hafal i'r gyfradd marw.

Cyflenwad a dosbarthiad organebau mewn cynefin

Enw maes astudio cyflenwad a dosbarthiad rhywogaethau yw bioddaearyddiaeth. Alfred R Wallace oedd y cyntaf i fodelu rhanbarthau bioddaearyddol, a diffiniodd ef chwech o'r rhain o gwmpas y byd. Wrth astudio adar a fertebratau, gwelodd fod afonydd a chadwyni o fynyddoedd yn marcio ffiniau cyrhaeddiad llawer o rywogaethau. Gwelodd anifeiliaid gwahanol mewn cynefinoedd tebyg. Doedd hyn ddim yn cyd-fynd â'r esboniad poblogaidd ar y pryd bod pob organeb wedi'i chreu i weddu i amgylchedd penodol, a chyfrannodd hyn at ei ddealltwriaeth o ddethol naturiol.

GWEITHIO'N WYDDONOL

Mae 'llinell Wallace' yn dangos y ffin rhwng anifeiliaid yng ngogledd-ddwyrain Indonesia, sy'n debyg i anifeiliaid Asia, ac anifeiliaid yn Guinea Newydd, sy'n debyg i rai Awstralia. Roedd yr arsylwad hwn yn rhoi tystiolaeth o dectoneg platiau.

Cynefin newydd

Wrth asesu cynefin newydd, rydym ni'n disgrifio nodweddion ffisegol, e.e. math o bridd a thymheredd, yn gyntaf oherwydd y rhain sy'n pennu niferoedd a mathau'r planhigion sy'n byw yno:

- Mae pridd sy'n deillio o greigwely gwenithfaen, e.e. Eryri, yn fwy asidig nag un sy'n deillio o sialc, e.e. y Twyni Deheuol. O ganlyniad, mae gwlith yr haul yn tyfu yn Eryri ac mae hanner rhywogaethau tegeirian brodorol y Deyrnas Unedig yn tyfu ar y Twyni Deheuol.

- Os yw glawiad yn uchel iawn drwy gydol y flwyddyn, e.e. rhannau o dde-ddwyrain Awstralia, efallai y bydd coedredyn i'w gweld, ond mewn rhai ardaloedd sych iawn, e.e. de-orllewin UDA, mae cacti yn gyffredin.

- Efallai mai dim ond cennau fydd yn gallu byw mewn cynefin oer iawn, e.e. rhannau o'r Ffindir, ond mewn cynefin cynhesach, e.e. Guinea, bydd nifer enfawr o fathau o blanhigion yn gallu byw.

Mae'r anifeiliaid mewn cynefin yn dibynnu ar y planhigion, e.e. mae pandaod yn y gwyllt ddim ond yn cael eu gweld mewn mannau lle mae bambŵ yn tyfu. Felly mewn cynefin newydd, rydym ni'n disgrifio planhigion cyn anifeiliaid.

Mesur cyflenwad

Cyflenwad rhywogaeth yw faint o unigolion sy'n bodoli mewn cynefin. Gallwn ni ddefnyddio'r technegau canlynol i asesu cyflenwad anifeiliaid:

- Arbrofion dal-marcio-ailddal, gan ddefnyddio cyfrifiad mynegai Lincoln.

- Samplu cicio mewn nant a chyfrif infertebratau dyfrol.

 Term Allweddol

Cyflenwad: Faint o unigolion o rywogaeth sydd mewn ardal neu gyfaint penodol.

Cyswllt Rydych chi wedi dysgu yn ystod blwyddyn gyntaf y cwrs hwn sut i ddefnyddio'r technegau hyn i fesur cyflenwad planhigion ac anifeiliaid i amcangyfrif bioamrywiaeth cynefin.

GWEITHION WYDDONOL

Cafodd *Salacia arenicola* (y 'planhigyn sugno': mae primatiaid yn treulio oriau'n sugno'r ffrwythau i gael y cnawd melys y tu mewn) ei ddarganfod yn 2013 yng Ngweriniaeth Ddemocrataidd Congo. Mae dan fygythiad. Rydym ni'n archwilio'r mannau lle mae'n bodoli er mwyn diffinio ei ddosbarthiad a'i atal rhag mynd yn ddiflanedig.

Ffrwyth planhigyn sugno

Term Allweddol

Dosbarthiad: Yr arwynebedd neu'r cyfaint lle mae unigolion o rywogaeth i'w cael.

Dyma ffyrdd o fesur cyflenwad rhywogaethau planhigion:

- Defnyddio cwadrat i gyfrifo cymedr nifer yr unigolion mewn sawl cwadrat o arwynebedd hysbys, i ganfod y dwysedd, h.y. nifer / metr^2.
- Amcangyfrif gorchudd canrannol planhigyn os yw hi'n anodd gweld unigolion.
- Amcangyfrif amlder canrannol.

Mesur dosbarthiad

Mae **dosbarthiad** rhywogaeth yn disgrifio'r arwynebedd neu'r cyfaint lle mae'n bodoli.

Os yw cynefin yn unffurf, gallwn ni farcio safleoedd y planhigion allanol ar fap a mesur yr arwynebedd maen nhw'n ei amgylchynu. Os yw'r arwynebedd yn fach, gall hyn olygu bod y rhywogaeth mewn perygl o ddifodiant. Mae botanegwyr yn defnyddio'r dechneg hon i asesu dosbarthiad rhywogaethau planhigion dan fygythiad. Yna, gallan nhw lobïo cwmnïau cloddio ac awdurdodau adeiladu ffyrdd i ddiogelu safleoedd penodol er mwyn lleihau colledion rhywogaethau.

Os nad yw cynefin yn unffurf, mae trawslun yn dechneg ddefnyddiol i ddangos amrywiad organebau a'r cydberthyniad rhwng hyn â ffactor anfiotig sy'n newid. Llinell yw trawslun, ac rydym ni'n asesu cyflenwad rhywogaethau ar hyd y llinell.

- Mae trawslun llinell yn dangos yr organebau sy'n bodoli ar linell, a'r pellteroedd rhyngddynt wedi'u mesur.

Llwybr troed yn Swydd Efrog. Mae'r llinell goch yn dangos lle cafodd y tâp mesur ei osod i wneud trawslun.

Mae'r diagram yn dangos trawslun llinell ar draws y llwybr troed yn y ffotograff:

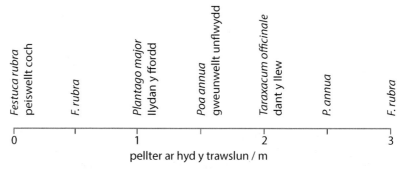
Trawslun llinell ar draws y llwybr troed

- Mae trawslun belt yn dangos data'r cyflenwad mewn ardal benodol ar bellteroedd sydd wedi'u mesur ar hyd y trawslun. Rydym ni'n rhoi cwadrat ar bob cyfesuryn ar hyd y trawslun a gallwn ni gymryd darlleniadau ar gyfer:

  - Dwysedd rhywogaethau penodol
  - Amlder canrannol rhywogaethau penodol
  - Gorchudd arwynebedd canrannol pob rhywogaeth.

Mae'r tabl yn dangos y gorchudd canrannol ar draws y llwybr troed yn y ffotograff:

Rhywogaeth	Enw cyffredin	Gorchudd canrannol ar y pellter ar hyd y trawslun / m						
			0.5	1.0	1.5	2.0	2.5	3.0
Festuca rubra	peiswellt coch	80	70					80
Holcus lanatus	maswellt penwyn	20	30					20
Poa annua	gweunwellt unflwydd			70	60			
Plantago major	llydan y ffordd			20	20			
Taraxacum officionale	dant y llew				10	30	10	
Trifolium repens	meillionen wen			10		20	40	

Mae'r diagram barcud yn dangos gorchudd arwynebedd canrannol y rhywogaethau ar draws y trawslun belt.

Mae mwy o sathru ar lwybr troed yn y canol a llai yn yr ymylon. Mae trawslun yn dangos pa rywogaethau sydd orau am wrthsefyll sathru, oherwydd mae'r rhain yn tyfu yng nghanol y llwybr. Mae'r trawslun llinell a'r trawslun belt ar gyfer y llwybr troed yn y ffotograff yn dangos mai'r llydan y ffordd a'r gweunwellt unflwydd sydd leiaf sensitif i sathru oherwydd mae'r rhain i'w cael yng nghanol y llwybr. Dim ond ar yr ymylon mae'r peiswellt coch a'r maswellt penwyn i'w cael: mae'r rhain yn fwy sensitif i sathru. Mae'r trawslun belt, fodd bynnag, gan ei fod yn ddau ddimensiwn, yn rhoi mwy o wybodaeth am ddosbarthiad rhywogaethau na'r trawslun llinell, sy'n un dimensiwn.

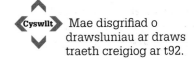

Mae disgrifiad o drawsluniau ar draws traeth creigiog ar t92.

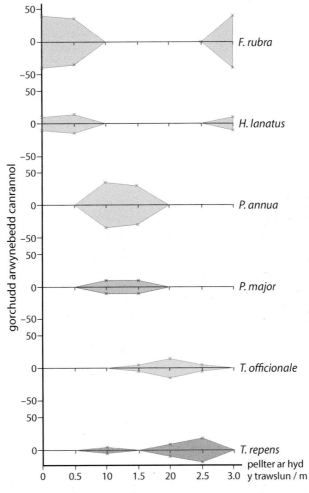

Diagram barcud llwybr wedi'i sathru

Pwynt astudio

Mae diagramau barcud yn ddefnyddiol oherwydd maen nhw'n dangos yn glir cyflenwad a dosbarthiad rhywogaethau ar hyd trawslun. Ond mae'r niferoedd yn cael eu talfyrru wrth i ni lunio'r diagramau felly rydym ni'n colli manwl gywirdeb, o gymharu â thabl data.

Mae trawslun yn addas i asesu planhigion neu anifeiliaid anfudol ond nid yw'n addas i anifeiliaid mudol, gan eu bod nhw'n symud. Rydym ni'n asesu dosbarthiad anifeiliaid drwy arsylwi unigolion neu eu nythod yn uniongyrchol, yr ymgarthion maen nhw'n eu gadael neu eu marciau ar lystyfiant.

Term Allweddol

Ecosystem: Cymuned nodweddiadol o rywogaethau cyd-ddibynnol sy'n rhyngweithio â chydrannau anfiotig eu cynefin.

Ecosystemau

Mae cymuned yn cynnwys llawer o rywogaethau sy'n byw ac yn rhyngweithio gyda'i gilydd. Y rhyngweithio rhwng organebau a'i gilydd a'r ffactorau anfyw yn eu hamgylchedd, fel yr aer, y pridd a'r dŵr, sy'n gwneud **ecosystem**. Mae cydrannau biotig ac anfiotig yr ecosystem wedi'u cysylltu gan lif egni a chan gylchu maetholion.

- Mae ecosystemau'n gallu bod yn fach, e.e. coluddyn mawr bodau dynol a'i gymuned o ficro-organebau. Mae ecosystemau'n gallu bod yn fawr iawn. Mae moroedd, er enghraifft, yn gorchuddio tua 70% o arwyneb y Ddaear a Basn y Môr Tawel yw'r ecosystem forol fwyaf. Mae rhai pobl yn ystyried bod y blaned gyfan yn un ecosystem fawr.

- Mae ecosystemau'n gallu bod yn rhai dros dro, fel pwll o ddŵr ar ôl glaw, neu maen nhw'n gallu para am filiynau o flynyddoedd, e.e. mae Llyn Baikal yn Siberia wedi bodoli ers 25 miliwn o flynyddoedd.

Mae'r tabl yn dangos rhai enghreifftiau:

Ecosystem	Enghraifft	Nodweddion anfiotig	Organebau nodweddiadol
morol	Môr Tawel	dyfrol; crynodiad uchel ïonau mwynol	algâu; Echinodermau, e.e. sêr môr
Twndra'r Arctig	Canada, Siberia	amrediad tymheredd rhwng −50°C a +12°C; 15–25 cm o lawiad y flwyddyn; gwyntog	planhigion sy'n tyfu'n isel, e.e. mwsogl, grug; ceirw Llychlyn, ysgyfarnog yr eira
coedwig gollddail dymherus	Lady Park Wood, Sir Fynwy	llaith, cynnes	ffawydd, deri, cnocell y coed, tylluan frech
diffeithdir	Sahara, dros 11 o wledydd gogledd a chanol Affrica	<25 cm o lawiad y flwyddyn; tymheredd uchel; arddwysedd golau uchel	cactws, camel

Egni ac ecosystemau

Egni yw'r gallu i wneud gwaith. Does dim newid yn digwydd heb i newidiadau egni ddigwydd. Felly gallwn ni feddwl am y ffordd mae ecosystem yn gweithio fel dilyniant o newidiadau egni, lle mae egni'n llifo drwy gydrannau'r ecosystem, gan ddilyn rheolau penodol, sef Deddfau Thermodynameg.

Mae yna lawer o ffynonellau egni posibl ar y Ddaear, e.e. geothermol, trydanol a chemegol.

- Mae'n debygol bod yr egni sy'n deillio o ddosbarthiad protonau anhafal wedi galluogi'r systemau anfyw yng ngheudodau agorfeydd hydrothermal alcalïaidd i droi'n systemau byw.

- Roedd organebau cynnar yn defnyddio egni wedi'i ryddhau gan adweithiau cemegol i wneud carbohydradau drwy gyfrwng cemosynthesis. Mae'r electronau sydd eu hangen arnynt i rydwytho carbon deuocsid neu fethan i ffurfio siwgr yn deillio o ocsidio moleciwlau anorganig fel hydrogen neu hydrogen sylffid. Mae rhai Archaea a bacteria yn dal i wneud hynny, ond mae'r rhain yn tueddu i fyw mewn ecosystemau ymylol.

- Y ffynhonnell egni bwysicaf i ecosystemau heddiw yw'r egni golau sy'n dod o'r Haul, oherwydd golau yw'r ffynhonnell egni ar gyfer ffotosynthesis.

Cydrannau biotig ecosystem

Cynefinoedd

Cynefin yw ardal ecolegol neu amgylcheddol fel nant dŵr croyw neu laswelltir tymherus, lle mae organeb fyw yn byw. Mae'n darparu'r pethau sydd eu hangen i oroesi fel bwyd, dŵr, pridd, tymheredd a pH priodol. Dydy cynefin ddim o reidrwydd yn ardal ddaearyddol; mae darn o un organeb yn gallu darparu cynefin i un arall, e.e. mae'r dwodenwm dynol yn gallu bod yn gynefin i lyngyren. **Microgynefin** yw ardal fach iawn sy'n wahanol i'r mannau o'i chwmpas ac sydd â nodweddion sy'n ei gwneud hi'n addas i rywogaeth benodol, e.e. mae'r lindys bresych, sef larfa gwyfyn, yn bwyta arwynebau isaf, ond nid rhai uchaf, dail bresych a chnydau tebyg.

Cymunedau

Mae aelodau o rywogaeth, sy'n byw ac yn rhyngweithio gyda'i gilydd mewn cynefin yn ffurfio poblogaeth. Mae poblogaethau'n rhyngweithio i ffurfio **cymuned**. Mae ecoleg cymunedau yn astudio sut mae'r rhywogaethau'n rhyngweithio, o ran eu dosbarthiad a'u cyflenwad, a'r gwahaniaethau genoteipaidd a ffenoteipaidd rhyngddynt. Mae'n ystyried strwythur gweoedd bwydydd a'r berthynas rhwng ysglyfaethwyr ac ysglyfaethau.

Trosglwyddo biomas

Golau'r haul yw ffynhonnell egni sylfaenol y rhan fwyaf o ecosystemau. Mae organebau ffotosynthetig yn trawsnewid golau'r haul yn egni cemegol sy'n mynd o organeb i organeb drwy gadwyn fwyd. Egnïeg ecolegol yw enw maes astudio llif egni drwy'r ecosystem. Mae'r egni sydd ar gael i **lefel droffig** yn cyfrannu at ei **biomas**. Felly, gallwn ni feddwl am gadwynau bwydydd fel ffordd o drosglwyddo biomas.

Cadwynau bwydydd

- Rydym ni'n galw planhigion gwyrdd, cyanobacteria a rhai Protoctista, yn gynhyrchwyr oherwydd maen nhw'n ymgorffori egni'r Haul mewn carbohydradau, sef bwyd, ac felly ffynhonnell egni organebau olynol yn y gadwyn fwyd. Maen nhw'n dal egni solar ac yn syntheseiddio siwgrau o gyfansoddion anorganig drwy gyfrwng ffotosynthesis.

- Dim ond cyfran fach o gyfanswm yr egni sy'n cyrraedd y planhigyn ar ffurf golau sy'n cael ei ymgorffori ym meinweoedd y planhigyn.

- Mae llysysyddion yn ysyddion cynradd, h.y. anifeiliaid sy'n bwyta planhigion. Mae cigysyddion yn ysyddion eilaidd, trydyddol ac uwch, h.y. anifeiliaid sy'n bwyta anifeiliaid eraill.

- Mae pob un o'r grwpiau hyn yn gweithredu ar lefel fwydo neu lefel droffig, ac mae egni'n symud i lefel droffig uwch wrth i ddefnydd gael ei fwyta.

- Mae'r egni yn y bwyd sy'n cael ei fwyta'n cael ei ymgorffori ym moleciwlau'r ysydd.

- Wrth i egni fynd ar hyd y gadwyn fwyd, mae colledion o'r gadwyn fwyd ar bob lefel.

- Wrth i egni gael ei golli ar bob lefel droffig, mae'r egni sy'n llifo drwy'r ecosystem yn lleihau ac yn y pen draw mae'r egni'n gadael y system ar ffurf gwres.

Dadelfennu

Pan mae cynhyrchwyr ac ysyddion yn marw, mae egni'n aros yn y cyfansoddion organig sy'n eu gwneud nhw. Mae detritysyddion a dadelfenyddion yn bwydo fel **saprobiontau**, h.y. maen nhw'n cael eu hegni o organebau marw ac organebau sy'n pydru, ac maen nhw'n cyfrannu at ailgylchu maetholion.

- Detritysyddion yw organebau, fel mwydod/pryfed genwair, pryfed lludw a nadroedd miltroed, sy'n bwydo ar ddarnau bach o falurion organig. Detritws yw hwn, sef gweddillion organebau marw a dail sydd wedi disgyn.

- Dadelfenyddion yw microbau fel bacteria a ffyngau sy'n cael maetholion o organebau byw a gwastraff anifeiliaid. Maen nhw'n cwblhau proses dadelfeniad sy'n cael ei chychwyn gan ddetritysyddion.

Termau Allweddol

Cynefin: Y man lle mae organeb yn byw.

Cymuned: Poblogaethau o ddwy neu fwy o rywogaethau sy'n rhyngweithio yn yr un cynefin ar yr un pryd.

Lefel droffig: Lefel bwydo; y nifer o weithiau y mae egni wedi'i drosglwyddo rhwng yr Haul ac organebau olynol ar hyd cadwyn fwyd.

Biomas: Màs y defnydd biolegol mewn organebau sy'n fyw, neu oedd yn fyw'n ddiweddar.

Mynd ymhellach ▶

Mae parasitiaid planhigol fel lliindag ac uchelwydd yn ysyddion cynradd er eu bod nhw'n blanhigion, oherwydd maen nhw'n cael eu hegni o'r organeb letyol, sydd hefyd yn blanhigyn.

Sylwch

Defnyddiwch eich geiriau'n ofalus. Dydy egni ddim yn cael ei 'ddefnyddio', ei 'wastraffu' na'i 'ddinistrio'. Mae'n cael ei 'golli o'r ecosystem'.

Term Allweddol

Saprobiont: Micro-organeb sy'n cael ei bwyd o weddillion organebau eraill sydd wedi marw neu'n pydru.

Gallwn ni grynhoi cadwyn fwyd detritws fel hyn: detritws ⟶ detritysydd ⟶ dadelfennydd.

Mae'r rhan fwyaf o'r egni sy'n mynd i gadwyn fwyd yn cael ei drosglwyddo drwy'r cadwynau bwydydd detritws hyn, yn hytrach na chael ei drosglwyddo rhwng ysyddion.

Cadwynau bwydydd a'u hyd

Mae gwe fwydydd yn dangos sut mae'r organebau mewn cymuned yn rhyngweithio â'i gilydd drwy gyfrwng y bwyd maen nhw'n ei fwyta. Mae cadwyn fwydydd yn ddilyniant llinol o organebau mewn gwe fwydydd. Gallwn ni grynhoi 'cadwyn fwyd pori' â thri ysydd fel hyn:

cynhyrchydd ⟶ **ysydd cynradd (llysysydd)** ⟶ **ysydd eilaidd** ⟶ **ysydd trydyddol**

lefel droffig 1af · · · · · 2il lefel droffig · · · · · 3ydd lefel droffig · · · · · 4ydd lefel droffig

Mae egni'n cael ei golli ym mhob cysylltiad ar hyd y gadwyn fwyd. Ar ôl pedair neu bump o lefelau troffig, does dim digon o egni i gynnal un arall. Felly, mae nifer y dolenni mewn cadwyn fel rheol wedi'i gyfyngu i bedair neu bump, ond mae'r hyd gwirioneddol yn gallu dibynnu ar lawer o ffactorau sy'n rhyngweithio â'i gilydd:

- Y mwyaf o egni sy'n mynd i gadwyn fwyd yn y lefel droffig gyntaf, h.y. y mwyaf o egni sy'n cael ei sefydlogi yn ystod ffotosynthesis, yr hiraf y mae'r gadwyn fwyd yn gallu bod. Felly mae cadwynau bwydydd trofannol, lle mae llawer o olau drwy'r flwyddyn, yn tueddu i fod yn hirach na chadwynau bwydydd yr Arctig, lle mae llawer llai o olau.

- Os caiff egni ei drosglwyddo'n fwy effeithlon rhwng lefelau troffig, mae'r gadwyn fwyd yn hirach.

- Mae poblogaethau ysglyfaethwyr ac ysglyfaethau yn anwadalu ac mae eu cyflenwad cymharol yn gallu effeithio ar hyd y gadwyn fwyd.

- Mae ecosystemau mwy yn gallu cynnal cadwynau bwydydd hirach.

- Mae gan amgylcheddau tri dimensiwn fel systemau dyfrol a chanopïau coedwigoedd gadwynau bwydydd hirach na chynefinoedd dau ddimensiwn fel glaswelltiroedd.

Effeithlonrwydd ffotosynthetig

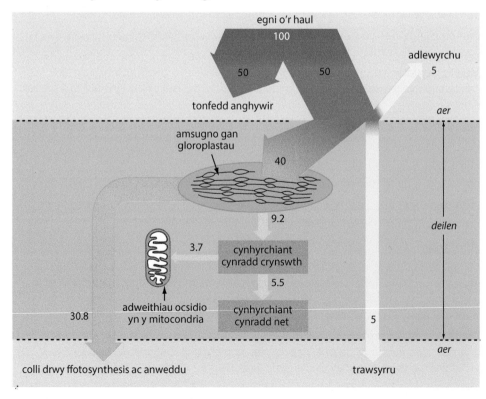

Beth sy'n digwydd i egni solar sy'n cyrraedd deilen planhigyn cnwd (mae'r rhifau'n ganrannau o gyfanswm yr egni solar sy'n taro'r ddeilen)

- Tarddiad yr egni sy'n llifo o un organeb i un arall yn y gadwyn fwyd yw golau'r haul.
- Mae tua 60% o'r egni golau sy'n taro planhigyn yn gallu peidio â chael ei amsugno gan bigmentau ffotosynthetig oherwydd ei fod:
  - Ar y donfedd anghywir
  - Yn cael ei adlewyrchu
  - Yn cael ei drawsyrru'n syth drwy'r ddeilen.

Mae'r diagram (gyferbyn) yn dangos beth sy'n digwydd i 100 uned o egni solar sy'n cyrraedd dail planhigyn cnwd bob uned amser. Mae'r planhigyn cnwd yn tyfu dan amodau delfrydol.

Mae effeithlonrwydd ffotosynthetig (PE: photosynthetic efficiency) yn ffordd o fesur gallu planhigyn i ddal egni golau:

$$PE = \frac{\text{Faint o egni golau sy'n cael ei ymgorffori yn y cynnyrch}}{\text{Faint o egni sy'n taro'r planhigyn}} \times 100\%$$

Mewn planhigion gwyllt mae PE yn gallu bod mor isel ag 1%, ond mae'n uwch mewn planhigion cnwd, gan fod y rhain wedi'u bridio'n ddetholus i roi cynhyrchedd uchel, e.e. ar gyfer cansenni siwgr, PE = 7-8%. Mae'r effeithlonrwydd yn dibynnu ar beth yw genoteip planhigyn, ac ar ffactorau amgylcheddol fel arddwysedd golau a thymheredd.

Cynhyrchedd cynradd

Cynhyrchedd cynradd crynswth (CCC/*GPP: gross primary productivity*) yw cyfradd cynhyrchu egni cemegol mewn moleciwlau organig drwy gyfrwng ffotosynthesis mewn arwynebedd penodol, mewn amser penodol, felly ei unedau yw kJ m⁻² bl⁻¹. Mae cyfran sylweddol o gynhyrchiant crynswth yn cael ei ryddhau gan resbiradaeth y planhigyn i bweru, er enghraifft, synthesis proteinau. Y gweddill yw **cynhyrchedd cynradd net** (CCN/*NPP: net primary productivity*) ac mae hwn yn cynrychioli'r egni yn biomas y planhigyn. Hwn yw'r bwyd sydd ar gael i ysyddion cynradd, neu, mewn planhigion cnwd, mae hyn yn cynrychioli'r cynnyrch sydd ar gael i'w gynaeafu.

$$\text{CCC} - \textbf{resbiradaeth} = \text{CCN}$$

Mae CCC a CCN yn uwch os oes gan blanhigion effeithlonrwydd ffotosynthetig uwch. Yn wahanol i blanhigion cnwd, dydy'r rhan fwyaf o blanhigion ddim wedi cael eu dethol yn ofalus ar gyfer cynhyrchedd a dydyn nhw ddim yn tyfu dan amodau delfrydol, felly, yn wahanol i'r ffigurau yn y diagram uchod, mae ffigur CCC cyffredin oddeutu 1% o'r pelydriad trawol ac CCN tua 0.5%.

Llif egni drwy gadwynau bwydydd

Cynhyrchedd cynradd yw'r gyfradd mae cynhyrchwyr yn trawsnewid egni yn fiomas. **Cynhyrchedd eilaidd** yw'r gyfradd mae ysyddion yn cronni egni o fwyd wedi'i gymathu mewn biomas yn eu celloedd neu eu meinweoedd. Mae cynhyrchedd eilaidd yn digwydd mewn heterotroffau, gan gynnwys anifeiliaid, ffyngau, rhai bacteria a rhai Protoctista.

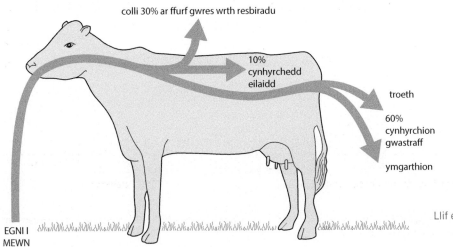

colli 30% ar ffurf gwres wrth resbiradu

10% cynhyrchedd eilaidd

troeth

60% cynhyrchion gwastraff

ymgarthion

EGNI I MEWN

Llif egni drwy fustach

Llew – ysydd eilaidd fel arfer

Wrth i egni fynd ar hyd y gadwyn fwyd, mae colledion egni o'r gadwyn fwyd ar bob lefel oherwydd:

- Mae egni mewn moleciwlau sy'n cael eu carthu. Mae gwartheg yn bwyta defnydd planhigol sy'n cynnwys cellwlos, sy'n cael ei dreulio gan eu micro-organebau cydymddibynnol. Mae'r gweddillion yn gadael y corff mewn ymgarthion, sy'n cynnwys cyfran uchel o ddefnydd heb ei dreulio. Fodd bynnag, dydy'r egni hwn ddim yn cael ei golli o'r ecosystem oherwydd mae ar gael i ddadelfenyddion. Mae deiet cigysydd, sy'n cynnwys llawer o brotein, yn cael ei dreulio'n haws ac yn fwy effeithlon. O ganlyniad, dim ond tua 20% o'r egni maen ei fwyta sy'n cael ei golli mewn cynhyrchion gwastraff, o gymharu â thua 60% mewn llysysyddion.

- Colli egni ar ffurf gwres sy'n dod o'r prosesau wedi'u pweru gan yr egni sy'n cael ei gynhyrchu yn ystod resbiradaeth, gan gynnwys cyfangu cyhyrau.

- Mae egni'n aros mewn moleciwlau mewn rhannau o anifail sydd ddim yn cael eu bwyta, er enghraifft cyrn, ffwr ac esgyrn.

Mae effeithlonrwydd trawsnewid llysysyddion, yr ysyddion cynradd, tua 10%; hynny yw, am bob 100 g o ddefnydd planhigol maen nhw'n ei fwyta, dim ond tua 10 g sy'n cael ei ymgorffori yn eu biomas. Mae hyn yn golygu mai dim ond rhan o CCN yr ecosystem gyfan sy'n cael ei drosglwyddo i'r ysyddion cynradd: dydy llysysyddion ddim yn bwyta'r holl lystyfiant sydd ar gael iddynt; er enghraifft, mae gwartheg sy'n pori mewn cae yn bwyta glaswellt a llawer o blanhigion llysieuol bach eraill ond dydyn nhw ddim yn bwyta gwreiddiau planhigion na'r rhannau prennaidd. Mae cigysyddion yn trawsnewid egni'n fwy effeithlon na llysysyddion, oherwydd mae'n haws ac yn gyflymach treulio eu bwyd, felly mae eu heffeithlonrwydd trawsnewid tua 20%.

Beth sy'n digwydd i egni mewn ysyddion	% o'r egni wedi'i fwyta gan yr ysydd	
	Cynradd	Eilaidd
Colledion gwres o adweithiau resbiradaeth	30	60
Mewn cynhyrchion gwastraff wedi'u hysgarthu a'u carthu	60	20
Cynhyrchiant eilaidd	10	20

Cyfrifo effeithlonrwydd trosglwyddo egni

Rydym ni'n defnyddio'r hafaliad canlynol i gyfrifo effeithlonrwydd trosglwyddo egni rhwng lefelau troffig:

effeithlonrwydd trosglwyddo egni =

$$\frac{\text{egni sydd wedi'i ymgorffori mewn biomas ar ôl ei drosglwyddo}}{\text{egni sydd ar gael mewn biomas cyn ei drosglwyddo}} \times 100\%$$

Mewn astudiaeth blwyddyn ar ecosystem dŵr croyw, cafodd 1609 kJ m^{-2} mewn ysyddion cynradd (C1) ei fwyta gan ysyddion eilaidd (C2). Roedd y detritws o'r ysyddion eilaidd yn cynrychioli 193 kJ m^{-2} a chafodd 88 kJ m^{-2} ei drosglwyddo i ysyddion trydyddol (C3). Gallwn ni gyfrifo effeithlonrwydd trosglwyddo rhwng ysyddion cynradd ac eilaidd yn yr ecosystem hon:

Gallwn ni gyflwyno'r data ar ffurf cadwyn fwyd:

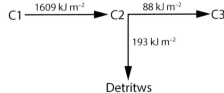

Gan ddefnyddio'r hafaliad: effeithlonrwydd trosglwyddo egni = $\frac{88 + 193}{1609} \times 100 = 17.5\%$ (1 ll.d.)

Mae hwn yn agos at y ffigur sy'n cael ei dderbyn yn gyffredinol ar gyfer trosglwyddo rhwng cigysyddion, sef 20%.

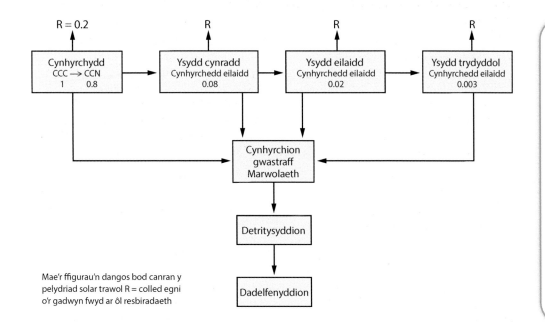

Mae'r ffigurau'n dangos bod canran y pelydriad solar trawol R = colled egni o'r gadwyn fwyd ar ôl resbiradaeth

Llif egni drwy gadwynau bwydydd pori a detritws glaswelltir

Pyramidiau ecolegol

Diagram yw pyramid ecolegol sy'n dangos un nodwedd benodol i bob lefel droffig mewn ecosystem. Rydym ni'n lluniadu'r cynhyrchwyr yn y gwaelod a'r lefelau troffig olynol uwch eu pennau. Mae nifer yr organebau, yr egni neu'r biomas sydd wedi'i gynnwys ym mhob lefel droffig, wedi'i gynrychioli â bar i bob lefel. Mae arwynebedd pob bar yn y pyramid mewn cyfrannedd â chyfanswm y nifer, yr egni neu'r biomas ar bob lefel droffig. Rydym ni'n galw'r rhain yn byramidiau niferoedd, egni a biomas yn ôl eu trefn.

Er bod pyramidiau ecolegol yn ddefnyddiol i ddisgrifio ecosystemau, dydyn nhw ddim yn ystyried y ffaith bod rhai organebau'n gweithredu ar fwy nag un lefel droffig ar yr un pryd. Mae bod dynol, er enghraifft, yn hollysydd. Wrth fwyta brechdan wy, mae'r bod dynol:

- Yn ysydd cynradd wrth fwyta'r bara, sydd wedi'i wneud o wenith, sy'n gynhyrchydd.
- Yn ysydd eilaidd wrth fwyta'r wy, sydd wedi'i gynhyrchu gan iâr, sy'n ysydd cynradd.

Mae'r diagram isod yn dangos dau byramid gwahanol ar gyfer yr un ecosystem.

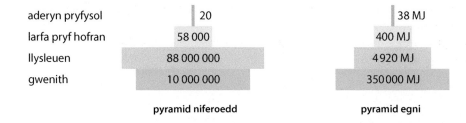

	pyramid niferoedd	pyramid egni
aderyn pryfysol	20	38 MJ
larfa pryf hofran	58 000	400 MJ
llysleuen	88 000 000	4 920 MJ
gwenith	10 000 000	350 000 MJ

Pyramidiau ecolegol

Y pyramid niferoedd

Mae'r pyramid niferoedd yn gymharol hawdd ei lunio ond:

- Nid yw'n ystyried maint organebau.
- Nid yw'n cydnabod y gwahaniaeth rhwng ffurfiau ifanc a llawn dwf.
- Mae amrediad y niferoedd yn gallu bod mor fawr nes ei bod hi'n anodd lluniadu'r pyramid wrth raddfa.
- Efallai y bydd y pyramid, neu ran ohono, â'i ben i lawr os yw un lefel droffig yn cynnwys mwy o organebau na'r lefel droffig flaenorol, e.e. efallai y bydd miloedd o lindys yn bwyta dail un dderwen.

Y pyramid egni

Pyramid egni yw'r ffordd gywiraf o gynrychioli perthnasoedd bwydo. Mae'n dangos faint o egni sy'n cael ei drosglwyddo o un lefel droffig i'r nesaf, i bob uned arwynebedd neu gyfaint, i bob uned amser. Wrth i ddefnydd deithio i fyny'r gadwyn fwyd, mae'r ecosystem yn colli egni felly mae arwynebedd y barrau'n lleihau yn unol â hynny. Gan mai dim ond rhywfaint o'r egni sy'n cael ei basio o un lefel i'r nesaf, dydy pyramidiau egni byth yn gwrthdroi. Mae pyramidiau egni'n ei gwneud hi'n hawdd cymharu effeithlonrwydd trosglwyddo egni rhwng lefelau troffig mewn gwahanol gymunedau.

Y pyramid biomas

Mae egni'n cael ei ymgorffori yn y macrofoleciwlau sy'n gwneud biomas organeb. Os oes mwy o egni ar gael, bydd hi'n bosibl cynnal mwy o fiomas, felly mae perthynas agos rhwng pyramid biomas a'r egni sy'n mynd drwy'r ecosystem. Fodd bynnag:

- Mae pyramidiau biomas yn anodd eu mesur yn fanwl gywir oherwydd, er enghraifft, rhaid cynnwys gwreiddiau pob planhigyn.
- Dydyn nhw ddim yn dangos cynhyrchedd na faint o egni sy'n llifo drwy'r ecosystem.
- Mae pyramidiau biomas yn gallu bod â'u pennau i lawr.
- Mewn pyramid biomas, mae'n gallu edrych fel bod lefel droffig yn cyfrannu mwy at y lefel droffig nesaf nag y mae'n ei wneud mewn gwirionedd. Mae hyn oherwydd bod llawer o organebau'n cynnwys ffurfiadau â màs fydd ddim yn trosglwyddo i'r lefel droffig nesaf, e.e. esgyrn, pigau.
- Mae rhychwant oes rhywogaethau â biomas tebyg yn gallu amrywio. Felly, mae'n gamarweiniol cymharu cyfanswm eu biomas yn uniongyrchol.

Pyramid biomas â'i ben i lawr

Mewn ecosystem ddyfrol, ffytoplancton yw'r prif gynhyrchwyr. Mae llawer o egni'n llifo drwy'r lefel droffig gyntaf ac mae'r ffytoplancton yn atgenhedlu'n gyflym iawn. Mae rhai'n cael eu bwyta ar unwaith, gan adael dim ond digon i gynnal y boblogaeth. Felly mae eu **cnwd sefydlog**, h.y. màs yr unigolion sy'n bresennol ar adeg benodol yn is na biomas swôplancton, sy'n eu bwyta nhw.

Pyramidiau biomas mewn g m^{-3}

Cymunedau ac olyniaeth

Mae ecosystemau yn ddynamig ac yn gallu newid. Mae organebau a'u hamgylcheddau'n rhyngweithio. Bydd newid i'r amgylchedd yn effeithio ar yr organebau, a bydd newid i'r organebau'n effeithio ar yr amgylchedd. **Olyniaeth** yw'r newid yn strwythur cymuned, a'r rhywogaethau sydd ynddi, dros amser. Mae'n gallu digwydd dros ddegawdau, e.e. ar ôl tân gwyllt (*wildfire*), neu dros filiynau o flynyddoedd, e.e. ar ôl difodiant torfol. Mae rhywogaethau newydd yn goresgyn y rhai sy'n bodoli ac yn cymryd eu lle, ac yn y pen draw byddant yn sefydlu cymuned sefydlog sef y **gymuned uchafbwynt**, er enghraifft, coetir aeddfed.

Olyniaeth gynradd

Olyniaeth gynradd yw'r dilyniant o newidiadau sy'n digwydd ar ôl cyflwyno rhywogaethau i ardal sydd ddim wedi cynnal cymuned o'r blaen, e.e. craig noeth neu safle echdoriad folcanig. Enw'r dilyniant o gymunedau, â'r gwahanol rywogaethau a strwythurau, yw **dilyniant** neu **ser**, a **seroser** yw dilyniant/ser mewn amgylchedd sych iawn. **Dilyniannau** neu **gyfnodau serol** yw'r cyfnodau mewn ser. Mae pob dilyniant/cyfnod serol yn newid yr amgylchedd ac yn ei wneud yn fwy addas i rywogaethau eraill. Pan fydd rhywogaeth newydd yn mewnfudo, efallai y bydd hi'n cystadlu'n well na'r rhai sydd yno eisoes ac fel hyn, mae olyniaeth yn parhau.

Yn y Deyrnas Unedig, parodd yr oes iâ ddiwethaf o tua 110 000 i tua 12 000 o flynyddoedd yn ôl. Mae creigiau noeth oedd wedi'u herydu wrth i'r iâ gilio wedi mynd drwy olyniaeth seroser i ffurfio coedwig gollddail gymysg:

- Yr organebau cyntaf i gytrefu'r graig noeth yw algâu a chennau. Mae'r rhain yn **rhywogaethau arloesol** ac maen nhw'n ffurfio cymuned arloesol.
- Mae'r graig yn hindreulio, mae cennau'n ei herydu hi ac mae defnydd organig sydd wedi marw neu'n pydru yn cronni arni hi, gan arwain at ffurfio pridd cyntefig. Mae anifeiliaid, e.e. gwiddon, morgrug a chorynod, yn gallu goroesi os oes digon o fwyd iddynt.
- Mae sborau sy'n cael eu cludo gan y gwynt yn caniatáu i fwsoglau dyfu, ac wrth i'r pridd ddatblygu, bydd gweiriau a phlanhigion bach, llysieuol eraill yn cystadlu'n well na'r mwsoglau ac yn ymsefydlu. Mae'r amodau'n ffafriol i rywogaethau sy'n gwasgaru'n dda, yn gwneud llawer o hadau ac yn gallu egino mewn golau haul uniongyrchol. Mae anifeiliaid yn cynnwys nematodau, morgrug, corynod a gwiddon.
- Mae gweiriau hir yn caniatáu i rywogaethau sy'n byw yn y cysgod ymsefydlu, ac mae'r gymuned yn mynd yn fwy cymhleth.
- Wrth i'r planhigion a'r anifeiliaid hyn farw a phydru, mae'r pridd yn mynd yn fwy trwchus, ac mae'n cynnwys mwy o fwynau. Gan fod mwy o hwmws ynddo, mae'n gallu dal dŵr yn fwy effeithlon. Wrth i'r pridd gronni, mae planhigion â gwreiddiau dyfnach gan gynnwys llwyni, e.e. eithin a banadl, a choed bach, e.e. drain gwynion, yn cystadlu'n well na'r planhigion llysieuol.
- Mae'r pridd yn dal i fynd yn ddyfnach ac mae'n cynnwys mwy o fwynau a hwmws. Ar ôl cyfnod hir iawn, bydd coed mawr fel deri a ffawydd yn cystadlu'n well na'r llwyni a'r coed bach, a bydd y rhain yn ymsefydlu. Mae'r rhain yn tyfu i ffurfio cymuned uchafbwynt sefydlog, hunanbarhaol sydd:
  - Yn cynnwys llawer o amrywiaeth rhywogaethau
  - Yn cynnwys gwe fwydydd cymhleth
  - Wedi'i dominyddu gan blanhigion â bywydau hir.

Mae rhywogaethau'r gymuned uchafbwynt yn dibynnu'n bennaf ar yr hinsawdd, felly rydym ni hefyd yn galw'r gymuned uchafbwynt yn **gymuned uchafbwynt hinsoddol**. Mae amrywiaeth anifeiliaid ar ei uchaf ac mae'n cynnwys infertebratau, e.e. gwlithod, malwod, mwydod/pryfed genwair, nadroedd miltroed, nadroedd cantroed, morgrug, a fertebratau, e.e. gwiwerod, llwynogod, llygod, tyrchod daear, nadroedd, adar, salamandrau a brogaod. Ond mae canopi'r coed yn cyfyngu ar arddwysedd y golau sy'n cyrraedd llawr y coetir, felly mae amrywiaeth planhigion yn lleihau ychydig bach o'i gymharu â'r cyfnod cyn yr uchafbwynt.

Termau Allweddol

Olyniaeth: Newid i strwythur cymuned, a chyfansoddiad ei rhywogaethau, dros amser.

Cymuned uchafbwynt: Cymuned sefydlog, hunanbarhaol sydd wedi cyrraedd cydbwysedd â'i hamgylchedd, a lle nad oes mwy o newid yn digwydd.

Olyniaeth gynradd: Newid i strwythur cymuned, a chyfansoddiad ei rhywogaethau, dros amser mewn ardal sydd ddim wedi'i chytrefu o'r blaen.

Rhywogaeth arloesol: Y rhywogaeth gyntaf i gytrefu ardal newydd mewn olyniaeth ecolegol, e.e. algâu, cennau a mwsoglau mewn seroser.

▼ Pwynt astudio

Dilyniant seroser yw rhywogaethau arloesol → llysiau a gweiriau → llwyni a choed bach → coed mawr.

▼ Pwynt astudio

Mae anifeiliaid yn mynd drwy olyniaeth, gan ddibynnu ar y mathau o blanhigion sy'n bresennol ym mhob cyfnod.

Yn y gymuned uchafbwynt, mae cydbwysedd rhwng:

- CCC a chyfanswm resbiradaeth
- Yr egni sy'n cael ei ddefnyddio o olau'r haul ac yn cael ei ryddhau wrth i organebau ddadelfennu
- Mewnlifiad maetholion o'r pridd a'u dychwelyd gan weddillion planhigion ac anifeiliaid sydd wedi pydru
- Twf newydd a dadelfennu, fel bod swm yr hwmws yn gyson.

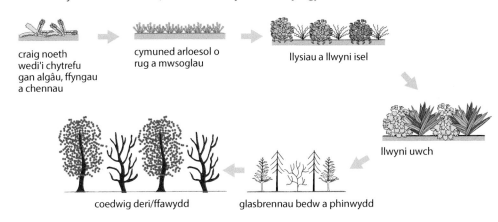

craig noeth wedi'i chytrefu gan algâu, ffyngau a chennau

cymuned arloesol o rug a mwsoglau

llysiau a llwyni isel

llwyni uwch

coedwig deri/ffawydd

glasbrennau bedw a phinwydd

Olyniaeth

Wrth i seroser ddatblygu, rydym ni'n gweld cynnydd yn y canlynol:

- Trwch y pridd a faint o ddŵr, hwmws a mwynau sydd ar gael
- Biomas
- Bioamrywiaeth
- Y gallu i wrthsefyll goresgyniad gan rywogaethau newydd
- Sefydlogrwydd rhag i heriau amgylcheddol darfu arno, e.e. tywydd annormal.

Olyniaeth eilaidd

Olyniaeth eilaidd yw ail-gytrefu cynefin lle'r oedd cymuned yn byw o'r blaen, nes i dân neu dorri coed, er enghraifft, darfu arno. Mae'r ardal yn cael ei hailgytrefu'n gyflym gan ddilyniant o organebau. Mae'r union rywogaethau yn dibynnu ar yr amodau cyn i rywbeth darfu ar y cynefin, e.e. trwch y pridd a faint o fwynau a hwmws sydd ynddo. Efallai y bydd hadau, sborau ac organau atgynhyrchu llystyfol, fel bylbiau, cormau neu risomau, yn dal i fodoli yn y pridd a bydd gwasgariad planhigion a mudiad anifeiliaid yn cynorthwyo i gytrefu'r cynefin. Gan fod y pridd yn ffrwythlon a'r organebau hyn yn dal i fod yn bresennol, mae dilyniant cyffredinol olyniaeth eilaidd yr un fath ag olyniaeth gynradd, ond mae'r olyniaeth yn gyflym iawn. Mae olyniaeth eilaidd yn cael ei harsylwi a'i hastudio'n llawer amlach nag olyniaeth gynradd. Rhai rhywogaethau cyffredin sy'n cytrefu'n gyflym yw gweiriau a phlanhigion llysieuol eraill, grug, mieri (*bramble*) a choed bedw.

Uchafbwynt ymyrraeth

Mae ymyrraeth bodau dynol yn gallu effeithio ar olyniaeth ac atal y gymuned uchafbwynt hinsoddol rhag datblygu, e.e.:

- Mae pori gan ddefaid a gwartheg yn cynnal glaswelltir ac yn atal llwyni a choed olyniaeth arferol rhag tyfu.
- Mae ffermio tir yn cael gwared ar bob rhywogaeth heblaw'r rhai sy'n cael eu cyflwyno'n fwriadol, ac rydym ni'n gwneud llawer o ymdrech i gael gwared ar bob un arall.
- Mae datgoedwigo'n cael gwared ar gymuned o goed mawr, ac efallai y byddwn ni'n ailblannu coed llai.

Termau Allweddol

Olyniaeth eilaidd: Y newidiadau i gymuned ar ôl i rywbeth darfu ar gynefin sydd wedi'i gytrefu, neu ddifrodi'r cynefin.

Mynd ymhellach ▶

Yr enw ar gymuned sefydlog sydd wedi'i chynnal gan weithgareddau bodau dynol yw'r uchafbwynt anthropogenig neu'r uchafbwynt ymyrraeth.

Rydym ni'n rheoli rhosydd grug er mwyn darparu amodau delfrydol i adar hela fel grugieir cochion. Mae llawer o ymchwil wedi'i wneud ar reoli rhosydd grugieir a bridio grugieir i gynnal yr arfer o saethu grugieir. Mae'r diagram yn dangos proffil o bedwar cyfnod twf cylchred bywyd grug, *Calluna vulgaris*.

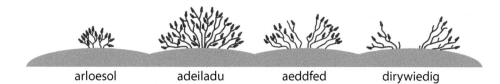

| arloesol | adeiladu | aeddfed | dirywiedig |

Pedwar cyfnod twf grug

Gan mwyaf, mae grugieir llawn dwf yn bwyta cyffion grug ifanc, suddlon. Y brif ffordd o reoli grug yw eu llosgi nhw; rydym ni'n gwneud hyn tuag unwaith bob deuddeg mlynedd, fel rheol yn yr hydref neu ar ddechrau'r gaeaf. Mae olyniaeth eilaidd yn digwydd:

- Y cyfnod arloesol sy'n cyflenwi'r bwyd gorau i'r grugieir llawn dwf.
- Y cyfnod adeiladu sy'n darparu'r cysgod gorau i nythu.

Heb ei reoli, byddai'r grug yn mynd drwy'r cyfnod aeddfed i'r cyfnod dirywiedig, sy'n amodau anaddas i fridio grugieir.

Ffactorau sy'n effeithio ar olyniaeth

Mudo

Er mwyn i olyniaeth ddatblygu, mae'n hanfodol bod sborau, hadau ac anifeiliaid yn cyrraedd. Mae rhywogaethau anfrodorol sy'n mewnfudo yn gallu lledaenu'n eang, gan newid y gymuned a'r pridd.

Cystadleuaeth

Ym mhob cymuned, mae organebau'n cystadlu i oroesi. Mae planhigion yn cystadlu am adnoddau fel golau, lle, dŵr a maetholion. Mae anifeiliaid yn cystadlu am fwyd, cysgod, lle a phartneriaid atgenhedlu.

- Cystadleuaeth fewnrhywogaethol yw cystadleuaeth rhwng unigolion o'r un rhywogaeth. Mae'r math hwn o gystadleuaeth yn ddwysedd-ddibynnol oherwydd, wrth i'r boblogaeth gynyddu, mae mwy o gystadleuaeth. Os yw'r boblogaeth yn fwy dwys, mae cyfran uwch ohoni'n methu â goroesi. Mae hyn yn werthfawr i boblogaeth, oherwydd mae organebau yn tueddu i gynhyrchu mwy o epil nag mae'r cynefin yn gallu eu cynnal, felly mae hyn yn rheoli eu niferoedd. Mae'r organebau â'r alelau sy'n golygu eu bod nhw'n gweddu'n well i'r amgylchedd yn atgenhedlu'n fwy llwyddiannus.

- Cystadleuaeth ryngrywogaethol yw cystadleuaeth rhwng aelodau o rywogaethau gwahanol. Mae rhywogaethau gwahanol yn rhannu rhai anghenion cyffredin, e.e. mae pob rhywogaeth pysgod yn cystadlu am yr ocsigen sydd wedi hydoddi yn y dŵr, ond mae ganddynt ofynion gwahanol hefyd. Mae gan bob un ei **cilfach** ei hun mewn ecosystem, h.y. mae'n ffitio mewn lle penodol ac yn chwarae rhan benodol yn y gymuned. Mae cilfach yn ddisgrifiad cyffredinol o sut mae organeb yn byw.

Mae cystadleuaeth yn bodoli yn holl gyfnodau serol olyniaeth ac yn dangos sut, er enghraifft, mae llysieuyn yn gallu cystadlu'n well na mwsogl ar ddiwedd y cyfnod arloesol, ond mae llwyn yn cystadlu'n well na'r llysieuyn wrth i'r pridd fynd yn fwy trwchus a bod mwy o faetholion ar gael. Yn y tymor hir, all dwy rywogaeth ddim rhannu'r un gilfach mewn cynefin penodol. Yr un â'r fantais gystadleuol fydd yn goroesi.

DYLECH CHI WYBOD ›››

››› Y gwahaniaeth rhwng cystadleuaeth fewnrhywogaethol a rhyngrywogaethol

››› Sut mae cystadleuaeth ryngrywogaethol yn dylanwadu ar faint poblogaeth

 Term Allweddol

Cilfach: Swyddogaeth a safle rhywogaeth o fewn ei hamgylchedd, gan gynnwys pob rhyngweithiad â ffactorau biotig ac anfiotig ei hamgylchedd.

Sylwch

Mae pa un o ddwy rywogaeth mewn cilfach sydd â mantais gystadleuol yn dibynnu ar yr amodau ar unrhyw adeg. Er enghraifft, os nad oes llawer o fwyd ar gael, os yw unigolion un rhywogaeth yn llai nag un arall, efallai y bydd angen llai o fwyd arnynt i oroesi.

Roedd y gwyddonydd o Rwsia, Gause, yn meithrin dwy rywogaeth o *Paramecium*, gan ddefnyddio burum fel ffynhonnell fwyd. Wrth dyfu ar wahân dan yr un amodau â'i gilydd, dangosodd *P. aurelia* a *P. caudatum* gromliniau twf un cam nodweddiadol. Pan gafodd y rhywogaethau eu tyfu gyda'i gilydd, ar ôl cyfnod byr, roedd *P. aurelia*, rhywogaeth lai sy'n tyfu'n gyflymach, yn cystadlu'n well na *P. caudatum*, sy'n fwy ac yn tyfu'n arafach; bu farw'r rhywogaeth hon yn y pen draw. Drwy gyfrif niferoedd poblogaethau'r rhywogaethau *Paramecium* wedi'u meithrin gyda'i gilydd ac ar wahân, ffurfiodd Gause egwyddor gyffredinol, sef 'egwyddor gwaharddiad cystadleuol', h.y. os yw dwy rywogaeth yn bodoli yn yr un cynefin, bydd un yn cystadlu'n well na'r llall; all dwy rywogaeth ddim bodoli yn yr un gilfach.

Cystadleuaeth rhwng dwy rywogaeth Paramecium

Mewn cwestiwn arholiad, dydy hi ddim yn ddigon disgrifio graff fel 'mae un yn mynd i fyny a'r llall yn mynd i lawr'. Defnyddiwch ffigurau a chyfeiriwch at y rhywogaethau.

Hwyluso

Symbiosis yw'r berthynas rhwng unigolion o ddwy rywogaeth. Mae'r gyd-ddibyniaeth rhwng yr unigolion yn gallu amrywio'n fawr. Mewn rhai achosion, mae'r berthynas yn un hirdymor ac mae'r organebau'n gyd-ddibynnol iawn; mewn eraill, dydy'r berthynas ddim mor gryf.

Mae 'hwyluso' yn golygu galluogi rhywbeth i ddigwydd. Mae ecoleg yn aml yn edrych ar ryngweithiadau negyddol fel ysglyfaethu a chystadleuaeth, ond mae rhyngweithiadau cadarnhaol, sef hwyluso, yn bwysig. Maen nhw'n mynd yn bwysicach a phwysicach wrth i olyniaeth ddatblygu ac wrth i gymunedau fynd yn fwy cymhleth. Mae hwyluso mewn cymuned ecolegol yn darparu mwy o adnoddau a lloches rhag straen corfforol, ysglyfaethu a chystadleuaeth, e.e. mewn seroser:

- **Cydymddibyniaeth** yw rhyngweithiad rhwng rhywogaethau sydd o fudd i'r naill a'r llall, e.e.:
  - Y rhyngweithio cyd-ddibynnol iawn rhwng ffwng ac alga neu'r cyanobacteria mewn cennau.
  - Y berthynas rhwng planhigion blodeuol a'u peillwyr, mewn cymuned uchafbwynt, e.e. cacwn yn peillio coed castanwydd.
  - Mae aderyn yn bwyta pryfed oddi ar garw fel bod yr aderyn yn bwyta a'r carw'n cael gwared ar y pryfed, mewn perthynas lai cryf.
  - Mycorhisa, h.y. y berthynas agos rhwng ffyngau a gwreiddiau planhigion yn ystod unrhyw gyfnod olyniaeth.

Term Allweddol

Cydymddibyniaeth: Rhyngweithiad rhwng organebau o ddwy rywogaeth, sydd o fudd i'r naill a'r llall.

Drudwy'n clwydo (perched) ar hydd carw coch

- Rydym ni'n disgrifio **cydfwytäedd** fel rhyngweithiad gwan rhwng organebau o ddwy rywogaeth sydd o fudd i un a ddim yn effeithio ar y llall, e.e.
  - Mae gwiwer mewn coetir derw uchafbwynt yn cael ei hamddiffyn rhag ysglyfaethwyr a'i chysgodi gan dderwen, a dydy hyn ddim yn effeithio ar y goeden.
  - Planhigion meithrinol yw planhigion sy'n gwneud canopi sy'n amddiffyn unigolion o rywogaethau eraill. Mae hadau'n gallu egino dan gysgod dail planhigyn mwy, sydd yna hefyd yn darparu lleithder a maetholion yn y pridd, e.e. mae eginblanhigion cactws sagwaro, sy'n gallu cymryd hyd at 3 blynedd i dyfu at uchder o ddim ond 20 mm, yn cael eu cysgodi gan lwyni. I ddechrau, dydy hyn ddim yn effeithio ar y llwyn, ond wrth i'r cactws dyfu, yn y pen draw efallai y byddan nhw'n cystadlu â'i gilydd am olau, mwynau a dŵr.

Dros gyfnodau hir, wrth i'r rhywogaethau mewn rhyngweithiad esblygu, mae'r berthynas rhyngddynt yn gallu newid. Efallai y bydd unigolyn sy'n barasit yn esblygu ac yn darparu moleciwl defnyddiol i'r organeb letyol, gan wneud y berthynas yn gydfwytaol, e.e. mae bacteria yng ngholuddion mamolion yn darparu fitamin K i'r organeb letyol, sydd hefyd ar gael yn y deiet, felly dydy hyn ddim yn effeithio ar y mamolyn. Ond os nad yw'r organeb letyol yn cael digon o fitamin K yn y deiet, bydd y berthynas hon yn gydymddibynnol.

Ailgylchu maetholion

Mae planhigion yn gwneud eu bwyd drwy gyfrwng ffotosynthesis ac mae pob ysydd yn cael bwyd drwy fwyta cynhyrchwyr neu ysyddion eraill. Mae detritysyddion a dadelfenyddion yn dadelfennu gweddillion a chynhyrchion gwastraff yr organebau hyn. Mae mwynau'n dychwelyd i'r pridd ac yn mynd i blanhigion unwaith eto. Yn wahanol i egni, sy'n cael ei drosglwyddo mewn modd llinol, mae mwynau'n cylchu rhwng cydrannau biotig ac anfiotig yr amgylchedd.

Y gylchred garbon

Mae carbon yn un o brif gydrannau pob moleciwl organig, gan gynnwys carbohydradau, brasterau a phrotein. Yn ystod y dydd, mae ffotosynthesis mewn planhigion yn trawsnewid carbon deuocsid o'r aer yn garbohydrad. Mae pob organeb yn ei ddychwelyd i'r aer drwy broses resbiradaeth. Mae crynodiad carbon deuocsid yn yr atmosffer wedi amrywio ychydig dros filiynau o flynyddoedd, ond dros y rhai cannoedd o flynyddoedd diwethaf, mae wedi cynyddu'n fawr. Dau o weithgareddau dynol yw'r prif bethau sydd wedi achosi'r cynnydd hwn:

- Mae llosgi tanwyddau ffosil yn rhyddhau carbon deuocsid oedd wedi'i gloi yn y tanwyddau hyn cyn hynny, i'r atmosffer.

- Mae datgoedwigo wedi lladd symiau mawr o fiomas a oedd yn cyflawni ffotosynthesis felly mae llai o garbon deuocsid yn cael ei dynnu o'r atmosffer.

Mae'r gylchred garbon yn cynnwys tair prif broses fiolegol:

- Resbiradaeth – mae resbiradaeth anifeiliaid, planhigion a micro-organebau, a hylosgi tanwyddau ffosil, yn ychwanegu carbon deuocsid at yr aer.

- Ffotosynthesis – mae hyn yn digwydd ar raddfa mor fawr nes ei fod yn ailddefnyddio bron gymaint o garbon deuocsid ag sy'n cael ei ryddhau i'r atmosffer drwy gyfrwng resbiradaeth bob dydd.

- Dadelfennu – mae cynhyrchu carbohydradau, proteinau a brasterau'n cyfrannu at dwf planhigion ac wedyn at dwf anifeiliaid drwy gyfrwng gweoedd bwydydd cymhleth. Yna, mae detritysyddion a saprobiontau yn gweithredu ar weddillion marw planhigion ac anifeiliaid yn y pridd, ac mae hyn yn y pen draw yn rhyddhau nwy carbon deuocsid yn ôl i'r atmosffer.

Term Allweddol

Cydfwytäedd: Rhyngweithiad rhwng organebau o ddwy rywogaeth sydd o fudd i un ond ddim yn effeithio ar y llall.

▼ **Pwynt astudio**

Mae mewnfudo, hwyluso a chystadlu i gyd yn bwysig iawn i'r berthynas rhwng rhywogaethau, wrth i gymuned newid drwy olyniaeth.

DYLECH CHI WYBOD ›››

››› Swyddogaeth detritysyddion a saprobiontau mewn cylchredau maetholion

››› Sut i luniadu diagram wedi'i labelu o'r gylchred garbon

››› Effeithiau datgoedwigo a hylosgi ar y gylchred garbon

››› Beth sy'n achosi cynhesu byd-eang, a beth yw ei effeithiau

▼ **Pwynt astudio**

Mae egni'n teithio ar hyd cadwyn, ond mae mwynau'n cylchu.

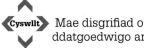

Cyswllt Mae disgrifiad o ddatgoedwigo ar t103.

▼ **Pwynt astudio**

Os yw amodau anaerobig neu asidig yn atal pydredd gweddillion biolegol, gall organebau gael eu ffosileiddio i wneud glo, olew, nwy naturiol neu fawn.

Mewn ecosystemau dyfrol, mae carbon deuocsid, ar ffurf ïonau HCO_3^-, yn mynd drwy'r un prosesau ag sydd wedi'u disgrifio ar gyfer organebau daearol. Hefyd, mae'n cael ei ymgorffori mewn magnesiwm a chalsiwm carbonad yng nghregyn molysgiaid a sgerbydau allanol arthropodau, sy'n suddo ar ôl marwolaeth yr anifail. Mae'r carbonadau yn troi'n gydrannau sialc, calchfaen a marmor ac yn cael eu colli o'r biosffer. Ond os ydyn nhw'n dod i gysylltiad â'r atmosffer oherwydd prosesau daearegol, maen nhw'n cael eu herydu, gan ryddhau carbon deuocsid yn ôl i'r aer.

Y gylchred garbon mewn aer ac mewn dŵr

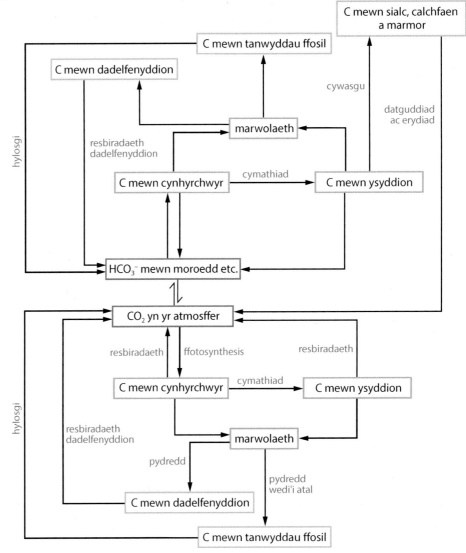

Effaith bodau dynol ar y gylchred garbon

Datgoedwigo

Mae datgoedwigo yn cynyddu swm y carbon deuocsid yn yr atmosffer mewn dwy ffordd:

- Mae torri coedwigoedd yn gostwng cyfradd y broses o dynnu carbon deuocsid o'r atmosffer drwy gyfrwng ffotosynthesis. Ar raddfa fyd-eang, mae hwn yn ostyngiad enfawr ac mae'n cyfrannu at gynhesu byd-eang.

- Pan rydym ni'n torri coed, rydym ni naill ai'n eu llosgi nhw neu'n eu gadael nhw yno i bydru. Mae'r ddwy broses hyn yn rhyddhau carbon deuocsid i'r atmosffer.

Datgoedwigo yn Columbia Brydeinig

▼ Pwynt astudio

Mae coedwigoedd yn gorchuddio tua 34% o arwyneb tir y byd. Fodd bynnag, mae datgoedwigo wedi torri tua hanner coedwigoedd y byd yn ystod y 30 mlynedd diwethaf.

Newid hinsawdd

Daeth newidiadau i batrymau hinsawdd byd-eang a rhanbarthol yn amlwg yn ail hanner yr 20fed ganrif, e.e. newidiadau i dymheredd cyfartalog, patrymau gwynt a glawiad. Rydym ni'n meddwl mai'r cynnydd enfawr yn y carbon deuocsid yn yr atmosffer sydd wedi'i ddangos yn y tabl, a'r cynnydd mewn nwyon tŷ gwydr eraill, sy'n achosi hyn. Y ddau brif reswm am y cynnydd hwn mewn carbon deuocsid yw:

- Llosgi tanwyddau ffosil: dyma beth sy'n gyfrifol am y rhan fwyaf o'r cynnydd, yn enwedig o wledydd wedi'u diwydianeiddio. Mae'r cynnydd mewn diwydianeiddio ac mewn trafnidiaeth yn fyd-eang wedi cyfrannu at y cynnydd serth diweddar mewn allyriadau nwyon tŷ gwydr.

- Datgoedwigo: Mae'r Cyngor Gwarchod Natur yn amcangyfrif bod gweithgareddau dynol wedi lleihau arwynebedd coedwigoedd y byd 40% o'i arwynebedd blaenorol. Mae coedwigoedd yn effeithio ar gynnal cydbwysedd carbon deuocsid yn yr atmosffer.

Mae'r cynnydd hwn yn bwysig gan fod carbon deuocsid yn 'nwy tŷ gwydr'. Mae'n amsugno pelydriad o'r Ddaear ac os oes gormod ohono'n cronni, mae'n arwain at **gynhesu byd-eang**.

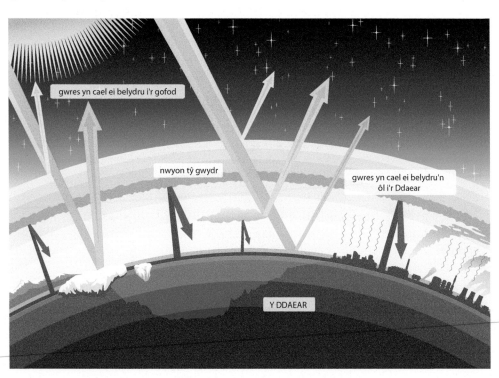

Yr effaith tŷ gwydr

Yr effaith tŷ gwydr

Mae nwyon tŷ gwydr yn yr atmosffer yn cael eu henw oherwydd rydym ni'n dweud eu bod nhw'n ymddwyn fel y gwydr mewn tŷ gwydr. Mae'r rhain yn cynnwys carbon deuocsid, methan, ocsid nitrus, CFCau, oson ac anwedd dŵr. Mae'r nwyon hyn, fel ffenestri tŷ gwydr, yn gadael i belydriad solar tonfedd fer â llawer o egni fynd drwyddyn nhw i gyrraedd arwyneb y Ddaear. Mae cryn dipyn o'r egni hwn yn cael ei amsugno gan y Ddaear, sy'n cynhesu ac yn ail-belydru pelydriad isgoch tonfedd hirach â llai o egni. Mae hwn yn cael ei amsugno a'i ddal gan y nwyon tŷ gwydr yn yr atmosffer. Mae'r nwyon hyn yn ail-belydru'r egni i bob cyfeiriad ac mae'r egni sy'n cael ei ail-belydru'n ôl i arwyneb y Ddaear yn cael ei amsugno. Felly mae arwyneb y blaned a'r atmosffer yn cynhesu. Mae'r effaith tŷ gwydr yn broses naturiol; hebddi, byddai'r tymheredd cyfartalog ar y Ddaear o gwmpas −20 °C ac yn rhy isel i gynnal bywyd.

Mynd ymhellach ▶

Blwyddyn	Crynodiad CO_2 yn yr atmosffer / rhannau y filiwn (ppm)
1900	290
1960	315
1990	350
2015	398

Term Allweddol

Cynhesu byd-eang: Cynyddu tymheredd cyfartalog y byd, y tu hwnt i'r effaith tŷ gwydr sy'n cael ei hachosi gan beth oedd crynodiad carbon deuocsid yn yr atmosffer yn y gorffennol.

Mynd ymhellach ▶

Mae cynadleddau rhyngwladol wedi gosod targedau ar gyfer lleihau nwyon tŷ gwydr, er nad yw'r rhain yn gyfreithiol-rwym.

▼ Pwynt astudio

'Chwydu methan' yw rhyddhau methan i'r atmosffer pan mae clathradau methan (ffurfiadau solid sy'n cynnwys methan ar lawr y cefnfor) yn cynhesu wrth i dymheredd y môr gynyddu. Mae'r rhain, ac ymdoddi iâ parhaol yr Arctig, yn debygol o gynyddu lefel y methan yn yr atmosffer.

▼ **Pwynt astudio**

Mae pobl yn rhagfynegi y bydd cynhesu byd-eang yn arwain at lawer o fudo wrth i bobl ymateb i newid hinsawdd.

GWEITHIO'N WYDDONOL

Mae ymchwil yn parhau i ddatblygu cnydau sy'n gallu gwrthsefyll sychder i gynorthwyo ffermwyr mewn tywydd sych. Mae genyn wedi'i ganfod sy'n rheoli effeithlonrwydd dŵr mewn planhigion ond bydd angen llawer o flynyddoedd o waith ymchwil cyn i ni allu ei ddefnyddio.

Cynhesu byd-eang

Enw'r cynnydd yn yr effaith tŷ gwydr oherwydd crynodiad uchel o nwyon tŷ gwydr yw cynhesu byd-eang. Pan fydd gwyddonwyr yn siarad am newid yn yr hinsawdd, yr hyn maen nhw'n pryderu amdano yw cynhesu byd-eang wedi'i achosi gan weithgareddau dynol. Hyd yn oed pe bai allyriadau nwyon tŷ gwydr yn stopio ar unwaith, byddai eu dylanwad yn parhau, oherwydd mae prosesau byd-eang yn cymryd amser i ddangos eu heffaith. Mae modelau cyfrifiadurol yn dynodi y byddai tymheredd cyfartalog y byd yn dal i fod wedi codi tua 1.5 °C dros y cyfartaledd yn y 100 mlynedd diwethaf. Ond os yw crynodiadau nwyon tŷ gwydr yn dal i gynyddu ar y gyfradd bresennol, mae'r modelau'n rhagfynegi y gallai tymheredd cyfartalog y byd godi hyd at 6.5 °C yn y 50 mlynedd nesaf.

Dyma rai o ganlyniadau posibl cynhesu byd-eang:

- Ymdoddi iâ'r pegynau gan achosi llifogydd mewn ardaloedd arfordirol.
- Tywydd eithafol fel sychder, corwyntoedd a seiclonau'n digwydd yn amlach.
- Mwy o danau mewn coedwigoedd.
- Llai o ddŵr ar gael mewn ardaloedd trofannol, gan arwain at ffurfio ac ehangu diffeithdiroedd.
- Mae addasiadau esblygol yn araf, felly wrth i'r hinsawdd newid, rhaid i anifeiliaid symud i ddod o hyd i amgylchedd mwy addas. Dydy planhigion ddim yn gallu symud yn gyflymach nag y maen nhw'n gwasgaru, ac os nad ydy hyn yn ddigon cyflym, gallan nhw fynd yn ddiflanedig. Yna, bydd anifeiliaid sy'n dibynnu ar y planhigion yn mynd yn ddiflanedig a gallai ecosystemau cyfan chwalu.
- Mae ardaloedd pysgota ac ardaloedd tyfu cnydau yn gallu symud wrth i'r hinsawdd newid, e.e. mae pupurau a phwmpenni nawr yn cael eu tyfu fel cnydau yn y Deyrnas Unedig, ond 50 mlynedd yn ôl, doedd hi ddim yn ddigon cynnes. Ar y llaw arall, yn 2012, oherwydd gwres a sychder yr haf, roedd cynnyrch ffa soia Unol Daleithiau America'n llawer is na chyfartaledd y 30 mlynedd diwethaf.
- Efallai y bydd cynnyrch cnydau'n cynyddu gan fod tymheredd cynhesach yn caniatáu mwy o ffotosynthesis. Ond gallai poblogaethau plâu gynyddu hefyd.
- Gallai cynhyrchiad bwyd y byd leihau, gan gynnwys gostyngiadau enfawr yng nghnydau grawn Gogledd America a Chanol Asia. Byddai hyn yn achosi canlyniadau economaidd a gwleidyddol difrifol.
- Mae mwy o garbon deuocsid yn y cefnforoedd yn gostwng y pH, sy'n bygwth llawer o organebau, er enghraifft mae poblogaethau pysgod yn secretu mwcws i amddiffyn eu tagellau ac yna dydyn nhw ddim yn gallu cyfnewid nwyon; mae gan riffiau cwrel sgerbwd allanol sydd wedi'i wneud o galsiwm carbonad gan mwyaf, sy'n hydawdd mewn asid.

Cynhesu byd-eang a ffermio

Mae amaethyddiaeth yn agored iawn i niwed gan effeithiau newid hinsawdd, a hynny oherwydd newidiadau i'r tymheredd ac i faint o law sy'n disgyn a phryd. Mae digwyddiadau eithafol, fel sychder a llifogydd, yn debygol o ddigwydd yn amlach. Wrth i gynhesu byd-eang gynyddu, bydd dŵr ffres yn hanfodol i barhau i gynhyrchu bwyd a darparu bwyd i boblogaeth y byd sy'n tyfu. Mae amrywiadau mewn llif afonydd yn debygol o gynyddu ac, yn seiliedig ar arsylwadau o afon Nîl, mae llai o gyflenwad dŵr ar adegau critigol yn gallu haneru cynnyrch cnydau.

Mae'r tabl yn disgrifio rhai problemau i amaethyddiaeth sy'n gysylltiedig â newid hinsawdd:

Problem	Ffynhonnell	Newidiadau i arferion ffermio i leihau allyriadau nwyon
Carbon deuocsid	Dadelfennu defnydd organig pridd	Gwella ansawdd y pridd drwy: • Trin cadwrol: gadael gweddillion cnydau ar arwyneb y pridd i leihau erydu, defnyddio dŵr yn well ac ychwanegu defnydd organig at yr uwchbridd • Cnwd gorchudd: defnyddio, e.e. meillion i orchuddio'r pridd i'w amddiffyn a'i wella rhwng cnydau. Mae hyn yn gwella adeiledd y pridd ac yn ychwanegu defnydd organig at yr uwchbridd • Mae cylchdroi cnydau yn lleihau niferoedd plâu a disbyddiad mwynau
Methan	Gweithgareddau treulio anifeiliaid fferm sy'n cael eu defnyddio yn y diwydiannau cig a llaeth	• Bwyta llai o gig a chynhyrchion llaeth • Mae silwair wedi'i wneud o weiriau sy'n cynnwys llawer o siwgr, ceirch, had rêp ac india-corn yn neiet gwartheg yn achosi iddynt ryddhau llai o fethan
	Dadelfennu mewn priddoedd gwlyb, e.e. caeau reis	• Defnyddio mathau o reis sy'n tyfu mewn amodau sychach • Dewis mathau sy'n rhoi cynnyrch uwch • Mae ychwanegu amoniwm sylffad yn gallu ffafrio micro-organebau sydd ddim yn cynhyrchu methan mewn caeau reis dan rai amodau
Ocsid nitrig ac ocsid nitrus	Priddoedd dan ddŵr a phriddoedd anaerobig	Gwella draenio i gael gwared ar ddŵr ac awyru'r pridd.
Cyflenwad dŵr isel sy'n amrywio	Glawiad isel; tymheredd uchel	Defnyddio cnydau sy'n gallu goddef sychder, e.e. yn Kenya, mae defnyddio sorgwm, milet a phys y fuwch sy'n gallu goddef sychder wedi cynyddu cynnyrch yn sylweddol
Lefel y môr yn uwch	Tir wedi'i drin yn cael ei foddi gan heli	Cnydau sy'n gallu goddef halen, e.e. taten sy'n gallu goddef halen; gwenith caled sy'n gallu goddef halen sy'n cynhyrchu 25% yn fwy o rawn na'r rhiant-blanhigyn

Ôl troed carbon

Mae defnyddio eitem yn cynhyrchu nwyon tŷ gwydr, ond mae cynhyrchu'r defnyddiau crai i weithgynhyrchu, cludo a gwaredu'r eitem yn gallu cynhyrchu llawer mwy. Mae'r **ôl troed carbon** yn ffordd o fesur cyfraniad at y nwyon tŷ gwydr yn yr atmosffer. Rydym ni'n ei ddiffinio fel y swm cywerth o garbon deuocsid y byddai unigolyn, cynnyrch neu wasanaeth yn ei gynhyrchu mewn blwyddyn. Rydym ni'n ei ddiffinio fel hyn oherwydd nid carbon deuocsid yw'r unig nwy tŷ gwydr. Mae gan foleciwl ocsid nitrus 298 gwaith cymaint o botensial i achosi cynhesu byd-eang ag un moleciwl carbon deuocsid, ac mae gan un moleciwl methan 25 gwaith cymaint o botensial. Felly, rydym ni'n aml yn mynegi effaith allyriadau'r rhain, a nwyon tŷ gwydr eraill, fel unedau 'cywerth â charbon deuocsid'.

Mae cnydau yn amsugno carbon deuocsid o'r atmosffer wrth dyfu, ond maen nhw hefyd yn achosi nwyon tŷ gwydr mewn ffyrdd anuniongyrchol, e.e.

- Cynhyrchu offer ffermio
- Cynhyrchu pryfleiddiaid, chwynladdwyr, ffwngleiddiaid a gwrteithiau
- Peiriannau fferm, wedi'u pweru gan danwyddau ffosil
- Cludo cynnyrch. Mae'r rhan fwyaf o gnydau'n cael eu cludo dros gannoedd o filltiroedd i weithfeydd prosesu cyn cael eu dosbarthu.

Er mwyn cynhyrchu llai o nwyon tŷ gwydr, mae llawer o gyhoeddusrwydd wedi bod i leihau, ailddefnyddio ac ailgylchu. Dechreuodd hyn yn nathliad blynyddol cyntaf Diwrnod y Ddaear yn 1970 a'r argymhelliad yw ein bod ni'n:

- Ailgylchu defnydd pecynnu
- Gyrru llai
- Defnyddio llai o aerdymheru a gwresogi, e.e. drwy ynysu, gwisgo dillad addas
- Dewis deiet â llai o brotein anifeiliaid, yn enwedig cig coch, reis, oherwydd bod caeau reis yn allyrru methan, bwydydd wedi'u cludo dros bellter hir a bwydydd â llawer o waith prosesu arnynt neu lawer o ddefnydd pecynnu
- Osgoi gwastraff bwyd; ei droi'n gompost, os oes modd
- Plannu coed mewn ardaloedd wedi'u datgoedwigo.

Term Allweddol

Ôl troed carbon: Y swm cywerth o garbon deuocsid y byddai unigolyn, cynnyrch neu wasanaeth yn ei gynhyrchu mewn blwyddyn.

Mynd ymhellach ▶

Mae'r ôl troed carbon yn un o lawer o ddangosyddion ôl troed sydd wedi'u modelu ar yr ôl troed ecolegol, cysyniad a ddechreuodd yn yr 1990au. Erbyn hyn, mae gennym ni gyfrifiadau ar gyfer ôl troed dŵr ac ôl troed tir hefyd.

Mynd ymhellach ▶

Mae atom nitrogen yn cymryd tua 2000 o flynyddoedd i fynd o gwmpas y gylchred. Felly, mae'n debygol bod gennych chi o leiaf un atom nitrogen oedd yn perthyn i'r Buddha, Aristotle neu Cleopatra.

Sylwch

Dysgwch enwau generig rhai o'r bacteria sy'n rhan o'r gylchred nitrogen: *Nitrosomonas, Nitrobacter, Azotobacter* a *Rhizobium*.

Term Allweddol

Nitreiddiad: Ychwanegu nitrogen at y pridd, yn fwyaf cyffredin ar ffurf ïonau nitraid (NO_2^-) a nitrad (NO_3^-).

Y gylchred nitrogen

Y gylchred nitrogen yw llif atomau nitrogen rhwng cyfansoddion nitrogen organig ac anorganig a nwy nitrogen yn yr atmosffer mewn ecosystem.

Mae angen nitrogen ar organebau byw i wneud asidau amino, proteinau ac asidau niwcleig. Dydy planhigion ac anifeiliaid ddim yn gallu defnyddio nwy nitrogen. Yn hytrach, mae planhigion yn amsugno nitradau i mewn i'w gwreiddiau. Mae'r cyfansoddion nitrogen organig sy'n cael eu cynhyrchu gan blanhigion yn cael eu trosglwyddo drwy'r gadwyn fwyd oherwydd bod ysyddion cynradd yn bwyta planhigion. Mae dadelfennu planhigion ac anifeiliaid ar ôl iddynt farw, a dadelfennu cynhyrchion ysgarthu a charthu anifeiliaid, yn rhyddhau'r mwynau'n ôl i'r pridd. Bacteria yw'r organebau allweddol sy'n ymwneud â phrosesau'r gylchred nitrogen.

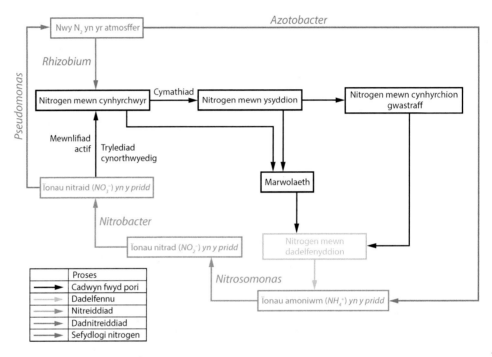

Y prosesau biolegol yn y gylchred nitrogen

Mae pedair prif broses fiolegol yn y gylchred nitrogen:

- **Amoneiddio** – enw arall ar y broses hon yw pydredd.

  Mae bacteria a ffyngau yn ddadelfenyddion. Maen nhw'n secretu ensymau sy'n pydru organebau marw a chynhyrchion anifeiliaid:

  – Mae proteasau yn treulio proteinau i ffurfio asidau amino.

  – Mae dadaminasau yn tynnu grwpiau (–NH_2) o asidau amino ac yn eu rhydwytho nhw i ffurfio ïonau amoniwm (NH_4^+).

- **Nitreiddiad**

  Mae nitreiddio yn golygu ychwanegu nitraid (NO_2^-) neu nitradau (NO_3^-) at y pridd. Mae'r ïonau amoniwm sy'n cael eu ffurfio gan bydredd yn cael eu trawsnewid, mewn proses o'r enw **nitreiddiad**, yn nitreidiau ac yna'n nitradau. Mae amryw o facteria'n ymwneud â'r broses hon; er enghraifft, mae *Nitrosomonas* yn trawsnewid amonia yn nitraid ac mae *Nitrobacter* yn trawsnewid nitraid yn nitrad:

  Mae'r atom nitrogen yn yr ïon amoniwm yn colli ei atomau hydrogen ac yn ennill atomau ocsigen, felly adweithiau ocsidio yw'r rhain. Felly, mae angen amodau aerobig ar *Nitrosomonas* a *Nitrobacter*.

- **Dadnitreiddiad**

Dadnitreiddiad yw'r broses o golli nitrad o'r pridd. Mae bacteria anaerobig, fel *Pseudomonas*, yn trawsnewid ïonau nitrad yn nitrogen.

$$NO_3^- \xrightarrow{\text{Pseudomonas}} N_2$$

Mae hwn yn adwaith rhydwytho oherwydd mae ocsigen yn cael ei golli. Gan hynny, mae'n fwy ffafriol mewn amodau pridd anaerobig ac felly mae'n broblem fawr mewn priddoedd dwrlawn.

- **Sefydlogi nitrogen**

Er mai nitrogen yw 79% o'r atmosffer, ychydig iawn o organebau sy'n gallu ei ddefnyddio oherwydd does ganddyn nhw ddim yr ensymau sy'n torri'r bond triphlyg rhwng yr atomau mewn moleciwlau nitrogen. Mae prosesau daearegol sy'n rhyddhau nitradau ac ïonau amoniwm yn araf iawn. Felly, mae'r biosffer yn dibynnu ar lawer o rywogaethau procaryotig sy'n meddu ar grŵp o ensymau sy'n gallu rhydwytho moleciwlau nitrogen i ffurfio ïonau amoniwm, mewn proses o'r enw **sefydlogi nitrogen**. Y bacteria hyn yw'r organebau sefydlogi nitrogen. (Mae 'sefydlogi' yn golygu 'cyfuno' yn y cyd-destun hwn.)

Mae *Azotobacter* yn facteriwm sefydlogi nitrogen sy'n byw'n rhydd yn y pridd a hwn sy'n gyfrifol am y rhan fwyaf o sefydlogi nitrogen biolegol. Mae bacteria sefydlogi nitrogen symbiotig yn cynnwys *Rhizobium*, sydd i'w gael yng ngwreiddgnepynnau planhigion yn y teulu Fabaceae, h.y. y codlysiau (pys, ffa a meillion).

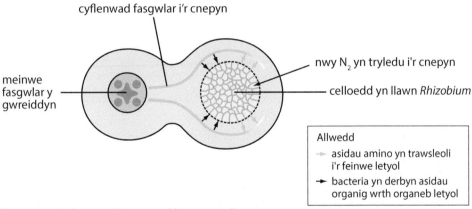

cyflenwad fasgwlar i'r cnepyn

meinwe fasgwlar y gwreiddyn

nwy N_2 yn tryledu i'r cnepyn

celloedd yn llawn *Rhizobium*

Allwedd
→ asidau amino yn trawsleoli i'r feinwe letyol
→ bacteria yn derbyn asidau organig wrth organeb letyol

Diagram trawstoriad o wreiddyn a gwreiddgnepyn codlys

Mae nwy nitrogen yn tryledu i wreiddgnepyn y codlys ac mae nitrogenas yn catalyddu'r broses o'i rydwytho i ffurfio ïonau amoniwm, gan ddefnyddio egni o ATP. Mae angen llawer o egni i sefydlogi nitrogen felly mae organebau sy'n sefydlogi nitrogen yn aml yn aerobig. Ond mae angen adweithiau rhydwytho i sefydlogi nitrogen, ac mae amodau ocsidiol yn gwenwyno'r broses. Mae gwreiddgnepynnau yn cynnwys math o haemoglobin o'r enw *leg-haemoglobin* sy'n rhwymo moleciwlau ocsigen yn y cnepynnau ac yn amddiffyn yr adweithiau rhag ocsidio. Mae'n gwneud y cnepynnau'n binc.

Mae ïonau amoniwm yn cael eu trawsnewid yn asidau organig ac yna'n asidau amino er mwyn eu hymgorffori nhw mewn proteinau bacteria:

$$N_2 \xrightarrow{\text{Rhydwytho gan nitrogenas}} NH_4^+ \longrightarrow \text{asidau organig} \longrightarrow \text{asidau amino}$$

Mae rhai asidau amino ac ïonau amoniwm yn cael eu dargyfeirio i'r edefyn fasgwlar sy'n cysylltu'r gwreiddgnepyn â'r planhigyn, a dyma sut mae'r planhigyn yn cael nitrogen ar gyfer ei fetabolaeth ei hun.

Term Allweddol

Sefydlogi nitrogen: Organebau procaryotig yn rhydwytho atomau nitrogen mewn moleciwlau nitrogen i ffurfio ïonau amoniwm.

Mynd ymhellach ▶

Mae'r ensymau sy'n ymwneud â sefydlogi nitrogen yn cynnwys hydrogenas, fferedocsin a nitrogenas. Mae nitrogenas yn cynnwys haearn a molybdenwm, ond mae gan rai bacteria haearn a fanadiwm yn lle'r rhain ac maen nhw'n gallu sefydlogi nitrogen mor isel â 5 °C.

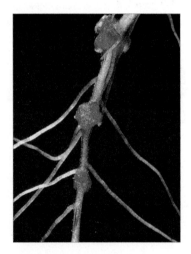

Mae bacteria *Frankia* yng ngwreiddgnepynnau gwernen, *Alnus glutinosa*, yn cynnwys leghaemoglobin

Cyswllt Mae planhigion heb facteria sefydlogi nitrogen cydymddibynnol yn cael nitradau ac ïonau amoniwm o'r pridd drwy gyfrwng cludiant actif a thrylediad cynorthwyedig; cafodd hyn ei ddisgrifio ym mlwyddyn gyntaf y cwrs hwn.

Gwirio gwybodaeth

Parwch y termau 1–4 â'r gosodiadau A–CH.

1. *Rhizobium*.
2. Amoneiddio.
3. Sefydlogi nitrogen.
4. Dadnitreiddio.

A. Trawsnewid nitradau'n nwy nitrogen.
B. Dadelfennu organebau marw.
C. Trawsnewid nitrogen o'r atmosffer yn gyfansoddion nitrogen.
CH. Bacteriwm sy'n bodoli mewn gwreiddgnepynnau meillion.

Mynd ymhellach ▶

Mae proses Haber yn sefydlogi symiau enfawr o nitrogen gan ddefnyddio gwasgedd 200 atmosffer a 450 °C, felly mae'n defnyddio llawer o egni. Mae sefydlogi nitrogen biolegol, ar y llaw arall, yn digwydd ar dymheredd a gwasgedd yr amgylchedd.

Dydy cynwreiddiau codlysiau sydd newydd egino ddim yn cynnwys *Rhizobium*. Yn y pridd, mae'r cynwreiddyn newydd a *Rhizobium* yn secretu cemegion atynnol. Mae'r cynwreiddyn yn tyfu tuag at gelloedd *Rhizobium* ac mae'r celloedd *Rhizobium* yn defnyddio eu fflagela i symud tuag at y cynwreiddyn. Mae celloedd *Rhizobium* yn meddiannu cortecs y cynwreiddyn ac mae'r nifer mawr sy'n cael eu cynhyrchu wrth iddyn nhw ddyblygu yn achosi'r chwyddo sy'n gwneud y gwreiddgnepyn. Mae'r cnepynnau a'r bacteria sydd ynddynt yn galluogi planhigion codlysol i dyfu'n llwyddiannus hyd yn oed mewn pridd heb lawer o nitradau. Pan mae'r planhigyn yn marw, mae'r planhigyn a'r *Rhizobium* sydd yn y cnepynnau yn cael eu dadelfennu i ffurfio cyfansoddion amoniwm, sy'n cael eu rhyddhau i'r pridd. Mae'r ïonau amoniwm yn cael eu nitreiddio i ffurfio nitraid a nitradau, sy'n gwella ansawdd y pridd eto.

Mae prosesau anfiolegol yn effeithio ar y gylchred nitrogen:

- Mae defnyddio gwrteithiau amaethyddol yn ychwanegu nitrogen at y pridd
- Mae mellt yn ychwanegu ychydig bach o nitrogen at y pridd
- Mae trwytholchi mwynau yn tynnu nitrogen o'r pridd.

Effaith bodau dynol ar y gylchred nitrogen

Wrth i boblogaeth bodau dynol gynyddu, mae angen cynhyrchu mwy o fwyd. Mae bridio planhigion ac addasu eu genynnau yn cyfrannu at hyn, ynghyd â defnyddio plaleiddiaid. Mae trin pridd a chynnal ei adeiledd hefyd yn hanfodol i gynhyrchu bwyd yn effeithlon.

Mae gweithgareddau bodau dynol yn gallu gwella cylchrediad nitrogen mewn priddoedd amaethyddol:

- Mae aredig caeau yn gwella awyru'r pridd. Mae hyn yn ffafriol i:
  - Organebau aerobig, fel sefydlogwyr nitrogen sy'n byw'n rhydd, sy'n arwain at ffurfio mwy o ïonau amoniwm yn y pridd.
  - Bacteria nitreiddio sydd yna'n trawsnewid mwy o amoniwm yn nitraid a nitradau.
  - Mae gwreiddiau planhigion yn resbiradu'n aerobig ac yn cynhyrchu ATP, sy'n pweru mewnlifiad actif mwynau i'r gwreiddiau.
- Mae draenio tir yn rhoi cyfle i aer fynd i'r tir ac felly mae'n lleihau'r amodau anaerobig, sy'n ffafriol i facteria dadnitreiddio. Mae hyn yn lleihau colledion nitradau.
- Mae sefydlogi nitrogen artiffisial, e.e. proses Haber, yn trawsnewid nitrogen yn wrteithiau, sy'n hanfodol i gynhyrchu symiau mawr o fwyd o ansawdd da. Cyfansoddion sy'n cynnwys ïonau amoniwm a/neu nitrad yw gwrteithiau fel arfer, e.e. amoniwm nitrad, ac mae'r rhain yn ychwanegu at yr ïonau amoniwm a'r nitradau sy'n cael eu cynhyrchu gan facteria sefydlogi nitrogen a bacteria nitreiddio.
- Mae symiau mawr o wastraff anifeiliaid, e.e. carthion ieir a thail gwartheg, o fagu stoc yn cael eu defnyddio fel tail 'brown'. Mae'r nitrogen a'r maetholion eraill sydd ynddo'n hanfodol i dwf planhigion. Mae'n gwella adeiledd y pridd fel bod y pridd yn dal mwy o faetholion a dŵr, a'i fod yn fwy ffrwythlon. Mae'n annog gweithgareddau microbau, sy'n gwella cyflenwad mwynau'r pridd, fel bod mwy o faeth i blanhigion. Rydym ni'n ei gludo ar lorïau mewn cynwysyddion mawr o fannau lle caiff anifeiliaid eu ffermio. Mae tail yn rhyddhau cyfansoddion nitrogen i'r pridd yn raddol, dros gyfnod hir.
- Hylif wedi'i wneud o ddail a dŵr yw slyri. Mae'n cael ei gynhyrchu gan systemau mwy dwys ar gyfer magu da byw, sy'n defnyddio concrit neu slatiau, yn lle gwelyau gwellt. Fel arfer, rydym ni'n ei storio mewn tanc neu lagŵn cyn ei ddefnyddio. Mae arogl drwg iawn ar slyri sy'n dod o ffermio moch yn ddwys, felly mae hwn fel rheol yn cael ei chwistrellu i mewn i'r pridd, yn hytrach na chael ei ledaenu ar yr arwyneb, fel tail brown. Mae arogl tail llysysyddion, fel gwartheg, yn llai cryf nag arogl tail cigysyddion neu hollysyddion oherwydd bod llai o brotein yn eu deiet ac yn eu gwastraff. Mae pobl yn datblygu bwyd gwahanol i foch er mwyn lleihau'r broblem benodol hon.

- Mae slwtsh carthion wedi'u trin, sef 'biosolidau', yn ddewis arall cynaliadwy yn lle gwrteithiau anorganig.

- Mae plannu caeau o godlysiau, fel alffalffa neu feillion, yn arwain at sefydlogi mwy o nitrogen. Pan mae'r cnwd yn marw, mae'n cael ei aredig yn ôl i'r pridd fel 'tail gwyrdd'. Mae'n werthfawr gan ei fod yn cynnwys llawer o nitrogen.

Effeithiau gwrteithiau ar gynefinoedd

Mae nentydd tir uchel yn oligotroffig, sy'n golygu mai ychydig iawn o fwynau sydd wedi'u hydoddi ynddynt. Wrth i ddŵr lifo dros greigiau, mae'n hydoddi mwynau ac mae eu crynodiad yn cynyddu. Rydym ni'n dweud bod dŵr sydd wedi'i gyfoethogi â mwynau yn ewtroffig. Os yw crynodiad y mwynau mor uchel nes bod organebau'n marw, rydym ni'n dweud bod y dŵr yn gamfaethol. **Ewtroffigedd** yw'r broses o ychwanegu mwynau at ddŵr yn artiffisial o ganlyniad i drwytholchi gwrteithiau sy'n cynnwys nitrogen, yn enwedig nitradau, o dir amaethyddol.

Mewn gwledydd datblygedig, mae amaethyddiaeth wedi mynd yn fwy dwys, gan gynhyrchu mwy a mwy o gnydau o ddarnau llai a llai o dir. Fodd bynnag, mae'r cynnydd hwn mewn cynhyrchu bwyd wedi cael effaith niweidiol ar yr amgylchedd. Mae defnyddio mwy o wrteithiau sy'n cynnwys nitradau wedi niweidio ecosystemau dyfrol a daearol.

- Problemau wedi'u hachosi gan ormod o nitrad mewn priddoedd: ar dir amaethyddol, mae defnyddio mwy o wrtaith wedi lleihau amrywiaeth rhywogaethau ar laswelltir. Mae gwrteithiau'n cynyddu twf gweiriau a phlanhigion fel danadl, sy'n cysgodi planhigion llai.

- Problemau wedi'u hachosi gan nitradau'n trwytholchi i afonydd: mae trwytholchi nitradau a ffosffadau o'r tir o gwmpas dyfroedd yn broses araf a naturiol sy'n cynyddu crynodiad halwynau yn y dŵr. Mewn llynnoedd ac afonydd, bydd yr ïonau mwynol fel rheol yn cronni nes eu bod nhw'n cyrraedd cydbwysedd, lle maen nhw'n cyrraedd ac yn gadael y dŵr ar yr un gyfradd yn union. Fodd bynnag, mae carthion a gwrteithiau yn ffynhonnell ychwanegol o'r mwynau hyn ac os ydynt yn trwytholchi o'r tir i'r dŵr, gall achosi ewtroffigedd mewn llynnoedd ac afonydd.

Llyn ewtroffig

13

Gwirio gwybodaeth

Nodwch y gair neu'r geiriau coll:

Mae lefelau uwch o nitradau mewn llynnoedd ac afonydd yn achosi cynnydd enfawr mewn planhigion microsgopig, sef .... Mae hyn yn golygu nad yw .... yn gallu treiddio'n ddwfn a bod planhigion yn methu â chyflawni proses .... ac yn marw. Mae'r algâu'n marw'n fuan ac yn cael eu dadelfennu gan facteria .... sy'n defnyddio llawer o .... wedi'i hydoddi.

Yna, mae bacteria anaerobig yn rhydwytho nitradau i ffurfio ....

Mae nitrad yn hydawdd iawn ac yn trwytholchi'n rhwydd o bridd ac yn golchi i afonydd o'r tir o'u cwmpas nhw. Mae'n draenio drwy'r pridd dan rym disgyrchiant, ar ffurf dŵr daear ond mae'r gyfradd yn cynyddu yn ystod glaw trwm ac yn cynyddu crynodiad nitrad mewn cyrff dŵr.

- Mae nitrad yn wrtaith ac mae algâu'n ymateb iddo, felly efallai mai blŵm algaidd fydd yr effaith gyntaf. Mae'r dŵr yn troi'n wyrdd, a dydy golau ddim yn gallu treiddio'n ddwfn drwyddo.

- Dydy'r planhigion yn rhannau dyfnaf y llyn ddim yn gallu cyflawni ffotosynthesis ac maen nhw'n marw.

- Bydd gostyngiad cyffredinol yn amrywiaeth rhywogaethau anifeiliaid, gan eu bod nhw'n dibynnu ar y planhigion am fwyd a chysgod.

- Mae'r algâu'n marw'n fuan ac yn cael eu dadelfennu gan ffyngau saprobiontig. Organebau aerobig yw'r rhain ac maen nhw'n defnyddio llawer o ocsigen, gan greu galw biocemegol am ocsigen (*BOD: biochemical oxygen demand*).

- Mae'r dŵr i gyd heblaw'r haenau uchaf un, sydd mewn cysylltiad â'r aer, yn mynd yn ddadocsigenedig, sy'n golygu bod pysgod a rhywogaethau eraill sydd angen ocsigen (*oxygen-requiring*) yn marw.

- Mae bacteria anaerobig yn y dŵr yn rhydwytho nitradau i ffurfio nitraid. Mae'r rhain yn ffynnu ac mae rhai rhywogaethau'n rhyddhau nwyon ag arogl nodweddiadol, fel hydrogen sylffid.

I osgoi crynodiadau nitrad uchel mewn dyfrffyrdd, sy'n broblem ddifrifol, rhaid i ffermwyr gydymffurfio â deddfwriaeth gaeth i sicrhau eu bod nhw'n rhyddhau llai o nitradau i'r amgylchedd. Rhaid iddyn nhw gymryd y camau canlynol:

- Rhoi llai o wrtaith ar y pridd.

- Peidio â defnyddio gwrtaith heblaw ar adegau pan mae'r cnydau wrthi'n tyfu, fel ei fod yn cael ei ddefnyddio ar unwaith yn hytrach nag aros yn y pridd i drwytholchi i ffwrdd.

- Gadael stribed â lled o 10 metr o leiaf wrth ymyl cyrsiau dŵr. Fel hyn, all nitradau ddim mynd yn uniongyrchol i'r dŵr ac os ydyn nhw'n gwneud hynny, mae'n digwydd dros gyfnod hirach.

- Cloddio ffosydd draenio. Mae'r mwynau'n crynodi yn y ffosydd draenio, ac mae ewtroffigedd yn digwydd yno, gan amddiffyn y cyrsiau dŵr naturiol. Mae dŵr yn llifo'n araf yn y ffosydd ac mae sbwriel yn cronni ynddynt. Mae hyn wedi arwain at ostyngiad lleol mewn bioamrywiaeth infertebratau ac mae crynodiad uchel nitradau yn y dŵr yn lleihau amrywiaeth rhywogaethau yn y glaswelltir cyfagos. Fodd bynnag, mae rhai rhywogaethau prin wedi cael eu gweld yn tyfu mewn ffosydd draenio, fel ymateb i'w hamodau anarferol.

Ymarfer ymarferol

Asesu dosbarthiad organebau mewn trawslun ar draeth creigiog

Ar draeth creigiog, y mannau mwyaf addas ar gyfer trawsluniau yw creigwely noeth sydd ar oledd tuag at y môr.

Trawslun llinell i adnabod rhywogaethau algâu ar draeth creigiog

Cyfarpar

- Polion anelu
- Ffon fetr
- Lefel wirod (*spirit level*)
- Cwadrat 0.5 m × 0.5 m â grid 10 × 10
- Canllaw adnabod algâu

Dull

1. Rhowch bolyn anelu ar ben uchaf y llinell rydych chi wedi ei dewis ar gyfer y trawslun ac un arall ar waelod y llinell. Estynnwch dâp mesur yn llorweddol rhwng y ddau a defnyddiwch y ffon fetr i ddarllen uchder y tâp mesur uwchben y ddaear bob metr. Cadwch y tâp mesur yn dynn a defnyddiwch y lefel wirod i sicrhau ei fod yn llorweddol. Os yw'r trawslun yn hir iawn neu'n serth iawn, dylech chi weithio arno fesul adran.

2. Ym mhob safle lle rydych chi'n mesur y gostyngiad, enwch yr algâu sy'n tyfu yno.

3. Osgowch byllau creigiog neu agennau oherwydd mae'r rhain yn creu microgynefinoedd sy'n cyflwyno amrywioldeb.

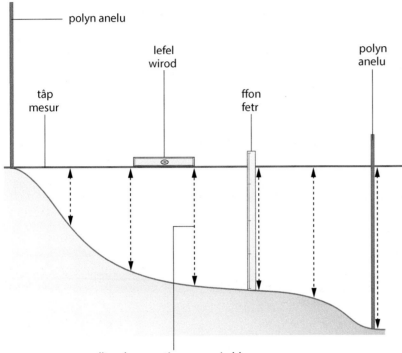

Llunio proffil traeth a thrawslun llinell

Canlyniadau enghreifftiol

Gallwch chi ddangos y data ar ffurf diagram yn dangos uchder fertigol a phellter ar hyd y trawslun, ac yn enwi'r algâu yn y safleoedd priodol.

Pellter ar hyd y trawslun / m	Uchder uwchben y marc llanw isel / m	Disgrifiad o'r uchder	Enw cyffredin	Enw biolegol
0	5.4	llanw uchel iawn	gwymon troellog	*Fucus spiralis*
5	4.6	marc llanw uchel	gwymon troellog	*Fucus spiralis*
10	2.2	canol y traeth (arfordirol)	gwymon codog bras	*Ascophyllum nodulosum*
15	2.1		gwymon codog mân	*Fucus vesiculosus*
20	1.7		gwymon codog mân	*Fucus vesiculosus*
25	0.9	marc llanw isel	gwymon danheddog	*Fucus serratus*
30	−0.2	llanw isel iawn (isarforol)	môr-wiail	*Laminaria digitata*

F. spiralis   *F. spiralis*   *A. nodulosum*   *F. vesiculosus*   *F. vesiculosus*   *F. serratus*   *L. digitata*

0   5   10   15   20   25   30

Gallwn ni blotio'r uchder uwchben y marc llanw isel i ddangos proffil y traeth:

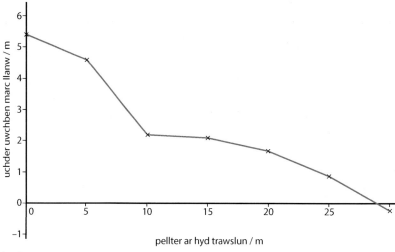

Proffil y traeth

Trawslun belt i amcangyfrif dosbarthiad rhywogaethau algâu ar draeth creigiog

Bob pellter rheolaidd ar hyd y trawslun, rhowch yr un gornel o gwadrat ym mhob cyfesuryn ac aseswch niferoedd yr algâu ym mhob un:

(a) Gallwn ni ddefnyddio amcangyfrif bras, lle mae graddfa â rhifau'n dynodi'r gorchudd arwynebedd bras. Fodd bynnag, allwn ni ddim defnyddio'r math hwn o asesiad yn feintiol. Mae llawer o raddfeydd fel hyn ar gael, e.e. graddfa ROFCASE:

Gorchudd arwynebedd %	Sgôr
1 neu 2 unigolyn	Prin (*Rare*)
Rhai unigolion wedi'u gwasgaru	Achlysurol (*Occasional*)
<5	Aml (*Frequent*)
5–30	Cyffredin (*Common*)
30–60	Helaeth (*Abundant*)
60–90	Helaeth iawn (*Super-abundant*)
>90	Helaeth dros ben (*Extremely abundant*)

(b) Gwnewch asesiad rhifiadol o'r cyflenwad. Mae'r data isod ar gyfer gorchudd canrannol:

Canlyniadau enghreifftiol

Pellter y cwadrat ar hyd y trawslun / m	Uchder uwchben y marc llanw isel / m	Enw biolegol	Gorchudd arwynebedd canrannol
0	5.4	*Fucus spiralis*	10
5	4.6	*Fucus spiralis*	80
		Ascophyllum nodulosum	15
10	2.2	*Fucus spiralis*	10
		Ascophyllum nodulosum	85
15	2.1	*Fucus vesiculosus*	68
		Ascophyllum nodulosum	20
20	1.7	*Fucus vesiculosus*	100
25	0.9	*Fucus vesiculosus*	36
		Fucus serratus	64
30	−0.2	*Laminaria digitata*	30

Diagramau barcut

Gallwch chi ddangos y data ar ffurf diagram barcut: ar gyfer pob rhywogaeth, plotiwch bwyntiau data i'r chwith ac i'r dde o'r llinell 0%, lle mae pob pwynt data yn cynrychioli hanner y gorchudd arwynebedd sydd i'w weld. Unwch y pwyntiau data ar y chwith a'r rhai ar y dde.

Mae'r diagram cyfan wedi'i ddangos isod, gyda barcut i bob rhywogaeth. Mae hyn yn rhoi disgrifiad hawdd ei ddelweddu o sut mae dosbarthiad y planhigion yn amrywio ar hyd y trawslun. Mae'r llinell lorweddol ar 30 m yn y diagram barcut ar gyfer *Laminaria digitata* yn dangos na chafodd dim mwy o ddarlleniadau eu cymryd y tu hwnt i'r pellter hwn.

Mae'r diagram yn dangos parthau gwahanol rywogaethau, o *Fucus spiralis*, sydd wedi addasu orau i fod yn yr aer, ar y marc dŵr uchel iawn, i *L. digitata*, sydd wedi addasu lleiaf i fod yn yr aer o dan y marc dŵr isel.

Y confensiwn yw lluniadu diagramau barcut ar gyfer cynefinoedd dyfrol â barcutiaid fertigol, a lluniadu diagramau barcut ar gyfer cynefinoedd daearol â barcutiaid llorweddol.

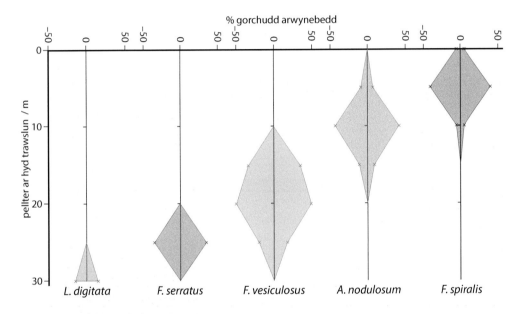

Diagram barcut ar hyd trawslun traeth creigiog

Asesu risg

Perygl	Risg	Mesur rheoli
Baglu ar greigiau llithrig	Crafiadau, straeniau ac ysigiadau	Bod yn ofalus wrth gerdded; defnyddio esgidiau addas
Cael eich torri i ffwrdd gan y llanw	Anghysur; boddi	Gwybod amser y llanw uchel a gadael y safle cyn i'r llanw ddod i mewn
Pryfed yn brathu ac yn pigo	Ymateb anffafriol gan y croen	Gorchuddio'r croen bob amser; defnyddio ymlidydd pryfed
Gallai'r tywydd fod yn rhy boeth, yn rhy oer, yn rhy lachar	Hypothermia, gorboethi, llosg haul	Gwisgo dillad priodol; defnyddio sbectol haul; defnyddio eli haul

Effaith dyn ar yr amgylchedd

Mae gweithgareddau dynol wedi dinistrio cynefinoedd ar raddfa enfawr. Mae gan bob rhywogaeth werth cynhenid, ond mae angen mwy o fwyd i gynnal y boblogaeth ddynol sy'n cynyddu ac mae cynhyrchiad amaethyddol yn gwrthdaro â chadwraeth. Mae naw o systemau byd-eang yn rhyngweithio ac yn cynhyrchu sefydlogrwydd amgylcheddol. Byddai tarfu ar y rhain yn debygol o achosi newid amgylcheddol sydyn a thrychinebus. Mae defnyddio mwy o danwyddau ffosil, sy'n achosi cynhesu byd-eang, yn bryder difrifol. Mae bodau dynol yn cydnabod bod angen i ni gymryd mwy o gyfrifoldeb am y Ddaear. Rhaid gwneud penderfyniadau gwleidyddol doeth, yn seiliedig ar dystiolaeth ac ar wybodaeth sydd wedi'i chael drwy ddefnyddio egwyddorion gwyddonol cadarn.

Erbyn diwedd y testun hwn, byddwch chi'n gallu gwneud y canlynol:

- Esbonio sut mae rhywogaethau'n mynd i berygl ac yn mynd yn ddiflanedig.
- Disgrifio sut rydym ni'n cynnal cyfansymiau genynnol yn y gwyllt ac mewn caethiwed.
- Deall y gwrthdaro rhwng cynhyrchiad amaethyddol a chadwraeth, gan ddefnyddio enghreifftiau datgoedwigo a gorbysgota.
- Disgrifio sut mae monitro'r amgylchedd yn gallu cyfrannu at benderfyniadau gwleidyddol seiliedig ar dystiolaeth.
- Disgrifio cysyniad terfynau'r blaned.
- Esbonio statws pob un o derfynau'r blaned.
- Disgrifio sut mae arloesi technolegol, fel cynhyrchu biodanwyddau a dihalwyno dŵr môr, yn gallu cyfrannu at osgoi terfynau'r blaned.

Pam mae rhywogaethau mewn perygl

Mae dylanwad bodau dynol wedi lledaenu i bob ehangdir ar y Ddaear, i bob corff dŵr ar arwyneb y blaned ac i'r atmosffer. Mae arteffactau dynol yn bodoli drwy gysawd yr haul i gyd a, gyda chwiliedyddion Voyager, y tu hwnt; fodd bynnag, dim ond ecosystemau'r Ddaear byddwn ni'n eu trafod yma. Mae gweithgareddau bodau dynol yn newid ecosystemau y maen nhw a rhywogaethau eraill yn dibynnu arnynt. Mae amaethyddiaeth, datblygu trefol, coedwigaeth, mwyngloddio a llygredd amgylcheddol wedi dinistrio nifer aruthrol o gynefinoedd ledled y byd. Mae argyfwng bioamrywiaeth yn digwydd oherwydd bod rhywogaethau'n colli mwy a mwy o'r ffactorau biotig ac anfiotig sydd eu hangen arnynt. O ganlyniad i hyn, maen nhw'n llai llwyddiannus wrth atgenhedlu ac mae niferoedd eu poblogaethau yn lleihau. Mewn rhai achosion, mae hyn yn arwain at ddifodiant.

Difodiant

Mae difodiant yn broses naturiol sydd wedi bod yn digwydd ers tarddiad bywyd. Cyfradd bresennol difodiant sy'n sail i'r argyfwng bioamrywiaeth. Mae'r cofnod ffosiliau yn dangos bod cyfradd 'gefndir' normal difodiant yn 10^{-6} bl^{-1}. Mae hyn yn golygu bod un o bob miliwn o rywogaethau yn mynd yn ddiflanedig bob blwyddyn. Mae tystiolaeth yn dangos bod bodau dynol wedi bod yn gyfrifol am farwolaeth anifeiliaid mawr iawn, fel y moa, aderyn mawr o Seland newydd a *Megatherium*, y diogyn daear mawr, o Dde America, er y gallai straen hinsoddol fod wedi cyfrannu at eu difodiant. Mae llawer o dystiolaeth o ddifodiant y golomen grwydr yng Ngogledd America, yn 1914, a blaidd Tasmania o Tasmania, yn 1933, ar ôl iddyn nhw ddod i gysylltiad â bodau dynol. Heddiw, rydym ni'n amcangyfrif bod gweithgareddau bodau dynol mewn ardaloedd trofannol yn unig wedi cynyddu cyfraddau difodiant rhwng 1000 a 10 000 gwaith. Mae hyn wedi effeithio ar fywyd morol hefyd. Mae tua thraean rhywogaethau pysgod morol y blaned yn dibynnu ar riffiau cwrel. Mae rhai data'n awgrymu, ar y gyfradd bresennol o ddinistrio riffiau cwrel mewn dyfroedd cynnes, y gallent i gyd fod wedi marw erbyn 2050.

Y golomen grwydr   Thylacine

Mae tystiolaeth ddaearegol yn dangos, bum gwaith yn hanes bywyd, bod newid trychinebus wedi achosi difodiant y mwyafrif helaeth o rywogaethau, er enghraifft tymheredd isel byd-eang, diffyg ocsigen wedi'i hydoddi yn y moroedd neu asidio'r moroedd. Difodiant torfol yw hyn. Mae'n ymddangos bod y chweched difodiant torfol yn digwydd nawr, oherwydd gweithgareddau bodau dynol.

Rhywogaethau mewn perygl

Mae'r mwyafrif helaeth o'r rhywogaethau cynharaf a oedd yn byw ar y Ddaear, gan gynnwys y dinosoriaid a'r coedredyn mawr a fu'n dominyddu unwaith, wedi diflannu oherwydd newidiadau hinsoddol, daearegol a biotig yn bennaf. Erbyn hyn, gweithgareddau dynol yw'r prif reswm am ddifodiant rhywogaethau. Mae llawer o'r mamolion mwyaf fel y gorila mynydd, y panda mawr, y teigr a'r arth wen dan fygythiad.

Mae'r Undeb Rhyngwladol er Cadwraeth Natur (*IUCN: International Union for the Conservation of Nature*), yn asesu planhigion ac anifeiliaid ac yn eu graddio nhw yn ôl y perygl y gallent fynd yn ddiflanedig. Mae rhywogaethau'n cael eu graddio gan ddibynnu ar eu niferoedd, eu cyfradd lleihau a'u dosbarthiad daearyddol:

Diflanedig (*EX: Extinct*)

Diflanedig yn y gwyllt (*EW: Extinct in the wild*)

Dan fygythiad:

Mewn perygl critigol (*CR: Critically endangered*)

Mewn perygl (*EN: Endangered*)

Bregus (*VU: Vulnerable*)

Bron dan fygythiad (*NT: Near threatened*)

Lleiaf o bryder (*LC: Least concern*)

Mae llawer o rywogaethau'n cael eu graddio'n DD (*Data deficient*/Diffyg data) neu'n NE (*Not evaluated*/Heb ei gwerthuso) ac mae angen llawer o waith ymchwil ar frys i ganfod ac asesu rhywogaethau mewn perygl. Mae'r canlyniadau'n cael eu cyhoeddi mewn Rhestri Data Coch ac mae'r rhywogaethau sydd wedi'u henwi yn y rhain wedi'u gwarchod yn gyfreithiol. Mae eliffant Affrica, er enghraifft, yn 'fregus' ond mae eliffant Sumatra 'mewn perygl critigol'.

Y rhesymau pam mae rhywogaethau dan fygythiad

Mae rhywogaethau'n gallu cael eu peryglu neu'n gallu mynd yn ddiflanedig am lawer o resymau:

- Mae detholiad naturiol yn digwydd os yw unigolion sy'n llai addas i'r amodau cyffredinol yn atgenhedlu'n llai llwyddiannus. Mae eu niferoedd yn lleihau, sy'n gallu arwain at eu difodiant. Mae gweithgareddau bodau dynol yn achosi i gynefinoedd newid yn gyflymach nag y mae mwtaniadau newydd yn caniatáu i rywogaethau addasu, felly maen nhw'n mynd yn ddiflanedig yn gyflymach nag oedden nhw cyn i fodau dynol fod â chymaint o ddylanwad ar eu hamgylchedd.

- Poblogaethau sydd ddim yn gyfagos (*non-contiguous*). Efallai y bydd cyfanswm nifer yr unigolion mewn rhywogaeth yn awgrymu bod digon o niferoedd i sicrhau parhad y rhywogaeth. Ond os yw grwpiau wedi'u gwahanu oddi wrth ei gilydd, dydyn nhw ddim yn gallu rhyngfridio ac mae pob grŵp yn gweithredu fel poblogaeth ar wahân. Efallai na fydd digon o amrywiaeth enetig ym mhob grŵp i sicrhau poblogaeth iach, gan arwain at eu difodiant. Mae hyn yn digwydd i'r rhinoseros du yn Affrica.

- Colli cynefinoedd, e.e. oherwydd
  - Datgoedwigo
  - Draenio gwlyptiroedd
  - Colli gwrychoedd. Mae gwrychoedd wedi gwahanu caeau ers canrifoedd. Maen nhw'n darparu cynefin i bryfed, safleoedd nythu i adar ac ymlusgiaid, bwyd i lawer o rywogaethau ac amrywiaeth o lefelau golau a dŵr i wahanol blanhigion. Mae gwrychoedd yn gweithredu fel coridorau bywyd gwyllt, gan alluogi ymlusgiaid, adar a mamolion i symud o un ardal i un arall a helpu i gynnal bioamrywiaeth. Mae torri gwrychoedd, yn aml i wneud lle i'r peiriannau amaethyddol mawr sy'n cael eu defnyddio ar gyfer ffermio modern, wedi dinistrio ardaloedd mawr o'r cynefin arbennig hwn. Mae niferoedd llysysyddion ac ysyddion eraill yn gostwng, ac o ganlyniad, bydd gostyngiad ar lefelau troffig uwch.

 Mae trafodaeth am ddatgoedwigo ar t103.

 Mae trafodaeth am ddraenio gwlyptiroedd ar t92.

Cornchwiglen

- Mae ffermwyr yn aml yn hau eu cnydau yn yr hydref yn hytrach na'r gwanwyn, sy'n golygu bod uchder planhigion yn anaddas i'r adar adeiladu eu nythod. Mae hyn wedi arwain at ostyngiad yn niferoedd llawer o adar cyfarwydd, fel yr ehedydd a'r gornchwiglen.

- Gormod o hela gan fodau dynol gan gynnwys:
  - Hela troffi: mae gwledydd sy'n caniatáu hyn, ac yn codi tâl am y fraint, yn honni mai dim ond anifeiliaid sy'n hen neu'n wael sy'n cael eu targedu.
  - Rhai arferion meddygol traddodiadol, fel defnyddio rhannau o gorff teigrod a chyrn rhinoserosod.
  - Y diwydiant cig gwylltir (*bush meat*) lle caiff primatiaid, ymysg eraill, eu lladd ar gyfer bwyd.
  - Gorbysgota.
  - Ecsploetio amaethyddol.

- Cystadleuaeth gan rywogaethau newydd gan gynnwys anifeiliaid domestig a chyflwyno organebau ar ddamwain.
  - Aeth y dodo yn ddiflanedig o ynys Mauritius yn ystod yr 17eg ganrif, oherwydd bod llygod mawr yn cyrraedd ar longau o Ewrop ac yn bwyta wyau'r dodo; yn yr un modd ar Ynysoedd y Galapagos, mae llygod mawr wedi lleihau niferoedd rhywogaethau brodorol, gan ddiraddio'r safle eiconig hwn lle gwnaeth Charles Darwin arsylwadau pwysig.
  - Mae'r cimwch afon arwyddol o Ogledd America wedi meddiannu nentydd ac afonydd yn y Deyrnas Unedig gan gystadlu'n well na'r cimwch afon brodorol, sy'n llai.
  - Mae niferoedd gwiwerod coch yn y Deyrnas Unedig wedi lleihau oherwydd colli cynefinoedd, ac mewn llawer o fannau, mae'r wiwer lwyd o Ogledd America yn cystadlu'n well na nhw.

- Llygredd
  - Mae olew yn cael ei gludo i bob rhan o'r byd mewn tanceri enfawr – mae rhai o'r rhain yn rhy fawr i fynd i mewn i unrhyw borthladd. Mae olew'n cael ei ryddhau i'r môr ar ddamwain, fel pan fydd llongau'n taro'r llawr, e.e. trychineb Torrey Canyon yn y Môr Udd yn 1967; trychineb Exxon Valdez oddi ar arfordir Alaska yn 1989; daeth y gollyngiad petroliwm mwyaf erioed mewn dŵr croyw o long danc Royal Dutch Shell, yr Estrella Pampeana, ym Magdalena, ar arfordir yr Ariannin, yn 1999. Llygrodd hyn yr amgylchedd, gan halogi dŵr yfed a lladd planhigion ac anifeiliaid.

    Mae olew yn arnofio ac yn atal ocsigeniad dŵr arwyneb. Mae anifeiliaid sy'n torri drwy'r arwyneb yn cael eu gorchuddio â haen o olew. Mae adar, er enghraifft, yna'n rhynnu i farwolaeth oherwydd bod eu plu'n clystyru â'i gilydd ac yn methu ag ynysu'r aderyn. Mae olew sy'n cael ei adael ar draethau yn cael ei fwyta gan anifeiliaid sy'n byw ar y traeth, ac yn eu gwenwyno nhw.

  - Deuffenylau polyclorinedig yw *PCBs* (*polychlorinated biphenyls*). Mae'r rhain yn cael eu bwyta gyda bwyd. Gan eu bod nhw'n niwrotocsinau, yn garsinogenau ac yn amharwyr hormonau, rhoddwyd gwaharddiadau cynyddol ar eu defnyddio nhw yn y Deyrnas Unedig rhwng 1981 a 2000. Roeddent yn arfer cael eu cynhyrchu yng Nghasnewydd, De Cymru, tan yr 1970au ac roedd y gwastraff yn cael ei ddympio mewn chwarel i'r gorllewin o Gaerdydd. Maen nhw'n dal i ymddangos mewn dŵr gwastraff o'r safle.

 Mae trafodaeth am orbysgota ar t105.

 Mae trafodaeth am ecsbloetio amaethyddol ar t102.

Mynd ymhellach ▶

Mae Prosiect Gwiwerod Coch Canolbarth Cymru yng Nghoedwig Tywi yn y canolbarth wedi bod yn cefnogi poblogaethau gwiwerod coch ers 2002.

▼ Pwynt astudio

Mae rhywogaethau'n gallu cael eu bygwth neu fynd yn ddiflanedig oherwydd colli cynefin, gormod o hela, cyflwyno rhywogaethau a llygredd.

Cadwraeth

Cadwraeth yw rheoli'r biosffer mewn modd synhwyrol er mwyn cynnal cynefinoedd a gwella bioamrywiaeth, gan ganiatáu gweithgareddau gan fodau dynol. Mae'n cynnal amrywiaeth enetig, yn y gwyllt ac mewn caethiwed. Rydym ni'n cyflawni cadwraeth mewn amryw o ffyrdd, ar lefelau lleol, cenedlaethol a rhyngwladol:

- Mae gwarchod cynefinoedd yn gwarchod y rhywogaethau sy'n byw yno ac mae cymunedau'n gweithredu fel cronfeydd genynnau byw. Mae gwarchodfeydd natur lleol yn gallu cael dynodiad swyddogol, weithiau os ydyn nhw mor fach â rhai hectarau hyd yn oed. Mae gennym ni warchodfeydd natur mwy, cenedlaethol, fel arfordir Gŵyr, Ardaloedd Cadwraeth Arbennig (*SACs: special areas of conservation*), Safleoedd o Ddiddordeb Gwyddonol Arbennig (*SSSIs: sites of special scientific interest*) fel Cors Brycheiniog yn Sir Gaerfyrddin a safleoedd eraill. Mae gan y rhain wahanol lefelau o amddiffyniad cyfreithiol ac mae wardeiniaid yn rheoli a monitro rhai ohonynt.

- Cydweithredu rhyngwladol i gyfyngu ar fasnach mewn e.e. ifori a hela morfilod. Mae cyfraith ryngwladol yn caniatáu i rai gwledydd 'hela morfilod yn wyddonol', ond mae llawer o'r farn bod y term 'gwyddonol' yn anonest ac yn trefnu ymdrechion i atal hyn rhag digwydd.

- Cronfeydd genynnol:

  - Mae rhywogaethau mewn perygl yn cael eu gwarchod a'u rhoi mewn rhaglenni bridio mewn sŵau a gerddi botanegol arbenigol. Mae pobl yn hoff iawn o'r panda ac mae ymdrechion sŵau i'w perswadio nhw i fridio, e.e. yn Sw Caeredin, yn cael llawer o sylw yn y cyfryngau. Mae'r sw yn cadw cofnodion cyplu er mwyn cynyddu amrywiaeth enetig drwy ddewis rhieni'n fwriadol.

Tian Tian yn cysgu yn ei chartref yn Sw Caeredin

  - Rydym ni'n defnyddio banciau sberm i storio genynnau anifeiliaid o bwys economaidd a rhywogaethau dan fygythiad. Yn hytrach na symud anifeiliaid, gallwn ni anfon samplau sberm o gwmpas y byd i'w defnyddio mewn rhaglenni bridio mewn sŵau eraill.

  - Mae banciau hadau'n cadw stociau o hadau amrywiaethau traddodiadol a rhywogaethau bregus, mewn amodau sydd wedi'u rheoli'n gaeth, yn aml mewn nitrogen hylifol. Er ein bod ni wedi llwyddo i dyfu planhigyn o hedyn palmwydd Jwdea 2000 o flynyddoedd oed, mae hadau'n diraddio dros amser. Felly o bryd i'w gilydd, rydym ni'n dadmer y samplau ac yn eu hegino nhw. Mae planhigion sy'n tyfu ohonynt yn atgenhedlu ac rydym ni'n casglu cenhedlaeth arall o hadau. Mae cronfeydd hadau mewn rhai gwledydd yn cael eu hamddiffyn yn ofalus iawn oherwydd maen nhw'n cael eu hystyried yn ffynhonnell fwyd bosibl pe bai'r amgylchedd yn cael ei ddiraddio mewn modd trychinebus.

  - Mae cymdeithasau bridiau prin yn cadw amrywiaethau hŷn, llai masnachol am eu nodweddion arbennig, e.e. gwydnwch, cynhyrchu gwlân.

  - Ailgyflwyno rhywogaethau: mae'r barcut coch yng nghanolbarth Cymru, y frân goesgoch yng Nghernyw, yr orycs Arabaidd yn Israel a Gwlad Iorddonen, y condor mawr yng Nghaliffornia a'r ceffyl Przewalski ym Mongolia i gyd wedi bod yn agos iawn at ddifodiant. Ar ôl rhaglenni bridio llwyddiannus, maen nhw wedi cael eu hailgyflwyno i'w cynefinoedd blaenorol.

Mae defaid Ynysoedd Heledd yn cael eu cynnal a'u gwarchod gan Gymdeithas Defaid Ynysoedd Heledd.

Ceffyl ac ebol Przewalski

- Addysg:
  - Mae sefydliadau byd-eang, fel y Gronfa Natur Fyd-eang, yn cynnal ymgyrchoedd i hybu ymwybyddiaeth gyhoeddus.
  - Yn y Deyrnas Unedig, mae yna sawl corff llywodraethol sy'n hybu cadwraeth natur, sef Cyfoeth Naturiol Cymru, Natural England, Northern Ireland Environment Agency a Scottish Natural Heritage. Mae'r cyrff hyn yn cynghori'r llywodraethau ac yn cynghori grwpiau y mae eu gweithgareddau'n effeithio ar fywyd gwyllt a'u cynefinoedd. Maen nhw'n cynhyrchu cyhoeddiadau, yn cynnig cynlluniau rheoli ecosystemau ac yn sefydlu gwarchodfeydd natur; mae ganddyn nhw hefyd swyddogaethau statudol eraill.
- Deddfwriaeth: mae Cyfarwyddeb Cynefinoedd yr UE wedi rhoi ystod o fesurau ar waith i warchod cynefinoedd a gwella bioamrywiaeth ledled Ewrop, gan atal gorbori, gorbysgota, hela, casglu wyau adar, pigo blodau gwyllt a chasglu planhigion.
- Mae **ecodwristiaeth** yn cydnabod bod gormod o deithio yn niweidio'r blaned a chynefinoedd penodol. Ei nod yw:
  - Cyfrannu at ymdrechion cadwraeth.
  - Cyflogi pobl leol a rhoi arian yn ôl i gymunedau lleol.
  - Addysgu ymwelwyr am yr amgylchedd a'r diwylliant lleol.
  - Cydweithredu â phobl leol i reoli ardaloedd naturiol.

Pam cadwraeth?

Mae rhai ecosystemau'n wynebu mwy o risg ac, o ganlyniad, mae'r rhywogaethau sydd ynddynt yn agored i niwed. Mae'r riffiau cwrel a choedwigoedd glaw trofannol yn bryder arbennig, gan fod eu cymunedau mor fawr a chymhleth. Mae cadwraeth rhywogaethau'n sicrhau ein bod ni'n cadw cyfansymiau genynnol. Gallai'r genynnau sydd ynddynt fod yn ddefnyddiol i'r rhywogaeth ei hun ac i genedlaethau o fodau dynol yn y dyfodol. Mae'r rhesymau am gadwraeth rhywogaethau yn cynnwys:

- Rhesymau moesegol: mae pob rhywogaeth yn cynrychioli cyfuniad penodol o enynnau ac alelau sydd wedi addasu i amgylchedd penodol, ac rydym ni'n ystyried bod gwerth cynhenid i'r ffaith bod pob un yn unigryw.
- Amaethyddiaeth a garddwriaeth: mae'r planhigion a'r anifeiliaid sy'n cael eu defnyddio mewn amaethyddiaeth a garddwriaeth wedi eu datblygu o rai a oedd yn bodoli yn y gwyllt yn wreiddiol. Mae bridio detholus yn cynyddu unffurfiaeth enetig, gan golli alelau mwy prin. Yn y gorffennol, mae'n bosibl bod bridwyr wedi diystyru rhai nodweddion pwysig, fel y gallu i wrthsefyll oerfel neu glefyd. Mae angen bridio'r rhain yn ôl i mewn i'r amrywiaethau sydd wedi'u datblygu, gan ddefnyddio'r planhigion a'r anifeiliaid gwyllt fel cronfa genynnau. Efallai na fydd hynny'n bosibl mwyach os yw cynefinoedd a'r bywyd gwyllt sy'n byw ynddyn nhw dan fygythiad.
- Os yw'r amgylchedd yn newid, bydd rhai alelau'n rhoi mantais i'r unigolion sy'n eu cludo nhw, a bydd yr unigolion hynny'n cael eu dethol, gan atal difodiant y rhywogaeth.
- Posibilrwydd o'u defnyddio nhw ym maes meddygaeth: mae'r gwrthfiotigau rydym ni'n eu defnyddio yn deillio'n bennaf o ffyngau, ond planhigion sy'n syntheseiddio llawer o'n cyffuriau meddyginiaethol eraill. Un enghraifft hanesyddol yw cwinin. Ers yr 16eg ganrif, mae wedi cael ei echdynnu o risgl *Cinchona*, coeden yng nghoedwig law'r Amazon, i drin malaria.

Mae rhesymeg yn dweud bod yna rai cyffuriau posibl sydd heb eu darganfod eto ac a allai fod yn aruthrol o werthfawr. Gallai difodiant unrhyw rywogaeth blanhigol cyn i ni ymchwilio i'w phriodweddau cemegol fod yn golled aruthrol. Felly, mae'n rhaid i ni warchod cynefinoedd er mwyn gallu adnabod planhigion sy'n gwneud cyffuriau defnyddiol, cyn iddyn nhw fynd yn ddiflanedig.

Cinchona

Term Allweddol

Ecodwristiaeth: Teithio'n gyfrifol i ardaloedd naturiol mewn ffordd sy'n gofalu am yr amgylchedd ac yn gwella lles pobl leol.

▼ Pwynt astudio

Mae dulliau cadwraeth yn cynnwys gwarchod cynefinoedd, cyfyngu ar fasnach, defnyddio cronfeydd genynnau, ailgyflwyno rhywogaethau, addysg, deddfwriaeth ac ecodwristiaeth.

▼ Pwynt astudio

Mae cadwraeth rhywogaethau yn bwysig am resymau moesegol, ar gyfer amaethyddiaeth a garddwriaeth, ar gyfer cynhyrchion meddygol posibl, ac ar gyfer alelau penodol sy'n ddefnyddiol wrth fridio planhigion. Gallai hefyd achub rhywogaethau rhag difodiant mewn amgylchedd sy'n newid.

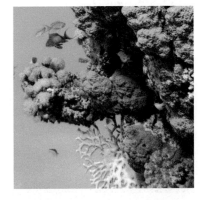

Riff cwrel

Coedwig law drofannol yn Seland Newydd

DYLECH CHI WYBOD ›››

››› Sut mae arferion ffermio yn diraddio tir amaethyddol

››› Y rhesymau dros ddatgoedwigo

››› Canlyniadau datgoedwigo

››› Sut rydym ni'n rheoli coedwigoedd i gynnal bioamrywiaeth

Term Allweddol

Ungnwd: Tyfu niferoedd mawr o blanhigion cnwd genetig unfath mewn ardal benodol.

▼ Pwynt astudio

Mae ffermio wedi lleihau bioamrywiaeth drwy gael gwared ar wrychoedd, defnyddio proses ungnwd, tyfu'r un cnwd dro ar ôl tro a gorbori gan wartheg.

Ecsploetio amaethyddol

Mae amaethyddiaeth yn hanfodol i gynhyrchu digon o fwyd o safon uchel i fwydo'r boblogaeth ddynol sy'n cynyddu. Mae'r ffordd rydym ni'n defnyddio tir amaethyddol, fodd bynnag, yn aml yn gwrthdaro â chynnal cynefinoedd a bioamrywiaeth. Rhaid i ni gydbwyso'r ffactorau gwrthwynebol hyn.

Mae effeithlonrwydd a dwysedd dulliau cynhyrchu bwyd yn cael eu cynyddu'n gyson i ateb y galw am fwyd. Ar ôl yr Ail Ryfel Byd, cafodd mwy o dir ei drin, cafodd mwy o wrteithiau a phlaleiddiaid eu defnyddio ac aeth ffermydd yn fwy mecanyddol. Mae'r newidiadau hyn wedi cynyddu dros y 70 mlynedd diwethaf ac maen nhw'n achosi nifer o oblygiadau amgylcheddol:

- Cafodd llawer o wrychoedd eu tynnu i wneud caeau mwy i alluogi'r peiriannau i baratoi'r pridd a chynaeafu cnydau.

- Mae'r caeau mawr yn cael eu defnyddio ar gyfer **ungnwd**, lle mae cnydau unigol, e.e. gwenith neu haidd, yn cael eu tyfu dros ardal fawr. Gyda chnydau cymysg roedd llawer o wahanol ficrogynefinoedd a chymaint o wahanol blanhigion ac, felly, roedd llawer o wahanol anifeiliaid yn gallu byw yno. Dim ond un cynefin sydd mewn ungnwd felly mae'n lleihau amrywiaeth rhywogaethau.

Medi gwenith â dyrnwr   Gwenith yn tyfu mewn ungnwd

- Os caiff yr un cnwd ei dyfu ar yr un llain flwyddyn ar ôl blwyddyn, bydd y cynnyrch yn lleihau'n raddol oherwydd:
  - Mae'r gwreiddiau yr un hyd bob amser felly maen nhw'n echdynnu'r un mwynau o'r un dyfnder yn y pridd. Mae trin tir yn ddwys, felly, wedi achosi cynnydd enfawr o ran defnyddio gwrteithiau anorganig.
  - Mae'r un rhywogaeth bob amser yn agored i niwed gan yr un plâu, ac mae niferoedd y rhain yn cynyddu felly caiff mwy o bryfleiddiaid, chwynladdwyr a ffwngleiddiaid eu defnyddio.

- Mae gorbori gan wartheg yn achosi i laswelltir fynd yn anghynaliadwy. Mae eu carnau'n cywasgu'r pridd, gan yrru'r aer allan ac atal dŵr rhag draenio drwodd. Dydy gwreiddiau ddim yn gallu treiddio i'r pridd felly dydy glaswellt ddim yn gallu tyfu i'r gwartheg ei bori.

Yn y blynyddoedd diwethaf, mae safbwyntiau'r llywodraeth, ffermwyr a defnyddwyr wedi newid. Mae pobl yn gwerthfawrogi cefn gwlad yn llawer mwy, nid yn unig gan ei fod yn ffynhonnell fwyd, ond gan ei fod hefyd yn rhoi cynefin i blanhigion ac anifeiliaid, a mannau i ymweld â nhw i fwynhau.

Mae cynlluniau ar waith gan yr UE (Undeb Ewropeaidd) a gwledydd unigol i annog ffermwyr i reoli eu ffermydd er mwyn bioamrywiaeth. Caiff rhyfaint o dir ei neilltuo ar gyfer cadwraeth a bydd y ffermwyr yn cael cymorthdaliadau, h.y. arian, i'w digolledu nhw am y gostyngiad i'w hincwm o ganlyniad i gynhyrchu llai o gnydau.

Datgoedwigo

Rhesymau dros ddatgoedwigo

Mae datgoedwigo yn gyffredin oherwydd mae llawer o bren yn cael ei ddefnyddio fel defnydd adeiladu ac fel tanwydd, yn ogystal ag i ddarparu papur a defnyddiau pecynnu. Mae tir hefyd yn cael ei glirio ar gyfer ffermio, yn aml i gynhyrchu biodanwyddau neu i gael ei bori gan wartheg yn y diwydiant cig. Efallai y caiff rhai coed gwerthfawr, fel tîc a mahogani, eu targedu, ac mae torri'r rhain a'u symud nhw oddi yno yn niweidio llawer o rai eraill yn y broses. Rydym ni'n adeiladu ffyrdd newydd i roi isadeiledd trafnidiaeth i'r gweithgareddau hyn, sy'n cyfrannu at golli gorchudd coedwigoedd.

Canlyniadau datgoedwigo

- **Erydu'r pridd**: mae gwreiddiau coed yn dal pridd at ei gilydd. Mae datgoedwigo ar lethrau uwch dyffrynnoedd yn caniatáu i law trwm ysgubo uwchbridd noeth i lawr i'r gorlifdir islaw. Uwchbridd yw'r pridd ffrwythlon a dydy'r pridd sydd ar ôl ddim yn addas i dyfu cnydau.

- Mae datgoedwigo uwchdiroedd yn achosi llifogydd ar dir isel.

- Dan amodau normal, ar y llethrau is, mae planhigion, hwmws a dail marw yn gweithredu fel sbwng, gan amsugno glaw trwm, ac mae'r dŵr yn cael ei ryddhau i'r pridd yn raddol. Mae coed yn trydarthu ac yn dychwelyd dŵr i'r atmosffer. Ar ôl datgoedwigo, does dim planhigion ac mae dŵr yn anweddu o'r pridd. Mae hyn yn gostwng ansawdd y pridd:

  - Mae anweddiad yn dychwelyd anwedd dŵr i'r atmosffer yn arafach na thrydarthiad, felly mae pridd ar dir wedi'i ddatgoedwigo'n mynd yn wlypach. Mae dŵr yn llenwi bylchau aer y pridd felly mae llai o ocsigen ar gael i'r gwreiddiau.

  - Mae'n cymryd mwy o amser i bridd gwlyb gynhesu na phridd sych, felly mae'r priddoedd hyn hefyd yn oer. Mae hyn yn lleihau eginiad a gweithgareddau gwreiddiau.

  - Mae pridd oer, llaith yn ffafriol i dwf bacteria dadnitreiddio, ac felly mae'r pridd yn colli ei ffrwythlondeb.

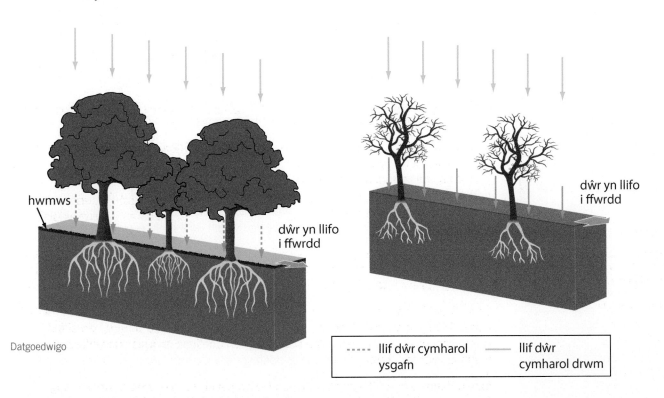

hwmws

dŵr yn llifo i ffwrdd

dŵr yn llifo i ffwrdd

Datgoedwigo

----- llif dŵr cymharol ysgafn   —— llif dŵr cymharol drwm

- Llai o lawiad: dim ond drwy anweddu o'r pridd mae dŵr yn dychwelyd i'r atmosffer, nid drwy drydarthiad, ac mae anweddiad yn araf. Mae hyn yn cyflymu diffeithdiro.

Coed y pellter cywir oddi wrth ei gilydd

- Colli cynefinoedd a lleihau bioamrywiaeth: rydym ni'n amcangyfrif bod o leiaf 50% o rywogaethau'r Ddaear yn byw yn y coedwigoedd glaw trofannol, er mai dim ond tua 10% o arwynebedd tir y Ddaear mae'r rhain yn ei orchuddio. Gallai dinistrio cynefinoedd naturiol fel y rhain arwain at golli rhai rhywogaethau trofannol. Gallai'r rhain fynd yn ddiflanedig cyn i ni ymchwilio i'w priodweddau clinigol. Rydym ni'n amcangyfrif bod datgoedwigo coedwigoedd glaw trofannol yn achosi difodiant tua 25 o rywogaethau planhigion ac anifeiliaid bob dydd.

- Effeithiau ar yr atmosffer: wrth i ni dorri coed sy'n cyflawni ffotosynthesis, mae llai o garbon deuocsid yn cael ei dynnu o'r atmosffer gan ffotosynthesis. Mae rhai o'r coed sydd wedi'u torri yn cael eu llosgi neu eu gadael i bydru, sy'n rhyddhau carbon deuocsid i'r atmosffer.

Rheoli coedwigoedd

Un dull traddodiadol o ddefnyddio coedwig, ers y cyfnod Neolithig, yw 'torri a llosgi'. Mae darn bach o goedwig yn cael ei dorri a'i losgi. Mae pobl yn tyfu cnydau ar dir sydd wedi'i ffrwythloni â lludw'r coed sydd wedi'u llosgi. Pan nad yw'r pridd yn ffrwythlon mwyach, mae pobl yn gadael ac mae'r ardal yn adfywio. Mae hyn yn gynaliadwy ar raddfa fach ond nid ar raddfa fawr fel mae'n digwydd mewn coedwigoedd glaw heddiw, e.e. ym Mrasil. Yn ogystal â darparu tir i dyfu bwyd, rydym ni wedi defnyddio coetiroedd a choedwigoedd fel ffynhonnell bren ers miloedd o flynyddoedd. Drwy eu rheoli nhw'n ofalus, gallwn ni ddefnyddio'r adnodd hwn heb ddinistrio'r ecosystem. Mae rheoli coedwigoedd yn ymwneud ag ailblannu ac atgynhyrchu cynaliadwy.

Coed poplys wedi'u prysgoedio

Ym Mhrydain, rydym ni wedi defnyddio **prysgoedio** ers miloedd o flynyddoedd. Mae boncyff yn cael ei dorri, gan adael 'stôl' rai centimetrau o uchder. Mae cyffion newydd yn tyfu o flagur yn y stôl ac yn tyfu'n bolion, sy'n tewychu dros y blynyddoedd. Gallwn ni dorri'r polion ar gylchdro i gynhyrchu pren o wahanol led. Mae planhigion wedi'u prysgoedio'n gallu adfywio dros gyfnodau hir. Mae **amser cylchdro hir** yn cynyddu cynaliadwyedd drwy adael llawer o flynyddoedd rhwng cynaeafu darnau cyfagos o goedwig ac mae amrywiaeth o gynefinoedd yn datblygu, sy'n ffafrio bywyd gwyllt amrywiol.

Yn hytrach na thorri pob coeden mewn ardal ar yr un pryd, gallwn ni ddefnyddio **torri detholus**. Mae'r dechneg hon yn werthfawr ar lethrau serth lle byddai torri'r coed i gyd yn gadael y pridd yn agored iawn i erydiad. Mae torri detholus hefyd yn helpu i gynnal maetholion ym mhridd y goedwig ac yn golygu y caiff llai o bridd ei olchi i mewn i ddyfrffyrdd cyfagos.

Gydag arferion coedwigaeth da, gallwn ni ddefnyddio tir yn effeithlon:

- Plannu coed y pellter optimwm oddi wrth ei gilydd. Os ydyn nhw'n rhy agos, mae cystadleuaeth fewnrhywogaethol yn digwydd ac mae'r coed yn tyfu'n dal ac yn denau, sy'n rhoi pren o ansawdd gwael.

- Rheoli plâu a chlefydau fel bod y coed yn tyfu'n dda, gan roi pren o safon uchel. Mae angen torri llai o goed a chaiff y tir ei ddefnyddio yn y ffordd orau bosibl, gan leihau cyfanswm yr arwynebedd sydd ei angen.

- Drwy dorri niferoedd tebyg o goed bob blwyddyn am gyfnodau hir, gallwn ni gynnal ecosystem y goedwig. Mae'r cynefinoedd yn aros yr un fath ac mae rhywogaethau'n gallu byw yn y goedwig er bod coed yn cael eu torri.

Cadw coetiroedd brodorol

Mewn cyfnod cynhanesyddol, roedd y rhan fwyaf o'r Deyrnas Unedig wedi'i gorchuddio â choetir. Mae cofnodion Domesday yn dangos bod tua 15% o'r Deyrnas Unedig yn goetir yn yr 11eg ganrif. Erbyn diwedd y 19eg ganrif, roedd hyn wedi gostwng i lai na 5%. Ers hynny, rydym ni wedi cymryd camau i gynyddu gorchudd coedwigoedd; erbyn 2015, roedd y Comisiwn Coedwigaeth yn dweud bod 15% o Gymru yn goedwig, sy'n uwch na chyfartaledd y Deyrnas Unedig, sef 13%. Fodd bynnag, dim ond 1% sy'n goetir naturiol neu frodorol. Mae'n hanfodol ein bod ni'n cadw'r coetiroedd brodorol hyn i gynnal a gwella bioamrywiaeth. Mae angen plannu mwy o rywogaethau brodorol i ddarparu amrywiaeth eang o gynefinoedd i'r amrywiaeth mawr o rywogaethau sy'n byw yno.

Mae'r profiad yn Sri Lanka yn dangos pam mae ailblannu coed brodorol mor bwysig. Roedd y llywodraeth yn poeni am ddisbyddu coedwigoedd ac felly, yn 1985, cafodd llawer o goed ewcalyptws eu plannu, sy'n frodorol i Awstralia gan mwyaf. Mae eu gwreiddiau bas yn amsugno dŵr yn effeithlon iawn. Gostyngodd cynnwys dŵr a chynnwys hwmws y pridd, felly gostyngodd bioamrywiaeth hefyd. Nawr mae'r coed ewcalyptws yn cael eu torri.

Gorbysgota

Mae'r cynnydd dramatig yn nwysedd ac effeithlonrwydd dulliau pysgota masnachol wedi achosi **gorbysgota** mewn llawer o rannau o'r byd. Mae'r Grand Banks, darn o fôr oddi ar arfordir gogledd-ddwyrain Canada, yn enghraifft. Roedd y Grand Banks yn un o'r ardaloedd pysgota mwyaf cynhyrchiol yn y byd. Yn y 15fed ganrif, yn ôl y sôn, roedd niferoedd enfawr y penfras yno'n atal llongau rhag symud drwy'r dŵr. Ers diwedd yr 1950au, fodd bynnag, cafodd cyfarpar newydd, fel treill-longau, a thechnoleg newydd, fel radar, eu defnyddio. Cafodd cymaint o bysgod eu dal nes bod poblogaeth y penfras wedi gostwng yn gyflym iawn. I'w hatal nhw rhag diflannu'n llwyr, yn 1992, ar ôl 500 mlynedd, caeodd llywodraeth Canada'r ardal i bysgota.

Mae rhwydi â rhwyll fach iawn yn dal pysgod ifanc cyn iddynt aeddfedu'n rhywiol. Mae hyn yn golygu, wrth i amser fynd heibio, bod llai o unigolion ar ôl i atgenhedlu a bod maint y boblogaeth yn lleihau. Mae'n gallu bod yn anoddach i'r pysgod sydd ar ôl ddod o hyd i gymar a gan fod nifer llai yn atgenhedlu, bydd amrywiaeth enetig y boblogaeth yn lleihau. Mae pysgota masnachol yn defnyddio:

- Rhwydi drifft: mae pysgod cefnforol (*pelagic*) yn byw mewn dyfroedd arwyneb. Maen nhw'n nofio i mewn i rwyd, sy'n hongian oddi ar fflotiau ac wedi'i hymestyn rhwng dau gwch. Ond gyda miloedd o filltiroedd o rwydi, mae rhywogaethau heblaw'r targed, e.e. dolffiniaid a chrwbanod môr, yn cael eu dal.

- Treillio: mae pysgod sy'n byw'n ddyfnach yn y dŵr, yr ymborthwyr canol a gwaelod, yn cael eu dal gan rwyd fawr sy'n cael ei llusgo drwy'r dŵr gan ddal beth bynnag sy'n nofio i mewn iddi. Mae cyfarpar treillio wedi difrodi gwely'r môr, gan ddinistrio cynefinoedd molysgiaid fel cregyn bylchog, ac organebau eraill, gan beryglu eu poblogaethau.

Cwch pysgota masnachol

Effeithiau gorbysgota ar fywyd gwyllt arall

Mae gorbysgota rhywogaeth benodol yn achosi goblygiadau i weddill y gadwyn fwyd. Er enghraifft:

- Pan mae treillongau'n lledaenu eu rhwydi, maen nhw'n dal pysgod o'r enw brwyniaid bach. Dydy pobl ddim yn bwyta'r rhain ond maen nhw'n rhywogaeth ysglyfaeth bwysig i'r penfras, felly mae eu tynnu nhw o'r môr wedi cyfrannu at y gostyngiad mewn stociau penfras.

Cril yr Antarctig

- Ers yr 1980au mae chwe gwlad, gan gynnwys Japan a Rwsia, wedi cynaeafu cril yr Antarctig. Mae'r berdys hyn â hyd o 50 mm yn ffurfio heidiau enfawr sy'n mesur llawer o filltiroedd o un pen i'r llall. Maen nhw'n ysyddion cynradd sy'n bwyta ffytoplancton. Cril yw prif ffynhonnell fwyd morfilod, ac maen nhw hefyd yn rhan o ddeiet morloi, pengwiniaid, ystifflogod (*squid*) a physgod. Mae gorecsploetio morfilod eisoes wedi tarfu ar y cydbwysedd ecolegol yn yr Antarctig; bydd pysgota cril yn drwm yn cael effaith ddrwg ar weddill y we fwydydd, gan gynnwys y morfilod sydd ar ôl.

Mae lleihau poblogaethau pysgod drwy orbysgota hefyd yn peryglu bywoliaeth pysgotwyr. Mae angen taro cydbwysedd gofalus rhwng dal digon o bysgod i wneud bywoliaeth a sicrhau bod digon o bysgod yn dal i fridio i adnewyddu'r stociau.

Dulliau o reoleiddio pysgota a chaniatáu i stociau sy'n bridio i gynyddu'n ôl i'w niferoedd blaenorol

- Rhaid i faint rhwyll y rhwydi fod yn ddigon mawr i bysgod ifanc allu nofio drwodd a goroesi. Mae deddfwriaeth i ategu hyn sy'n atal gwerthu pysgod o dan faint penodol.
- Gallwn ni osod cwotâu fel mai dim ond màs penodol o bysgod sy'n cael dod ar y tir. Mae'n ymddangos, fodd bynnag, bod mwy o bysgod yn cael eu dal nag mae'r cwotâu'n ei ganiatáu a bod y rhain yn cael eu taflu'n ôl, yn farw, i'r môr. Mae'r 'gwarediadau' hyn wedi'u cydnabod fel problem, ac mae'r Undeb Ewropeaidd yn cyflwyno deddfwriaeth i'w gwneud nhw'n anghyfreithlon.
- Mae parthau eithrio yn gwahardd pysgota mewn mannau penodol ar adegau penodol o'r flwyddyn, i ganiatáu i'r pysgod atgenhedlu. Gallwn ni ddefnyddio technoleg lloeren i fonitro safle treillongau pysgota a rhoi dirwyon am beidio â chydymffurfio. Ym mis Hydref 2015, er enghraifft, gwaharddodd yr Undeb Ewropeaidd bysgota penfras am 12 wythnos mewn rhai mannau pysgota ym Môr y Gogledd, yn ystod y cyfnod silio (*spawning*) hollbwysig.
- Mae defnyddwyr yn gallu dewis bwyta pysgod sydd wedi'u hardystio gan y Cyngor Stiwardio Morol, sy'n sicrhau bod pysgod yn cael eu cymryd o ffynonellau cynaliadwy.
- Deddfwriaeth i reoli maint fflydoedd (*fleets*) pysgota.
- Deddfwriaeth i reoli nifer y dyddiau mae pysgotwyr yn eu treulio ar y môr.
- Mae'n bosibl y gallai ffermio pysgod leihau gorbysgota.

Ffermio pysgod

Yn y Deyrnas Unedig, brithyll ac eog yw'r ddau bysgodyn sy'n cael eu ffermio'n fwyaf cyffredin. Gallwn ni eu bridio a'u tyfu nhw mewn pyllau, llynnoedd a llociau wedi'u rheoli mewn morydau nes eu bod nhw'n aeddfed, gan gyfyngu ar ysglyfaethu a chynnal cyflenwadau bwyd. I bysgod sy'n bwyta plancton, gallwn ni gynyddu twf ffytoplancton drwy ychwanegu gwrteithiau artiffisial at y dŵr. Mae pysgod yn tyfu'n gyflym wrth gael eu magu yn y dyfroedd cynnes sy'n cael eu rhyddhau o ffatrïoedd. Weithiau, byddwn ni'n bridio pysgod mewn pod, dyfais fawr y gallwn ni ei llywio a'i symud o gwmpas, gan ddibynnu ar brif geryntau'r môr, tymheredd lleol y dŵr a ffactorau anfiotig eraill.

Mae manteision i fagu pysgod yn hytrach na chig moch, dofednod (*poultry*) a chig eidion:

- Mae pysgod yn trawsnewid eu bwyd yn brotein yn fwy effeithlon
- Mae cyfran fwy o gyrff pysgod yn fwytadwy
- Mae gan ffermio pysgod ôl troed carbon llai.

Ffermio pysgod mewn llyn

Fferm bysgod yn Ne Ddwyrain Asia

Fodd bynnag, mae ffermio pysgod yn achosi llawer o broblemau:

- Pysgod â chlefydau: mae eogiaid fferm yn aml yn cael eu stocio'n ddwys iawn, felly maen nhw'n trosglwyddo clefydau'n hawdd. Mae angen dosiau enfawr o wrthfiotigau i'w cadw nhw'n gymedrol iach. Mae'r plaleiddiaid sy'n cael eu defnyddio i reoli parasitiaid pysgod, fel llau pysgod, hefyd yn niweidio infertebratau morol, yn enwedig molysgiaid.
- Llygredd: mae'n bosibl y bydd ffermio pysgod yn tarfu ar gydbwysedd ecolegol y dyfrffyrdd. Er enghraifft, mae ewtroffigedd yn gallu digwydd pan gaiff ysgarthion pysgod, gwastraff bwyd a gwrtaith eu cludo i'r dŵr o gwmpas y llociau magu.
- Pysgod wedi dianc: mae pysgod fferm wedi'u dethol i dyfu'n gyflym iawn. Os ydyn nhw'n dianc, maen nhw'n cystadlu'n well na physgod gwyllt am fwyd, cynefin a chymheiriaid. Maen nhw hefyd yn trosglwyddo parasitiaid a heintiau eraill. Mae pysgod sy'n dianc o ffermydd yn rhyngfridio â physgod gwyllt ac yn sefydlu cytrefi sy'n tyfu'n gyflym ac sy'n gallu gwthio pysgod gwyllt at ddifodiant.
- Defnyddio adnoddau: mae eog sy'n cael ei ffermio, yn gigysydd, ac mae'n bwyta teirgwaith pwysau ei gorff ei hun mewn bwyd pysgod, sydd wedi'i wneud o bysgod eraill. Mae hon yn ffordd wael o ddefnyddio adnoddau o safbwynt amgylcheddol.
- Mae tocsinau amgylcheddol, e.e. methyl mercwri, *PCBs*, deuocsinau a phlaleiddiaid, yn fwy crynodedig mewn eog fferm nag mewn eog gwyllt, er bod y crynodiadau mor fach nes bod bwyta pysgod yn dal i fod yn beth iach i'w wneud.
- Diraddio amgylcheddol: mae'r diwydiant berdys, yn arbennig, wedi cael bai am halwyno pridd a dŵr daear a dinistrio'r mangrofau sydd fel arfer yn amddiffyn cymunedau arfordirol rhag stormydd trofannol.

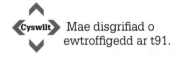
Cyswllt Mae disgrifiad o ewtroffigedd ar t91.

▼ Pwynt astudio

Mae ffermio pysgod yn achosi llawer o broblemau amgylcheddol: pysgod â chlefydau, llygredd, pysgod yn dianc, defnyddio adnoddau a thocsinau amgylcheddol.

Cynaliadwyedd a gwneud penderfyniadau

Mae monitro amgylcheddol yn disgrifio ansawdd yr amgylchedd. Mae'n canfod y statws presennol a drwy ei wneud yn aml, gallwn ni ddefnyddio patrwm y data i ganfod tueddiadau a gwneud rhagfynegiadau.

- Monitro ansawdd aer: rydym ni'n mesur crynodiad llygryddion yn yr aer oherwydd yr effeithiau ar iechyd sy'n gysylltiedig â dod i gysylltiad â nhw. Mae llygredd aer yn cael ei gludo gan y gwynt, felly rhaid i ni ystyried hyn wrth ganfod ffynonellau llygredd.

- Mae monitro pridd yn edrych ar adeiledd a dwysedd pridd, ei allu i ddal a draenio dŵr, pH, gronynnau organig, mwydod/pryfed genwair ac organebau eraill, drwy fesur gweithgarwch ensymau a chyfradd resbiradu.

- Mae monitro ansawdd dŵr yn edrych ar lawer o agweddau ar ddŵr gan gynnwys:
  - Cemegol: yn y 30 mlynedd diwethaf mae glaw asid a nwyon tŷ gwydr wedi golygu bod monitro dŵr yn hanfodol oherwydd eu potensial i achosi niwed. Ers yr 1960au, mae crynodiad 'oestrogenau amgylcheddol' mewn cyflenwadau dŵr wedi cynyddu, o ganlyniad i ddefnyddio pils atal cenhedlu a defnyddiau sy'n cael eu defnyddio mewn diwydiant. Maen nhw'n gwneud rhai organebau dyfrol yn fwy benywaidd ac rydym ni'n amau bod hyn yn gallu dylanwadu ar fodau dynol hefyd, o ran datblygiad embryonau ac amseriad y glasoed.
  - Biolegol: mae llawer o anifeiliaid yn gweithredu fel rhywogaethau dangosol ar gyfer ansawdd dŵr, e.e. mae brithyll brown mewn afonydd yn dynodi dŵr o ansawdd da. Roedd y gostyngiad serth ym mhoblogaeth eogiaid yn un o ddangosyddion cynnar glaw asid. Mae mwsoglau'n gallu dynodi crynodiadau uchel o fetelau trwm. Rydym ni'n defnyddio llyswennod (*eels*) i astudio cemegion organig halogenaidd, sy'n cronni yn eu braster.
  - Microbiolegol: rydym ni'n monitro bacteria a firysau, yn enwedig mewn dŵr yfed neu ddŵr sy'n cael ei ddefnyddio ar gyfer chwaraeon. Dydy llawer o weithfeydd trin carthion ddim yn diheintio'r dŵr maen nhw'n ei ryddhau. Felly gallai'r dŵr sy'n mynd i afon edrych yn lân, er ei fod yn cynnwys llawer iawn o facteria. Bacteria 'coliform' diberygl fydd y rhan fwyaf o'r rhain ond os yw cyfrifon *E. coli* neu golifform yn uchel, caiff y dŵr ei brofi am bathogenau penodol eraill a'i drin.

Asesiadau o effaith amgylcheddol

Mae dadansoddiadau ystadegol o ddata monitro amgylcheddol, gan becynnau meddalwedd pwrpasol, yn golygu bod y data rydym ni'n ei gasglu'n gallu cyfrannu at asesiadau o effaith amgylcheddol. Dogfennau yw'r rhain sy'n ceisio rhagfynegi effeithiau amgylcheddol prosiect arfaethedig os yw'r gweithgareddau'n creu risg o niweidio'r amgylchedd, e.e. adeiladu ffordd. Yn yr Undeb Ewropeaidd, cafodd asesiadau o effaith amgylcheddol eu cyflwyno yn 1985. Dyma rai o'r pynciau maen nhw'n rhoi sylw iddynt:

- Disgrifiad o'r prosiect a'r safle.
- Dewisiadau eraill sydd wedi'u hystyried, e.e. a yw gorsaf drydan sy'n llosgi biomas yn defnyddio tanwydd lleol ai peidio.
- Disgrifiad o'r amgylchedd, e.e. poblogaethau, anifeiliaid, planhigion, aer, pridd, dŵr, defnydd bodau dynol o'r amgylchedd, tirwedd a threftadaeth ddiwylliannol. Mae sefydliadau â gwybodaeth leol bwysig, fel yr RSPB, yn cyfrannu at hyn.
- Disgrifiad o effeithiau arwyddocaol ar yr amgylchedd, e.e. wrth ddatblygu fferm wynt, gallai gwrthdrawiadau ag adar fod yn effaith arwyddocaol.
- Mae lliniaru, h.y. ffyrdd o osgoi effeithiau anffafriol, yn agwedd hanfodol ar gynllunio. Mae angen tystiolaeth i ddangos bod ffyrdd o leihau effaith gweithgareddau niweidiol wedi'u hystyried. Gallai gwrthfesurau gynnwys:
  - Adeiladu ffermydd gwynt pan nad yw adar yn nythu.
  - Wrth adeiladu ffyrdd, osgoi pyllau bridio amffibiaid mewn perygl, e.e. y fadfall ddŵr gribog a llyffant y twyni.

Mynd ymhellach ▶

Mae'r atmosffer fel arfer yn mynd yn oerach gydag uchder, ond mewn 'gwrthdroad' mae'n mynd yn gynhesach ar bellter byr uwchben arwyneb y Ddaear yn lle hynny. Mae llygredd aer yn cael ei ddal o dan yr aer cynnes hwn.

Mynd ymhellach ▶

Rydym ni'n dosbarthu ansawdd afonydd a llynnoedd mewn system sydd wedi'i diffinio gan Gyfarwyddeb Fframwaith Dŵr yr Undeb Ewropeaidd, Cyfoeth Naturiol Cymru, Asiantaeth Diogelu'r Amgylchedd yn yr Alban ac Asiantaeth yr Amgylchedd yn Lloegr.

Sylwch

Byddwch yn wrthrychol ac yn wyddonol wrth ysgrifennu am effaith bodau dynol ar yr amgylchedd, gan ddefnyddio dadleuon clir a rhesymegol sy'n seiliedig ar dystiolaeth. Osgowch sylwadau bachog ac ystrydebau.

Llyffant y twyni

Mae gwahanol feysydd astudio yn dod at ei gilydd wrth gynllunio datblygiad newydd. Mae angen peirianwyr, mathemategwyr, economegwyr, archeolegwyr, daearegwyr, gwyddonwyr defnyddiau a llawer o arbenigwyr eraill. Mae'r fframwaith cyfreithiol yn pennu bod rhaid cynllunio gyda golwg ar gynnal cynefinoedd a gwella bioamrywiaeth. Mae casglu data'n hanfodol a rhaid gwneud penderfyniadau ynglŵn â sut i fwrw ymlaen yn seiliedig ar y dystiolaeth fwyaf dibynadwy. Mae angen i ymarferwyr gydweithio yn y gwahanol feysydd hyn, gan ymestyn eu sgiliau meddwl i feysydd y tu allan i'w harbenigedd eu hunain.

Terfynau'r blaned

Cafodd cysyniad **terfynau'r blaned** ei gyflwyno yn 2009 fel ffordd o ddiffinio'r 'gofod gweithredu diogel ar gyfer dynoliaeth'. Mae naw o brosesau byd-eang wedi'u nodi sy'n rheoleiddio sefydlogrwydd systemau'r blaned a'r rhyngweithiadau rhwng aer, tir a môr. Mae'r systemau hyn yn fregus ac mae'n bosibl cyrraedd pwynt di-droi'n-ôl; y tu hwnt i'r pwynt hwn, dydy newid i ffactor a'r ymateb i'r newid hwnnw ddim yn llinol. Ar y pwynt di-droi'n-ôl, mae newid bach yn cael effaith fawr iawn ac annisgwyl ar yr amgylchedd. Rydym ni wedi amcangyfrif gwerthoedd rhifiadol lefelau uchaf ac isaf y naw system fyd-eang hyn, lle maen nhw'n gallu parhau i weithio rhwng y rhain heb ymatebion eithafol fel hyn. Mae mynd dros y cyfyngiadau hyn yn debygol o achosi newid cyflym a thrychinebus i amodau amgylcheddol. Mae terfynau'r blaned yn faes astudio rhyngddisgyblaethol ac mae ei gasgliadau'n seiliedig ar lawer iawn o waith ymchwil a chasglu data. Y gobaith yw y bydd penderfyniadau gwleidyddol, economaidd ac eraill yn ystyried y wybodaeth am y terfynau hyn, i sicrhau datblygiad cynaliadwy a gofalu am iechyd y biosffer.

Mae graff crwn yn ffordd gyffredin o ddangos statws systemau'r blaned. Y tu mewn i'r cylch gwyrdd mewnol yw'r man gweithredu diogel. Rhwng hwn a'r cylch coch allanol mae'r risg yn cynyddu, yn y 'parth ansicrwydd'. Y tu hwnt i'r cylch coch, mae'r gwerthoedd yn cynrychioli risg uchel, mae terfyn y blaned wedi'i chroesi ac mae digwyddiadau'n mynd yn anoddach i'w rhagweld.

DYLECH CHI WYBOD ›››

››› Naw system y blaned

››› Statws pob un o'r terfynau

››› Newid Hinsawdd a Newid Cyfanrwydd Bioamrywiaeth yw'r ddau derfyn craidd

››› Gallwn ni wrthbwyso newid hinsawdd yn rhannol drwy ddefnyddio biodanwyddau

››› Gallwn ni ddefnyddio dihalwyno i gynyddu'r cyflenwad dŵr croyw

Term Allweddol

Terfynau'r blaned: Rhaid i systemau byd-eang weithredu o fewn y cyfyngiadau hyn i atal newid sydyn ac anwrthdroadwy i'r amgylchedd.

▼ Pwynt astudio

Ar adeg ysgrifennu'r llyfr hwn, mae pedwar o derfynau'r blaned wedi eu croesi: Newid Hinsawdd, Cyfanrwydd y Biosffer, Defnyddio Tir a Llifoedd Bioddaeargemegol. Mae hyn yn debygol o barhau i newid mewn ymateb i effaith dyn ar systemau byd-eang.

Mynd ymhellach ▶

Yn ogystal â therfynau byd-eang y blaned, mae terfynau rhanbarthol wedi eu datblygu ar gyfer cyfanrwydd y biosffer, llifoedd bioddaeargemegol, defnyddio tir a defnyddio dŵr croyw.

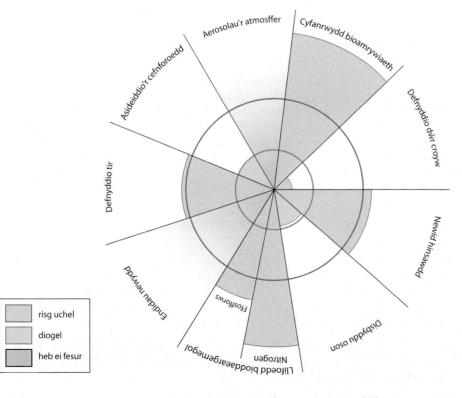

risg uchel

diogel

heb ei fesur

Statws systemau'r blaned

Cyswllt Mae disgrifiad o rai o oblygiadau'r newid yn yr hinsawdd i fodau dynol, planhigion ac anifeiliaid ar t86.

1. Terfyn Newid Hinsawdd

Mae newid hinsawdd yn un o'r ddau **derfyn craidd**, ac mae ei derfyn planedol wedi'i groesi. Rydym ni wedi ychwanegu cymaint o nwyon tŷ gwydr at yr atmosffer nes, hyd yn oed pe baem ni'n stopio'r allyriadau ar unwaith, byddai tymheredd cyfartalog y byd yn dal i gynyddu am ddegawdau, os nad canrifoedd. Mae'r effeithiau ar wyntoedd, ceryntau'r môr, patrymau glawiad a dyodiad yn cael eu dogfennu ac mae cynnydd hyd at 7 m yn lefel y môr wedi'i ragfynegi erbyn 2100 oni bai ein bod ni'n cymryd camau drastig. Hyd yn oed os caiff allyriadau nwyon tŷ gwydr eu lleihau gymaint nes bod y tymheredd ddim ond yn cynyddu 2 °C, rydym ni'n dal i ragfynegi y bydd lefel y môr yn codi 2 m. Protocol Kyoto, gafodd ei gytuno yn 1997, oedd y cytundeb rhyngwladol mawr cyntaf i roi sylw i gynhesu byd-eang, drwy osod targedau i leihau'r nwyon tŷ gwydr yn yr atmosffer. Mae carfanau pwyso yn pwysleisio bod rhaid i ni roi'r gorau i hylosgi tanwyddau ffosil, ac y dylid gwneud mwy yn wleidyddol i annog datblygu tanwyddau amgen. Mae'r diwydiant **biodanwydd** wedi'i ddatblygu i gyfrannu at hylosgi llai o danwyddau ffosil.

Biodanwyddau

Mae'r carbon deuocsid sy'n cael ei ryddhau wrth i ni hylosgi biodanwyddau wedi cael ei dynnu o'r atmosffer yn ddiweddar. Mae tyfu mwy o gnydau biodanwydd yn tynnu'r carbon deuocsid o'r atmosffer eto. Mae hyn yn wahanol i danwyddau ffosil, sy'n rhyddhau carbon gafodd ei dynnu o'r atmosffer gannoedd o filiynau o flynyddoedd yn ôl.

Mae biodanwyddau'n cael eu gwneud gan brosesau biolegol fel treuliad anaerobig defnydd planhigol neu wastraff amaethyddol, domestig a diwydiannol. Maen nhw'n ddefnyddiol i ddefnyddio llai o danwyddau ffosil ond mae tyfu defnydd planhigol i'w gwneud nhw yn gwrthdaro â defnyddio tir i gynhyrchu bwyd ac mae angen llawer o waith dyfrhau. Gan ein bod ni'n defnyddio cymaint o danwydd ffosil ar gyfer trafnidiaeth, targed yr Asiantaeth Ynni Ryngwladol yw bod o leiaf 25% o drafnidiaeth y byd yn defnyddio biodanwyddau erbyn 2050. Mae biodanwyddau cenhedlaeth gyntaf yn cael eu gwneud o'r siwgrau a'r olewau llysiau mewn cnydau âr (*arable*), sy'n hawdd eu hechdynnu â thechnoleg gonfensiynol. Mae biodanwyddau ail genhedlaeth yn cael eu gwneud o gellwlos a lignin o gnydau prennaidd, sy'n anoddach eu hechdynnu.

Mae materion cymdeithasol, economaidd a thechnegol yn gysylltiedig â chynhyrchu biodanwydd, yn ogystal â'r materion amgylcheddol:

- Y ddadl 'bwyd yn erbyn tanwydd': mae tir oedd yn cael ei ddefnyddio i dyfu bwyd wedi cael ei droi i gynhyrchu cnydau biodanwydd, e.e. olew palmwydd, felly mae gan bobl lai o fwyd i'w fwyta neu i'w allforio. Problem arall yw bod cnydau ynni'n aml yn cael eu tyfu mewn ungnwd.

- Allyriadau carbon: Mae cynhyrchu a defnyddio bioethanol yn Ewrop yn lleihau nwyon tŷ gwydr 60–90%, o gymharu â chynhyrchu a defnyddio tanwyddau ffosil.

- Mae cynhyrchu biodanwydd cynaliadwy yn dibynnu ar blannu cynaliadwy a systemau technegol effeithlon.

- Mae datgoedwigo i dyfu cnydau biodanwydd yn arwain at erydu pridd a cholli bioamrywiaeth.

- Llai o ddŵr ar gael, oherwydd mae angen llawer o ddŵr i ddyfrhau cnydau biodanwydd.

- Mae hylosgi biodiesel yn cynhyrchu mwy o ocsid nitrus (NO_2), nwy tŷ gwydr, na thanwydd ffosil.

Bioethanol

Bioethanol yw'r biodanwydd mwyaf cyffredin ac mae'r rhan fwyaf o beiriannau ceir petrol wedi'u dylunio i ddefnyddio hyd at 15% o fioethanol gyda'r petrol. Rydym ni'n gwneud bioethanol drwy eplesu'r carbohydradau mewn cnydau siwgr neu startsh, fel india-corn, betys siwgr, cansenni siwgr a sorgwm melys. Mae Brasil a'r Unol Daleithiau wedi datblygu bioethanol yn fasnachol, gan gynhyrchu 90% o gyfanswm y byd.

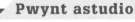

Mae bioethanol yn cael ei wneud mewn llawer o gamau:

- Malu defnydd planhigol a defnyddio carbohydrasau i dreulio'r startsh sydd wedi'i storio i ryddhau siwgrau.
- Grisialu swcros allan o'r cymysgedd i adael triagl, sy'n cynnwys llawer o glwcos a ffrwctos.
- Eplesu'r glwcos a'r ffrwctos gyda burum i gynhyrchu cymysgedd sy'n cynnwys ethanol.
- Gwresogi'r cymysgedd drwy losgi'r gwastraff ffibrog o'r defnydd planhigol gwreiddiol i ddistyllu ethanol pur.

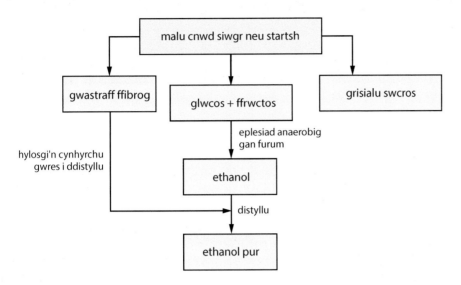

Diagram llif yn dangos cynhyrchu bioethanol

Biodiesel

Biodiesel yw'r biodanwydd mwyaf cyffredin yn Ewrop. Rydym ni'n ei wneud o olew llysiau gan gynnwys soia, had rêp ac olew palmwydd ac mae'n bosibl ei wneud o algâu. Rydym ni'n tyfu'r cnydau hyn am eu bod nhw'n cynnwys asidau brasterog â chadwynau hir. Mae'r asidau brasterog e.e. asid linolëig yn adweithio ag alcohol, methanol fel arfer, i gynhyrchu methyl linolead, neu 'methyl ester' neu 'biodiesel':

methanol + asid linolëig $\longrightarrow$ methyl linolead + dŵr

Mae biodiesel yn cynnwys llai o garbon a mwy o hydrogen ac ocsigen na phetrodiesel, felly os yw'n bur, mae'n cynhyrchu tua 60% o'r allyriadau carbon deuocsid. Mae hefyd yn rhyddhau llai o ronynnau carbon a llai o garbon monocsid, ond mae'n cynhyrchu mwy o ocsid nitrus. Gallwn ni ddefnyddio biodiesel pur, B100, mewn peiriannau ceir. Fodd bynnag, fel arfer rydym ni'n ei gymysgu â diesel i leihau llygredd, e.e. B5 (5% biodiesel, 95% petrodiesel) yw'r mwyaf cyffredin yn Ewrop.

Bionwy

Cymysgedd o nwyon yw bionwy; mae wedi'i wneud o tua 60% methan a 40% carbon deuocsid. Mae'n cael ei wneud wrth i facteria dreulio defnyddiau gwastraff bioddiraddadwy, fel gwastraff anifeiliaid a bodau dynol, neu gnydau ynni. Mae'n digwydd mewn tri cham, ac mae'r olaf ohonynt yn broses anaerobig:

1. Mae macrofoleciwlau yn y defnydd gwastraff yn cael eu treulio'n aerobig gan amylasau, proteasau a lipasau i ffurfio siwgrau, asidau amino, asidau brasterog a glyserol.
2. Mae asetogenesis yn broses aerobig sy'n cynhyrchu asidau brasterog â chadwynau byr, yn enwedig asid ethanöig. Mae nwyon carbon monocsid a hydrogen yn cael eu cynhyrchu wrth i'r ocsigen gael ei ddefnyddio.
3. Mae methanogenesis yn broses anaerobig: $C_6H_{12}O_6 \longrightarrow 3CH_4 + 3CO_2$. Mae'r defnydd solid sy'n weddill yn cael ei sychu a'i ddefnyddio fel biodanwydd neu wrtaith.

Mynd ymhellach ▶

Mae lleoedd tân heb ffliwiau yn llosgi ethanol, ond mae'r allbwn gwres yn llai na thanau trydan neu nwy, ac mae perygl o wenwyno carbon monocsid.

▼ **Pwynt astudio**

Petrodiesel yw'r enw ar ddiesel wedi'i wneud o danwydd ffosil, i wahaniaethu rhyngddo a biodiesel.

Mynd ymhellach ▶

Mae biodiesel yn hydoddydd ac mae'n hydoddi hen ddyddodion yn y tanc tanwydd a'r pibellau. Felly os yw eich car yn defnyddio biodiesel, rhaid i chi newid hidlyddion eich peiriant yn amlach.

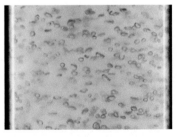

Ffotobioadweithydd yn cynnwys algâu ar gyfer biodanwydd

Mynd ymhellach ▶

Yr hen enw ar asid ethanoig oedd asid asetig, a dyna pam mai asetogenesis yw enw'r broses o'i gynhyrchu.

Tanciau plastig ar gyfer eplesu bionwy ar raddfa fach

Safle bionwy yn prosesu tail gwartheg ar fferm

15

Gwirio gwybodaeth

Cysylltwch y termau 1–4 â'r gosodiadau canlynol A–CH.

1. Biodanwydd
2. Bioethanol
3. Biodiesel
4. Bionwy

A. Mae'n cael ei gynhyrchu drwy esteru asid brasterog cadwyn hir ac alcohol.
B. Mae'n cael ei gynhyrchu gan dreulio gwastraff domestig, amaethyddol a diwydiannol yn anaerobig.
C. Defnydd sy'n deillio o ddefnydd a oedd yn fyw yn ddiweddar ac rydym ni'n gallu ei hylosgi fel tanwydd.
CH. Mae'n cael ei gynhyrchu wrth i furum eplesu carbohydradau.

Mae bionwy yn cael ei wneud ym mhob rhan o'r byd mewn safleoedd diwydiannol ac, yn bennaf yn India ac yn Tsieina, mewn treulwyr domestig. Mae 0.5 kg o ddail y dydd yn gallu darparu digon o danwydd ar gyfer anghenion coginio teulu, ac mae'r tail o un fuwch yn gallu bod yn gywerth â 227 dm³ o betrol bob blwyddyn.

Mae bionwy hefyd yn cael ei gynhyrchu gan brosesau naturiol mewn safleoedd tirlenwi. Gallwn ni gasglu hwn i'w ddefnyddio fel tanwydd. Os caiff ei adael i ddianc i'r atmosffer, mae'n cyfrannu at gynhesu byd-eang, oherwydd mae methan a charbon deuocsid yn nwyon tŷ gwydr.

2. Terfyn Cyfanrwydd y Biosffer

Roeddem ni'n arfer galw'r terfyn hwn yn derfyn Colli Bioamrywiaeth a Difodiant Rhywogaethau, ond cafodd yr enw newydd ei ddewis i bwysleisio effaith bodau dynol ar sut mae'r ecosystem yn gweithio. Hwn yw'r ail derfyn craidd, ac mae hwn hefyd wedi'i groesi. Er nad yw rhywogaethau unigol yn arwyddocaol o reidrwydd, gyda'i gilydd, mae'r rhyngweithio rhyngddynt yn cynhyrchu 'gwasanaethau ecosystem' fel ailgylchu mwynau ac amsugno carbon deuocsid; mae'r biosffer cyfan yn dibynnu ar y rhain. Mae gweithgareddau bodau dynol wedi achosi i newidiadau amgylcheddol ddigwydd mor gyflym, dydy detholiad naturiol ddim yn gallu cynhyrchu organebau sydd wedi addasu'n ddigonol i'r newidiadau i'w hamgylchedd. Mewn rhai achosion, byddan nhw'n methu atgenhedlu digon i gynnal y rhywogaeth, a bydd y rhywogaeth yn mynd yn ddiflanedig.

Gallwn ni weld newid i gynefinoedd ledled y byd ond mae'r môr, twndra, riffiau cwrel a gwastadeddau arfordirol yn peri pryder penodol. Mae bioamrywiaeth y rhain wedi lleihau'n fawr.

- Mae dros 200,000 o rywogaethau morol wedi eu hadnabod, ond gallai hyn fod cyn lleied â 10% o'r cyfanswm. Erbyn y flwyddyn 2100, heb newidiadau mawr, gallai dros hanner rhywogaethau morol y byd fod yn ddiflanedig. Mae moroedd wedi'u llygru ag asid, olew, plastig ac elifiant carthion. Mae'r plaleiddiad DDT hyd yn oed wedi'i ganfod yn nyfroedd yr Antarctig, sy'n dangos bod llygryddion yn gallu cyrraedd pob rhan o'r byd. Ceir tystiolaeth o gydberthyniad rhwng llygredd morol a gostyngiad mewn poblogaeth ffytoplancton, er enghraifft yn y Môr Tawel. Gan mai'r rhain yw'r prif gynhyrchwyr yn y cefnforoedd, mae hyn yn achosi newidiadau mawr ar lefelau troffig uwch. Mae angen llawer mwy o ddata i ganfod rhywogaethau mewn perygl.

- Mae ecosystemau twndra yn newid wrth i'r tymheredd godi ac mae rhywogaethau, gan gynnwys planhigion llysieuol, yn tyfu mewn mannau lle'r oedd dim ond cennau a mwsoglau i'w gweld o'r blaen.

- Mae riffiau cwrel yn cynnwys llawer o fioamrywiaeth – hyd at 1,000 o rywogaethau ym mhob m². Mae cannu (*bleaching*) riffiau cwrel yn parhau i achosi colledion

Haid o geirw Llychlyn gwyllt yn nhwndra'r Arctig

rhywogaethau, gan fod tymheredd cynnes yn achosi i'r swosanthelau sy'n rhoi eu lliw i'r cwrel, ddiflannu. Ffotosynthesis y rhain sy'n bwydo'r cwrel. Mewn llawer o achosion dydyn nhw ddim yn dod yn ôl, hyd yn oed oes yw'r amodau'n gwella, ac felly mae'r cwrel yn marw.

- Mae cymunedau arfordirol yn fioamrywiol. Mae mangrofau, morfeydd heli a dolydd morwellt yn amsugno carbon deuocsid hyd at 50 gwaith yn fwy effeithlon na choedwig drofannol â'r un arwynebedd. Ond mae gwastadeddau arfordirol yn cael eu boddi wrth i lefel y môr godi. Mae morfeydd heli a chymunedau arfordirol eraill yn cael eu boddi â heli, ac mae'r planhigion yn y cymunedau hyn yn colli dŵr drwy osmosis ac yn marw, ac felly mae'r anifeiliaid yno'n marw hefyd.

Mangrofau yn llennyrch gwyrdd Fflorida

Mae'n hanfodol ein bod ni'n monitro bioamrywiaeth yn y cynefinoedd hyn i gyd. Bydd hyn yn nodi pa rywogaethau ddylai gael blaenoriaeth o ran cymryd defnydd i'w gadw mewn cronfeydd genynnau. Bydd cyhoeddusrwydd yn codi ymwybyddiaeth y cyhoedd; mae hyn yn hanfodol er mwyn lleihau'r ymddygiad gan fodau dynol sydd wedi cynhyrchu colledion bioamrywiaeth.

▼ Pwynt astudio

Newid Hinsawdd a Newid Cyfanrwydd Bioamrywiaeth yw'r ddau derfyn craidd.

3. Terfyn Defnyddio Tir

Mae newid yn y defnydd o dir, er enghraifft datgoedwigo, wedi digwydd gan mwyaf o ganlyniad i ehangu ffermio a magu da byw. Mae coedwigoedd mawr hefyd wedi'u clirio i dyfu planhigion fel ffa soia i wneud biodanwyddau. Mae datblygiad trefol yn ffactor arwyddocaol arall. Mae defnyddio tir i dyfu cnydau biodanwydd yn gwrthdaro'n uniongyrchol ag angen pobl i dyfu bwyd. Yn yr un modd, mae tir allai gael ei ddefnyddio i gynhyrchu bwyd i gymunedau lleol yn cael ei ddefnyddio i dyfu cnydau i'w hallforio. Mae'r terfyn defnyddio tir yn cynrychioli camddefnyddio tir fel nad oes digon o fwyd yn cael ei gynhyrchu. Yn 2010, roedd arbenigwyr yn rhagweld y câi'r terfyn ei groesi yn 2050, ond mae data 2015 yn awgrymu bod y terfyn wedi'i groesi eisoes.

I wrthdroi hyn a darparu digon o fwyd, dylem ni ganolbwyntio ar y meysydd mwyaf cynhyrchiol wrth ffermio. Byddai bwyta llai o gig yn fyd-eang yn lleihau'r tir sy'n cael ei drin, a gallai planhigion sydd wedi'u haddasu'n enetig, wneud cyfraniad mawr at hyn. Mae defnyddio tir ar gyfer bwyd, fodd bynnag, yn gwrthdaro â'i ddefnyddio i gynhyrchu biodanwyddau.

Planhigfa palmwydd olew

4. Terfyn Llifoedd Bioddaeargemegol

Mae llifoedd bioddaeargemegol yn cyfeirio at gylchu mwynau drwy gydrannau biotig ac anfiotig ecosystem. Mae cylchredau wedi'u disgrifio ar gyfer llawer o elfennau, fel carbon, sylffwr, ffosfforws a nitrogen. Mae cylchredau mwynau yn hanfodol i sicrhau bod elfennau ar gael yn yr ïonau sy'n cael eu hamsugno a'u trosglwyddo drwy we fwydydd. Rydym ni wedi defnyddio cymaint o wrteithiau amaethyddol nes ein bod ni wedi croesi terfynau'r cylchredau nitrogen a ffosfforws. Mae hyn yn golygu bod gweithgareddau dynol wedi tarfu ar y cylchredau hyn i'r fath raddau nes nad ydynt yn gallu eu cynnal eu hunain mwyach. Mae llygredd sy'n digwydd o ganlyniad i hyn, fel ewtroffigedd, yn gwneud difrod pellach i ecosystemau. I ddefnyddio llai o wrteithiau, un nod ers llawer o flynyddoedd yw trosglwyddo genynnau sefydlogi nitrogen (nif) i blanhigion cnwd ond dydy hyn heb fod yn bosibl hyd yma.

Cyswllt Mae disgrifiad o'r gylchred nitrogen ar t88. Mae disgrifiad o ewtroffigedd ar t91.

5. Terfyn Oson yn y Stratosffer

Mae 90% o oson y byd mewn haen yn y stratosffer, 10–50 km i fyny. Fel arfer, mae oson ac ocsigen mewn ecwilibriwm: $3O_2 \rightleftharpoons 2O_3$. Mae hydrocarbonau halogenaidd, fel y clorofflworocarbonau (CFCau), yn symud safle'r ecwilibriwm gan ffafrio ymddatodiad oson. Dan ddylanwad golau uwchfioled, mae CFCau yn rhyddhau clorin fel radicalau rhydd ac mae pob un yn gallu ymddatod 100,000 o foleciwlau oson.

Roedd CFCau yn cael eu defnyddio'n gyffredin fel cyfrwng gyrru mewn tuniau chwistrellu, hydoddyddion, oeryddion mewn oergelloedd ac wrth gynhyrchu cynwysyddion bwyd a diod tafladwy. Mae eu moleciwlau'n drymach nag aer, ond o fewn 2–5 mlynedd, maen nhw'n dringo i'r stratosffer. Y tro cyntaf i ni arsylwi disbyddu oson y stratosffer oedd yr 1970au, pan gyrhaeddodd crynodiad yr CFCau yn yr atmosffer bwynt di-droi'n-ôl. Roedd yr haen oson o gwmpas y blaned wedi diraddio ond roedd wedi teneuo gymaint dros yr Antarctig nes bod 'twll' yn yr haen i'w weld bob gwanwyn. Mae oson yn amsugno uv-B, h.y. pelydriad uwchfioled â thonfedd 280–315 nm, ac felly roedd arddwysedd y golau uwchfioled ar arwyneb y blaned yn cynyddu. Mae tonfeddi yn yr amrediad hwn yn cael eu hamsugno'n gryf gan DNA, felly roedd mwy o ganserau croen a chataractau'n digwydd. Cafodd defnyddio CFCau mewn tuniau chwistrellu ei wahardd yn 1978. Roedd protocolau Montreal, a gytunwyd yn 1987, yn gwahardd cynhyrchu CFCau ac yn gosod ymrwymiadau ar wladwriaethau i ddefnyddio llai o CFCau. Mae'r haen oson yn dal i'w hailadeiladu ei hun, ond mae pobl yn ofni y gallai newidiadau eraill i'r atmosffer wneud hyn yn broblem eto yn y dyfodol. Fodd bynnag, am y tro, rydym ni wedi osgoi'r terfyn hwn. Hwn yw'r unig un.

6. Terfyn Asideiddio'r Cefnforoedd

Yn yr 17eg ganrif, roedd pH y cefnforoedd yn 8.16. Heddiw, mae'n 8.03. Ond gan fod y raddfa pH yn logarithmig, mae hyn yn gynnydd 30% yng nghrynodiad yr ïonau hydrogen. Mae carbon deuocsid o'r aer yn hydoddi mewn cyrff dŵr ar ffurf hydrogen carbonad, gan ryddhau ïon hydrogen. Mae ïonau hydrogen carbonad yn ymddatod i ffurfio ïonau carbonad ac ïonau hydrogen. Mae'r cynnydd yng nghrynodiad yr ïonau hydrogen yn gostwng y pH:

$$H_2O + CO_2 \longrightarrow H_2CO_3 \longrightarrow H^+ + HCO_3^-$$
$$HCO_3^- \longrightarrow H^+ + CO_3^{2-}$$

Mae pH isel yn trwytholchi calsiwm carbonad allan o gregyn molysgiaid a chwrel a sgerbydau allanol arthropodau, sy'n eu meddalu nhw fel bod yr organebau'n agored i niwed gan ymosodiadau ffisegol a chemegol:

$$CaCO_3 + H^+ \longrightarrow Ca^{2+} + HCO_3^-$$

Mae pH isel yn arbennig o beryglus i bysgod, oherwydd mae'n difrodi adeiledd eu tagellau ac yn eu hatal nhw rhag gweithio'n iawn. Efallai y bydd rhaid i ffermydd pysgod ystyried newid rhywogaethau neu symud i ddyfroedd mwy addas, os na chaiff y broblem ei datrys. Dydyn ni heb groesi'r terfyn asideiddio'r cefnforoedd eto, fodd bynnag, a thrwy hylosgi llai o danwyddau ffosil, efallai y gallem ni osgoi newid pH trychinebus yn y cefnforoedd.

7. Terfyn Defnyddio Dŵr Croyw

Mae dŵr hylifol yn hanfodol i organebau byw er mwyn goroesi. Mae llawer o organebau, gan gynnwys y mwyafrif helaeth o blanhigion datblygedig a'r rhan fwyaf o famolion, yn gorfod cael **dŵr croyw** i fyw. O dan y terfyn defnyddio dŵr croyw, does gan organebau ddim digon o ddŵr croyw rheolaidd i oroesi. Rydym ni'n meddwl y gallwn ni osgoi hyn, ond rhaid i ni ddefnyddio llai o ddŵr croyw.

Mae dŵr croyw'n bodoli'n naturiol ar arwyneb y Ddaear mewn llenni iâ, capiau iâ, rhewlifoedd, mynyddoedd iâ, corsydd, pyllau, llynnoedd, afonydd a nentydd a dan ddaear fel dŵr daear mewn dyfrhaenau a nentydd. Mae'r rhan fwyaf ohono'n dod o ddyodiad fel niwl, glaw ac eira.

Heli yw 97% o'r holl ddŵr ar y Ddaear. Mae tua 2.5% yn ddŵr croyw, a'r rhan fwyaf ohono wedi rhewi mewn llenni iâ. Nid yw wedi'i ddosbarthu'n unffurf, e.e. mae llen iâ'r Antartig yn cynnwys 61% o ddŵr croyw'r Ddaear.

Dydy dŵr croyw ddim o reidrwydd yn yfadwy oherwydd mae'n cynnwys defnyddiau o fannau lle mae'r gwynt wedi ei chwythu. Mewn ardaloedd diwydiannol, efallai y bydd yn asidig; mewn mannau arfordirol, efallai y bydd yn cynnwys halwynau; mewn pridd diffeithdir neu bridd llychlyd, efallai y bydd yn cynnwys tywod a llwch, e.e. mae glaw sy'n disgyn ym Mrasil weithiau'n cynnwys haearn, wedi'i chwythu o stormydd tywod yn y Sahara.

Llen iâ yn yr Antarctig

▼ **Pwynt astudio**

Mae tair agwedd ar gyflenwi dŵr croyw: ei ansawdd, ei gyfaint a'i amseru. Mae newid i un yn aml yn arwain at newidiadau i'r lleill.

Mae llai o ddŵr croyw ar gael

Dydy dŵr croyw ddim wedi'i ddosbarthu'n gyfartal, e.e. mae 20% o gyflenwad dŵr croyw'r byd yng Nghanada; mae 10% yn India, ond mae 30 gwaith yn fwy o bobl yno. Does dim dŵr yfed diogel ar gael i tua 12% o boblogaeth y byd, ac mae'r Cenhedloedd Unedig yn rhagfynegi y bydd 14% heb ddigon o ddŵr erbyn 2025. Mae prinder dŵr yn niweidiol i iechydaeth, iechyd, cynhyrchu bwyd a gwleidyddiaeth y byd. Mae'r cyflenwad byd-eang wedi lleihau i'r fath raddau nes bod chwarter afonydd y byd yn methu â chyrraedd y môr ar ryw adeg yn ystod y flwyddyn.

Mae llawer o resymau pam mae cyflenwad dŵr croyw wedi lleihau:

- Mae newid tirweddau, e.e. draenio gwlyptiroedd, datgoedwigo ac erydu pridd, yn dylanwadu ar lif dŵr croyw, sy'n effeithio ar y gylchred ddŵr.

- Mae amaethyddiaeth yn defnyddio mwy o ddŵr croyw nag unrhyw un arall o weithgareddau bodau dynol. Mae straen ar adnoddau dŵr croyw lleol yn achosi mwy o niwed i ecosystemau. Weithiau, bydd amaethyddiaeth yn defnyddio dŵr wedi'i bwmpio o ddyfrhaenau dan y ddaear, ond hyd y gellir rhagweld, chaiff y rhain mo'u hail-lenwi.

- Mwy o alw wrth i bobl symud i hinsoddau cynhesach, lle nad oes llawer o ddŵr croyw ar gael.

- Mae llygredd dŵr, e.e. ewtroffigedd, yn gwneud dŵr yn anaddas i'w ddefnyddio. Un enghraifft yw'r cyanobacteriwm *Anabaena flos aquae*, sy'n cynhyrchu blŵm algaidd os yw crynodiad nitradau'n uchel. Mae'n secretu niwrotocsin o'r enw anatocsin-a, neu VFDF (sy'n sefyll am *Very Fast Death Factor*), sy'n lladd adar a llawer o famolion, gan gynnwys bodau dynol. Os yw hwn yn bresennol, allwn ni ddim defnyddio'r dŵr.

- Newid hinsawdd:
  - Mae rhewlifoedd yn ymdoddi wrth i dymheredd y byd gynyddu, sy'n cynyddu'r dŵr croyw sydd ar gael i ddechrau, ond yna mae'n gallu achosi llifogydd. Yna, bydd llai o ddŵr croyw ar gael, sy'n achosi sychder.
  - Mae ehangiad thermol dŵr môr yn codi lefelau'r môr, gan halogi dŵr croyw mewn mannau arfordirol. Mae dŵr daear yn mynd yn rhy hallt i'w yfed a'i ddefnyddio i ddyfrhau.
  - Mae ardaloedd lletgras a chras yn fregus oherwydd mae'r glaw, sef eu cyflenwad dŵr, yn digwydd dros gyfnod byr ac mae tystiolaeth yn dangos bod y cyfnodau hyn wedi'u hamharu eisoes.

- Cynnydd mewn poblogaeth o ganlyniad i gynnydd mewn disgwyliad oes (*life expectancy*).

- Defnyddio mwy, e.e. pan mae rhywun yn yr Unol Daleithiau'n cael cawod, mae'n defnyddio, ar gyfartaledd, mwy o ddŵr na fyddai rhywun mewn gwlad sy'n datblygu yn ei ddefnyddio mewn diwrnod cyfan.

Mynd ymhellach ▶

Mae echdynnu dŵr croyw o afonydd yng nghanol Asia wedi sychu'r Môr Aral, a oedd yn arfer bod yn 4ydd llyn mwyaf y byd. Heddiw, y mae wedi lleihau i 10% o'i arwynebedd blaenorol.

Mynwent llongau yn yr hen Fôr Aral

Darparu dŵr croyw

Mae yna lawer o ddulliau o gynyddu faint o ddŵr croyw sydd ar gael, yn ogystal â'i gael o ffynonellau naturiol:

- Cadwraeth dŵr, e.e. mae pobl wedi awgrymu na ddylem ni ddyfrhau cnydau sydd ddim yn fwyd, fel biodanwydd a chotwm.

- Effeithlonrwydd dŵr.

- Adfer dŵr gwastraff, i'w ddefnyddio i ddyfrhau ac mewn diwydiant.

- Dal dŵr ffo trefol a dŵr storm, i ail-lenwi dŵr daear.

- Mae systemau dyfrhau diferu yn llwyddo i leihau cyfaint y dŵr sy'n cael ei ddefnyddio i ddyfrhau cnydau bwyd. Mae hyn oherwydd bod dŵr sy'n cynnwys gwrtaith yn cael ei ddiferu'n uniongyrchol i wreiddiau planhigion unigol, yn hytrach na'i chwistrellu dros arwynebedd mawr.

- Mae **dihalwyno** yn dechnoleg sy'n tynnu mwynau o ddŵr hallt i gynhyrchu dŵr croyw gan adael halen a dŵr gwastraff wedi'i ailgylchu. Mae'n un o'r ychydig o ffynonellau dŵr sydd ddim yn dibynnu ar y glaw. Mae'r broses yn gallu defnyddio llawer o ynni, felly mae'r dŵr mae'n ei gynhyrchu'n gallu bod yn ddrud. Fodd bynnag, gallai dŵr wedi'i ddihalwyno fod yn ateb da mewn rhai mannau sych, ond nid os yw'r lleoedd yn dlawd, yn bell oddi wrth y môr neu'n uchel. Ac eto, y rhain yw'r mannau â'r prinderau dŵr mwyaf – mae 1% o boblogaeth y byd yn dibynnu ar ddŵr wedi'i ddihalwyno.

Gwaith dihalwyno yn Lanzarote

Dulliau dihalwyno

- Mae distyllbeiriau solar (*solar stills*) yn defnyddio gwres yr Haul i ddistyllu dŵr môr. Mae'r rhain yn trawsnewid yr holl ddŵr môr yn ddŵr distyll heb gynhyrchu llygredd aer na gollyngiadau dŵr cynnes sy'n beryglus i lynnoedd neu afonydd lleol.

- Osmosis gwrthdro: mae pilen denau, athraidd ddetholus yn gwahanu dŵr môr a dŵr croyw. Byddai disgwyl i'r dŵr symud, drwy gyfrwng osmosis, o'r dŵr croyw i'r dŵr môr, ond mae gwasgedd yn cael ei roi o'r dŵr môr tuag at y dŵr croyw ac mae dŵr yn cael ei yrru'r ffordd arall. Mae'n symud o'r dŵr môr, ar draws y bilen i'r dŵr croyw, h.y. yn erbyn y graddiant potensial dŵr. Dyma pam mae angen egni ar y system. Mae'r rhan fwyaf o orsafoedd trydan yn defnyddio tanwyddau ffosil neu bŵer niwclear fel ffynhonnell egni, ac mewn rhai mannau, mae eu gwres gwastraff yn cynhyrchu stêm i bweru dihalwyno. Felly, ar y cyfan, mae ynni'n cael ei ddefnyddio'n gymharol effeithlon, sy'n golygu bod dihalwyno yn ddull synhwyrol o wneud dŵr yfed.

Term Allweddol

Dihalwyno: Tynnu mwynau o ddŵr heli.

Mynd ymhellach ▶

Mae'r bilen yn cael gwared ar halogion niweidiol, ond mae'n gallu cael gwared ar fwynau. Mae tystiolaeth o Israel, sy'n defnyddio mwy o ddihalwyno nag unman arall yn y byd, yn awgrymu cysylltiad rhwng dihalwyno dŵr môr a diffyg iodin.

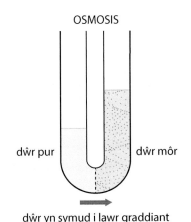

OSMOSIS

dŵr pur   dŵr môr

dŵr yn symud i lawr graddiant
potensial dŵr drwy gyfrwng osmosis

OSMOSIS GWRTHDRO [REVERSE OSMOSIS]

pressure

dŵr pur   dŵr môr

gwasgedd yn gorfodi dŵr i fyny graddiant
potensial dŵr drwy gyfrwng osmosis gwrthdro

Osmosis ac osmosis gwrthdro

Problemau amgylcheddol oherwydd dihalwyno:

- Rhyddhau heli (hydoddiant sodiwm clorid crynodedig): rydym ni'n osgoi effaith amgylcheddol bosibl crynodiad halen mor uchel drwy wanedu'r heli cyn ei ddychwelyd i'r môr.

- Mae'r heli hwn yn fwy dwys na dŵr môr oherwydd crynodiad uchel yr hydoddion ynddo. Mae'n suddo ac yn difrodi ecosystem gwely'r môr.

- Llosgi tanwyddau ffosil i gynhyrchu gwres i gynnal y system.

8. Terfyn Llwytho Aerosolau'r Atmosffer

Aerosolau'r atmosffer yw'r gronynnau microsgopig sy'n cael eu rhoi yn yr atmosffer drwy hylosgi tanwyddau a drwy greu llwch wrth gloddio a chwarela. Mae eu crynodiad wedi dyblu ers cyn y Chwyldro Diwydiannol.

- Maen nhw'n gwneud problemau resbiradol yn waeth, ac yn achosi marwolaethau o glefyd yr ysgyfaint. Un enghraifft yw PM10 h.y. defnydd gronynnol â diamedr 10 µm, sy'n ffurfio aerosol ac yn aros yn yr ysgyfaint ar ôl cael ei fewnanadlu. Mae ei faint yn ei wneud yn arbennig o beryglus, ac mae'n gallu arwain at ganser. Mae PM2.5, â diamedr o 2.5 µm, yn ddigon bach i drosglwyddo i'r capilarïau yn yr ysgyfaint a chael ei gludo o gwmpas y corff. Mae'n cynyddu'r siawns o farw o glefyd cardiofasgwlar. Prif ffynhonnell PM10 a PM2.5 yw cerbydau modur, yn enwedig rhai â pheiriannau diesel.

- Mae dyddodiadau ar ddail yn lleihau amsugnedd golau ar gyfer ffotosynthesis, felly mae cynnyrch cnydau'n lleihau.

- Mae sylffadau mewn aerosolau yn adlewyrchu golau'r haul, gan roi rhywfaint o effaith oeri, ond mae gronynnau eraill, e.e. huddygl, yn amsugno golau'r haul ac yn ei ailbelydru, sy'n cynyddu'r cynhesu. Dydy cydbwysedd y ddwy effaith hyn ddim yn glir.

Mae aerosolau mor amrywiol, dydyn ni ddim wedi gallu awgrymu terfynau'r blaned ar eu cyfer nhw eto.

9. Terfyn Cyflwyno Endidau Newydd

Hen enw'r terfyn hwn oedd terfyn Llygredd Cemegol. Mae'r newid enw yn adlewyrchu'r ffaith ein bod ni'n defnyddio mwy o dechnolegau a defnyddiau newydd. Mae'n cynnwys llygryddion organig, defnyddiau ymbelydrol, nanoddefnyddiau a micro-blastigion. Mae rhai cemegion mor wenwynig nes ein bod ni eisoes wedi gwahardd eu defnyddio nhw, er enghraifft, DDT a *PCBs*. Rydym ni'n amcangyfrif bod 100,000 o wahanol gemegion artiffisial yn cael eu defnyddio yn y byd mewn miliynau o wahanol gynhyrchion. Gallai'r rhain ryngweithio â'i gilydd a chynhyrchu effeithiau niweidiol ychwanegol. Fel aerosolau, dydy hi ddim yn bosibl mesur effeithiau'r llygryddion hyn, a dydyn ni heb bennu terfynau'r blaned ar eu cyfer nhw.

▼ **Pwynt astudio**

Mae'n debygol y gallwn ni osgoi terfynau Asideiddio'r Cefnforoedd a Defnyddio Dŵr Croyw.

Shanghai, Tsieina. Mae llygredd aer trwm yn gyffredin mewn llawer o ddinasoedd Tsieineaidd

▼ **Pwynt astudio**

Dydyn ni heb fesur terfynau Aerosolau a Chyflwyno Endidau Newydd.

Homeostasis a'r aren

Homeostasis yw'r term sy'n disgrifio'r mecanweithiau y mae'r corff yn eu defnyddio i gynnal amgylchedd mewnol cyson. Mae'r mecanweithiau'n cynnwys thermoreolaeth, rheoli lefel siwgr yn y gwaed ac osmoreolaeth. Mae'r adweithiau cemegol sy'n digwydd mewn celloedd byw yn cynhyrchu cynhyrchion gwastraff, a rhaid cael gwared ar y rhain. Ysgarthiad yw'r broses o gael gwared ar wastraff sy'n cael ei wneud gan fetabolaeth y corff. Mewn mamolion, y brif organ ysgarthu yw'r aren, sy'n cael gwared ar y cynnyrch gwastraff wrea. Yr aren hefyd sy'n rheoli cynnwys dŵr a chrynodiad hydoddion yn y gwaed. Mae llawer o ffyrdd o drin methiant yr aren, gan gynnwys dialysis a thrawsblannu. Mae adeiledd arennau anifeiliaid yn amrywio i adlewyrchu faint o ddŵr sydd ar gael yn eu cynefinoedd.

Erbyn diwedd y testun hwn, byddwch chi'n gallu gwneud y canlynol:

- Esbonio egwyddorion homeostasis yn nhermau camau dolen adborth.
- Disgrifio adeiledd yr aren.
- Disgrifio ac egluro sut caiff troeth ei gynhyrchu gan gyfeirio at brosesau uwch-hidlo ac adamsugniad detholus.
- Esbonio swyddogaeth dolen Henle a mecanwaith y lluosydd gwrthgerrynt yn y broses o adamsugno dŵr.
- Esbonio swyddogaeth yr hormon ADH ym mhroses osmoreolaeth.
- Disgrifio rhai pethau sy'n achosi methiant yr aren a ffyrdd o drin y cyflwr.
- Esbonio pam mae pysgod, adar, pryfed a mamolion yn cynhyrchu cynhyrchion ysgarthol gwahanol.
- Esbonio sut mae mamolion sy'n byw yn y diffeithdir wedi addasu i gadw dŵr.

Homeostasis

Homeostasis yw'r broses o gynnal amgylchedd cyson. Mae cysyniad yr 'amgylchedd mewnol' yn dyddio o'r 1850au, ac mae'n cyfeirio at yr amodau arferol mewn celloedd ac yn y corff, yn wahanol i'r amgylchedd allanol. Mae'r amgylchedd mewnol yn cynnwys yr hylifau meinweol sy'n trochi celloedd, gan gyflenwi maetholion a chael gwared ar wastraff a chynnal crynodiad glwcos, pH, tymheredd craidd a photensial hydoddyn.

Mae cadw crynodiad hylifau'r corff ar lefel gyson ac optimwm yn amddiffyn celloedd rhag newidiadau i'r amgylchedd allanol. Mae'n sicrhau bod adweithiau yn parhau ar gyfradd gyson a phriodol ac yn galluogi celloedd i weithredu'n normal er gwaethaf newidiadau allanol. Mae tymheredd y corff, pH a photensial dŵr yn gallu newid, ond maen nhw'n amrywio o gwmpas pwynt gosod. Mae'r corff yn cael ei gadw mewn ecwilibriwm dynamig – mae newidiadau cyson yn digwydd, ond mae'n mynd yn ôl i bwynt gosod. Homeostasis yw'r gallu i ddychwelyd i'r pwynt gosod hwnnw. Y system endocrin sy'n rheoli ymatebion homeostatig, ac mae hormonau'n defnyddio adborth negatif.

Mynd ymhellach ▶

Dywedodd Claude Bernard yn 1856 '*La fixité du milieu intérieur est la condition de la vie libre et indépendante*', sy'n golygu 'Mae sefydlogrwydd yr amgylchedd mewnol yn un o amodau byw'n rhydd ac yn annibynnol'.

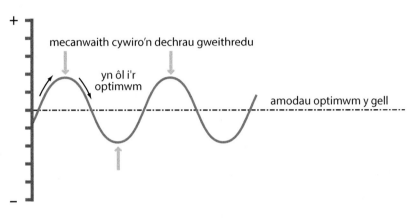

mecanwaith cywiro'n dechrau gweithredu

yn ôl i'r optimwm

amodau optimwm y gell

Pwynt gosod

Mae rheolaeth system sy'n ei rheoli ei hun ag **adborth negatif** yn cynnwys cyfres o gamau, lle mae allbwn gan effeithydd, h.y. cyhyr neu chwarren, yn lleihau effaith symbyliad ac yn mynd â'r system yn ôl i'w lefel wreiddiol:

- Pwynt gosod ffactor yw'r norm lle mae'r system yn gweithredu.
- Mae derbynnydd yn canfod lefel y ffactor ac unrhyw wyriad oddi wrth y pwynt gosod.
- Mae'r derbynnydd yn anfon cyfarwyddiadau at gydgysylltydd neu reolydd.
- Mae'r cydgysylltydd yn cyfathrebu ag un neu fwy o effeithyddion, h.y. cyhyrau a chwarennau, sy'n ymateb drwy wneud gwaith cywiro.
- Mae'r ffactor yn mynd yn ôl i'r lefel normal, wedi'i monitro gan y derbynnydd ac mae'r wybodaeth yn cael ei hadborth yn ôl i'r effeithyddion sy'n stopio gwneud y cywiriad.

DOLEN ADBORTH
PWYNT GOSOD

ALLBWN
gweithdrefnau cywiro

MEWNBWN
newid i'r system

EFFEITHYDDION
achosi newidiadau i'r system i'w dychwelyd hi i'r pwynt gosod

DERBYNNYDD
mesur lefel ffactor

CYDGYSYLLTYDD
caiff gwybodaeth weithredol ei storio yma a'i defnyddio i gydgysylltu effeithyddion

Adborth negatif

Term Allweddol

Adborth negatif: Mae newid i system yn cynhyrchu ail newid, sy'n gwrthdroi'r newid cyntaf.

▼ **Pwynt astudio**

Mae inswlin yn gostwng lefel glwcos y gwaed ac mae glwcagon yn cynyddu lefel glwcos y gwaed. (Cofiwch: rydym ni'n cynhyrchu glwcagon pan mae'r glwcos wedi mynd.)

Dyma rai enghreifftiau o systemau adborth negatif:

- Crynodiad glwcos yn y plasma. Os yw crynodiad glwcos yn codi'n uwch na'r pwynt gosod, rydym ni'n secretu inswlin, sy'n gostwng crynodiad y glwcos drwy ei drawsnewid yn glycogen a chynyddu cyfradd ei resbiradu. Os yw'r lefel yn gostwng yn is na'r pwynt gosod, rydym ni'n secretu glwcagon, ac yna mae glycogen yn cael ei drawsnewid yn glwcos.

- Os yw tymheredd craidd y corff yn gostwng yn is na'r pwynt gosod, mae mwy o resbiradu'n cynhyrchu gwres, ac mae pibellau gwaed sy'n agos at y croen yn darwasgu er mwyn cadw gwres. Os yw'r tymheredd yn codi'n uwch na'r pwynt gosod, mae pibellau gwaed sy'n agos at y croen yn ymagor, ac mae gwres yn pelydru o'r corff, gan ostwng ei dymheredd.

Mae rhai o systemau'r corff yn gweithredu drwy **adborth positif**, lle mae effeithydd yn cynyddu newid, h.y. mae symudiad oddi wrth y norm yn achosi symudiad pellach oddi wrth y norm:

- Mae ocsitosin yn ysgogi cyfangiad y groth ar ddiwedd beichiogrwydd. Mae'r cyfangiadau hyn yn ysgogi cynhyrchu mwy o ocsitosin, sy'n cynyddu'r symbyliad, h.y. cyfangiadau'r groth.

- Pan mae'r croen yn cael ei dorri, cam cyntaf ffurfio tolchen yw bod platennau yn glynu wrth yr arwyneb sydd wedi'i dorri. Maen nhw'n secretu moleciwlau signal, sy'n atynnu mwy o blatennau i'r safle.

Ysgarthiad

Ysgarthiad yw gwaredu gwastraff mae'r corff wedi'i wneud. Mae corff mamolyn yn ysgarthu llawer o gyfansoddion, gan ddefnyddio pedair organ ysgarthu:

Cyfansoddyn ysgarthiol	Proses fetabolaidd sy'n cynhyrchu'r cyfansoddyn	Ysgarthu'r cyfansoddyn mewn	Organ ysgarthu
Carbon deuocsid	Resbiradaeth	Aer allanadlu	Ysgyfaint
Dŵr			
Wrea	Ymddatod asidau amino	Troeth	Arennau
Creatinin	Ymddatod meinwe cyhyr		
Asid wrig	Ymddatod asidau niwclëig		
Dŵr	Chwysu	Chwys	Croen
Pigmentau bustl	Ymddatod haemoglobin	Ymgarthion	Afu/iau

Mae dŵr yn achos arbennig wrth ystyried sut rydym ni'n rhyddhau moleciwlau o'r corff. Mae angen dŵr ar y corff, ond rydym ni'n:

- Ei ysgarthu fel un o gynhyrchion gwastraff metabolaidd resbiradaeth
- Ei secretu, e.e. mewn dagrau a phoer
- Ei garthu mewn ymgarthion.

Yr aren

Mae gan yr aren ddwy brif swyddogaeth:

- **Ysgarthu** – cael gwared ar wastraff metabolaidd nitrogenaidd o'r corff.
- **Osmoreolaeth** – rheoli potensial dŵr hylifau'r corff (plasma, hylif meinweol a lymff) drwy reoleiddio'r cynnwys dŵr, ac felly grynodiad hydoddion.

▼ **Pwynt astudio**

Mae ysgarthu yn wahanol i garthu (cael gwared ar wastraff sydd ddim wedi'i wneud gan y corff) a secretu (rhyddhau sylweddau defnyddiol o gelloedd).

Termau Allweddol

Ysgarthiad: Cael gwared ar wastraff metabolaidd sydd wedi'i wneud gan y corff.

Osmoreolaeth: Rheoli potensial dŵr hylifau'r corff drwy reoleiddio cynnwys dŵr y corff.

Cynhyrchu wrea

Mae protein o'r deiet yn cael ei dreulio i ffurfio asidau amino, sy'n cael eu cludo i'r afu/iau ac yna o gwmpas y corff, lle maen nhw'n cael eu cymathu mewn proteinau. Mae unrhyw ormodedd asidau amino yn cael ei **ddadamineiddio** yn yr afu/iau gan drawsnewid y grŵp amino yn wrea:

$$CHR.NH_2.COOH \longrightarrow O=CHR.COOH + NH_3 \longrightarrow O=C(NH_2)$$

asid amino   asid α-ceto   amonia   wrea

Mae cynhyrchion gwastraff eraill sy'n cynnwys nitrogen hefyd yn gallu cael eu trawsnewid yn wrea, ond mae chwys a throeth yn rhyddhau creatinin ar grynodiad isel. Mae'r plasma yn cludo'r wrea i'r arennau i'w ysgarthu mewn troeth.

Adeiledd yr aren

Mae gan fodau dynol ddwy aren, un bob ochr i'r asgwrn cefn. Mae capsiwl arennol gwydn yn gorchuddio'r ddwy aren. Mae'r ddwy'n cael gwaed o rydweli arennol ac yn dychwelyd gwaed i'r cylchrediad cyffredinol drwy wythïen arennol. Mae'r gwaed o'r rhydweli arennol yn cael ei hidlo yn yr haen allanol, y cortecs, yng nghwpan Bowman neu'r capsiwl arennol. Mae'r medwla yn cynnwys dolenni Henle a'r dwythellau casglu sy'n cludo troeth i'r pelfis. Mae'r pelfis yn gwagio troeth i'r wreter ac mae wreter o'r ddwy aren yn cludo troeth i'r bledren.

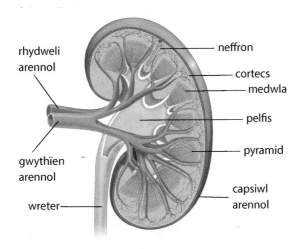

Toriad fertigol drwy aren

Adeiledd manwl

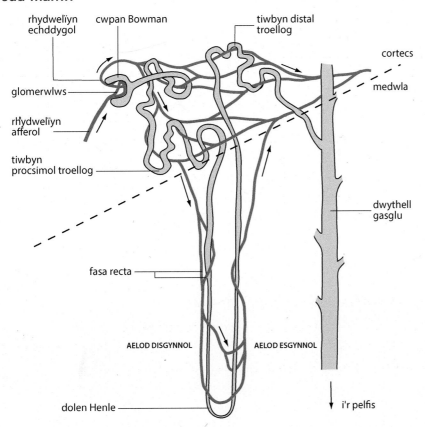

Adeiledd y neffron

DYLECH CHI WYBOD ›››

››› Adeiledd yr aren

››› Lleoliad rhannau'r neffron

››› Enwau rhannau'r neffron

▼ Pwynt astudio

Mae'r glomerwlws a'r tiwbynnau troellog procsimol a distal yn y cortecs. Mae dolen Henle a'r ddwythell gasglu yn y medwla.

Mynd ymhellach ▶

Mewn oedolyn, mae aren yn mesur tua 15 cm o hyd, 6 cm ar draws a 4 cm o drwch. Mae'r wreter yn mesur tua 30 cm o hyd ac mae ei ddiamedr tua 4 mm.

Mae toriad tenau drwy aren wedi'i weld dan ficrosgop yn dangos ei bod hi wedi'i gwneud o diwbiau. Y rhain yw'r neffronau, neu'r tiwbynnau troeth, neu'r tiwbynnau aren. Mae tua miliwn ohonynt, ac mae pob un tua 30 mm o hyd, sy'n rhoi arwynebedd mawr ar gyfer cyfnewid.

Un uned hidlo gwaed unigol yw neffron. Mae rhydwelïyn afferol, sef un o ganghennau'r rhydweli arennol, yn cludo gwaed i'r neffron, ac yn rhannu'n tua 50 o gapilarïau paralel yn y glomerwlws, y tu mewn i gwpan Bowman neu'r capsiwl arennol. O'r fan honno, mae rhydwelïyn echddygol yn cludo'r gwaed wedi'i hidlo i:

- Rhwydwaith capilarïau sy'n amgylchynu'r tiwbynnau troellog procsimol a distal.

- Y fasa recta, rhwydwaith capilarïau sy'n amgylchynu dolen Henle.

Mae hidlif y gwaed yn cael ei ddargyfeirio drwy'r neffron ac mae dwythellau casglu llawer o neffronau yn uno i gludo troeth i'r pelfis a'r wreter.

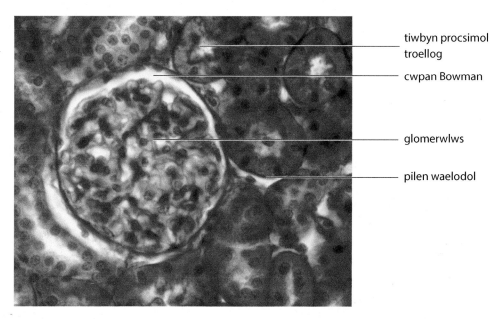

tiwbyn procsimol troellog

cwpan Bowman

glomerwlws

pilen waelodol

Toriad tenau drwy gortecs aren fel mae'n ymddangos o dan ficrosgop golau

Sylwch

Mewn arholiad, efallai y byddai disgwyl i chi ddehongli histoleg y toriadau drwy'r aren fel maen nhw'n ymddangos dan y microsgop golau neu'r microsgop electron.

Uwch-hidlo

Cwpan Bowman

Mae gwaed yn cyrraedd yng nghapilarïau'r glomerwlws o'r rhydwelïyn afferol. Mae ei bwysedd yn uchel oherwydd:

- Mae cyfangiad y galon yn cynyddu pwysedd gwaed yn y rhydwelïau.

- Mae diamedr y rhydwelïyn afferol yn lletach na'r un echddygol.

Mae'r gwaed sy'n mynd i'r glomerwlws yn cael ei wahanu oddi wrth y gwagle y tu mewn i gwpan Bowman, sef bwlch Bowman, gan dair haen:

- Mae mur y capilari yn un haen o gelloedd endotheliwm sy'n cynnwys mandyllau o'r enw ffenestri (*fenestrae*), â diamedr tuag 80 nm.

- Mae'r bilen waelodol yn haen allgellog o broteinau, sef colagen a glycoproteinau gan mwyaf. Mae'n hidlydd moleciwlaidd a hwn yw'r rhwystr detholus, sy'n gweithredu fel gogr, rhwng y gwaed a'r neffron.

- Mae mur cwpan Bowman wedi'i wneud o gelloedd epithelaidd cennog, sef podocytau. Mae cnapiau o bob podocyt, o'r enw pedicelau, yn lapio o gwmpas capilari i'w dynnu'n agosach at y bilen waelodol. Y bylchau rhwng y pedicelau yw'r agennau hidlo. Un ffordd o ddelweddu hyn yw meddwl am stôl â choesau byr: sedd y stôl yw'r podocyt a'r coesau yw'r pedicelau.

DYLECH CHI WYBOD ›››

››› Uwchadeiledd cwpan Bowman

››› Sut mae uwch-hidlo'n digwydd

▼ Pwynt astudio

Mae pwysedd gwaed uchel yn cael ei gynnal yn y glomerwlws gan gyfangiadau'r galon a'r ffaith bod diamedr y rhydwelïyn afferol yn lletach na diamedr y rhydwelïyn echddygol.

▼ Pwynt astudio

Mae'r gwaed sy'n mynd i'r glomerwlws yn cael ei wahanu oddi wrth y gwagle y tu mewn i gwpan Bowman gan ddwy haen o gelloedd a philen waelodol.

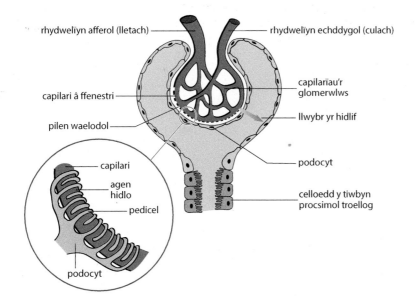

Adeiledd cwpan Bowman

Mae'r pwysedd gwaed uchel yng nghapilarïau'r glomerwlws yn gorfodi hydoddion a dŵr drwy ffenestri'r capilarïau, drwy'r bilen waelodol a thrwy'r agennau hidlo rhwng y pedicelau i mewn i geudod cwpan Bowman. Hidlo dan wasgedd uchel yw **uwch-hidlo**.

Term Allweddol

Uwch-hidlo: Hidlo dan wasgedd uchel.

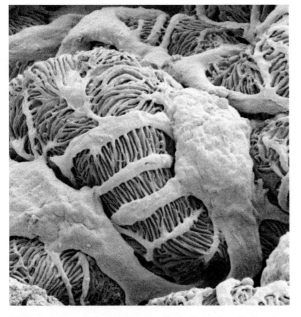

SEM o'r glomerwlws yn dangos capilarïau'n goch a phodocytau â'u pedicelau'n llwydfelyn

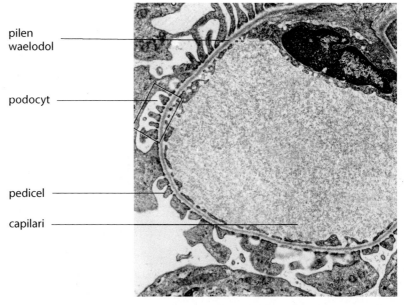

EM o doriad drwy gapilari glomerwlws

Yr hydoddion a'r dŵr sy'n cael eu gorfodi i mewn i gwpan Bowman sy'n gwneud hidlif y glomerwlws, sy'n cynnwys:

- Dŵr
- Glwcos
- Halwynau
- Wrea
- Asidau amino.

Mynd ymhellach ▶

Mae gan y bilen waelodol a'r podocytau wefr negatif ac maen nhw'n arafu ïonau negatif sy'n llifo i mewn i gwpan Bowman.

▼ Pwynt astudio

Mae muriau'r capilarïau a'r bilen waelodol yn gweithredu fel gogr, gan ganiatáu i foleciwlau bach fynd drwodd ond cadw proteinau a chelloedd y gwaed yn y capilarïau.

GWEITHIO'N WYDDONOL

Gan ddefnyddio'r microsgop electron, mae gwyddonwyr wedi dysgu am adeiledd y bilen waelodol a'r podocytau, a thrwy hyn, maen nhw wedi dod i ddeall mecanwaith uwch-hidlo.

Term Allweddol

Adamsugniad detholus:
Mewnlifiad moleciwlau ac ïonau penodol o hidlif y glomerwlws yn y neffron yn ôl i lif y gwaed.

DYLECH CHI WYBOD ›››

››› Ble a sut mae adamsugniad detholus yn digwydd

››› Sut mae celloedd y tiwbyn procsimol troellog wedi addasu i'w swyddogaeth

››› Swyddogaeth dolen Henle a'r mecanwaith lluosydd gwrthgerrynt mewn osmoreolaeth

Mae moleciwlau ag MMC (màs moleciwlaidd cymharol) < 30,000 yn mynd drwy'r bilen waelodol yn rhwydd. Mae moleciwlau ag MMC > 68,000 yn rhy fawr i fynd drwodd. Felly, mae celloedd gwaed, platennau a phroteinau mawr fel gwrthgyrff ac albwmin yn aros yn y gwaed. O ganlyniad i hyn, mae hidlif y glomerwlws yn debyg i'r plasma ond heb broteinau mawr ynddo. Mae gan y gwaed sy'n llifo o'r glomerwlws i'r rhydwelïyn echddygol botensial dŵr isel. Mae hyn oherwydd bod llawer o ddŵr wedi'i golli a bod crynodiad y protein sydd ar ôl yn uchel.

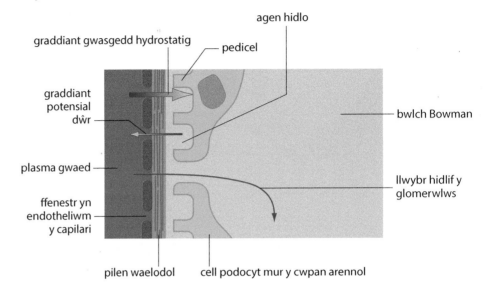

Uwchadeiledd mur capilari glomerwlaidd a chapsiwl arennol

Cyfradd hidlo

O'r gwaed sy'n gadael y galon, mae tua 20% yn mynd yn syth i'r arennau. Cyfradd yr hylif yn mynd o'r gwaed yn y capilarïau glomerwlaidd i gwpan Bowman yw'r gyfradd hidlo glomerwlaidd. Mae'n dibynnu ar y gwahaniaeth rhwng y potensial dŵr yn y ddau fan, h.y. cydbwysedd eu gwasgeddau hydrostatig a'u potensialau hydoddyn. Gyda'i gilydd, mae arennau oedolyn yn cael tuag $1.1 \text{ dm}^3 \text{ mun}^{-1}$ ac yn cynhyrchu $125 \text{ cm}^3 \text{ mun}^{-1}$ o hidlif y glomerwlws.

Cyfaint y gwaed sy'n mynd i'r arennau bob munud = 1.1 dm^3

Cyfaint yr hidlif sy'n cael ei gynhyrchu bob munud = 125 cm^3

∴ Cyfaint y gwaed sy'n gadael y glomerwlws bob munud = $1100 - 125 = 975 \text{ cm}^3$

% wedi'i hidlo = $\dfrac{125}{1100} \times 100 = 11.4\%$ (1 ll.d.)

Adamsugniad detholus

Mae hidlif y glomerwlws yn cynnwys gwastraffau mae'n rhaid i'r corff gael gwared arnynt, ond mae hefyd yn cynnwys moleciwlau ac ïonau defnyddiol, gan gynnwys glwcos, asidau amino, ïonau sodiwm ac ïonau clorid. **Adamsugniad detholus** yw'r broses sy'n cael ei defnyddio i adamsugno cynhyrchion defnyddiol yn ôl i'r gwaed, wrth i'r hidlif lifo drwy'r neffron.

Tiwbyn procsimol troellog (PCT: Proximal convoluted tubule)

Y tiwbyn procsimol troellog yw rhan hiraf a lletaf y neffron. Mae'n cludo'r hidlif oddi wrth cwpan Bowman. Mae'r gwaed yn y capilarïau o gwmpas y *PCT* yn adamsugno'r holl glwcos ac asidau amino, rhyfaint o'r wrea a'r rhan fwyaf o'r dŵr a'r ïonau sodiwm a chlorid o'r hidlif yn y tiwbyn procsimol troellog. Mae gan y *PCT*:

- Arwynebedd arwyneb mawr oherwydd ei fod yn hir ac oherwydd bod miliwn o neffronau yn yr aren.
- Celloedd epithelaidd ciwboid yn ei furiau. Mae microfili tua 1 μm o hyd sy'n wynebu'r lwmen yn cynyddu eu harwynebedd arwyneb, ynghyd ag ymweiniadau (*invaginations*) o'r enw sianelau gwaelodol yn yr arwyneb sy'n wynebu'r bilen waelodol a'r capilari.
- Llawer o fitocondria i ddarparu ATP ar gyfer cludiant actif.
- Cysylltiad agos â chapilarïau.
- Cysylltau tynn rhwng celloedd epitheliwm y tiwbyn procsimol troellog. Cymhlygion â llawer o broteinau ynddynt yw'r rhain sy'n amgylchynu cell, gan ei chydio hi'n dynn yn ei chymdogion. Maen nhw'n atal moleciwlau rhag tryledu rhwng celloedd cyfagos neu o'r gell yn ôl i hidlif y glomerwlws.

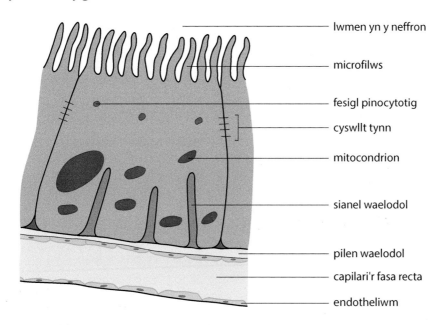

Cell epitheliwm giwboid ym mur y tiwbyn procsimol troellog

- lwmen yn y neffron
- microfilws
- fesigl pinocytotig
- cyswllt tynn
- mitocondrion
- sianel waelodol
- pilen waelodol
- capilari'r fasa recta
- endotheliwm

Adamsugniad detholus yn y tiwbyn procsimol troellog

- Mae tua 70% o'r halwynau yn yr hidlif yn cael eu hadamsugno i'r gwaed. Mae rhywfaint o'r adamsugno yn oddefol, ond mae'r rhan fwyaf yn defnyddio pympiau pilenni i gyflawni cludiant actif.
- Mae'r holl glwcos ac asidau amino yn cael eu hadamsugno i'r gwaed drwy gyfrwng cydgludiant ag ïonau sodiwm. Mae moleciwl glwcos a dau ïon sodiwm yn rhwymo wrth brotein cludo ym mhilen y gell epitheliwm giwboid. Maen nhw'n cael eu cludo i'r gell drwy gyfrwng trylediad cynorthwyedig ac yn daduno oddi wrth y cludydd. Maen nhw'n tryledu ar draws y gell ac mae sodiwm yn tryledu i mewn i'r capilari, i lawr ei raddiant crynodiad. Dyma sy'n darparu'r egni ar gyfer **cludiant actif eilaidd** glwcos i mewn i'r gwaed, yn erbyn ei raddiant crynodiad.
- Mae tua 90% o'r dŵr yn hidlif y glomerwlws yn cael ei adamsugno i'r gwaed yn oddefol, drwy gyfrwng osmosis, wrth i'r ïonau sydd wedi'u hadamsugno ostwng potensial dŵr y gwaed.
- Mae tua 50% o'r wrea a'r proteinau bach yn hidlif y glomerwlws yn cael eu hadamsugno'n ôl i'r gwaed drwy gyfrwng trylediad. Mae cymaint o ddŵr wedi'i golli o'r hidlif, mae eu crynodiad yn uchel yno. O ganlyniad, maen nhw'n tryledu i lawr graddiant crynodiad serth.

I grynhoi, mae'r hidlif wedi colli halwynau, dŵr, wrea, glwcos ac asidau amino yn ôl i'r gwaed. Yng ngwaelod y tiwbyn procsimol troellog, mae'r hidlif yn isotonig â phlasma'r gwaed.

Mynd ymhellach ▶

Mae'r TPT yn rheoleiddio pH yr hidlif drwy gyfnewid ïonau hydrogen carbonad, sy'n cynyddu'r pH, ag ïonau hydrogen, sy'n gostwng y pH.

Cyswllt Rydych chi wedi dysgu am gydgludiant mewn cysylltiad ag amsugno glwcos yn y coluddyn bach yn ystod blwyddyn gyntaf y cwrs hwn.

Mynd ymhellach ▶

Dydy popeth mewn troeth ddim yn dod o uwch-hidlo. Mae secretu tiwbaidd yn symud sylweddau fel creatinin, wrea, rhai hormonau a chyffuriau, e.e. penisilin, i'r hidlif o'r capilarïau o gwmpas y tiwbynnau troellog a'r ddwythell gasglu, drwy gyfrwng cludiant actif.

▼ **Pwynt astudio**

Caiff yr holl glwcos, rhywfaint o'r wrea a'r rhan fwyaf o'r dŵr a'r halwynau eu hadamsugno o hidlif y glomerwlws yn ôl i'r gwaed, gan adael troeth.

Term Allweddol

Cludiant actif eilaidd: Cyplu trylediad, e.e. trylediad ïonau sodiwm, i lawr graddiant electrocemegol i ddarparu egni i gludiant actif, e.e. cludiant actif glwcos i fyny ei raddiant crynodiad.

Mynd ymhellach ▶

Mae'r tiwbyn distal troellog yn adamsugno rhywfaint o ddŵr. Mae ei swyddogaethau eraill yn cynnwys rheoli pH yr hidlif; adamsugno calsiwm, fel ymateb i hormon parathyroid, ac adamsugno sodiwm fel ymateb i aldosteron.

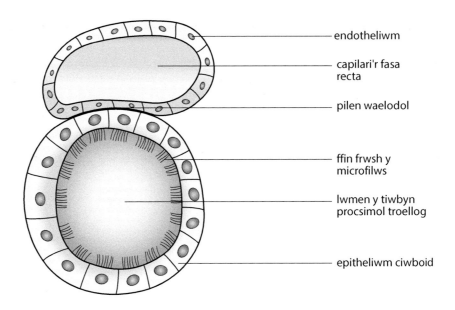

endotheliwm

capilari'r fasa recta

pilen waelodol

ffin frwsh y microfilws

lwmen y tiwbyn procsimol troellog

epitheliwm ciwboid

Tiwbyn procsimol troellog a chapilari

Y trothwy glwcos

Mae glwcos yn ffynhonnell egni, a byddai ei golli yn rhoi'r corff dan anfantais. Dan amodau normal, mae'r tiwbyn procsimol troellog yn adamsugno'r holl glwcos sy'n bresennol yn hidlif y glomerwlws. Os yw crynodiad y glwcos yn yr hidlif yn rhy uchel, fodd bynnag, efallai na fydd digon o foleciwlau cludo ym mhilenni'r tiwbyn procsimol troellog i'w amsugno i gyd. Os felly, bydd glwcos yn mynd drwodd i ddolen Henle ac yn cael ei golli yn y troeth. Gall hyn ddigwydd:

- Os nad yw'r pancreas yn secretu digon o inswlin (diabetes math I).

- Os yw ymateb celloedd yr afu/iau i inswlin wedi'i leihau oherwydd niwed i dderbynyddion inswlin yn y pilenni arwyneb (diabetes math II neu ddiabetes beichiogrwydd, sy'n digwydd i rai menywod yn ystod beichiogrwydd).

Adamsugno dŵr

Mae atal dadhydradu yn her fawr i organebau daearol. All y corff ddim fforddio colli cyfeintiau mawr o ddŵr mewn troeth, felly mae'n adamsugno llawer ohono yn ôl i'r gwaed wrth i hidlif y glomerwlws lifo drwy'r neffron. Mae tua 90% o'r dŵr sy'n cael ei hidlo yng nghwpan Bowman yn cael ei adamsugno i'r gwaed o'r tiwbyn procsimol troellog. Mae rhywfaint yn cael ei adamsugno'n ôl i'r gwaed o'r tiwbyn distal troellog, yng nghhortecs yr aren, ac o'r ddolen Henle yn y medwla. Mae tua 5% yn cael ei adamsugno o'r ddwythell gasglu.

Mae gan y tiwbyn procsimol troellog a'r ddolen Henle swyddogaethau 'stereoteip', h.y. maen nhw bob amser yn gweithio yn yr un modd, gan amsugno'r un cyfaint. Ond mae'r tiwbyn distal troellog a'r ddwythell gasglu'n gallu adamsugno gwahanol gyfeintiau o ddŵr fel ymateb i anghenion y corff, felly y rhain sy'n rheoli cynnwys dŵr y corff yn fanwl.

Mecanwaith adamsugno dŵr

Mae'r hidlif yn mynd i aelod disgynnol dolen Henle ac yn symud i lawr i fachdro (*hairpin bend*) ac i fyny i'r aelod esgynnol.

- Mae muriau'r **aelod esgynnol** yn anathraidd i ddŵr. Maen nhw'n cludo ïonau sodiwm a chlorid yn actif allan o'r hidlif yn y tiwbyn ac i mewn i'r hylif meinweol yn y medwla. Mae dolen Henle hirach yn golygu bod modd allforio mwy o ïonau i'r medwla. Gyda'i gilydd, mae dolenni Henle yn crynodi halwynau yn yr hylif meinweol, ac felly mae ei botensial dŵr yn isel. Wrth i'r hidlif ddringo o waelod y bachdro, mae'n cynnwys llai a llai o ïonau. Mae'n mynd yn fwy a mwy gwanedig, ac mae ei botensial dŵr yn cynyddu.

- Mae muriau'r **aelod disgynnol** yn athraidd i ddŵr, ac ychydig yn athraidd i ïonau sodiwm a chlorid.

  – Wrth i hidlif lifo i lawr yr aelod disgynnol, mae dŵr yn tryledu allan, drwy gyfrwng osmosis, i hylif meinweol y medwla, lle mae'r potensial dŵr yn isel. O'r fan honno, mae'n symud i'r fasa recta, h.y. y capilarïau sy'n amgylchynu dolen Henle.

  – Ar yr un pryd, mae rhai ïonau sodiwm a chlorid yn tryledu i'r aelod disgynnol.

Wrth i'r hidlif lifo i lawr yr aelod disgynnol, mae'n cynnwys llai a llai o ddŵr a mwy a mwy o ïonau felly, ar waelod y bachdro, mae'r hidlif ar ei fwyaf crynodedig, a'i botensial dŵr ar ei isaf.

Mae bod â dau aelod y ddolen ochr wrth ochr, a'r hylif yn llifo tuag i lawr mewn un a thuag i fyny yn y llall, yn golygu bod y crynodiad uchaf posibl yn cronni ar apig y ddolen. Mae'r mecanwaith hwn yn **lluosydd gwrthgerrynt**, oherwydd bod y llif yn y ddau aelod yn mynd i gyfeiriadau dirgroes (gwrthgerrynt) ac mae crynodiad yr hydoddion yn cynyddu (lluosi). Mae crynodiad hydoddion yn uwch fyth yn y medwla.

- Mae'r ddwythell gasglu'n mynd yn ôl i lawr i'r medwla, gan fynd drwy'r man â photensial dŵr isel. Felly, mae dŵr yn tryledu allan o'r ddwythell gasglu drwy gyfrwng osmosis, i lawr graddiant potensial dŵr. Yr hiraf yw dolen Henle, yr isaf fydd y potensial dŵr yn y medwla a'r mwyaf o ddŵr fydd yn gadael y ddwythell gasglu drwy gyfrwng osmosis. Mae'r hidlif yn mynd yn fwy crynodedig na'r gwaed, h.y. mae'n hypertonig i'r gwaed ac erbyn iddo gyrraedd gwaelod y ddwythell gasglu, troeth ydyw. Mae'r dŵr yn cael ei adamsugno i'r fasa recta, y capilarïau gwaed sy'n amgylchynu dolen Henle, ac i mewn i'r cylchrediad cyffredinol.

▼ **Pwynt astudio**

Mae aelod disgynnol dolen Henle yn athraidd i ddŵr ond yn llawer llai athraidd i ïonau; mae'r aelod esgynnol yn athraidd i ïonau ond nid i ddŵr.

 Cyswllt Mae trafodaeth am arwyddocâd hyd dolen Henle a'r berthynas rhwng hyn a chrynodiad yr ïonau yn y medwla ar t134.

Mynd ymhellach ▶

Mae cael gwared ar ddŵr yn gwneud y troeth yn hypertonig i'r gwaed. Yr egni sy'n atal dŵr rhag symud i mewn iddo drwy gyfrwng osmosis yw'r egni sy'n cael ei ddefnyddio i bwmpio ïonau allan o'r aelod esgynnol.

▼ **Pwynt astudio**

Mae'r fasa recta, y capilarïau o gwmpas dolenni Henle yn y medwla, yn danfon maetholion i gelloedd y medwla ac yn cludo dŵr sydd wedi'i adamsugno o hidlif y glomerwlws yn y neffron.

Sylwch

Mae'r neffronau yn gweithio drwy gyfrwng uwch-hidlo, adamsugno detholus, secretu drwy gyfrwng cludiant actif ac osmosis. Gwnewch yn siŵr eich bod chi'n gwybod lleoliadau'r prosesau hyn yn y neffron.

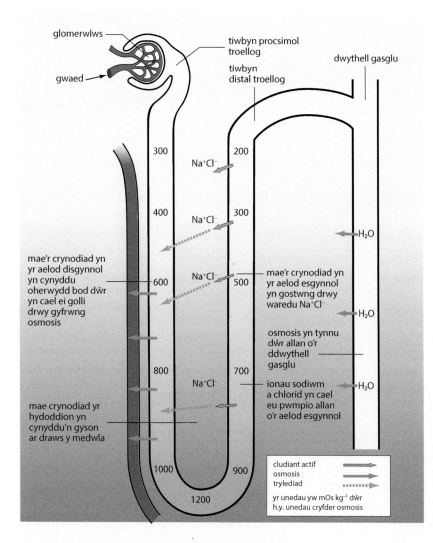

16

Gwirio gwybodaeth

Parwch y rhannau o'r neffron 1–4 â'r gosodiadau A–CH.

1. Tiwbyn procsimol troellog.
2. Glomerwlws.
3. Aelod esgynnol dolen Henle.
4. Dwythell gasglu.

A. Secretu drwy gyfrwng cludiant actif.
B. Adamsugno detholus.
C. Uwch-hidlo.
CH. Osmosis

Lluosydd gwrthgerrynt

Osmoreolaeth

DYLECH CHI WYBOD ›››

››› Swyddogaeth ADH yn y broses o reoli cynnwys dŵr y corff

››› Pam mae angen gwahanol gynhyrchion ysgarthol

Mynd ymhellach ▶

Mae'r rhan fwyaf o ddŵr y corff yn cael ei golli ar ffurf troeth. Mae colledion eraill yn digwydd oherwydd chwysu, cadw arwynebau cyfnewid yn llaith (e.e. alfeoli), colledion mewn ymgarthion a cholledion mewn dagrau.

Term Allweddol

Hormon gwrthddiwretig: Hormon sy'n cael ei gynhyrchu yn yr hypothalamws a'i secretu gan y chwarren bitŵidol ôl. Mae'n gwneud celloedd y tiwbyn distal troellog a muriau'r ddwythell gasglu yn fwy athraidd i ddŵr, sy'n arwain at adamsugno mwy o ddŵr.

Mynd ymhellach ▶

Bob munud, mae'r arennau'n cynhyrchu tua 125 cm³ o hidlif y glomerwlws ac yn adamsugno 124 cm³, gan wneud tuag 1 cm³ o droeth, neu tuag 1.4 dm³ y diwrnod.

Osmoreolaeth yw'r swyddogaeth homeostatig sy'n cynnal crynodiadau ensymau a metabolynnau, fel bod yr adweithiau mewn celloedd yn digwydd ar gyfradd gyson a phriodol. I gynnal priodweddau osmotig eu meinweoedd a'u hylifau, rhaid i famolion gydbwyso ennill dŵr a cholli dŵr. Mae bodau dynol yn cael y rhan fwyaf o'u dŵr drwy ei yfed ac o fwyd, ond 'dŵr metabolaidd' yw tua 10%, h.y. dŵr sy'n cael ei ryddhau o adweithiau'r corff.

Fel mecanweithiau homeostatig eraill, mae osmoreolaeth yn digwydd drwy gyfrwng adborth negatif: yr hypothalamws, yng ngwaelod yr ymennydd, yw'r derbynnydd, ac mae ei osmodderbynyddion yn monitro potensial hydoddyn y gwaed. Hwn yw'r cydlynydd hefyd, oherwydd mae'n anfon signal i'r effeithydd, llabed ôl y chwarren bitŵidol, i ryddhau'r **hormon gwrthddiwretig**, ADH (*anti diuretic homone*), sydd wedi'i storio yno. Mae hyn yn mynd â'r system yn ôl i'w chyflwr normal os yw hi'n mynd yn rhy bell oddi wrtho, drwy newid ymddygiad muriau'r tiwbyn distal troellog a'r ddwythell gasglu.

Troethlif yw cynhyrchu cyfaint mawr o droeth gwanedig. Diwretig, fel alcohol, yw cyfansoddyn sy'n achosi i ni gynhyrchu cyfaint mawr o droeth. Fel mae ei enw'n awgrymu, mae hormon gwrthddiwretig yn achosi i ni gynhyrchu cyfaint bach o droeth crynodedig. Mae'n gwneud muriau'r ddwythell gasglu a'r tiwbyn distal troellog yn fwy athraidd i ddŵr, fel bod mwy yn cael ei adamsugno o'r hidlif yn ôl i'r gwaed.

Mae adborth negatif yn rheoli cyfaint y dŵr sy'n cael ei adamsugno. Mae'n adfer y potensial dŵr arferol os caiff y gwaed ei wanedu neu os aiff yn fwy crynodedig. Mae'r pethau canlynol yn gallu achosi i botensial dŵr y gwaed ostwng:

- Yfed llai o ddŵr
- Chwysu
- Bwyta llawer o halen.

Mae osmodderbynyddion yn yr hypothalamws yn canfod bod y potensial dŵr wedi gostwng. Mae gronynnau secretu yn cludo ADH ar hyd acsonau o'r hypothalamws i labed ôl y chwarren bitŵidol, ac mae ADH yn cael ei secretu o'r fan hon i lif y gwaed. Mae'n cael ei gludo i'r arennau, ac yno:

- Mae ADH yn gwneud muriau'r tiwbyn distal troellog a'r ddwythell gasglu'n fwy athraidd i ddŵr.
- Caiff mwy o ddŵr ei adamsugno o'r fan honno i'r man â photensial hydoddyn uchel, potensial dŵr isel yn y medwla.
- Caiff mwy o ddŵr ei adamsugno o'r medwla i'r gwaed yn y fasa recta.
- Mae potensial dŵr y gwaed yn mynd yn ôl i'r lefel normal.
- Mae'r cyfaint bach o droeth sy'n cael ei gynhyrchu'n gymharol grynodedig. Mae ei grynodiad yn agos at grynodiad y meinweoedd o gwmpas apig dolen Henle, ac mae'n hypertonig i hylifau'r corff.

Mae'r gwrthwyneb yn digwydd os yw potensial dŵr y gwaed yn gostwng, o ganlyniad i yfed llawer o ddŵr. Mae'r chwarren bitŵidol ôl yn rhyddhau llai o ADH ac felly mae muriau'r tiwbyn distal troellog a'r ddwythell gasglu'n mynd yn llai athraidd i ddŵr. Mae llai o ddŵr yn cael ei adamsugno i'r gwaed, felly mae'r potensial dŵr yn mynd yn ôl i'r lefel arferol. Mae'r corff yn cynhyrchu mwy o droeth mwy gwanedig.

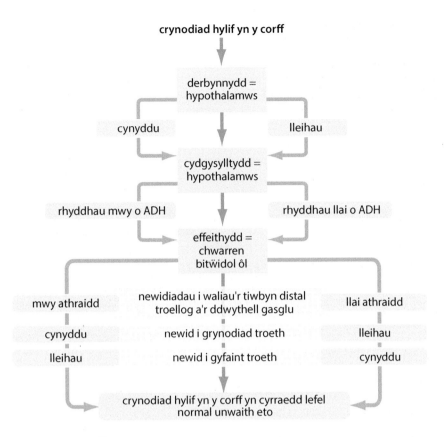

Mecanwaith adborth negatif

Mynd ymhellach ▶

Mae adamsugno dŵr yn hanfodol i gynnal cydbwysedd osmotig priodol yn y corff. Pe na bai'r corff yn rhyddhau dim ADH, rydym ni'n amcangyfrif y byddai'n dioddef diffyg hylif o fewn 3 munud.

Mecanwaith ADH

Proteinau pilen cynhenid yw **acwaporinau**, ac mae ganddyn nhw fandwll i foleciwlau dŵr symud drwyddo. Rydym ni'n gwybod am 13 math ohonynt, ac mae chwech o'r rhain yn gweithredu yn yr arennau. Rydym ni'n amau bod llawer mwy o fathau'n bodoli. Ym muriau'r tiwbyn distal troellog a'r ddwythell gasglu:

- Mae ADH yn rhwymo wrth dderbynyddion pilen.
- Mae adenyl cyclas yn catalyddu'r broses o gynhyrchu AMP cylchol, yr ail negesydd.
- Mae fesiglau sy'n cynnwys acwaporinau yn y cytoplasm yn symud at y gellbilen ac yn asio â hi.
- Mae acwaporinau'n cael eu hymgorffori yn y bilen.
- Mae moleciwlau dŵr yn symud un ar ôl y llall drwy eu mandyllau i mewn i'r gell, i lawr graddiant potensial dŵr.

Pan mae lefelau AMP cylchol mewngellol yn gostwng, mae'r acwaporinau'n mynd o'r gellbilen ac yn cronni unwaith eto mewn fesiglau.

▼ **Pwynt astudio**

Os yw potensial dŵr y gwaed yn rhy isel, mae cynyddu ADH yn cynyddu adamsugniad dŵr. Os yw'n rhy uchel, mae gostwng ADH yn gostwng adamsugniad dŵr. Yn y ddau achos, mae potensial dŵr yn dychwelyd i'r lefel normal.

17

Gwirio gwybodaeth

Nodwch y gair neu'r geiriau coll.

Er mwyn cadw dŵr, mae osmodderbynyddion yn .... yr ymennydd yn canfod crynodiad hydoddion yn y gwaed, sy'n arwain at anfon ysgogiadau nerfol i'r chwarren .... sy'n rhyddhau .... i lif y gwaed. Mae'r hormon hwn yn gwneud muriau'r tiwbyn distal troellog a'r .... yn fwy athraidd i ddŵr. Caiff y dŵr ei adamsugno i'r man â photensial dŵr isel yn y .... Mae hyn yn arwain at gynhyrchu cyfaint o fwy o droeth.

Methiant yr arennau a sut i'w drin

DYLECH CHI WYBOD ›››

››› Canlyniadau methiant yr arennau

››› Triniaethau i fethiant yr arennau

▼ Pwynt astudio

Dydy uwch-hidlo ddim yn gallu digwydd os yw'r pwysedd gwaed yn rhy isel. Os yw'r pwysedd gwaed yn rhy uchel, mae niwed i gapilarïau hefyd yn ei atal.

▼ Pwynt astudio

Rydym ni'n trin methiant yr arennau â chyfyngiadau ar y deiet, cyffuriau i ostwng pwysedd gwaed a chrynodiad ïonau calsiwm a photasiwm yn y plasma, dialysis (haemodialysis a CAPD) a thrawsblaniadau.

Prif swyddogaethau'r arennau yw ysgarthu ac osmoreolaeth. Os ydyn nhw'n methu, dydy'r corff ddim yn gallu cael gwared ar wrea, felly mae ei grynodiad yn cynyddu i lefelau gwenwynig. Dydy'r corff ddim yn gallu cael gwared ar ormodedd dŵr ac felly mae cyfaint hylifau'r corff yn cynyddu ac maen nhw'n gwanedu, sy'n peryglu adweithiau metabolaidd.

Dyma'r pethau mwyaf cyffredin sy'n achosi methiant yr arennau:

- Diabetes: o ganlyniad i grynodiad glwcos uchel yn y plasma, mae'r glomerwlysau'n colli protein, yn enwedig albwmin, i mewn i'r hidlif gan achosi i rai proteinau gysylltu â'i gilydd, gan achosi creithiau mewn cyflwr o'r enw glomerwlosglerosis.
- Pwysedd gwaed uchel: mae niwed i gapilarïau'r glomerwlws yn atal uwch-hidlo.
- Clefyd awtoimiwn: mae'r corff yn gwneud gwrthgyrff yn erbyn ei feinweoedd ei hun.
- Haint.
- Anafiadau mathru, er enghraifft, mewn damwain traffig ffordd.

Mae'r corff yn gallu aros yn iach â dim ond un aren. Efallai na fydd yr aren yn gweithio cystal tua diwedd oes, ond mae'r rhychwant oes yn normal. Os oes niwed i'r ddwy aren, fodd bynnag, rhaid rhoi triniaeth i leihau crynodiad cynhyrchion gwastraff a rheoli cyfaint hylifau yn y corff, i reoleiddio crynodiad hydoddion:

- Bwyta llai o faetholion penodol, yn enwedig protein, fel bod y corff yn ffurfio llai o wrea ac ïonau, e.e. calsiwm a photasiwm.
- Defnyddio cyffuriau i ostwng pwysedd gwaed:
  - Mae atalyddion ensym trawsnewid angiotensin (*ACE: angiotensin-converting enzyme*) a blocwyr derbynyddion angiotensin (*ARBs: angiotensin receptor blockers*) yn lleihau effaith angiotensin, hormon sy'n darwasgu pibellau gwaed, gan gynyddu pwysedd y gwaed ynddynt.
  - Mae blocwyr sianeli calsiwm yn ymagor pibellau gwaed ac yn gostwng pwysedd gwaed.
  - Mae blocwyr beta yn lleihau effaith adrenalin; un o effeithiau adrenalin yw cynyddu pwysedd gwaed wrth gynyddu cyfradd y galon.
- Fel arfer, mae crynodiadau ïonau potasiwm a chalsiwm wedi'u hydoddi yn cael eu cynnal gan gydbwysedd o amsugno yn y coluddyn bach ac adamsugno detholus gan y neffronau.
  - Rydym ni'n trin crynodiad potasiwm uchel yn y gwaed â chyfuniad o glwcos ac inswlin. Os nad yw'n cael ei drin, mae'n arwain at arrhythmia'r galon felly rydym ni'n defnyddio calsiwm mewnwythiennol hefyd, i sefydlogi pilenni cyhyrau'r galon.
  - Mae cydberthyniad rhwng llawer o galsiwm yn y gwaed a risg uwch o glefyd y galon, cerrig yn yr arennau ac osteoporosis. Rydym ni'n ei drin â bisffosffonadau, sy'n lleihau actifedd osteoclastau, y celloedd sy'n ymddatod esgyrn wrth eu hailgylchu nhw'n gyson. Felly, mae calsiwm yn cronni yn yr esgyrn, ac mae llai ohono'n cylchredeg yn y gwaed.
- Dialysis: mae pilen athraidd ddetholus yn gwahanu'r gwaed i'w lanhau a hylif dialysis. Mae potensial dŵr yr hylif dialysis yr un fath â'r gwaed, ond mae crynodiad yr ïonau ynddo'n isel a does dim wrea ynddo. Mae ïonau anorganig, dŵr ac wrea'n tryledu allan o'r gwaed ar draws y bilen, i lawr eu graddiannau crynodiad. Mae'r hylif dialysis yn cynnwys glwcos ar grynodiad arferol y gwaed, felly does dim yn tryledu allan o'r gwaed.
- Trawsblannu aren: os oes gan glaf glefyd arennol difrifol, efallai y caiff gynnig trawsblannu aren.

Haemodialysis

Mae **haemodialysis** yn defnyddio peiriant dialysis. Mae gwaed yn cael ei gymryd o rydweli, yn y fraich fel arfer, ac yn cael ei anfon drwy filoedd o ffibrau hir, cul sydd wedi'u gwneud o diwbiau dialysis athraidd ddetholus. Mae'r ffibrau wedi'u hamgylchynu â'r hylif dialysis. Mae mandyllau'r tiwbiau'n gadael i foleciwlau mewn hydoddiant fynd allan i'r hylif dialysis, ond nid y proteinau mawr, celloedd y gwaed na'r platennau. Mae'r gwaed a'r hylif dialysis yn mynd drwy'r peiriant i gyfeiriadau dirgroes, gan ddefnyddio mecanwaith gwrthgerrynt i gynyddu trylediad allan o'r gwaed. Mae'r gwaed yn dychwelyd i wythïen. Rydym ni'n ychwanegu heparin i deneuo'r gwaed a'i atal rhag ceulo. Mae synhwyrydd yn yr hylif dialysis yn canfod haemoglobin fyddai'n tryledu drwodd pe bai celloedd coch y gwaed wedi'u niweidio. Mae cleifion yn aml yn defnyddio peiriant am lawer o oriau ar y tro, ar lawer o ddyddiau'r wythnos.

Mynd ymhellach ▶

Mae dialysis yn methu cyflawni rhai o swyddogaethau'r arennau, gan gynnwys cynhyrchu erythropoietin, felly gallai cleifion fynd yn anaemig, a thrawsnewid fitamin D o'r deiet i ffurfio cyfansoddyn actif.

Mynd ymhellach ▶

Dim ond un aren sydd gan rai pobl oherwydd eu bod nhw wedi'u geni ag un yn unig, bod un wedi'i thynnu allan oherwydd salwch neu i'w rhoi hi i rywun arall, neu fod y ddwy wedi'u niweidio a'u bod nhw wedi cael trawsblaniad.

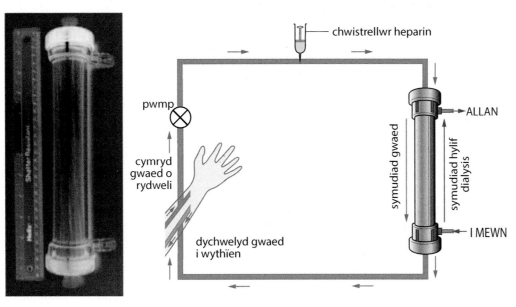

Miloedd o ffibrau mewn peiriant dialysis

Haemodialysis

Dialysis peritoneaidd symudol parhaus (*CAPD: Continuous ambulatory peritoneal dialysis*)

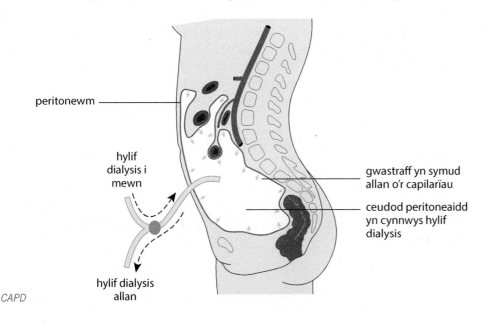

CAPD

Mae hwn yn 'symudol' oherwydd mae'r claf yn gallu cerdded o gwmpas, a dal i wneud gweithgareddau arferol, wrth i'r dialysis ddigwydd. Mae'r claf yn draenio bag 1–3 dm^3 o hylif dialysis drwy gathetr yn yr abdomen, i mewn i geudod y corff. Y peritonewm yw'r bilen sy'n leinio ceudod y corff ac mae'n cynnwys llawer o gapilarïau. Mae'n gweithredu fel pilen dialysis ac mae defnyddiau'n cael eu symud o'r gwaed yn y capilarïau i'r hylif dialysis. Ar ôl tua 40 munud, caiff yr hylif ei ddraenio o'r abdomen, dan ddisgyrchiant, i mewn i fag gwag. Mae'r broses yn cael ei hailadrodd bedair gwaith y dydd. Er bod dialysis yn cael gwared ar wastraff, mae dargadw hylif yn gyffredin ac mae ïonau potasiwm yn cronni yn y gwaed. Felly, rhaid i gleifion beidio ag yfed llawer ac osgoi bwydydd fel bananas a thomatos, sy'n cynnwys llawer o botasiwm.

Mynd ymhellach ▶

Os caiff trawsblaniad ei wrthod, efallai y byddwn ni'n sylwi ar gynnydd mewn creatinin serwm a wrea, cyfaint llai o droeth neu deimlad poenus yn yr aren. Gallwn ni gynnal biopsi i gadarnhau hyn.

18

Gwirio gwybodaeth

Cwblhewch y paragraff drwy lenwi'r bylchau.

Efallai y bydd claf â'i arennau'n methu yn gorfod cyfyngu ar ei .... a chymryd cyffuriau i leihau crynodiad potasiwm a chalsiwm yn y gwaed, yn ogystal â'i .... gwaed. Pan mae arennau'n methu, gallwn ni anfon gwaed claf drwy beiriant aren, lle mae'n rhedeg yn .... â hylif dialysis ar yr ochr arall i bilen athraidd ddetholus. Os yw claf yn mynd i gael trawsblaniad aren, rhaid i grwpiau .... y rhoddwr a'r derbyniwr fod yn gydnaws.

Trawsblaniad

Rhoddwyr a derbynwyr

Mae rhoddwyr yn gallu bod yn fyw neu wedi dioddef marwolaeth coesyn yr ymennydd neu farwolaeth cylchrediad y gwaed. Yn gyffredinol, mae aren gan roddwr byw yn gweithio ar unwaith ac yn para'n hirach. Mae arennau gan roddwyr marw yn gallu cymryd rhai dyddiau neu wythnosau i ddechrau gweithio, a byddwn ni'n defnyddio dialysis yn y cyfamser. Mae rhai arennau wedi'u trawsblannu wedi goroesi am dros 30 mlynedd ond mae'r rhan fwyaf ohonynt yn methu ar ryw adeg, ac mae'r claf yn dechrau defnyddio dialysis unwaith eto.

Rhaid bod grŵp gwaed y rhoddwr a'r derbyniwr yn gydnaws, yn ogystal â'r rhan fwyaf o'u hantigenau lewcocytau dynol. Mae rhoddwyr dros 50 oed, neu rai â phwysedd gwaed uchel neu ddiabetes, yn fwy o risg. Mae arennau wedi'u rhoi gan y rhain yn methu'n amlach nag eraill, ond bydd claf yn dal i fod mewn sefyllfa well ar ôl trawsblaniad nag os yw'n dal i ddefnyddio dialysis.

Y trawsblaniad

Mae'r aren wedi'i thrawsblannu yn cael ei rhoi yng ngwaelod yr abdomen, yng nghesail y fforddwyd (*groin*) ac mae'r rhydweli a'r wythïen arennol sy'n dod o'r aren wedi'i thrawsblannu yn cael eu glynu at y rhydweli a'r wythïen iliag, yn ôl eu trefn. Yna, caiff y cylchrediad â'r aren newydd ei adfer a phan mae'r aren yn troi'n lliw pinc iach ac mae troeth i'w weld yn dod o'r wreter, mae'r wreter yn cael ei gysylltu â'r bledren.

Cyffuriau atal imiwnedd

Rhaid i dderbyniwr trawsblaniad gymryd cyffuriau atal imiwnedd am weddill ei fywyd, ond hyd yn oed wedyn, gall y corff wrthod yr aren newydd, ac mae hyn yn digwydd amlaf yn ystod y chwe wythnos gyntaf. Gan fod y system imiwnedd yn ataliedig, mae cleifion yn fwy tueddol o ddal heintiau, yn enwedig heintiau'r llwybr wrinol/troethol. Yn y pen draw, mae hyn yn gallu niweidio'r aren felly mae rhai cleifion yn cymryd dos isel o wrthfiotigau hirdymor. Mae cytomegalofirws wedi heintio 50% o boblogaeth y Deyrnas Unedig. Gallai'r aren newydd heintio derbyniwr sydd heb ei heintio ac i osgoi cymhlethdodau, gallwn ni ddefnyddio cyffuriau gwrthfirysol. Mae cyffuriau atal imiwnedd hefyd yn gallu cynyddu'r risg o ganserau, yn enwedig canser y croen a lymffoma.

Ysgarthiad ac osmoreolaeth mewn gwahanol amgylcheddau

Mae planhigion yn gynhyrchwyr, ac maen nhw'n gwneud yr holl broteinau sydd eu hangen arnyn nhw. Maen nhw'n gallu defnyddio cludiant actif a thrylediad cynorthwyedig i gael ïonau nitrad ac amoniwm o'r pridd, ac mae planhigion y teulu Fabaceae hefyd yn cael cyfansoddion nitrogenaidd gan eu bacteria sefydlogi nitrogen cydymddibynnol. Mae celloedd planhigyn yn cyfuno ïonau amoniwm ag α-ceto glwtarad, i wneud yr asid amino glwtamad; mae glwtamad yn cael ei drawsnewid yn unrhyw asid amino arall drwy **drawsamineiddio** asidau α-ceto eraill:

DYLECH CHI WYBOD ›››

››› Addasiadau dolen Henle i wahanol amgylcheddau

››› Bod anifeiliaid sydd wedi esblygu mewn gwahanol gynefinoedd yn ysgarthu gwahanol foleciwlau

Term Allweddol

Trawsamineiddiad: Adwaith wedi'i gatalyddu gan ensym sy'n trosglwyddo grŵp amino i asid α-ceto, gan wneud asid amino.

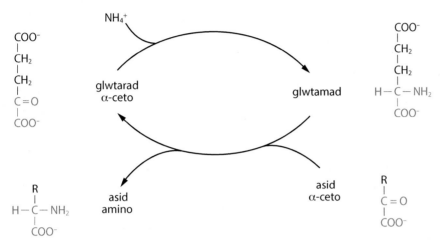

Gwneud asidau amino drwy gyfrwng trawsamineiddiad

Dim ond yr asidau amino a'r proteinau sydd eu hangen mae planhigion yn eu syntheseiddio, felly does dim angen iddynt ysgarthu moleciwlau sy'n cynnwys nitrogen.

Mae hyn yn wahanol i anifeiliaid. Mae anifeiliaid yn llawer llai effeithlon na phlanhigion o ran trawsamineiddio. Maen nhw'n bwyta protein, ac yn gwneud y moleciwlau sydd eu hangen arnyn nhw o'r asidau amino yn y protein hwn. Dydyn nhw ddim yn gallu storio protein diangen, felly mae gormodedd yr asidau amino'n cael ei ddadamineiddio a'i drawsnewid yn foleciwl arall, sy'n cael ei ysgarthu. Mae natur y moleciwl sy'n cael ei ysgarthu yn dibynnu ar yr amgylchedd lle esblygodd yr anifail:

- Mae'r rhan fwyaf o organebau dyfrol, e.e. llawer o bysgod dŵr croyw ac organebau bach fel *Amoeba* yn ysgarthu amonia. Mae'n wenwynig iawn ond mae'n hydawdd iawn mewn dŵr. Mae arwynebedd arwyneb mawr tagellau pysgod ac *Amoeba* yn golygu bod amonia yn gallu tryledu allan yn gyflym ac mae'n cael ei wanedu ar unwaith i grynodiadau is na'r lefel wenwynig.

- Dydy adar, ymlusgiaid a phryfed ddim yn cludo gormodedd dŵr, ac maen nhw'n trawsnewid asidau amino yn asid wrig i'w ysgarthu. Mae asid wrig bron yn anhydawdd mewn dŵr ac mae'n ddiwenwyn. Mae'n cymryd llawer o egni i'w gynhyrchu, ond does dim angen llawer o ddŵr i'w ysgarthu. Mae hyn yn bwysig o ran cadwraeth dŵr ac yn galluogi'r organebau hyn i fyw mewn amgylcheddau lle ceir prinder dŵr neu os yw eu ffordd o fyw'n golygu bod angen iddynt fod yn ddigon ysgafn i hedfan.

- Mae mamolion yn ysgarthu wrea. Mae angen egni i gynhyrchu hwn hefyd ond mae'n llai gwenwynig nag amonia, felly mae meinweoedd a hylifau'r corff yn ei wanedu at grynodiad diwenwyn ac yn gallu ei oddef am gyfnodau byr. Mae mamolion sy'n byw mewn diffeithdir ac mewn cynefinoedd dyfrol wedi addasu i'r dŵr sydd ar gael iddynt, ac mae crynodiad eu troeth yn adlewyrchu hyn.

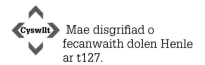

Cyswllt Mae disgrifiad o fecanwaith dolen Henle ar t127.

Mynd ymhellach ▶

Mae'r llygoden fawr godog yn gwneud troeth crynodedig iawn, ond mae ganddi ddolenni Henle byrrach na rhai anifeiliaid sy'n gwneud troeth mwy gwanedig. Mae ganddi gyfradd fetabolaidd uchel, sy'n caniatáu mwy o gludiant actif, gan greu graddiant ïonau serth yn y medwla.

Dolen Henle

Yr hiraf yw dolen Henle, y mwyaf o gyfle sydd i bwmpio ïonau i mewn i'r medwla. Mae'r pympiau ïonau yn yr aelod esgynnol yn cynyddu'r crynodiad yn y medwla'n uwch na'r crynodiad yn nolen Henle. Mae'r potensial dŵr isel hwn yn y medwla yn cynyddu adamsugniad dŵr o'r aelod disgynnol ac o'r ddwythell gasglu, gan roi troeth mwy crynodedig.

Mae dau fath o neffron, ac mae eu cwpan Bowman a'u dolen Henle mewn gwahanol safleoedd:

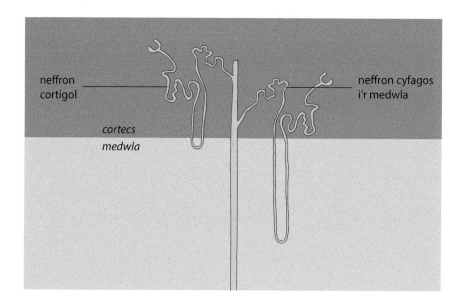

neffron cortigol

neffron cyfagos i'r medwla

cortecs
medwla

Adeiledd yr aren a chadwraeth dŵr

- Yn y neffronau cortigol, mae'r glomerwlws yn y cortecs allanol ac mae dolen Henle yn fyr, a dim ond prin yn cyrraedd y medwla, yn agos at ei ffin gyda'r cortecs. Mae'r rhan fwyaf o neffronau bodau dynol yn rhai cortigol. Mae afancod a llygod mwsg yn anifeiliaid sydd ddim yn wynebu risg o ddiffyg hylif, ac mae eu neffronau'n rhai cortigol gan mwyaf, a'r dolenni Henle yn fyr iawn. Maen nhw'n gwneud troeth gwanedig iawn.

- Mewn neffronau cyfagos i'r medwla, mae cwpan Bowman yn nes at ffin y cortecs â'r medwla. Mae gan y rhain ddolen Henle hir, sy'n treiddio'n ddwfn i'r medwla. Mae gan famolion fel y llygoden fawr godog, sy'n byw mewn cynefinoedd sych iawn, gyfran uchel o neffronau cyfagos i'r medwla. Felly, maen nhw'n gallu cynhyrchu potensial dŵr isel iawn yn y medwla a gwneud troeth crynodedig iawn, gan gadw dŵr yn effeithlon iawn.

Mamolyn	Cynefin	Hyd cymharol dolen Henle	Crynodiad troeth / mOsmol dm^{-3}
afanc	dŵr croyw	byr iawn	520
cwningen	mesig	byr	3100
llygoden fawr godog	diffeithdir	hir	5500

Tiwbyn yr aren mewn mamolion sydd wedi esblygu mewn cynefinoedd â gwahanol symiau o ddŵr ar gael

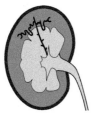 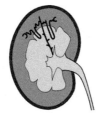 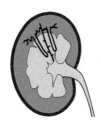

afanc
(cynefin dyfrol)

cwningen
(cynefin daearol â
chyflenwad dŵr
digonol)

llygoden fawr godog
(cynefin sych (*arid*)
heb ddŵr i'w yfed)

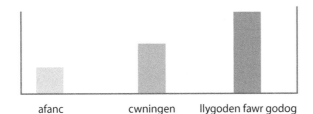

afanc   cwningen   llygoden fawr godog

crynodiad cymharol y troeth sy'n cael ei
gynhyrchu (heb fod wrth raddfa)

Mynd ymhellach ▶

Mae adar yn dibynnu ar ddŵr
metabolaidd wrth hedfan i fudo;
mae'r braster yng nghrwb camel yn
rhyddhau'r dŵr metabolaidd mae'r
camel yn dibynnu arno.

Term Allweddol

Dŵr metabolaidd: Dŵr sy'n cael ei
gynhyrchu drwy ocsidio cronfeydd
bwyd.

Dŵr metabolaidd

Dŵr metabolaidd yw dŵr sy'n cael ei gynhyrchu wrth ymddatod bwyd a'i resbiradu.
Serocolau yw anifeiliaid diffeithdir, fel y llygoden fawr godog, sy'n byw mewn cynefin sych,
poeth iawn ac yn goroesi gydag ychydig o ddŵr neu heb ddŵr. Dydy'r rhain ddim yn yfed
ac maen nhw'n dibynnu'n llwyr ar ddŵr metabolaidd.

Sylwch

Mae addasiadau ar gyfer cadwraeth
dŵr yn gallu bod yn anatomegol, yn
fiocemegol neu'n ymddygiadol.

Ymddygiad

Mae llawer o anifeiliaid y diffeithdir yn aros dan
ddaear yn ystod y dydd, gan fyw mewn daearau
oer a llaith, sy'n golygu eu bod nhw'n colli llai o
ddŵr drwy anweddu. Mae'r hyracs yn greadur
dydd ond mae'n aros mewn agennau mewn
creigiau, yn y cysgod. Mae'r sgorpion, fel llawer
o anifeiliaid y diffeithdir, yn greadur nos ac yn
wynebu llai o risg o ddiffyg hylif gan fod llai o
ddŵr yn anweddu o'i gorff ar dymheredd is.

Hyracs craig

19

Gwirio gwybodaeth

Parwch yr anifeiliaid 1–3 â'u
cynhyrchion ysgarthol A–C.

1. Pysgodyn.
2. Pryfyn.
3. Mamolyn.

A. Wrea.
B. Amonia.
C. Asid wrig.

Ymarfer ymarferol

Dyrannu aren

Bydd cigydd neu archfarchnad yn gallu darparu arennau addas i'w dyrannu. Mae'n debygol mai arennau oen fydd y rhain, ond bydd adeiledd aren unrhyw famolyn yr un fath ag aren ddynol.

Apparatus

- Aren
- Bwrdd torri
- Cyllell llawfeddyg finiog
- Siswrn miniog
- Gefel finiog
- Chwiliwr
- Rhoden wydr
- Lens ar stand
- Sleid microsgop ac arwydryn
- Microsgop

Dull

1. Tynnwch y braster oddi ar du allan yr aren. Gallwch chi ei dynnu â'ch llaw heb wneud niwed i'r aren.

2. Rhowch yr aren yn fflat ar y bwrdd torri, a'r pibellau gwaed a'r wreter yn dod allan ar yr ochr dde.

3. Trywanwch gapsiwl yr aren â blaen y gyllell llawfeddyg a chan gadw llafn y gyllell llawfeddyg yn baralel ag arwyneb y fainc, gwnewch doriadau bach, gan ddod â'r llafn tuag atoch chi bob tro. Trowch yr aren yn wrthglocwedd ar ôl rhai toriadau nes eich bod chi wedi torri'r holl ffordd o amgylch yr organ.

4. Estynnwch y toriadau drwodd i'r canol er mwyn gallu gwahanu'r aren yn ddau hanner.

5. Sylwch ar y cortecs ar du allan yr aren a'r medwla yn bellach i mewn. Sylwch ar y gwahaniaeth lliw.

6. Sylwch ar y pyramidiau a'r pelfis. Defnyddiwch y chwiliwr i ddilyn ceudod y pelfis i mewn i'r wreter.

7. Rhowch hanner yr aren ar y bwrdd torri fel bod y cortecs yn wynebu oddi wrthych chi. Codwch feinwe fewnol y medwla â gefel a thorrwch drwyddi â siswrn miniog, oddi wrthych chi, i ddatgelu tiwbynnau gwyn sy'n arwain i'r pelfis. Calycs mawr yw pob un o'r rhain.

8. Torrwch yn bellach tuag at y cortecs i ddatgelu'r canghennau mwy mân. Calycs bach yw pob un o'r rhain. Defnyddiwch y lens i ddatgelu tiwbynnau mor fach ag y gallwch chi eu gweld â'ch llygaid. Mae'r calycsau yn arwain yn ddi-dor at y dwythellau casglu.

9. Rhowch sampl bach o feinwe'r cortecs ar sleid microsgop a'i fwydo mewn dŵr gan ddefnyddio cyllell llawfeddyg a rhoden wydr. Rhowch arwydryn ar y defnydd ac edrychwch arno dan y microsgop â lens gwrthrychiadur ×10 a lens gwrthrychiadur ×40.

cortecs

medwla

pelfis

meinwe fewnol y medwla

capsiwl arennol

Toriad fertigol drwy aren oen

Asesu risg

Perygl	Risg	Mesur rheoli
Mae offer dyrannu'n finiog	Gallent drywanu neu dorri'r croen	Eu defnyddio nhw'n ofalus
Gallai fod bacteria'n bresennol ar arwyneb yr aren	Gwenwyn bwyd	Golchi dwylo yn syth ar ôl gwneud y gwaith dyrannu; bod yn ofalus wrth waredu defnyddiau wedi'u dyrannu.

Y system nerfol

Mae canfod newidiadau i'r amgylchedd allanol ac ymateb iddynt yn gwella siawns organeb o oroesi. Gan fod y ffurfiadau sy'n canfod newidiadau yn gallu bod yn bell oddi wrth y rhai sy'n ymateb, mae ar organebau angen ffordd o gyfathrebu'n fewnol. Mae cyfathrebu cemegol yn defnyddio hormonau sy'n cael eu secretu gan chwarennau endocrin i'r gwaed. Mae cyfathrebu ffisegol yn llawer cyflymach, gan basio ysgogiad nerfol o dderbynnydd i effeithydd.

Mae gan famolion system nerfol ddeuol. Mae'r brif system nerfol yn cyd-drefnu ac yn rheoli gweithgareddau anifail; mae'r system nerfol berifferol yn cysylltu'r organau â'r brif system nerfol. Mae gweithredoedd atgyrch yn rheoli llawer o swyddogaethau a gweithredoedd y corff. Mae cyffuriau yn gallu tarfu ar y cyfathrebu arferol rhwng elfennau o'r system nerfol.

Cynnwys y testun

Erbyn diwedd y testun hwn, byddwch chi'n gallu gwneud y canlynol:

- Deall bod y system nerfol yn rheoli ac yn cyd-drefnu gweithredoedd drwy ganfod symbyliadau, prosesu'r wybodaeth a chychwyn ymatebion.
- Deall mai derbynyddion sy'n canfod symbyliadau ac effeithyddion sy'n achosi ymatebion.
- Disgrifio adeiledd madruddyn y cefn mewn mamolion.
- Cyferbynnu system nerfrwyd syml yr *Hydra* Cnidaraidd â system nerfol bodau dynol.
- Disgrifio sut mae ysgogiadau nerfol yn teithio ar hyd llwybr atgyrch.
- Disgrifio adeiledd niwron echddygol.
- Esbonio sut caiff ysgogiad nerfol ei drosglwyddo yn nhermau sut caiff potensial gweithredu ei gynhyrchu.
- Disgrifio'r ffactorau sy'n effeithio ar fuanedd dargludo'r ysgogiad nerfol.
- Disgrifio'r synaps fel cyswllt rhwng dwy gell sy'n dargludo.
- Esbonio trosglwyddiad synaptig gan ddefnyddio'r niwrodrosglwyddydd, asetylcolin.
- Esbonio sut mae organoffosffadau a chyffuriau seicoweithredol yn effeithio ar drosglwyddiad synaptig.

Cydrannau'r system nerfol

Mae'r system nerfol:

- Yn canfod newidiadau, neu symbyliadau, y tu mewn i'r corff ac yn yr amgylchedd.
- Yn prosesu a storio gwybodaeth.
- Yn cychwyn ymatebion.

Symbyliad yw newid canfyddadwy i amgylchedd mewnol neu allanol organeb sy'n cynhyrchu **ymateb** gan yr organeb honno. Derbynyddion synhwyraidd sy'n rhoi synhwyrau i organeb. Celloedd synhwyraidd arbenigol yw'r rhain, fel y synwyryddion gwasgedd yn y croen, ac mewn organau synhwyro cymhleth fel y glust a'r llygad. Mae derbynyddion synhwyraidd yn drawsddygiaduron oherwydd maen nhw'n canfod un math o egni ac yn ei drawsnewid yn egni trydanol. Mae'r ysgogiadau trydanol yn teithio ar hyd niwronau; yr enw ar y rhain yw ysgogiadau nerfol. Maen nhw'n cychwyn ymateb mewn effeithydd, sy'n gallu bod yn gyhyr neu'n chwarren.

Symbyliad	Lleoliad y derbynnydd synhwyraidd	Synnwyr
golau gweladwy	retina	golwg
sain	clust fewnol	clyw
gwasgedd	dermis y croen	cyffwrdd
gwasgedd trwm	yn ddyfnach o fewn dermis y croen	poen
cemegol	trwyn	arogl
cemegol	tafod	blas
tymheredd	dermis y croen	tymheredd
disgyrchiant	clust ganol	cydbwysedd

Mae gan y system nerfol ddwy brif ran:

- Mae'r **brif system nerfol** yn cynnwys yr ymennydd a madruddyn y cefn. Mae'r brif yn prosesu gwybodaeth wedi'i darparu gan symbyliad. Mae'r ymennydd a madruddyn y cefn wedi'u hamgylchynu gan bilenni gwydn, amddiffynnol, a'r enw ar y rhain gyda'i gilydd yw pilenni'r ymennydd. Mae adeiledd madruddyn y cefn wedi'i ddangos yn y diagram ar t140. Mae'r gwynnin yn cynnwys ffibrau nerfol wedi'u hamgylchynu â myelin, sy'n frasterog ac felly'n edrych yn wyn. Mae'r freithell yn cynnwys llawer llai o fyelin ac mae wedi'i gwneud yn bennaf o ffibrau nerfol niwronau relái a chellgyrff niwronau relái a niwronau echddygol.

- Mae'r **system nerfol berifferol** yn cynnwys:
  - Y system nerfol somatig, h.y. parau o nerfau sy'n tarddu yn yr ymennydd neu fadruddyn y cefn, a'u canghennau. Mae'r nerfau hyn yn cynnwys ffibrau niwronau synhwyraidd, sy'n cludo ysgogiadau o dderbynyddion i'r brif system nerfol, a niwronau echddygol, sy'n cludo ysgogiadau oddi wrth y brif system nerfol i effeithyddion.
  - Mae'r system nerfol awtonomig yn darparu rheolaeth anymwybodol o swyddogaethau'r organau mewnol, e.e. curiad y galon, treuliad.

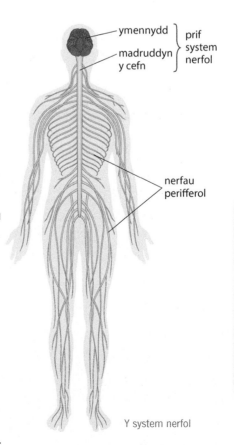

ymennydd
madruddyn y cefn } prif system nerfol

nerfau perifferol

Y system nerfol

Mynd ymhellach ▶

Mae mamolion hefyd yn synhwyro gwasgedd mewn pibellau gwaed, golau uwchfioled, meysydd trydanol, newidiadau lleithder, meysydd magnetig, niwed i feinweoedd ac osmolaredd hylifau.

Sylwch

Sypyn o niwronau neu edafedd nerf yw nerf.

▼ **Pwynt astudio**

Mae'r gallu i ganfod symbyliadau ac ymateb iddynt yn cynyddu siawns organeb o oroesi.

20

Gwirio gwybodaeth

Nodwch y gair neu'r geiriau coll.

Mae'r system nerfol wedi'i rhannu'n ddwy brif ran: y brif system nerfol sy'n cynnwys yr .... a .... , a'r system nerfol berifferol. Mae'r ail o'r rhain yn cynnwys y niwronau .... sy'n cludo ysgogiadau i'r brif system nerfol a'r nerfau .... sy'n cludo ysgogiadau oddi wrth y brif system nerfol.

Y llwybr atgyrch

Y math symlaf o ymateb nerfol i symbyliad yw **llwybr atgyrch**. Mae ysgogiadau nerfol llwybr atgyrch yn dilyn y llwybr niwral hwn. Enghraifft o lwybr atgyrch yw'r atgyrch tynnu'n ôl, pan fyddwch chi'n tynnu eich llaw'n ôl ar unwaith ar ôl ei rhoi ar wrthrych poeth, er enghraifft.

Mae **gweithred atgyrch** yn ymateb cyflym, awtomatig o ganlyniad i ysgogiadau nerfol wedi'u cychwyn gan symbyliad. Dydy'r rhannau o'r ymennydd sy'n gwneud penderfyniadau ddim yn ymwneud â'r broses; mae'r weithred yn anwirfoddol. Mae gweithredoedd atgyrch yn cyflawni swyddogaeth amddiffynnol fel rheol.

Elfennau llwybr atgyrch yw symbyliad $\rightarrow$ derbynnydd $\rightarrow$ niwronau synhwyraidd $\rightarrow$ niwron relái yn y brif system nerfol $\rightarrow$ niwron echddygol $\rightarrow$ effeithydd $\rightarrow$ ymateb. Gallwn ni adnabod y rhain mewn unrhyw weithred atgyrch. Mae'r tabl isod yn rhoi dwy enghraifft o weithredoedd atgyrch.

▼ Pwynt astudio

Does dim niwron relái ar gyfer llwybrau atgyrch rhai gweithredoedd atgyrch, e.e. yr atgyrch plwc penglin. Mae'r niwron synhwyraidd yn synapsio'n uniongyrchol â'r niwron echddygol.

Mynd ymhellach ▶

Os yw derbynnydd synhwyro llwybr atgyrch yn y pen, e.e. celloedd y retina yn atgyrch cannwyll y llygad, yr ymennydd sy'n ymwneud â hyn ac nid madruddyn y cefn.

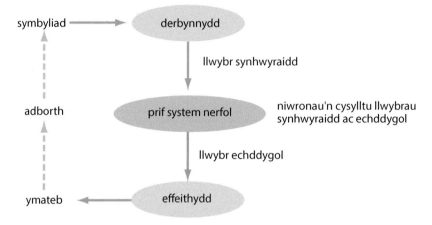

Prif gydrannau mecanweithiau rheoli nerfol

Cam ar y llwybr atgyrch	Atgyrch tynnu'n ôl	Atgyrch cannwyll y llygad
Symbyliad	Gwres	Golau
Derbynnydd synhwyraidd	Derbynyddion tymheredd a phoen yn y croen	Celloedd ffotosensitif yn y retina
Niwron synhwyraidd	Anfon ysgogiad i fyny'r fraich i fadruddyn y cefn	Nerf optig
Prif system nerfol	Niwron relái ym madruddyn y cefn yn trosglwyddo ysgogiad o niwron synhwyraidd i niwron echddygol	Ymennydd
Niwron echddygol	Anfon ysgogiad i effeithydd, cyhyr yn yr achos hwn	Cludo ysgogiadau i gyhyrau'r iris
Ymateb	Cyhyrau'r fraich yn cyfangu a thynnu'r llaw oddi wrth y ffynhonnell gwres	Cyhyrau'r iris yn llaesu neu'n cyfangu i newid diamedr cannwyll y llygad

Sylwch

Byddwch yn barod i labelu diagram o doriad ardraws drwy fadruddyn y cefn a dangos cyfeiriad yr ysgogiad nerfol mewn llwybr atgyrch.

▼ Pwynt astudio

Mae cellgyrff niwronau synhwyraidd i gyd gyda'i gilydd ac yn ymddangos fel chwydd o'r enw ganglion.

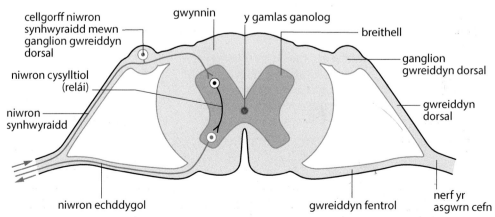

Llwybrau nerfol y llwybr atgyrch

Nerfrwydau

Does gan yr anifeiliaid yn y ffyla sy'n ymddangos yn gynnar iawn yn y cofnod ffosiliau ddim systemau nerfol, e.e. y ffylwm Porifera, sy'n cynnwys sbyngau. Mae gan anifeiliaid sy'n ymddangos yn ddiweddarach gymesuredd rheiddiol ac mae eu system nerfol yn nerfrwyd, e.e. y ffylwm Cnidaria, sy'n cynnwys sglefrod môr. Mae gan anifeiliaid sy'n ymddangos yn ddiweddarach fyth gymesuredd dwyochrol a phrif system nerfol, e.e. Cordatau, sy'n cynnwys bodau dynol.

Nerfrwyd yw'r math symlaf o system nerfol. Mae'n rhwydwaith gwasgaredig o gelloedd sy'n grwpio mewn ganglia, ond heb ffurfio ymennydd. Mae dau fath o gell mewn nerfrwyd:

- Mae celloedd ganglion yn darparu cysylltiadau i lawer o gyfeiriadau.
- Mae celloedd synhwyraidd yn canfod symbyliadau, e.e. golau, sain, cyffyrddiad neu dymheredd.

Mynd ymhellach ▶

Er nad oes gan sbyngau systemau nerfol, mae ganddyn nhw enynnau sy'n ymwneud â ffurfio nerfau. Mae cysylltiad rhwng ffurfio systemau nerfol ac esblygiad sianeli sodiwm mewn cellbilenni.

GWEITHIO'N WYDDONOL

Mae biolegwyr yn defnyddio organeb fodel i ymchwilio i ffenomen benodol, e.e. *Drosophila* ym maes geneteg, tybaco ym maes microledaeniad. Mae'r organeb fodel yn darparu mewnwelediad i'w brofi mewn rhywogaethau eraill.

Hydra yn blaguro

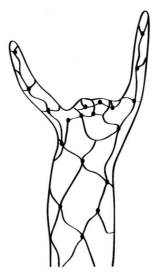
Nerfrwyd *Hydra*

Mynd ymhellach ▶

Mae system nerfol bodau dynol yn cynnwys celloedd sydd ddim yn niwronau, sef celloedd glial. Maen nhw'n cynnal niwronau ac yn eu hamddiffyn nhw, gan gynnwys cynhyrchu'r wain fyelin.

Hydra, yn y ffylwm Cnidaria, yw'r organeb ddelfrydol i astudio nerfrwydau oherwydd mae ei nerfrwyd:

- Yn batrwm syml
- Yn hawdd ei thrin mewn arbrofion
- Yn atffurfio'n gyflym, e.e. ar ôl colli tentacl.

Mae nerfrwyd *Hydra* yn ei ectoderm, yr haen allanol o'r ddwy haen o gelloedd sy'n gwneud mur ei gorff. Mae'r nerfrwyd yn galluogi *Hydra* i synhwyro golau, cyffyrddiad corfforol a chemegion. Fel ymateb, mae'n gallu cyfangu, symud, hela a bwyta. Felly hyd yn oed heb ymennydd, mae'n dangos symudiadau ac ymddygiad cymhleth. Fodd bynnag, dydy *Hydra* ddim yn gallu canfod cyfeiriad symbyliad, er bod symbyliad mwy yn ysgogi mwy o gelloedd ac yn achosi ymateb mwy.

Mae'r tabl yn dangos gwahaniaethau rhwng nerfrwyd *Hydra* a system nerfol bodau dynol:

	Hydra	Bod dynol
Math o system nerfol	Nerfrwyd	Prif system nerfol
Nifer y mathau o gelloedd yn y system nerfol	2	Llawer
Atffurfiant	Cyflym	Araf iawn os o gwbl
Gwain fyelin	Absennol	Presennol
Buanedd dargludiad	Araf – tua 5 m s^{-1}	Cyflym – hyd at 120 m s^{-1}
Gallu i atffurfio niwronau	Presennol	Absennol

Mynd ymhellach ▶

Mae hormonau fertebrat, e.e. steroidau, yn bodoli yn nerfrwyd *Hydra*. Mae systemau nerfol *Hydra* a fertebratau mor wahanol, mae'n annhebygol bod yr hormonau'n gwneud yr un gwaith.

Niwronau

 Cyswllt Mae gan niwrodrosglwyddyddion swyddogaeth mewn synapsau, ac mae disgrifiad o hyn ar t147.

Sylwch

Y niwron echddygol yw'r unig niwron mae gofyn i chi wybod ei adeiledd.

 21

Gwirio gwybodaeth

Nodwch y gair neu'r geiriau coll.

Enw'r niwronau sy'n dod ag ysgogiadau o dderbynyddion i'r brif system nerfol yw niwronau ...., ac enw'r niwronau sy'n cludo ysgogiadau o'r brif system nerfol i'r effeithyddion yw niwronau .... Mae niwron yn cynnwys .... sy'n cynnwys cnewyllyn, ac estyniad hir o'r enw .... Mewn fertebratau, mae gan yr estyniad haen frasterog o'r enw ....

Mae hon yn gweithredu fel .... ac yn cyflymu trosglwyddiad ysgogiadau.

Celloedd arbenigol yw nerfgelloedd, neu niwronau, sydd wedi addasu i gludo ysgogiadau nerfol yn gyflym o un rhan o'r corff i ran arall.

Mae tri math o niwron, ac rydym ni'n eu dosbarthu nhw yn ôl eu swyddogaeth:

- Synhwyraidd – cludo ysgogiadau o'r derbynyddion neu organau synhwyro i'r brif system nerfol.
- Echddygol – cludo ysgogiadau o'r brif system nerfol i organau'r effeithyddion, h.y. cyhyrau neu chwarennau.
- Relái, cysylltiol neu gydgysylltiol – derbyn ysgogiadau o niwronau synhwyraidd neu o niwronau relái eraill a'u trosglwyddo nhw i niwronau echddygol neu i niwronau relái eraill.

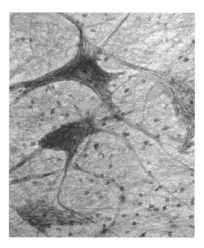

Ffotomicrograff o niwronau

Ffurfiad	Swyddogaeth
Cellgorff / centron	Mae'n cynnwys cnewyllyn a chytoplasm gronynnog.
Cytoplasm	Gronynnog; mae'n cynnwys llawer o ribosomau.
Cnewyllyn	Cadw DNA.
Gronynnau Nissl	Gronynnau cytoplasm sy'n cynnwys ribosomau wedi'u grwpio ar y reticwlwm endoplasmig garw.
Dendrid	Edefyn tenau sy'n cludo ysgogiadau tuag at y cellgorff. Mae cellgorff yn gallu bod â llawer o ddendridau.
Acson	Edefyn tenau sy'n cludo ysgogiadau oddi wrth y cellgorff. Dim ond un acson sydd gan gellgorff.
Celloedd Schwann	Amgylchynu edafedd nerf a'u cynnal nhw. Mewn embryonau fertebratau, maen nhw'n lapio o gwmpas yr acsonau sy'n datblygu lawer gwaith ac yn tynnu eu cytoplasm yn ôl, gan adael gwain fyelin ffosffolipid â llawer o haenau.
Gwain fyelin	Ynysydd trydanol; cyflymu trosglwyddiad ysgogiadau.
Nodau Ranvier	Bylchau 1 µm yn y gwain fyelin, lle mae celloedd Schwann cyfagos yn cwrdd, a lle mae'r bilen acson yn noeth. Maen nhw'n caniatáu trosglwyddo ysgogiadau yn gyflym.
Bwlb pen synaptig	Chwydd ym mhen pellaf yr acson, lle mae'r niwrodrosglwyddydd yn cael ei syntheseiddio.
Pen pellaf / terfyniad acson	Secretu niwrodrosglwyddydd, sy'n trosglwyddo ysgogiad i niwron cyfagos.

Mae adeiledd niwron echddygol myelinedig wedi'i ddangos isod:

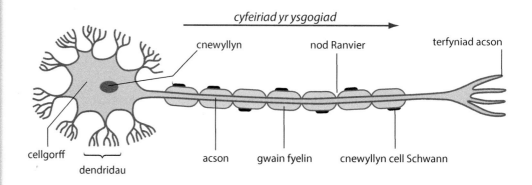

Niwron echddygol mamolyn

Mae niwronau'n trosglwyddo ysgogiadau i un cyfeiriad yn unig oherwydd:

- Mae ail-bolaru'n digwydd y tu ôl i botensial gweithredu ac felly allai dadbolaru ddim digwydd ar yr adeg honno.
- Dim ond yn y bwlb ym mhen y niwron cyn-synaptig mae fesiglau synaptig yn bodoli.
- Dim ond ar y bilen ôl-synaptig mae derbynyddion niwrodrosglwyddyddion yn bodoli.

Priodweddau synapsau

- Trosglwyddo gwybodaeth rhwng niwronau.
- Pasio ysgogiadau i un cyfeiriad, gan gynhyrchu manwl gywirdeb yn y system nerfol.
- Gweithredu fel cysylltau.
- Amddiffyn y system ymateb rhag gorsymbyliad, oherwydd mae'r ysgogiad yr un maint beth bynnag yw maint y symbyliad.
- Hidlo symbyliadau lefel isel: mae'n rhaid i'r dadbolaru fod yn ddigonol i gyrraedd gwerth trothwy, tua −55 mV, er mwyn cychwyn potensial gweithredu. Dyma ffyrdd o adeiladu'r dadbolaru:
  - Symiant amserol, h.y. mae'r dadbolaru'n cynyddu dros amser i gyrraedd y trothwy lle caiff potensial gweithredu ei gychwyn.

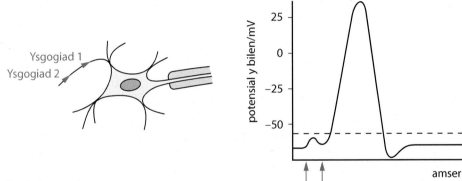

Symiant amserol

  - Symiant gofodol, h.y. mae llawer o niwronau cynsynaptig yn synapsio â'r un niwron ôl-synaptig ac mae pob un yn cyfrannu at y dadbolaru sy'n cynyddu, gan gynhyrchu potensial gweithredu pan mae'n ddigon mawr.

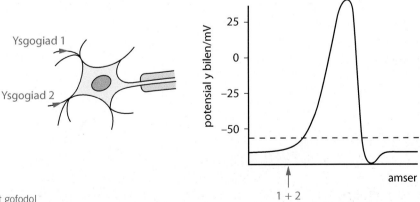

Symiant gofodol

Effeithiau cemegion ar synapsau

Cyffur yw moleciwl sy'n cael effaith ffisiolegol ar y corff wrth i ni ei lyncu, ei fewnanadlu, ei amsugno neu ei chwistrellu i'r corff. Mae llawer o gyffuriau'n gweithredu ar synapsau ac yn tarfu ar brosesau normal niwrodrosglwyddyddion, gan gynhyrchu patrymau ysgogiadau nerfol annormal. Mae llawer o foleciwlau yn gweithredu fel niwrodrosglwyddyddion, gan gynnwys:

- Asetylcolin
- GABA
- Monoaminau, e.e. dopamin, serotonin, noradrenalin
- Niwropeptidau, e.e. endorffinau

Mae gwahanol gyffuriau'n effeithio ar brosesau gwahanol niwrodrosglwyddyddion. Mae dau fath o gyffur:

- Mae **tawelyddion**, e.e. alcohol yn atal y system nerfol, gan greu llai o botensialau gweithredu mewn niwronau ôl-synaptig.
- Mae **symbylyddion**, neu weithyddion, e.e. amffetaminau yn symbylu'r system nerfol drwy ganiatáu mwy o botensialau gweithredu mewn niwronau ôl-synaptig.

Mecanweithiau gweithredu cyffuriau

Mae cyffuriau'n gallu gweithredu mewn amryw o ffyrdd, er enghraifft:

- Mae rhai cyffuriau'n dynwared gweithredoedd niwrodrosglwyddyddion. Efallai y bydd eu siâp yr un fath ac y byddan nhw'n rhwymo wrth y niwron ôl-synaptig yn yr un ffordd, gan gynyddu amlder potensialau gweithredu, e.e. mae'r un grŵp o atomau sy'n cynnwys atom nitrogen â gwefr bositif mewn nicotin ac asetylcolin yn galluogi'r ddau foleciwl i rwymo wrth yr un derbynnydd. Felly mae nicotin yn gwneud i ysgogiadau ddigwydd yn amlach. Ond, yn wahanol i asetylcolin, dydy hydrolysis ddim yn cael gwared ar nicotin felly mae'n parhau i gychwyn ysgogiadau. Mae'r corff yn gallu dod i arfer â nicotin, ac os yw hyn yn digwydd, bydd angen i nicotin fod yn bresennol er mwyn i'r system nerfol weithredu'n normal. Yna, i gael yr effaith ddymunol, rhaid cymryd mwy o nicotin. Goddefedd cyffuriau yw hyn. Os nad yw'r unigolyn yn cymryd nicotin, dydy ysgogiadau ddim yn cael eu trosglwyddo'n normal ac mae'n profi'r symptomau annymunol sy'n gysylltiedig â diddyfnu. Mae'n debygol y bydd y symptomau hyn yn waeth oherwydd un arall o effeithiau nicotin yw achosi i'r corff ryddhau mwy o'r niwrodrosglwyddydd dopamin yn yr ymennydd, sy'n cynhyrchu teimladau pleserus.
- Mae rhai cyffuriau'n atal ymddatodiad niwrodrosglwyddyddion, e.e. mae **organoffosffadau** yn atal asetylcolinesteras. Ym mhresenoldeb organoffosffadau, dydy asetylcolin ddim yn cael ei hydrolysu ac mae'n aros yn yr hollt synaptig, gan achosi i'r niwron ôl-synaptig danio dro ar ôl tro. Esterau asid ffosfforig yw organoffosffadau, ac enw arall arnynt yw esterau ffosffad. Maen nhw'n gallu cael eu mewnanadlu, eu hamsugno a'u llyncu ac mae pobl wedi eu beio nhw am lawer o sefyllfaoedd lle mae niwed hirdymor wedi'i wneud i iechyd. Maen nhw'n cynnwys:
  - Pryfleiddiaid, e.e. malathion, diclorfos
  - Chwynladdwyr, e.e. glyffosad
  - Nwyon nerfau, e.e. sarin.

Mae nwyon nerfau'n atal asetylcolinesteras mewn cysylltau niwrogyhyrol, gan gynhyrchu cyfangiadau cyhyrau niferus ac afreolus. Os yw hyn yn digwydd mewn parau gwrthweithiol o gyhyrau, mae'n gallu torri esgyrn.

Cyffuriau seicoweithredol

Mae cyffuriau **seicoweithredol** yn gweithredu'n bennaf ar y brif system nerfol drwy effeithio ar wahanol niwrodrosglwyddyddion neu eu derbynyddion, sy'n effeithio ar danio niwronau. Maen nhw'n newid y ffordd mae'r ymennydd yn gweithio ac, o ganlyniad, yn newid canfyddiadau, hwyliau, ymwybyddiaeth ac ymddygiad. Maen nhw'n cynnwys cyffuriau therapiwtig fel Ritalin, Prozac a Paxil, a chyffuriau adloniant fel nicotin, alcohol, canabis, cocên, amffetaminau, ecstasi a heroin. Mae'r newidiadau'n gallu bod yn bleserus (e.e. gorfoledd) neu o fantais (e.e. bod yn fwy effro neu gofio pethau'n well), ac felly mae llawer o'r cyffuriau hyn yn cael eu camddefnyddio, hynny yw, eu defnyddio heb oruchwyliaeth feddygol am resymau heblaw eu pwrpas gwreiddiol. Mae hyn yn gallu arwain at ddibyniaeth, sy'n ei gwneud hi'n anodd rhoi'r gorau i'w camddefnyddio nhw.

Mynd ymhellach ▶

Mae'n ymddangos bod alcohol yn symbylydd, ond mewn gwirionedd, mae'n dawelydd, oherwydd mae'n atal gweithgarwch mewn rhannau o'r ymennydd sy'n cyfrannu at hunanreolaeth.

Mynd ymhellach ▶

Mae arbenigwyr yn dweud bod nicotin yn gyffur mor bwerus nes ei bod hi'n anoddach dod allan o gaethiwed i nicotin nag i heroin.

▼ **Pwynt astudio**

Mae synaps niwrogyhyrol rhwng edefyn nerf a ffibr cyhyr. Mae pilen ôl-synaptig y ffibr cyhyr yn caniatáu mewnlifiad Ca^{2+} yn hytrach na Na^+, fel mewn niwronau.

Mynd ymhellach ▶

Mae cytuniadau rhyngwladol wedi gwahardd defnyddio nwyon nerfau fel arfau biolegol, ond mae tystiolaeth yn dangos eu bod nhw wedi cael eu defnyddio er hynny.

Sylwch

Mae caffein yn symbylydd sy'n cynyddu cyfradd fetabolaidd celloedd cynsynaptig. Maen nhw'n cynhyrchu mwy o ATP, gan ganiatáu mwy o synthesis niwrodrosglwyddyddion.

Uned 3

1 Mae llysiau gwyrdd, fel bresych, yn cael eu tyfu fel cnydau bwyd mewn llawer o rannau o'r byd. Os yw'r amodau'n addas, fel yn y Deyrnas Unedig, maen nhw'n tyfu yn yr awyr agored, ond mewn mannau ag amodau ffisegol llai addas, mae'r cnydau'n tyfu mewn tai gwydr. Plannodd ffermwr fresych mewn 100 hectar a sylwodd fod gan y bresych mewn un o'r caeau ar ymyl ei thir, ddail bach, a bod llawer ohonynt, yn hytrach na'u bod nhw'n lliw gwyrdd unffurf, fel roedd hi'n ei ddisgwyl, yn oleuach ac, mewn mannau, yn felyn.

(a) (i) Pa derm rydym ni'n ei ddefnyddio i ddisgrifio planhigion â dail melyn, sydd ddim yn datblygu eu lliw gwyrdd arferol? (1)

(ii) Roedd y ffermwr yn gwybod bod y planhigion yn yr holl gaeau yn perthyn i'w gilydd yn enetig, ac felly mae'n debygol mai ffactor amgylcheddol oedd yn achosi'r lliw gwyrdd. Beth sy'n aml yn achosi dail melyn mewn planhigion? (1)

(iii) Sut gallai'r ffermwr fod wedi cadarnhau ei hamheuaeth? (1)

(b) Cynnyrch cnwd (Y) yw nifer y kg sy'n cael eu cynhyrchu i bob hectar. Y cynnyrch gwirioneddol cyfartalog (Ya) yw'r cynnyrch cyfartalog dros y 5 mlynedd flaenorol. Mae'r tabl yn dangos data'r fferm fresych, wedi'u mesur mewn tunelli bob hectar, lle mae 1 dunnell = 1000 kg.

Blwyddyn	Cynnyrch (Y) / tunnell ha^{-1}	Cynnyrch cyfartalog y 5 mlynedd flaenorol (Ya) / tunnell ha^{-1}
2005	71.9	73.1
2010	65.0	66.4
2015	62.1	63.9

Disgrifiwch y tueddiadau yn y canfyddiadau hyn ac awgrymwch sut i'w hesbonio nhw. (3)

(c) Mae cynnyrch ffotosynthetig planhigion yn pennu a ydyn nhw'n ddefnyddiol fel cnydau bwyd ai peidio. Mae'r moleciwlau mae planhigion yn eu defnyddio i dyfu yn cael eu syntheseiddio drwy ddefnyddio egni golau sy'n cael ei ddal yn ystod yr adweithiau ffotosynthesis golau-ddibynnol, ac yn cael eu gwneud o gynhyrchion yr adweithiau golau-annibynnol.

(i) Mae ATP yn un o gynhyrchion pwysig yr adwaith golau-ddibynnol. Mae cemiosmosis yn darparu'r egni i'w wneud, gan ddefnyddio graddiant protonau rhwng y gofod thylacoid a'r stroma yn y cloroplast. Sut caiff y graddiant protonau ei gynnal? (3)

(ii) Enwch gyfansoddion X ac Y yn y diagram isod, i ddangos enwau cyfansoddion rhyngol y cyfnod golau-annibynnol (1)

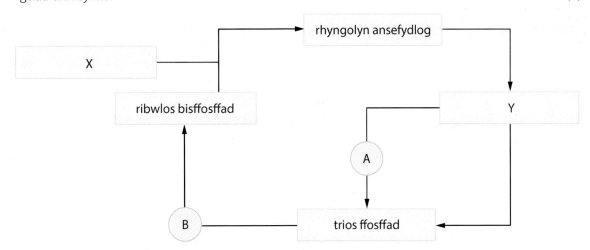

(iii) Mae'r adwaith sydd wedi'i farcio'n A yn defnyddio tuag 17% o'r ATP sy'n cael ei ffurfio yn yr adwaith golau-ddibynnol. Sut mae'r 83% sy'n weddill yn cael ei ddefnyddio? (1)

(iv) Mae'r saeth sydd wedi'i labelu'n B yn cynrychioli cyfres o adweithiau. Esboniwch pam mae'r gyfres hon mor bwysig yng nghyfnod golau-annibynnol ffotosynthesis. (2)

(Cyfanswm 13 marc)

2 Mae resbiradaeth yn gyfres o lwybrau catabolig sy'n cynnwys llawer o wahanol adweithiau mewn gwahanol leoliadau yn y gell. Mae llwybrau resbiradaeth aerobig yn rhyddhau egni cemegol o swbstradau resbiradol ac yn ei ddarparu ar ffurf ATP.

Mae atalyddion metabolaidd yn gallu tarfu ar y llwybrau critigol hyn, gan olygu nad yw'r gell yn cael yr egni hanfodol sydd ei angen arni. Mae 2,4-deunitroffenol (DNP) yn un atalydd resbiradol o'r fath, er ein bod ni'n ei ddefnyddio'n fasnachol mewn llawer o ffyrdd, gan gynnwys fel chwynladdwr, fel un o gydrannau datblygu ffotograffau, i amddiffyn pren ac mewn ffrwydron. Mae atalyddion yn ddefnyddiol mewn ymchwil oherwydd maen nhw'n gallu rhoi gwybodaeth am sut mae celloedd yn gweithio dan amodau normal.

(a) (i) Beth yw ystyr y term 'llwybr catabolig'? (2)

    (ii) Pam mae o fantais i'r gell bod y gadwyn trosglwyddo electronau yn bilennog, yn hytrach nag yn rhydd mewn hydoddiant, fel glycolysis a chylchred Krebs? (1)

(b) Mae'r graff isod yn dangos effaith crynodiad 2,4-deunitroffenol (DNP) ar gynhyrchu ATP mewn cadwyn trosglwyddo electronau.

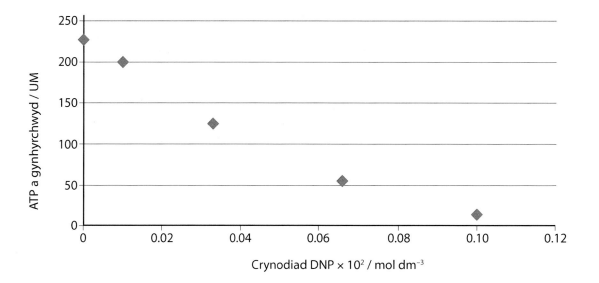

(i) Disgrifiwch effaith DNP ar gynhyrchu ATP, fel mae'r graff hwn yn ei ddangos. (2)

(ii) Mae DNP yn achosi i bilen fewnol y mitocondria fod yn athraidd i brotonau. Maen nhw'n gollwng ar draws y bilen i gyd gan ddinistrio'r graddiant protonau. Sut gallai hyn gynhyrchu'r canlyniadau sydd wedi'u dangos? (2)

(iii) Ers 60 mlynedd, mae rhai pobl wedi bod yn defnyddio crynodiadau bach iawn o DNP i golli pwysau. Sut gallai gweithgarwch DNP mewn mitocondria achosi hyn? (2)

(iv) Pam mae defnyddio DNP mewn deietau wedi gwneud niwed mawr i lawer o bobl, ac mewn rhai achosion, wedi achosi marwolaethau hyd yn oed? (3)

(Cyfanswm 12 marc)

3 Gallwn ni feithrin llawer o rywogaethau bacteria yn y labordy ar gyfrwng twf, naill ai botes hylifol neu wedi'i galedu ag agar. Rydym ni'n defnyddio agar MRS i dyfu bacteria *Lactobacillus.* Mae'n cynnwys:

– pepton

– echdynnyn wy

– echdynnyn burum

– glwcos

– sodiwm asetad

– polysorbad 80

– potasiwm hydrogen ffosffad

– amoniwm citrad

– magnesiwm sylffad

– agar

(a) (i) Pam rydym ni'n disgrifio agar MRS fel cyfrwng 'heb ei ddiffinio'? (2)

(ii) Esboniwch pam rydym ni'n cynnwys glwcos mewn agar MRS. (1)

(b) Mae bacteria Gram positif yn dueddol o gael eu lladd gan benisilin. Maen nhw'n gallu caffael plasmid sy'n cludo alel sy'n rhoi ymwrthedd i benisilin. Disgrifiwch sut gallai cyfrwng twf detholus ein galluogi ni i feithrin y bacteria ymwrthol hyn. (2)

(c) Cafodd bacteria eu cadw mewn cyfrwng meithrin hylifol am 60 awr mewn amodau optimwm o ran pH a thymheredd, gan ddefnyddio crynodiadau maetholion addas i ganiatáu cellraniad digyfyngiad.

(i) Disgrifiwch sut byddech chi'n trin sampl wedi'i gymryd o'r meithriniad hwn ar ôl 40 awr a chyfrifwch ganran y celloedd fyddai'n debygol o gael eu lladd drwy eu trin nhw â phenisilin. (8)

(ii) Mae'r tabl yn dangos nifer y bacteria / cm^{-3} bob deg awr.

Cafodd penisilin ei roi i'r meithriniad ar ôl 40 awr.

Amser yn y meithriniad / h	Nifer y bacteria / cm^{-3}
0	1.0×10^3
10	3.1×10^4
20	4.6×10^7
30	9.6×10^9
40	8.2×10^{10}
50	7.7×10^9
60	7.1×10^9

Roedd dadansoddiad â microsgop yn awgrymu y byddai penisilin yn lladd 87% o'r bacteria o fewn 20 awr. Ydy'r data'n ategu'r awgrym hwnnw? (4)

(Cyfanswm 17 marc)

Cwestiynau arholiad enghreifftiol

4 Rydym ni'n tyfu'r gastanwydden bêr, *Castanea sativa*, yn fasnachol gan ddefnyddio dull traddodiadol o reoli coedwigoedd, sef prysgoedio. Bob 15 mlynedd, ar ddiwedd yr hydref pan mae'r coed yn cysgu, rydym ni'n torri boncyffion yn y gwaelod o fewn rhai centimetrau o'r ddaear, gan adael 'cadair'. Mae blagur yn y gadair yn cynhyrchu cyffion newydd, sef polion, sy'n tyfu i uchder o rai metrau, ac mae eu diamedr yn cynyddu dros y blynyddoedd canlynol. Gallwn ni dorri'r polion unrhyw bryd i'w defnyddio nhw, er enghraifft, i wneud ffensys. Os ydym ni'n eu gadael nhw am gyfnod hirach, maen nhw'n tyfu'n fwy trwchus a gallwn ni eu defnyddio nhw i wneud dodrefn. Rydym ni'n aml yn defnyddio'r pren i adeiladu eitemau awyr agored am ei fod mor wydn, ac rydym ni'n defnyddio'r cnau castan, sef yr hadau, fel bwyd.

Torri castanwydd pêr 15 mlynedd
ar ôl eu prysgoedio

Cafodd asesiad ei gynnal ym mis Awst bob blwyddyn o'r planhigion oedd yn tyfu ar lawr coedwig lle'r oedd castanwydd pêr yn cael eu prysgoedio, a rhoddodd y data canlynol:

Blwyddyn prysgoedio diwethaf	Gorchudd arwynebedd % cymedrig ar lawr y goedwig					
	Mieri	**Helyglys Hardd**	**Brwynen Babwyr**	**Gweiriau**	**Mwsoglau**	**Dail marw**
2014	5.7	0	0	0	0.9	30.3
2012	6.5	0.9	3.0	0.8	1.0	15.7
2010	8.8	1.3	4.9	1.5	1.5	9.3
2008	8.1	1.8	7.2	1.2	1.4	8.8
2006	7.6	1.7	5.9	0.9	1.2	5.9
2004	6.9	1.4	3.4	0.8	0.9	0
2002	6.0	0.9	2.1	0.4	0.6	0
2000	5.1	0	0	0	0.2	26.6

(a) Pam dydy cyfanswm pob rhes lorweddol ddim yn adio i 100%? (2)

(b) Esboniwch pam mae'r data'n dangos newid sydyn rhwng 2000 a 2002. (1)

(c) (i) Disgrifiwch y newidiadau mae data 2002 yn eu hawgrymu. (3)

(ii) Awgrymwch pam gallai newidiadau fod wedi digwydd i gymuned y planhigion ers 2002. (4)

(ch) Cyfrifwch newid canrannol y frwynen babwyr rhwng 2002 a 2008. (2)

(d) Beth yw enw'r newidiadau mae'r data'n eu disgrifio? (1)

(dd) Sut gallai'r data fod yn wahanol mewn planhigfa newydd lle nad oedd dim byd wedi tyfu o'r blaen? (1)

(Cyfanswm 14 marc)

5 Mae'r bromeliadau, sy'n cynnwys y pinafal a rhai planhigion tŷ addurnol, yn un o'r grwpiau diweddaraf o blanhigion i esblygu. Mae'r rhan fwyaf o'r rhywogaethau yn endemig i America a *Pitcairnia feliciana* yw'r unig un sydd ddim. Mae'n bodoli ar frigiadau tywodfaen (bryncynnau unig) yn ucheldiroedd Fouta Djallon yn Guinea, yng ngorllewin Affrica drofannol. Mae'n byw ar dywodfaen ac yn amsugno dŵr drwy ei ddail a maetholion o ddŵr glaw a hyd yn oed o'i feinweoedd marw ei hun.

(a) Mae ucheldiroedd Guinea yn drofannol. Pam mae hyn yn awgrymu ei bod hi'n debygol bod llawer o fioamrywiaeth yno? (3)

(b) Er mai dim ond niferoedd bach o *P. feliciana* sy'n bodoli yn ucheldiroedd canol Guinea, nid yw wedi'i raddio o ran lefel y bygythiad, oherwydd dydy ymchwil ddim wedi diffinio ei gyflenwad na'i union ddosbarthiad eto. Pa gamau allem ni eu cymryd i sicrhau nad yw'r planhigyn hwn yn mynd yn ddiflanedig? (4)

(c) Mae llawer o ddatgoedwigo wedi digwydd yn ardaloedd ucheldir canolog Guinea, gan fygwth y cynefinoedd ac, felly, oroesiad y planhigion sy'n byw yno. Disgrifiwch effaith debygol datgoedwigo fel hyn ar ansawdd y pridd sydd ar ôl. (4)

(ch) Mae'r data yn y tabl yn dangos beth oedd yn achosi datgoedwigo yn Affrica yn ystod degawd cyntaf y ganrif hon.

Sut mae'r tir yn cael ei ddefnyddio	Canran y tir wedi'i ddatgoedwigo	
	2000 – 2004	2005 – 2009
Ffermio ymgynhaliol	20	54
Ffermio dwys	20	34
Ransio / porfeydd	40	1
Coedwigo (*logging*)	8	10

Data yn seiliedig ar Mongabay.com

(i) Sut mae patrymau ffermio wedi newid yn y cyfnod 2000–2009? (3)

(ii) Mae'r term 'amaethyddiaeth ddwys' yn aml yn cyfeirio at ungnwd cnydau ynni fel olew palmwydd.

Disgrifiwch sut rydym ni'n defnyddio olew palmwydd fel cnwd ynni. (3)

(d) Mae datgoedwigo wedi newid sut mae darnau mawr o dir yn cael eu defnyddio ac rydym ni'n meddwl bod y newid hwn, yn fyd-eang, wedi achosi i'r Ddaear groesi un o derfynau'r blaned. Beth yw ystyr y term 'terfynau'r blaned'? (1)

(Cyfanswm 18 marc)

6 Mae'r tabl yn rhoi data troeth a phlasma pum rhywogaeth mamolion sydd wedi esblygu mewn gwahanol gynefinoedd. Mae'r Osmol yn uned (nid uned SI) sy'n cyfeirio at nifer y molau o hydoddyn sy'n cyfrannu at briodweddau osmotig hydoddiant, a gallwn ni ddefnyddio'r uned hon yn lle crynodiad. Mae cynefin mesig yn llaith ac mae cyflenwad dŵr digonol yno.

Mamolyn	Cynefin	Crynodiad troeth (U) / mOsmol dm⁻¹	Crynodiad plasma (P) / mOsmol dm⁻¹	U/P
llygoden fawr	mesig	2900		9.0
afanc	dŵr croyw/tir	520	306	1.7
bod dynol	mesig	1400		4.5
llamhidydd	morol	1800	360	5.0
camel	serig (sych)	2800	350	8.0

Animals at the extreme: The desert environment. Yn seiliedig ar Willmer et al (2000). *Environmental Physiology of Animals.* Rhydychen: Blackwell Science Ltd.

Cafodd troeth a phlasma eu mesur o anifeiliaid a oedd wedi'u bwydo'n dda ac wedi'u dadhydradu; cafodd yr anifeiliaid ddŵr yn syth ar ôl gwneud y mesuriad.

(a) Pam cafodd y data eu casglu o anifeiliaid a oedd wedi'u dadhydradu? (1)

(b) Sut ddylem ni gasglu data fel eu bod nhw'n ddibynadwy? (3)

(c) (i) Cyfrifwch werthoedd crynodiad y plasma yn y llygoden fawr a'r bod dynol. (1)

   (ii) Disgrifiwch y gwerthoedd crynodiad plasma, o gymharu â'r gwerthoedd crynodiad troeth. (3)

(ch) (i) Mae'r afanc, y bod dynol, y llamhidydd a'r camel i gyd yn anifeiliaid mawr. Disgrifiwch y berthynas rhwng crynodiad troeth yr anifeiliaid mawr hyn a faint o ddŵr sydd ar gael yn y cynefin. (1)

   (ii) Disgrifiwch y mecanwaith lle mae dolen Henle yn caniatáu i famolion wneud troeth sy'n fwy crynodedig na'u plasma. (6)

   (iii) Mae llygod mawr a bodau dynol wedi esblygu mewn amgylcheddau mesig ond mae troeth llygoden fawr tua dwywaith mor grynodedig â throeth bodau dynol. Awgrymwch sut mae'r llygoden fawr yn cyflawni hyn. (1)

(Cyfanswm 16 marc)

7

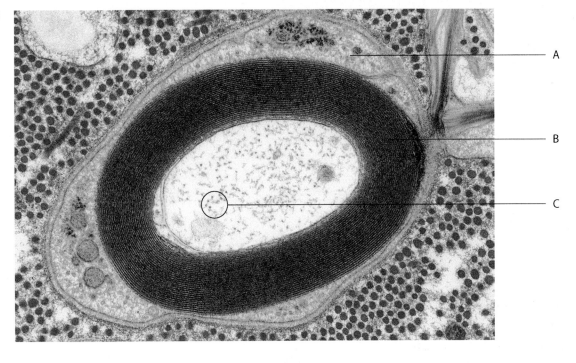

Electron micrograff trawsyrru o nerfau myelinedig

Mae'r electron micrograff lliwiau ffug hwn yn dangos toriad ardraws drwy acson.

(a)   Enwch y ffurfiadau sydd wedi'u labelu'n A ac C a disgrifiwch un swyddogaeth ar gyfer y ddau ohonynt.   (2)

(b)   (i)   Mae'r electron micrograff hwn wedi'i argraffu ar chwyddhad o 50,000. Cyfrifwch drwch mwyaf B, gan ddefnyddio unedau priodol a nifer addas o leoedd degol.

(ii)   Sut mae ffurfiad A yn ymwneud â datblygu ffurfiad B?   (2)

(iii)   Esboniwch sut gallech chi ddefnyddio'r ddelwedd o ffurfiad B i amcangyfrif hyd moleciwl ffosffolipid.   (5)

(c)   (i)   Mae'r tabl isod yn disgrifio niwronau *Loligo*, yr ystifflog enfawr a niwronau bodau dynol. Defnyddiwch y wybodaeth sydd wedi'i rhoi i ddisgrifio ffactorau sy'n rheoli buanedd ysgogiad nerfol ac awgrymwch fecanwaith posibl i bob un.   (6)

Niwron	Ffynhonnell	Diamedr acson bras / µm	Pilen fyelin	Buanedd ysgogiad bras / m s^{-1}
acson enfawr	ystifflog	650	absennol	20
niwron echddygol	ystifflog	1	absennol	4
niwron synhwyraidd yn arwain at synhwyrydd cyffwrdd	bod dynol	6	presennol	50
niwron synhwyraidd yn arwain at dderbynnydd tymheredd	bod dynol	5	absennol	20

(ii)   Defnyddiwch y data yn y tabl isod i awgrymu sut mae tymheredd yn effeithio ar fuanedd ysgogiad nerfol.   (3)

Niwron	Ffynhonnell	Tymheredd cymedrig yr amgylchedd / °C	Buanedd ysgogiad bras / m s^{-1}
acson enfawr	ystifflog	2	20
ffibr enfawr canol	mwydyn / pryf genwair	10	30

(Cyfanswm 18 marc)

Pennod 9

Atgenhedlu rhywiol mewn bodau dynol

Mae atgenhedlu yn gwneud unigolion newydd gyda nodweddion tebyg i'w rhieni. Mae rhyw, yn yr ystyr fiolegol, yn cyfeirio at gymysgu genynnau. Mae llawer o organebau'n gallu atgenhedlu heb ryw, e.e. ymholltiad deuol bacteria, mefus yn cynhyrchu ymledyddion, anemonïau'r môr yn blaguro. Mewn rhai achosion, mae rhyw yn gallu digwydd heb atgenhedlu, fel pan mae cell bacteria'n cymryd plasmid â genynnau newydd. Ymysg anifeiliaid mwy datblygedig, fel bodau dynol, fodd bynnag, rhaid i ryw ac atgenhedlu ddigwydd ar yr un pryd. Mae dau riant yn cyfuno eu halelau fel bod yr epil yn cael cyfuniad newydd o enynnau. Mae'r brych, ffurfiad newydd mewn mamolion, wedi bod yn arwyddocaol iawn o safbwynt esblygol.

Cynnwys y testun

Erbyn diwedd y testun hwn, byddwch chi'n gallu gwneud y canlynol:

- Disgrifio adeiledd a swyddogaeth systemau cenhedlu gwrywol a benywol.
- Esbonio swyddogaethau mitosis a meiosis mewn sbermatogenesis ac oogenesis.
- Disgrifio sut mae'r groth yn paratoi am fewnblaniad.
- Disgrifio ffrwythloniad, datblygiad sygot a'r prosesau sy'n arwain at fewnblaniad.
- Disgrifio adeiledd a swyddogaethau'r brych.
- Deall swyddogaethau hormonau yn y gylchred fislifol ac yn ystod beichiogrwydd a genedigaeth.

Y system genhedlu wrywol

Mae'r system genhedlu wrywol yn cynnwys y canlynol:

- Pâr o geilliau mewn coden allanol, y ceillgwd
- Y pidyn
- Dwythellau yn cysylltu'r ceilliau â'r pidyn
- Chwarennau atodol, h.y. pâr o fesiglau seminol, pâr o chwarennau Cowper a chwarren brostad. Mae'r chwarennau hyn yn secretu hylifau sy'n cymysgu â'r sberm i wneud semen.

DYLECH CHI WYBOD ›››

››› Adeileddau a swyddogaethau'r systemau cenhedlu gwrywol a benywol

››› Y prosesau sy'n cynhyrchu gametau yn yr organau rhyw

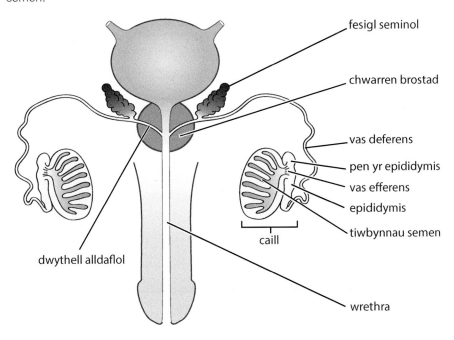

fesigl seminol

chwarren brostad

vas deferens

pen yr epididymis

vas efferens

epididymis

tiwbynnau semen

caill

dwythell alldaflol

wrethra

System genhedlu wrywol

Mae'r naill gaill a'r llall yn cynnwys tua mil o diwbiau torchog, sef y **tiwbynnau semen**. Mae'r celloedd sy'n leinio'r tiwbynnau semen yn ffurfio sberm a thrwy gydol y broses, mae celloedd yn symud tuag at y bwlch, neu'r lwmen, sy'n mynd thrwy ganol y tiwbyn. Pan mae sbermatosoa yn cyrraedd y lwmen, maen nhw'n symud drwy'r tiwbyn ac yn casglu yn y vasa efferentia. Y rhain yw'r tiwbiau torchog sy'n cludo sberm i ben yr epididymis. Mae'r sberm yn aros yn yr epididymis am gyfnod byr wrth ddod yn fudol, ac yna maen nhw'n mynd i'r vas deferens, yn ystod alldafliad.

Mae'r vas deferens yn cludo sberm o'r epididymis tuag at y pidyn. Ar y ffordd, mae'r fesiglau seminol yn secretu mwcws i'r vas deferens. Mae cymysgedd o gemegion yn y mwcws gan gynnwys ffrwctos; mae'r sberm yn resbiradu hwn i gael egni. Mae'r sbermatosoa a'r hylif seminol yn symud drwy'r ddwythell alldaflu, sy'n mynd drwy chwarren brostad, lle mae hylif prostad sy'n cynnwys sinc yn cael ei secretu. Mae secretiadau'r chwarennau atodol hyn yn alcalïaidd ac maen nhw:

- Yn cynnal symudedd sberm
- Yn darparu maetholion ar gyfer y sberm, gan gynnwys ffrwctos, eu prif ffynhonnell egni, asidau amino ac ïonau sinc
- Yn niwtralu asidedd unrhyw droeth sydd ar ôl yn y wrethra
- Yn niwtralu asidedd llwybr y wain.

Semen yw'r hylif sy'n dod allan o'r chwarren brostad, ac mae'n gymysgedd o sbermatosoa, hylif seminol a hylif prostad. Mae'n cael ei gludo drwy'r pidyn yn yr wrethra.

Mynd ymhellach ▶

Os ydych chi wedi astudio Lladin, byddwch chi'n gwybod mai cynhwysydd yw 'vas'. Mae 'efferens' yn golygu cludo i ffwrdd ac mae 'deferens' yn golygu cludo i lawr. Mae enwau ffurfiadau'n aml yn disgrifio eu swyddogaethau.

Archwiliad histolegol o doriad ardraws drwy gaill

Rhowch sleid toriad ardraws drwy gaill dan y microsgop. Gan ddefnyddio gwrthrychiadur ×4, byddwch chi'n gweld tiwbynnau semen, pob un wedi'i amgylchynu â meinwe gyswllt a phob un â lwmen yn y canol. Symudwch y sleid fel bod tiwbyn â lwmen amlwg yng nghanol y rhan sydd yn y golwg. Gan ddefnyddio'r gwrthrychiaduron ×10 a ×40:

- Sylwch ar y celloedd epithelaidd cenhedlol ar ymyl allanol y tiwbyn semen.
- Sylwch ar ddilyniant o gelloedd ar hyd radiws y tiwbyn, os yw plân eich toriad yn caniatáu hyn. Symudwch tuag i mewn oddi wrth yr epitheliwm cenhedlol a sylwch ar sbermatocytau cynradd.
- Mae'n beth prin gweld sbermatocytau eilaidd oherwydd mae'r rhain yn troi'n sbermatidau yn gyflym, ac mae'r rhain i'w gweld ymhellach i mewn tuag at y lwmen.
- Wrth y lwmen, mae sbermatosoa â chynffonnau i'w gweld.
- Rhwng edafedd y sbermatidau sy'n datblygu mae celloedd sertoli. Mae'r rhain yn golofnog, yn weithgar iawn o safbwynt biocemeg ac yn hawdd eu hadnabod oherwydd eu cnewyllyn hirgrwn mawr a'u cnewyllan dwys. Maen nhw'n secretu hylif, sy'n rhoi maeth i'r sbermatidau ac yn eu hamddiffyn nhw rhag system imiwnedd y gwryw.
- Y grwpiau o gelloedd rhwng y tiwbynnau semen yw'r celloedd interstitaidd, neu gelloedd Leydig. Maen nhw'n secretu testosteron, yr hormon rhyw gwrywol, sy'n chwarae rhan ym mhrosesau ffurfio ac aeddfedu sberm, yn ogystal â datblygu nodweddion rhywiol gwrywol eilaidd.

Defnyddiwch y sylladur graticwl a'ch gwerth graddnodi i ganfod diamedr cymedrig y tiwbynnau semen a'r lwmen y tu mewn iddynt.

Sylwch

Gwnewch yn siŵr eich bod chi'n gallu labelu diagramau o systemau cenhedlu gwrywol a benywol a disgrifio swyddogaethau'r ffurfiadau.

23

Gwirio gwybodaeth

Cysylltwch y termau priodol 1–4 â'r gosodiadau A–CH.

1. Caill.
2. Chwarren brostad.
3. Tiwbynnau semen.
4. Fesigl seminol.

A. Cynhyrchu secretiad sy'n cynnwys ffrwctos a chynorthwyo symudedd sberm.
B. Lle caiff sbermatosoa eu cynhyrchu.
C. Cynnwys tiwbynnau semen wedi'u gwahanu gan gelloedd interstitaidd.
CH. Cynhyrchu secretiad alcalïaidd sy'n cynnwys sinc.

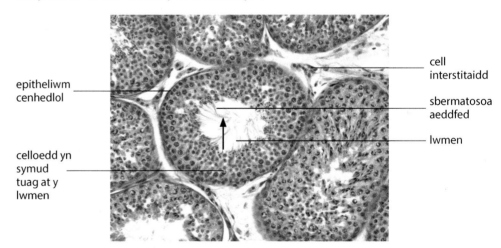

epitheliwm cenhedlol

celloedd yn symud tuag at y lwmen

cell interstitaidd

sbermatosoa aeddfed

lwmen

Tiwbynnau semen caill dynol

Y system genhedlu fenywol

Mae yna ddau ofari. Mae oocytau yn aeddfedu mewn ffoliglau, sy'n datblygu o gelloedd yn yr epitheliwm cenhedlol, o gwmpas ymylon yr ofari. Mae ffoliglau aeddfed yn mudo i arwyneb yr ofari, ac o'r fan honno caiff oocyt eilaidd ei ryddhau yn ystod ofwliad. Mae'r ofarïau yn rhyddhau'r oocyt bob yn ail, un bob mis.

Mae cilia wrth fynedfa twndis y ddwythell wyau yn ysgubo'r oocyt eilaidd i mewn i'r ddwythell wyau, neu diwb Fallopio. Mae'r celloedd epithelaidd ciliedig sy'n leinio'r ddwythell wyau yn cludo'r oocyt eilaidd i'r groth.

Mae tair haen ym mur y groth:

- Haen denau o gwmpas y tu allan yw'r perimetriwm.
- Y myometriwm yw'r haen o gyhyr.
- Yr endometriwm yw'r haen fewnol. Mae'n bilen fwcaidd ac mae ganddi gyflenwad gwaed da. Hon yw'r haen sy'n cynyddu ac yn cael ei cholli bob mis, oni bai bod oocyt wedi'i ffrwythloni, ac os felly, mae'r embryo'n mewnblannu yn yr endometriwm, gan sefydlu beichiogrwydd.

Mae'r groth yn agor i'r wain drwy gylch cul o feinwe gyswllt a chyhyr, sef ceg y groth. Mae muriau'r wain yn gyhyrog ac yn agor yn y fwlfa.

Mynd ymhellach ▶

Mae dwythell wyau sydd wedi'i blocio, e.e. o ganlyniad i haint, yn atal yr oocyt eilaidd rhag cyrraedd safle ffrwythloniad. Fel rheol, bydd angen microlawdriniaeth i drin hyn.

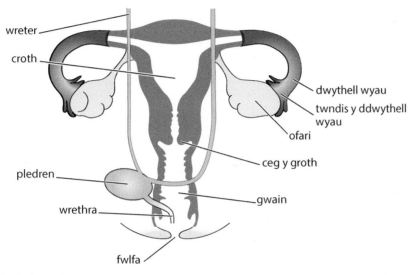

System genhedlu fenywol

Archwiliad histolegol o doriad ardraws drwy ofari

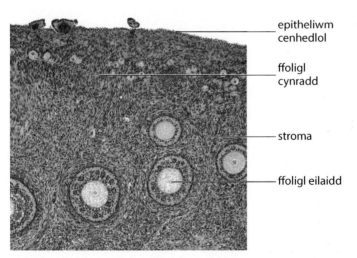

Toriad drwy ofari

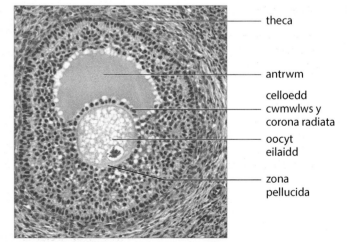

Datblygu ffoligl eilaidd

Mae amlinelliad toriad drwy ofari yn hirgrwn neu'n grwn, gan ddibynnu ar y plân lle cafodd ei dorri. Daliwch y sleid i fyny at y golau i weld a oes rhan yn edrych yn wag; mae'n debygol mai antrwm ffoligl Graaf aeddfed fydd y rhan hon. Mae'r ffoligl Graaf yn gallu bod yn agos at ganol yr ofari neu, os cafodd y toriad ei wneud yn fuan ar ôl ofwliad, yn ymyl yr ofari, lle mae'r ffoligl wedi rhwygo.

Mynd ymhellach ▶

Y meddyg a'r anatomydd o'r Iseldiroedd, Reinier de Graaf (1641–73), oedd y cyntaf i ddisgrifio datblygiad y ffoligl rydym ni nawr yn ei alw'n ffoligl Graaf. Sylwodd fod y ffoligl Graaf yn cynnwys yr oocyt.

- Rhowch y sleid dan y microsgop a, gan ddefnyddio gwrthrychiadur ×4, sylwch ar unrhyw ffoliglau Graaf sy'n aeddfedu, drwy nodi'r antrwm llawn hylif.
- Mae ymyl allanol yr ofari'n cynnwys epitheliwm cenhedlol.
- Symudwch tuag i mewn, gan ddefnyddio gwrthrychiadur ×10 a gwrthrychiadur ×40, i sylwi ar ffoliglau cynradd, sy'n edrych fel clystyrau o gelloedd, a phob un ag oocyt cynradd mwy yn y canol.
- Allwch chi ddim gweld yr oocyt mewn ffoligl Graaf oni bai bod plân y toriad yn mynd drwyddo. Os yw'n bresennol, gallwch chi weld y **zona pellucida** sy'n creu staen tywyll. Os yw'r rhaniad meiotig cyntaf wedi digwydd, mae'n oocyt eilaidd. Os nad yw, mae'n dal i fod yn oocyt cynradd.
- Mae'r oocyt eilaidd wedi'i amgylchynu â chelloedd cwmwlws, sy'n cyfrannu at y **corona radiata**.
- Efallai y bydd yr antrwm yn edrych yn ddi-draidd, er ei fod yn llawn hylif, oherwydd mae hydoddion yn tueddu i risialu allan wrth i'r sleid gael ei baratoi.
- Enw matrics yr ofari yw'r stroma. Efallai y bydd hi'n bosibl gweld gwaed a phibellau lymff ynddo.

Defnyddiwch y sylladur graticwl a'ch gwerth graddnodi i fesur diamedr ffoligl Graaf.

Gametogenesis

Y broses o gynhyrchu gametau yn yr organau rhyw yw gametogenesis. Sbermatogenesis yw'r broses o ffurfio sberm mewn caill. Oogenesis yw'r broses o ffurfio oocytau eilaidd mewn ofari.

Mae celloedd epitheliwm cenhedlol y caill a'r ofari yn cyflawni cyfres o raniadau mitotig a meiotig i ffurfio gametau haploid. Mae'n bwysig bod y gametau yn haploid er mwyn adfer y nifer diploid yn ystod ffrwythloniad fel nad yw nifer y cromosomau'n dyblu ym mhob cenhedlaeth.

Sbermatogenesis

- Mae celloedd yr epitheliwm cenhedlol yn gelloedd diploid. Maen nhw'n rhannu drwy gyfrwng mitosis i wneud sbermatogonia diploid a mwy o gelloedd epitheliwm cenhedlol.
- Mae'r sbermatogonia'n rhannu lawer gwaith drwy gyfrwng mitosis ac yn mynd yn fwy, gan wneud sbermatocytau cynradd diploid a mwy o sbermatogonia.
- Mae sbermatocytau cynradd yn cyflawni meiosis I, sy'n gwneud sbermatocytau eilaidd, sy'n haploid.
- Mae sbermatocytau eilaidd yn cyflawni meiosis II, gan wneud sbermatidau haploid.
- Mae sbermatidau'n aeddfedu i ffurfio sbermatosoa neu sberm.

Mynd ymhellach ▶

Mae'n cymryd tua 70 diwrnod i gynhyrchu sberm. Mae sberm yn nofio ar 1–4 mm / munud. Mae dyn yn gwneud tua 10^7 o sberm / g caill / diwrnod. Yn y gorllewin, rydym ni'n ystyried bod cyfrif sberm o 2–4×10^6 /cm³ o alldafliad yn normal.

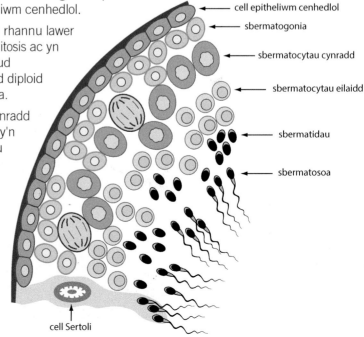

cell epitheliwm cenhedlol
sbermatogonia
sbermatocytau cynradd
sbermatocytau eilaidd
sbermatidau
sbermatosoa

Spermatogenesis   cell Sertoli

Adeiledd sberm

- Mae'r pen yn cynnwys cnewyllyn haploid, sydd wedi'i orchuddio ar y pen blaen â lysosom sef yr acrosom, sy'n cynnwys ensymau sy'n cael eu defnyddio ar adeg ffrwythloniad.

- Mae'r darn canol yn llawn mitocondria, sy'n darparu ATP i symud. Mae'r rhain yn troelli o gwmpas y microdiwbynnau sy'n ymestyn o'r centriol i mewn i'r ffilament echelinol yn y gynffon.

- Mae'r gynffon, neu'r fflagelwm, yn gwneud symudiadau chwipio sy'n symud y sberm, ond dydy'r sberm ddim yn fudol nes eu bod nhw wedi cael eu haddasu yn yr epididymis.

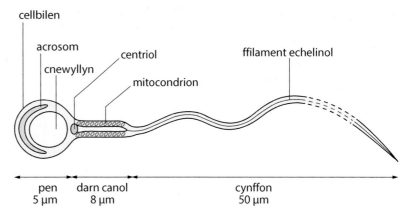

Diagram o gell sberm ddynol

Oogenesis

- Cyn genedigaeth, yn y ffoetws sy'n datblygu, mae celloedd epitheliwm cenhedlol yr ofari, sy'n gelloedd diploid, yn rhannu drwy gyfrwng mitosis i ffurfio oogonia diploid, a mwy o gelloedd epitheliwm cenhedlol.

- Mae'r oogonia'n rhannu lawer gwaith drwy gyfrwng mitosis ac yn mynd yn fwy, gan wneud oocytau cynradd diploid a mwy o oogonia.

- Mae'r oocytau cynradd yn dechrau meiosis I ond yn stopio; mae merch yn cael ei geni â miliynau o oocytau cynradd mewn proffas I yn ei hofarïau.

- Mae celloedd epitheliwm cenhedlol yn rhannu i ffurfio celloedd ffoligl diploid, sy'n amgylchynu'r oocytau cynradd, gan ffurfio ffoliglau cynradd.

- O'r glasoed ymlaen, mae hormonau'n symbylu'r ffoliglau cynradd i ddatblygu ymhellach. Yn fuan cyn ofwliad, mae oocyt cynradd yn cwblhau meiosis I, gan wneud oocyt eilaidd, sy'n cynnwys y rhan fwyaf o'r cytoplasm. Mae cynnyrch arall meiosis I yn gell lawer llai. Mae'n allwthio o ben yr oocyt eilaidd, felly rydym ni'n ei alw'n gorffyn pegynol cyntaf. Mae'r oocyt eilaidd a'r corffyn pegynol yn haploid.

- Mae'r ffoligl cynradd yn datblygu'n ffoligl eilaidd, a phan mae'n aeddfed, rydym ni'n ei alw'n ffoligl Graaf. Mae'n mudo i arwyneb yr ofari lle mae'n byrstio ac yn rhyddhau'r oocyt eilaidd mewn proses o'r enw ofwliad. Bob mis, bydd llawer o ffoliglau cynradd yn dechrau datblygu ond fel rheol, dim ond un sy'n aeddfedu'n ffoligl Graaf wedi'i ddatblygu'n llawn.

- Mae'r oocyt eilaidd yn dechrau meiosis II ond mae'n stopio ym metaffas II oni bai bod ffrwythloniad yn digwydd.

- Ar ôl ffrwythloniad, mae meiosis II yn cwblhau, gan wneud ofwm sy'n cynnwys y rhan fwyaf o'r cytoplasm. Cynnyrch arall meiosis II yw'r ail gorffyn pegynol.

- Ar ôl ofwliad, mae'r ffoligl Graaf yn troi'n corpus luteum (corff melyn). Os yw ffrwythloniad yn digwydd, mae'n cynhyrchu hormonau, ond fel arall, mae'n atchwelyd.

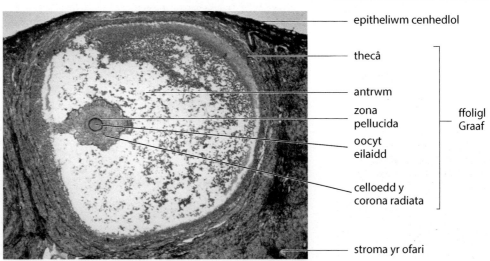

Ffoligl Graaf

24

Gwirio gwybodaeth

Nodwch y gair neu'r geiriau coll.

Caiff sbermatosoa eu cynhyrchu yn y .... yn y ceilliau mewn proses o'r enw .... Mae sbermatogonia yn rhannu lawer gwaith i gynhyrchu .... Mae'r rhain yn cyflawni meiosis ac mae cynhyrchion y rhaniad meiotig cyntaf yn haploid. Mae'r celloedd hyn yn cyflawni ail raniad meiosis, gan gynhyrchu ...., sy'n gwahaniaethu ac yn aeddfedu i ffurfio sbermatosoa. Mae'r sbermatosoa'n cael eu hamddiffyn a'u maethu gan gelloedd ....

Sylwch

Gwnewch yn siŵr eich bod chi'n gwybod ar ba gamau mae mitosis a meiosis yn digwydd yn ystod gametogenesis.

▼ **Pwynt astudio**

Mae oocyt eilaidd yn cael ei ryddhau yn ystod ofwliad. Dydy'r ofwm ddim yn ffurfio tan ar ôl ffrwythloniad.

25

Gwirio gwybodaeth

Nodwch y gair neu'r geiriau coll.

Caiff gametau benywol eu cynhyrchu yn yr ofari mewn proses o'r enw ....
Mae dau fath o gellraniad yn digwydd wrth iddynt gael eu cynhyrchu. Mae oogonia yn rhannu drwy gyfrwng .... i ffurfio oocytau cynradd. Mae'r rhain yn dechrau rhannu drwy gyfrwng .... , ond dim ond hyd at broffas I tan y glasoed; ar ôl hynny, bob mis, mae un yn cwblhau ei raniad cyntaf i ffurfio oocyt eilaidd. Caiff hwn ei gynnwys mewn ffoligl .... sydd wedi datblygu'n llawn, a chaiff yr oocyt eilaidd ei ryddhau ohono mewn proses o'r enw ....

Mae haen glir o garbohydrad, y **zona pellucida**, o gwmpas cellbilen yr oocyt eilaidd. Mae cromosomau'r oocyt eilaidd ym metaffas II. Maen nhw ar y cyhydedd, ac wedi glynu at y microdiwbynnau sy'n gwneud organigyn y werthyd. Mae ymylon y cytoplasm yn cynnwys **gronynnau cortigol**, sef organynnau secretu sy'n atal mwy nag un sberm rhag mynd i mewn. Mae celloedd y corona radiata yn amgylchynu'r oocyt eilaidd ac yn darparu maetholion.

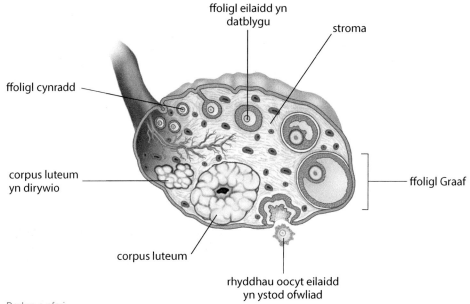

Darlun o ofari

Mae'r diagramau llif isod yn dangos bod sbermatogenesis ac oogenesis yn dilyn yr un egwyddorion, h.y. mitosis ac yna meiosis. Mae'r camau cyfatebol yn cael enwau cyfatebol. Un gwahaniaeth mawr yw bod sbermatocyt cynradd yn cynhyrchu pedwar gamet, ond mae oocyt cynradd yn cynhyrchu un.

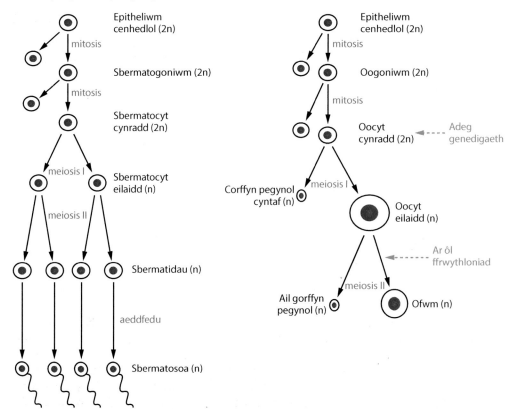

Diagramau llif gametogenesis

Cymharwch y diagramau llif hyn â'r rhai ar gyfer gametogenesis mewn Angiosbermau, ar t181.

Cyfathrach rywiol

Mae effeithiau corfforol a seicolegol yn achosi i'r rhydwelïynnau sy'n mynd i mewn i'r pidyn ymagor, a'r gwythienigau sy'n gadael ddarwasgu. Mae gwaed yn cronni mewn bylchau yn y pidyn, gan ei wneud yn unionsyth. Yn ystod cyfathrach rywiol, caiff y pidyn ei roi i mewn yn y wain, a dyna pam rydym ni'n ei alw'n organ 'ymwthiol'. Mae symudiadau'r pidyn yn arwain at gyfangu cyhyr anrhesog ym muriau'r epididymis, y vas deferens a'r pidyn, sy'n achosi alldafliad semen i'r wain. Mae grym yr alldafliad yn ddigon i yrru rhywfaint o sberm ymlaen drwy geg y groth i'r groth, a chaiff y gweddill ei adael wrth frig y wain. Mewn dynion a menywod, cyfuniad y digwyddiadau corfforol a seicolegol ar eu mwyaf dwys yw'r orgasm.

DYLECH CHI WYBOD ›››

››› Proses ffrwythloniad

››› Proses mewnblaniad

››› Adeiledd a swyddogaethau'r brych

Ffrwythloniad

Proses yw ffrwythloniad, nid un digwyddiad. Mae'n gallu cymryd llawer o oriau rhwng yr adeg pan fydd sberm yn clystyru o gwmpas yr oocyt ac adeg cwblhau asio defnydd genynnol y gametau.

- Mae'r sberm yn cyrraedd yr oocyt eilaidd – mae'n cymryd tua 5 munud ar ôl iddo gael ei adael, i'r sberm ymateb i atynwyr cemegol yr oocyt a nofio drwy geg y groth a drwy'r groth i'r ddwythell wyau. Mae'r sberm yn dal i fod yn hyfyw am 2-5 diwrnod ond maen nhw ar eu mwyaf ffrwythlon am 12-24 awr ar ôl yr alldafliad. Os yw ofwliad wedi digwydd yn ddiweddar, bydd oocyt eilaidd yn y ddwythell wyau, ond dim ond am tua 24 awr mae hon yn aros yn hyfyw oni bai ei fod yn cael ei ffrwythloni. Er bod miliynau o sberm yn cael eu gadael, dim ond tua 200 sy'n cyrraedd yr oocyt eilaidd yn y ddwythell wyau.

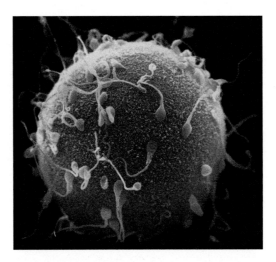

SEM lliw o sberm yn casglu o gwmpas oocyt eilaidd

Mynd ymhellach ▶

Mae ffrwythloniad mewnol yn dod â gametau gwrywol a benywol at ei gilydd heb y risg y gallan nhw ddadhydradu. Mae hyn yn digwydd mewn ymlusgiaid, adar a mamolion. Mae cydberthyniad rhwng yr esblygiad hwn ac anifeiliaid yn cytrefu cynefinoedd tir.

- **Cynhwysiant** – rhaid i broses o'r enw cynhwysiant ddigwydd cyn i sberm allu ffrwythloni oocyt eilaidd. Mae'r broses hon yn tynnu colesterol a glycoproteinau o'r gellbilen dros yr acrosom ym mhen y sberm. Dros lawer o oriau, mae'r bilen yn mynd yn fwy hylifol ac yn fwy athraidd i ïonau calsiwm.

- **Adwaith acrosom** – mae'r acrosom yn rhyddhau proteasau, sy'n treulio celloedd y corona radiata.

- Yna, ar ôl dod i gysylltiad â'r zona pellucida, mae pilen yr acrosom yn rhwygo ac yn rhyddhau proteas arall, acrosin, sy'n hydrolysu'r zona pellucida o gwmpas yr oocyt eilaidd.

- Mynediad pen sberm – mae cellbilenni'r oocyt eilaidd a'r sberm yn asio ac mae pen y sberm yn suddo i gytoplasm yr oocyt eilaidd. Ar ôl i ben y sberm fynd i mewn, rydym ni'n galw'r oocyt eilaidd yn ofwm.

- **Adwaith cortigol** – hwn yw'r adwaith yn yr oocyt sy'n cynhyrchu'r bilen ffrwythloni, gan atal **polysbermedd**, h.y. mwy o sberm yn mynd i mewn. Pan mae'r sberm yn glynu wrth yr oocyt eilaidd, mae reticwlwm endoplasmig llyfn yr oocyt yn rhyddhau ïonau calsiwm i mewn i'r cytoplasm. Mae'r rhain yn gwneud i'r gronynnau cortigol asio â'r gellbilen a rhyddhau'r ensymau sydd ynddynt, drwy gyfrwng ecsocytosis. Mae'r zona pellucida yn cael ei addasu'n gemegol ac mae'n ehangu ac yn caledu, gan wneud pilen ffrwythloniad, sy'n amhosibl i fwy o sberm fynd drwyddi.

◀ **Termau Allweddol**

Cynhwysiant: Newidiadau i gellbilen sberm sy'n ei gwneud hi'n fwy hylifol ac yn caniatáu i'r adwaith acrosom ddigwydd.

Adwaith acrosom: Mae ensymau acrosom yn treulio'r corona radiata a'r zona pellucida, gan ganiatáu i gellbilen y sberm asio â chellbilen yr oocyt.

Adwaith cortigol: Pilenni gronynnau cortigol yn asio â chellbilen yr oocyt, gan ryddhau eu cynnwys, sy'n trawsnewid y zona pellucida yn bilen ffrwythloniad.

Gallwn ni grynhoi'r dilyniant ffrwythloni fel hyn:

1. Sberm yn amgylchynu oocyt eilaidd yn y ddwythell wyau
2. Cynhwysiant
3. Adwaith acrosom
4. Pen sberm yn mynd i mewn
5. Adwaith cortigol
6. Meiosis II
7. Mitosis.

Mynd ymhellach ▶

Mae ZP3, un o broteinau'r zona pellucida, yn rhwymo wrth foleciwl ar y sberm. Mae'r mecanwaith clo-ac-allwedd hwn yn atal gametau o rywogaethau gwahanol rhag asio.

Mae oocyt eilaidd yn gallu goroesi am 24 awr, ond mae sberm yn gallu aros yn hyfyw yn y ddwythell wyau am 7 diwrnod. Efallai na fydd ffrwythloniad yn digwydd am lawer o ddyddiau ar ôl i'r sberm gael eu gadael.

- Meiosis II – mae mynediad y sberm hefyd yn symbylu'r broses o gwblhau ail raniad meiotig cnewyllyn yr ofwm. Mae'n parhau drwy anaffas II a theloffas II, yn rhannu ac yn bwrw'r ail gorffyn pegynol allan.

- O fewn tua 24 awr, mae'r mitosis cyntaf yn cyfuno defnydd genetig y rhieni i wneud celloedd diploid yr embryo. Mae cromosomau'r sberm yn uno â chromosomau'r ofwm ar gyhydedd y gell. Mae'r gell nawr yn sygot, gan fod y cromosomau wedi cyfuno.

- Mae'r rhaniad mitotig cyntaf yn cynhyrchu dwy gell, a nes bod organau wedi datblygu o gwmpas wythnos 10, rydym ni'n galw'r casgliad hwn o gelloedd yn embryo.

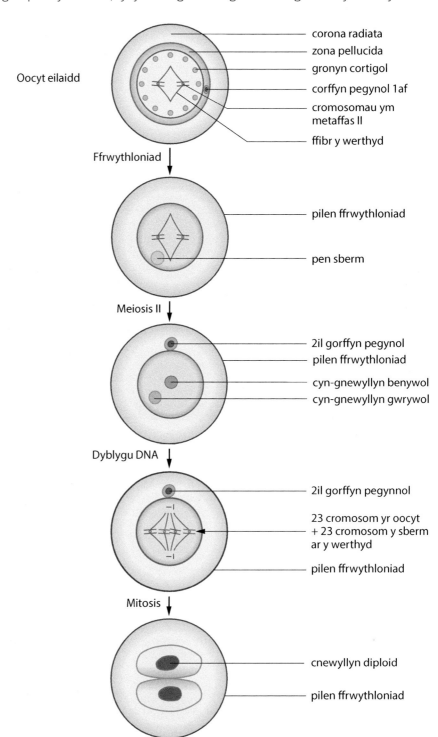

Dilyniant ar ôl i'r sberm fynd i mewn

Mewnblaniad

Wrth i'r embryo symud i lawr y ddwythell wyau, mae'n rhannu lawer gwaith drwy gyfrwng mitosis mewn dilyniant o'r enw **ymraniad**. Mae pêl solid o 16 o gelloedd, y morwla, yn ffurfio o fewn 3 diwrnod. Mae ymraniad yn dal i ddigwydd ac mae'r celloedd yn symud o gwmpas ei gilydd. Erbyn 7 diwrnod, mae'r bêl o gelloedd wedi ffurfio blastocyst, sy'n wag yn y canol. **Troffoblastau** yw'r celloedd o gwmpas tu allan y blastocyst. Maen nhw'n rhannu i wneud **màs celloedd mewnol** ar un ochr. Mae'r blastocyst yn symud o'r ddwythell wyau i'r groth.

Ar ôl ofwliad, mae'r endometriwm yn tewychu ac yn cael mwy o gyflenwad gwaed i'w baratoi i dderbyn embryo. Mae yna 'ffenestr mewnblannu' pan mae'r endometriwm yn gallu derbyn embryo, rhwng 6 a 10 diwrnod ar ôl ofwliad. Ar ôl tua 9 diwrnod, mae ymwthiadau allan o gelloedd troffoblast y blastocyst, sef filysau'r troffoblast, yn treiddio drwy'r endometriwm. Mae'r filysau'n cynyddu'r arwynebedd arwyneb i amsugno maetholion o'r endometriwm. **Mewnblaniad** yw'r ffordd mae'r blastocyst yn mynd i mewn i'r endometriwm ac mae 80% o flastocystau yn mewnblannu o fewn 8–10 diwrnod.

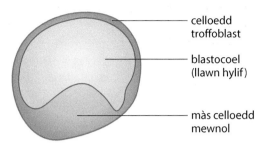

Blastocyst ar ôl 7 diwrnod

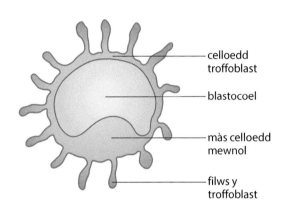

Troffoblast wedi'i fewnblannu yn yr endometriwm

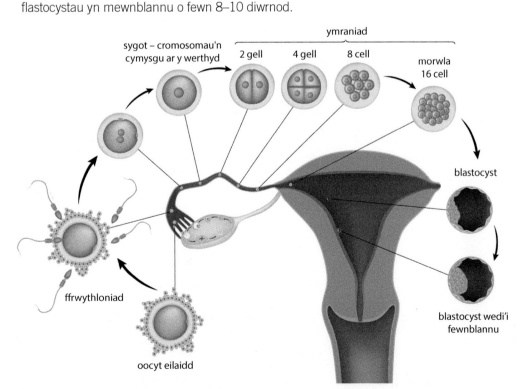

Crynodeb o ofwliad i mewnblaniad

Mynd ymhellach ▶

Mae progesteron o'r corpus luteum yn symbylu secretiadau yn y groth, sy'n diraddio gweddillion y zona pellucida ac yn darparu maetholion, gan gynyddu twf y blastocyst a'i allu i fewnblannu.

Termau Allweddol

Troffoblast: Y celloedd sy'n ffurfio haen allanol y blastocyst.

Mewnblaniad: Y blastocyst yn suddo i mewn i'r endometriwm.

Mynd ymhellach ▶

O bob 100 oocyt sy'n cael ei ffrwythloni, mae llai na 50 yn troi'n flastocyst, mae 25 yn mewnblannu a dim ond 13 sy'n datblygu y tu hwnt i 3 mis.

Mynd ymhellach ▶

Mewn beichiogrwydd ectopig, mae'r blastocyst yn mewnblannu ym mur y ddwythell wyau. Efallai na fydd dynes yn gwybod am hyn nes ei bod hi'n teimlo poen difrifol wrth i'r embryo sy'n tyfu rwygo'r ddwythell wyau.

Mynd ymhellach ▶

Mae tua 70% o fethiannau i fewnblannu yn digwydd oherwydd nad yw'r endometriwm yn ddigon derbyngar ac mae triniaeth â hormonau'n gallu helpu hyn. Mewn achosion eraill, mae'n digwydd oherwydd problem â'r embryo.

Y brych

Mae'r **brych** yn mesur tua 22 cm o hyd × 2 cm o drwch ac mae'n pwyso tua 500 g. Mae'n cysylltu'r embryo a'r ffoetws â mur y groth. Mae wedi'i wneud o feinweoedd sy'n dod o'r embryo ac o'r fam:

- Mae'r troffoblast yn datblygu i ffurfio'r corion, pilen allanol sy'n amgylchynu'r embryo. Mae celloedd y corion yn symud i filysau'r troffoblast ac yn ffurfio **filysau corionig**, sy'n llawer mwy. Maen nhw'n cael capilarïau gwaed, sydd wedi'u cysylltu â'r rhydweli a'r wythïen wmbilig. Y rhain yw'r pibellau gwaed sy'n cysylltu'r embryo â mur y groth drwy'r llinyn bogail.

- Meinweoedd y brych sy'n dod o'r fam yw'r ymwthiadau o'r endometriwm rhwng y filysau corionig.

Prif swyddogaethau'r brych yw:

- Fel organ endocrin, cynhyrchu hormonau i gynnal y beichiogrwydd.
- Cyfnewid sylweddau rhwng gwaed y fam a'r ffoetws, gan gynnwys maetholion, cynhyrchion gwastraff, nwyon resbiradol. Mae bylchau rhwng filysau, sef y ceudodau, sy'n cynnwys gwaed y fam, yn amgylchynu'r filysau corionig. Mae celloedd filysau corionig yn cynnwys microfili, sy'n rhoi arwynebedd cysylltiad mawr gyda gwaed y fam, i gyfnewid cymaint â phosibl. Dydy gwaed yr embryo a gwaed y fam ddim yn dod i gysylltiad â'i gilydd. Mae'r pellter rhyngddynt, drwy furiau'r filysau corionig, tua 5 µm; dros y pellter byr hwn, mae trylediad, trylediad cynorthwyedig, cludiant actif, pinocytosis ac osmosis yn gweithio'n effeithiol. Mae'r graddiant crynodiad rhwng y ddau gylchrediad yn cael ei gynnal gan lif gwrthgerrynt, sy'n gwneud y cyfnewid yn fwy effeithlon.
- Rhwystr ffisegol rhwng cylchrediad y fam a'r ffoetws:
  - Amddiffyn capilarïau bregus y ffoetws rhag niwed gan bwysedd gwaed uwch y fam.
  - Amddiffyn y ffoetws sy'n datblygu rhag newidiadau i bwysedd gwaed y fam.
- Darparu imiwnedd goddefol i'r ffoetws: mae gwrthgyrff y fam yn croesi'r brych ac yn ymosod ar bathogenau ond dydyn nhw ddim yn ymosod ar gelloedd y ffoetws, er bod y rhain yn cludo antigenau'r tad, sy'n wahanol i antigenau'r fam.
- Amddiffyn rhag system imiwnedd y fam: dydy'r fam ddim yn gwneud ymateb imiwn yn erbyn y ffoetws na'r brych, er eu bod nhw'n cynnwys genynnau estron, h.y. gan y tad. Un rheswm yw bod celloedd mur y filysau corionig yn asio fel nad oes dim bylchau rhyngddynt, gan wneud syncitiwm. Yna, dydy celloedd imiwn mudol, fel granwlocytau, ddim yn gallu mynd drwodd i waed y ffoetws.
- Ond dydy'r brych ddim bob amser yn amddiffyn y ffoetws yn imiwnolegol yn llwyr:
  - Mae rhai erthyliadau naturiol yn debyg i wrthod organ wedi'i thrawsblannu.
  - Clefyd rhesws mewn ffoetws yw pan mae gwrthgyrff o fam Rhesws negatif yn dinistrio celloedd gwaed ffoetws Rhesws positif. Mae hyn yn waeth i bob ffoetws Rhesws positif olynol.
  - Yn yr 2il dymor, mae rhai menywod yn datblygu cyneclampsia, sy'n achosi pwysedd gwaed uchel iawn. Mae ymateb imiwn annormal tuag at y brych yn gallu achosi hyn.

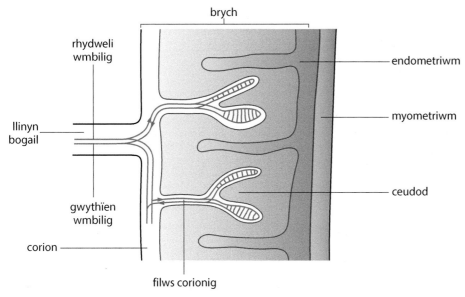

brych

rhydweli wmbilig

llinyn bogail

gwythïen wmbilig

corion

filws corionig

endometriwm

myometriwm

ceudod

Diagram yn dangos adeiledd y brych

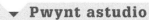
Mae rhai micro-organebau, fel firws *Rwbela*, yn gallu croesi'r brych o waed y fam i waed y ffoetws, yn ogystal â rhai cyffuriau, gan gynnwys nicotin a heroin.

Y llinyn bogail

Mae'r **llinyn bogail** yn datblygu o'r brych, ac mae'n mesur tua 60 cm o hyd. Mae'n trosglwyddo gwaed rhwng y ffoetws a'r fam. Mae gwaed y ffoetws yn dod i'r brych drwy'r llinyn bogail mewn dwy rydweli wmbilig. Rhydwelïau yw'r enw ar y rhain oherwydd bod gwaed yn dod o galon y ffoetws. Does dim llawer o faetholion yn y gwaed ac mae'n ddadocsigenedig. Mae'r gwaed yn cyfnewid defnyddiau â gwaed y fam yn y filysau corionig ac yn dychwelyd i'r ffoetws mewn un wythïen wmbilig. Mae'r gwaed sy'n dychwelyd yn cynnwys llawer o faetholion ac mae'n ocsigenedig.

Y gylchred fislifol

Mae gan y rhan fwyaf o famolion, fel moch a chŵn, gylchred oestrws. Mae'r gylchred hon yn cynnwys cyfnod byr pan mae'r mamolyn yn ffrwythlon ac yn rhywiol weithgar neu'n 'rhidio' (*on heat*). Os nad oes embryo wedi'i fewnblannu, mae'r endometriwm yn cael ei atsugno ac mae cyfnod 'anoestrws' yn dilyn.

Ar y llaw arall, mae gan y rhan fwyaf o brimatiaid (mwncïod ac epaod, gan gynnwys bodau dynol) gylchred fislifol, lle mae newidiadau hormonaidd a ffisiolegol cylchol yn digwydd. Os nad oes embryo wedi'i fewnblannu, mae'r endometriwm yn cael ei golli ar ffurf mislif. O'r mislif cyntaf, sy'n nodi dechrau'r glasoed, hyd at ddiwedd y mislif, mae'r endometriwm yn dod yn rhydd tua unwaith y mis os nad oes blastocyst wedi mewnblannu. Mae'r endometriwm yn cael cyflenwad gwaed da, ac mae hyn yn edrych fel gwaedu, wrth iddo adael y corff drwy'r groth. Mae'r gylchred fislifol yn system o adborth positif a negatif sy'n gweithredu rhwng y digwyddiadau gan gynnwys yr ymennydd, yr ofarïau a'r groth. Mae'r graffiau isod yn dangos cylchred sy'n para 28 diwrnod, ond mae'n amrywio'n sylweddol rhwng menywod ac, i lawer, mae'n amrywio o fis i fis.

Hormonau pwysig y gylchred fislifol yw:

- Hormon symbylu ffoliglau (*FSH: follicle stimulating hormone*)
- Hormon lwteineiddio (*LH: lutenising hormone*)
- Oestrogen
- Progesteron.

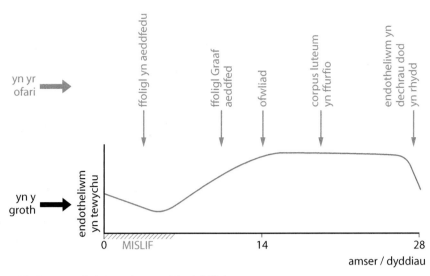

Digwyddiadau yn yr ofari a'r groth yn y gylchred fislifol

Mynd ymhellach ▶

Mewn gwerslyfrau, mae'r gylchred fislifol yn para 28 diwrnod ac mae ofwliad yn digwydd ar ddiwrnod 14. Mewn gwirionedd, mae gwahaniaeth enfawr rhwng pobl ac ar gyfer yr un unigolyn ar wahanol adegau.

FSH ac LH

Rydym ni'n diffinio dechrau cylchred, diwrnod 0, fel diwrnod cyntaf mislif. Ar ddiwrnod 0, mae crynodiadau'r holl hormonau perthnasol yn y plasma yn isel. Mae'r hypothalamws yn secretu hormon rhyddhau gonadotroffig (*GnRH: Gonadotrophic releasing hormone*) sy'n symbylu'r chwarren bitŵidol flaen i secretu:

- FSH, sy'n symbylu datblygiad ffoliglau cynradd yn yr ofari. Dim ond un sy'n aeddfedu. Mae'n ffurfio haen allanol ffibrog, y theca, ac mae'n secretu hylif i mewn i geudod, yr antrwm. Mae diamedr ffoligl Graaf aeddfed tua 10 mm. Mae FSH yn symbylu celloedd y theca i gynhyrchu oestrogen.

- LH, sy'n cyrraedd ei grynodiad uchaf ychydig cyn ofwliad, o gwmpas diwrnod 12. Prif swyddogaeth LH yw ysgogi'r ofwliad: ar ddiwrnod 14, mae ei grynodiad uchel yn achosi i'r ffoligl Graaf ar arwyneb yr ofari ryddhau'r oocyt eilaidd. Mae'n cael effaith adborth positif ar FSH.

Mae gweddillion y ffoligl Graaf yn trawsnewid yn corpus luteum (corff melyn), sy'n secretu oestrogen a phrogesteron. Mae'r rhain yn atal secretu mwy o FSH ac LH felly mae eu crynodiadau'n lleihau.

▼ **Pwynt astudio**

Mae FSH yn symbylu datblygiad ffoligl Graaf. Ar ddiwrnod 14, mae crynodiad uchel yr LH yn symbylu ofwliad.

Mynd ymhellach ▶

I ddechrau, LH sy'n symbylu celloedd y theca i secretu oestrogen. Mae oestrogen yn cynhyrchu adborth negatif ar gynhyrchu FSH, sy'n lleihau. Mae crynodiad FSH yn cynyddu eto oherwydd adborth positif gan LH.

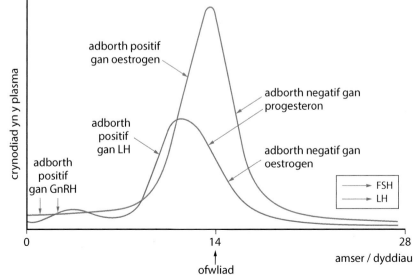

FSH ac LH

Oestrogen a phrogesteron

Wrth i grynodiad FSH gynyddu ar ddechrau'r gylchred, mae'n symbylu cynhyrchu oestrogen. Wrth i oestrogen fynd yn fwy crynodedig yn y plasma, mae'n gwneud y canlynol:

- Sbarduno ailadeiladu'r endometriwm gafodd ei golli yn ystod y mislif
- Atal secretu FSH drwy gyfrwng adborth negatif, sy'n dod â'i grynodiad ei hun yn ôl i lawr
- Symbylu cynhyrchu LH drwy gyfrwng adborth positif.

Mae'r corpus luteum yn secretu oestrogen a phrogesteron. Mae'r progesteron yn cynnal yr endometriwm sydd newydd gael ei ailadeiladu, felly os caiff oocyt eilaidd ei ffrwythloni, bydd meinwe addas i'r embryo fewnblannu ynddi. Ond os nad oes mewnblaniad, mae'r gostyngiad yng nghrynodiadau FSH ac LH yn achosi i'r corpus luteum ddirywio felly mae llai o brogesteron yn cael ei gynhyrchu. Dydy'r endometriwm ddim yn cael ei ailadeiladu gan oestrogen na'i gynnal gan brogesteron, felly mae'n cael ei golli.

Gan nad oes llawer ohono, dydy oestrogen ddim yn atal cynhyrchu FSH mwyach, felly mae'r gylchred fislifol yn ailddechrau. Dyma'r sefyllfa arferol mewn bodau dynol modern. Efallai y caiff oocyt eilaidd ei ffrwythloni ond ei fod yn methu rhannu, yn mewnblannu yn y man anghywir neu'n methu mewnblannu. Mae'r data'n awgrymu bod rhwng 20–70% o oocytau sy'n cael eu ffrwythloni yn methu sefydlu beichiogrwydd. Y rheswm mwyaf cyffredin yw nad yw'r blastocystau wedi mewnblannu.

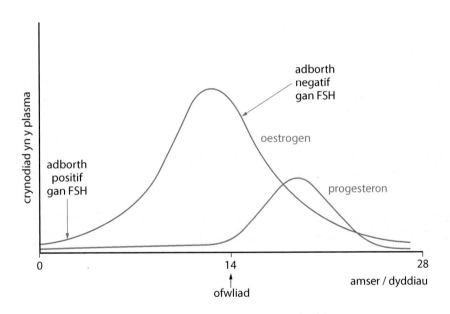

Oestrogen a phrogesteron

Beichiogrwydd

Rydym ni'n diffinio beichiogrwydd fel yr amser o ddiwrnod cyntaf y mislif olaf tan yr enedigaeth, er nad yw hi'n bosibl i embryo ddatblygu tan ar ôl yr ofwliad. Mae'n para tua 39 wythnos.

Yr amnion

Mae'r embryo, ac yna'r ffoetws, yn datblygu ac yn tyfu yn y groth, wedi'i gau yn yr **amnion**, pilen sy'n deillio o fâs celloedd mewnol y blastocyst. I ddechrau, mae'r amnion mewn cysylltiad â'r embryo ond yn wythnosau 4–5, mae **hylif amniotig** yn cronni ac mae ei gyfaint yn cynyddu am 6–7 mis. Mae'r hylif yn cael ei wneud gan y fam i ddechrau, ond ar ôl tua 4 mis, mae'r ffoetws yn dechrau cyfrannu troeth ato. Mae'r hylif yn gwthio'r amnion allan, yn y pen draw mor bell â'r corion, haen fewnol y brych.

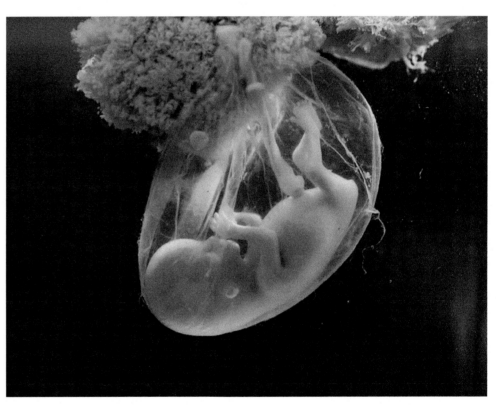

Model o embryo dynol wedi'i amgylchynu ag amnion

Dŵr yw 98% o'r hylif amniotig, ac mae'n hydoddiant o wrea, halwynau, ychydig o broteinau a mymryn o siwgr. Mae'n cynnwys rhai o gelloedd y ffoetws sydd wedi dod yn rhydd oddi wrtho. Mae'r ffoetws yn llyncu tua 500 cm^3 o hylif amniotig bob dydd a gallwn ni ddefnyddio swm yr hylif amniotig sy'n bresennol i ddynodi bod atgyrch llyncu'r ffoetws yn normal. Erbyn diwedd y beichiogrwydd, mae tua 1 dm^3 ar ôl. Mae hylif amniotig yn gwneud y canlynol:

- Cynnal tymheredd y ffoetws
- Iro. Mewn rhai achosion, mae bysedd a bysedd traed yn gallu mynd yn weog os nad oes digon o hylif amniotig o'u cwmpas nhw
- Cyfrannu at ddatblygiad yr ysgyfaint
- Caniatáu symudiad fel bod y cyhyrau a'r esgyrn yn gweithio cyn genedigaeth
- Amsugno sioc, gan amddiffyn y ffoetws rhag anaf o'r tu allan i'r groth.

Mynd ymhellach ▶

Efallai na fydd digon o hylif amniotig os oes rhyfaint wedi'i golli drwy rwyg mewn amnion. Bydd y groth yn llai na'r disgwyl ac efallai na fydd y ffoetws yn symud cymaint ag sy'n normal. Mewn achosion o feichiogrwydd lluosog neu ddiabetes beichiogrwydd, efallai y bydd gormod o hylif amniotig. Bydd y ffoetws yn nofio i ffwrdd wrth i chi roi pwysau arno. Bydd y groth yn fwy na'r disgwyl ac efallai y bydd curiad calon y ffoetws yn swnio'n aneglur.

Cyfnodau beichiogrwydd

Rydym ni'n rhannu beichiogrwydd yn dri thymor. Mae'r tymor 1af yn cynnwys cenhedlu, mewnblannu ac embryogenesis. Mae'r prif organau i gyd yn cael eu ffurfio. Mae'r risg o erthyliad naturiol ar ei uchaf yn y tymor 1af, ac mae tua 15% o fenywod sy'n gwybod eu bod nhw'n feichiog yn colli'r plentyn yn y cyfnod hwn. Ond ar ôl tuag wythnos 10, mae'r embryo'n llawer llai tebygol o gael ei golli. Mae'n mesur tua 30 mm o hyd ac rydym ni'n ei alw'n ffoetws.

Erbyn y 3ydd tymor, wythnosau 26–39, mae'r prif ffurfiadau i gyd yn gyflawn; cyfnod tyfu yw hwn. Mae braster yn ffurfio, mae màs y ffoetws yn treblu ac mae ei hyd yn dyblu. Mae wedi datblygu'n dda; ar ôl 28 wythnos, mae dros 90% o fabanod cynnar yn goroesi. Mae tystiolaeth yn dangos bod synhwyrau, fel clyw, yn datblygu. Ar ôl 33 wythnos, mae'r ffoetws yn cysgu am tua 90% o'r amser, ac yn ffurfio miliynau o niwronau bob munud.

▼ Pwynt astudio

Gallwn ni grynhoi'r tymhorau fel hyn: 1af – ffurfio'r prif organau i gyd; 2il – datblygu; 3ydd – tyfu.

Misoedd	Tymor	Rhai arwyddion cynnar	
		Amser	Beth sy'n digwydd
0–3	1af	22 diwrnod	2 hemisffer i'r ymennydd; curiad calon.
		Wythnosau 5–6	Rhywfaint o weithgarwch trydanol yn yr ymennydd, ond dim tystiolaeth o feddwl ymwybodol.
		Wythnos 10	Y llygaid, y geg a'r clustiau i'w gweld; gweld y galon yn curo; Ffoetws yn gwneud symudiadau anwirfoddol.
4–6½	2il	Wythnos 18	Rhai ffoetysau'n agor eu llygaid.
		Wythnos 20	Gallu teimlo symudiadau'r ffoetws.

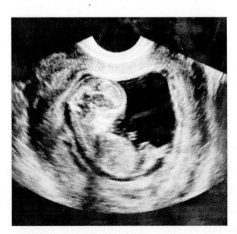

Model o embryo 1 mis; mae ei hyd tua 5 mm

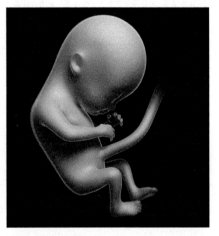

Model o ffoetws 4 mis; mae'r hyd o'r corun i'r pen ôl yn 150 mm

Mynd ymhellach ▶

Ar ôl 28 wythnos, efallai y bydd ffoetws yn ymateb i hwiangerdd sy'n cael ei hailadrodd. Mae seicolegwyr yn dehongli hyn fel ymateb i atgof.

Sgan uwchsain o ffoetws 3 mis

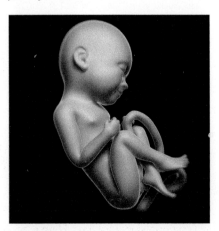

Model o ffoetws 8 mis; mae'r hyd o'r corun i'r pen ôl yn 300 mm

Mynd ymhellach ▶

Mae prawf beichiogrwydd safonol yn canfod hCG mewn troeth. Dim ond ar ôl 6 diwrnod mae'n gweithio, pan fydd yr embryo'n ddigon hen i gynhyrchu digon o hCG i gael ei ysgarthu yn nhroeth y fam ar ôl croesi'r brych.

Hormonau'r brych

- hCG – tua 6 diwrnod ar ôl ffrwythloniad, mae'r embryo, ar ffurf blastocyst, yn dechrau secretu gonadotroffin corionig dynol (*hCG: human chorionic gonadotrophin*). Ar ôl mewnblaniad, mae'r corion, sef haenau mewnol y brych, yn gwneud hCG. Glycoprotein yw hwn ac mae'n cynnal y corpus luteum wrth iddo secretu progesteron, am 16 wythnos gyntaf y beichiogrwydd. Mae progesteron yn cynnal yr endometriwm, sy'n hanfodol i ddatblygiad yr embryo, gan ei fod yn cyfrannu at adeiledd y brych.

- Oestrogen a phrogesteron – mae secretiadau o'r corpus luteum ac yna o'r brych yn cynyddu crynodiad oestrogen a phrogesteron yn y plasma tan ddiwedd y beichiogrwydd. Mae hyn yn atal secretiadau:

  – FSH, felly does dim mwy o ffoliglau'n aeddfedu

  – LH, felly dydy ofwliad ddim yn bosibl

  – Prolactin, felly does dim llaeth yn cael ei gynhyrchu.

  Hefyd:

  – Mae progesteron yn atal ocsitosin, felly dydy'r myometriwm a'r cyhyrau yn y dwythellau llaeth ddim yn cyfangu.

  – Mae oestrogen yn symbylu twf y groth i wneud lle i'r ffoetws.

  – Mae oestrogen yn symbylu twf y chwarennau llaeth, yn enwedig yn ystod y 3ydd tymor, ac yn cynyddu eu cyflenwad gwaed.

▼ **Pwynt astudio**

Mae'r brych yn secretu hormonau sy'n dylanwadu ar dwf y groth a'r chwarennau llaeth ac yn cynorthwyo'r corpus luteum i secretu progesteron.

Hormonau a genedigaeth

Yn ystod tri mis olaf beichiogrwydd, mae'r cynnydd mewn oestrogen yn fwy na'r cynnydd mewn progesteron ond yn fuan cyn genedigaeth, mae crynodiad y progesteron yn y plasma'n lleihau. O safbwynt biolegol, mae'n well i'r fam roi genedigaeth cyn gynted ag y mae'r ffoetws yn gallu byw yn annibynnol. Mae'n well i'r ffoetws ohirio'r enedigaeth cyn hired â phosibl. Mae'r ddau'n rhyddhau hormonau sy'n ategu eu hanghenion eu hunain, ond ar ôl 39 wythnos, mae hormonau'r fam yn drech.

Ar ôl 39 wythnos, mae hormonau'r ffoetws sy'n cael eu trosglwyddo i lif gwaed y fam ar draws y brych yn lleihau crynodiad progesteron plasma'r fam. Drwy gydol y beichiogrwydd, roedd y crynodiadau uchel o oestrogen a phrogesteron yn y fam wedi atal secretiadau ocsitosin a phrolactin, ond dydy'r rhain ddim yn cael eu hatal mwyach ac felly:

Mynd ymhellach ▶

Mae chwarennau adrenal y ffoetws yn secretu corticosteroidau fel ymateb i straen imiwnolegol; mae ysgyfaint y ffoetws yn secretu prostaglandinau ar ôl aeddfedu. Mae'r newidiadau hormonaidd hyn, ac eraill, yn gallu sbarduno dechrau esgor.

- Mae'r chwarren bitwïdol ôl yn secretu ocsitosin. Mae'n achosi cyfangiadau'r myometriwm ym mur y groth. Mae'r cyfangiadau'n ysgafn i ddechrau ond maen nhw'n ysgogi secretu mwy o ocsitosin, drwy gyfrwng adborth positif ac felly mae crynodiad yr ocsitosin yn y gwaed yn cynyddu. Felly, mae'r cyfangiadau'n mynd yn gryfach ac yn digwydd yn amlach. Mae'r myometriwm yn cyfangu o'r top i lawr, er mwyn gallu gwthio'r ffoetws allan drwy geg y groth.

- Mae'r chwarren bitwïdol flaen yn secretu prolactin, sy'n symbylu'r feinwe chwarennol yn y chwarennau llaeth i syntheseiddio llaeth. Caiff llaeth ei ryddhau wrth i ocsitosin achosi cyfangiad y cyhyrau o gwmpas y dwythellau llaeth. Mae prolactin yn dal i gael ei secretu ar ôl yr enedigaeth, am gyn hired ag y mae angen y llaeth.

Mae'r tabl isod yn crynhoi prif swyddogaethau'r hormonau sy'n gysylltiedig ag atgenhedlu rhywiol mewn bodau dynol:

	Hormon	Chwarren endocrin	Effeithiau
BENYWOD	FSH	Y chwarren bitŵidol flaen	Symbylu datblygiad ffoligl Graaf
			Adborth positif ar oestrogen yn gynnar yn y gylchred
			Adborth negatif ar oestrogen yn hwyrach yn y gylchred
	LH	Y chwarren bitŵidol flaen	Symbylu ofwliad
			Adborth positif ar FSH
			Symbylu'r broses o drawsnewid ffoligl Graaf yn corpus luteum
	Oestrogen	Theca; y brych	Ailadeiladu'r endometriwm
			Adborth negatif ar FSH
			Adborth positif ar LH
			Nodweddion rhywiol eilaidd
			Atal synthesis prolactin
			Atal synthesis ocsitosin
	Progesteron	Corpus luteum; y brych	Cynnal yr endometriwm
			Adborth negatif ar FSH
			Adborth negatif ar LH
	Ocsitosin	Hypothalamws, ond mae'n cael ei storio yn y chwarren bitŵidol ôl	Cyfangiadau cyhyrau anrhesog y myometriwm
			Cyfangiadau cyhyrau anrhesog y dwythellau llaeth
	Prolactin	Y chwarren bitŵidol flaen	Syntheseiddio llaeth
	hCG	Blastocyst; y brych	Cynnal y corpus luteum
GWRYWOD	FSH	Y chwarren bitŵidol flaen	Datblygu sberm
	LH (ICSH)	Y chwarren bitŵidol flaen	Symbylu celloedd Leydig
	Testosteron	Celloedd Leydig	Datblygu sberm
			Nodweddion rhywiol eilaidd

Atgenhedlu rhywiol mewn planhigion

Planhigion blodeuol neu Angiosbermau yw'r planhigion daearol mwyaf llwyddiannus. Y blodyn yw'r organ atgenhedlu ac mae fel rheol yn cynnwys rhannau gwrywol a benywol. Mewn Angiosbermau nid yw'r rhan fenywaidd, yr ofwl, byth yn y golwg ond mae wedi'i hamgáu mewn deilen wedi'i haddasu, y carpel. Un peth sy'n allweddol i lwyddiant planhigion blodeuol yw eu perthynas ag anifeiliaid. Does gan ronynnau paill ddim pŵer i symud yn annibynnol a rhaid iddynt gael eu trosglwyddo i ran fenywaidd y blodyn i sicrhau ffrwythloniad. Mae planhigion blodeuol wedi esblygu'r strategaeth o ddenu anifeiliaid, yn enwedig pryfed, at eu blodau, gan eu bwydo nhw a manteisio ar eu symudedd i gludo paill o flodyn i flodyn. Mae rhai planhigion yn cael eu peillio gan y gwynt.

Cynnwys y testun

Erbyn diwedd y testun hwn, byddwch chi'n gallu gwneud y canlynol:

- Disgrifio adeiledd a swyddogaethau sylfaenol rhannau o flodyn.
- Disgrifio sut mae'r gametau gwrywol a benywol yn datblygu.
- Cymharu blodau sy'n cael eu peillio gan bryfed a gan y gwynt.
- Esbonio beth yw ystyr peilliad a disgrifio sut mae trawsbeilliad yn arwain at lawer mwy o amrywiad genetig na hunanbeilliad.
- Disgrifio proses ffrwythloniad dwbl mewn planhigion blodeuol.
- Disgrifio datblygiad y ffrwyth a'r hedyn.
- Esbonio'r gwahaniaethau rhwng ffrwyth a hedyn.
- Disgrifio adeiledd ffrwyth india-corn a hedyn ffeuen.
- Disgrifio'r gofynion egino a sut caiff cronfeydd bwyd eu symud o'r storfa fwyd i'r planhigyn embryo.
- Disgrifio swyddogaeth giberelin ym mhroses eginiad hedyn.

Adeiledd blodyn

Dydy pob planhigyn ddim yn cynhyrchu blodau. Angiosbermau yw planhigion sy'n cynhyrchu blodau, a'r blodyn yw eu ffurfiad atgenhedlu. Mae'r rhan fwyaf o blanhigion blodeuol yn ddiploid. Mae meiosis yn digwydd yn y meinweoedd atgenhedlu ac yn cynhyrchu sborau haploid sy'n cynnwys y gametau. Gronynnau paill yw'r sborau gwrywol, ac mae'r rhain yn cael eu cynhyrchu yn yr anther. Coden yr embryo yw'r sbôr benywol, ac mae hon yn cael ei chynhyrchu yn yr ofwl, yn yr ofari.

Mae gan lawer o rywogaethau flodau deurywiol, h.y. mae'r blodau'n cynnwys rhannau gwrywol a benywol. Mae blodau gwahanol rywogaethau'n gallu edrych yn wahanol iawn i'w gilydd, ond mae patrymau tebyg i'w gweld. Mae blodyn yn bedair set o ddail wedi'u haddasu sy'n codi o'r cynheilydd yng ngwaelod y blodyn:

- Y cylch allanol o ffurfiadau yw'r calycs, sy'n cynnwys y sepalau. Mae'r rhain fel arfer yn wyrdd ac yn amddiffyn y blodyn wrth iddo flaguro, er bod lliw i'r sepalau mewn rhai blodau, e.e. lilïau.

- Y tu mewn i'r sepalau mae'r corola, sef cylch o betalau. Mae'r rhain yn gallu bod yn absennol, neu'n fach ac yn wyrdd golau, neu'n fawr ac yn lliwgar. Mae neithdarle yn gallu bod yn y gwaelod, i ryddhau neithdar persawrus sy'n denu peillwyr, fel pryfed.

- Y tu mewn i'r petalau mae rhannau gwrywol y blodyn, y brigerau. Mae pob briger yn cynnwys ffilament sy'n cynnal anther sy'n cynhyrchu gronynnau paill. Mae'r ffilament yn cynnwys meinwe fasgwlar, sy'n cludo swcros, ïonau mwynol a dŵr i'r gronynnau paill sy'n datblygu. Fel rheol, mae'r anther yn cynnwys pedair coden baill wedi'u trefnu mewn dau bâr, ochr wrth ochr. Ar ôl aeddfedu, mae'r codenni paill yn ymagor, sy'n golygu eu bod nhw'n agor ac yn rhyddhau'r paill.

- Yng nghanol y blodyn, mae un neu fwy o garpelau, sef rhannau benywol y blodyn. Mae pob carpel yn ffurfiad caeedig lle mae un neu fwy o ofwlau'n datblygu. Rhan isaf y carpel, sy'n amgylchynu'r ofwlau, yw'r ofari ac ar ei flaen mae'r golofnig, sy'n arwain at arwyneb derbyn, y stigma.

DYLECH CHI WYBOD ›››

- ››› Enwau rhannau'r blodyn a'u swyddogaethau

- ››› Ystyr y term peilliad

- ››› Y gwahaniaethau rhwng blodau sy'n cael eu peillio gan bryfed a gan y gwynt

▼ **Pwynt astudio**

Mae dwy ran i'r briger: y ffilament a'r anther; mae tair rhan i'r carpel: y stigma, y golofnig a'r ofari.

Mynd ymhellach ▶

Mae nodweddion blodau gwahanol rywogaethau yn ein galluogi ni i'w dosbarthu nhw mewn teuluoedd. Mae rhannau blodyn tiwlip yn dod bob yn 3 felly mae'n perthyn i deulu gwahanol i rosyn gwyllt, sydd â 5 petal, neu bys pêr, sydd hefyd â 5 petal, ond o wahanol faint, gyda rhai wedi'u hasio â'i gilydd.

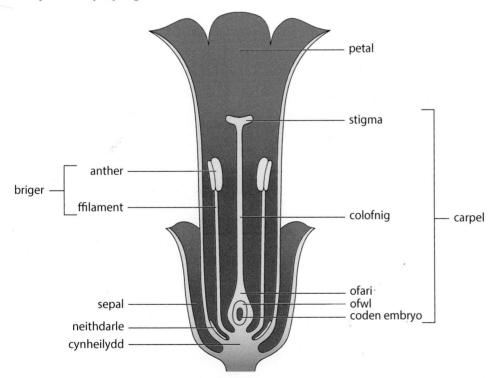

Diagram cyffredinol o flodyn sy'n cael ei beillio gan bryfed

Blodyn ceirios

Trawsbeilliad gan bryfed neu gan y gwynt

Mae peillwyr fel gwenyn yn cael eu denu gan betalau mawr lliwgar, persawr a neithdar. Maen nhw'n defnyddio eu tafodau hir i gyrraedd y neithdar melys yng ngwaelod y petalau. Wrth i'r wenynen fynd i mewn i'r blodyn, mae'r antheri yn brwsio yn erbyn ei thoracs a'i choesau gan adael paill gludiog arni. Pan aiff y wenynen i flodyn arall, bydd hi'n brwsio ychydig o'r paill yn erbyn y stigma aeddfed, a bydd trawsbeilliad wedi digwydd.

Mewn blodau sy'n cael eu peillio gan y gwynt, does dim angen y petalau lliwgar persawrus sy'n denu pryfed. Mae'r antheri'n hongian y tu allan i'r blodyn fel bod y gwynt yn gallu chwythu'r paill bach, llyfn ac ysgafn i ffwrdd. Mae'r stigmâu pluog yn hongian y tu allan i'r blodau ac yn rhoi arwynebedd arwyneb mawr i ddal gronynnau paill sy'n chwythu i'w llwybr.

Blodau sy'n cael eu peillio gan bryfed	Blodau sy'n cael eu peillio gan y gwynt
Petalau lliwgar, weithiau â chanllawiau neithdar	Dim petalau neu betalau bach, gwyrdd disylw
Persawr a neithdar (swcros yn bennaf)	Dim persawr na neithdar
Antheri y tu mewn i'r blodyn	Antheri yn hongian y tu allan i'r blodyn
Stigma y tu mewn i'r blodyn	Stigmâu mawr, pluog yn hongian y tu allan i'r blodyn
Symiau bach o baill gludiog, â gwead garw	Symiau mawr o baill llyfn
Cynhyrchu gronynnau paill mwy	Cynhyrchu gronynnau paill llai

Mae blodau sy'n cael eu peillio gan y gwynt yn gallu bod yn fach iawn ac wedi'u grwpio gyda'i gilydd mewn fflurgainc, e.e. *Plantago*, y llyriad.

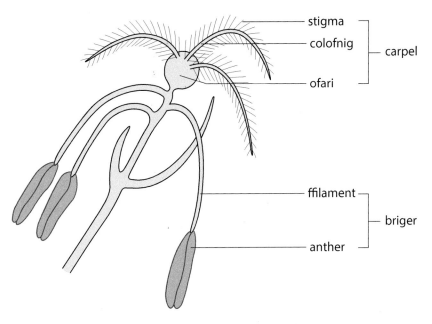

Diagram cyffredinol o flodyn sy'n cael ei beillio gan y gwynt

Fflurgainc *Plantago media*, y llyriad llwyd. Y blodau hynaf sydd uchaf, felly mae carpelau aeddfed uwchben brigerau aeddfed. Dydy'r paill ddim yn gallu disgyn ar y carpelau ac felly mae'r blodau'n cael eu peillio gan y gwynt.

Sylwch

Byddwch yn barod i labelu diagram o flodyn ac esbonio swyddogaethau'r rhannau.

Datblygiad gametau

Datblygiad y gamet gwrywol

Y tu mewn i godenni paill yr anther, mae mamgelloedd paill diploid yn cyflawni meiosis. Mae pob un yn ffurfio tetrad, sy'n cynnwys pedair cell haploid, sy'n cynhyrchu pedwar gronyn paill. Mae'r tapetwm, haen o gelloedd o gwmpas y goden baill, yn darparu maetholion a moleciwlau rheoleiddio i'r gronynnau paill sy'n datblygu. Mae'n chwarae rhan bwysig yn y broses o ffurfio cellfur paill, sy'n wydn ac yn gallu gwrthsefyll cemegion. Mae'n gwrthsefyll dysychiad (*desiccation*), er mwyn gallu trosglwyddo gronynnau paill o un blodyn i un arall heb sychu. Dydy golau uwchfioled ddim yn gallu mynd drwy'r cellfur paill, ac mae hyn yn amddiffyn DNA rhag mwtaniadau mewn paill sy'n cael ei gludo ar uchder uchel.

Y tu mewn i'r gronyn paill, mae'r cnewyllyn haploid yn cyflawni mitosis i gynhyrchu dau gnewyllyn, cnewyllyn cenhedlol a chnewyllyn tiwb. Mae'r cnewyllyn cenhedlol yn cynhyrchu dau gnewyllyn gwrywol drwy gyfrwng mitosis.

Pan fydd y paill yn aeddfed, bydd haenau allanol yr antheri'n sychu, gan achosi tyniant mewn rhigolau ochrol. Yn y pen draw, mae **ymagor** (*dehiscence*) yn digwydd lle mae'r tyniant yn tynnu muriau'r anther ar wahân ac mae ymylon y codenni paill yn cyrlio i ffwrdd. Mae agoriad, y stomiwm, yn rhyddhau'r gronynnau paill ac mae pryfed neu'r gwynt yn eu cludo nhw i ffwrdd.

DYLECH CHI WYBOD ›››

››› Adeiledd gronyn paill ac ofwl

››› Enwau'r cnewyll yn y gronyn paill a'r tiwb paill

››› Enwau'r cnewyll yn y goden embryo

Mynd ymhellach

Mae'r swcros mewn gronynnau paill yn cyfrannu at eu gallu i wrthsefyll dysychu. Mae'r cellfuriau'n cynnwys sporopolenin, cyfansoddyn sy'n gallu gwrthsefyll cemegion yn arbennig o dda.

Term Allweddol

Ymagor: Agor yr anther i ryddhau gronynnau paill.

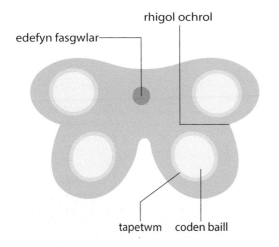

Toriad ardraws drwy anther

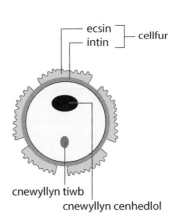

Gronyn paill aeddfed

Sylwch

Y cnewyll gwrywol y tu mewn i'r gronynnau paill ydi'r gametau gwrywol, nid y gronynnau paill eu hunain.

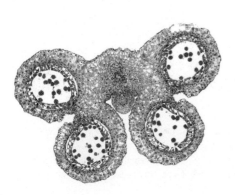

Toriad ardraws drwy anther lili

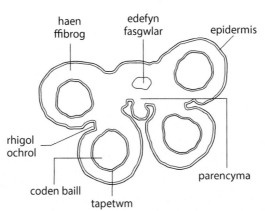

Diagram o doriad ardraws drwy anther lili

Cyswllt Gweler t193 am ddisgrifiad o sut i luniadu anther a chyfrifo maint yr anther a chwyddhad y lluniad.

Datblygiad y gamet benywol

- Mae'r ofari yn cynnwys un neu fwy o ofwlau.
- Ym mhob ofwl, mae mamgell megasbor, wedi'i hamgylchynu â chelloedd y niwcellws, yn cyflawni meiosis i wneud pedair cell haploid.
- Mae tair yn ymddatod.
- Mae'r gell sydd ar ôl yn cyflawni mitosis dair gwaith i gynhyrchu wyth cnewyllyn haploid, ac un o'r rhain yw'r gamet benywol.
- Mae dau o'r cnewyll haploid yn asio i wneud cnewyllyn diploid, sef y cnewyllyn pegynol.

Mae'r cnewyll hyn yn y goden embryo, wedi'u hamgylchynu gan y niwcellws, haen o gelloedd sy'n darparu maetholion. O gwmpas y niwcellws mae dwy haen o gelloedd, sef y pilynnau. Micropyl yw bwlch yn y pilynnau. Fel wrth ffurfio'r gamet gwrywol, mitosis yw'r math o gellraniad sy'n cynhyrchu'r gamet benywol yn uniongyrchol, nid meiosis.

Coden bys ag ofwlau anaeddfed

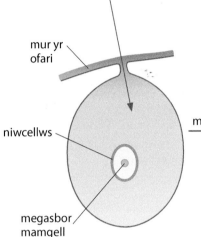

mur yr ofari

niwcellws

megasbor mamgell

ofwl anaeddfed

Datblygiad coden embryo

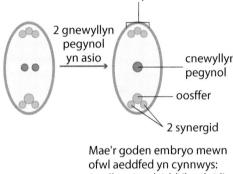

meiosis → mitosis → mitosis → mitosis → 2 gnewyllyn pegynol yn asio

3 chnewyllyn yn ymddatod

3 cell antipodaidd

cnewyllyn pegynol

oosffer

2 synergid

Mae'r goden embryo mewn ofwl aeddfed yn cynnwys:
3 cell antipodaidd (haploid)
2 synergid (haploid)
1 oosffer (haploid)
1 cnewyllyn pegynol (diploid)

▼ **Pwynt astudio**

Enw arall ar y gamet benywol yw'r oosffer. Mae geiriau sy'n dechrau ag 'o' neu 'oo', gan gynnwys ofari ac oocyt, yn aml yn cyfeirio at fenywod.

Cyswllt Wrth ffurfio'r gamet benywol mewn mamolion, mae tri o gynhyrchion meiosis o bob pedwar yn ymddatod. Gweler t163.

▼ **Pwynt astudio**

Mae'r ofwl yn cynnwys y pilynnau allanol sy'n amgylchynu'r niwcellws, a choden embryo sy'n cynnwys saith cnewyllyn.

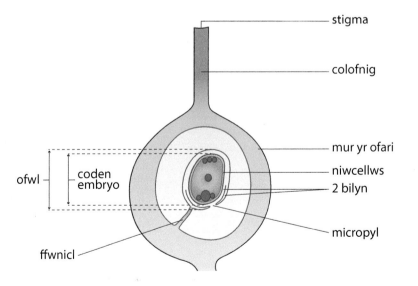

stigma

colofnig

mur yr ofari

niwcellws

2 bilyn

micropyl

ffwnicl

ofwl

coden embryo

Diagram o ofwl aeddfed yn y carpel

Adeiledd ofari

Mae'r ffotograff yn dangos toriad drwy ofari *Narcissus tazetta* ac mae'r diagram yn gynllun chwyddhad isel o'r toriad.

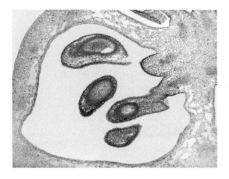

Toriad ardraws drwy ofari *Narcissus tazetta*

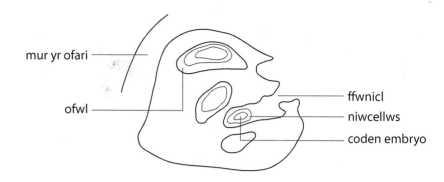

Diagram o ofari *Narcissus tazetta*

▼ Pwynt astudio

Mewn monocotau, fel *Narcissus*, mae tri charpel wedi'u hasio at ei gilydd. Mae'r ffotomicrograff hwn yn dangos un o'r tri ofari.

Mae'r diagram llif yn crynhoi sut mae'r cnewyll yn ffurfio yn y gronyn paill aeddfed ac ÿn ÿ goden embryo:

Aeddfedu gronyn paill

mamgell paill (2n)

↓ MEIOSIS

4 gronyn paill anaeddfed mewn tetrad (n)
Pob cnewyllyn

MITOSIS

Cnewyllyn cenhedlol (n)   Cnewyllyn tiwb (n)

↓ MITOSIS

2 gnewyllyn gwrywol (n)

Aeddfedu coden embryo

mamgell megasbor (2n)

↓ MEIOSIS

4 megasbor (n)

MITOSIS

3 yn ymddatod

MITOSIS   MITOSIS

MITOSIS   MITOSIS   MITOSIS   MITOSIS

3 cell antipodaidd (n)   2 synergid (n)   1 oosffer (n)

Cnewyllyn pegynol (2n)

▼ Pwynt astudio

Y gametau yw'r cnewyll. Yn y gwryw, mae'r cnewyll wedi'u cynnwys yn y gronyn paill. Yn y fenyw, mae'r cnewyll wedi'u cynnwys yn yr ofwl.

Cellraniad a datblygiad gametau

Hunanbeilliad a thrawsbeilliad

Peilliad yw trosglwyddo gronynnau paill o'r anther i'r stigma aeddfed mewn planhigyn o'r un rhywogaeth. Mae peilliad yn dod â'r gronynnau paill, sy'n cynnwys y gametau gwrywol, i gysylltiad â rhan fenywol y blodyn, sy'n gallu arwain at ffrwythloniad.

- Hunanbeilliad: mae'r paill o antheri blodyn yn cael ei drosglwyddo i stigma aeddfed yr un blodyn neu flodyn arall ar yr un planhigyn.
- Trawsbeilliad: mae'r rhan fwyaf o Angiosbermau'n defnyddio trawsbeilliad, lle caiff paill ei drosglwyddo o antheri un blodyn i stigma aeddfed blodyn arall ar blanhigyn arall o'r un rhywogaeth.

Goblygiadau genetig hunanbeilliad a thrawsbeilliad

Mae canlyniadau genetig gwahanol iawn i'r ddau fath o beilliad.

Mae hunanbeilliad yn arwain at hunanffrwythloniad, sy'n golygu mewnfridio:

- Mae rhywogaethau sydd wedi hunanffrwythloni yn dibynnu ar rydd-ddosraniad a thrawsgroesiad yn unig yn ystod meiosis, ac ar fwtaniadau i greu amrywiad genetig yng ngenomau eu gametau. O ganlyniad i hyn, maen nhw'n dangos llai o amrywiad genetig na rhywogaethau sydd wedi trawsffrwythloni, sydd hefyd yn cyfuno gametau o ddau unigolyn gwahanol.
- Mae mwy o siawns o ddod â dau alel enciliol a allai fod yn niweidiol at ei gilydd yn ystod ffrwythloniad.
- Un o fanteision mewnfridio yw ei fod yn gallu cadw'r genomau llwyddiannus hynny sy'n addas i amgylchedd cymharol sefydlog.

Mae trawsbeilliad yn arwain at drawsffrwythloniad, sy'n golygu allfridio:

- Mae allfridio yn cyfuno gametau o ddau unigolyn, yn ogystal â digwyddiadau meiosis a mwtaniad, felly mae'n cynhyrchu mwy o amrywiad genynnol na mewnfridio.
- Mae allfridio'n lleihau'r siawns o gynhyrchu cyfuniadau niweidiol o alelau.
- Mae allfridio'n arwyddocaol iawn i esblygiad oherwydd mae rhai genomau'n fwy llwyddiannus nag eraill yn y frwydr i oroesi. Gallai olygu bod rhywogaeth yn gallu goroesi mewn amgylchedd sy'n newid, oherwydd mae'n debygol y bydd gan rai aelodau o'r boblogaeth gyfuniad addas o alelau.

Sicrhau trawsbeilliad

Mae gwahanol rywogaethau o blanhigion blodeuol yn defnyddio amrywiaeth o ddulliau i sicrhau bod trawsbeilliad yn digwydd. Mae'r rhain yn cynnwys:

- Deugamedd, h.y. y briger a'r stigma yn aeddfedu ar adegau gwahanol. Mewn **protandredd**, y brigerau sy'n aeddfedu gyntaf, e.e. llygad y dydd. Mewn protogynedd, sy'n fwy prin, y stigma sy'n aeddfedu gyntaf, e.e. clychau'r gog.
- Mae'r anther o dan y stigma felly dydy paill ddim yn gallu disgyn arno, e.e. briallu llygad pin.
- Anghydnawsedd genynnol, e.e. meillion cochion. Dydy paill ddim yn gallu egino ar stigma'r blodyn sydd wedi cynhyrchu'r paill.
- Blodau gwrywol a benywol ar wahân ar yr un planhigyn, e.e. India corn.
- Planhigion gwrywol a benywol ar wahân, e.e. celyn.

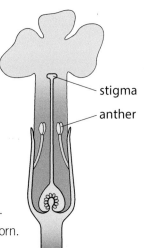
stigma
anther

Briallu llygad pin

Termau Allweddol

Peilliad: Trosglwyddo gronynnau paill o'r anther i'r stigma aeddfed mewn planhigyn o'r un rhywogaeth.

Protandredd: Brigerau blodyn yn aeddfedu cyn y stigmâu.

Cyswllt Mae trafodaeth am bwysigrwydd cyfuniadau genetig newydd mewn esblygiad ar t224.

Ffrwythloniad dwbl

Ffrwythloniad yw'r broses lle mae gamet gwrywol yn asio â gamet benywol i gynhyrchu sygot. Mewn planhigion blodeuol, mae'r gamet benywol yn yr ofwl, sy'n cael ei gadw'n ddiogel yn yr ofari. Y gamet gwrywol yw'r cnewyllyn sydd wedi'i gynnwys yn y gronyn paill. Mae'r gamet gwrywol yn cael ei anfon at y gamet benywol drwy diwb paill.

- Pan fydd gronyn paill cydnaws yn glanio ar y stigma, bydd yn egino yn yr hydoddiant swcros mae'r stigma'n ei secretu, gan gynhyrchu tiwb paill.

- Mae cnewyllyn y tiwb paill ar flaen y tiwb, ac mae'r ddau gnewyllyn gwrywol y tu ôl iddo.

- Mae'r tiwb paill yn tyfu allan o'r gronyn paill drwy fwlch yn y cellfur, sef mân-bant, ac i lawr y golofnig, i fyny graddiant atynwyr cemegol, e.e. GABA o'r ofwl. Mae cnewyllyn y tiwb paill yn codio ar gyfer cynhyrchu hydrolasau, gan gynnwys cellwlasau a phroteasau, ac mae'n treulio ei ffordd drwy feinweoedd y golofnig. Mae'r tiwb paill sy'n tyfu yn defnyddio cynhyrchion y treuliad hwn.

- Mae'r tiwb paill yn tyfu drwy'r bwlch rhwng y pilynnau, y micropyl, ac yn mynd i'r goden embryo.

- Mae cnewyllyn y tiwb paill yn ymddatod; yn ôl pob tebyg am ei fod wedi gorffen ei waith o reoli twf y tiwb paill.

- Mae blaen y tiwb paill yn agor gan ryddhau'r ddau gamet gwrywol i'r goden embryo.

- Mae'r gametau gwrywol a benywol yn haploid. Mae un o'r gametau gwrywol yn asio â'r gamet benywol, yr oosffer, i ffurfio sygot, sy'n ddiploid.

- Mae'r gamet gwrywol arall yn asio â'r cnewyllyn pegynol diploid i ffurfio cnewyllyn triploid. Y cnewyllyn triploid hwn yw'r cnewyllyn endosberm. Mae hwn yna'n rhannu sawl gwaith drwy gyfrwng mitosis, gan gynhyrchu'r feinwe endosberm, sy'n cymryd lle'r niwcellws i ddarparu maeth i'r embryo sy'n datblygu.

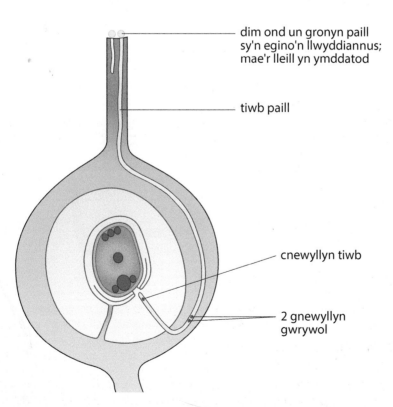

dim ond un gronyn paill sy'n egino'n llwyddiannus; mae'r lleill yn ymddatod

tiwb paill

cnewyllyn tiwb

2 gnewyllyn gwrywol

Twf y tiwb paill

Mae dau ymasiad wedi digwydd, un i ffurfio'r sygot ac un i ffurfio'r endosberm. **Ffrwythloniad dwbl** yw hyn, proses sy'n unigryw i blanhigion blodeuol.

DYLECH CHI WYBOD ›››

››› Swyddogaeth ensymau yn y broses o dreulio llwybr i'r tiwb paill

››› Sut mae cnewyll gwrywol a benywol yn asio ym mhroses ffrwythloniad dwbl

Term Allweddol

Ffrwythloniad: Asio gametau gwrywol a benywol i gynhyrchu sygot.

Cyswllt Mae GABA hefyd yn gweithredu fel niwrodrosglwyddydd yn ymennydd mamolion. Mae disgrifiad o niwrodrosglwyddyddion ar t150.

29

Gwirio gwybodaeth

Cysylltwch y termau priodol 1–4 â'r gosodiadau A–CH:

1. Micropyl.
2. Sygot.
3. Cnewyllyn endosberm triploid.
4. Coden embryo.

A. Ffurfiad sy'n cynnwys yr oosffer a'r cnewyll pegynol.
B. Y bwlch yn y pilynnau mae'r tiwb paill yn mynd i mewn drwyddo.
C. Canlyniad asio un o'r gametau gwrywol a chnewyllyn yr oosffer benywol.
CH. Canlyniad asio gamet gwrywol â'r cnewyllyn pegynol.

Termau Allweddol

Ffrwyth: Ffurfiad sy'n datblygu o fur yr ofari, ac yn cynnwys un neu fwy o hadau.

Hedyn: Ffurfiad sy'n datblygu o ofwl ffrwythlon ac sy'n cynnwys embryo a storfa fwyd wedi'u cau mewn hadgroen.

Datblygiad ffrwythau a hadau

Ar ôl ffrwythloniad, mae'r **ffrwyth** a'r **hedyn** yn datblygu. Mae'r hedyn yn datblygu o'r ofwl ffrwythlon ac mae'n cynnwys planhigyn embryonig a storfa fwyd.

- Mae'r sygot diploid yn rhannu drwy gyfrwng mitosis i ffurfio embryo, sy'n cynnwys cyneginyn (y cyffyn yn datblygu), cynwreiddyn (y gwreiddyn yn datblygu) ac un neu ddwy o gotyledonau (dail hadau).

- Mae'r cnewyllyn endosberm triploid yn datblygu'n storfa fwyd, gan ddarparu bwyd i'r embryo sy'n datblygu.

- Mae'r pilyn allanol yn sychu, yn caledu ac yn mynd yn wrth-ddŵr, gyda dyddodion lignin arno. Hwn sy'n ffurfio cot yr hedyn, yr hadgroen. Mae'r micropyl yn aros fel mandwll yn yr hedyn.

- Mae'r ofwl, sy'n cynnwys yr embryo, yr endosberm a'r hadgroen, yn troi'n hedyn.

- Mae ffwnicl, neu goesyn, yr ofwl yn troi'n ffwnicl yr hedyn. Mae'n glynu wrth yr hedyn yn yr hadgraith.

- Mae'r ofari'n troi'n ffrwyth. Mewn rhai rhywogaethau, fel ceirios, mae mur yr ofari'n mynd yn felys, yn suddlon ac yn bigmentog. Mewn eraill, fel almonau, mae mur yr ofari'n mynd yn sych ac yn galed.

Adeiledd ffrwythau a hadau

Mae ofari blodyn ffeuen yn cynnwys llawer o ofwlau. Ar ôl ffrwythloniad, mae'r ofari'n hwyhau i ffurfio coden, sef y ffrwyth. Mae'r ofwlau'n aeddfedu i ffurfio hadau, sef y ffa.

Hadau yn ffrwyth ffeuen lima

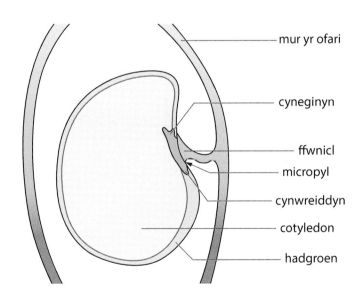

Diagram o hedyn ffeuen

- mur yr ofari
- cyneginyn
- ffwnicl
- micropyl
- cynwreiddyn
- cotyledon
- hadgroen

Mae'r ffeuen yn ddeucotyledon, sy'n golygu bod gan ei hadau ddwy ddeilen hedyn neu ddwy gotyledon. Mae'r embryo rhwng y rhain. Y cyneginyn yw'r rhan o'r embryo fydd yn datblygu'n gyffyn, a'r cynwreiddyn yw'r rhan fydd yn datblygu'n wreiddyn. Mae'r endosberm, sef storfa fwyd yr embryo cynnar, yn cael ei amsugno i mewn i'r cotyledonau, felly mae gan y ffeuen hedyn 'anendosbermig'.

Rydym ni'n dosbarthu india-corn fel monocotyledon oherwydd dim ond un cotyledon sydd ganddo. Yn nodweddiadol i rawnfwyd, mae'r endosberm yn aros fel storfa fwyd, felly mae hadau india-corn yn 'endosbermig'. Mae'r cotyledon yn aros yn fach heb ddatblygu ymhellach. Fel gweiriau a grawnfwydydd eraill, mae hadgroen hedyn India corn yn asio gyda mur yr ofari felly mae gan india-corn ffrwyth un hedyn.

Mae'r hadau'n mynd **ynghwsg**. Mae eu cynnwys dŵr yn mynd yn is na 10%, sy'n lleihau eu cyfradd fetabolaidd. Maen nhw'n gallu goroesi am gyfnodau hir yn y cyflwr hwn, heb egino nes bod amodau'n addas.

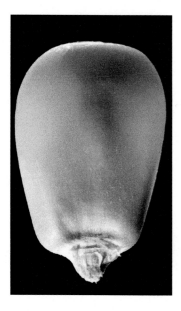

Ffrwyth a hedyn india-corn
(*Zea mais*)

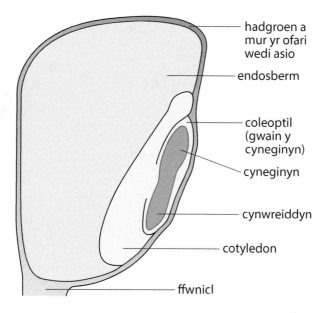

hadgroen a mur yr ofari wedi asio

endosberm

coleoptil (gwain y cyneginyn)

cyneginyn

cynwreiddyn

cotyledon

ffwnicl

Diagram o ffrwyth a hedyn india-corn

Mynd ymhellach

Yr hedyn hynaf i dyfu'n blanhigyn hyfyw oedd gludlys dail cul, o Siberia. Mae technegau dyddio radiocarbon wedi cadarnhau bod yr hedyn yn 31,800 ±300 mlwydd oed.

Term Allweddol

Cwsg/ynghwsg: Mae'r term hwn yn disgrifio hedyn pan mae ei dwf actif wedi'i atal. Cyn i eginiad ddigwydd, rhaid bodloni amodau penodol.

▼ Pwynt astudio

Mae maeth yr embryo sy'n datblygu yn cael ei ddarparu gan: (i) y niwcellws yna (ii) yr endosberm yna (iii) mewn rhai planhigion, un neu ddwy gotyledon.

▼ Pwynt astudio

Caiff planhigion blodeuol eu rhannu'n ddau brif grŵp: monocotau a deucotau. Mae'r monocotyledonau'n bwysig gan eu bod nhw'n cynnwys grawnfwydydd.

Monocotau	Deucotau
Un gotyledon yn yr hedyn	Dwy gotyledon yn yr hedyn
Mae gwythiennau'r dail yn baralel	Mae gwythiennau'r dail yn ffurfio rhwydwaith
Sepalau, petalau a brigerau'n bodoli bob yn 3	Sepalau, petalau a brigerau'n bodoli fesul 4 neu 5
Sypynnau fasgwlar wedi'u gwasgaru yn y coesynnau	Sypynnau fasgwlar mewn cylch yn y coesynnau
Sypynnau fasgwlar wedi'u gwasgaru yn y gwreiddiau	Sypynnau fasgwlar yng nghanol y gwreiddiau

Gwasgariad hadau

Gwasgariad hadau yw symudiad hadau oddi wrth y rhiant-blanhigyn. Pe bai hedyn yn egino'n agos at ei riant, byddai'r rhiant-blanhigyn yn cael dŵr a mwynau o'r pridd yn fwy llwyddiannus. Byddai'n dalach ac yn bwrw cysgod dros yr eginblanhigyn, gan ei atal rhag cyflawni ffotosynthesis yn ddigonol. Byddai'r eginblanhigyn yn colli'r gystadleuaeth. Mae hadau â nodweddion sy'n eu galluogi nhw i gael eu gwasgaru yn cynhyrchu planhigion sy'n osgoi cystadleuaeth. Mae'r dulliau gwasgaru hyn wedi cael eu dethol yn naturiol:

DYLECH CHI WYBOD ›››

››› Sut mae hadau'n gwasgaru

››› Yr amodau sydd eu hangen ar gyfer eginiad

››› Sut mae'r cronfeydd bwyd yn cael eu paratoi i'r embryo eu defnyddio

››› Swyddogaeth giberelin ym mhroses eginiad hedyn

››› Sut mae hadau'n gwella eu siawns o oroesi

Dull gwasgaru	Disgrifiad	Enghraifft
Gwynt	Mae gan ffrwythau'r onnen a'r sycamorwydden hwyliau sy'n caniatáu i'r gwynt eu gwasgaru nhw; mae gan ffrwythau dant y llew barasiwt o flew anystwyth. Mae gan ffrwyth y pabi fandyllau, ac mae'r hadau'n cael eu hysgwyd allan o'r rhain wrth i'r coesyn gael ei chwythu yn y gwynt.	 Hedyn dant y llew
Cludiant	Mae adar yn bwyta hadau sy'n mynd drwy'r system dreulio ac yn cael eu gwasgaru yn yr ymgarthion, e.e. ceirios. Mae mamolion, ymlusgiaid a physgod hefyd yn gallu gwasgaru hadau fel hyn. Mewn proses o'r enw creithiad, mae'r system dreulio yn gwanhau'r hadgroen drwy ymosod yn gorfforol arno gan ddefnyddio asid ac ensymau, ac mae'n rhaid i hyn ddigwydd i hadau rhai rhywogaethau cyn iddynt allu egino.	 Bronfraith yn bwyta aeron
Rholio	Pan mae ffrwythau castanwydden yn torri ar agor, mae'r concyr, sef yr hedyn, yn disgyn i'r llawr ac yn rholio oddi wrth y rhiant-goeden.	 Ffrwyth castanwydden ar fin agor a rhyddhau concyr
Byrstio	Pan mae codenni codlysiau'n sychu, maen nhw'n hollti ac mae'r hadau'n gwasgaru, e.e. ffa. Mewn llawer o rywogaethau, mae'r codenni'n cylchdroi wrth fyrstio ar agor, gan anfon yr hadau i lawr o wahanol gyfeiriadau.	 Coden bys yn hollti ar agor
Dŵr	Mae palmwydd coco yn tyfu'n agos at ddŵr. Hadau yw cnau coco ac wrth ddisgyn i'r dŵr, maen nhw'n arnofio, oherwydd mae eu ceudodau aer yn eu gwneud nhw'n hynawf (*buoyant*), ac maen nhw'n cael eu cludo i ffwrdd.	 Palmwydden goco
Cario	Mae hadau â bachau yn glynu wrth gotiau anifeiliaid ac yn cael eu cario i ffwrdd, e.e. cyngaf.	 Cyngaf

Hadau a goroesi

Mae datblygiad esblygiadol hadau wedi cyfrannu at lwyddiant Angiosbermau.

- Mae cyfradd fetabolaidd hadau cwsg yn isel iawn, felly maen nhw'n gallu goroesi mewn tywydd oer iawn.

- Mae'r hadgroen yn gallu gwrthsefyll cemegion ac felly mae'r hadau'n goroesi mewn amodau cemegol anffafriol.

- Mae cynnwys dŵr hedyn cwsg yn gostwng o dan 10% ac felly mae'r hadau'n goroesi mewn amodau sych iawn.

- Mae'r hadgroen yn gallu amddiffyn yr embryo yn ffisegol.

- Mae'r endosberm neu'r cotyledonau yn darparu ffynhonnell o faetholion, sy'n para nes bod yr eginblanhigyn newydd yn gallu cyflawni ffotosynthesis yn ddigonol.

- Mae hadau'n gallu gwasgaru dros bellter mawr o'r rhiant-blanhigyn, er mwyn osgoi cystadlu yn ei erbyn.

- Mae'r gwasgariad hwn yn caniatáu i'r planhigyn gytrefu cynefinoedd newydd.

- Mae rhai atalyddion yn atal eginiad ar adegau anaddas yn y flwyddyn. Mae'r rhain yn cael eu hymddatod mewn tywydd oer iawn, mewn proses o'r enw 'gwanwyneiddiad', er mwyn i'r hedyn allu egino yn y gwanwyn. Mewn bresych, mae'r atalyddion yn yr hadau, ac mewn tomatos, maen nhw yn y ffrwythau.

30

Gwirio gwybodaeth

Cysylltwch y termau priodol 1–5 â'r gosodiadau A–D:

1. Mur ofari.
2. Ofwl.
3. Pilyn.
4. Cnewyllyn endosberm triploid.
5. Embryo.

A. Troi'n hedyn.
B. Troi'n hadgroen.
C. Datblygu'n ffrwyth.
CH. Datblygu o'r sygot.
D. Troi'n storfa fwyd.

Eginiad y ffeuen, *Vicia faba*

Amodau eginiad

Ar ôl cyfnod o gysgiad a phan fydd amodau amgylcheddol yn dod yn ffafriol, bydd hedyn yn egino. **Eginiad** yw'r broses lle mae planhigyn yn tyfu o hedyn. Mae'n dechrau gyda gweithgarwch biocemegol a datblygiadol egnïol iawn. Mae'n para nes bod y planhigyn wedi cynhyrchu dail sy'n gallu cyflawni ffotosynthesis; erbyn hyn, bydd y planhigyn wedi defnyddio'r holl fwyd oedd wedi'i storio yn yr endosberm neu'r cotyledonau.

Term Allweddol

Eginiad: Y prosesau biocemegol a ffisiolegol sy'n troi hedyn yn blanhigyn sy'n cyflawni ffotosynthesis.

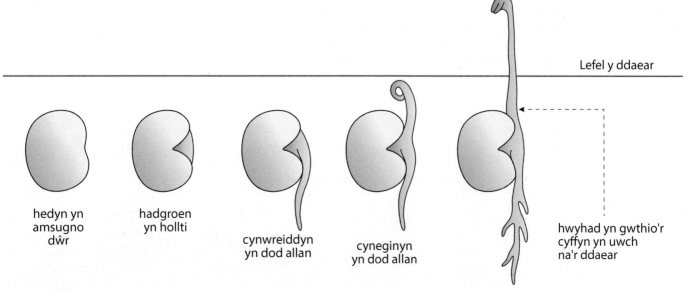

Lefel y ddaear

hedyn yn amsugno dŵr

hadgroen yn hollti

cynwreiddyn yn dod allan

cyneginyn yn dod allan

hwyhad yn gwthio'r cyffyn yn uwch na'r ddaear

Diagram o ddilyniant egino ffeuen

Y tri phrif beth sydd eu hangen ar gyfer eginiad llwyddiannus yw:

- Tymheredd addas – y tymheredd optimwm ar gyfer eginiad yw'r optimwm i'r ensymau sy'n cymryd rhan yn y broses. Mae'n amrywio o rywogaeth i rywogaeth, ond fel arfer mae rhwng 5 °C a 30 °C.

- Dŵr – i baratoi ensymau i'w cludo yn y sylem a'r ffloem ac i lenwi gwagolynnau celloedd i'w gwneud nhw'n chwydd-dynn.

- Ocsigen – mae resbiradaeth aerobig yn rhyddhau egni ar gyfer metabolaeth a thwf.

Mae effaith golau yn amrywio rhwng rhywogaethau. Mae angen i hadau llygad y dydd fod yn y golau i egino, ond mae angen i hadau eiddew fod yn y tywyllwch. Mae hadau mynawyd y bugail yn gallu egino yn y golau neu yn y tywyllwch.

Defnyddio cronfeydd bwyd ac eginiad

Pan mae amodau'n addas, mae'r hedyn yn amsugno dŵr yn gyflym drwy'r micropyl, sef y mandwll oedd yn bresennol yn yr ofari ac sy'n dal i fod yn bresennol yn yr hedyn. Mae dŵr yn achosi i'r meinweoedd chwyddo ac yn darparu amodau addas i ensymau weithio.

Mae cronfeydd bwyd mewn hadau yn anhydawdd mewn dŵr felly dydy hi ddim yn bosibl eu cludo nhw i'r eginblanhigyn. Rhaid ymddatod y cronfeydd hyn i ffurfio moleciwlau hydawdd. Mae amylas yn hydrolysu startsh i ffurfio maltos ac mae proteasau'n hydrolysu proteinau i ffurfio asidau amino. Mae'r cynhyrchion hydawdd yn cael eu symud i'r embryo a'u cludo yn y ffloem i feristemau apigau'r cyneginyn a'r cynwreiddyn, lle mae cellraniad cyflym yn digwydd. Mae rhai o'r siwgrau hyn yn cael eu trawsnewid yn gellwlos ar gyfer synthesis cellfuriau. Mae resbiradaeth aerobig yn rhyddhau egni o siwgrau ac mae asidau amino'n cael eu defnyddio i syntheseiddio proteinau newydd.

Mae'r meinweoedd sydd wedi chwyddo'n rhwygo'r hadgroen ac mae'r cynwreiddyn yn dod allan o'r hedyn. Mae ganddo geotropedd positif a ffototropedd negatif, felly mae'n tyfu tuag i lawr. Yna mae'r cyneginyn yn dod allan. Mae ganddo ffototropedd positif a geotropedd negatif, felly mae'n tyfu tuag i fyny.

Yn ystod eginiad, mae cotyledonau'r ffeuen yn aros dan ddaear. Mae'r rhan o'r cyneginyn sy'n uwch na'r uniad rhwng yr embryo a'r cotyledonau yn hwyhau'n gyflym, gan wthio'r cyneginyn tuag i fyny. Mae'r cyneginyn yn plygu i siâp bachyn wrth iddo wthio i fyny drwy'r pridd. Mae hyn yn amddiffyn y blaen rhag cael ei niweidio drwy grafu yn erbyn pridd.

Os cafodd yr hedyn ei blannu ar y dyfnder cywir yn y pridd, pan ddaw'r cyneginyn allan o'r pridd bydd y bachyn yn sythu a'r dail yn dadrolio ac yn dechrau cyflawni ffotosynthesis. Erbyn hyn, bydd cronfeydd bwyd y cotyledonau wedi'u disbyddu.

Dilyniant eginiad *Vicia faba*

Mae'r graff yn dangos, wrth i hedyn egino, bod ei fàs sych wedi cynyddu ar ôl tua 10 diwrnod. Mae màs sych yr embryo wrth iddo ddatblygu'n eginblanhigyn yn cynyddu, ac mae màs sych y cotyledonau sy'n darparu ei fwyd yn lleihau.

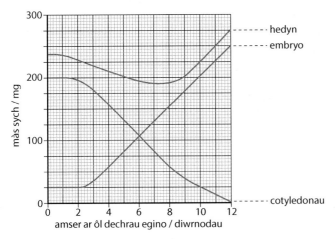

Newidiadau i fàs sych wrth i hedyn egino

Sylwch

Byddwch yn barod i esbonio'r newidiadau cymharol ym màs sych yr embryo, yr eginblanhigyn a'r endosberm.

31

Gwirio gwybodaeth

Nodwch y gair neu'r geiriau coll.

Y tri phrif beth sydd eu hangen ar gyfer eginiad yw dŵr, tymheredd addas ac .... Mae angen dŵr i baratoi .... Y gwreiddyn ifanc neu'r .... sy'n tyfu'n gyntaf i angori'r planhigyn a darparu dŵr. Mae'r storfa fwyd yn y .... yn cael ei hydrolysu gan ensymau i ffurfio moleciwlau hydawdd er mwyn i'r embryo dyfu. Mae'r cyffyn ifanc neu'r .... yn tyfu tuag i fyny drwy'r pridd, ac ar ôl mynd uwchlaw lefel y pridd mae'n gwneud bwyd drwy broses ....; mae'r storfa fwyd bron yn wag erbyn hyn.

Effaith giberelin

Mae'r diwydiant bragu yn defnyddio hadau haidd sy'n egino i wneud cwrw, felly mae llawer o waith ymchwil wedi'i wneud ar eginiad haidd. Mae'r termau 'malt' a 'maltio' sy'n cael eu defnyddio ym maes bragu yn cyfeirio at y maltos sy'n cael ei gynhyrchu wrth dreulio'r startsh mewn haidd. Mae'n debygol bod mecanweithiau tebyg yn digwydd mewn rhywogaethau eraill.

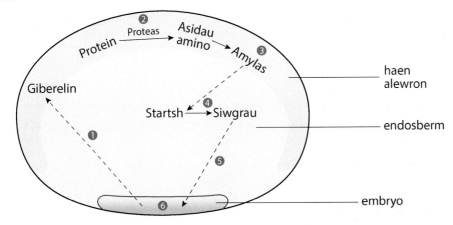

Giberelin ac eginiad

1. Mae'r embryo haidd yn secretu rheolydd twf planhigyn, giberelin, sy'n tryledu drwy'r endosberm i'r haen alewron. Haen o gelloedd yn rhan allanol yr hedyn yw hon, ac mae'n cynnwys llawer o brotein.

2. Mae'r giberelin yn ysgogi genynnau yng nghelloedd yr haen alewron, sy'n arwain at drawsgrifiad a throsiad, gan gynhyrchu ensymau sy'n cynnwys proteas ac amylas.

3. Mae'r proteasau'n hydrolysu protein yn yr haen alewron i ffurfio asidau amino, sy'n cael eu defnyddio i wneud amylas.

4. Mae'r amylas yn tryledu allan o'r haen alewron ac yn hydrolysu'r startsh sydd wedi'i storio yn y celloedd endosberm.

5. Mae'r maltos a'r glwcos sydd wedi'u cynhyrchu yn tryledu'n ôl drwy'r endosberm i gyneginyn a chynwreiddyn yr embryo.

6. Mae'r rhain yn cael eu resbiradu i ddarparu egni ar gyfer biosynthesis a chellraniad, sy'n dod â'r hedyn allan o'r cyfnod cwsg.

Mynd ymhellach ▶

Mae'r diwydiant bragu'n defnyddio giberelin i gyflymu eginiad fel nad oes angen cadw hadau haidd yn gynnes am gymaint o amser, a'u bod nhw'n gallu bragu mwy o haidd.

Ymarferion ymarferol

Defnyddio hadau sy'n egino i arddangos treuliad agar startsh

Sail resymegol

Macrofoleciwlau mawr, anhydawdd yw'r cronfeydd bwyd mewn hadau. Mae ensymau'n cael eu syntheseiddio yn ystod eginiad. Mae'r ensymau'n hydrolysu'r macrofoleciwlau i ffurfio moleciwlau bach, hydawdd sy'n gallu symud i ffloem yr embryo. Maen nhw'n cael eu trawsleoli i feristemau'r apigau i'w defnyddio fel swbstradau resbiradol neu fel metabolynnau yn natblygiad yr embryo.

Un o'r ensymau mae'r hadau'n eu syntheseiddio yw amylas, sy'n treulio'r startsh yn yr endosberm neu'r cotyledon i ffurfio maltos. Mae'r maltos yn symud i mewn i'r embryo lle mae'n cael ei hydrolysu i ffurfio glwcos, sy'n cael ei resbiradu i gynhyrchu egni. Yn yr arbrawf hwn, mae amylas yn treulio'r startsh ar y plât agar. Dydy hydoddiant ïodin ddim yn troi'n ddulas yn y mannau heb startsh.

Dyluniad

	Enw'r newidyn
Newidyn annibynnol	Hadau byw neu farw
Newidyn dibynnol	Lled y cylch o gwmpas yr hedyn
Newidynnau rheoledig	Crynodiad startsh; tymheredd
Rheolydd	Hadau wedi'u berwi
Dibynadwyedd	3 hedyn ar bob plât
Perygl	Cadw'r hadau ar 20 °C i leihau'r risg o dyfu halogion a allai fod yn niweidiol

Cyfarpar

- Hadau ffa, wedi'u mwydo mewn dŵr am ddau ddiwrnod ar dymheredd ystafell
- Cannydd 10%
- Dŵr distyll di-haint
- Bicer 250 cm^3
- Platiau agar startsh
- Teilsen wen ddi-haint
- Cyllell llawfeddyg finiog ddi-haint
- Gefel finiog ddi-haint
- Hydoddiant ïodin–potasiwm ïodid
- Tiwb berwi
- Baddon dŵr berwedig
- Amserydd

Dull

1. Gorchuddiwch dri o'r hadau ffa wedi'u mwydo â dŵr mewn tiwb berwi. Rhowch y tiwb berwi yn y baddon dŵr berwedig am 10 munud i ladd yr hadau. Rhowch yr hadau wedi'u berwi ar deilsen wen a gadewch iddynt oeri i dymheredd yr ystafell.

2. Diheintiwch arwyneb tair ffeuen fyw mewn cannydd 10% am 5 munud, yna rinsiwch nhw'n drwyadl mewn dŵr distyll di-haint.

3. Ailadroddwch y diheintio arwyneb gyda'r hadau wedi'u berwi.

4. Torrwch dri hedyn byw a'r tri hedyn wedi'u berwi yn hanner, yn baralel ag echelin hiraf yr hadau, i wahanu'r cotyledonau.

5. Rhowch yr hanner hadau wedi'u torri wyneb i lawr ar yr agar startsh.

6. Rhowch y platiau mewn ffwrn ar 20 °C am 48 awr.

7. Tynnwch yr hadau a gorchuddiwch arwyneb yr agar â 5 cm^3 o hydoddiant ïodin.

8. Arllwyswch yr hydoddiant i ffwrdd ar ôl 2 funud ac arsylwch y platiau.

Arsylwadau

Ar y plât gyda'r hadau wedi'u berwi, mae'r agar yn staenio'n ddulas yn unffurf. Mae'r berwi wedi dadnatureiddio ensymau'r hadau, a does dim startsh wedi'i dreulio.

Ar y platiau gyda'r hadau byw, mae rhannau o'r agar yn staenio'n ddulas. Ond does dim staen yn union o dan yr hadau, sy'n dangos bod y startsh yno wedi cael ei dreulio. O gwmpas pob hedyn mae cylch heb staen, sy'n dangos pa mor bell roedd amylas wedi tryledu allan o'r hadau i dreulio'r startsh.

Gwaith pellach

1. Gallwn ni ddefnyddio gwahanol rywogaethau hadau i gymharu lled y cylch, e.e. ffa, pys, ffa dringo.

2. Gallwn ni fesur lled y cylch ar wahanol adegau, e.e. bob 6 awr ar ôl cydosod yr arbrawf.

3. Gallwn ni arsylwi effaith gwahanol hadau grawnfwyd, e.e. haidd, gwenith ac india-corn.

Dyrannu blodau sy'n cael eu peillio gan y gwynt a'u peillio gan bryfed

Sail resymegol

Peilliad yw trosglwyddo paill o'r anther i'r stigma aeddfed mewn blodyn o'r un rhywogaeth. Pryfed neu'r gwynt sy'n gwneud hyn fel rheol i rywogaethau sy'n trawsbeillio, ac mae rhai o nodweddion y blodau yn hwyluso'r peilliad hwn. Does dim petalau lliwgar ar flodau sy'n cael eu peillio gan y gwynt, ac mae eu hantheri a'u stigmâu yn dod allan o'r blodau. Yn aml, mae gan flodau sy'n cael eu peillio gan bryfed betalau mawr, persawrus, lliwgar, ac mae'r antheri a'r stigmâu wedi'u cynnwys y tu mewn i'r cylch o betalau.

Cyfarpar

- Blodyn sy'n cael ei beillio gan y gwynt, e.e. llyriad (*Plantago* sp.)
- Blodau sy'n cael eu peillio gan bryfed, e.e. lili fel *Alstromeria*; y goesgoch (*Geranium robertianum*)
- Teilsen wen
- Gefel finiog
- Cyllell llawfeddyg finiog
- Siswrn miniog
- Lens
- Sleidiau microsgop ac arwydrau
- Hydoddiant ïodin–potasiwm ïodid
- Pibed ddiferu

Dull

Blodyn sy'n cael ei beillio gan bryfed

Y goesgoch (*Geranium robertianum*)

Alstromeria

1. Cyfrwch y sepalau a'u tynnu nhw o'r man lle maen nhw'n mynd i mewn i'r cynheilydd. Os ydych chi'n dyrannu monocot, fel lili, efallai y bydd y sepalau'n rhai lliw, yn hytrach nag yn rhai gwyrdd. Mae modd gwahaniaethu rhwng y sepalau hyn a'r petalau gan fod y sepalau'n mynd i mewn i'r cynheilydd yn bellach allan na'r petalau.
2. Cyfrwch y petalau a'u tynnu nhw o'r man lle maen nhw'n mynd i mewn i'r cynheilydd.
3. Cyfrwch y brigerau a'u tynnu nhw o'r man lle maen nhw'n mynd i mewn i'r cynheilydd. Sylwch ar nifer y llabedau ar yr antheri. Os yw'r antheri wedi ymagor, efallai y bydd gronynnau paill i'w gweld ar yr arwyneb.
4. Mae hyn yn gadael y carpel yn sownd wrth y cynheilydd. Daliwch y carpel yn llorweddol a thorrwch drwyddo'n hydredol, o'r stigma i lawr drwy'r golofnig a'r ofari i mewn i'r cynheilydd, a sylwch ar yr ofwlau yn yr ofari.
5. Microsgopeg
   (a) Os yw'r antheri wedi ymagor, brwsiwch ychydig o baill ar sleid a mowntiwch ddau ddiferyn o hydoddiant ïodin–potasiwm ïodid arni hefyd. Os nad yw'r antheri wedi ymagor, torrwch doriad mor denau â phosibl a'i falu ar y sleid microsgop, mewn dau ddiferyn o hydoddiant ïodin–potasiwm ïodid. Ychwanegwch arwydryn. Defnyddiwch y gwrthrychiadur ×10 i ddod o hyd i'r gronynnau paill ac yna defnyddiwch y gwrthrychiadur ×40 i ffocysu ar ronynnau sydd wedi gwahanu. Ffocyswch i fyny ac i lawr ar ronyn paill unigol i wahaniaethu rhwng y marciau ar yr arwyneb.
   (b) Dylech chi allu gweld ofwlau fel sfferau bach gwyn yn yr ofari. Tynnwch nifer bach o'r rhain allan a'u rhoi nhw ar sleid microsgop mewn rhai diferion o hydoddiant ïodin–potasiwm ïodid. Briwiwch (*macerate*) nhw fel bod yr arwydryn yn gallu gorwedd yn wastad. Rhowch yr arwydryn ar y darnau ac edrychwch arnyn nhw dan wrthrychiadur ×4 ac yna dan wrthrychiadur ×10. Ffocyswch drwy'r sbesimen er mwyn gallu gweld celloedd unigol.

Blodyn sy'n cael ei beillio gan y gwynt

Sbigyn yw fflurgainc y llyriad. Mae hyn yn golygu bod llawer o flodau unigol wedi'u trefnu ar hyd coesyn pen y blodyn, a bod pob blodyn unigol yn glynu'n uniongyrchol wrth y coesyn, ac nid y cynheilydd. Mae'r blodau'n aeddfedu o'r gwaelod i fyny, ac mae'r brigerau ac yna'r antheri yn aeddfedu.

1. Tynnwch flodyn gyda'i stigma yn y golwg.
2. Defnyddiwch lens a chyfarpar dyrannu i adnabod a gwahanu'r stigma, y golofnig a'r ofari.
3. Tynnwch flodyn gyda'i briger aeddfed.
4. Defnyddiwch lens a chyfarpar dyrannu i adnabod a gwahanu'r ffilamentau a'r antheri.

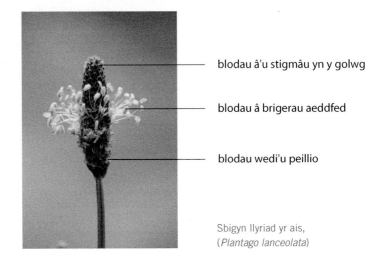

blodau â'u stigmâu yn y golwg

blodau â brigerau aeddfed

blodau wedi'u peillio

Sbigyn llyriad yr ais, (*Plantago lanceolata*)

Gwneud lluniad gwyddonol o anther a chyfrifo maint a chwyddhad

I archwilio toriad ardraws drwy anther, edrychwch arno ar y sleid â'ch llygad noeth i gael syniad o'i faint a'i siâp. Rhowch y sleid ar lwyfan y microsgop, gyda'r edefyn fasgwlar yn nhop y ddelwedd. Ffocyswch gan ddefnyddio gwrthrychiadur ×4 ac yna wrthrychiadur ×10. Defnyddiwch wrthrychiadur ×40 i archwilio'r celloedd unigol.

Dylech chi allu gwahaniaethu rhwng yr epidermis, yr edefyn fasgwlar, y parencyma o'i gwmpas, y goden baill sy'n cynnwys celloedd paill sy'n cyflawni meiosis, tetradau neu baill aeddfed, y tapetwm, sydd weithiau'n cael ei alw'n fur mewnol, a'r haen ffibrog o'i gwmpas, sydd weithiau'n cael ei galw'n fur allanol. Mewn rhai toriadau, efallai y byddwch chi'n gweld y ffilament.

1. Lluniadwch gynllun o doriad ardraws cyfan drwy anther neu, os yw'n rhy fawr i'w weld i gyd ar unwaith, rhan gynrychiadol. Os mai dim ond rhan o'r anther rydych chi'n ei luniadu, gwnewch fraslun bach o'r anther cyfan a nodwch pa ran sydd wedi'i dangos yn eich cynllun meinwe.
2. Gosodwch y sylladur graticwl yn union ar gyfer rhan hawdd ei hadnabod o'r sbesimen, e.e. diamedr mwyaf coden baill, a chyfrwch nifer yr unedau sylladur mae'r pellter hwnnw'n ei gynrychioli. Dewch i ni ddweud ei fod yn mesur 4 uned sylladur.
3. Ar ôl graddnodi'r microsgop, gallwch chi gyfrifo'r diamedr fel hyn:
   Dan y gwrthrychiadur ×10, diamedr mwyaf coden baill = 4 uned sylladur
   O'r graddnodi gyda sylladur ×10, mae 1 uned sylladur = 10 μm
   diamedr mwyaf coden baill = (10 × 4) = 40 μm
4. Dylech chi farcio'r pellter rydych chi wedi'i fesur ar y diagram drwy dynnu llinell syth, gyda bar bach ar bob pen iddi, yn ofalus iawn ar y goden baill.
5. Mae'r hyd sydd wedi'i farcio ar y diagram wedi'i fesur mewn mm. Dewch i ni ddweud ei fod yn mesur 168 mm.
6. Cyfrifwch chwyddhad y diagram:

   Pellter ar y lluniad = 168 mm = (168 × 1000) μm = 168000 μm

   Pellter gwirioneddol = 40 μm

   $$\text{Chwyddhad} = \frac{\text{maint y ddelwedd}}{\text{maint gwirioneddol}} = \frac{168000}{40} = 4200$$

Pennod 11

Etifeddiad

Mae amrywiad rhwng unigolion poblogaeth yn hanfodol er mwyn i rywogaeth oroesi mewn amgylchedd sy'n newid yn gyson.
Mae meiosis, sy'n digwydd cyn atgenhedlu rhywiol, yn un o brif ffynonnellau amrywiad genetig. Dangosodd gwaith Gregor Mendel (1822–84) sut caiff nodweddion eu pasio o un genhedlaeth i'r nesaf. Ef oedd y cyntaf i ddarganfod sut mae nodweddion yn cael eu hetifeddu. Roedd hyn yn gamp ddeallusol arbennig oherwydd ar y pryd, doedd neb yn gwybod am DNA, genynnau na chromosomau. Mae gwaith diweddarach wedi dangos eithriadau i reolau Mendel, gan gynnwys cyd-drechedd, trechedd anghyflawn, cysylltedd, cysylltedd rhyw, mwtaniad ac addasiad epigenetig.

Erbyn diwedd y testun hwn, byddwch chi'n gallu gwneud y canlynol:

- Diffinio termau geneteg.
- Rhagfynegi canlyniadau croesiadau monocroesryw, gan gynnwys y croesiad prawf, trechedd anghyflawn a chyd-drechedd.
- Rhagfynegi canlyniadau croesiadau deugroesryw, gan gynnwys y croesiad prawf.
- Deall cysyniad cysylltedd genynnau a goblygiadau hyn i gymarebau genynnau.
- Cynnal prawf chi^2.
- Esbonio mecanweithiau pennu rhyw.
- Disgrifio tarddiadau mwtaniadau.
- Disgrifio cysylltedd rhyw gan ddefnyddio haemoffilia fel enghraifft.
- Disgrifio mwtaniadau genynnau gan ddefnyddio anaemia cryman-gell fel enghraifft.
- Disgrifio mwtaniadau cromosomau gan ddefnyddio syndrom Down fel enghraifft.
- Disgrifio'r berthynas rhwng carsinogenau a genynnau.
- Esbonio rheoli mynegiad genynnau ym maes epigeneteg.

Termau geneteg

Genyn yw uned ffisegol etifeddeg. Mae'n ddilyniant DNA sydd mewn safle, neu **locws**, penodol ar gromosom, ac sy'n codio ar gyfer polypeptid. Polypeptidau a phroteinau sy'n pennu adeileddau a swyddogaethau mewn organebau byw, felly rydym ni hefyd yn meddwl am y genyn fel y dilyniant DNA sy'n codio ar gyfer nodwedd.

Mae yna lawer o enynnau sydd yn rheoli lliw cot cŵn. Mewn un, mae'r dilyniant niwcleotidau yn codio ar gyfer ensym sy'n gwneud y ffwr yn ddu, ond mae gwahaniaeth bach yn y dilyniant yn newid y moleciwl pigment ychydig bach, ac yn gwneud y ffwr yn frown. Mae newidiadau bach i ddilyniannau niwcleotidau'r un genyn yn gwneud newidiadau bach yn y polypeptidau maen nhw'n eu hamgodio, ac yn cynhyrchu nodweddion gwahanol. **Alelau** yw'r dilyniannau gwahanol hyn. Mae un genyn yn gallu cynnwys un, dau neu lawer o alelau. Mae alelau yn yr un locws bob amser oherwydd maen nhw'n fersiynau o'r un genyn.

Cŵn labrador benywol un flwydd oed

DYLECH CHI WYBOD ›››

››› Y gwahaniaeth rhwng genynnau ac alelau

››› Sut i ddefnyddio croesiad genetig a rhagfynegi cymarebau'r epil

››› Esbonio deilliant y cymarebau 3:1, 1:1, 9:3:3:1 ac 1:1:1:1

››› Sut i ddefnyddio'r prawf chi^2 i gymharu'r canlyniadau rydym ni'n eu harsylwi gyda'r rhai rydym ni'n eu disgwyl mewn croesiad genetig

Organeb	Genyn	Alelau
Bod dynol	Nifer y bysedd	5; 6
	Brychni haul	Presennol; absennol
	Grŵp gwaed rhesws	Positif; negatif
Pys pêr	Uchder	Tal; byr
	Lliw hadau	Melyn; gwyrdd
	Safle blodau	Terfynol; echelinol

Mae unigolyn diploid yn cael un o bob cromosom gan bob rhiant ac, felly, un copi o bob genyn gan bob rhiant. Os yw alelau genyn penodol yr un fath gan y ddau riant, mae'r unigolyn yn **homosygaidd** ar gyfer y genyn hwnnw. Os ydyn nhw'n wahanol, mae'r unigolyn yn **heterosygaidd** ar gyfer y genyn hwnnw.

Genoteip unigolyn yw'r holl alelau sydd ynddo. Gallwn ni ddisgrifio **ffenoteip** unigolyn fel ei edrychiad, ond mae'n llawer mwy na hynny, oherwydd mae'n cynnwys nodweddion dydyn ni ddim yn gallu eu gweld, fel grŵp gwaed. Mae nodweddion unigolyn yn dibynnu ar y genoteip ac ar yr amgylchedd, felly mae'n well meddwl am y ffenoteip fel mynegiad y genoteip mewn amgylchedd penodol.

Mewn pys pêr a rhai planhigion eraill, mae genyn yn codio ar gyfer hyd y coesyn. Mae un o alelau'r genyn hwn, sy'n cael y symbol T, yn codio ar gyfer cynhyrchu giberelin, rheolydd twf sy'n gwneud y coesyn yn hirach, felly mae planhigion gyda'r alel T yn tyfu'n dal. Dydy'r alel arall, sy'n cael y symbol t, ddim yn codio ar gyfer cynhyrchu giberelin felly mae planhigion heb yr alel T yn fyr. Mae gan bob planhigyn ddau alel, felly mae tri chyfuniad yn bosibl:

▼ Pwynt astudio

Mae genyn yn rheoli nodwedd ac mae alelau yn fersiynau gwahanol o'r genyn, yn yr un ffordd ag y mae car ('genyn') yn gallu bod yn BMW neu'n Porsche ('alelau').

Termau Allweddol

Genyn: Darn o DNA sy'n codio ar gyfer polypeptid ac sydd mewn locws penodol ar gromosom.

Alel: Dilyniant niwcleotidau sy'n gallu amrywio ar gyfer genyn penodol mewn locws penodol, sy'n codio ar gyfer ffenoteip gwahanol.

Sylwch

Dysgwch ddiffiniadau termau geneteg.

Cyfuniad alelau	Effaith	Ffenoteip	Disgrifiad o'r genoteip
tt	Ddim yn cynhyrchu giberelin	Byr	Homosygaidd enciliol
TT	Cynhyrchu giberelin	Tal	Homosygaidd trechol
Tt	Cynhyrchu giberelin	Tal	Heterosygaidd

Mae'r alel T yn cael ei fynegi bob amser mae'n bresennol, felly rydym ni'n dweud ei fod yn **drechol**. Dydy'r alel t ddim yn cael ei fynegi os yw'r alel T yn bresennol; rhaid iddo fod yn homosygaidd i gael ei fynegi. Rydym ni'n dweud ei fod yn **enciliol**.

▼ Pwynt astudio

Os yw genyn yn heterosygaidd, rydym ni'n ysgrifennu'r alel trechol cyn yr alel enciliol e.e. Tt.

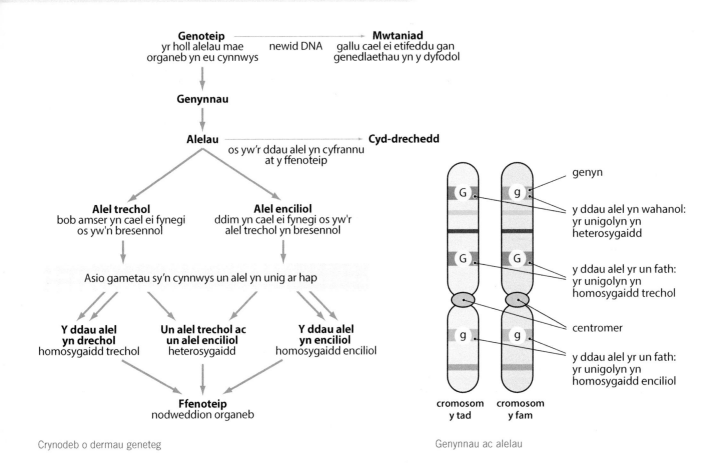

Crynodeb o dermau geneteg

Genynnau ac alelau

Etifeddiad monocroesryw

Etifeddiad monocroesryw yw etifeddiad un genyn, fel yr un sy'n rheoli taldra planhigyn neu liw hedyn.

Roedd arbrofion clasurol Gregor Mendel yn ymchwilio i etifeddiad ym mhlanhigion pys yr ardd, *Pisum sativum*. Oherwydd eu pwysigrwydd amaethyddol, roedd llawer o rywogaethau brid pur ar gael, er nad oedd neb yn deall pam. Roedd pys yn ddewis defnyddiol ar gyfer arbrofion oherwydd:

- Mae'n hawdd eu tyfu nhw.
- Mae eu blodau'n gallu hunanffrwythloni a thrawsffrwythloni.
- Maen nhw'n gwneud blodau a ffrwythau yn yr un flwyddyn.
- Maen nhw'n gwneud nifer mawr o hadau ym mhob croesiad. Mae hyn yn golygu, pan fyddwn ni'n cyfrif ffenoteipiau'r genhedlaeth nesaf, bod eu niferoedd yn eu gwneud nhw'n ystadegol ystyrlon.

I astudio sut roedd nodweddion yn cael eu hetifeddu, dewisodd Mendel barau o nodweddion cyferbyniol, fel planhigion tal neu fyr, planhigion â hadau crwn neu grychlyd a phlanhigion â hadau melyn neu wyrdd. Roedd yn ffodus, neu efallai'n fedrus, i ddewis y rhain oherwydd mae'r nodweddion hyn:

- Yn cael eu rheoli gan un genyn
- Yn cael eu rheoli gan enynnau ar wahanol gromosomau
- Yn amlwg ac yn hawdd dweud y gwahaniaeth rhyngddynt.

Mae'r nodweddion hyn yn enghreifftiau o amrywiad amharhaus. Fodd bynnag, mae'r rhan fwyaf o nodweddion yn dangos amrywiad parhaus. Mae ganddyn nhw amrediad o werthoedd ac maen nhw'n cael eu rheoli gan nifer o enynnau, fel taldra bodau dynol.

Mynd ymhellach ▶

Mae pys wedi cael eu defnyddio wrth gylchdroi cnydau yn Ewrop ers yr 8fed ganrif, i gynyddu lefelau nitradau yn y pridd. Erbyn cyfnod Mendel, yn y 19eg ganrif, roedden nhw'n bwysig iawn yn y cylchdro cnydau 4 mlynedd.

Cyswllt Mae disgrifiad o amrywiad parhaus ac amharhaus ar dudalen 128.

Diagramau genetig

Mae diagram o groesiad genetig yn dangos:

- Y cenedlaethau, h.y. rhieni, cenhedlaeth gyntaf (F_1), ail genhedlaeth (F_2) ac, weithiau, cenedlaethau pellach.
- Genoteipiau rhieni ac epil.
- Ffenoteipiau rhieni ac epil.
- Yr alelau sy'n bresennol yn y gametau.
- Mae symbolau'r alelau wedi'u diffinio.

F_1 yw'r genhedlaeth fabol gyntaf. Y rhain yw epil rhieni'r croesiad. F_2 yw'r ail genhedlaeth fabol. Epil planhigyn F_1 wedi hunanffrwythloni, neu epil croesiad rhwng aelodau o genhedlaeth F_1, yw'r rhain. Maen nhw hefyd yn wyrion i'r rhieni gwreiddiol. Mae'r gair mabol yn golygu 'yn ymwneud â mab neu ferch'.

Cyfarwyddiadau i ysgrifennu diagram croesiad genetig

1. Dewiswch symbolau addas i'r alelau.
   - Defnyddiwch un llythyren i bob nodwedd, er enghraifft, llythyren gyntaf un o'r nodweddion gwahanol.
   - Os yw'n bosibl, defnyddiwch lythyren lle mae'r briflythyren a'r llythyren fach yn wahanol o ran siâp a maint.
   - Defnyddiwch y briflythyren ar gyfer y nodwedd drechol a'r llythyren fach ar gyfer yr un enciliol.
2. Defnyddiwch y parau priodol o lythrennau i ysgrifennu genoteipiau'r rhieni. Labelwch nhw'n 'Genoteip y rhieni' a nodwch eu ffenoteipiau.
3. Dangoswch pa gametau mae'r naill riant a'r llall yn eu cynhyrchu. Rhowch gylch amdanynt a'u labelu nhw'n 'Gametau'.
4. Defnyddiwch fatrics o'r enw sgwâr Punnett i ddangos canlyniadau'r cyfuniadau posibl sy'n dod drwy groesi'r holl gametau ar hap. Labelwch nhw'n 'Genoteip F_1'.
5. Dangoswch ffenoteip pob genoteip F_1 yn y sgwâr Punnett.
6. Nodwch gymhareb y ffenoteipiau.

Mae'r diagram genynnol hwn yn dangos etifeddiad genyn uchder y planhigyn:

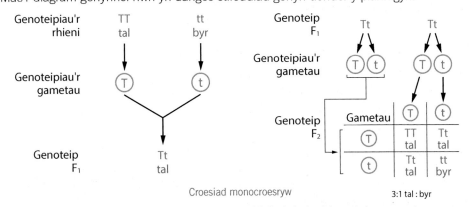

Croesiad monocroesryw

3:1 tal : byr

- Mae gan y genyn ddau alel: mae T yn cynrychioli alel planhigyn tal ac mae t yn cynrychioli alel byr.
- Gan fod y rhieni'n homosygaidd, dim ond un math o gamet mae'r ddau'n ei wneud, felly dim ond un sydd wedi'i ddangos.
- Yn yr F_1, mae'r epil i gyd yn heterosygaidd a'u ffenoteip yn dal.
- Mae unigolion F_1 i gyd yn gwneud dau fath o gamet.
- Yn yr F_2, mae ¾ yr epil yn dal a ¼ yr epil yn fyr.

Sylwch

Gallai dwy lythyren fel symbolau genynnau gynrychioli'r ddau alel o un genyn neu gamet gydag un alel yr un o ddau enyn. I wahaniaethu rhwng y rhain, cofiwch luniadu cylch o gwmpas alelau gamet.

Sylwch

Os yw cwestiwn arholiad yn rhoi symbolau alelau i chi, gwnewch yn siŵr eich bod chi'n eu defnyddio nhw.

▼ **Pwynt astudio**

Mewn croesiad monocroesryw, bydd dau unigolyn heterosygaidd yn cynhyrchu epil â chymhareb ffenoteipiau o 3 gyda'r nodwedd drechol: 1 gyda'r nodwedd enciliol.

32

Gwirio gwybodaeth

Parwch y geiriau 1–4 â'u heglurhad A–CH.

1. Ffenoteip.
2. Locws.
3. Genoteip.
4. Heterosygaidd.

A. Cyfansoddiad genetig organeb.
B. Y safle mae genyn yn ei gymryd ar gromosom.
C. Y nodweddion sydd i'w gweld mewn organeb.
CH. Bod ag alelau gwahanol ar gyfer genyn penodol

Term Allweddol

Croesiad prawf, ôl-groesiad: Croesiad rhwng unigolyn gyda ffenoteip y nodwedd drechol, ond genoteip anhysbys, gydag unigolyn homosygaidd enciliol ar gyfer y genyn dan sylw.

Mynd ymhellach ▶

Rydym ni'n ei alw'n ôl-groesiad oherwydd mae fel pe bai'r organeb brawf yn cael ei chroesi gyda rhiant homosygaidd enciliol y croesiad gwreiddiol a gynhyrchodd yr organeb brawf.

▼ **Pwynt astudio**

Mewn ôl-groesiad, rydym ni'n croesi'r genoteip sy'n cael ei brofi gydag unigolyn homosygaidd enciliol. Os oes gan yr F_1 i gyd y nodwedd drechol, roedd y rhiant yn homosygaidd trechol; os oes gan 50% ohonynt y nodwedd drechol, roedd y rhiant yn heterosygaidd.

DYLECH CHI WYBOD ›››

››› Bod cyd-drechedd a threchedd anghyflawn yn golygu bod gan unigolyn heterosygaidd ffenoteip sy'n wahanol i'r ddau riant homosygaidd

▼ **Pwynt astudio**

Mewn cyd-drechedd, mae dau alel genyn yn cael eu mynegi. Mae ffenoteip yr heterosygot yn dangos ffenoteipiau'r ddau homosygot. Mewn trechedd anghyflawn, mae ffenoteip yr heterosygot yn rhyngol rhwng ffenoteipiau'r ddau homosygot.

▼ **Pwynt astudio**

Os yw ffenoteipiau epil yn y gymhareb 1:2:1, mae'n debygol bod eu rhieni'n heterosygaidd ar gyfer genyn sy'n dangos cyd-drechedd neu drechedd anghyflawn.

Croesiad prawf neu ôl-groesiad

Os oes gan organeb nodwedd drechol, gallai fod yn homosygaidd trechol neu'n heterosygaidd. Mae'r **croesiad prawf** yn dangos ai un neu ddau alel trechol sy'n pennu nodwedd drechol.

Gallai planhigyn pys tal, er enghraifft, fod yn frid pur, TT, ond gallai hefyd fod yn Tt. Dydy hi ddim yn bosibl dweud drwy edrych arno. I brofi genoteip y planhigyn, rydym ni'n croesi'r planhigyn tal â chorblanhigyn. Dim ond un genoteip posibl sydd gan y ffenoteip corblanhigyn: mae'n homosygaidd enciliol, tt. Os yw'r planhigyn tal yn TT, bydd yr F_1 i gyd yn dal, ond os yw'n Tt, bydd 50% yn dal a 50% yn gorblanhigion:

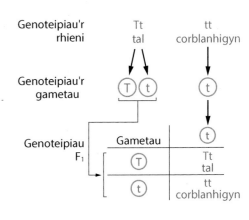

1:1 tal : corblanhigyn

Croesiad prawf monocroesryw

Os nad yw'r un o'r ddau alel yn drechol

1. Cyd-drechedd

Os yw genynnau'n gyd-drechol, mae'r ddau alel mewn heterosygot yn cael eu mynegi'n unigol. O ganlyniad, mae gan yr heterosygot gyfuniad o nodweddion y ddau homosygot, e.e. yn system grwpiau gwaed bodau dynol, mae gan y genyn I dri alel, I^A, I^B ac I^O. Mae gan rieni homosygaidd â'r genoteip $I^A I^A$ yr antigen A ar gelloedd coch y gwaed ac maen nhw'n perthyn i grŵp gwaed A. Mae gan rieni homosygaidd â'r genoteip $I^B I^B$ yr antigen B ar gelloedd coch y gwaed ac maen nhw'n perthyn i grŵp gwaed B. Genoteip eu hepil yw $I^A I^B$. Mae'r ddau alel yn cael eu mynegi: mae ganddyn nhw antigenau A a B ar gelloedd coch y gwaed ac felly maen nhw'n perthyn i grŵp gwaed AB. Mae hyn yn enghraifft o **gyd-drechedd**.

Iâr fraith yn dangos cyd-drechedd

Yn yr un modd, mae ieir â phlu du a phlu gwyn yn gallu cynhyrchu epil brith, oherwydd dydy alel plu du nac alel plu gwyn ddim yn drechol.

2. Trechedd anghyflawn

Ar gyfer rhai genynnau, mae ffenoteip yr heterosygot yn rhyngol rhwng ffenoteipiau'r ddau riant, yn hytrach na bod y ddau'n cael eu mynegi, e.e. drwy groesi penigan (*carnation*) blodeuol coch â phenigan blodeuol gwyn, rydym ni'n cael F_1 gyda blodau pinc. Trechedd anghyflawn yw hyn. Dydy'r alel petalau coch na'r alel petalau gwyn ddim yn gwbl drechol, felly dydyn ni ddim yn rhoi priflythyren a llythyren fach i symbolau'r alelau. Yn lle hynny, rydym ni'n defnyddio'r symbol C neu C^C ar gyfer coch ac G neu C^G ar gyfer gwyn.

Penigan pinc yn dangos trechedd rhannol

Mewn croesiad rhwng peniganau â blodau coch a gwyn, bydd holl flodau cenhedlaeth F_1 yn binc. Maen nhw'n cynhyrchu dau wahanol fath o gametau felly wrth ryngfridio, cymhareb y lliwiau yng nghenhedlaeth F_2 yw 1 coch: 2 pinc: 1 gwyn:

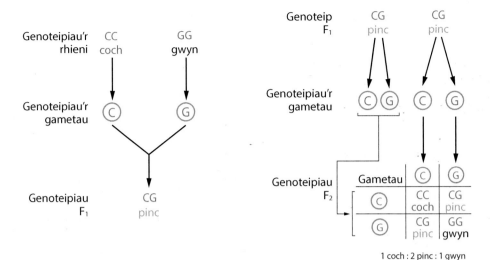

Trechedd anghyflawn

1 coch : 2 pinc : 1 gwyn

33

Gwirio gwybodaeth

Nodwch y geiriau coll:

Mae gan bob genyn ddwy ffurf wahanol o'r enw alelau. Os yw'r ddau alel ar bâr homologaidd o gromosomau'r un fath, mae'r unigolyn yn .... ar gyfer y genyn hwnnw. Fodd bynnag, os yw'r alelau'n wahanol, mae'r unigolyn yn .... ar gyfer y genyn hwnnw. Os nad yw effaith alel wedi'i baru gydag alel trechol i'w weld yn y ffenoteip, rydym ni'n dweud bod yr alel yn .... Os yw dau alel yn cyfrannu'n hafal at y ffenoteip, rydym ni'n dweud eu bod nhw'n ....

O ganlyniad i gynnal ei arbrofion, yn enwedig y rhai oedd yn cynhyrchu'r gymhareb 1:2:1, ffurfiodd Mendel ei 'ddeddf etifeddiad' gyntaf, sef deddf arwahanu, sy'n datgan: Caiff nodweddion organeb eu pennu gan ffactorau (alelau) sy'n bodoli mewn parau. Dim ond un o bâr sy'n bresennol ym mhob gamet.

Rhydd-ddosraniad

Mae'r diagramau'n dangos cell yn ystod metaffas I meiosis. Mae cromosomau'r fam wedi'u lliwio'n ddu a chromosomau'r tad wedi'u lliwio'n goch. O ran genynnau A/a, a B/b, genoteip y fam yw AB a genoteip y tad yw ab. Ar ddiagram 1, mae'r cromosomau homologaidd wedi'u trefnu fel bod alelau A a B yn mynd i un pegwn ac alelau a a b yn mynd i'r llall, felly rydym ni'n ysgrifennu'r gametau sy'n cael eu cynhyrchu fel (AB) ac (ab).

Cyswllt
Mae deall geneteg yn dibynnu ar ddeall sut mae cromosomau'n ymddwyn yn ystod meiosis. Rydych chi wedi dysgu am egwyddorion meiosis yn ystod blwyddyn gyntaf y cwrs hwn.

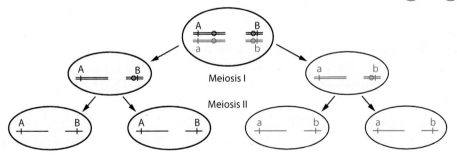

Rhydd-ddosraniad (1)

Ar ddiagram 2, mae'r pâr byrraf o gromosomau wedi'i drefnu i'r cyfeiriad dirgroes, felly mae'r alelau A a b yn mynd i un pegwn ac alelau a a B yn mynd i'r llall. Rydym ni'n ysgrifennu'r gametau sy'n cael eu cynhyrchu fel (Ab) ac (aB).

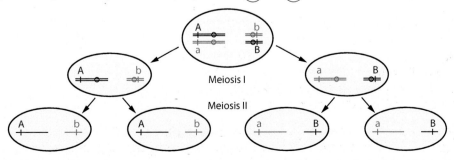

Rhydd-ddosraniad (2)

Fel hyn, mae mecanwaith meiosis yn esbonio'r arsylwad bod y naill neu'r llall o bâr o alelau yn gallu cyfuno â'r naill neu'r llall o bâr arall o alelau. Mae cromosomau'r fam a'r tad, ac felly'r alelau sydd ynddynt, yn cymysgu â'i gilydd mewn unrhyw gyfuniad yn y gametau. **Rhydd-ddosraniad** cromosomau yw hyn. Mae'r genynnau A a B yn ymddwyn yn annibynnol ar ei gilydd ac felly rydym ni'n dweud eu bod nhw'n **ddigyswllt**. Mae A yr un mor debygol o gyfuno mewn gamet gyda B neu b. Mae hyn yn esbonio'r cymarebau genynnau rydym ni'n eu gweld wrth ymchwilio i etifeddiad cydamserol dau enyn mewn etifeddiad deugroesryw.

Etifeddiad deugroesryw

Etifeddiad deugroesryw yw etifeddiad cydamserol dau alel digyswllt, h.y. genynnau ar wahanol gromosomau. Roedd Mendel yn gwybod o'i arbrofion cynnar â chroesiadau monocroesryw hadau pys bod siâp hedyn crwn yn drechol i siâp crychlyd, a bod lliw melyn yn drechol i wyrdd. Croesodd blanhigion â dau bâr o nodweddion cyferbyniol:

- Alel hadau crwn yw C ac alel hadau crychlyd yw c.

- Alel hadau melyn yw M ac alel hadau gwyrdd yw m.

Mae planhigion gyda'r genoteip CCMM yn homosygaidd ar gyfer y ddwy nodwedd drechol, hadau crwn a melyn. Cafodd y rhain eu croesi â phlanhigion gyda'r genoteip ccmm, sef homosygaidd ar gyfer y ddwy nodwedd enciliol, hadau crychlyd a gwyrdd. Roedd pob rhiant yn cynhyrchu un math o gamet yn unig, (CM) neu (cm). Roedd gan yr holl blanhigion F_1 y genoteip CcMm, a'r nodweddion trechol, h.y. hadau crwn melyn.

Roedd pob gamet yn y planhigion F_1 yn cynnwys alel siâp ac alel lliw. Wrth wneud y gametau, byddai'r alel C yr un mor debygol o gyfuno â naill ai'r alel M neu m, ac felly, byddai'r rhain yn digwydd ar yr un gyfradd â'i gilydd. Byddai'r alel M yn cyfuno â naill ai'r alel C neu c, a byddai'r rhain yn digwydd ar yr un gyfradd â'i gilydd. Felly, roedd pob rhiant yn cynhyrchu pedwar math o gamet ac roedd cyfran pob un o'r rhain yn hafal: (CM), (Cm), (cM) a (cm).

Wrth i'r planhigion F_1 hunanffrwythloni, byddai pob math o gamet yn y paill yr un mor debygol o gyfuno â phob un o'r pedwar math o gamet yn yr oosfferau, ac felly, byddai'r rhain yn digwydd ar yr un gyfradd â'i gilydd. Pan oedd yr F_1 yn hunanffrwythloni, roedden nhw'n cynhyrchu hadau cenhedlaeth F_2. Roedd pedwar gwahanol gyfuniad o siapiau a lliwiau hadau F_2, fel mae'r sgwâr Punnett yn ei ddangos:

Pwynt astudio

Mewn croesiad deugroesryw, rhaid i'r gamet gynrychioli'r ddau enyn, felly rydym ni'n ei ysgrifennu â dau symbol, h.y. un alel i bob genyn.

Pwynt astudio

Mewn croesiad deugroesryw, bydd dau unigolyn heterosygaidd yn cynhyrchu epil â chymhareb ffenoteipiau 9:3:3:1.

C yw hedyn crwn (trechol) c yw hedyn crychlyd (enciliol)
M yw hedyn melyn (trechol) m yw hedyn gwyrdd (enciliol)

ffenoteipiau'r rhieni	brid pur crwn melyn	brid pur crychlyd gwyrdd
genoteipiau'r rheini (2n)	**CCMM**	**ccmm**
gametau (n)	(CM) i gyd	(cm) i gyd
genoteip F_1 (2n)	**CcMm** i gyd	
genoteip rhieni F_2	**CcMm**	**CcMm**
gametau (n)	(CM) (Cm) (cM) (cm)	(CM) (Cm) (cM) (cm)

♀ \ ♂	(CM)	(Cm)	(cM)	(cm)
(CM)	**CCMM** crwn melyn	**CCMm** crwn melyn	**CcMM** crwn melyn	**CcMm** crwn melyn
(Cm)	**CCMm** crwn melyn	**CCmm** crwn gwyrdd	**CcMm** crwn melyn	**Ccmm** crwn gwyrdd
(cM)	**CcMM** crwn melyn	**CcMm** crwn melyn	**ccMM** crychlyd melyn	**ccMm** crychlyd melyn
(cm)	**CcMm** crwn melyn	**Ccmm** crwn gwyrdd	**ccMm** crychlyd melyn	**ccmm** crychlyd gwyrdd

Genoteipiau (2n) a ffenoteipiau F_2

9 crwn melyn : **3** crychlyd melyn : **3** crwn gwyrdd : **1** crychlyd gwyrdd

Etifeddiad deugroesryw

Mae'r sgwâr Punnett yn dangos, pe baem ni'n ystyried y genyn lliw yn unig, y byddem ni'n cael y gymhareb 12 melyn : 4 gwyrdd, h.y. 3:1. Yn yr un modd, pe baem ni'n ystyried y genyn gwead, byddem ni'n cael y gymhareb 12 llyfn : 4 crychlyd, h.y. 3:1. Yn y ddau achos, rydym ni'n cael y gymhareb monocroesryw, oherwydd dim ond un genyn rydym ni'n ei ystyried ar y tro.

I gyfrifo cymhareb y disgynyddion, rydym ni'n rhannu cyfanswm y nifer gyda nifer yr unigolion homosygaidd enciliol. Mewn croesiad, mae'n annhebygol iawn y bydd cymhareb y disgynyddion yn union yr un fath â'r rhagfynegiad. Ond os yw'r gymhareb yn agos at 9:3:3:1, gallwn ni dybio bod y disgynyddion yn deillio o groesiad deugroesryw.

Ffenoteip	Crwn melyn	Crwn gwyrdd	Crychlyd melyn	Crychlyd gwyrdd
Cyfanswm	315	108	101	32
Cymhareb	315/32 = 9.84	108/32 = 3.38	101/32 = 3.16	32/32 = 1

Arweiniodd y gymhareb deugroesryw at 'ail ddeddf etifeddiad', a Mendel sy'n cael y clod am hon hefyd. Mae'n nodi: Gall y naill neu'r llall o bâr o nodweddion cyferbyniol gyfuno â'r naill neu'r llall o bâr arall. Gyda'n dealltwriaeth bresennol o eneteg, gallwn ni ailysgrifennu'r gosodiad hwn fel hyn: Gall y naill neu'r llall o bâr o alelau gyfuno ar hap â'r naill neu'r llall o bâr arall ar gromosom gwahanol.

Pwynt astudio

Mewn croesiad genetig rhwng dau riant heterosygaidd â 96 o epil, nifer tebygol yr epil enciliol dwbl, sef crychlyd a gwyrdd

$= \frac{96}{16} = 6.$

Sylwch

Gwnewch yn siŵr eich bod chi'n gallu dyfynnu deddfau etifeddiad Mendel a'u defnyddio nhw i ymdrin â chroesiadau genetig.

Y croesiad prawf deugroesryw

Mae planhigyn pys gyda hadau crwn, melyn yn gallu bod ag unrhyw un o'r genoteipiau canlynol: CCMM; CcMM; CCMm neu CcMm. Mae'r croesiad prawf monocroesryw yn profi genoteip drwy ei groesi ag unigolyn homosygaidd enciliol, e.e. tt. Mae'r croesiad prawf deugroesryw yn profi genoteip drwy ei groesi ag unigolyn sy'n homosygaidd enciliol ar gyfer y ddau enyn, e.e. ccmm. Mae cymhareb ffenoteipiau'r disgynyddion yn dynodi genoteip y rhiant. Yn y ddau groesiad, ffenoteipiau'r rhiant yw crwn, melyn a chrychlyd, gwyrdd.

<table>
<tr><td>Rhieni</td><td>CCMM
ccmm</td><td>Cc MM   cc mm</td><td>CC Mm   cc mm</td><td>Cc Mm   cc mm</td></tr>
<tr><td>Gametau</td><td>CM cm</td><td>CM cM   cm</td><td>CM Cm   cm</td><td>CM Cm cM cm cm</td></tr>
<tr><td>F_1</td><td>CcMm</td><td><table><tr><td></td><td>cm</td></tr><tr><td>CM</td><td>CcMm</td></tr><tr><td>cM</td><td>ccMm</td></tr></table></td><td><table><tr><td></td><td>cm</td></tr><tr><td>CM</td><td>CcMm</td></tr><tr><td>Cm</td><td>Ccmm</td></tr></table></td><td><table><tr><td></td><td>cm</td></tr><tr><td>CM</td><td>CcMm</td></tr><tr><td>Cm</td><td>Ccmm</td></tr><tr><td>cM</td><td>ccMm</td></tr><tr><td>cm</td><td>ccmm</td></tr></table></td></tr>
<tr><td>Cymhareb</td><td>crwn, melyn i gyd</td><td>1:1 crwn melyn: crychlyd melyn</td><td>1:1 crwn melyn: crwn gwyrdd</td><td>1:1:1:1 crwn melyn: crychlyd melyn: crwn gwyrdd: crychlyd gwyrdd</td></tr>
</table>

Sylwch

Efallai y bydd cwestiwn arholiad yn darparu cynllun i'ch ateb. Defnyddiwch y llythrennau sydd wedi'u rhoi i chi ar gyfer symbolau'r alelau.

Term Allweddol

Cysylltiedig: Disgrifiad o enynnau sydd ar yr un cromosom â'i gilydd ac felly ddim yn arwahanu'n annibynnol yn ystod meiosis.

Pwynt astudio

Mae genynnau cysylltiedig yn cael eu hetifeddu gyda'i gilydd, oherwydd maen nhw'n symud gyda'i gilydd yn ystod meiosis ac yn ymddangos yn yr un gamet.

Cyswllt Rydych chi wedi dysgu am drawsgroesiad yn ystod blwyddyn gyntaf y cwrs hwn.

Mynd ymhellach ▶

Mae cymaint o drawsgroesi'n digwydd rhwng genynnau sy'n agos at ben cromosomau, maen nhw'n gwneud cyfran bron yn hafal o wahanol fathau o gametau. Dydy dadansoddi niferoedd ffenoteipiau epil ddim yn dynodi cysylltedd.

Mynd ymhellach ▶

Mae gwerth trawsgroesi o 4.6% yn dweud wrthym ni fod 4.6 uned map rhwng y genynnau ar y cromosom. Gwerth cymharol yw hwn, ac nid yw'n gysylltiedig ag uned S.I.

Cysylltedd

Dydy alelau dau enyn sydd ar yr un cromosom â'i gilydd ddim yn gallu arwahanu'n annibynnol, h.y. dydyn nhw ddim yn gallu symud at ddau bôl cyferbyn y gell yn ystod meiosis. Mae hyn oherwydd eu bod nhw ar yr un ffurfiad ffisegol – y cromosom – felly rhaid iddyn nhw symud gyda'i gilydd. Rydym ni'n dweud eu bod nhw'n **gysylltiedig**. Mae'r gell yn y diagram yn gwneud y gametau (**DE**) a (**de**):

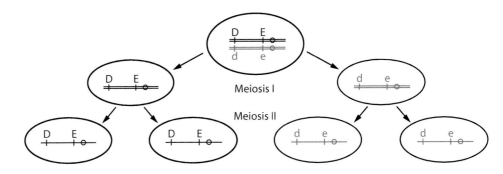

Etifeddiad genynnau cysylltiedig

Mewn rhai celloedd sy'n cyflawni meiosis, byddai trawsgroesiad genynnol yn digwydd rhwng genynnau D/d ac E/e, gan gynhyrchu'r 4 math o gamet (**DE**), (**De**), (**dE**) a (**de**). (**DE**) a (**de**) yw genoteipiau'r 'rhieni' ac mae (**De**) a (**dE**) yn enoteipiau 'ailgyfunol'.

Rydym ni'n disgrifio'r cyfuniad o nodweddion fel nodweddion rhieni os yw'r nodweddion sy'n gysylltiedig â D ac E neu'n gysylltiedig â d ac e yn digwydd gyda'i gilydd. Rydym ni'n disgrifio'r ffenoteipiau fel rhai ailgyfunol os yw'r nodweddion sy'n gysylltiedig â D ac e neu'n gysylltiedig â d ac E yn digwydd gyda'i gilydd.

Mae trawsgroesiad yn ddigwyddiad prin a dydy hyn ddim yn digwydd yn y rhan fwyaf o gelloedd, felly bydd y rhan fwyaf o'r gametau fel rhai'r rhieni, (**DE**) a (**de**). Felly, dydy nifer y gametau gyda'r genoteipiau gwahanol ddim yn hafal, felly dydy'r genhedlaeth nesaf ddim yn cynhyrchu cymarebau Mendelaidd a ffenoteipiau'r rhieni fyddai'r rhan fwyaf o'r ffenoteipiau ymhlith yr epil. Y pellaf yw dau enyn oddi wrth ei gilydd ar gromosom, y mwyaf o gyfle sydd i drawsgroesiad ddigwydd rhyngddynt. Mae hyn yn arwain at fwy o gametau ailgyfunol ac felly mwy o epil gyda ffenoteipiau ailgyfunol.

Adnabod cysylltedd

Os nad yw niferoedd y disgynyddion â gwahanol gyfuniadau o nodweddion yn cyfateb i gymarebau Mendelaidd, mae'n debygol bod genynnau yn gysylltiedig. Mae hwn yn eglurhad cyffredin i wrthod rhagdybiaeth nwl mewn arbrawf geneteg.

Mewn arbrawf gyda *Drosophila*, y pryf ffrwythau, roedd croesi pryfed gyda llygaid coch a chyrff melyn â phryfed gyda llygaid brown a chyrff tywyll yn cynhyrchu cenhedlaeth F_2 gyda:

Llygaid coch, corff melyn (rhieni) = 126

Llygaid brown, corff tywyll (rhieni) = 39

Llygaid coch, corff tywyll (ailgyfunol) = 5

Llygaid brown, corff melyn (ailgyfunol) = 3

Mae pedwar dosbarth ffenoteip, fel y disgwyl, ond dydy'r rhain ddim mewn cymhareb 9:3:3:1, sy'n awgrymu bod genynnau lliw llygaid a lliw corff *Drosophila* yn gysylltiedig. Gallwn ni gyfrifo'r 'gwerth trawsgroesi', GTG, fel $\dfrac{\text{nifer yr unigolion ailgyfunol}}{\text{nifer y disgynyddion}} \times 100\%$.

Ar gyfer y data hwn, GTG = $\dfrac{5+3}{126+39+5+3} \times 100\% = 4.6\%$.

Tebygolrwydd

Wrth gyflwyno croesiad genetig, rydym ni'n rhagfynegi'r canlyniad tebygol. Mae'r canlyniadau go iawn, fodd bynnag, yn annhebygol o fod yn union yr un fath â'r rhagfynegiad. Dychmygwch daflu darn arian 100 gwaith. Byddech chi'n disgwyl iddo lanio â'r pen i fyny 50 gwaith ac â'r gynffon i fyny 50 gwaith. Yn ymarferol, byddai'n syndod cael y canlyniad hwn yn y 100 tafliad cyntaf. Pe bai'r darn arian yn glanio â'r pen i fyny (P) 60 gwaith ac â'r gynffon i fyny (C) 40 gwaith, gallai hyn fod oherwydd gwyriad drwy siawns o'r rhagfynegiad, neu oherwydd bod y darn arian â thuedd.

Os caiff dau ddarn arian diduedd eu taflu, mae pedwar cyfuniad posibl: PP neu PC neu CP neu CC.

Rheol adio: Pan gaiff darn arian ei daflu, rhaid iddo roi naill ai P neu C. Y tebygolrwydd o gael un canlyniad neu'r llall yw cyfanswm y ddau debygolrwydd annibynnol. Mae'r tebygolrwydd o gael P yn ½ ac mae'r tebygolrwydd o gael C hefyd yn ½. Felly, y tebygolrwydd o gael un neu'r llall yw ½ + ½ = 1.

Rheol lluosi: Nawr, ystyriwch y ddau ddarn arian. Rydym ni'n canfod y tebygolrwydd o daflu P ar y ddau ddarn arian drwy luosi'r ddau debygolrwydd annibynnol. Yn yr achos hwn, mae'r tebygolrwydd o gael P ar y darn arian cyntaf yn ½, ac mae'r tebygolrwydd o gael P ar yr ail ddarn arian hefyd yn ½. Felly, tebygolrwydd PP yw ½ × ½ = ¼.

Mae canlyniad sgwâr Punnett y croesiad deugroesryw yn dangos cymhareb 3:1 ar gyfer pob genyn yn y ffenoteipiau F_2. Gallwn ni ddefnyddio hyn i gyfrifo tebygolrwydd y croesiad pan fydd pob un o'r pedwar alel, crwn, gwyrdd, melyn a chrychlyd yn bresennol.

- Y tebygolrwydd y bydd y pedwar alel yn ymddangos yn unrhyw un o'r epil F_2 yw:

  crwn (trechol) ¾

  crychlyd (enciliol) ¼

  melyn (trechol) ¾

  gwyrdd (enciliol) ¼

- Y tebygolrwydd y bydd cyfuniadau o'r alelau'n ymddangos yn yr epil F_2 yw:

  crwn a melyn = ¾ × ¾ = 9/16

  crwn a gwyrdd = ¾ × ¼ = 3/16

  crychlyd a melyn = ¼ × ¾ = 3/16

  crychlyd a gwyrdd = ¼ × ¼ = 1/16

Y prawf chi^2 (χ^2)

Cymhareb ddisgwyliedig y ffenoteipiau ymysg epil croesiad monocroesryw yw 3:1 ac ar gyfer croesiad deugroesryw mae'n 9:3:3:1. Mae'r cymarebau hyn yn cynrychioli'r tebygolrwydd o gael pob ffenoteip. Byddai'n syndod pe bai canlyniadau croesiad genetig yn rhoi'r union gymhareb ddisgwyliedig. Rydym ni'n defnyddio'r prawf chi^2 i wirio a ydy niferoedd y gwahanol ffenoteipiau'n ddigon agos i'r gwerthoedd sydd wedi'u rhagfynegi i ategu'r eglurhad genetig o beth sydd wedi eu hachosi nhw. Os nad yw'r niferoedd yn ddigon agos, mae'r prawf hwn yn dweud wrthym ni fod rheswm arall am y niferoedd.

Y rhagdybiaeth nwl

Rydym ni'n cynllunio prawf ystadegol i wirio rhagdybiaeth nwl, sef, ym maes geneteg, gosodiad nad oes dim gwahaniaeth rhwng y canlyniadau rydym ni'n eu harsylwi a'r canlyniadau rydym ni'n eu disgwyl mewn croesiad. Ym maes geneteg, mae rhagdybiaeth nwl yn datgan bod y canlyniadau rydym ni'n eu harsylwi yn digwydd oherwydd etifeddiad Mendelaidd ac mai siawns sy'n achosi unrhyw wyriad oddi wrth y gymhareb rydym ni'n ei disgwyl.

Sylwch

Bwriad y disgrifiad hwn o debygolrwydd yw dangos mai siawns sy'n achosi canlyniadau croesiadau genetig. Fydd dim angen i chi ei atgynhyrchu mewn arholiad Bioleg.

Sylwch

Byddwch yn ofalus â'r derminoleg: mae prawf ystadegol yn 'gwirio' rhagdybiaeth nwl, ac yna byddwn ni'n ei 'derbyn' neu'n ei 'gwrthod' hi, ond dydy hi byth yn cael ei 'phrofi' na'i 'gwrthbrofi'.

Mae hon yn rhagdybiaeth nwl oherwydd mae etifeddiad Mendelaidd yn seiliedig ar y canlynol:

- Dim gwahaniaeth rhwng niferoedd y gwahanol fathau o gametau
- Y tebygolrwydd bod pob math o gamet yn asio â math arall o gamet
- Hyfywedd yr embryonau, beth bynnag yw eu genoteip
- Ac nad yw'r genynnau'n gysylltiedig.

Dyma niferoedd pob ffenoteip mewn croesiad F_2 rhwng planhigyn pys gyda hadau crwn melyn ac un gyda hadau gwyrdd crychlyd, fel cafodd ei ddisgrifio ar t200.

Nodwedd	Crwn, melyn	Crwn, gwyrdd	Crychlyd, melyn	Crychlyd, gwyrdd
Cyfansymiau	315	108	101	32

Cynnal prawf χ^2

- Cyfrifo'r gwerthoedd disgwyliedig (E) yn seiliedig ar gymhareb ddisgwyliedig 9:3:3:1:
  - Cyfanswm nifer yr hadau = (315 + 108 + 101 + 32) = 556.
  - Mae'r dosbarth sy'n homosygaidd enciliol ar gyfer y ddau enyn, h.y. crychlyd gwyrdd yn cynrychioli $\frac{1}{16}$ o'r cyfanswm = $\frac{556}{16}$ = 35 (0 ll.d.).
  - Mae'r dosbarthiadau crwn, gwyrdd a chrychlyd, melyn yn 3 gwaith y gwerth hwn = $(3 \times \frac{556}{16})$ = 104 (0 ll.d.).
  - Mae'r dosbarth crwn, melyn yn 9 gwaith y gwerth crychlyd, gwyrdd = $(9 \times \frac{556}{16})$ = 313 (0 ll.d.).
- Ar gyfer pob ffenoteip, cyfrifo (O – E), h.y. y gwahaniaeth rhwng y canlyniadau gwirioneddol (O) a'r canlyniadau disgwyliedig (E).
- Ar gyfer pob ffenoteip, sgwario'r gwahaniaethau i gyfrifo $(O – E)^2$.
- Ar gyfer pob ffenoteip, cyfrifo $\frac{(O – E)^2}{E}$ drwy rannu pob gwerth $(O – E)^2$ ag E, y gwerth disgwyliedig.
- Cyfrifo $\Sigma \frac{(O – E)^2}{E}$ drwy adio pob gwerth $\frac{(O – E)^2}{E}$.

Ffenoteip	Gwirioneddol (O)	Disgwyliedig (E)	Gwahaniaeth (O – E)	$(O – E)^2$	$\frac{(O – E)^2}{E}$
Crwn, melyn	315	313	2	4	0.01
Crwn, gwyrdd	108	104	4	16	0.15
Crychlyd, melyn	101	104	–3	9	0.09
Crychlyd, gwyrdd	32	35	–3	9	0.26
				$\Sigma \frac{(O – E)^2}{E} = \chi^2$	0.51

Graddau rhyddid

Mae hyn yn ffordd o fesur nifer y gwerthoedd sy'n gallu amrywio'n annibynnol. Wrth ddadansoddi croesiadau monocroesryw a deugroesryw, mae un yn llai na nifer y dosbarthiadau data. Ar gyfer y croesiad deugroesryw, mae'n 4 – 1 = 3.

Tebygolrwydd

Mae biolegwyr yn gwneud rhagfynegiadau yn seiliedig ar eu model o sut mae ffenomen yn gweithio. Mae ystadegwyr yn dweud, os yw'r canlyniadau sydd wedi'u rhagfynegi yn digwydd 5% neu fwy o faint bynnag o weithiau mae'r arbrawf yn cael ei gynnal, bod y rhesymu biolegol yn gywir a bod unrhyw wyriad oddi wrth yr union ragfynegiad ddim yn arwyddocaol ac yn digwydd oherwydd siawns.

Sylwch

Defnyddiwch ganlyniadau disgwyliedig dychmygol i ymarfer y prawf χ^2. Cyfrifwch χ^2 a defnyddiwch dablau χ^2 i ganfod a ydy gwyriad eich canlyniadau oddi wrth y canlyniadau disgwyliedig yn arwyddocaol.

▼ **Pwynt astudio**

Mae'r ffigurau wedi'u talgrynnu'n rhifau cyfan, i wneud y cyfrifiadau'n haws.

Os yw'r canlyniadau sydd wedi'u rhagfynegi yn digwydd mewn llai na 5% o'r arbrofion, mae'r gwyriad oddi wrth y canlyniadau sydd wedi'u rhagfynegi yn arwyddocaol; mae'r rhagfynegiad wedi'i wneud yn seiliedig ar dybiaethau anghywir a rhaid bod ffordd wahanol o esbonio'r ffenomen.

Mae perthynas rhwng gwerth χ^2 wedi'i gyfrifo a thebygolrwydd bod y gwerthoedd sy'n cael eu harsylwi a'r gwerthoedd disgwyliedig yn ddigon agos i olygu bod rhaid i'r rhagfynegiad fod yn gywir. Os yw'r tebygolrwydd hwnnw'n fwy na 5% (= 0.05), gallwn ni dderbyn y rhagdybiaeth nwl ar lefel arwyddocâd 5%. Dydy unrhyw wyriad oddi wrth y gwerthoedd sydd wedi'u rhagfynegi ddim yn arwyddocaol, ac mae'n digwydd oherwydd siawns. Os yw'n llai na 5%, mae'r gwyriad oddi wrth y gwerthoedd sydd wedi'u rhagfynegi yn arwyddocaol. Rydym ni'n gwrthod y rhagdybiaeth nwl ar lefel arwyddocâd 5% ac mae'n rhaid bod ffordd arall o esbonio'r canlyniadau.

Profi am arwyddocâd

Graddau rhyddid	Chi²			
	Tebygolrwydd mai siawns sy'n achosi'r gwyriad			
	0.99	0.50	0.10	0.05
	99%	50%	10%	5%
1	0.00	0.45	2.71	3.84
2	0.02	1.39	4.61	5.99
3	0.12	2.37	6.25	7.82
4	0.30	3.36	7.78	9.49

Ar gyfer tair gradd rhyddid, mae'r gwerth χ^2 wedi'i gyfrifo, sef 0.51, rhwng 2.37 a 0.12. Mae hyn yn gywerth â thebygolrwydd rhwng 0.50 (50%) a 0.99 (99%). Mae'r gwerth tebygolrwydd yn fwy na 5% felly gallwn ni dderbyn y rhagdybiaeth nwl ar lefel arwyddocâd 5% a thybio bod yr etifeddiad yn Fendelaidd ac mai siawns sy'n achosi unrhyw wyriad oddi wrth y gymhareb 9:3:3:1.

Llunio casgliad

Rhaid i osodiad cyflawn am y casgliad gynnwys rhai pwyntiau penodol. Yn yr enghraifft sydd wedi'i rhoi yma:

- Mae'r gwerth χ^2 sydd wedi'i gyfrifo yn llai na'r gwerth critigol, 6.25.
- Mae hyn yn gywerth â thebygolrwydd sy'n fwy na 5%
- felly rydym ni'n derbyn y rhagdybiaeth nwl
- ar lefel arwyddocâd 5%.
- Mae'r etifeddiad yn Fendelaidd a
- siawns sy'n achosi unrhyw wyriad oddi wrth y gymhareb sydd wedi'i rhagfynegi.

Os yw'r gwerth χ^2 sydd wedi'i gyfrifo yn fwy na'r gwerth critigol, mae'n gywerth â thebygolrwydd llai na 5%. Rhaid datgan ein bod ni'n gwrthod y rhagdybiaeth nwl ar lefel arwyddocâd 5%. Rhaid bod ffordd arall o esbonio'r data.

Pennu rhyw

Mae'r rhan fwyaf o rywogaethau Angiosberm yn ddeurywiaid (*hermaphrodites*) ac mae eu blodau'n gwneud paill ac ofwlau, ond mae dwy brif strategaeth arall:

- Mewn planhigion monoecaidd, mae blodau gwrywol a benywol ar wahân ar yr un planhigyn, e.e. india-corn.
- Mewn planhigion deuoecaidd, mae unigolion gwrywol a benywol yn bodoli ar wahân, e.e. celyn.

Ymysg anifeiliaid, mae rhai deurywiaid yn y ffylwm Mollusca, e.e. malwod gardd, ac yn y ffylwm Annelida, e.e. mwydod/pryfed genwair. Mae fertebratau deurywiol, fodd bynnag, yn brin, ac mae'r rhan fwyaf o rywogaethau yn unigolion gwrywol a benywol ar wahân.

Wy crocodeil yn deor

Pysgodyn clown

Mae llawer o wahanol ffactorau'n gallu rheoli rhyw anifail unigol, er enghraifft:

- Tymheredd: Mae wyau madfallod, crocodeilod ac aligatorod yn deor fel gwryw os yw'r tymheredd dros 32 °C ac fel benyw os yw o dan 32 °C. Mae wyau crwbanod môr yn ymateb fel arall ac yn deor fel benyw os ydyn nhw wedi'u dodwy yn yr haul, ond fel gwryw os ydyn nhw wedi'u dodwy yn y cysgod.

- Deurywiaeth ddilyniannol: Mae'r ewin mochyn cyffredin, molwsg, yn gwneud pentyrrau o unigolion. Mae'r rhai uchaf yn y pentwr yn wrywod. Wrth i fwy o wrywod ymuno â'r pentwr o'r top, mae'r rhai oddi tanynt yn troi'n fenywod.

- Mae'r mwydyn slwtsh carthion, *Capitella*, gwrywol yn gallu troi'n ddeurywiad a'i ffrwythloni ei hun os nad oes benywod ar gael.

- Mae pysgod clown yn byw mewn hierarchaethau. Os yw'r fenyw drechaf yn marw, mae'r gwryw trechaf yn newid rhyw ac yn cymryd ei lle hi.

- Lefel ploidedd: Mae wyau gwenyn, pryfed gleision a cheiliogod rhedyn sydd ddim yn cael eu ffrwythloni yn haploid ac yn datblygu fel gwrywod. Mae'r rhai sy'n cael eu ffrwythloni yn ddiploid ac yn datblygu fel benywod.

- Adeiledd cromosom: Mewn mamolion, mae gan fenywod ddau gromosom X. Mae gan wrywod gromosom X a chromosom Y. Mae'r gwrthwyneb yn digwydd mewn adar, gwyfynod a rhai pysgod, lle ZZ yw'r cromosomau rhyw gwrywol ond ZW yw'r rhai benywol.

Pennu rhyw bodau dynol

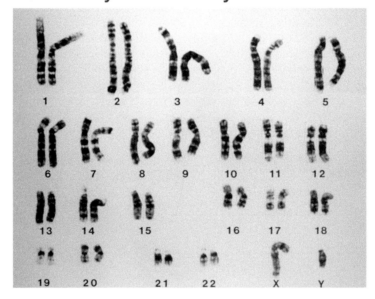

Caryoteip gwryw dynol normal – mae'r cromosomau hyn wedi'u staenio i ddangos eu patrymau bandio

PAR 1

SRY

Y

PAR 2

X

Mannau homologaidd ar bennau'r cromosomau X ac Y

Mae celloedd bodau dynol yn cynnwys 46 o gromosomau, 23 o bob rhiant. Gallwn ni drefnu'r cromosomau o'r ddau riant mewn parau homologaidd, a'r naill bâr a'r llall yn cynnwys cromosomau o'r un maint a siâp, a'r genynnau yn yr un drefn ac yn codio ar gyfer yr un nodweddion. Mae pob pâr homologaidd yn cynnwys un cromosom o bob rhiant. Caryoteip yw trefnu parau homologaidd o'r mwyaf i'r lleiaf.

O'r 23 pâr yn y caryoteip dynol, mae genynnau 22 pâr yn unfath, er bod yr alelau'n gallu bod yn wahanol. Yr **awtosomau** yw'r cromosomau hyn. Y 23ain pâr yw'r cromosomau rhyw. Mewn benywod, dau gromosom X unfath yw'r rhain. Mae gan wrywod gromosom X a chromosom Y, sy'n llawer byrrach. Mae maint y ddau gromosom rhyw hyn yn wahanol, felly rydym ni'n eu galw nhw'n **heterosomau**.

Mae dau ran o'r cromosomau X ac Y dynol yn homologaidd ac yn gallu paru â'i gilydd yn ystod meiosis. Y rhain yw'r 'rhannau ffug-awtosomaidd', PAR1 a PAR2. Maen nhw'n adlewyrchu colli genynnau oddi ar un cromosom rhyw yn ystod esblygiad, gan adael y cromosom X mawr a'r cromosom Y bach sy'n bodoli heddiw.

Etifeddiad rhyw

- Mae holl oocytau eilaidd y fenyw yn cynnwys cromosom X, felly'r fenyw yw'r 'rhyw homogamedol', h.y. mae'r gametau'n unfath o ran y cromosomau rhyw.

- Mewn gwrywod, yn ystod meiosis I, mae cromosom X yn mynd i un sbermatocyt eilaidd a chromosom Y yn mynd i'r llall. Felly, mae hanner sbermau'r gwryw yn cynnwys cromosom X a'r hanner arall yn cynnwys cromosom Y. Y gwryw yw'r 'rhyw heterogamedol', h.y. mae'r gametau'n wahanol o ran y cromosomau rhyw.

- Yn ystod ffrwythloniad, gall yr oocyt gael ei ffrwythloni gan naill ai sberm sy'n cludo X neu sberm sy'n cludo Y, ac mae'r ddau debygolrwydd yn hafal. Mae hyn yn golygu bod siawns hafal y bydd y ffoetws yn wryw neu'n fenyw.

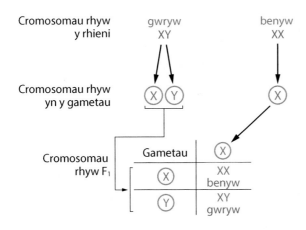

Pennu rhyw mamolion

Gwrywedd a'r cromosom Y

Mae'n debygol bod gan y cromosomau X ac Y gyd-hynafiad yn ein gorffennol esblygiadol pell. Ond mae'r cromosom Y, erbyn hyn, wedi colli cymaint o'i enynnau nes nad yw'n rhannu llawer o rannau DNA gyda'r X. Un genyn sydd gan yr Y ac sydd ddim gan yr X yw'r genyn SRY. Dyma'r 'rhan o'r cromosom Y sy'n pennu rhyw' ac mae'n debyg mai ei swyddogaeth yw ysgogi genynnau ar gromosomau eraill, h.y. genynnau ar yr awtosomau, sy'n gyfrifol am fynegi nodweddion gwrywol.

Mae'r annormaleddau mwyaf cyffredin ar gromosomau yn ymwneud â nifer y cromosomau rhyw. Gall unigolyn fod ag unrhyw nifer o gromosomau X a bydd yn dal i fod yn fenyw, ond faint bynnag o gromosomau X sydd ganddo, dim ond un cromosom Y, gyda'r genyn SRY, sydd ei angen i wneud gwryw.

Mynd ymhellach ▶

Mae'r hwyatbig yn famolyn gyda 10 cromosom rhyw ond dim un genyn SRY. Dydyn ni ddim yn gwybod beth yw ei fecanwaith pennu rhyw.

▼ **Pwynt astudio**

Mae'r cromosom X yn llawer hirach na'r cromosom Y, a dim ond ei ddau ben sy'n homologaidd gyda'r cromosom Y.

Cysylltedd rhyw

Dydy'r rhan fwyaf o hyd y cromosomau X ac Y ddim yn homologaidd. Yn y rhannau hynny, mae gan fenywod ddau gopi o bob genyn gan fod ganddyn nhw ddau gromosom X, a dim ond un copi sydd gan wrywod, gan mai dim ond un cromosom X sydd ganddynt. Os yw benyw yn heterosygaidd ar gyfer un o'r genynnau hynny, yr alel trechol fydd yn cael ei fynegi, fel sy'n normal. Bydd pa bynnag alel sydd gan y gwryw yn cael ei fynegi, oherwydd hyd yn oed os mai'r alel enciliol sydd ganddo, does dim ail alel i fod yn drechol drosto.

Mae un genyn ar y cromosom X yn gysylltiedig â'r anhwylder gwaed, haemoffilia. Mae haemoffilia yn gyflwr sy'n gallu lladd pobl, ac mae'n digwydd pan na fydd unigolyn yn gallu cynhyrchu digon o un o'r 13 o broteinau ceulo gwaed. Mae'r gwaed yn ceulo'n araf, os o gwbl, gan achosi gwaedu araf a chyson. Mae'r genyn cysylltiad X hwn yn codio ar gyfer y protein ceulo gwaed, Ffactor VIII. Symbol yr alel sy'n codio ar gyfer y fersiwn normal yw X^H, a symbol yr alel sy'n codio ar gyfer fersiwn mwtan yw X^h. Mae tri genoteip posibl i fenywod:

- $X^H X^H$: gwaed yn ceulo'n normal.
- $X^H X^h$: benyw sy'n **gludydd**. Mae hi'n heterosygaidd ac yn cludo alel trechol felly mae ei ffenoteip yn normal. Mae hi hefyd yn cludo alel mwtan, felly rydym ni'n ei galw hi'n gludydd.
- $X^h X^h$: benyw â haemoffilia.

Mae dau enoteip posibl i wrywod:

- $X^H Y$: gwaed yn ceulo'n normal.
- $X^h Y$: gwryw â haemoffilia.

Gan mai dim ond un alel mwtan sydd ei angen ar wryw i fod â haemoffilia, mae'r cyflwr yn llawer mwy cyffredin ymysg gwrywod na benywod. Felly, rydym ni'n dweud bod y cyflwr yn **rhyw-gysylltiedig** (*sex-linked*). Genyn ar y cromosom X sy'n arwain at gyflwr rhyw-gysylltiedig yw genyn rhyw-gysylltiedig.

Etifeddu cyflyrau rhyw-gysylltiedig

Dydy gwryw ddim yn gallu trosglwyddo'r alelau ar ei gromosomau X i'w feibion, oherwydd rhaid iddyn nhw gael ei gromosom Y. Fodd bynnag, mae ei ferched i gyd yn cael cromosom X gan eu tad.

Mae dystroffi cyhyrol Duchenne (DCD/*DMD: Duchenne muscular dystrophy*) yn cael ei achosi gan alel enciliol cysylltiad X ar y genyn dystroffin. Mae'r genyn yn codio ar gyfer y protein dystroffin, rhan o glycoprotein sy'n sefydlogi cellbilenni ffibrau cyhyrau. Mae symptomau DCD yn dechrau pan fydd plentyn tua 2–3 oed, ac yn cynnwys colli màs cyhyr a chyhyrau'n gwanhau'n gynyddol.

Symbol alel y protein normal yw X^D, a symbol alel y protein mwtan yw X^d.

Mae croesiad rhwng benyw sy'n gludydd, $X^D X^d$, a gwryw normal, $X^D Y$, yn dangos, yn ystadegol, bod siawns 50% y bydd y cyflwr yn effeithio ar feibion benywod sy'n gluddion. Byddai gan eu merched ffenoteip normal, ond byddai 50% ohonynt yn gluddion.

Gametau	X^D	X^d
X^D	$X^D X^D$ benyw, dim effaith	$X^D X^d$ benyw, cludydd
Y	$X^D Y$ gwryw, dim effaith	$X^d Y$ gwryw, dioddef o'r cyflwr

Cymhareb ffenoteipiau'r meibion yw 1:1 dim effaith : dioddef o'r cyflwr, a chymhareb y merched yw 1:1 dim effaith : cludydd.

Dydy gwrywod sy'n dioddef o'r cyflwr, $X^d Y$, ddim yn gallu trosglwyddo eu halel mwtan i'w meibion; fydd y cyflwr ddim yn effeithio arnynt. Os nad yw'r cyflwr yn effeithio ar y fam, $X^D X^D$, bydd eu merched i gyd yn gluddion.

Er mwyn i fenyw ddioddef o'r cyflwr, rhaid iddi gael yr alel X^d gan ei mam a'i thad. Rhaid i'w thad fod yn $X^d Y$ a gallai ei mam fod yn gludydd, $X^D X^d$ neu'n dioddef o'r cyflwr ei hun, $X^d X^d$.

Gametau	X^D
X^d	$X^D X^d$ benyw, cludydd
Y	$X^D Y$ gwryw, dim effaith

Diagramau tras

Os yw etifeddiad cyflwr meddygol wedi'i farcio ar gart achau, bydd genetegydd yn gallu esbonio sut mae'n cael ei etifeddu. Mae'r diagram tras yn gallu dynodi a ydy'r cyflwr yn rhyw-gysylltiedig ac a yw'n digwydd o ganlyniad i alel trechol neu enciliol.

Yn y diagramau hyn, mae cylchoedd yn golygu benywod a sgwariau'n golygu gwrywod. Yr unigolion sy'n dioddef o'r cyflwr yw'r rhai sydd wedi'u tywyllu.

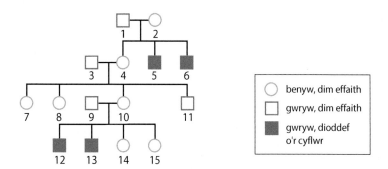

benyw, dim effaith
gwryw, dim effaith
gwryw, dioddef o'r cyflwr

Diagram tras teulu yn dangos etifeddiad DCD dros 4 cenhedlaeth

Mae'r diagram yn dangos y canlynol:

- Dim ond gwrywod sy'n dioddef o DCD, sy'n awgrymu ei fod yn rhyw-gysylltiedig.

- O fewn y teulu, mae DCD yn cael ei etifeddu drwy'r fam, sy'n awgrymu bod y genyn sy'n gyfrifol amdano ar y cromosom X.

- Mae DCD yn digwydd ymysg brodyr a chwiorydd, sy'n awgrymu eu bod nhw wedi cael yr alel DCD gan yr un rhiant.

I ddadansoddi tras, y mae o gymorth os ydym ni'n neilltuo'r genoteipiau rydym ni'n eu gwybod. Yn yr enghraifft hon:

- Rhaid bod y gwrywod sy'n dioddef o'r clefyd (unigolion 5, 6, 12, 13) yn X^dY.

- Rhaid bod y gwrywod sydd ddim yn dioddef o'r clefyd (unigolion 1, 3, 9, 11) yn X^DY.

- Rhaid bod mamau (2 a 10) a nain (4) y gwrywod sy'n dioddef o'r cyflwr yn cludo'r alel X^D oherwydd dydy'r cyflwr ddim yn effeithio arnynt. Ond maen nhw wedi trosglwyddo'r alel mwtan X^d. Felly genoteip unigolion 2, 4 a 10 yw X^DX^d.

- Dydy'r cyflwr ddim yn effeithio ar fenywod 7, 8, 14 ac 15 felly mae'n rhaid eu bod nhw'n cludo'r alel X^D, ond allwn ni ddim diddwytho eu halel arall o'r wybodaeth hon.

Os ydym ni'n gwybod y genoteipiau, gallwn ni ragfynegi'r tebygolrwydd y bydd y cyflwr yn effeithio ar aelodau o genhedlaeth bellach, e.e. pe bai unigolyn 12 a menyw homosygaidd sydd ddim yn dioddef o'r cyflwr yn cael mab a merch, fyddai eu mab ddim yn dioddef o'r cyflwr, oherwydd fyddai alel X^d y tad ddim yn cael ei drosglwyddo iddo. Byddai eu merch yn gludydd.

GWEITHIO'N WYDDONOL

Mae genetegwyr yn defnyddio dulliau dadansoddi tras i amcangyfrif y tebygolrwydd y bydd plentyn yn etifeddu cyflyrau genynnol, e.e. DCD, ac i ragfynegi'r tebygolrwydd o ddatblygu cyflyrau y gellid eu lleihau gyda dewisiadau ffordd o fyw, e.e. clefyd y galon.

Sylwch

Os ydych chi'n defnyddio tras enynnol i ateb cwestiwn arholiad, ysgrifennwch gymaint o genoteipiau a ffenoteipiau ag y gallwch chi cyn ceisio ateb y cwestiwn.

DYLECH CHI WYBOD ›››

››› Mai newid i ddilyniant niwcleotidau DNA yw mwtaniadau genynnol

››› Mai newid i adeiledd cromosom neu nifer y cromosomau yw mwtaniadau cromosom

››› Mae cyfradd mwtaniadau'n cynyddu os daw organebau i gysylltiad â mwtagenau

››› Gallwn ni newid mynegiad genynnau drwy wneud newidiadau epigenetig

Mynd ymhellach ▶

Ar ôl i waith Mendel gael ei ailddarganfod ar ddechrau'r 20fed ganrif, defnyddiodd Hugo de Vries, y botanegydd o'r Iseldiroedd, y gair 'mwtaniad' i ddisgrifio'r newid sydyn a welodd yn y planhigyn melyn yr hwyr, *Oenothera lamarckiana*.

▼ Pwynt astudio

Dydy mwtaniadau sy'n digwydd mewn celloedd somatig ddim yn cael eu pasio i'r genhedlaeth nesaf. Dim ond mwtaniadau mewn gametau sy'n cael eu hetifeddu.

Mynd ymhellach ▶

Mewn rhai bacteria, mae genynnau 'mwtanwr' yn gwneud genynnau eraill ar ran arall o gromosom y bacteria yn fwy tebygol o gael eu mwtanu.

Mwtaniadau

Mwtaniad yw newid i swm, trefniad neu adeiledd deunydd etifeddol organeb, naill ai DNA neu, yn achos rhai firysau, RNA. Mae mwtaniadau:

- Yn ddigymell; maen nhw'n gallu digwydd heb reswm amlwg.

- Yn digwydd ar hap; mae'n ymddangos eu bod nhw yr un mor debygol o ddigwydd yn unrhyw le yng ngenom organebau diploid.

Mae mwtaniadau'n gallu digwydd yn unrhyw gell, ond dim ond mwtaniadau sy'n digwydd mewn gametau sy'n gallu cael eu hetifeddu. Mae'r rhan fwyaf o fwtaniadau'n niweidiol, e.e. mae cysylltiad rhwng golau uwchfioled a mwtaniadau sy'n achosi canser y croen. Mae mwtaniadau buddiol yn brin ond maen nhw'n rhoi mantais ddetholus i'r unigolyn.

Mae mwtaniadau'n gallu cyfrannu at amrywiad rhwng unigolion, sef deunydd crai detholiad naturiol ac felly esblygiad. Mewn organebau haploid, mae unrhyw fwtaniad yn cael ei fynegi, h.y. i'w weld yn y ffenoteip, oni bai ei fod yn farwol. Mewn organebau diploid, mae mwtaniadau trechol yn cael eu mynegi, ond mae'r rhain yn brin. Mae'r rhan fwyaf o fwtaniadau'n enciliol. Maen nhw'n debygol o ddigwydd mewn cell ag alel trechol, felly dydyn nhw ddim yn cael eu mynegi. Felly, mae mwtaniadau mewn organebau diploid yn cael llai o effaith ar esblygiad na ffynonellau amrywiad eraill.

Cyfradd mwtanu

Mae mwtaniadau'n gallu digwydd yn ystod dyblygu DNA, cyn cellraniad, felly, yn gyffredinol, mae mwtaniadau'n digwydd ar gyfradd uwch mewn organebau sydd â chylchred bywyd byr ac sy'n cyflawni meiosis yn aml.

Mae cyfraddau mwtanu fel arfer yn isel iawn, ond mae'r pethau canlynol yn gallu eu cynyddu nhw:

- Pelydriad ïoneiddio, e.e. pelydrau gama, pelydrau-X a golau uwchfioled. Mae golau uwchfioled â thonfedd 260 nm yn arbennig o fwtagenig oherwydd dyma'r donfedd mae DNA yn ei hamsugno'n fwyaf effeithlon. Mae'r pelydriad yn uno basau pyrimidin cyfagos mewn edefyn DNA sy'n golygu bod DNA polymeras yn gallu mewnosod niwcleotid anghywir wrth ddyblygu'r moleciwl.

- Cemegion mwtagenig, e.e. yr hydrocarbonau amlgylchredol (*polycyclic*) mewn mwg sigaréts, methanal, nwy mwstard. Mae rhai cemegion, fel acridin, yn fwtagenig oherwydd bod eu moleciwlau'n fflat, ac yn gallu llithro i mewn rhwng parau o fasau yn yr helics dwbl ac atal DNA polymeras rhag mewnosod y niwcleotid cywir wrth ddyblygu'r moleciwl.

Mae mwtaniadau'n gallu digwydd mewn amryw o ffyrdd:

- Mwtaniad genynnol neu fwtaniad pwynt: Caiff DNA ei gopïo'n anghywir yn y cyfnod S, cyn cellraniad. Mae'r gwallau hyn yn ymwneud ag un bas neu nifer bach o fasau.

- Mwtaniad cromosom: mae cromosomau'n gallu cael eu difrodi a thorri. Mae cromosomau sydd wedi torri yn gallu eu hatgyweirio eu hunain ac mae'r DNA a'r protein yn ailuno. Ond efallai na fyddant yn eu hatgyweirio eu hunain yn gywir, a bydd hyn yn newid eu hadeiledd ac o bosibl yn effeithio ar nifer mawr o enynnau.

- Anewploidedd: gallai cromosom cyfan gael ei golli neu ei ychwanegu, mewn ffenomen o'r enw anwahaniad, wrth i gromosomau fethu â gwahanu i begynau celloedd sy'n rhannu yn ystod anaffas I neu wrth i gromatidau fethu â gwahanu yn ystod anaffas II.

- Polyploidedd: mae nifer y cromosomau'n gallu dyblu os yw'r gell yn methu â rhannu ar ôl y rhaniad cnewyllol cyntaf ar ôl ffrwythloniad.

Mwtaniadau genynnol (mwtaniadau pwynt)

Os yw DNA polymeras yn newid y dilyniant basau, mae **mwtaniad genynnol** neu fwtaniad pwynt yn digwydd. Y rhain yw:

- Adio – ychwanegu bas. Os yw hyn yn digwydd mewn tri lle, caiff asid amino ychwanegol ei ychwanegu at y gadwyn polypeptid yn ystod proses trosiad.

- Dyblygu – cynnwys yr un bas ddwywaith.

- Tynnu – dileu bas. Os yw hyn yn digwydd mewn tri lle, bydd gan y polypeptid un asid amino yn llai pan gaiff ei drosi.

- Amnewid – ymgorffori bas gwahanol.

- Gwrthdroi – basau cyfagos ar yr un edefyn DNA yn cyfnewid lleoedd.

Mae mwtaniad pwynt yn newid yr alel lle mae'n digwydd ac yn newid basau'r codon RNA negeseuol. Mae'r effaith ar y polypeptid sy'n cael ei gynhyrchu yn y trosiad, ac o ganlyniad yr effaith ar y ffenoteip, yn dibynnu ar natur y mwtaniad:

- Efallai y bydd y codon newydd yn codio ar gyfer yr un asid amino, felly dydy'r polypeptid ddim yn newid. Mwtaniad 'tawel' yw hyn.

- Os caiff asid amino â natur gemegol debyg ei amnewid, efallai y bydd yr effaith yn fach, e.e. os yw falin yn cymryd lle glycin neu os yw glwtamad yn cymryd lle asbartad.

- Os yw'r mwtaniad mewn safle pwysig ar y moleciwl protein, efallai y bydd yn achosi newid sylweddol i ymddygiad y protein. Er enghraifft, mewn protein sy'n ensym, gallai ddinistrio siâp y safle actif.

Anaemia cryman-gell

Mae mwtaniad pwynt amnewid yn y genyn sy'n cynhyrchu polypeptid ß haemoglobin yn achosi anaemia cryman-gell. Mae tripled DNA ar yr edefyn codio, CTC, yn codio ar gyfer yr asid amino glwtamad. Mae amnewid A am T, yn yr ail safle, yn cynhyrchu'r dripled CAC, sy'n codio ar gyfer falin. Mae cadwyn ochr glwtamad yn fawr ac yn hydroffilig, ac mae cadwyn ochr falin yn fach ac yn hydroffobig. Os yw tyniant ocsigen yn isel, mae'r haemoglobin gwahanol hwn yn cronni yng nghelloedd coch y gwaed. Mae'r gellbilen yn cwympo ar yr haemoglobin sydd wedi gwaddodi ac mae'r gell goch yn troi'n siâp cryman. Mae'r celloedd yn mynd yn frau ac yn gallu torri yn y capilarïau.

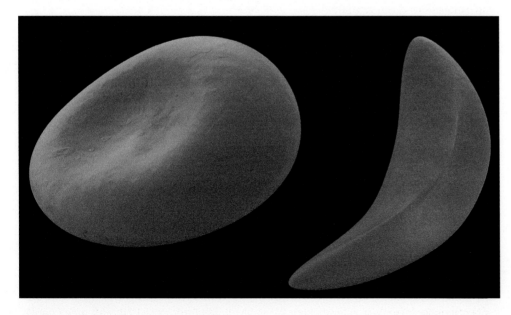

Celloedd coch y gwaed normal a chryman-gell

Cyswllt Rydych chi wedi dysgu am amryffurfedd (*polymorphism*) un niwcleotid wrth astudio proffiliau DNA yn ystod blwyddyn gyntaf y cwrs hwn.

GWEITHIO'N WYDDONOL

Roedd ychwanegu neu dynnu tri bas yn effeithio ar hyd y gadwyn polypeptid, ac roedd hyn yn rhoi tystiolaeth mai cod tripled yw'r cod genynnol.

▼ Pwynt astudio

Os caiff hyd yn oed un asid amino ei addasu mewn polypeptid, efallai na fydd yn gallu cyflawni ei swyddogaeth arferol yn y gell.

▼ Pwynt astudio

Caiff bacteria eu defnyddio'n aml mewn arbrofion gan fod ganddynt gylchred bywyd fer a chyfradd mwtaniadau uchel.

▼ Pwynt astudio

Mae cyfradd mwtaniadau yn amrywio rhwng rhywogaethau ond cyfradd nodweddiadol fyddai un mwtaniad i bob 100,000 o enynnau i bob cenhedlaeth.

Mynd ymhellach ▶

Mae cyfradd gwallau DNA polymeras yn 10^{-10}, h.y. mewnosod un niwcleotid anghywir bob 10^{10}. Mae cyfradd gwallau RNA polymeras yn 10^{-5}. Mae detholiad naturiol yn gallu gweithredu ar amrywiaeth o ffenoteipiau, gan gadw'r genoteip.

Mynd ymhellach ▶

Yn hanesyddol, roedd pobl yn dweud bod y mwtaniad hwn yn digwydd yn safle 6. Erbyn hyn, mae'r system rifo wedi'i newid i gynnwys y codon dechrau, methinin, felly mae'r mwtaniad nawr yn safle 7.

Mynd ymhellach ▶

Mae'r genyn ar gyfer polypeptid ß haemoglobin ar fraich fer (p) cromosom 11.

Term Allweddol

Anwahaniad: Cellraniad diffygiol yn ystod meiosis sy'n golygu bod un o'r epilgelloedd yn cael dau gopi o gromosom a'r llall yn cael dim.

Mynd ymhellach ▶

Mae sbermatogonia yn cael eu cynhyrchu'n gyson, ond dim ond mewn embryo y mae oocytau'n cael eu cynhyrchu. Mae gan fam hŷn oocytau hŷn, sy'n golygu mwy o siawns bod namau genetig arnynt. Felly oocyt diffygiol sydd fel arfer yn achosi syndrom Down, nid sberm diffygiol.

Symbol haemoglobin normal yw HbA, ac mae'n cael ei gynhyrchu gan yr alel Hb^A. Symbol yr haemoglobin mwtan yw HbS, ac mae'n cael ei gynhyrchu gan yr alel Hb^S. Mae gan unigolion â'r genoteip Hb^{S}Hb^S glefyd cryman-gell ac mae hyn yn gallu cael effaith ddifrifol arnynt, gan gynnwys poen yn y cymalau a niwed i organau. Dydy'r celloedd coch yn eu gwaed ddim yn gallu cludo cymaint o ocsigen, sy'n achosi anaemia ac yn gallu achosi marwolaeth. Mae'r alelau Hb^A a Hb^S yn gyd-drechol ac yn cynhyrchu haemoglobin HbA a HbS. Mae gan unigolion heterosygaidd, Hb^{A}Hb^S, nodwedd cryman-gell: mae o leiaf 50% o'u haemoglobin yn HbA ac mae eu symptomau'n llai difrifol na phobl â'r genoteip Hb^{S}Hb^S.

Mwtaniadau cromosom

Mwtaniadau cromosom yw newidiadau i adeiledd neu nifer y cromosomau mewn celloedd.

Newidiadau i adeiledd

Yn ystod proffas I meiosis, mae cromosomau homologaidd yn paru ac yn cyfnewid defnyddiau yn y ciasmata. Mae mwtaniad yn digwydd os nad yw cromosom yn ailuno'n gywir yn y safle cyfatebol ar ei bartner homologaidd. Yn y pen draw, bydd gan y cromosomau homologaidd, ac felly, y gametau maen nhw ynddynt, rai genynnau gwahanol. Bydd pob gamet yn dal i allu asio ag un arall a chynhyrchu unigolyn newydd, ond bydd meiosis pellach yn amhosibl oherwydd fydd y cromosomau mwtan ddim yn gallu gwneud parau homologaidd yn ystod meiosis.

Newidiadau i niferoedd cromosomau

Mae newidiadau i niferoedd cromosomau'n fwyaf tebygol o ddigwydd yn ystod meiosis, wrth i gromosomau homologaidd wahanu yn ystod anaffas I, neu wrth i gromatidau wahanu yn ystod anaffas II. Mae gwerthyd ddiffygiol yn gallu golygu na fydd y cromosomau wedi'u rhannu'n hafal rhwng yr epilgelloedd. **Anwahaniad** yw hyn. Mae'r cellraniad diffygiol yn golygu bod un o'r epilgelloedd yn cael dau gopi o gromosom a'r llall yn cael dim.

Syndrom Down

Mae syndrom Down yn digwydd yn oddeutu un o bob 1000 genedigaeth. Mae'n effeithio ar gromosom rhif 21. Os yw anwahaniad yn digwydd yn ystod oogenesis, mae'n arwain at oocyt eilaidd sydd naill ai heb gromosom 21 neu sy'n cael dau gopi yn lle un. Dydy'r rhai heb gromosom 21 ddim yn gallu cynhyrchu embryo hyfyw. Mae oocyt eilaidd â dau gopi o gromosom 21 sy'n asio â sberm normal yn cynhyrchu embryo hyfyw â chelloedd yn cynnwys tri chopi o gromosom 21, yn lle dau, a chyfanswm o 47 cromosom. Y cyflwr hwn yw trisomedd 21 ac mae'n cynhyrchu syndrom Down.

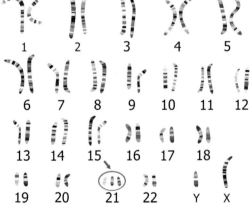

Caryoteip syndrom Down

Lluniad o garyoteip bachgen â syndrom Down

Syndrom Down trawsleoliad

Mewn trawsleoliad, mae darn o un cromosom wedi glynu wrth un arall. 46 o gromosomau sydd gan 5% o bobl sydd â syndrom Down. Yn ystod meiosis mewn gamet sydd wedi eu cynhyrchu nhw, mae darn o gromosom 21 yn glynu wrth gromosom 14. Pan mae'r gamet annormal hwnnw'n asio ag un normal, mae'n cynhyrchu embryo â dau gopi normal o gromosom 21 ac un ychwanegol sydd ynghlwm wrth gromosom 14.

Newidiadau i niferoedd setiau o gromosomau

Rydych chi wedi dysgu am lefelau ploidedd wrth astudio celloedd a chromosomau yn ystod blwyddyn gyntaf y cwrs hwn.

Rydym ni'n dweud bod celloedd â setiau cyflawn o gromosomau yn ewploid. Os oes ganddynt nifer bach o gromosomau ychwanegol neu nifer bach yn rhy ychydig, fel sy'n gallu digwydd yn ystod anwahaniad, maen nhw'n anewploid. Os oes ganddynt lawer o setiau o gromosomau, maen nhw'n **bolyploid**. Mae polyploidedd yn gallu digwydd mewn gwahanol ffyrdd:

- Mae gwerthyd ddiffygiol yn ystod meiosis yn gallu gwneud i'r holl gromosomau yn anaffas I, neu'r holl gromatidau yn anaffas II, symud i'r un pegwn mewn cell. Mae hyn yn gwneud gametau â dau o bob cromosom, yn lle un. Pan fydd gamet haploid normal yn ffrwythloni gamet diploid, bydd yn gwneud sygot triploid â thair set o gromosomau. Efallai y bydd yn goroesi, ond ni fydd yn gallu gwneud parau homologaidd yn ystod meiosis. Felly, ni fydd yn gallu gwneud gametau a bydd yn anffrwythlon. Mae'r rhan fwyaf o blanhigion yn gallu atgenhedlu'n anrhywiol, felly dydy triploidedd ddim yn eu hatal nhw rhag atgenhedlu.

- Os yw dau o gametau diploid yn asio, maen nhw'n cynhyrchu tetraploid (4n).

- Endomitosis yw dyblygu cromosomau heb i gytocinesis ddigwydd wedi hynny. Os yw hyn yn digwydd mewn embryo cynnar, caiff pedair set o gromosomau eu cynnwys yn yr amlen gnewyllol newydd a bydd mitosis wedi hynny'n parhau i gynhyrchu celloedd tetraploid. Mewn sefyllfaoedd prin iawn, mae triploidau anffrwythlon (3n) yn cyflawni endomitosis, gan wneud hecsaploidau (6n). Mae'r hecsaploidau'n ffrwythlon gan eu bod nhw'n gallu gwneud parau homologaidd yn ystod meiosis.

Mae polyploidedd yn gyffredin mewn planhigion blodeuol ac mae'n gysylltiedig â nodweddion buddiol, fel ymnerth ac ymwrthedd i glefyd, e.e. melonau dŵr heb hadau 3n, tatws 4n, gwenith 6n a mefus 8n.

Mae'n llawer mwy cyffredin mewn planhigion nag mewn anifeiliaid, a hynny efallai oherwydd bod llawer o blanhigion:

- Yn gallu atgenhedlu'n anrhywiol

- Yn ddeurywiaid ac felly ddim yn defnyddio cromosomau i bennu eu rhyw.

Term Allweddol

Polyploidedd: Cyflwr lle mae gan organeb fwy na dwy set gyflawn o gromosomau.

Mynd ymhellach ▶

Mae llawer o blanhigion yn cynhyrchu mwtagenau yn eu hantheri a'u stigmâu, sy'n annog mwtaniad, e.e. colcisin yn antheri saffrwm y ddôl, *Colchicum autumnale*. Mae triploid anffrwythlon yn gallu cael mwtaniad sy'n cynyddu endomitosis, gan adfer ei ffrwythlondeb.

Mynd ymhellach ▶

Mae eogiaid a physgod aur ymysg y nifer bach o anifeiliaid â chromosomau polyploid.

Pwynt astudio ▼

Mae mwtaniad yn gallu effeithio ar un genyn, cromosom cyfan neu setiau cyfan o gromosomau.

	Nicotiana sylvestris	*Nicotiana tabacum*
	2n = 24	4n = 48
Deilen		
Blodyn		
Cromosomau mewn blaenwreiddyn wedi'i wasgu.		

Carsinogenau a genynnau

Carsinogen yw'r enw ar gyfrwng sy'n achosi canser ac rydym ni'n dweud ei fod yn garsinogenaidd. Mae rhai mwtagenau yn garsinogenaidd ac yn achosi mwtaniadau DNA.

Genynnau atal tiwmorau

Genynnau sy'n rheoli cellraniad, a chaiff y rhaniad ei atal pan fydd digon o gelloedd wedi'u cynhyrchu ar gyfer twf ac atgyweirio. Genynnau atal tiwmorau yw genynnau sy'n rheoleiddio mitosis ac yn atal celloedd rhag rhannu'n rhy gyflym. Mae mwtaniad yn gallu effeithio ar un o'r genynnau hyn gan olygu nad yw'n gallu rheoleiddio'r broses hon. Yna, gallai'r gell gyflawni mitosis yn gyson ac yn barhaus, sef un o nodweddion canser. Os yw'r gell yn dianc rhag ymosodiad y system imiwnedd, mae'n cynhyrchu casgliad o gelloedd o'r enw tiwmor. Mae tiwmorau'n gallu bod yn ddiberygl, neu'n anfalaen (*benign*). Ond weithiau mae celloedd tiwmor yn gallu lledaenu o gwmpas y corff a meddiannu meinweoedd eraill, gan wneud tiwmorau eilaidd, neu fetastasisau. Tiwmor malaen yw'r math hwn o diwmor. Mae annormaleddau yn y genyn atal tiwmorau *TP53*, sy'n codio ar gyfer y protein p53, wedi'u canfod yn dros hanner yr holl ganserau mewn bodau dynol. Mae'r tabl yn dangos sut mae proteinau p53 mwtan yn gallu cyfrannu at ddatblygiad a lledaeniad canser:

Protein p53 normal	Protein p53 mwtan
Ysgogi atgyweirio DNA wedi'i niweidio.	Dim atgyweirio DNA.
Atal y gell rhag mynd i'r cyfnod S, gan ei chadw hi yn G_1 wrth atgyweirio'r DNA wedi'i niweidio.	Cell â DNA wedi'i niweidio'n mynd i'r cyfnod S a dyblygu'r DNA.
Cychwyn apoptosis os nad oes modd atgyweirio'r DNA wedi'i niweidio.	Celloedd mwtan yn goroesi ac yn cyflawni mitosis.

Oncogenynnau

Mae proto-oncogenyn yn codio ar gyfer protein sy'n cyfrannu at gellraniad. Mae mwtaniad yn gallu ysgogi un o'r genynnau hyn yn barhaol, sy'n golygu ei fod yn gwneud symiau gormodol o'r protein, gan achosi mitosis cyflym, ailadroddus, h.y. canser. Os yw proto-oncogenyn wedi mwtanu fel ei fod yn achosi canser, rydym ni'n ei alw'n **oncogenyn**. Gall hyn ddigwydd:

- Os yw mwtaniad yn achosi i gromosomau aildrefnu, gan roi'r proto-oncogenyn wrth ddilyniant DNA sy'n ei ysgogi'n barhaol.
- Os oes copi ychwanegol o'r proto-oncogenyn, gan olygu bod gormod o'i gynnyrch yn cael ei wneud, sy'n achosi mitosis gormodol.

Mae mwg tybaco yn cynnwys dros 4000 o gemegion, gan gynnwys tar, nicotin a charbon monocsid. Rydym ni'n gwybod bod dros 40 o'r cemegion hyn yn garsinogenaidd a bod dros 400 o rai eraill yn wenwynig. Mae tar yn casglu yn yr ysgyfaint wrth i fwg y tybaco oeri. Mae'n gymysgedd o lawer o gemegion. Mae rhai, e.e. hydrocarbonau amlgylchredol, yn gallu mynd i gnewyll celloedd yr alfeoli a llithro rhwng y parau o fasau yn eu DNA, gan achosi mwtaniad drwy atal dyblygu cywir. Mae hyn yn un ffordd y mae mwg tybaco'n garsinogenaidd.

Term Allweddol

Oncogenyn: Proto-oncogenyn gyda mwtaniad sy'n achosi canser.

▼ **Pwynt astudio**

Mae proto-oncogenynnau yn achosi canser ar ôl cael eu hysgogi'n barhaol. Mae genynnau atal tiwmorau yn achosi canser ar ôl cael eu diffodd.

Mynd ymhellach ▶

Mae tua 25% o'r holl farwolaethau o ganser mewn gwledydd datblygedig yn digwydd oherwydd carsinogenau yn y tar mewn mwg tybaco.

34

Gwirio gwybodaeth

Cysylltwch y termau priodol 1–4 â'r gosodiadau A–CH.

1. Carsinogen
2. Anaemia cryman-gell
3. Anwahaniad.
4. Syndrom Down.

A. Enghraifft o fwtaniad pwynt (genyn).
B. Sylwedd sy'n achosi canser.
C. Enghraifft o fwtaniad cromosom.
CH. Cromosomau wedi'u rhannu'n anghyfartal rhwng epilgelloedd.

Rheoli mynegiad genynnau

Amrywiad yw'r gwahaniaethau rhwng aelodau o rywogaeth. Yn draddodiadol, rydym ni wedi ei gysylltu â'r canlynol:

- Gwahaniaethau rhwng dilyniannau niwcleotidau DNA, h.y. alelau gwahanol.
- Effeithiau ffisiolegol yr amgylchedd, e.e. planhigion yn tyfu'n well gyda mwy o arddwysedd golau.

Rydym ni hefyd wedi casglu tystiolaeth sy'n dangos bod yr amgylchedd yn gallu newid mynegiad genynnau drwy effeithio ar eu trawsgrifiad, heb newid eu dilyniant niwcleotidau. Newidiadau **epigenetig** yw'r rhain, h.y. maen nhw'n effeithio ar y genynnau ond ddim ar eu dilyniannau niwcleotidau.

Term Allweddol

Epigeneteg: Rheoli mynegiad genynnau drwy addasu DNA neu histonau, ond heb newid dilyniant niwcleotidau'r DNA.

Addasiadau epigenetig

- Methylu DNA: mae cytosin yn gallu cynnwys grŵp methyl neu hydrocsimethyl wedi'i ychwanegu ato. Mae cytosin wedi'i fethylu'n gallu cael ei ddarllen fel cytosin, gan baru gyda gwanin yn ystod trawsgrifiad. Ond os oes llawer o fethylu wedi digwydd mewn rhai rhannau o'r DNA, mae'r rhannau hyn yn llai tebygol o gael eu trawsgrifio.

Cytosin (C)	5-Methylcytosin (mC)	5-Hydrocsimethylcytosin (hmC)

Methylu cytosin

- Addasu histon ar ôl trosiad, e.e. drwy lynu grŵp asetyl at yr asid amino lysin, grŵp methyl at lysin ac arginin neu grŵp ffosffad at serin a threonin. Mae'r newidiadau hyn i broteinau histon yn newid y ffordd maen nhw'n rhyngweithio â DNA. Mae'n newid trefniad y niwcleosomau. Os nad yw'r niwcleosomau wedi'u haddasu, maen nhw'n pecynnu'n dynnach. Mae'n anoddach i ensymau weithredu ar y DNA ac felly mae llai o drawsgrifiad. Os yw histonau wedi'u haddasu, mae'r torchi'n fwy llac ac mae'r DNA ar gael i ffactorau trawsgrifio ac RNA polymeras, felly mae mwy o drawsgrifiad.

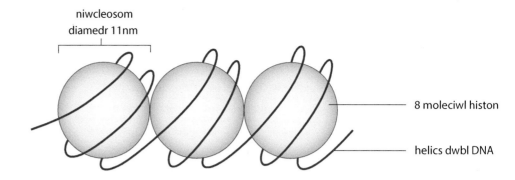

niwcleosom
diamedr 11nm

8 moleciwl histon

helics dwbl DNA

Histonau heb eu haddasu; niwcleosomau wedi'u pecynnu'n dynn; dim mynediad at y genyn

 Cyswllt Rydych chi wedi dysgu am addasu ar ôl trosi yn ystod blwyddyn gyntaf y cwrs hwn.

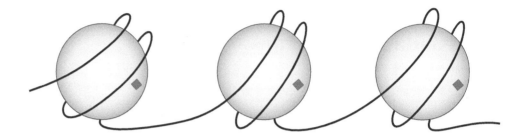

Histonau wedi'u haddasu; niwcleosomau ar wahân; mynediad at y genyn

Mae gwahaniaethau epigenetig rhwng gefeilliaid monosygotig

Mae celloedd bonyn yr embryo yn gwahaniaethu'n gynyddol, gan ddiffodd genynnau sy'n codio ar gyfer ensymau diangen. Mae'r newidiadau hyn yn golygu, mewn celloedd gwahaniaethol, mai dim ond y genynnau sydd eu hangen ar gyfer eu gwaith eu hunain sy'n cael eu mynegi. Felly, er enghraifft, mae celloedd y croen yn gallu cynhyrchu melanin ond mae celloedd retina'n cynhyrchu rhodopsin. Mae gwahanol newidiadau epigenetig yn gallu digwydd i gelloedd o fewn yr un feinwe ac i gelloedd mewn gwahanol feinweoedd, sy'n caniatáu'r gwahaniaeth enfawr rhwng mynegiad genynnau yng ngwahanol gelloedd organeb.

Mae niwed i DNA yn digwydd tua 60,000 o weithiau bob dydd mewn cell yn y corff dynol. Mae'r rhan fwyaf yn cael ei atgyweirio, ond yn y safle atgyweirio, gallai newidiadau epigenetig barhau. Mae gefeilliaid monosygotig yn dystiolaeth o hyn: mae eu dilyniannau niwcleotidau'n union yr un fath â'i gilydd gan eu bod nhw'n dod o'r un oocyt wedi'i ffrwythloni. Mae eu DNA yn methylu a'u histonau'n asetyleiddio mewn modd tebyg iawn i ddechrau ond mae'r gwahaniaethau rhwng y ddau yn cynyddu wrth iddynt heneiddio, ac yn cynyddu wrth i'r efeilliaid fyw ar wahân am gyfnod hirach.

Canlyniadau newidiadau epigenetig

- Argraffu genomig: os yw genynnau wedi'u hanactifadu mewn gametau, gallai'r anactifadu gael ei drosglwyddo i'r genhedlaeth nesaf. Dyma sail argraffu genomig, lle mae methylu DNA ar y cromosom sy'n deillio o un rhiant yn gallu diffodd genyn yn barhaol. Os yw'r diffodd hwn yn cael ei ddifrodi, gall arwain at gyflwr meddygol. Mae un enghraifft o argraffu'n cynnwys y genyn NOEY2. Dim ond copi'r tad sy'n cael ei fynegi. Os nad yw'n cael ei fynegi, fel copi'r fam, mae hyn yn cynyddu'r risg o ganser y fron a chanser yr ofari.

- Anactifadu X: mae newidiadau epigenetig yn gallu diffodd cromosom cyfan. Dim ond un cromosom X mae celloedd mamolion benywaidd yn ei ddefnyddio. Mae'r llall wedi'i anactifadu ac mae'n troi'n fâs o gromatin sy'n staenio'n ddwys, sef organigyn Barr. Mae ffwr clytwaith cathod trilliw yn adlewyrchu anactifadu'r naill gromosom X neu'r llall ar hap, ac felly'r genyn lliw ffwr sydd ganddynt, drwy anactifadu cromosomau X bob yn ail mewn grwpiau cyfagos o gelloedd.

Cath drilliw

Mae newidiadau epigenetig wedi cael eu beio am gyflyrau awtoimiwn, salwch meddwl, diabetes a llawer o ganserau. Mae'n debygol y bydd eu hastudio nhw'n bwysig iawn yn y dyfodol er mwyn canfod, trin ac atal clefydau.

Amrywiad ac esblygiad

Mae rhai nodweddion yn cael eu rheoli gan un genyn, heb i'r amgylchedd ddylanwadu ar eu mynegiad. Mae gan y rhan fwyaf o nodweddion amrediad o werthoedd ac maen nhw'n cael eu rheoli gan lawer o enynnau a'r amgylchedd. Er mwyn i rywogaeth oroesi mewn amgylchedd sy'n newid yn gyson, mae amrywiad yn hanfodol. Mae geneteg poblogaeth yn disgrifio sut mae amlderau alelau'n newid ac yn ein galluogi ni i gyfrifo amlderau alelau a genoteipiau mewn poblogaeth.

O ganlyniad i'w arsylwadau o amrywiad, cynigiodd Darwin ddamcaniaeth detholiad naturiol. Oherwydd pwysau dethol, mae rhai unigolion yn atgenhedlu'n fwy effeithlon nag eraill ac yn trosglwyddo cyfran uwch o'u halelau i'r genhedlaeth nesaf. Mae arunigo grwpiau bridio yn arwain at newidiadau graddol i'r ffenoteip a ffurfio rhywogaethau newydd.

Cynnwys y testun

Erbyn diwedd y testun hwn, byddwch chi'n gallu gwneud y canlynol:

- Esbonio bod amrywiad yn digwydd o ganlyniad i gyfuniad o ffactorau genynnol ac amgylcheddol.
- Disgrifio amrywiad parhaus ac amharhaus.
- Disgrifio cystadleuaeth i fridio'n llwyddiannus a goroesi.
- Disgrifio pwysau dethol.
- Defnyddio hafaliad Hardy–Weinberg i gyfrifo amlderau alelau a genoteipiau.
- Esbonio'r effaith sylfaenydd a symudiad genetig.
- Disgrifio mecanweithiau detholiad naturiol.
- Esbonio sut mae arunigo yn gallu arwain at ffurfiant rhywogaethau.
- Disgrifio damcaniaeth Darwin o esblygiad drwy ddetholiad naturiol.

Term Allweddol

Amrywiad: Y gwahaniaeth rhwng organebau o'r un rhywogaeth.

Amrywiad

Mae gwahaniaethau rhwng ffenoteipiau organebau am lawer o resymau:

- Mae eu genoteip yn wahanol.
- Mae ganddynt yr un genoteip ond addasiadau epigenetig gwahanol.
- Mae eu hamgylcheddau'n wahanol.

Amrywiad yw'r gwahaniaethau rhwng ffenoteipiau o fewn rhywogaeth. Os ydyn nhw'n deillio o wahanol ddilyniannau niwcleotidau DNA neu, mewn rhai achosion, o wahanol addasiadau epigenetig, maen nhw'n gallu cael eu hetifeddu ac felly maen nhw'n cynhyrchu amrywiad **etifeddadwy**. Mewn organebau sy'n atgenhedlu'n anrhywiol, dim ond mwtaniad sy'n gallu cynyddu amrywiad etifeddadwy. Ar y llaw arall, mae atgenhedlu rhywiol yn cynnwys llawer o fecanweithiau sy'n cynhyrchu amrywiad etifeddadwy:

- Trawsgroesi rhwng cromosomau homologaidd yn ystod proffas I meiosis.
- Hapddosbarthu cromosomau yn ystod metaffas I meiosis.
- Hapddosbarthu cromatidau yn ystod metaffas II meiosis.
- Cymysgu genoteipiau gwahanol dau riant yn ystod ffrwythloniad.

Dydy amrywiad sy'n cael ei achosi gan yr amgylchedd, heb fod o ganlyniad i newid epigenetig, ddim yn gallu cael ei drosglwyddo i epil ac felly mae'n **anetifeddadwy**.

Mae'r prosesau hyn yn sefydlu cyfuniad newydd o alelau ym mhob cenhedlaeth, ond digwyddiad prin mwtaniad sy'n cynhyrchu amrywiad newydd parhaus. Gallwn ni ddisgrifio amrywiad mewn dwy ffordd.

Amrywiad amharhaus

Ar gyfer rhai nodweddion, dim ond nifer bach o bosibiliadau sydd, e.e. gallai fod gennych chi bump neu chwe bys; mae'r gwyfyn brith, *Biston betularia*, yn gallu bod yn olau neu'n dywyll; mae planhigyn yn gallu bod yn dal neu'n fyr. Does dim mathau rhyngol ac mae'r nodweddion yn arwahanol, h.y. yn amlwg ac yn hawdd dweud y gwahaniaeth rhyngddynt.

Gwyfyn brith golau

Gwyfyn brith tywyll

Genynnau unigol sy'n rheoli'r nodweddion hyn, ac rydym ni'n dweud eu bod nhw'n **monogenig**. Dydy'r amgylchedd ddim yn dylanwadu ar fynegiad y genyn. Y ffordd orau o ddangos dosbarthiad y ffenoteipiau yw mewn siart bar:

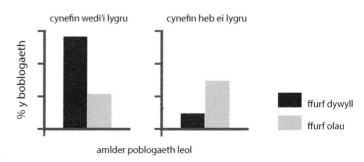

Dosbarthiad amrywiaethau'r gwyfyn brith

Amrywiad parhaus

Ar gyfer rhai nodweddion, mae llawer o werthoedd posibl, e.e. mae babanod sy'n cael eu geni ar ôl 9 mis yn tueddu i bwyso rhwng tua 2 kg a 5 kg; gall fod unrhyw nifer o ddail ar blanhigion. Mae'r gwerthoedd yn dangos graddiad o un eithaf i'r llall o fewn amrediad. Mae llawer o enynnau'n rheoli'r nodweddion hyn, ac rydym ni'n dweud eu bod nhw'n **bolygenig**. Mae'r amgylchedd yn dylanwadu'n fawr ar fynegiad y genynnau, felly mae'n cyfrannu at bennu amrywiad ffenoteipaidd.

- Taldra bodau dynol: mae unigolyn yn etifeddu nifer o alelau gan ei rieni sy'n cyfrannu at daldra. Os oes gan yr unigolyn y potensial i dyfu'n dal, bydd ei alelau'n rhoi uchafswm maint posibl iddo, ond bydd ei allu i gyrraedd y maint hwn yn dibynnu ar ffactorau amgylcheddol, fel maethiad ac ymarfer corff.

- Os yw organebau gyda genoteipiau unfath yn cael gwahanol ddylanwadau amgylcheddol, er bod eu genoteipiau'n unfath, maen nhw'n dangos cryn dipyn o amrywiad, e.e. mae planhigion sydd wedi'u cynhyrchu drwy atgenhedlu anrhywiol, fel mefus o ymledyddion, yn gallu dangos llawer o amrywiad o ran uchder, fel ymateb i arddwysedd golau, neu o ran cyfeiriad twf, fel ymateb i gyfeiriad y golau.

- Mae angen golau ar blanhigion i dyfu a datblygu'n normal. Hebddo, mae synthesis awcsin yn gwneud eu celloedd bonyn yn hirach a dydyn nhw ddim yn gallu syntheseiddio cloroffyl. Os yw hedyn yn egino yn y tywyllwch, bydd yr eginblanhigyn yn gwelwi: bydd yn dangos clorosis ac yn tyfu'n dalach nag mewn golau.

Gallem ni blotio siart bar i ddangos gwasgariad nodwedd sy'n dangos amrywiad parhaus, e.e. taldra poblogaeth bodau dynol. Mae'r rhan fwyaf o aelodau'r boblogaeth yn mesur taldra penodol, ac mae rhai'n dalach neu'n fyrrach na hyn. Drwy uno top y barrau, gallwn ni gynhyrchu cromlin lefn, gymesur, sy'n dangos gwasgariad normal o gwmpas y modd, sydd hefyd yn gymedr ac yn ganolrif y data.

Pwynt astudio

Mae'r genoteip a'r amgylchedd yn cyfrannu at amrywiad parhaus. Gwahaniaethau yn y genoteip sy'n achosi amrywiad amharhaus; dydy'r amgylchedd ddim yn dylanwadu ar hyn.

Hadau berwr o'r un swp o hadau wedi'u tyfu ym mhresenoldeb golau (chwith) ac yn absenoldeb golau (dde)

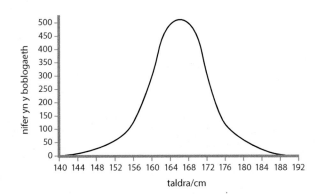

Gwasgariad normal taldra mewn poblogaeth bodau dynol

Mae llawer o nodweddion yn bolygenig a'r rhain sy'n bennaf gyfrifol am amrywiad parhaus mewn poblogaeth.

	Math o amrywiad	
	Amharhaus	**Parhaus**
Etifeddadwy	✓	✓
Anetifeddadwy	✗	✓
Nifer y genynnau	1	Llawer
Disgrifiad	Monogenig	Polygenig
Dylanwad yr amgylchedd	Dim	Rhywfaint
Nifer y gwerthoedd	Ychydig	Llawer
Enghraifft mewn bodau dynol	Nifer y bysedd	Taldra
Enghraifft mewn planhigyn	Uchder	Nifer y dail

35

Gwirio gwybodaeth

Cwblhewch y paragraff drwy lenwi'r bylchau:

Amrywiad yw'r gwahaniaethau rhwng aelodau o'r un .... Mae nodweddion monogenig yn cynhyrchu amrywiad .... a dydy'r .... ddim yn dylanwadu ar eu mynegiad. Mae amrywiad parhaus yn ....

▼ **Pwynt astudio**

Mewn unrhyw boblogaeth, mae nifer yr epil sy'n cael eu cynhyrchu'n llawer mwy na'r nifer sy'n goroesi i fod yn oedolion. Maen nhw'n cystadlu am adnoddau prin ac mae'r rhai ag alelau penodol yn fwy llwyddiannus.

Cyswllt Mae cystadleuaeth yn ffactor yn y broses o ffurfio rhywogaethau newydd drwy gyfrwng detholiad naturiol, sydd wedi'i ddisgrifio ar t232.

⌐ **Termau Allweddol**

Pwysau dethol: Ffactor amgylcheddol sy'n gallu newid amlder alelau mewn poblogaeth, os yw'n gyfyngol.

Detholiad naturiol: Mae gan organebau â ffenoteipiau sy'n gweddu i'w hamgylchedd siawns uwch o oroesi ac atgenhedlu, sy'n ei gwneud hi'n fwy tebygol bod alelau ffafriol yn cael eu trosglwyddo o un genhedlaeth i'r nesaf.

▼ **Pwynt astudio**

Mae cystadleuaeth, ffactorau amgylcheddol a dylanwad bodau dynol i gyd yn achosi pwysau dethol, gan gynyddu'r siawns y caiff rhai ffenoteipiau ac felly rai alelau eu pasio i'r genhedlaeth nesaf, a lleihau siawns rhai eraill.

Cystadleuaeth i fridio'n llwyddiannus a goroesi

Os nad oes ymwrthiant amgylcheddol, mae organebau'n cynhyrchu gormod. Mae hyn yn golygu bod dau riant fel arfer yn cael mwy na dau o epil, felly mae poblogaethau'n tueddu i dyfu o un genhedlaeth i'r nesaf. Ond yn y rhan fwyaf o sefyllfaoedd mae rhywbeth yn cyfyngu ar dwf poblogaeth: efallai y bydd rhai adnoddau'n brin fel bod unigolion yn gorfod cystadlu amdanynt, e.e. mae planhigion yn cystadlu am olau, pridd, dŵr ac ïonau mwynol; mae anifeiliaid yn cystadlu am fwyd a chysgod. O ganlyniad i hyn, maen nhw'n cynhyrchu llai o epil, neu efallai y bydd yr epil yn marw cyn aeddfedu, ac felly ddim yn atgenhedlu.

Gallwn ni edrych ar gystadleuaeth mewn dwy ffordd:

- Mae cystadleuaeth ryngrywogaethol yn digwydd rhwng unigolion o wahanol rywogaethau sy'n cystadlu am yr un adnoddau, e.e. planhigion yn cystadlu am le; anifeiliaid y diffeithdir yn cystadlu am ddŵr.

- Mae cystadleuaeth fewnrhywogaethol yn digwydd rhwng unigolion o'r un rhywogaeth, e.e. pandaod mawr yn cystadlu am fambŵ; anifeiliaid yn cystadlu am gymar neu safle nythu.

Pwysau dethol

Mae amrywiad o fewn poblogaeth o organebau yn golygu bod gan rai unigolion nodweddion sydd o fantais iddynt. Ysgrifennodd Charles Darwin fod organebau sy'n cystadlu yn 'brwydro i fodoli'. Mae'n haws i'r rhai â mantais gael yr adnoddau prin, ac o ganlyniad, maen nhw'n atgenhedlu mwy na'r rhai heb fantais.

Ystyriwch boblogaeth cwningod: efallai y bydd y fenyw'n cynhyrchu sawl torllwyth bob blwyddyn, a 2–10 o gwningod ym mhob un. Pe bai'r cwningod i gyd yn tyfu'n oedolion a hwythau, yn eu tro, yn atgenhedlu'n llwyddiannus, byddai poblogaeth cwningod yn cynyddu'n gyflym. Yn y pen draw, wrth i'r holl gwningod fwyta mwy a mwy o'r llystyfiant, byddai bwyd yn mynd yn brin. Pan fydd hyn yn digwydd, bydd yn rhoi mantais i'r cwningod sydd orau am ddod o hyd i'r bwyd ac yn gallu ei fwyta cyn y lleill. Maen nhw'n atgenhedlu'n fwy llwyddiannus ac yn cael mwy o epil, ac felly mae mwy o'r alelau roddodd y fantais iddynt yn bodoli yn y genhedlaeth nesaf. Mae'r alelau hyn wedi cael eu 'dethol' a'r cyflenwad bwyd oedd y **cyfrwng detholus** neu'r **pwysau dethol.** Yr amgylchedd oedd yn pennu pa gwningod fyddai'n atgenhedlu'n fwyaf llwyddiannus, ac felly mae hyn yn enghraifft o **ddetholiad naturiol.**

Mae llawer o ffactorau amgylcheddol yn gallu bod yn bwysau dethol, ac maen nhw'n effeithio ar allu unigolyn i atgenhedlu. Mae ffenoteipiau sy'n ei gwneud hi'n haws i organeb addasu yn ei gwneud hi'n fwy tebygol o oroesi ac atgenhedlu os nad yw'r amodau'n optimaidd, e.e. os yw unigolyn yn gallu atgenhedlu ar dymheredd ychydig yn uwch neu ddefnyddio safle nythu ychydig yn wahanol.

Mae cyfryngau detholus yn cynnwys:

- Y safleoedd nythu sydd ar gael: mae rhai anifeiliaid yn magu eu hepil mewn sefyllfaoedd penodol iawn, e.e. mae brain yn adeiladu eu nythod rhwng 10 a 20 m uwchben y ddaear, yn yr ongl rhwng canghennau coeden.

- Mae hyd y dydd yn effeithio ar ymddygiad atgenhedlu: mae beichiogrwydd cwningod benywol yn digwydd gan mwyaf ym mis Mai, ar ôl i geilliau'r gwrywod helaethu, sy'n dechrau ym mis Tachwedd, fel ymateb i'r dyddiau byr.

- Mae gorboblogi caniatáu i glefydau ledaenu. Ymysg bodau dynol, mae twbercwlosis yn llawer mwy cyffredin mewn mannau â phoblogaeth drwchus. Mae'n gallu bod yn angheuol a, drwy gydol hanes, mae wedi bod yn bwysau dethol. Mae pobl ag alelau sy'n rhoi system imiwnedd fwy effeithiol iddynt yn fwy tebygol o oroesi a throsglwyddo'r alelau hynny.

- Ysglyfaethu: wrth i boblogaeth dyfu, bydd mwy o fwyd i ysglyfaethwyr a bydd eu niferoedd yn cynyddu. Mae rhai unigolion yn y boblogaeth ysglyfaeth yn fwy tebygol o oroesi ac atgenhedlu, gan drosglwyddo'r alelau sydd wedi eu gwneud nhw'n llwyddiannus, e.e.:

  - Mae gan rai guddliw gwell, e.e. mae parddu/huddygl ar goed yn rhoi cuddliw gwell i wyfynod brith tywyll ac ae cennau yn rhoi cuddliw gwell i'r mathau golau,

  - Mae rhywogaethau dynwaredol yn ddiberygl ond maen nhw'n rhannu nodweddion â rhywogaethau eraill sy'n wenwynig i'r ysglyfaethwr, e.e. mae neidr laeth Mecsico, sy'n ddiberygl, yn dynwared neidr gwrel Tecsas, sy'n wenwynig iawn, gyda'i marciau coch, du a melyn nodweddiadol.

- Mae tymheredd yn effeithio ar allu i oroesi: mae larfau mosgitos yn goroesi orau mewn dŵr rhwng 24 °C a 28 °C; mae angen llawer iawn o eira ar folgi (*wolverine*) i oroesi. Mae'n cloddio ffau o dan yr eira, sy'n gorfod bod yn ddigon dwfn i bara tan fis Mai, pan mae'r cenawon wedi datblygu digon i ddod allan.

- Effaith bodau dynol: mae colli cynefinoedd wedi dinistrio mannau bridio, e.e. mae pysgota cyanid, gan chwistrellu sodiwm cyanid i'r dŵr i'w gwneud hi'n haws dal pysgod mewn riffiau cwrel, yn lladd cwrel ac algâu; mae crwbanod môr yn deor ar y tir ond mae angen awyr nos dywyll arnynt i'w cyfeiriadu eu hunain i symud tuag at y môr, ond mae goleuadau artiffisial ar y traethau'n eu denu nhw ac maen nhw'n symud oddi wrth y môr ac yn methu goroesi.

Bolgi

Mae gwerth alel yn dibynnu ar yr amgylchedd

Y ffenoteip yw'r nodwedd sy'n gweddu i amgylchedd penodol neu beidio. Mae'r ffenoteip yn dibynnu'n rhannol ar y genoteip. Os yw'r ffenoteip yn rhoi mantais, mae'r alelau sydd wedi'i gynhyrchu'n cael eu trosglwyddo i'r genhedlaeth nesaf yn fwy llwyddiannus nag alelau eraill. Mae'r un alel yn gallu cynhyrchu ffenoteip sy'n gweddu i un amgylchedd ac nid i un arall, e.e. mae lliw cot cwningod ac ysgyfarnogod yn gallu amrywio. Mae gan y rhan fwyaf alelau sy'n cynhyrchu cot frown. Mae nifer bach yn homosygaidd ar gyfer alel enciliol sy'n rhoi cot wen. Mae anifail gwyn yn fwy tebygol nag un brown o gael ei ladd gan ysglyfaethwr, felly mae'n annhebygol o oroesi i fod yn anifail aeddfed llawn dwf. Mae'r siawns y bydd

Ysgyfarnog yr eira

yn atgenhedlu ac yn trosglwyddo ei alel ffwr gwyn yn fach iawn, ac mae'r alel yn aros yn brin yn y boblogaeth. Fodd bynnag, yn yr Arctig, byddai'r ffwr gwyn yn guddliw yn erbyn yr eira, ac felly byddai'r anifail yn fwy tebygol o oroesi a throsglwyddo ei alelau. Felly, mewn amgylchedd o'r fath, mae'r alel sy'n cynhyrchu cot wen yn fwy cyffredin.

Mae pwysau dethol yn ffactor haniaethol sy'n siapio poblogaethau dros amser. Mae pwysau dethol yn gweithredu mewn modd cyson dros gyfnodau hir ac yn effeithio ar gyfraddau atgenhedlu a goroesi'r unigolion mewn rhywogaeth. Mae'r term Bioleg 'cymwys' yn disgrifio pa mor debygol yw organeb o oroesi, atgenhedlu a throsglwyddo alelau i'r genhedlaeth nesaf. Mae pwysau dethol yn caniatáu i'r cymhwysaf oroesi ac yn cynyddu cymhwyster cyffredinol poblogaeth mewn amgylchedd penodol. Mae'r amgylchedd yn rhoi pwysau dethol ac mae hyn yn pennu lledaeniad unrhyw alel o fewn y cyfanswm genynnol. Ond mae llawer o bwysau dethol yn gweithredu ar yr un pryd ac mae'r rhain, ynghyd â mwtaniadau a symudiad genetig, yn pennu canlyniad y ffenoteip.

36

Gwirio gwybodaeth

Cysylltwch y termau priodol 1–4 â'r gosodiadau A–CH.

1. Mantais ddetholus.
2. Amharhaus.
3. Rhyngrywogaethol.
4. Pwysau dethol.

A. Amrywiad oherwydd nodweddion sy'n cael eu rheoli gan un genyn.
B. Cystadleuaeth rhwng unigolion o rywogaethau gwahanol.
C. Ffactor amgylcheddol sy'n newid amlder alelau mewn poblogaeth.
CH. Nodwedd sy'n galluogi organeb i oroesi ac atgenhedlu'n well nag organebau eraill mewn poblogaeth mewn amgylchedd penodol.

Termau Allweddol

Cyfanswm genynnol: Yr holl alelau sy'n bresennol mewn poblogaeth ar adeg benodol.

Amlder alel: Amlder alel yw cyfran, ffracsiwn neu ganran yr alel hwnnw o'r holl alelau o'r genyn hwnnw mewn cyfanswm genynnol.

Symudiad genetig: Amrywiadau ar hap mewn amlderau alelau ymysg poblogaeth.

Sylwch

Cofiwch y naw amod lle mae egwyddor Hardy–Weinberg yn berthnasol.

Geneteg poblogaeth

Y cyfanswm genynnol ac amlderau alelau

Hyd yn hyn, rydym ni wedi disgrifio trosglwyddiad genynnau ac alelau rhwng unigolion mewn poblogaeth. Yn wahanol i ystyried unigolion, mae geneteg poblogaeth yn disgrifio ymddygiad genynnau ac alelau poblogaeth gyfan. Mae poblogaeth o organebau sy'n atgenhedlu'n rhywiol yn dangos amrywiad. Holl alelau holl enynnau'r holl unigolion mewn poblogaeth ar unrhyw un adeg yw'r **cyfanswm genynnol**. Mae genoteipiau'r unigolion yn ddetholiad o'r cyfuniadau o alelau sy'n bosibl, ar yr adeg honno. Dydy geneteg poblogaeth ddim yn ymwneud â genoteipiau unigolion, ond mae'n disgrifio cyfrannau'r gwahanol alelau yn y cyfanswm genynnol cyfan, h.y. **amlderau'r alelau**.

Mae cyfrannau'r alelau yn y cyfanswm genynnol yn aros yn sefydlog os yw'r amgylchedd yn sefydlog. Fodd bynnag, fel arfer mae amgylcheddau'n newid. Bydd rhai ffenoteipiau'n fanteisiol ac yn cael eu dethol, felly bydd yr alelau sydd wedi'u cynhyrchu'n cael eu trosglwyddo i'r genhedlaeth nesaf. Bydd y dethol hwn yn mynd yn erbyn ffenoteipiau eraill, ac ni fydd yr alelau sydd wedi'u cynhyrchu nhw'n cael eu trosglwyddo. Mae'r cyfanswm genynnol yn newid drwy'r amser, a rhai alelau'n mynd yn fwy cyffredin ac eraill yn llai cyffredin. Dan rai amgylchiadau, gall alelau gael eu colli'n gyfan gwbl o'r cyfanswm genynnol.

Symudiad genetig

Os yw poblogaeth yn atgenhedlu'n rhywiol mewn amgylchedd sefydlog heb ddim mwtaniad na mewnfudo neu allfudo, mae amlderau'r alelau i gyd yn aros yn gyson.

Ystyriwch alel sy'n bodoli yn 1% o'r boblogaeth:

- Os oes 1,000,000 o unigolion, mae'r alel gan 10,000 ohonynt. Os yw cyplu'n digwydd ar hap o ran yr alel hwn, yn y genhedlaeth nesaf, bydd yr amlder yr un fath.

- Os yw'r boblogaeth yn llawer llai, e.e. 1000 o unigolion, dim ond deg fydd yn cludo'r alel. Pe bai un o'r deg, drwy siawns, yn methu atgenhedlu a throsglwyddo'r alel, bydd ei amlder yn y genhedlaeth nesaf 10% yn llai.

- Mewn poblogaeth fach iawn, mae'n bosibl, oherwydd siawns, na fydd dim o'r rhai gyda'r alel yn cyplu. Yna, caiff yr alel ei golli o'r boblogaeth yn gyfan gwbl.

Symudiad genetig yw'r amrywiad hwn ar hap mewn amlder alel ymysg poblogaeth. Mae'n fwyaf arwyddocaol mewn poblogaethau bach neu arunig lle mae nifer bach o alelau'n ffurfio cyfran fawr o'r cyfanswm, ac, yn y sefyllfaoedd hynny, mae'n gallu bod yn fecanwaith esblygiadol pwysig.

Egwyddor Hardy–Weinberg

Mae egwyddor Hardy–Weinberg yn datgan, mewn amodau delfrydol, bod amlderau alelau a genoteipiau mewn poblogaeth yn gyson o genhedlaeth i genhedlaeth. Yr amodau delfrydol yw:

Yr organebau	Organebau diploid
	Amlderau alelau'n hafal yn y ddau ryw
	Atgenhedlu'n rhywiol
	Cyplu ar hap
	Cenedlaethau ddim yn gorgyffwrdd
Y boblogaeth	Maint y boblogaeth yn fawr iawn
	Dim mudo
	Dim mwtaniadau
	Dim dethol

Hafaliad Hardy–Weinberg

Rydym ni'n mynegi egwyddor Hardy–Weinberg mewn hafaliad sy'n ein galluogi ni i gyfrifo amlderau alelau o amlderau genoteipiau, ac i'r gwrthwyneb:

Ystyriwch alelau trechol ac enciliol, A ac a yn ôl eu trefn, ar gyfer un genyn. Os yw amlder A yn p, h.y. $f(A) = p$, ac amlder a yn q, h.y. $f(a) = q$, oherwydd mai A ac a yw'r unig alelau, $p + q = 1$.

Os yw poblogaeth sy'n cynnwys yr alelau hyn yn unig yn cyplu ar hap, gyda phob cyfuniad posibl o alelau, gallwn ni ddiddwytho genoteipiau'r boblogaeth:

Dydy'r symbolau A ac a ddim mewn cylchoedd yn y tabl hwn, fel y bydden nhw mewn sgwâr Punnett ar gyfer croesiad genetig, oherwydd nid gametau ydyn nhw, ond yr alelau yn y cyfanswm genynnol.

		Benywod	
		A	a
Gwrywod	A	AA	Aa
	a	Aa	aa

Cymhareb y genoteipiau yn y boblogaeth yw 1 AA : 2 Aa : 1 aa.

Gan ddefnyddio p a q fel amlderau A ac a, gallwn ni ddisgrifio amlderau'r genoteipiau:

$f(AA) = p^2$

$f(Aa) = 2pq$

$f(aa) = q^2$

Gan fod y tri genoteip hyn yn gwneud y boblogaeth gyfan, $p^2 + 2pq + q^2 = 1$ neu $(p + q)^2 = 1$. Hwn yw hafaliad Hardy–Weinberg. Dan yr amodau lle mae egwyddor Hardy–Weinberg yn gweithredu, mae'r amlderau alelau, p a q, yn aros yn gyson dros y cenedlaethau ac rydym ni'n dweud bod y boblogaeth mewn **ecwilibriwm Hardy–Weinberg**. Mae'r hafaliad yn dangos bod cyfran fawr o alelau enciliol yn bodoli yn yr heterosygotau. Mae heterosygotau, felly, yn gronfa amrywioldeb genetig.

Dadansoddi geneteg poblogaeth clefyd cryman-gell

Mae clefyd cryman-gell yn effeithio ar 9 o bob 100 o bobl mewn rhai rhannau o Affrica. O wybod bod y cyflwr yn gysylltiedig ag alel enciliol awtosomaidd, gallwn ni gyfrifo amlderau'r alelau a'r genoteipiau:

Alel enciliol awtosomaidd sy'n achosi clefyd cryman-gell
$\therefore q^2 = 0.09 \therefore q = \sqrt{0.09} = 0.3$.

$p + q = 1$

$p = 1 - 0.3 = 0.7$.

Os mai symbol yr alel trechol yw Hb^A a symbol yr alel enciliol yw Hb^S:

$f(Hb^AHb^A) = 0.7^2 = 0.49$, h.y. mae gan 49% o'r boblogaeth y ffenoteip normal.

$f(Hb^AHb^S) = 2pq = 2 \times 0.7 \times 0.3 = 0.42$ (2 le degol), h.y. mae gan 42% o'r boblogaeth nodwedd cryman-gell.

▼ **Pwynt astudio**

Mae amlder alel mewn poblogaeth yn aros yn gyson o un genhedlaeth i'r nesaf os yw'r boblogaeth mewn ecwilibriwm Hardy–Weinberg.

▼ **Pwynt astudio**

$(p + q) = 1$ a $p^2 + 2pq + q^2 = 1$, felly os ydych chi'n gwybod p, gallwch chi ganfod q ac yna gallwch chi gyfrifo amlderau'r genoteipiau i gyd.

Cyswllt Mae disgrifiad o geneteg clefyd cryman-gell ar t212.

▼ **Pwynt astudio**

Rydym ni'n defnyddio hafaliad Hardy–Weinberg i gyfrifo amlder alelau yng nghyfanswm genynnol poblogaeth bodau dynol sy'n gysylltiedig â chlefydau genetig, fel ffibrosis cystig.

Esblygiad a detholiad

Termau Allweddol

Esblygiad: Newid i ffenoteip cyfartalog poblogaeth.

Ffurfiant rhywogaethau: Ffurfio rhywogaeth newydd.

Effaith sylfaenydd: Colli amrywiad genetig mewn poblogaeth newydd sydd wedi'i sefydlu gan nifer bach iawn o unigolion o boblogaeth fwy.

Dan yr amodau sy'n cynnal ecwilibriwm Hardy–Weinberg, dydy ffenoteip cyfartalog y boblogaeth ddim yn newid. Ond yn gyffredinol, dydy'r amodau delfrydol hynny ddim yn bodoli. Mae amlderau alelau, a ffenoteipiau, yn newid dros amser. Dyma beth yw ystyr y term **esblygiad**. Un o briodweddau poblogaeth, nid unigolyn, ydyw ac mae'n golygu newid i'r ffenoteip cyfartalog.

Os yw'r newid i'r ffenoteip yn ddigon mawr, fydd organebau â'r ffenoteip newydd ddim yn gallu atgenhedlu'n llwyddiannus gyda'r boblogaeth wreiddiol. Yna, mae **ffurfiant rhywogaethau** wedi digwydd, h.y. mae rhywogaeth newydd wedi ffurfio.

Yr effaith sylfaenydd a symudiad genetig

Os yw nifer bach o unigolion yn cael eu harunigo ac yn dechrau poblogaeth newydd, e.e. cytrefu cynefin newydd fel ynys, mae sylfaenwyr y boblogaeth newydd yn sampl bach o'r boblogaeth maen nhw wedi dod ohoni. Gallai eu hamlder alel nhw fod yn wahanol iawn i'r boblogaeth wreiddiol drwy siawns. Dyma yw'r **effaith sylfaenydd**. Tra mae poblogaeth y sylfaenwyr yn aros yn fach, gall symudiad genetig ddigwydd iddi a'i gwneud hi'n fwy gwahanol fyth i'r brif boblogaeth wreiddiol. Mewn poblogaeth fach, mae amrywiad ar hap mewn amlder alel o un genhedlaeth i'r nesaf yn gallu cynrychioli newid mawr mewn ffenoteip i gyfran fawr o'r boblogaeth. Gan fod llawer o enynnau mor anwadal, mae'r ffenoteip cyfartalog yn gallu newid yn gyflym. Y lleiaf yw'r boblogaeth, y mwyaf arwyddocaol yw'r effaith hon.

Cyfrannodd yr effaith sylfaenydd a symudiad genetig at ymwahaniad esblygol pincod/ pilaon Darwin ar ôl iddynt grwydro o dir mawr De America i ynysoedd anghysbell y Galapagos. Mae'n esbonio, i raddau helaeth, pam mae llawer o rywogaethau unigryw ar ynysoedd bach wrth eangdiroedd mawr, fel Madagasgar.

Siffaca Coquerel, un o'r nifer o rywogaethau unigryw sy'n byw ym Madagasgar

Mynd ymhellach ▶

Tagfa poblogaeth yw gostyngiad cyflym mewn poblogaeth, e.e. oherwydd clefyd. Efallai na fydd digon o amrywiaeth genetig ar ôl yn y cyfanswm genynnol i'r boblogaeth addasu, gan arwain at ddifodiant.

Detholiad naturiol

Mae tri math o ddetholiad naturiol.

Detholiad sefydlogi

Mae gan nodwedd sy'n dangos amrywiad parhaus amrediad o werthoedd. Mewn amgylchedd penodol, efallai y bydd y ffenoteip cyfartalog yn rhoi mwy o fantais na'r un o'r ddau ffenoteip eithafol. Os felly, bydd dethol yn mynd yn erbyn y gwerthoedd eithafol. Bydd gan y gromlin normal sy'n dangos amrediad y ffenoteipiau yn y genhedlaeth nesaf wyriad safonol llai, ond brig uwch. Mewn geiriau eraill, mae'r cyfartaledd wedi aros yr un fath, ond mae mwy o unigolion â'r gwerth hwnnw. Os nad yw'r amgylchedd yn newid, mae hyn yn parhau nes bod y rhan fwyaf o aelodau'r boblogaeth yn rhannu'r un gwerth.

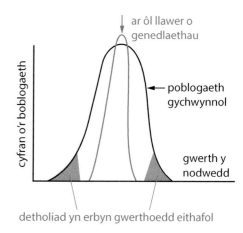

Detholiad sefydlogi

Un enghraifft glasurol o hyn yw pwysau geni bodau dynol. Mae babanod bach, ysgafn iawn yn colli gwres yn gyflym ac yn dueddol o gael haint, felly dydyn nhw ddim yn goroesi cystal â rhai â phwysau normal. Dydy babanod mawr, trwm iawn ddim yn mynd ar hyd y llwybr geni mor hawdd â babanod pwysau normal, sydd hefyd yn ei gwneud hi'n anoddach goroesi. Mae'r rhan fwyaf o fabanod yn pwyso tua 3.5 kg ar adeg eu geni. Dydy babanod â phwysau geni eithafol ddim yn goroesi cystal, felly mae detholiad sefydlogi ar waith.

Detholiad cyfeiriadol

Mewn amgylchedd sy'n newid, mae ffenoteip eithafol yn gallu dod yn fantais. Yna, bydd dethol yn mynd yn erbyn gwerthoedd eraill a dros amser, mae'r ffenoteip cyfartalog yn newid.

Mae llawer o rywogaethau o bysgod ciclid yn Llyn Fictoria yn Nwyrain Affrica. Mae maint a dyfnder y llyn wedi newid lawer gwaith yn y gorffennol. Dychmygwch rywogaeth o giclidiaid bach heb ddim ysglyfaethwyr. Efallai y byddai newid i hinsawdd fwy gwlyb wedi uno'r llyn â chyrff dŵr cyfagos

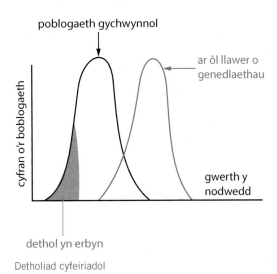

Detholiad cyfeiriadol

sy'n cynnwys pysgod mwy, a allai fod yn ysglyfaethwyr. Pan gymysgodd y pysgod, roedd yr ysglyfaethwyr yn bwysau dethol ar y pysgod llai. Roedd y rhai ag esgyll mwy yn nofio'n gyflymach na'r rhai ag esgyll llai, felly roedd ganddynt fantais ddetholus. Roedden nhw'n gallu dianc rhag yr ysglyfaethwyr a goroesi. Wrth atgenhedlu, roedden nhw'n trosglwyddo'r alelau esgyll mawr i'r genhedlaeth nesaf. Dros amser, cynyddodd amlder alel yr esgyll mawr a chynyddodd maint cyfartalog yr esgyll, felly digwyddodd esblygiad. Mae digwyddiadau fel hwn wedi cyfrannu at y nifer enfawr o rywogaethau ciclid yn Llyn Fictoria.

Detholiad rhwygol

Mewn rhai sefyllfaoedd, dydy'r ffenoteip cyfartalog ddim yn rhoi mantais felly mae dethol yn ei erbyn yn digwydd. Dros lawer o genedlaethau, caiff gwerth is a gwerth uwch eu dethol ac felly mae cromlin sy'n dangos cyfrannau'r boblogaeth â gwerthoedd y nodwedd yn ddeufodd, h.y. mae ganddi ddau frig.

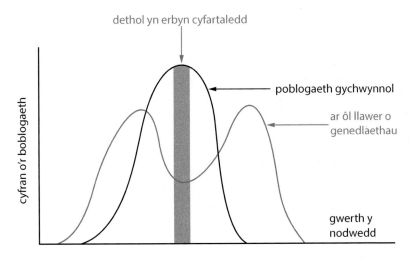

Detholiad rhwygol

Mae gan boblogaeth eog coho, er enghraifft, wrywod mawr a bach. Mae gwrywod mawr yn cael benywod drwy ymladd, ac mae'r rhai bach yn eu cael nhw drwy 'sleifio'. Dydy gwrywod maint canolig ddim yn gallu defnyddio'r un o'r ddwy strategaeth, felly mae dethol yn eu herbyn nhw'n digwydd.

Mae detholiad cyfeiriadol a rhwygol yn newid y ffenoteip cyfartalog. Os yw'r ffenoteip mor wahanol nes nad yw'n gallu cyplu gyda'r math gwreiddiol a chynhyrchu epil ffrwythlon, mae ffurfiant rhywogaethau wedi digwydd.

▼ **Pwynt astudio**

Mae'r alel sy'n arwain at esgyll llai wedi aros yn y cyfanswm genynnol fel alel enciliol mewn pysgod heterosygaidd.

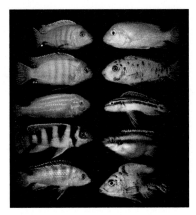

Deg o'r 3000 o rywogaethau tybiedig o rywogaeth ciclid

▼ **Pwynt astudio**

Mae detholiad naturiol yn esbonio'r diffyg newid yn y ffenoteip mewn amgylchedd sefydlog a'r newid yn y ffenoteip mewn amgylchedd sy'n newid.

Termau Allweddol

Rhywogaeth: Grŵp o organebau gyda ffenoteipiau tebyg sy'n gallu rhyngfridio i gynhyrchu epil ffrwythlon.

Arunigo atgenhedlu: Atal atgenhedlu ac, felly, llif genynnau rhwng grwpiau sy'n bridio o fewn rhywogaeth.

Pwynt astudio

Prif fecanweithiau ffurfiant rhywogaethau yw'r effaith sylfaenydd, ynghyd â symudiad genetig, a detholiad naturiol.

Arunigo a ffurfiant rhywogaethau

Rhywogaeth yw grŵp o organebau sy'n gallu rhyngfridio i ffurfio epil ffrwythlon. Mewn rhai sefyllfaoedd, allwn ni ddim dweud ydy organebau'n gallu rhyngfridio, er enghraifft:

- Os mai nifer bach iawn o'r organebau sydd a bod pellter mawr rhyngddynt
- Os mai dim ond fel ffosiliau rydym ni'n gwybod amdanynt
- Os oes ganddynt gylchred bywyd hir iawn
- Os mai dim ond yn anrhywiol maen nhw'n atgenhedlu.

Yn yr achosion hyn, os yw'r nodweddion ffisegol yn debyg iawn, rydym ni'n tybio bod organebau'n perthyn i'r un rhywogaeth.

Mae rhywogaethau newydd yn gallu ymddangos:

- Yn sydyn, os yw endomitosis yn dyblu nifer y cromosomau gan achosi polyploidedd. Mae hyn yn brin ac yn fwy cyffredin mewn planhigion nag mewn anifeiliaid; mae disgrifiad o enghraifft gwenith bara ar t230.
- Yn raddol, drwy arunigo grwpiau o unigolion.

Grŵp sy'n rhyngfridio o fewn rhywogaeth yw poblogaeth. Efallai y bydd is-grwpiau o fewn y boblogaeth yn bridio â'i gilydd yn amlach nag â gweddill y boblogaeth – **cymdogaethau** yw'r rhain. Os caiff cymdogaeth ei harunigo, fydd hi ddim yn gallu bridio ag aelodau o gymdogaethau eraill ac mae hyn yn atal llif genynnau i mewn ac allan o'r gymdogaeth hon. Mecanwaith arunigo yw'r mecanwaith sy'n atal llif genynnau, ac mae **arunigo atgenhedlu'n** digwydd i'r grŵp.

Os caiff y cymdogaethau eu harunigo am lawer o genedlaethau, bydd eu hamlder alel yn newid a byddant yn cronni cymaint o fwtaniadau gwahanol nes na fyddant yn gallu rhyngfridio'n llwyddiannus ag aelodau o'r boblogaeth wreiddiol. Bydd ffurfiant rhywogaethau wedi digwydd a bydd gan y ddwy rywogaeth eu cyfanswm genynnol eu hunain. Yn ymarferol, mae cymdogaethau'n gallu cael eu harunigo nes ein bod ni'n gweld gwahaniaethau rhwng y ffenoteipiau tra mae rhyngfridio'n dal i fod yn bosibl. Ond ar ôl llawer o genedlaethau, bydd cymdogaethau sydd wedi'u harunigo o ran atgenhedlu yn dargyfeirio i'r fath raddau fel eu bod nhw'n ddwy rywogaeth ar wahân.

Mae arunigo atgenhedlu'n gallu digwydd:

- Yn gyn-sygotig – dydy'r gametau ddim yn gallu asio felly does dim sygot yn ffurfio.
- Yn ôl-sygotig – mae'r gametau'n asio ac mae sygot yn tyfu. Hyd yn oed os yw'r organeb yn datblygu ac yn tyfu, mae hi'n anffrwythlon ac felly mae genynnau'r rhywogaethau gwreiddiol yn cael eu cadw ar wahân a dydy'r rhywogaethau ddim yn uno.

Arunigo cyn-sygotig

Arunigo daearyddol

Mae hyn yn digwydd pan mae rhwystr ffisegol yn hollti'r boblogaeth gan ffurfio cymdogaethau ar wahân. Gallwn ni ddisgrifio enghraifft o arunigo daearyddol fel hyn:

Mae adar mewn poblogaeth yn bwyta ac yn bridio yn yr amodau claear mewn dyffryn yn unig. Mae copaon y mynyddoedd yn rhy oer iddynt oroesi yno. Mae'r hinsawdd yn cynhesu felly mae'r adar yn symud i fyny'r mynyddoedd i fannau mwy claear. Maen nhw'n rhannu'n ddwy gymdogaeth ar wahân ar y ddau fynydd, ac mae gan y naill a'r llall eu cyfanswm genynnol eu hunain. Dros amser, mae gwahanol bwysau dethol yn gweithredu ar yr adar felly mae amlderau alelau'r cymdogaethau'n newid ac mae mwtaniadau gwahanol yn digwydd i'r ddwy boblogaeth. Mae'r poblogaethau'n mynd yn wahanol iawn i'w gilydd, e.e. mae'r adar sydd wedi'u harunigo ar un mynydd yn addasu i fwyta pryfed mewn agennau. Mae adar â phigau hirion yn bwydo'n llwyddiannus ac yn goroesi i atgenhedlu gan drosglwyddo'r alelau sy'n cynhyrchu pig hir. Ar fynydd arall, mae'r adar yn addasu i fwyta ffrwythau felly mae math gwahanol o big yn rhoi mantais. Os aiff y tymheredd yn ôl i'r gwerth gwreiddiol, bydd yr adar yn dychwelyd i'r dyffryn ac yn dod i gysylltiad â'i gilydd eto. Mae eu hymddangosiad wedi newid ac mae'r pigau gyda siâp gwahanol yn creu galwad gyplu wahanol. Dydy'r adar o'r ddau grŵp ddim yn denu ei gilydd mwyach. Mae'r ddwy boblogaeth wedi sefydlu cyfansymiau genynnol gwahanol a dydyn nhw ddim yn gallu rhyngfridio mwyach, felly mae dwy rywogaeth wahanol wedi esblygu.

Gallai'r rhwystr ffisegol fod yn fynydd, yn afon, yn ddiffeithdir neu'n nodwedd arall sy'n atal rhyngfridio. Os yw'r cymdogaethau mewn ardaloedd gwahanol, mae'r ffurfiant rhywogaethau yn **alopatrig**, e.e. mae'r bumnalen ludiog, *Potentilla glandulosa*, yn tyfu yn California. Mae'r rhai sy'n tyfu ar dir isel yn fwy trwchus ac yn dalach na'r rhai sy'n tyfu ar dir uchel, ac yn dangos ffenoteip gwahanol, er eu bod nhw ar hyn o bryd yn dal i allu rhyngfridio ac yn dal i berthyn i'r un rhywogaeth.

Term Allweddol

Ffurfiant rhywogaethau alopatrig: Esblygiad rhywogaethau newydd o gymdogaethau sydd wedi'u harunigo mewn gwahanol leoliadau daearyddol.

Pumnalen fer, drwchus yn tyfu ar dir uchel

Roeddem ni'n arfer meddwl mai un rhywogaeth oedd eliffant Affrica, ond mae'n glir bellach, bod eliffantod Gorllewin Affrica, eliffantod safana Canol, Dwyrain a De Affrica ac eliffantod coedwig Canol Affrica wedi dargyfeirio cymaint ar ôl eu harunigo daearyddol nes eu bod nhw erbyn hyn yn dair rhywogaeth wahanol.

Arunigo ymddygiadol

Mae gan lawer o anifeiliaid ddefodau paru ac arddangosiadau carwriaeth y bydd aelodau eraill o'r rhywogaeth yn eu hadnabod fel rhagarweiniad i baru. Mae'r ceiliog rhedyn gwrywol, *Chorthippus*, yn dirgrynu ei adenydd blaen yn erbyn ei goesau ôl ac yn rhincian, neu'n canu, mewn modd sy'n nodweddiadol i'r rhywogaeth. Os nad ydy benyw'n adnabod y gân, wnaiff hi ddim paru â'r gwryw sy'n ei chanu hi. Fodd bynnag, os caiff gwryw o rywogaeth A ei atal rhag canu tra bod cân rhywogaeth B yn cael ei chwarae i fenyw rhywogaeth B, gwnaiff hi baru'n llwyddiannus â'r gwryw rhywogaeth A. Mae'r ddau grŵp wedi dargyfeirio cymaint nes bod angen yr amgylchiadau annormal hyn er mwyn iddynt baru. Yn y gwyllt, maen nhw'n ffurfio dau grŵp paru ar wahân. Dros amser, ar ôl llawer o genedlaethau, maen nhw'n debygol o gronni mwtaniadau eraill fydd yn eu hatal nhw rhag bridio yn y modd hwn hefyd, ac erbyn hynny, byddan nhw'n ddwy rywogaeth.

Mae'r unigolion yn rhannu cynefin ac felly **ffurfiant rhywogaethau sympatrig** yw hyn.

Mae pobl wedi awgrymu bod *Homo sapiens* a *Homo neanderthalis* wedi parhau fel dwy rywogaeth ar wahân gan nad oeddent yn adnabod ymddygiad paru ei gilydd. Mae'r ffaith bod gan fodau dynol modern 1–4% o enynnau *H. neanderthalis* yn dangos nad oedd mecanwaith arunigo atgenhedlu'n gweithio bob amser.

Chorthippus

Term Allweddol

Ffurfiant rhywogaethau sympatrig: Esblygiad rhywogaethau newydd o gymdogaethau sy'n rhannu lleoliad daearyddol.

Arunigo morffolegol

Mae sgerbwd allanol pryf yn anhyblyg, felly rhaid i organau cenhedlu gwrywod a benywod fod yn gyflenwol er mwyn trosglwyddo sberm i'r fenyw ac er mwyn i gyplu llwyddiannus ddigwydd. Mae hyn yn atal genynnau rhag cymysgu, oni bai bod unigolion yn cludo'r alelau sy'n cynhyrchu'r rhannau o'r corff gyda'r siâp priodol. Mae'r rhwystr i atgenhedlu'n ymwneud â morffoleg, ac mae rhai pobl yn ei alw'n arunigo mecanyddol. Mae'r unigolion sy'n cael eu harunigo o ran atgenhedlu fel hyn yn rhannu cynefin, felly mae ffurfiant rhywogaethau sy'n digwydd o ganlyniad i arunigo morffolegol yn sympatrig.

Mae arunigo morffolegol hefyd yn digwydd i blanhigion â pheilliwr sy'n methu peillio rhywogaethau eraill, e.e. tegeirian seren, *Angraecum sesquipedale*, sydd â sbardun 27–43 cm o hyd, a neithdarle yn y gwaelod. Dim ond gwalch-wyfyn Madagascar, *Xanthopan morganii praedicta*, sydd â gên-rannau hir iawn, sy'n gallu cyrraedd y neithdarle. Dydy pryfed eraill ddim yn ymweld â'r tegeirian hwn. Dim ond un peilliwr sydd ganddo felly mae ei enynnau wedi'u harunigo oddi wrth enynnau tegeirianau eraill.

▶ Mynd ymhellach

Mae'r rhywogaeth gwyfyn yn cael yr olddodiad '*praedicta*' oherwydd bod Darwin wedi rhagfynegi ei bodolaeth. Mae'r enghraifft hon yn dangos bod esblygiad yn ddigon sefydledig i fod yn wyddor y gallwn ni ei rhagfynegi.

Anagraecum sesquipedale

Gwalch-wyfyn Madagasgar

Arunigo gamedol

Mae gametau mewn amgylcheddau agored yn aml yn cyfarfod â gametau rhywogaethau eraill, e.e. mewn riffiau cwrel morol, mae llawer o rywogaethau cwrel yn rhyddhau eu gametau yn y dŵr ar yr un pryd. Mewn tua thraean yr achosion, maen nhw'n gwneud croesrywiau hyfyw rhwng y rhywogaethau, un o nodweddion pwysig esblygiad cwrel, ond mae dau draean yn anghydnaws. Mae rhwystrau'n atal gametau rhywogaethau gwahanol rhag asio, felly mae'r poblogaethau wedi'u harunigo:

- Mewn llawer o achosion, mae moleciwlau ym mhilenni'r gametau sy'n atal gametau rhywogaethau gwahanol rhag asio.
- Mewn rhai achosion, mae'r gametau benywol yn secretu cemegion atynnol, a dim ond gametau gwrywol o'r un rhywogaeth sy'n eu hadnabod nhw.
- Mae paill llawer o Angiosbermau'n gallu egino ar stigma rhywogaeth arall, ond dydy'r tiwb paill ddim yn mynd yn bell iawn i lawr y golofnig sy'n arwain at yr ofwl.
- Dydy sberm llawer o anifeiliaid ddim yn goroesi yn nwythell wyau rhywogaeth arall.

Mae mwtaniadau'n gallu cronni yn y poblogaethau arunig ac achosi ffurfiant rhywogaethau. Oherwydd bod y gametau'n cymysgu yn yr un amgylchedd, mae arunigo gamedol yn arwain at ffurfiant rhywogaethau sympatrig.

▼ Pwynt astudio

Mae ffurfiant rhywogaethau'n gallu digwydd o ganlyniad i'r effaith sylfaenydd, symudiad genetig a detholiad naturiol. Mae arunigo atgenhedlu'n achosi iddo ddigwydd yn amlach.

Arunigo tymhorol

Enw arall ar arunigo tymhorol yw arunigo amseryddol. Mae organau cenhedlu gwahanol gymdogaethau yn aeddfedu ar wahanol adegau o'r flwyddyn. Felly, dydy'r rhain ddim yn gallu croesrywio ac maen nhw wedi'u harunigo o ran geneteg. Maen nhw'n tyfu yn yr un ardal, felly mae arunigo tymhorol yn arwain at ffurfiant rhywogaethau sympatrig. Mae'r blodyn-ymenyn ymlusgol, *Ranunculus repens*, yn tyfu mewn cynefinoedd tebyg i'r llygad Ebrill, *Ranunculus ficaria*. Pe bai'r ddwy rywogaeth yn rhyngfridio'n aml, bydden nhw'n colli eu nodweddion gwahanol ac yn dod yn un. Ond mae hyn yn cael ei atal oherwydd mae *R. ficaria* yn blodeuo ym mis Ebrill ac mae *R. repens* yn blodeuo ym mis Mehefin.

Blodyn *R. ficaria*, llygad Ebrill

Blodyn *R. repens*, blodyn-ymenyn ymlusgol

Arunigo ôl-sygotig

Anhyfywedd croesryw

Mae ffrwythloniad yn digwydd ond mae anghydnawsedd rhwng genynnau'r rhieni yn atal datblygiad embryo, e.e. mae embryonau **croesryw** broga llewpard y gogledd, *Rana pipiens* a broga'r coed, *Rana sylvatica* yn goroesi am lai na diwrnod.

Anffrwythlondeb croesryw

Mewn rhai achosion, mae embryo wedi'i ffurfio o gametau dwy rywogaeth yn gallu datblygu. Ond os nad yw'r cromosomau'n ddigon tebyg i'w gilydd, dydyn nhw ddim yn gallu paru yn ystod proffas I meiosis felly does dim gametau'n gallu ffurfio. Mae hyn yn golygu bod y croesryw'n anffrwythlon. Mae'r anffrwythlondeb hwn yn atal llif genynnau rhwng y rhywogaethau gwreiddiol, felly mae'r ddwy rywogaeth yn aros yn wahanol. Un enghraifft glasurol yw'r mul. Mae'n groesryw rhwng asyn benywol a cheffyl gwrywol. Y gwrthwyneb yw'r croesiad rhwng asyn gwrywol a cheffyl benywol, sy'n cynhyrchu bastard mul. Mae mulod a bastardiaid mulod yn anffrwythlon. Mae gan geffyl 64 o gromosomau, a 32 yn y gametau, ac mae gan asyn 62, a 31 yn y gametau. Mae gan fulod a bastardiaid mulod 63 cromosom, a chan nad ydyn nhw'n gallu gwneud parau homologaidd yn ystod meiosis, maen nhw'n anffrwythlon.

Rydym ni'n gwybod am lawer o blanhigion sy'n groesrywiau F_1 anffrwythlon, e.e. *Spartina*, y cordwellt sy'n tyfu ar hyd arfordir de Prydain. Ar achlysuron prin, bydd endomitosis yn digwydd a dydy cytocinesis ddim yn digwydd ar ôl y rhaniad cnewyllol yn yr embryo cynnar. Mae nifer y cromosomau'n dyblu felly mae dau o bob cromosom. Mae paru'n gallu digwydd yn ystod meiosis ac mae'r croesryw'n ffrwythlon.

Cromosomau *Spartina*

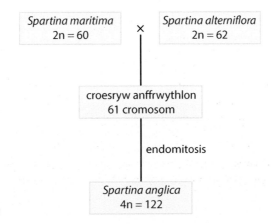

| *Spartina maritima* 2n = 60 | × | *Spartina alterniflora* 2n = 62 |

croesryw anffrwythlon
61 cromosom

endomitosis

Spartina anglica
4n = 122

Term Allweddol

Croesryw: Epil croesiad rhwng aelodau o rywogaethau gwahanol.

Bastard mul

Mae pobl wedi ceisio ail-lunio hanes gwenith bara, drwy ddadansoddi cromosomau cyflenwol gwenith a'i berthnasau, gan gynnwys gweiriau gwyllt yn y Dwyrain Canol, lle cafodd gwenith ei amaethu gyntaf. Mae croesi cyson a dyblu cromosomau wedi cynhyrchu'r gwenith hecsaploid, sydd nawr yn un o'r cnydau mwyaf cyffredin yn y byd. Mae'r cynllun isod yn dangos un hanes sydd wedi'i awgrymu ar gyfer gwenith amaethol.

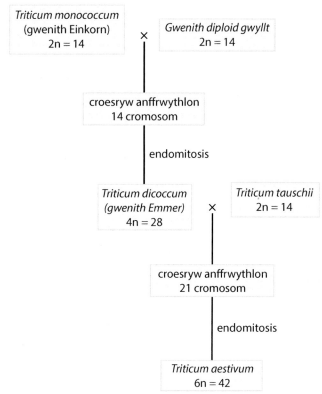

Cromosomau gwenith

<table>
<tr><td>38</td></tr>
</table>

Gwirio gwybodaeth

Parwch y dulliau arunigo atgenhedlu A–C â'r enghreifftiau 1–3.

A. Daearyddol.

B. Tymhorol.

C. Anffrwythlondeb croesryw.

1. Lleigr yw epil anffrwythlon llew benywol a theigr gwrywol.

2. Dydy'r pysgodyn ysgyfeiniog (*Dipnoi*) sy'n byw oddi ar arfordir gorllewin Affrica ddim yn gallu rhyngfridio â'r rhai sy'n byw oddi ar ddwyrain De America.

3. Mae unigolion llawn dwf un rhywogaeth sicada yn ymddangos bob 13 mlynedd ac unigolion llawn dwf rhywogaeth arall yn ymddangos bob 17 mlynedd, felly dim ond unwaith bob $13 \times 17 = 221$ mlynedd maen nhw'n gallu croesrywio.

Ymddatodiad croesryw

Weithiau, bydd croesrywiau F_1 yn ffrwythlon, ond bydd eu F_2 yn anffrwythlon. Mae hyn yn fwy cyffredin mewn planhigion nag anifeiliaid, er enghraifft cotwm, codlysiau a reis. Mae anghydnawsedd rhwng genynnau cnewyll a genynnau yn y mitocondria wedi esbonio rhai achosion o hyn.

Crynodeb o ddulliau arunigo atgenhedlu

	Math o arunigo	Sympatrig neu alopatrig	Enghraifft
Cyn-sygotig	Daearyddol	Alopatrig	Pumnalen ludiog
	Ymddygiadol	Sympatrig	Ceiliog rhedyn
	Morffolegol	Sympatrig	Pryfed
	Gamedol	Sympatrig	Draenog môr
	Tymhorol	Sympatrig	Blodyn ymenyn a llygad Ebrill
Ôl-sygotig	Anhyfywedd croesryw	Sympatrig	Broga llewpard y gogledd a broga'r coed
	Anffrwythlondeb croesryw	Sympatrig	Mul
	Ymddatodiad croesryw	Sympatrig	Cotwm

Esblygiad Darwinaidd

GWEITHIO'N WYDDONOL

Y person cyntaf i ysgrifennu am y syniad bod rhywogaethau, gan gynnwys bodau dynol, yn gallu newid oedd Anaximander o Miletus (c. 610–546 CCC). Mae hen ddogfennau Groegaidd, Rhufeinig a Tsieineaidd a dogfennau Islamaidd canoloesol yn trafod newidiadau i rywogaethau, ond mae'r syniadau modern yn dyddio'n ôl i dacsonomeg yr 17eg ganrif.

Y ddamcaniaeth esblygiad gynhwysfawr gyntaf oedd 'trawsnewidiad rhywogaethau' Jean-Baptiste Lamarck, a gyhoeddwyd yn 1815. Esboniodd Lamarck fod cyrff anifeiliaid yn newid yn seiliedig ar 'eisiau neu angen' yr anifeiliaid, a bod y newidiadau hyn yn cael eu trosglwyddo i'w hepil. Yn 1858, cyhoeddodd Charles Darwin ac Alfred Russel Wallace ddamcaniaeth esblygiad yn seiliedig ar 'linach gydag addasiad'. Roedd hyn yn cynhyrchu coeden fywyd â changhennau, sy'n golygu bod rhywogaethau â nodweddion gwahanol iawn yn rhannu cyd-hynafiad. Roedd tystiolaeth Darwin o fecanwaith esblygiad drwy gyfrwng detholiad naturiol yn deillio o hwsmonaeth anifeiliaid, biodaearyddiaeth, daeareg, morffoleg ac embryoleg.

Roedd y rhan fwyaf o bobl yn derbyn cysyniad esblygiad. Ond tan yr 1920au yr esboniad mwyaf poblogaidd oedd etifeddu nodweddion caffaeledig, yn seiliedig ar waith Lamarck, ysfa gynhenid i newid (orthogenesis) a mwtaniadau mawr sydyn (neidiant).

Yn yr 1900au, cafodd geneteg Fendelaidd ei hailddarganfod ac erbyn yr 1930au, cafodd hyn ei ymgorffori yn syniad detholiad naturiol; erbyn hynny, roedd mathemateg geneteg poblogaeth wedi'i sefydlu. Erbyn yr 1940au, cynhyrchodd y syniadau hyn y 'synthesis esblygiad modern'. Daeth tystiolaeth ategol o astudiaethau ar fwtaniadau ac amrywiaeth enetig, ac wrth i feysydd paleontoleg ac anatomeg gymharol ehangu, daeth hi'n bosibl llunio hanes esblygol credadwy i fywyd. O'r 1950au ymlaen, datblygwyd esblygiad moleciwlaidd, yn seiliedig ar ddilyniannu proteinau, imiwnoleg ac astudio RNA a DNA, gan ein galluogi ni i edrych ar esblygiad o safbwynt genynnau. Mae dadleuon am uned addasiad ac uned dethol yn parhau. Nawr mae ffylogeneteg foleciwlaidd, endosymbiosis, epigeneteg a throsglwyddo genynnau llorweddol wedi gwneud damcaniaeth esblygiad yn fwy cymhleth fyth.

DYLECH CHI WYBOD ›››

››› Eglurhad Darwin o esblygiad yn unol â mecanwaith detholiad naturiol

Un o briodweddau poblogaeth yw esblygiad ac mae'n disgrifio newid i'r ffenoteip cyfartalog, wedi'i gynhyrchu gan newidiadau i amlder alel yn y boblogaeth. Y ffactorau sy'n achosi'r newidiadau hyn yw:

- Mwtaniad
- Llif genynnau
- Symudiad genetig
- Detholiad naturiol.

Mae enw Charles Darwin yn cael ei gysylltu'n draddodiadol â damcaniaeth esblygiad, er bod cyfraniad Alfred Russel Wallace wedi cael mwy o gydnabyddiaeth yn ddiweddar. Yn 1859, cyhoeddodd Darwin '*On the origin of species by means of natural selection*' lle'r oedd yn disgrifio detholiad naturiol fel y mecanwaith sy'n achosi newidiadau graddol o un genhedlaeth i'r nesaf dros gyfnodau hir. Roedd pob cenhedlaeth ychydig bach iawn yn wahanol i'r genhedlaeth o'i blaen hi, ac roedd Darwin yn galw hyn yn 'llinach gydag addasiad (*descent with modification*)'. Mae ein dealltwriaeth bresennol o bwysau sefydlogi yn dangos bod detholiad naturiol hefyd yn gallu cynnal nodweddion mewn poblogaeth.

Ar ôl methu â mynd yn feddyg nac yn glerigwr, ar ôl ymdrechion enfawr i berswadio ei dad o'i uchelgais i fod yn naturiaethwr, ymunodd Charles Darwin (1809–82) â chriw HMS Beagle, llong arolygu gwyddonol. Cafodd ei gyflogi fel naturiaethwr a chydymaith i gapten y llong ar daith o gwmpas y byd, rhwng 1831 ac 1836. Wrth ymweld ag Ynysoedd y Galapagos, grŵp o ynysoedd folcanig tua 600 milltir oddi ar arfordir Ecuador, gwelodd Darwin fod bywyd yn amrywiol iawn yno o'i gymharu â'r tir mawr. Roedd hyn o gymorth iddo i gymryd y camau deallusol i ddatblygu ei syniad o'r byd naturiol.

GWEITHIO'N WYDDONOL

Mewn iaith wyddonol, yn wahanol i iaith bob dydd, nid dyfaliad yw 'damcaniaeth'. Mae'r gair yn cyfleu'r statws uchaf posibl i gysyniad, ac yn awgrymu bod llawer o dystiolaeth ar gael i'w ategu sydd wedi'i derbyn gan lawer o bobl.

Crwban enfawr y Galapagos

Stamp o Cuba o 2009 yn cofio 150 mlwyddiant cyhoeddi *On The origin of Species* ac yn dangos llwybr taith yr HMS Beagle

O ganlyniad i arsylwadau Darwin o amrywiad mewn poblogaeth, a'r duedd i niferoedd poblogaeth oedolion fod yn sefydlog, cynigiodd fod yr organebau hynny sydd wedi addasu'n well i'w hamgylchedd yn fwy tebygol o oroesi ac atgenhedlu i gynhyrchu epil sydd hefyd yn llwyddiannus. Arsylwodd Darwin:

- Mae aelodau o boblogaeth yn dangos amrywiad.

- Mae gan unigolion o fewn poblogaeth y potensial i gynhyrchu niferoedd mawr o epil, ond mae nifer yr oedolion yn aros yn gyson o un genhedlaeth i'r nesaf.

- Mae adnoddau'n gyfyngedig.

O'r arsylwadau hyn, daeth Darwin i'r casgliad:

- Mae 'brwydr i fodoli' a dim ond y 'cymhwysaf' sy'n goroesi. Herbert Spencer gyflwynodd y term 'goroesiad y cymhwysaf' yn 1864.

- Mae'r unigolion sy'n goroesi yn atgenhedlu ac mae gan eu hepil y nodweddion sydd wedi eu galluogi nhw i lwyddo. Mewn amser, mae grŵp o unigolion yn newid lawer gwaith ac yn mynd yn ddigon gwahanol i berthyn i rywogaeth newydd.

- Os yw'r amodau amgylcheddol yn newid, bydd y nodweddion sydd eu hangen i oroesi yno'n newid, felly mae detholiad naturiol yn broses barhaus.

Mewn termau mwy modern, gallwn ni fynegi hyn fel:

Mae cystadleuaeth am adnoddau cyfyngedig ac mae'r unigolion ag alelau sy'n cynhyrchu ffenoteip sydd wedi addasu'n well yn atgenhedlu'n fwy llwyddiannus. Maen nhw'n pasio'r alelau gynhyrchodd y ffenoteip hwn i'w hepil, ac felly, wrth i hyn barhau dros y cenedlaethau, mae cyfran uwch o'r alelau hynny wedi'u cynrychioli yn y boblogaeth. Felly, mae'r ffenoteip cyfartalog yn newid. Esblygiad yw'r newid hwn. Os yw'r newidiadau'n ddigon arwyddocaol, efallai na fydd organeb yn gallu rhyngfridio'n llwyddiannus mwyach gyda chynrychiolydd o'r boblogaeth wreiddiol, felly mae rhywogaeth newydd wedi ffurfio. Mae detholiad naturiol yn cynnal ffenoteipiau mewn amgylchedd sefydlog ac yn eu newid nhw mewn amgylchedd sy'n newid.

Mae biolegwyr esblygiadol yn gwahaniaethu rhwng dau fath o gynnyrch esblygiadol:

- Addasiadau yw nodweddion sy'n cael eu defnyddio ar ffurf wreiddiol, fel laryncs ystlum yn gwneud signalau lleoliad adlais.

- Cyn-addasiadau yw ffurfiadau sy'n cael eu defnyddio i wneud rhywbeth heblaw'r bwriad gwreiddiol, er enghraifft, hedfan gan ddefnyddio plu a oedd yno'n wreiddiol i gadw'r corff yn gynnes.

Yr unig ffordd mae detholiad naturiol, yr effaith sylfaenydd a symudiad genetig yn gallu addasu'r ffenoteip yw drwy weithredu ar yr alelau sy'n bresennol eisoes. Felly, dim ond addasu beth sydd yno eisoes mae esblygiad yn ei wneud, ac mae'n gwneud hynny fel ymateb i amodau amgylcheddol. Os yw'r amgylchedd yn newid, mae gwahanol ffurfiadau'n esblygu. Mae hyn yn golygu:

Roedd *Caudipteryx* yn ddinosor pluog tua'r un maint â'r paun

- Dydy esblygiad ddim yn broses uniongyrchol sy'n mynd o syml i gymhleth neu o fach i fawr. Mae'n dibynnu'n llwyr ar yr amgylchedd, e.e. roedd hynafiaid y llyngyren, *Taenia*, yn byw'n rhydd ac wedi esblygu systemau nerfol, ymsymudol ac ysgarthol cymhleth. Mae'r rhain wedi'u lleihau'n fawr yn *Taenia*. Mae hyn yn dangos nad yw esblygiad o reidrwydd yn dilyn llwybr llinol.

- Dydy hi ddim yn ymddangos bod rhai ffurfiadau'n ddelfrydol i'w gwaith presennol, e.e. mae'r rhan fwyaf o fodau dynol yn cael problemau â'r cefn ar ryw adeg, sy'n awgrymu bod ein gallu i sefyll ar ddwy goes yn rhywbeth sy'n dal i esblygu.

Mynd ymhellach ▶

Mae llawer o agweddau ar fioleg a daeareg yn rhoi tystiolaeth o esblygiad, ond rhaid i ni fod yn ofalus wrth ddehongli'r dystiolaeth:

Weithiau, byddwn ni'n canfod organeb sy'n perthyn i dacson roeddem ni'n meddwl ei fod yn ddiflanedig. Rydym ni'n galw'r tacson hwn yn **dacson Lazarus**, oherwydd mae fel ei fod wedi marw ac wedi dod yn ôl yn fyw, e.e. mae'r Coelacanth yn bysgodyn roeddem ni'n meddwl ei fod wedi mynd yn ddiflanedig 65 miliwn o flynyddoedd yn ôl. Ond cafodd ei ddarganfod eto yn 1938, oddi ar arfordir dwyreiniol De Affrica.

Efallai y bydd ymchwil yn dangos ein bod ni wedi camadnabod ffosil, gan ei fod wedi dangos esblygiad cydgyfeiriol gyda thacson diflanedig. **Tacson Elvis** yw hwn – organebau sy'n debyg i rai sydd ddim yn fyw mwyach, ond nid yr un rhai ydynt, e.e. roedd nodweddion allanol ffosiliau *Rhaetina gregaria* yn awgrymu mai braciopod o'r cyfnod Triasig hwyr ydoedd (210 miliwn o flynyddoedd yn ôl). Ond roedd yr adeiledd mewnol yn wahanol iawn i fraciopodau Triasig hwyr eraill ac mewn gwirionedd, roedd yn aelod o'r genws *Lobothyris*, felly nawr rydym ni'n ei alw'n *Lobothyris gregaria*. Mae *L. gregaria* yn rhywogaeth Elvis.

Mae ffosil sydd wedi dod yn rhydd o'i graig, ond wedi ailffosilio mewn craig iau, yn **dacson sombi**, e.e. mae trilobitau o galchfaen Gambriaidd, o 470 miliwn o flynyddoedd yn ôl, wedi cael eu darganfod wedi'u hailffosilio mewn cerrig silt Mïosenaidd, o ddim ond 15 miliwn o flynyddoedd yn ôl.

Mynd ymhellach ▶

Mae'r cofnod ffosiliau'n awgrymu bod un rhywogaeth yn newid yn raddol i fod yn un arall yn llawer mwy prin nag ymlediad ymaddasol, lle mae llawer o rywogaethau'n ffurfio o un rhywogaeth hynafol.

Cymwysiadau atgenhedliad a geneteg

Rydym ni wedi datblygu technegau pwerus i ddilyniannu a defnyddio DNA, clonio celloedd bonyn at ddibenion therapiwtig a pheirianneg meinwe, ac mae gan y rhain botensial aruthrol i drin clefydau genynnol, ond rhaid i ni ddatrys materion moesegol. Mae adwaith cadwynol polymeras yn mwyhau samplau DNA i'w profi nhw. Mae defnyddio'r adwaith hwn, ynghyd â phroffilio genetig, wedi codi pryder ynglŷn â chamddefnyddio data personol sydd wedi'u storio. Mae technoleg DNA ailgyfunol wedi dod yn adnodd pwysig i gynhyrchu moleciwlau pwysig ym maes meddygaeth, ymysg pethau eraill. Mae mewnosod genynnau i mewn i blanhigion cnwd yn gallu cynyddu'r cynnyrch a chyflwyno'r gallu i wrthsefyll bygythiadau amgylcheddol.

Erbyn diwedd y testun hwn, byddwch chi'n gallu gwneud y canlynol:

- Disgrifio amcanion a chyraeddiadau'r Project Genom Dynol a'r Project Genom 100K.
- Disgrifio'r pryderon moesegol sy'n gysylltiedig â defnyddio'r wybodaeth hon.
- Disgrifio potensial dilyniannu DNA o organebau heblaw bodau dynol.
- Disgrifio prosesau proffilio genetig ac adwaith cadwynol polymeras, a chyfyngiadau'r prosesau hyn.
- Disgrifio swyddogaeth ac effaith proffilio genetig mewn cymdeithas.
- Disgrifio sut rydym ni'n defnyddio technoleg DNA ailgyfunol mewn bacteria.
- Disgrifio enghreifftiau o gnydau a'u genynnau wedi'u haddasu a'r materion sy'n gysylltiedig â'u defnyddio nhw.
- Trafod goblygiadau sgrinio genetig a therapi genynnol.
- Trafod y materion moesegol sy'n gysylltiedig â therapi genynnol.
- Trafod sut caiff genomeg ei defnyddio ym maes gofal iechyd, a goblygiadau defnyddio genomeg yn y dyfodol.
- Disgrifio sut rydym ni'n defnyddio celloedd bonyn, gan gynnwys ym maes peirianneg meinwe.
- Disgrifio'r materion moesegol sy'n gysylltiedig â defnyddio celloedd bonyn.

Y Project Genom Dynol a'r Project Genom 100K

Y Project Genom Dynol

Cynigiwyd y syniad o ddilyniannu'r niwcleotidau yn y genom dynol yn 1985, ac yna dechreuodd y Project Genom Dynol yn 1990. Y bwriad oedd y byddai'n cymryd 15 mlynedd, ond o ganlyniad i ddatblygiadau cyflym ym meysydd dilyniannu DNA a chyfrifiadureg, cafodd drafft gweithio ei gyhoeddi yn 2000, a drafft mwy cyflawn yn 2003. Er bod y project wedi'i gwblhau, mae gwaith dadansoddi'n parhau a bydd yn cymryd blynyddoedd lawer i astudio'r holl ddata. Dyluniwyd y Project Genom Dynol i wella ein gwybodaeth a'n dealltwriaeth o anhwylderau genetig fel ein bod ni, o ganlyniad, yn gallu rhoi gwell diagnosis a thriniaeth ar eu cyfer.

Ei nodau oedd:

- Adnabod pob genyn yn y genom dynol a chanfod ar ba gromosom mae pob un.
- Canfod dilyniant y 3 biliwn o barau basau mewn DNA dynol a storio'r wybodaeth hon mewn cronfeydd data.
- Gwella offer dadansoddi data.
- Trosglwyddo technolegau cysylltiedig i'r sector preifat, i ddatblygu arloesedd meddygol.
- Rhoi sylw i'r materion moesegol, cyfreithiol a chymdeithasol a allai godi o'r project.

Prif ganfyddiadau'r Project Genom Dynol oedd:

- Mae gan fodau dynol tua 20,500 o enynnau, llawer llai na'r disgwyl.
- Mae mwy o ddarnau o DNA yn ailadrodd nag roeddem ni wedi'i amau.
- Roedd llai na 7% o'r teuluoedd proteinau yn benodol i fertebratau, sy'n pwysleisio'r berthynas agos rhwng pob organeb fyw.

Dilyniannu Sanger

Roedd y project yn defnyddio dull dilyniannu DNA o'r enw 'dilyniannu Sanger' neu'r dull 'terfynu cadwynau'. Enillodd Sanger ei ail Wobr Nobel am ddyfeisio hwn:

- Cafodd DNA ei dorri'n ddarnau un edefyn o wahanol hydoedd, hyd at tuag 800 bas.
- Cafodd edafedd cyflenwol eu syntheseiddio ond roedd y rhain yn anghyflawn gan fod y pedwar niwcleotid triffosffad (NTP) wedi'u newid. Roedd 3'OH y deocsiribos wedi'i dynnu o bob NTP, i wneud deudeocsiniwcleotid, h.y. heb y 2'OH a'r 3'OH. Felly, pan oedd yn cael ei gynnwys yn yr edefyn oedd newydd gael ei syntheseiddio, fyddai DNA polymeras ddim yn gallu rhwymo'r niwcleotid nesaf, a fyddai'r gadwyn ddim yn gallu mynd yn hirach, h.y. roedd y gadwyn yn cael ei therfynu. Roedd y niwcleotid olaf hwn yn cael ei farcio ag isotop ymbelydrol, antigen neu farciwr fflworoleuol, gan ddefnyddio un gwahanol i bob un o'r pedwar niwcleotid.
- O bob darn gwreiddiol o DNA, roedd nifer mawr o edafedd DNA cyflenwol hirach a hirach yn cael eu cynhyrchu. Roedd y rhain yn cael eu gwahanu ag **electrofforesis** gel, yn ôl eu maint, ac roedd y niwcleotid terfynol wedi'i farcio'n cael ei adnabod. Wrth i ni ganfod yr holl niwcleotidau terfynol, mewn darnau mwy a mwy, roedd y gwyddonwyr yn dysgu dilyniant basau'r darn DNA gwreiddiol.

Gan ddefnyddio'r dull hwn, cymerodd hi flwyddyn i ddilyniannu miliwn o barau o fasau. Mae llawer o dechnegau cyflymach yn cael eu defnyddio erbyn hyn, gan gynnwys anfon DNA drwy nano-fandyllau mewn moleciwlau protein. Yr enw ar y technegau cyflym newydd hyn gyda'i gilydd yw Dilyniannu'r Genhedlaeth Nesaf (*NGS: Next Generation Sequencing*) ac maen nhw'n gallu dilyniannu genom cyfan o fewn rhai oriau.

Samplau'n cael eu llwytho'n awtomatig i gel ar gyfer electrofforesis

Y Project Genom 100K

Ar ôl llwyddiant y Project Genom Dynol, cafodd y Project Genom 100K ei lansio yn 2012, i ddefnyddio dilyniannu'r genhedlaeth nesaf i ddilyniannu 100,000 o genomau o gleifion y Gwasanaeth Iechyd Gwladol (GIG) â chanser neu glefyd prin, ac o aelodau o'u teuluoedd. Genomics England sy'n cynnal y project, o dan yr Adran Iechyd. Nodau'r project yw:

- Creu rhaglen foesegol a thryloyw sy'n seiliedig ar ganiatâd.
- Sefydlu gwasanaeth genomig i'r GIG er budd i gleifion.
- Galluogi darganfyddiadau meddygol a gwyddonol.
- Datblygu diwydiant genomeg i'r Deyrnas Unedig.

Y bwriad yw cyfuno data'r dilyniannau â chofnodion meddygol i adnabod a deall beth sy'n achosi clefydau a gwella diagnosis a thriniaeth ar eu cyfer.

Moesau a phryderon moesegol

Mae'r Project Genom Dynol a'r Project Genom 100K wedi cynhyrchu symiau enfawr o ddata, ac mae eu potensial yn aruthrol. Dydyn ni ddim yn gwybod sut caiff y wybodaeth hon ei defnyddio yn y dyfodol. Dydy cymdeithas heb benderfynu eto sut i drin y wybodaeth a phwy sy'n gyfrifol amdani o safbwynt cyfreithiol a moesol. Mae materion moesegol yn ymdrin â llawer o feysydd, gan gynnwys:

- Perchenogaeth gwybodaeth enynnol: cyn gynted â'n bod ni'n gwybod dilyniannau'r basau, rhaid iddi fod yn glir pwy yw perchennog y wybodaeth. Os mai'r unigolyn yw'r perchennog, rhaid rhoi mesurau diogelu ar waith i sicrhau nad yw hi'n cael ei chamddefnyddio, e.e.
  - Os ydym ni'n canfod bod dilyniant DNA unigolyn yn ei wneud yn dueddol o ddioddef clefyd y galon, ni ddylid defnyddio'r wybodaeth hon i bennu premiwm yswiriant nac i wrthod yswiriant bywyd ac iechyd iddynt.
  - Os yw dilyniant DNA yn awgrymu llinach benodol, ddylai hyn ddim bod yn sail i wahaniaethu cymdeithasol.
  - Ni ddylai unrhyw gwmni wneud elw ariannol o ddefnyddio dilyniant DNA heb ganiatâd.
- Adnabod dilyniannau alelau: gallwn ni sganio DNA claf am ddilyniannau wedi mwtanu a allai fod yn gysylltiedig â phroblemau iechyd yn y dyfodol. Dydy rhai pobl ddim eisiau cael y wybodaeth hon amdanynt eu hunain. Ond pe gallai'r un problemau iechyd effeithio ar berthnasau agos, rhaid iddi fod yn glir a oes gan y perthnasau hawl i gael y wybodaeth ai peidio.
- Mae sgrinio genetig yn gallu bod yn ddefnyddiol ar y cyd â chynghori geneteg. Os oes gan deulu hanes o nam genynnol, gall aelodau'r teulu siarad â chynghorwr geneteg i gael cyngor am y risg iddynt eu hunain neu, o bosibl, i'w plant. Gallai'r cyngor hwn fod yn seiliedig ar: pa aelodau o'r teulu sydd â'r cyflwr, oes perthynas agos rhwng y rhieni ac amlder y genyn mwtan dan sylw yn y boblogaeth gyffredinol. Os oes dilyniant DNA ar gael, mae cyngor y cynghorwr geneteg yn fwy arwyddocaol.
- Gallwn ni sgrinio embryonau sy'n cael eu gwneud yn ystod proses ffrwythloniad *in vitro* am bresenoldeb alelau sy'n arwain at gyflyrau gan gynnwys ffibrosis cystig, clefyd Huntington a thalasemia. Yna, gellir dewis peidio mewnblannu embryo os nad yw'n iach. Mae fframwaith cyfreithiol yn bodoli eisoes ar gyfer defnyddio 'embryonau sbâr' ar gyfer ymchwil.
- Mae'r wasg boblogaidd wedi sôn llawer am sgrinio embryonau a'r potensial i ddewis alelau i sicrhau nodweddion penodol. Mae llawer o'r nodweddion sy'n ddymunol i bobl, fel gallu chwaraeon neu edrychiad, yn digwydd o ganlyniad i lawer o enynnau'n rhyngweithio, eu haddasiadau epigenetig a'r amgylchedd. Mae llawer o'r genynnau hyn yn dal i fod yn anhysbys. Dydy hi ddim yn bosibl i ni eu dethol nhw, na rheoli'r amgylchedd yn ddigon manwl, i gynhyrchu canlyniad penodol. Os llwyddwn ni i

ddatblygu technegau i ganiatáu hyn rhyw ddydd, bydd rhaid i gymdeithas benderfynu pwy ddylai wneud y dewisiadau hyn a sut, os caiff unrhyw un wneud hynny o gwbl. Byddai cymdeithas ddoeth yn dechrau'r drafodaeth ymhell cyn yr adeg pan fydd angen gwneud penderfyniadau.

- Efallai yr hoffai rhieni i'w plant gael eu sgrinio, i wybod a ydyn nhw'n cludo dilyniannau allai eu gwneud nhw'n dueddol o gael clefydau fel oedolion, fel clefyd Alzheimer a chanser y fron neu'r ofari. Rhaid gwneud penderfyniad ynglŷn â phryd i ddweud wrth y plentyn am ganlyniadau'r prawf hwn, os o gwbl. Rhaid i gymdeithas benderfynu oes gan riant hawl i gael y wybodaeth hon am blentyn, oherwydd mae'n awgrymu bod DNA'r plentyn yn eiddo i'r rhiant. Dydyn ni heb wneud y penderfyniad hwn eto.

- Mae storio a diogelu data genomig yn bryder oherwydd y posibilrwydd o hacio storfeydd cyfrifiadurol.

▼ Pwynt astudio

Bydd ymchwil geneteg yn parhau. Mae'n hanfodol sicrhau ein bod ni'n datblygu canllawiau moesegol ac yn eu dilyn nhw, fel y gallwn ni ddefnyddio gwybodaeth mewn ffordd ddiogel a chyfrifol.

Dilyniannu DNA organebau heblaw bodau dynol

Mae genomau wedi cael eu dilyniannu o organebau ym mhob parth a phob teyrnas bywyd, ac o nifer mawr o ffyla. Rydym ni wedi llwyddo i ddilyniannu genomau'r organebau yn y tabl. Cafodd y rhywogaethau eu dewis oherwydd eu harwyddocâd gwyddonol neu feddygol, neu oherwydd eu pwysigrwydd economaidd neu ddiwylliannol.

Organeb	Dyddiad dilyniannu	Rheswm	Nifer y basau
MS2 bacterioffag RNA	1976	Organeb 1af	3569
ØX174 bacterioffag DNA	1977	Dilyniant DNA 1af	5386
Haemophilus influenzae	1995	Bacteriwm 1af	1.8×10^6
Saccharomyces cerevisae burum sych	1996	Ewcaryot 1af	12.1×10^6
Caenorhabditis elegans mwydyn nematod	1998	Anifail 1af	10×10^6
Arabidopsis thaliana Angiosberm bach	2000	Planhigyn 1af	119×10^6
Drosophila melanogaster pryf ffrwythau	2000	Pryf 1af	165×10^6
Homo sapiens bod dynol	2001	Bod dynol	3200×10^6

Drwy archwilio genomau organebau sy'n perthyn yn agos i'w gilydd, gallwn ni lunio casgliadau am berthynas esblygiadol. Mae'r rhain yn rhoi gwir ddosbarthiad esblygol ac rydym ni'n eu cymharu nhw â chynlluniau oedd yn seiliedig ar nodweddion ffenoteipaidd. Mewn rhai achosion, rydym ni wedi darganfod perthnasoedd annisgwyl. Mae dilyniannau primatiaid, fel y tsimpansî, wedi bod o ddiddordeb arbennig gan eu bod nhw'n cyfrannu at ddealltwriaeth o darddiad bodau dynol. Mae cymariaethau hefyd yn dangos i wyddonwyr cadwraeth os oes angen i ni warchod rhywogaethau penodol.

Cyswllt Rydych chi wedi dysgu am ddosbarthiad esblygol/ffylogenetig yn ystod blwyddyn gyntaf y cwrs hwn.

Her malaria

Mae malaria yn gyffredin yn yr ardaloedd trofannol ac istrofannol o gwmpas y cyhydedd, yn Affrica is-Sahara, Asia, ac America Ladin. Yn 2013, cofnododd Sefydliad Iechyd y Byd 198 miliwn o achosion a dros hanner miliwn o farwolaethau; roedd 90% o'r rhain yn Affrica. Mae'n bwysig dros ben ein bod ni'n parhau i wneud gwaith ymchwil ar falaria a sut i'w drin. Rydym ni wedi defnyddio cemegion i ymosod ar y fector, *Anopheles gambiae*, a'r parasit, *Plasmodium falciparum*.

Mynd ymhellach ▶

Rydym ni'n defnyddio 12 pryfleiddiad mewn 4 dosbarth yn erbyn *Anopheles*. Y rhain yw'r organoclorinau, yr organoffosffadau, y pyrethroidau a'r carbamadau.

Mynd ymhellach ▶

Mae'r system CRISPR–Cas9 yn gallu torri DNA yn unrhyw le y mynnwn ni a mewnosod dilyniannau DNA eraill. Gallai drin clefydau genynnol, brwydro yn erbyn heintiau a chynyddu cynnyrch cnydau bwyd, ond mae pryderon moesegol ynglŷn â'i defnyddio hi.

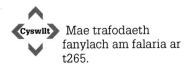
Cyswllt Mae trafodaeth fanylach am falaria ar t265.

Mynd ymhellach ▶

Cyffuriau is-safonol neu ffug a defnyddio cyffuriau heb eu rheoleiddio a heb oruchwyliaeth dda yw'r prif resymau pam mae *Plasmodium* wedi datblygu ymwrthedd i gyffuriau.

Lladd y fector, *Anopheles gambiae*

Rydym ni'n defnyddio pryfleiddiaid mewn chwistrelli dan do i ladd mosgitos mewn adeiladau, lle maen nhw'n gorffwyso ar waliau ar ôl bwyta gwaed. Ond mae mwy a mwy o'r mosgitos yn gallu gwrthsefyll y pryfleiddiaid hyn, yn enwedig yn Affrica. Os yw mosgito'n datblygu ymwrthedd i bryfleiddiad, bydd ganddo ymwrthedd i bob pryfleiddiad yn y dosbarth penodol hwnnw. Mae ymwrthedd i byrethroidau yn broblem fawr, oherwydd y rheini yw'r unig bryfleiddiaid rydym ni'n argymell eu defnyddio gyda'r rhwydi mae pobl yn cysgu oddi tanynt, i'w hamddiffyn nhw ar ddechrau a diwedd y dydd, pan mae'r mosgitos yn bwydo.

Cafodd DNA genom *Anopheles gambiae* ei ddilyniannu yn 2002. Rydym ni'n defnyddio'r dilyniant i geisio datblygu cemegion sy'n gallu atal y mosgito rhag trosglwyddo malaria, fel y gallwn ni ddefnyddio pryfleiddiaid yn ei erbyn unwaith eto.

Yn 2015, cafodd mosgito a'i enynnau wedi'u haddasu ei gynhyrchu gan ddefnyddio technoleg golygu genynnau o'r enw CRISPR–Cas9, sy'n ein galluogi ni i 'ysgrifennu' genynnau i mewn i genom. Cafodd wyau mosgito eu haddasu drwy ychwanegu genyn fyddai'u eu galluogi nhw i syntheseiddio gwrthgorff yn erbyn *Plasmodium*. Yna, pe bai'r mosgito'n cael *Plasmodium* wrth gymryd gwaed o unigolyn wedi'i heintio, fyddai'r *Plasmodium* ddim yn goroesi yn y mosgito. Fyddai'r mosgito hwn ddim yn lledaenu'r haint wrth bigo pobl yn y dyfodol. Yn y labordy, roedd 99.5% o epil y mosgitos wedi'u haddasu yn cludo'r genyn. Chaiff y mosgito hwn ddim ei ryddhau i'r gwyllt, ond mae'n darparu system enghreifftiol ar gyfer datblygiadau rheoli malaria yn y dyfodol.

Lladd y parasit, *Plasmodium falciparum*

Rydym ni wedi defnyddio cyffuriau i ladd *P. falciparum* ers dechrau'r 17eg ganrif, pan gafodd echdyniadau o risgl *Cinchona* eu defnyddio am y tro cyntaf. Roedd y rhain yn cynnwys cwinin, sy'n amharu ar allu *Plasmodium* i dreulio haemoglobin yng nghelloedd coch y gwaed. Mae deilliad gwenwynig i haemoglobin yn cronni ac yn lladd y *Plasmodium*.

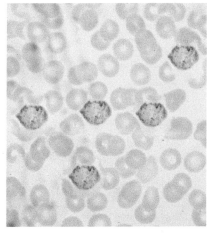

Celloedd coch normal y gwaed a chelloedd coch y gwaed wedi'u heintio â *Plasmodium*

Mae mwtaniadau digymell mewn *Plasmodium* wedi achosi ymwrthedd i gwinin ac o ganlyniad, i gyffuriau eraill. Ar gyfer rhai cyffuriau, dim ond mwtaniad un pwynt sydd ei angen i gynhyrchu ymwrthedd; ar gyfer eraill, mae angen llawer o fwtaniadau. Dros amser, mae ymwrthedd wedi sefydlu mewn poblogaethau ac mae'n gallu bod yn sefydlog iawn, gan barhau am amser maith ar ôl i ni roi'r gorau i ddefnyddio cyffur penodol.

- Mae'r cyffur clorocwin, fel cwinin, yn amharu ar y gallu i dreulio haemoglobin yng ngwagolyn bwyd *Plasmodium*. Ond mae *Plasmodium* mwtan yn allyrru clorocwin o'i wagolyn bwyd 50 gwaith yn gyflymach na *Plasmodium* arferol, felly does dim digon o amser i'r cyffur weithredu. Felly, mae'r mwtan yn gallu gwrthsefyll y cyffur.

- Mae'r cemegyn atofacwon yn lladd *Plasmodium* drwy weithredu ar y gadwyn trosglwyddo electronau yn ei fitocondria. Mae ymwrthedd i hwn yn datblygu'n gyflym iawn, wedi'i achosi gan fwtaniad un pwynt yn y genyn cytocrom b.

- Mae'r cyffur artemisinin, o'r wermod, *Artemisia*, yn cael ei ddefnyddio ar y cyd â chyffuriau eraill. Mae hefyd yn gweithredu ar y *Plasmodium* yng nghelloedd coch y gwaed, ond dydyn ni ddim yn gwybod yn iawn beth yw'r mecanwaith. Rydym ni nawr wedi canfod ymwrthedd i artemisinin hefyd.

Cafodd genom *Plasmodium falciparum* ei ddilyniannu yn 2002. Y gobaith yw y bydd gwybodaeth yn seiliedig ar well dealltwriaeth o reoli genynnau haint *Plasmodium* yn caniatáu i ni ddatblygu cyffuriau mwy effeithiol.

Proffilio genetig

Proffil DNA unigolyn yw ei broffil genetig. Mae tua 99.9% o'r genom dynol yr un fath ym mhob unigolyn, ond ar wahân i efeilliaid monosygotig (unfath), mae'r 0.1% sy'n weddill yn gwneud proffil genetig unigolyn yn unigryw. Dydy proffil genetig ddim yr un fath â dilyniant DNA, oherwydd dim ond darnau o DNA sydd ddim yn codio sydd ynddo. Mae'n dibynnu ar ddwy dechneg:

- Yr adwaith cadwynol polymeras i wneud niferoedd mawr o gopïau o ddarnau o DNA.
- Electrofforesis gel, i wahanu'r darnau DNA yn ôl eu maint.

Y DNA mewn proffil genynnol

Llai na 2% o DNA bodau dynol sy'n codio ar gyfer proteinau, mewn darnau o'r genom o'r enw ecsonau. O fewn y darnau hyn a rhyngddyn nhw, mae dilyniannau basau o'r enw intronau sydd ddim yn codio ar gyfer proteinau. Mae'r intronau'n cynnwys dilyniannau o niwcleotidau lle mae hyd at 13 o fasau'n ailadrodd hyd at gannoedd o weithiau. Mae'r rhain yn cael eu galw'n 'ailadroddiadau tandem byr' neu STRs (*short tandem repeats*).

Mae nifer yr ailadroddiadau o fewn STR penodol yn wahanol mewn gwahanol unigolion, a dyma beth sy'n gwneud proffil genetig yn unigryw, e.e. mae cromosom 7 mewn bodau dynol yn cynnwys STR o'r enw D7S280, lle mae'r basau GATA yn ailadrodd rhwng 6 a 15 gwaith mewn gwahanol alelau. Mae nifer yr ailadroddiadau'n cael ei etifeddu felly gallwn ni ei ddefnyddio i adnabod pobl ac olrhain perthnasoedd teulu.

Dyma ddarn o ddilyniant DNA cromosom 7 wedi'i nodi yn y ffurf safonol, a'r basau wedi'u hysgrifennu mewn llythrennau bach, eu rhifo a'u hysgrifennu mewn grwpiau o 10. Mae'r dilyniant sy'n ailadrodd wedi'i ddangos mewn coch:

61-120	tattttaagg	ttaatatata	taaagggtat	gatagaacac	ttgtcatagt	ttagaacgaa
121-180	ctaacgatag	atagatagat	agatagatag	atagatagat	agatagatag	atagacagat
181-240	tgatagtttt	tttttatctc	actaaatagt	ctatagtaaa	catttaatta	ccaatatttg

Adwaith cadwynol polymeras (*PCR: polymerase chain reaction*)

Dyblygiad lled-gadwrol DNA mewn tiwb profi yw *PCR*. Mae'n mwyhau'r DNA yn fawr, h.y. mae'n gwneud miliynau o gopïau, ac mae'n gweithio'n gyflym. Mae hyn yn golygu bod *PCR* yn ddefnyddiol gyda samplau bach iawn neu samplau sydd wedi diraddio.

Caiff y sampl DNA ei hydoddi mewn byffer a'i gymysgu â:

- Taq polymeras. DNA polymeras o'r bacteriwm *Thermus aquaticus* yw hwn, sy'n byw mewn tarddellau poeth ac agorfeydd hydrothermol. Mae tymheredd optimwm taq polymeras tuag 80 °C ond hyd yn oed ar 97.5 °C, mae'n aros yn actif am 9 munud cyn dadnatureiddio.
- Niwcleotidau sy'n cynnwys y pedwar bas DNA.
- Darnau byr un edefyn o DNA rhwng 6 a 25 bas o hyd, sef y **paratowyr**. Mae'r rhain yn gyflenwol i ddechrau'r edefyn DNA ac yn rhwymo wrtho, gan roi signal i'r taq polymeras ddechrau dyblygu.

Mae'r dechneg yn dibynnu ar newid tymheredd cyflym, sy'n digwydd mewn dyfais o'r enw 'cylchydd thermol'.

DYLECH CHI WYBOD ›››

- ››› Sut caiff techneg adnabod proffil genetig ei chyflawni
- ››› Sut caiff proffiliau genetig eu defnyddio
- ››› Sut caiff DNA ei gopïo gan ddefnyddio adwaith cadwynol polymeras
- ››› Ystyriaethau moesegol y technegau hyn

Mynd ymhellach ▶

Mae nifer newidiol o STR yn bodoli yng ngenyn huntingtin, y protein sy'n achosi clefyd Huntington. Y mwyaf o ailadroddiadau sydd gan rywun, y cynharaf bydd y clefyd yn ymddangos a'r mwyaf difrifol bydd y symptomau.

Mynd ymhellach ▶

Enw arall ar STR yw darn hypernewidiol (*HVR: hypervariable region*). Mae dau HVR mewn mitocondria yn cael eu defnyddio'n helaeth mewn gwaith ymchwil i berthnasoedd teuluoedd pobl a tharddiad bodau dynol.

Term Allweddol

Paratöwr: Edefyn DNA tua 10 niwcleotid o hyd sy'n paru ei fasau gyda phen edefyn hirach arall, gan wneud darn gydag edefyn dwbl. Mae DNA polymeras yn gallu cydio yn hwn cyn ei ddyblygu.

▼ Pwynt astudio

Mae gwyddonwyr fforensig yn aml yn defnyddio'r *PCR* wrth gynhyrchu proffil genetig, i gynyddu swm y DNA oherwydd mae samplau o safleoedd trosedd yn gallu bod yn fach iawn. Ar ôl 40 cylch, mae nifer y copïau sydd wedi'u gwneud o bob darn gwreiddiol = 2^{40} = 1.1×10^{12} (1 ll.d.).

▼ Pwynt astudio

Mae'n bwysig nad yw'r darnau o DNA sy'n cael eu defnyddio yn y *PCR* yn cael eu halogi ag unrhyw ddefnydd biolegol arall, oherwydd gallai'r halogion gynnwys DNA, a byddai hwnnw'n cael ei gopïo hefyd.

▼ Pwynt astudio

Mae cyfyngiadau defnyddio'r *PCR* yn cynnwys y gyfradd gwallau a'i gyfyngiad ar faint darn addas, presenoldeb atalyddion a halogion a'r cyfyngiadau biocemegol ar y broses.

Camau'r *PCR* yw:

- Gwresogi'r DNA 'targed' gwreiddiol i 95 °C, gan ei wahanu'n ddau edefyn sengl.

- Oeri'r hydoddiant i 55 °C, sy'n ddigon oer i'r paratowyr anelio gyda'r dilyniannau basau cyflenwol ar y naill a'r llall o'r edafedd DNA sengl.

- Gwresogi'r hydoddiant i 70 °C fel bod taq polymeras yn catalyddu synthesis edefyn cyflenwol drwy ychwanegu niwcleotidau cyflenwol a chatalyddu'r broses sy'n ffurfio bondiau ffosffodeuester yn yr asgwrn cefn siwgr-ffosffad. Y cyfnod hwyhau neu ymestyn yw hwn. O bob darn gwreiddiol o DNA edefyn dwbl, mae'n cynhyrchu dau edefyn dwbl unfath.

- Ailadrodd y dilyniant lawer gwaith.

Rhoi samplau mewn cylchydd thermol

Cyfyngiadau'r *PCR*

Cyn i'r *PCR* gael ei ddyfeisio, roedden ni'n gwneud copïau o enynnau drwy eu rhoi nhw mewn micro-organebau sy'n dyblygu. Mae'r *PCR* yn dod yn offeryn mwy a mwy defnyddiol, ond byddwn ni'n dal i ddefnyddio'r dull traddodiadol oherwydd cyfyngiadau'r *PCR*:

- Halogiad: mae unrhyw DNA sy'n mynd i'r system ar ddamwain yn gallu cael ei fwyhau. Mae'r DNA sy'n halogi yn gallu dod o'r awyr, o'r arbrofwr neu o adweithyddion halogedig. Ond mae'r rhan fwyaf o halogiad yn dod o adweithiau *PCR* blaenorol oedd yn defnyddio'r un cyfarpar.

- Cyfradd gwallau: mae pob DNA polymeras ar adegau yn mewnosod niwcleotid sy'n cynnwys y bas anghywir. Maen nhw fel arfer yn prawf-ddarllen ac yn cywiro eu gwallau, ond dydy taq polymeras ddim yn gallu gwneud hyn. Mae'n gwneud gwall tuag unwaith bob 9000 niwcleotid. Ar ôl 30 cylchred *PCR*, mae'r gyfradd gwallau yn 1 niwcleotid o bob 300, oherwydd mae pob cylchred yn copïo'r gwallau blaenorol ac yn eu lluosogi nhw, felly maen nhw'n cronni.

- Maint y darn o DNA: Mae'r *PCR* ar ei fwyaf effeithlon wrth wneud DNA gyda hyd tua 1000–3000 o barau o fasau, oherwydd dydy taq polymeras ddim yn gallu cywiro ei wallau. Drwy ddefnyddio tymheredd is, pH uwch a pholymeras prawf-ddarllen yn ogystal â taq polymeras, gallwn ni gynhyrchu hyd o 40,000 o barau o fasau. Ond mae llawer o enynnau, gan gynnwys genynnau dynol, yn llawer hirach na hyn.

- Sensitifedd i atalyddion: gallai rhai moleciwlau yn y sampl weithredu fel atalyddion, ac mae'r *PCR* yn sensitif iawn i'r rhain, e.e.:

  - Cyfansoddion ffenolig, yn enwedig mewn defnydd planhigol

  - Asidau hwmig mewn sbesimenau archeolegol

  - Cynhyrchion ymddatod haem, sy'n rhwymo wrth y Mg^{2+} sydd ei angen er mwyn i DNA polymeras weithio

  - Y llifyn glas traddodiadol sy'n cael ei ddefnyddio ar ddenim.

- Cyfyngiadau ar fwyhau: ar ddechrau'r *PCR*, mae nifer y moleciwlau DNA sy'n cael eu gwneud yn cynyddu'n esbonyddol. Ar ôl tua 20 cylchred, mae'n arafu: mae'r cynnydd yn mynd yn llinol ac yna'n gwastadu oherwydd:

  - Mae crynodiadau'r adweithyddion yn mynd yn gyfyngol

  - Mae'r ensym yn dadnatureiddio ar ôl cael ei wresogi sawl gwaith

  - Mae crynodiadau uchel o DNA yn achosi i'r moleciwlau un edefyn baru eu basau â'i gilydd yn hytrach nag â'r paratowyr.

Electrofforesis gel

- Caiff DNA ei echdynnu o ddefnydd biolegol a'i dorri'n filoedd o ddarnau o wahanol hydoedd, gan ddefnyddio endoniwcleasau cyfyngu.

- Rydym ni'n gwahanu'r darnau DNA yn ôl eu hyd gan ddefnyddio electrofforesis gel, ar gel agaros. Polysacarid wedi'i echdynnu o wymon yw agaros ac mae'n gwneud gel gyda mandyllau ynddo, ac mae moleciwlau bach yn gallu symud drwy'r rhain:

  - Rydym ni'n llwytho'r samplau DNA mewn pantiau ar un pen i'r gel.

  - Rydym ni'n rhoi foltedd ar draws y gel. Mae gwefr negatif ar grwpiau ffosffad yr asgwrn cefn DNA felly mae'r darnau'n cael eu hatynnu at yr anod. Mae darnau llai yn symud yn rhwyddach drwy'r mandyllau ac felly maen nhw'n mudo drwy'r gel yn gyflymach na'r darnau mwy.

  - Os caiff darnau â hyd hysbys eu gwahanu ar yr un gel ar yr un adeg, gan wneud 'ysgol DNA', gallwn ni amcangyfrif hyd y darnau yn y prawf.

- Mae'r cafn electrofforesis wedi'i orchuddio â philen neilon, sy'n cyffwrdd â'r gel ac yn codi'r darnau o DNA. Enw'r broses hon yw blotio Southern.

- Mae **chwiliedyddion** DNA ymbelydrol neu, yn fwy cyffredin, ymoleuol sy'n cynnwys dilyniannau cyflenwol i'r STR yn glynu drwy baru basau gyda mannau penodol ar y darnau. Bydd unrhyw chwiliedyddion sydd heb rwymo yn cael eu golchi i ffwrdd.

- Rydym ni'n gosod ffilm sy'n sensitif i belydrau-X neu i'r tonfeddi sy'n cael eu hallyrru gan y chwiliedydd ymoleuol dros y blot Southern dros nos.

- Rydym ni'n datguddio'r ffilm ac mae'r awtoradiograff yn datgelu patrwm bandio lle mae'r bandiau tywyll yn dangos safle'r chwiliedydd, ac felly'r dilyniannau sy'n ailadrodd. Y patrwm hwn yw'r proffil genetig.

Term Allweddol

Chwiliedydd: Darn byr o DNA sydd wedi'i labelu â marciwr fflworoleuol neu ymbelydrol, sy'n cael ei ddefnyddio i ganfod presenoldeb dilyniant basau penodol mewn darn arall o DNA, drwy baru basau cyflenwol.

▼ **Pwynt astudio**

Mae dilyniant DNA gyda nifer mwy o ailadroddiadau yn cynhyrchu darn mwy o DNA. Bydd hwn yn symud pellter llai mewn amser penodol ac yn cynhyrchu band mwy dwys na darn â llai o ailadroddiadau.

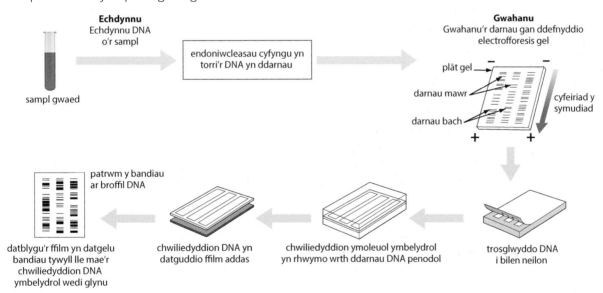

Proffilio genetig

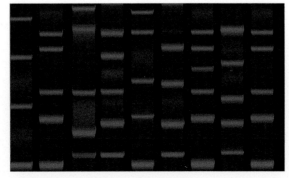

Naw proffil DNA wedi'u cynhyrchu gan electrofforesis gel

Proffilio DNA mewn cymdeithas

Yr Athro Syr Alec Jeffreys ddyfeisiodd dechneg proffilio genetig DNA. Mae wedi bod yn offeryn hanfodol i sicrhau cyfiawnder. Cafodd ei ddefnyddio gyntaf yn 1985, i gadarnhau hunaniaeth bachgen Prydeinig oedd yn dod yn wreiddiol o Ghana, gan ddangos ei berthynas agos iawn ag aelodau eraill o'i deulu. Y tro cyntaf i ni ei ddefnyddio ym maes gwyddor fforensig oedd i adnabod llofrudd dwy ferch yn yr un pentref yn Swydd Gaerlŷr gafodd eu treisio ac yna eu lladd, dair blynedd ar wahân, yn 1983 ac 1986. Yn ogystal â chadarnhau pwy oedd y llofrudd, gwnaeth hyn ryddhau rhywun oedd cyn hynny wedi bod dan amheuaeth gref ac a fyddai, ar gam, wedi cael dedfryd hir iawn o garchar.

Rydym ni wedi defnyddio proffilio DNA mewn llawer o sefyllfaoedd, gan gynnwys y profion canlynol:

- Tadolaeth – rydym ni'n defnyddio'r DNA o gelloedd gwyn y gwaed i lunio proffiliau DNA. Rydym ni'n cymharu bandiau proffil plentyn gyda bandiau proffil y fam. Mae unrhyw fandiau maen nhw'n eu rhannu wedi'u hetifeddu ganddi hi. Rhaid bod y bandiau eraill ym mhroffil y plentyn wedi'u hetifeddu gan y tad. Os nad yw'r rhain yn cyd-fynd â phroffil y tad honedig, nid ef yw tad biolegol y plentyn. Os ydyn nhw'n cyd-fynd â'i gilydd, mae'r tebygolrwydd yn uchel mai ef yw'r tad, ond dydy'r dechneg hon ddim yn gallu rhoi prawf pendant.

- Gefeilliaid - mae gan efeilliaid monosygotig (unfath) batrymau bandio unfath yn eu proffiliau DNA, ond dydy patrymau gefeilliaid deusygotig (annhebyg) ddim yn unfath. Ar adeg eu genedigaeth, mae'r efeilliaid hyn yn gallu edrych yn debyg iawn i'w gilydd felly mae hwn yn ddull defnyddiol i ganfod pa fath o efeilliaid ydynt.

- Brodyr a chwiorydd – efallai y bydd pobl sydd wedi'u mabwysiadu'n dymuno cadarnhau bod brodyr a chwiorydd biolegol honedig yn wir yn perthyn iddyn nhw drwy waed. Os ydyn nhw, bydd eu proffiliau DNA yn debyg iawn oherwydd, ar gyfartaledd, bydd hanner eu genynnau'n unfath.

- Mewnfudo – mae rhai ceisiadau am fisâu yn dibynnu ar brawf o berthynas.

- Profion fforensig i ganfod a dileu pobl dan amheuaeth mewn achosion troseddol.

- Astudiaethau esblygol/ffylogenetig – gallwn ni gymharu proffiliau aelodau o wahanol dacsonau i ganfod ydyn nhw wedi'u dosbarthu'n addas ac i ganfod pa mor agos yw'r berthynas enetig rhyngddynt.

Mae proffilio DNA wedi dod yn fwy a mwy arwyddocaol ers i ni ddechrau ei ddefnyddio yn yr 1980au. Mae dadleuon o blaid ac yn erbyn ei ddefnyddio yn gysylltiedig ag agweddau moesol a moesegol ar eiddo gwybodaeth bersonol. Mae'r dadleuon yn debyg i'r rhai sy'n cael eu defnyddio yng nghyd-destun dilyniannu DNA.

Manteision proffilio DNA

- Does dim angen dull ymwthiol i gael sampl biolegol; gallwn ni ddefnyddio swabiau ceg, troeth neu wallt i gael DNA, yn hytrach na samplau gwaed.

- Gallwn ni ddefnyddio'r dechneg ar samplau fyddai'n rhy fach i gynnal profion gwaed.

- Mae wedi gwrthdroi euogfarnau anghywir wrth ei ddefnyddio gydag offer fforensig eraill a thystiolaeth.

- Mae proffilio DNA yn gallu cadarnhau bod dau sampl DNA yn wahanol, er mwyn rhyddhau pobl sydd wedi'u cyhuddo ar gam.

- Mae ymdrechion yn cael eu gwneud i storio defnydd genynnol o bobl o bob rhan o'r byd, cyn i grwpiau arunig gael eu cydgymysgu a'u colli.

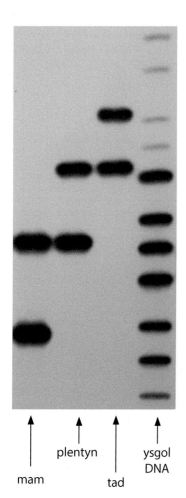

Proffil DNA yn dangos tadolaeth

mam   plentyn   tad   ysgol DNA

Anfanteision proffilio DNA

- Mae rhai pobl o'r farn bod unrhyw gais am sampl DNA yn groes i hawl unigolyn i breifatrwydd a'i hawliau sifil.
- Mae proffiliau DNA yn cael eu cadw mewn cronfeydd data cyfrifiadurol; gallai'r rhain gael eu camddefnyddio a'u hacio. Gallai unigolion golli preifatrwydd; efallai y caiff gwybodaeth ei chymryd at un diben honedig ond ei defnyddio at ddiben arall.
- Mae proffiliau'n cynnig tebygolrwydd, nid prawf absoliwt. Os oes nifer penodol o samplau mewn cronfa ddata, efallai y byddai'r siawns yn un mewn miliwn bod proffil sy'n edrych yn unfath yn adnabod rhywun yn gywir. Os oes mwy o samplau ar gael, efallai y bydd y tebygolrwydd bod proffil sy'n edrych yn unfath yn gywir yn cynyddu i un mewn can miliwn.
- Rhaid rheoleiddio mynediad at y data, a'u defnyddio, yn ofalus, fel ym maes dilyniannu DNA. Mae'n bosibl y gallai yswirwyr iechyd eu defnyddio nhw i wrthod polisi neu hawliadau; gallai darpar gyflogwyr osgoi cyflogi pobl gyda rhai nodweddion genynnol penodol neu risgiau o glefydau penodol; gallai gwybodaeth breifat, fel ailbennu rhyw, fynd yn gyhoeddus heb ganiatâd.
- Gallai proffilio DNA gynhyrchu euogfarnau anghywir:
  – Os caiff ei ddefnyddio'n amhriodol i ddylanwadu ar reithgorau a barnwyr, yn enwedig os nad ydynt yn deall arwyddocâd y canlyniadau.
  – Gallai gwallau gweithdrefn ddigwydd.
  – Efallai na fydd y bobl sy'n cynnal y profion yn ddibynadwy.
  – Os caiff tystiolaeth DNA ei phlannu mewn safle trosedd.

39

Gwirio gwybodaeth

Cysylltwch y tymereddau priodol 1–3 â'r disgrifiadau A–C o'r adwaith cadwynol polymeras.

1. 95 °C.
2. 55 °C.
3. 70 °C.

A. Taq polymeras yn cataluddu synthesis edefyn cyflenwol.
B. DNA yn gwahanu'n ddau edefyn sengl.
C. Paratowyr yn anelio i'r DNA.

Peirianneg enetig

Mae peirianneg enetig yn ein galluogi ni i drin genynnau, eu haddasu nhw a'u trosglwyddo nhw o un organeb neu rywogaeth i un arall, gan wneud organeb a'i genynnau wedi'u haddasu (*GM: Genetically Modified*). Gallwn ni ddefnyddio peirianneg enetig i drosglwyddo genynnau neu ddarnau o enynnau i mewn i:

- Facteria, er mwyn iddynt allu gwneud cynhyrchion defnyddiol fel inswlin.
- Planhigion ac anifeiliaid, er mwyn iddynt gael nodweddion newydd, er enghraifft, y gallu i wrthsefyll clefyd.
- Bodau dynol, i leihau effeithiau clefydau genynnol, fel dystroffi cyhyrol Duchenne.

Wrth uno defnydd genynnol o ddwy rywogaeth, rydym ni'n creu **DNA ailgyfunol**, felly weithiau rydym ni'n galw peirianneg enetig yn dechnoleg DNA ailgyfunol. Os oes DNA o rywogaeth arall wedi'i gyflwyno i gelloedd organeb, rydym ni'n ei galw hi'n organeb **drawsenynnol**. Y DNA newydd yw **DNA'r rhoddwr**, a'r organeb sydd wedi ei gael yw'r **organeb letyol**. Os yw cell wedi ymgorffori plasmid sy'n cynnwys genyn estron, rydym ni'n dweud ei bod hi **wedi'i thrawsffurfio**. Gallwn ni addasu neu ddileu rhai genynnau mewn organeb, ond os nad yw hyn yn cynnwys ychwanegu genynnau estron, dydy hi ddim yn organeb drawsenynnol.

Mae'r broses o gynhyrchu protein gan ddefnyddio technoleg peirianneg enetig yn cynnwys y camau canlynol:

- Arunigo'r darnau DNA.
- Mewnosod y darn DNA mewn **fector**.
- Trosglwyddo'r DNA i mewn i gell letyol addas.
- Defnyddio marcwyr genynnau i adnabod y gell letyol sydd wedi derbyn y genyn.
- Clonio'r celloedd lletyol wedi'u trawsffurfio.

DYLECH CHI WYBOD ›››

››› Y ddau ddull o arunigo darnau o DNA

››› Sut caiff DNA ailgyfunol ei gyflwyno i gelloedd lletyol

››› Sut caiff fectorau, fel plasmidau bacteria, eu defnyddio i drosglwyddo darnau o DNA

››› Rydym ni'n defnyddio marcwyr i adnabod mewnlifiad llwyddiannus o enynnau

Termau Allweddol

DNA ailgyfunol: DNA sy'n cael ei gynhyrchu drwy gyfuno DNA o ddwy wahanol rywogaeth.

Trawsenynnol: Organeb sydd a'i genynnau wedi'u haddasu drwy ychwanegu genyn neu enynnau o rywogaeth arall.

▼ Pwynt astudio

Wrth gynhyrchu inswlin fel hyn, rydym ni'n defnyddio inswlin dynol, nid inswlin anifail. Mae'n golygu llai o ddefnyddio anifeiliaid ar gyfer prosesau meddygol ac yn golygu llai o risg o ymateb imiwn anffafriol.

Termau Allweddol

Ensym cyfyngu: Ensym bacteriol sy'n torri asgwrn cefn siwgr-ffosffad moleciwlau DNA ar ddilyniant niwcleotidau penodol.

Pen gludiog: Dilyniant o fasau heb eu paru ar foleciwl DNA edefyn dwbl sy'n paru ei fasau'n rhwydd ag edefyn cyflenwol.

Cyswllt Rydych chi wedi dysgu am intronau wrth astudio trawsgrifiad yn ystod blwyddyn gyntaf y cwrs hwn.

Adnabod ac arunigo DNA

I esbonio egwyddorion defnyddio technoleg genynnau i gynhyrchu moleciwlau defnyddiol ar raddfa fawr, byddwn ni'n disgrifio'r broses o gynhyrchu inswlin dynol yn y bacteriwm *Escherichia coli* (*E.coli*). Rydym ni wedi bod yn gwneud inswlin fel hyn i fodau dynol ei ddefnyddio ers 1978.

Lleoli'r genyn

Mae moleciwl rhoddwr DNA dynol yn cynnwys y genyn sy'n codio ar gyfer inswlin. Dydy hi ddim yn hawdd canfod y darn cywir o DNA: mae'r genyn inswlin yn un o tua 20,500 o enynnau yn y genom dynol, a dim ond dau gopi ohono sydd yn y gell. Fodd bynnag, gallwn ni ddefnyddio chwiliedydd genynnau i adnabod y genyn, h.y. darn penodol o DNA un edefyn sy'n gyflenwol i ddarn o'r genyn.

Arunigo'r genyn

Gallwn ni ddefnyddio un o ddau ensym i arunigo'r genyn ar ôl ei adnabod a'i leoli: endoniwcleas cyfyngu neu dransgriptas gwrthdro.

1 – Defnyddio endoniwcleas cyfyngu

Ensymau bacteriol sy'n torri DNA ar ddilyniannau niwcleotidau penodol yw endoniwcleasau cyfyngu. Gan fod y dilyniannau'n digwydd mewn llawer o leoedd, maen nhw'n torri'r DNA yn llawer o ddarnau bach a gallwn ni arunigo genynnau unigol. Mae rhai **ensymau cyfyngu** yn torri'n syth ar draws helics dwbl DNA, gan wneud toriad heb fin. Ond mae llawer yn gwneud toriad igam-ogam, sy'n gadael basau heb bâr ar y ddau edefyn. Mae'r basau hyn yn paru â dilyniannau cyflenwol yn rhwydd iawn, felly rydym ni'n eu galw nhw'n **bennau gludiog**.

Mae'r bacteriwm *E.coli* yn cynhyrchu endoniwcleas cyfyngu o'r enw EcoR1. Cafodd yr enw gan mai hwn oedd y cyntaf i gael ei arunigo a'i fod yn dod o rywogaeth *E. coli* RY13. Mae EcoR1 yn catalyddu'r broses o dorri asgwrn cefn DNA mewn dilyniant penodol o niwcleotidau, lle mae niwcleotid sy'n cynnwys gwanin yn gyfagos ag un sy'n cynnwys adenin. Mae llinell y toriad yn igam-ogam ac mae'n gadael pennau gludiog wrth i ni wahanu'r edafedd wedi'u torri. Mae'r pedwar bas heb bâr ar ddau ben y ddau edefyn yn y drefn groes, felly maen nhw'n ffurfio palindrom. Pe bai EcoR1 yn gwneud toriad ar y ddwy ochr i'r genyn inswlin, byddai'r genyn wedi'i arunigo oddi wrth weddill y genom.

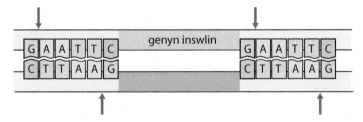

saethau'n dynodi lle mae'r ensym yn torri'r edefyn

Defnyddio ensymau cyfyngu i dorri DNA

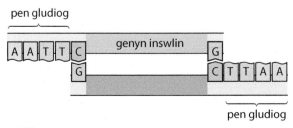

Cynhyrchu pennau gludiog

Mae dwy brif anfantais i ddefnyddio endoniwcleas cyfyngu i dorri genyn allan:

- Os yw'r dilyniant adnabod yn digwydd o fewn y genyn dan sylw, caiff y genyn ei dorri'n ddarnau sydd ddim yn gwneud dim byd.

- Mae genynnau ewcaryotig yn cynnwys **intronau**, h.y. dilyniannau niwcleotidau sydd ddim yn cyfrannu at yr mRNA sy'n codio ar gyfer y polypeptid. Mewn sefyllfaoedd normal, caiff intronau eu tynnu o drawsgrifiadau RNA sydd wedi'u darllen o'r DNA yn y cnewyllyn, cyn i'r mRNA aeddfed symud i'r cytoplasm. Ond mae defnyddio'r genyn cyfan yn golygu bod yr intronau'n bresennol ac felly'n cael eu cynnwys yn y plasmidau. Does gan facteria ddim intronau yn eu genom, ac efallai na fydd ganddynt yr ensymau priodol i brosesu'r RNA i'w dileu nhw ar ôl trawsgrifiad. Felly, bydd unrhyw brotein sy'n cael ei drosi'n cynnwys asidau amino ychwanegol sy'n cynrychioli dilyniannau'r intronau, a bydd y rhain ddim yn gwneud dim byd.

2 – Defnyddio transgriptas gwrthdro

Er mai dim ond dau gopi o'r genyn inswlin sydd ym mhob cell, gallai fod llawer o foleciwlau mRNA sydd wedi'u trawsgrifio ohono. Mae hyn yn arbennig o wir mewn celloedd sy'n syntheseiddio ac yn secretu cynnyrch y genyn: bydd cytoplasm celloedd-ß y pancreas yn cynnwys symiau mawr o'r mRNA sydd wedi'i drawsgrifio o'r genyn sy'n codio ar gyfer inswlin. Gallwn ni echdynnu'r mRNA hwn.

Ensym yw **transgriptas gwrthdro** sy'n cynhyrchu DNA o dempled RNA. Mae'n cael ei wneud gan grŵp o firysau o'r enw retrofirysau. Mae'r ensym yn syntheseiddio DNA, sef DNA copi neu cDNA, sy'n gyflenwol i'r RNA. Gan ddefnyddio'r dull hwn, gallwn ni wneud llawer o gopïau o cDNA sy'n gyflenwol i mRNA inswlin.

Dydy intronau ddim yn broblem i'r dull hwn oherwydd mae'r cDNA yn cael ei wneud o mRNA o'r cytoplasm. Mae'r RNA yn y cnewyllyn sydd wedi'i drawsgrifio o'r DNA wedi cael ei brosesu i ddileu intronau fel nad ydyn nhw'n ymddangos yn yr mRNA aeddfed. Yna, mae DNA polymeras yn catalyddu synthesis DNA sy'n gyflenwol i'r cDNA edefyn sengl, gan wneud moleciwl edefyn dwbl sy'n cynnwys y genyn ar gyfer inswlin.

Gwneud plasmid ailgyfunol

Mae cell bacteria yn annhebygol o dderbyn genyn yn ddigymell, felly mae angen **fector** i gludo'r genyn i mewn i'r gell. Rydym ni wedi defnyddio firysau fel fectorau, ond yn yr enghraifft hon, **plasmid** yw'r fector, h.y. cylch bach edefyn dwbl o DNA sydd i'w gael mewn bacteria. Mae plasmid yn llawer llai na chromosom y bacteria, a dim ond rhai genynnau sydd ynddo. Mae plasmidau'n gallu symud i mewn ac allan o gelloedd, sy'n eu gwneud nhw'n ddefnyddiol i gyflwyno genynnau i facteria.

I arunigo plasmidau, rydym ni'n trin y bacteria sy'n eu cynnwys nhw â'r canlynol:

- EDTA i ansefydlogi'r cellfuriau
- Glanedydd i hydoddi'r gellbilen ffosffolipid
- Sodiwm hydrocsid i wneud amgylchedd alcalïaidd sy'n dadnatureiddio proteinau'r bilen.

Yna, gallwn ni wahanu'r plasmidau oddi wrth weddillion y gell.

Rydym ni'n torri'r moleciwl DNA crwn sy'n gwneud y plasmid ar agor gan ddefnyddio'r un endoniwcleas cyfyngu a gafodd ei ddefnyddio i arunigo'r genyn, sy'n golygu bod ganddo'r un dilyniant niwcleotidau ar ei bennau gludiog. Rydym ni'n cymysgu'r fector a'r genyn ac mae eu dilyniannau basau cyflenwol yn paru â'i gilydd. Mae'r genyn nawr wedi'i rwymo'n llac wrth y plasmid ac mae'r ensym **DNA ligas** yn gwneud yr uniad yn barhaol. Mae ligas yn rhwymo moleciwlau wrth ei gilydd; yn yr achos hwn, esgyrn cefn siwgr-ffosffad y genyn

cell pancreas dynol

mRNA yn codio ar gyfer inswlin

transgriptas gwrthdro

ffurfio DNA copi edefyn sengl

DNA polymeras

DNA edefyn dwbl (copi o'r genyn inswlin)

Transgriptas gwrthdro ac arunigo genynnau

a'r plasmid. Mae'r genyn wedi cael ei 'sbleisio' i mewn i'r fector, felly mae'r plasmid nawr yn DNA ailgyfunol.

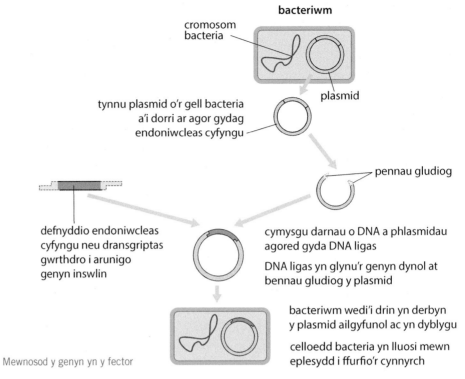

cromosom bacteria

bacteriwm

plasmid

tynnu plasmid o'r gell bacteria a'i dorri ar agor gydag endoniwcleas cyfyngu

pennau gludiog

defnyddio endoniwcleas cyfyngu neu dransgriptas gwrthdro i arunigo genyn inswlin

cymysgu darnau o DNA a phlasmidau agored gyda DNA ligas

DNA ligas yn glynu'r genyn dynol at bennau gludiog y plasmid

bacteriwm wedi'i drin yn derbyn y plasmid ailgyfunol ac yn dyblygu

celloedd bacteria yn lluosi mewn eplesydd i ffurfio'r cynnyrch

Mewnosod y genyn yn y fector

I wneud fector da, dylai ffurfiad gael y nodweddion canlynol:

- Hunanddyblygu
- Bach
- Ddim yn cael ei ymddatod gan ensymau'r gell letyol
- Ddim yn symbylu ymateb imiwn yn y derbynnydd
- Gallu cael ei sgrinio i gadarnhau bod y genyn wedi'i fewnosod yn y plasmid
- Cynnwys marcwyr i'n galluogi ni i adnabod celloedd lletyol sydd wedi derbyn y fector.

Trosglwyddo DNA i'r gell letyol

Pan gaiff plasmidau eu cymysgu â chelloedd bacteria, mae cyn lleied ag 1% o'r celloedd bacteria yn derbyn y plasmid ac yn cael eu trawsnewid. Gallwn ni ddefnyddio calsiwm clorid i gynyddu hyn: mae'r wefr bositif ar yr ïonau calsiwm yn rhwymo asgwrn cefn DNA'r plasmid, sydd â gwefr negatif, a lipopolysacaridau'r bilen. Mae DNA'r plasmid yn mynd i mewn i'r celloedd gyda sioc wres; mae celloedd sydd wedi'u hoeri i 4 °C yn cael eu gwresogi i 42 °C am gyfnod byr.

Cyswllt Rydych chi wedi dysgu am blasmidau wrth astudio adeiledd celloedd yn ystod blwyddyn gyntaf y cwrs hwn.

Defnyddio marcwyr genynnol

I gael bacteria sy'n cynnwys plasmidau gyda'r genyn ynddynt, rhaid i'r plasmid lwyddo i ymgorffori'r genyn a rhaid i'r bacteria lwyddo i dderbyn plasmidau. Gallwn ni gadarnhau'r ddau ddigwyddiad hyn.

- Os nad yw fector wedi derbyn y genyn dan sylw, rydym ni'n dweud ei fod yn wag. I sicrhau bod y fector wedi derbyn y genyn, gallwn ni ddilyniannu ei DNA.

- I ganfod pa gelloedd sydd wedi cael eu trawsnewid, rydym ni'n defnyddio plasmidau gyda genynnau sy'n gallu gwrthsefyll gwrthfiotigau. Mae'r rhain yn rhoi'r gallu i wrthsefyll un neu fwy o wrthfiotigau, fel ampisilin, tetracyclin a chloramffenicol. Rydym ni'n meithrin y celloedd mewn cyfrwng twf sy'n cynnwys y gwrthfiotig ac os ydynt wedi ymgorffori'r plasmid, byddant hefyd yn cynnwys genyn i wrthsefyll y gwrthfiotig. Maen nhw'n ymddatod y gwrthfiotig ac yn gallu tyfu. Os nad ydynt yn cynnwys y plasmid, dydy'r genyn ymwrthedd ddim ganddynt ac mae'r gwrthfiotig yn eu lladd nhw.

Felly, rhaid bod y celloedd sy'n goroesi yn cynnwys y genyn sy'n rhoi'r ymwrthedd i'r gwrthfiotig ac felly rhaid eu bod nhw'n cynnwys y plasmid. Mae genyn sy'n rhoi ymwrthedd i wrthfiotig yn **enyn marciwr** oherwydd mae'n marcio presenoldeb y plasmid.

- I ganfod pa gelloedd bacteria wedi'u trawsffurfio sydd wedi derbyn plasmidau gwag, h.y. heb y genyn o ddiddordeb, rydym ni'n defnyddio 'sgrinio glas-gwyn': rydym ni'n tyfu celloedd bacteria ar gyfrwng sy'n cynnwys analog lactos, X-gal. Maen nhw'n troi'n wyn os ydyn nhw'n cynnwys plasmid â'r genyn, ond yn las os yw'r plasmid yn wag.

Rydym ni'n meithrin symiau mawr o'r celloedd bacteria sy'n cynnwys y plasmidau ailgyfunol, h.y. yn cynnwys y genyn inswlin, mewn eplesyddion. Mae pob meithriniad yn ffurfio **clôn**. Mae clonio'r bacteria ailgyfunol yn cynhyrchu llawer o gopïau o'r plasmid ailgyfunol. Mae pob cell bacteria'n cynnwys tua 40 plasmid a phan mae'r celloedd yn dyblygu, mae'r plasmidau'n dyblygu hefyd. Mae'r ensymau bacteriol yn trawsgrifio'r genyn inswlin yn y plasmid ac yn trosi'r mRNA maen nhw'n ei gynhyrchu. Mae'r broses yn gwneud symiau mawr o inswlin, ac rydym ni'n ei buro cyn ei ddefnyddio ym maes meddygaeth.

Manteision peirianneg enetig mewn bacteria

Mae cynnwys genynnau newydd mewn bacteria i gynhyrchu moleciwlau penodol, neu i ganiatáu i'r bacteria wneud gwaith metabolaidd penodol, wedi bod o fudd enfawr, e.e.:

- Cynhyrchion meddygol: rydym ni wedi gwneud symiau mawr o broteinau dynol pur i'w defnyddio ym maes meddygaeth, e.e. inswlin, ffactorau ceulo i drin haemoffilia, hormon twf dynol i drin rhai mathau o gorachedd. Mae'r rhain yn fwy diogel na'r cynhyrchion hŷn, oedd wedi'u puro o gyrff marw ac yn gallu trosglwyddo clefydau, e.e. roedd ffactorau ceulo i drin haemoffilia yn achosi HIV-AIDS a hepatitis C; roedd paratoadau hormon twf dynol yn trosglwyddo clefyd Creutzfeldt-Jakob.

- Pydredd dannedd: mae'r bacteriwm ceg *Streptococcus mutans* yn gwneud asid lactig, un o'r prif bethau sy'n achosi pydredd dannedd. Mae rhywogaethau wedi'u haddasu ar gael sydd ddim yn gwneud asid lactig. Maen nhw'n cystadlu'n well yn y geg na'r *S. mutans* sy'n cynhyrchu lactad ac o ganlyniad mae llai o dyllau'n ffurfio mewn dannedd.

- Atal a thrin clefydau: rydym ni wedi addasu bacteria i gynhyrchu brechlynnau a thrin clefydau mewn ffyrdd eraill, e.e. i arafu tiwmorau ac i frwydro yn erbyn clefyd Crohn.

- Gwella twf cnydau, e.e. mae bacteria wedi'u haddasu yn gallu secretu moleciwlau sy'n wenwynig i blâu planhigol.

- Defnydd amgylcheddol: mae canfod a dileu peryglon amgylcheddol yn faes sy'n dod yn bwysicach. Mae bacteria wedi'u haddasu wedi glanhau llygredd mercwri ac wedi canfod arsenig mewn dŵr yfed.

Anfanteision peirianneg enetig mewn bacteria

- Mae'n hawdd trosglwyddo plasmidau. Mae'r rhain yn gallu cyfnewid genynnau gyda bacteria eraill, a gallai'r genynnau sy'n marcio'r gallu i wrthsefyll gwrthfiotigau gael eu trosglwyddo. Os aiff y rhain i mewn i rywogaethau allai fod yn bathogenaidd, fyddwn ni ddim yn gallu defnyddio gwrthfiotigau i drin yr heintiau maen nhw'n eu hachosi. Mae hyn yn gwaethygu problem gorddefnyddio gwrthfiotigau sy'n dethol mwtanau ymwrthol mewn sefyllfaoedd meddygol, amaethyddol a milfeddygol.

- Mae darnau o DNA dynol sy'n cael eu defnyddio i wneud samplau genynnau, ac mRNA cytoplasmig sy'n cael ei ddefnyddio i wneud cDNA, yn gallu cynnwys oncogenynnau neu switshis genynnau sy'n ysgogi proto-oncogenynnau mewn celloedd derbyn. Rhaid i'r cyhoedd fod yn hyderus bod y protocolau sydd ar waith yn sicrhau nad yw'r rhain yn halogi'r cynnyrch terfynol.

- Gallai micro-organeb â genyn newydd fod yn fygythiad pe bai'n cael ei rhyddhau i'r amgylchedd.

- Gallai genyn newydd darfu ar swyddogaeth arferol genynnau eraill mewn ffyrdd dydyn ni ddim yn eu deall eto.

Mynd ymhellach

Mae dulliau eraill ar gael i gadarnhau presenoldeb plasmid yn y gell letyol, gan gynnwys fflworoleuedd a chanfod ensymau penodol.

Term Allweddol

Clôn: Poblogaeth o gelloedd neu organebau â genynnau unfath sydd wedi'u ffurfio o un gell neu riant, yn ôl eu trefn.

Mynd ymhellach

Dros 87 diwrnod yn 2010, yn y gollyngiad mwyaf erioed, llifodd olew i mewn i Gwlff Mecsico ar ôl i lwyfan olew BP, Deepwater Horizon, ffrwydro. Cafodd rhywfaint o'r olew ei fetaboleiddio gan facteria oedd yn bodoli yno'n naturiol. Efallai y gallwn ni ddefnyddio bacteria wedi'u haddasu ar ôl trychinebau eraill tebyg yn y dyfodol.

40

Gwirio gwybodaeth

Cysylltwch y termau 1–4 â'r gosodiadau A–CH.

1. DNA ligas.
2. Endoniwcleas cyfyngu.
3. Transgriptas gwrthdro.
4. Genyn marciwr.

A. Ensym sy'n uno darnau o DNA gyda'i gilydd.

B. Ensym sy'n cael ei ddefnyddio i syntheseiddio DNA o dempled RNA mewn celloedd penodol.

C. Ensym sy'n torri moleciwlau DNA rhwng dilyniannau basau penodol.

CH. Genyn sy'n rhoi'r gallu i wrthsefyll gwrthfiotig, gan ddangos bod y plasmid yn bresennol.

Cnydau a'u genynnau wedi'u haddasu

10,000 bcp (blwyddyn cyn y presennol) roedd poblogaeth bodau dynol yn y byd tua 5 miliwn. Cymerodd hi'r rhan fwyaf o hanes bodau dynol i'r boblogaeth gyrraedd 1 biliwn, yn y flwyddyn 1800. Cyrhaeddodd pob biliwn olynol yn gyflymach na'r biliwn cynt, ac erbyn diwedd 2015, roedd poblogaeth bodau dynol yn y byd dros 7.3 biliwn. Mae angen bwyd ar y bobl hyn i gyd a thrwy gydol hanes bodau dynol, mae'r her o ddarparu digon o fwyd i bawb wedi parhau. Mae cydberthyniad wedi bod rhwng mwy o gyfoeth a bwyta mwy o gig, er bod hyn yn ffordd aneffeithlon iawn o ddefnyddio tir, dŵr a bwyd. Os yw pobl yn bwyta bwyd o lefelau troffig is, bydd mwy o fwyd ar gael i bawb. I wneud y sefyllfa'n waeth, rydym ni'n amcangyfrif bod hyd at 70% o'r holl gnydau sy'n cael eu tyfu'n cael eu colli rhwng eu cynaeafu a chyflenwi'r cartref. Mae planhigion wedi'u trawsffurfio wedi cael eu hawgrymu fel ffordd o gynyddu'r cyflenwad bwyd a'i wneud yn fwy maethlon, a sicrhau bod planhigion cnwd yn gallu gwrthsefyll clefydau a goddef sychder. Rydym ni wedi bod yn defnyddio cnydau bwyd a'u genynnau wedi'u haddasu ers yr 1980au.

Mae llawer o ffyrdd o gyflwyno genyn newydd i gelloedd planhigyn:

- Mae'r 'gwn genynnau' yn tanio sfferau bach, sy'n aml wedi'u gwneud o aur neu dwngsten, sydd wedi'u gorchuddio â pharatoad o'r genyn at gelloedd planhigyn. Mae rhai'n treiddio drwy'r cellfur ac yn mynd i mewn drwy'r gellbilen.
- Mandyllu trydanol – mae maes trydanol yn cynyddu athreiddedd cellbilenni gan wella mewnlifiad genynnau.
- Microchwistrellu: rhoi nodwydd fain iawn drwy bilen a chwistrellu'r genyn i mewn i'r cytoplasm neu hyd yn oed i'r cnewyllyn. Mae'r dechneg hon yn llawer mwy datblygedig i'w defnyddio â chelloedd anifail na chelloedd planhigyn.
- Defnyddio'r fector bacteriol *Agrobacterium tumefaciens* yw'r dull mwyaf cyffredin o wneud celloedd planhigyn trawsenynnol.

Trawsffurfio planhigion ag *Agrobacterium tumifaciens*

1. Echdynnu plasmid o'r *A. tumifaciens*.
2. Defnyddio ensym cyfyngu i dorri'r plasmid a thynnu'r genyn sy'n ffurfio tiwmor.
3. Canfod darn o DNA sy'n cynnwys genyn sy'n rhoi'r gallu i wrthsefyll clefyd a'i arunigo gan ddefnyddio'r un endoniwcleas cyfyngu.
4. Mewnosod y genyn yn y plasmid, i gymryd lle'r genyn sy'n ffurfio tiwmor. Defnyddio DNA ligas i uno DNA'r rhoddwr a'r fector at ei gilydd.

genyn sy'n rhoi'r gallu i wrthsefyll clefyd

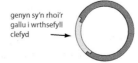

Mewnosod y plasmid yn ôl yn y bacteriwm.

5. Cyflwyno'r gell facteriol i gell planhigyn. Mae'r gell facteriol yn rhannu a chaiff y genyn ei fewnosod mewn cromosom planhigyn.

6. Tyfu celloedd planhigyn trawsenynnol mewn meithriniad meinwe ac atffurfio planhigion wedi'u trawsffurfio.

Gwneud planhigion wedi'u trawsffurfio sydd ag ymwrthedd i glefydau

Bacteriwm pridd yw *A. tumifaciens*. Mae'n heintio planhigion ac mae T-DNA, darn o blasmid y bacteriwm, yn gallu dod yn rhan o gromosomau'r planhigyn. Mae genynnau'r plasmid yn cael eu trawsgrifio a'u trosi gan gynhyrchu awcsinau sy'n achosi tiwmor, neu chwydd, sy'n rhoi clefyd coronchwydd (*crown gall disease*) i'r planhigyn. Y plasmid Ti (*tumour-inducing*) yw'r plasmid sy'n achosi'r tiwmor. Drwy sbleisio genynnau penodol i mewn i'r plasmid, gallwn ni drosglwyddo'r genynnau i gelloedd planhigyn, ac yna eu tyfu nhw mewn meithriniad meinwe a'u hatffurfio nhw yn blanhigion sy'n mynegi'r genynnau newydd hyn.

Ffa soia

Mae ffa soia yn ffynhonnell fwyd bwysig iawn mewn llawer o wledydd. Mae cynhyrchion soia'n cael eu defnyddio fel cynhwysion mewn amrywiaeth eang o fwydydd fel blawd, protein ac olew. Yn y Deyrnas Unedig, mae tua 60% o fwyd sy'n cael ei gynhyrchu, gan gynnwys bara, bisgedi, bwyd babanod a llaeth soia yn cynnwys soia. Caiff planhigion cnwd eu trin yn rheolaidd â phlaleiddiaid ond mae'r rhain yn gallu niweidio'r planhigion maen nhw'n eu trin, sy'n golygu na allwn ni chwistrellu'r cnydau tra maen nhw'n tyfu. Mae ffa soia 'Roundup Ready' wedi cael eu tyfu'n fasnachol ers 1996, ac mae eu genynnau wedi'u haddasu i gynnwys genyn sy'n rhoi'r gallu i wrthsefyll chwynladdwyr. Gallwn ni chwistrellu'r cnydau i gael gwared ar chwyn, heb amharu ar dwf y cnydau.

Planhigion ffa soia a'u genynnau wedi'u haddasu

Tomatos

Tomatos Bt

Bacteriwm sy'n byw yn y pridd yw *Bacillus thuringiensis* ac mae'n cynnwys plasmid gyda genyn sy'n codio ar gyfer protein sy'n gweithredu fel pryfleiddiad. Rydym ni wedi ymgorffori'r genyn hwn yng nghelloedd tomatos Bt. Mae'r proteinau sy'n lladd pryfed yn cael eu gwneud yn y dail sy'n cael eu bwyta gan bryfed, nid yn y ffrwythau sy'n cael eu bwyta gan fodau dynol. Gan fod y planhigion yn gwneud eu pryfleiddiad eu hunain, does dim angen i'r ffermwr chwistrellu'r cnwd, ac mae hyn yn amddiffyn organebau eraill rhag cael pryfleiddiad yn anfwriadol.

Mae tomatos Bt wedi cael y gallu i wrthsefyll y gwalch-wyfyn tomatos (*Manduca sexta*), y mwydyn ffrwythau tomato (*Heliothis zea*), y mwydyn pin tomato (*Keiferia lycopersicella*) a'r tyllwr ffrwythau tomato (*Helicoverpa armigera*). Cafodd arbrawf bwydo ei gynnal am 91 diwrnod ar lygod mawr, heb ddangos dim effeithiau anffafriol ar ôl bwyta tomatos Bt, ond dydyn nhw erioed wedi cael eu masnacheiddio. Mae ffermio tomatos yn achosi ôl troed ecolegol sylweddol a gallai defnyddio technoleg Bt leihau hyn, yn ogystal â chynyddu incwm ffermydd.

Tomatos gwrthgyfeiriad

Mae tomatos yn aeddfedu'n naturiol wrth iddynt gynhyrchu'r ensym polygalactwronas, sy'n ymddatod y pectin yn eu cellfuriau. Ond os ydym ni'n eu cludo nhw dros bellter mawr oddi wrth eu cyflenwr, efallai y byddant yn aeddfedu gormod fel nad ydynt yn addas i'w gwerthu. Cafodd y tomato 'Flavr Savr' ei dyfu'n fasnachol rhwng 1994 ac 1997 i oresgyn y broblem hon. Cafodd *Agrobacterium tumifaciens* ei ddefnyddio i gyflwyno ail gopi o'r genyn polygalactwronas i'r planhigyn tomato, ond roedd dilyniant basau'r copi hwn yn gyflenwol i ddilyniant y genyn normal, h.y. roedd yn enyn 'gwrthgyfeiriad'. Mae'r mRNA sy'n cael ei drawsgrifio o'r genyn gwrthgyfeiriad yn gyflenwol i edefyn mRNA y genyn gwreiddiol. Mae basau'r ddau fath o RNA yn paru yn y cytoplasm i ffurfio moleciwl edefyn dwbl. Mae hyn yn atal mRNA y genyn gwreiddiol rhag cael ei drosi ac yn blocio'r broses o gynhyrchu'r ensym. Dydy'r tomato ddim yn aeddfedu mor gyflym, ac mae gan domatos Flavr Savr oes silff hirach. Roedd technegau bridio planhigion traddodiadol, fel croesi, yn gwella eu blas, ond doedd tomatos Flavr Savr ddim yn llwyddiant masnachol.

Mynd ymhellach ▶

Mae Roundup yn chwynladdwr effeithiol iawn oherwydd mae'n cynnwys glyffosad, sy'n atal cynhyrchu asidau amino sydd eu hangen ar gyfer synthesis proteinau, ac mae'n ymddatod yn y pridd i ffurfio cyfansoddion diberygl.

Mynd ymhellach ▶

Mae'r plasmid *B.thuringiensis* yn cynnwys genyn protein sy'n lladd pryfed, ac rydym ni'n ei alw'n brotein '*cry*' oherwydd ei fod yn grisialu'n rhwydd. Rydym ni'n ei alw'n δ-endotocsin.

Mynd ymhellach ▶

Pan mae pryf yn bwyta'r bacteriwm Bt, mae'r protein *cry* yn dinistrio mur ei goludd. Mae'r bacteriwm yn mynd i'r gwaed ac mae'r pryf yn marw o wenwyn gwaed.

Mynd ymhellach ▶

Rydym ni wedi defnyddio tomatos gwrthgyfeiriad yn llwyddiannus i wneud piwrî tomatos.

▼ **Pwynt astudio**

Mae tomatos Bt yn domatos trawsenynnol a'u genynnau wedi'u haddasu. Mae tomatos Flavr Savr yn domatos a'u genynnau wedi'u haddasu, ond dydyn nhw ddim yn drawsenynnol oherwydd dydyn nhw ddim yn cynnwys genyn o rywogaeth arall.

Manteision cnydau a'u genynnau wedi'u haddasu (GM), a phryderon amdanynt

Ers i blanhigion bwyd a'u genynnau wedi'u haddasu (*GM: Genetically Modified*) gael eu cyflwyno, mae pobl wedi gofyn cwestiynau am eu risgiau posibl, eu labelu, eu nodweddion maethol a'u heffeithiau ar yr amgylchedd. Mae pobl wedi herio technegau addasu genynnau a'u cymwysiadau, fel sy'n briodol i unrhyw dechnoleg newydd.

Dadleuon o blaid cnydau a'u genynnau wedi'u haddasu

- Cynyddu cynnyrch cnydau: mae mwy a mwy o gnydau'n cael eu colli i glefydau ac, wrth i hinsawdd y byd newid, i sychder a llifogydd. Mae ychwanegu genynnau sy'n rhoi'r gallu i wrthsefyll pryfed, ffyngau a mwydod neu i oddef sychder neu halen yn debygol o gynyddu cynnyrch cnydau.

- Defnyddio llai o blaleiddiaid: mantais arall i enynnau sy'n rhoi'r gallu i wrthsefyll pathogenau yw nad oes angen defnyddio cymaint o blaleiddiaid ar dir fferm.

- Gwell bwyd: gallwn ni wella safonau maethol, er enghraifft Reis Aur, sy'n cynnwys genyn ychwanegol i gynyddu cynnwys rhagsylweddion fitamin A, a phe bai'n cael ei drwyddedu, atal plant rhag mynd yn ddall mewn rhai rhannau o'r byd; gallwn ni hefyd wella blas bwydydd a gwneud iddynt gadw'n well.

- Mae cyflwyno genynnau sy'n rhoi'r gallu i wrthsefyll chwynladdwyr yn golygu y byddwn ni'n colli llai o blanhigion mewn caeau.

- Mae 'ffermio fferyllol' yn cyfeirio at gynhyrchu moleciwlau fferyllol mewn planhigion cnwd a'u genynnau wedi'u haddasu. Mae planhigion wedi cael eu haddasu i wneud gwrthgyrff, cynhyrchion gwaed, hormonau, ensymau ailgyfunol a brechlynnau i fodau dynol ac anifeiliaid.

Mae deiet y rhan fwyaf o bobl yn cynnwys nifer bach o brif fwydydd, h.y. y bwyd sy'n ymddangos amlaf yn y deiet ac yn cael ei fwyta'n rheolaidd. Grawnfwydydd yw'r tri mwyaf, o ran eu cynhyrchu ledled y byd: india-corn, yna reis, yna gwenith, ac mae angen symiau enfawr o wrteithiau nitrogenaidd i'w meithrin nhw. Mae'r rhain wedi tarfu ar y gylchred nitrogen fyd-eang ac wedi achosi effeithiau difrifol ar yr amgylchedd. Mae ymdrechion yn parhau i geisio gwneud grawnfwydydd trawsenynnol sy'n cynnwys genynnau nif (nitrogen-fixing/sefydlogi nitrogen) o facteria sefydlogi nitrogen. Yna, byddai'r planhigion yn gwneud eu gwrtaith eu hunain a byddem ni'n ychwanegu llai yn artiffisial. Byddai hyn yn gwneud cyfraniad gwerthfawr at adfer cynefinoedd wedi'u difrodi.

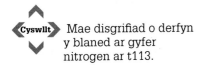

Cyswllt Mae disgrifiad o derfyn y blaned ar gyfer nitrogen ar t113.

Dadleuon yn erbyn defnyddio cnydau a'u genynnau wedi'u haddasu

- Gallai paill o blanhigion GM drosglwyddo genynnau i berthnasau gwyllt. Yr ofn yw y gallai hyn arwain at ledaenu'r gallu i wrthsefyll chwynladdwyr i blanhigion gwyllt, a chynhyrchu 'arch-chwyn' fel mae'r wasg boblogaidd wedi'u galw nhw. Os nad oes gan y cnydau GM berthnasau gwyllt yn y Deyrnas Unedig, e.e. tatws, gallai'r ofn hwn fod yn ddi-sail.

- Gallu i wrthsefyll plâu: pe bai gan blanhigion enynnau newydd sy'n eu galluogi nhw i wrthsefyll ymosodiadau gan bryfed, gallai hyn arwain at boblogaeth o bryfed neu ffyngau pla sydd ag ymwrthedd. Bydd treialon maes hirdymor yn canfod a oes sail i'r pryderon hyn. Fodd bynnag, pe baem ni'n addasu cnydau i syntheseiddio mwy nag un plaleiddiad, mae'n annhebygol y byddai gallu i wrthsefyll y ddau yn datblygu ar yr un pryd.

- Genynnau marcio: mae organebau a'u genynnau wedi'u haddasu'n cynnwys genynnau marcio, ac mae rhai o'r rhain yn rhoi'r gallu i wrthsefyll gwrthfiotigau. Y pryder yw y gallai'r genynnau hyn gael eu trosglwyddo i'r bacteria yng ngholuddyn y defnyddiwr.

- Gallai nifer bach o gwmnïau masnachol gael rheolaeth lwyr dros fridio planhigion, gan gyfyngu ar yr amrywiaeth o gnydau fyddai ar gael i ffermwyr. Gallai hyn arwain at ddileu hen amrywiaethau. Mae gostyngiad mewn bioamrywiaeth yn lleihau niferoedd genynnau allai fod yn ddefnyddiol.

- Proteinau newydd: yr honiad yw y gallai bwyta cnwd sy'n mynegi genyn newydd, gan wneud protein newydd, fod yn ddrwg i iechyd pobl. Mae treialon eang wedi'u cynnal yn y degawdau ers i fwydydd a'u genynnau wedi'u haddasu gael eu cynhyrchu, a dydy'r rhain ddim wedi rhoi dim tystiolaeth o blaid yr honiad hwn mewn unrhyw organeb.

- Ffermio 'organig': yr honiad yw y gallai paill o gnydau a'u genynnau wedi'u haddasu, beryglu cnydau organig.
- Pryderon economaidd: mae organebau a'u genynnau wedi'u haddasu yn gaeth i gyfraith eiddo deallusol a'r ofn yw y bydd y ffermwr yn gorfod talu'r costau cysylltiedig.

Mae'r dadleuon hyn wedi arwain at achosion llys, anghydfodau masnach rhyngwladol, protestiadau a deddfwriaeth yn cyfyngu'n gaeth ar addasu genynnau mewn cynnyrch bwyd mewn rhai gwledydd. Mae llawer o gynhyrchwyr ac adwerthwyr wedi gwahardd cynhwysion o blanhigion a'u genynnau wedi'u haddasu. Mae llawer o gnydau GM yn cael eu tyfu o gwmpas y byd, ond does dim yn y Deyrnas Unedig. Fodd bynnag, mae'r Deyrnas Unedig yn mewnforio bwyd anifeiliaid GM a chynhyrchion GM, india-corn a soia gan mwyaf, i'w cynnwys mewn bwyd wedi'u brosesu. Does dim amheuaeth eu bod nhw'n werthfawr yn economaidd ac o ran maeth. Fodd bynnag, dydy hyder y cyhoedd yn eu defnyddio yn y Deyrnas Unedig ddim yn adlewyrchu'r ffaith hon.

Sgrinio genetig a therapi genynnol

Annormaleddau yn y genom sy'n achosi clefydau genynnol. Mae'r rhain yn cynnwys:
- Cyflyrau un genyn, e.e. ffibrosis cystig, clefyd Tay–Sachs
- Clefydau cromosomaidd, e.e. syndrom Down
- Clefydau aml-ffactor, e.e. clefyd Alzheimer, rhai canserau.

Mae Sefydliad Iechyd y Byd yn dweud bod dros 10,000 o glefydau monogenig yn bodoli, h.y. clefydau sy'n gysylltiedig ag un genyn, a bod genynnau yn cyfrannu at y canlynol:
- Clefydau mewn 1-3% o fabanod newydd-anedig
- Y rhan fwyaf o erthyliadau naturiol mewn gwledydd datblygedig
- 30% o farwolaethau babanod ar ôl eu genedigaeth mewn gwledydd datblygedig
- 30% o dderbyniadau i ysbyty pediatrig a 10% o dderbyniadau oedolion i'r ysbyty
- Cyflyrau meddygol mewn dros 10% o oedolion.

Felly, mae gwir angen deall clefydau genynnol a datblygu triniaethau i'w gwella nhw.

Sgrinio genetig

Mae claf ac, efallai, ei deulu, yn gallu defnyddio sgrinio genetig i ganfod natur ac etifeddiad cyflwr genynnol. Mae'n rhoi gwybodaeth ddefnyddiol mewn achosion unigol, ac mae ganddo'r potensial i wneud y canlynol:
- Cadarnhau diagnosis
- Dynodi triniaeth briodol
- Galluogi teuluoedd i osgoi cael plant â chlefydau difrifol
- Adnabod pobl sy'n wynebu risg uchel o glefydau allai gael eu hatal.

Fodd bynnag, mae pryderon ynglŷn â defnyddio sgrinio:
- Mae llawer o bobl yn credu ei fod yn gyfystyr â thresmasu ar breifatrwydd.
- Gallai canfod alelau diffygiol mewn profion cyn-geni gynyddu nifer yr erthyliadau. Mae arsylwadau'n dangos mai ffoetysau benywol yw'r rhan fwyaf o'r rhain.
- Gallai unigolion â diffygion gael eu gosod mewn grŵp risg uchel at ddibenion yswiriant i dalu costau triniaeth. Felly byddai hi'n ddrud iawn neu hyd yn oed yn amhosibl iddynt gael yswiriant.

▼ Pwynt astudio

O wybod dilyniant niwcleotidau genyn sy'n gweithio'n normal, gallwn ni lunio technegau i ddileu'r risg o glefyd genynnol, drwy gywiro neu amnewid yr alel diffygiol.

Y prif ffyrdd o ddefnyddio profion genetig

Mae ysbytai'n darparu sgrinio genetig a chyfweliadau i roi gwybod yn llawn i'r claf am y canlyniadau a'u goblygiadau, e.e.:

- Sgrinio cludyddion i ganfod ydy unigolyn iach yn cludo alel enciliol sy'n gysylltiedig â chlefyd genetig. Efallai y bydd pobl sy'n cludo'r alel yn penderfynu peidio â chael plant, neu gael prawf genynnol cyn-geni i wirio a fydd eu plentyn yn dioddef o'r clefyd.

- Diagnosis genetig cyn mewnblannu i sgrinio embryonau sydd wedi'u cynhyrchu o ffrwythloniad *in vitro*.

- Cynnal profion diagnostig cyn-geni.

- Sgrinio babanod newydd-anedig.

- Profion cyn-symptomatig i ragfynegi anhwylderau sy'n ymddangos mewn oedolion fel clefyd Huntington, canserau sy'n ymddangos mewn oedolion a chlefyd Alzheimer. Mae'r bobl sy'n wynebu'r risg mwyaf yn gallu dewis cael eu sgrinio'n rheolaidd a gwneud penderfyniadau am eu ffordd o fyw.

- Cadarnhau bod unigolyn yn dioddef o glefyd y mae'n amau ei fod ganddo.

- Profion fforensig a phrofion adnabod.

Profion genynnau wedi'u masnacheiddio

Mae'r profion genynnol sydd ar gael yn fasnachol wedi'u targedu at bobl iach. Maen nhw'n rhoi tebygolrwydd o ddatblygu rhai cyflyrau, gan gynnwys clefyd y galon, canser y colon a chlefyd Alzheimer, ac mae rhai'n gallu dangos gallu'r corff i fetaboleiddio alcohol a rhai cyffuriau. Mae rhai cyfyngiadau ar y profion hyn, gan gynnwys:

- Dydy cynhyrchion masnachol ddim yn cael eu rheoleiddio na'u dilysu'n annibynnol.

- Dim ond nifer bach o'r tua 20,500 o enynnau yn y genom dynol sy'n cael eu profi.

- Mae'n anodd dehongli canlyniad positif. Mae rhai pobl yn cludo mwtaniad sy'n gysylltiedig â chlefyd, ond byth yn datblygu'r clefyd. Efallai bod y mwtaniadau hyn yn gweithio gyda ffactorau genetig ac amgylcheddol eraill i achosi clefyd, ac allwn ni ddim rhagfynegi eu heffeithiau.

- Gallai gwallau ddigwydd yn y labordy, e.e. cam-adnabod, halogiad.

- Efallai na fydd opsiynau meddygol ar gael i drin y clefydau hyn.

- Gallai'r profion achosi pryder.

- Mae risgiau o wahaniaethu a stigma cymdeithasol yn erbyn pobl sydd wedi cael profion, beth bynnag yw eu canlyniadau.

Mynd ymhellach ▶

Gallwn ni gynnal profion genetig yn ystod beichiogrwydd ar ffoetws 8–10 wythnos oed, gan samplu filysau corionig, neu ar ffoetws 15–20 wythnos oed, gan ddefnyddio amniosentesis.

GWEITHIO'N WYDDONOL

Mae therapi genynnol yn codi materion moesegol, yn enwedig canlyniadau hirdymor posibl therapi celloedd llinach. Mae pwyllgorau moeseg yn ystyried manteision ac anfanteision cynigion i ymchwilio i therapi genynnol a'u canlyniadau posibl.

Therapi genynnol

Gallwn ni drin rhai clefydau genetig, ond nid pob un, naill ai drwy ddefnyddio cyffuriau i ddyblygu gwaith genynnau neu drwy ddefnyddio therapi genynnol. Techneg yw therapi genynnol sy'n cymryd alel wedi'i glonio o unigolyn iach a'i ddefnyddio i gymryd lle alel diffygiol, i drin neu wella'r cyflwr. Y brif her yw datblygu system o gyflenwi'r genyn, fel ei fod yn cael ei fewnosod yn gywir yn y genom ac yn gweithio'n iawn yno.

I gyflwyno'r DNA i'r celloedd targed, mae therapi genynnol yn defnyddio:

- Firws fel fector neu
- Plasmid fel fector neu
- Chwistrelliad o DNA plasmid noeth.

Mae dau brif ddull:

- Mae **therapi celloedd somatig** yn targedu corffgelloedd yn y meinweoedd yr effeithiwyd arnynt. Gall y dull hwn fod yn therapiwtig, ond dydy'r newidiadau genetig ddim yn cael eu hetifeddu yn epilgelloedd y celloedd sy'n cael eu trin, felly dydyn nhw ddim yn ymddangos yng nghenedlaethau'r dyfodol.

- Mae **therapi celloedd llinach** yn cyflwyno'r genynnau cywiro i gelloedd llinach, sef yr oocyt yn yr achos hwn, fel bod y cywiriad genetig yn cael ei etifeddu. Ond mae therapi genynnol celloedd llinach yn faes dadleuol. Mae genynnau'n rhyngweithio â'i gilydd, e.e. mae rhai yn switshis sy'n rheoli genynnau eraill. Gallai'r posibilrwydd o ddylanwadu ar y genynnau hyn yn yr oocyt arwain at effeithiau annisgwyl mewn cenedlaethau yn y dyfodol.

Dystroffi cyhyrol Duchenne (DCD)

Mae dystroffi cyhyrol Duchenne (DCD/*DMD: Duchenne muscular dystrophy*) yn fath o ddystroffi cyhyrol sy'n enciliol ac yn gysylltiedig â rhyw, ac mae'n effeithio ar tuag un o bob 3500 o enedigaethau gwrywol byw.

Mae'r rhan fwyaf o achosion o DCD yn cael eu hachosi gan un neu fwy o ddileadau yn y genyn dystroffin. Mae'r genyn hwn yn cynnwys 79 o ecsonau, ac mae dileadau yn unrhyw un o'r rhain yn newid ffrâm ddarllen mRNA y dystroffin. Mae'r ribosom yn cyrraedd codon stop yn rhy fuan, a dydy'r protein dystroffin ddim yn cael ei gynhyrchu. Protein adeileddol mewn cyhyr yw dystroffin, felly mae pobl â DCD yn colli cyhyrau'n ddifrifol ac mae llawer ohonynt yn gorfod defnyddio cadair olwyn erbyn iddynt gyrraedd eu harddegau. Dim ond 27 yw'r disgwyliad oes, ond mae'n dod yn fwy cyffredin i ddioddefwyr oroesi i mewn i'w 30au, a hyd yn oed i'w 40au a'u 50au.

Mae'r cyffur drisapersen yn oligoniwcleotid gwrthgyfeiriad, h.y. dilyniant o 50 niwcleotid sy'n gyflenwol i'r dilyniant sydd wedi mwtanu. Mae'n trin DCD drwy weithredu fel 'darn moleciwlaidd': mae'n rhwymo wrth yr mRNA dros yr ecson lle mae'r dilead. Mae'r darn hwnnw o'r RNA o ganlyniad yn dod yn edefyn dwbl, felly dydy'r ribosom ddim yn gallu ei drosi. Mae hyn yn adfer y ffrâm ddarllen, er mwyn gallu syntheseiddio dystroffin byrrach sy'n gallu gwneud ei waith yn rhannol. Neidio ecsonau yw'r math hwn o driniaeth.

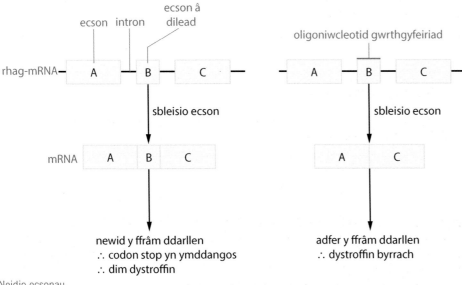

Neidio ecsonau

Mae drisapersen yn cael ei roi i'r claf mewn pigiadau tangroen. Dydy treialon clinigol ddim wedi darparu tystiolaeth glir eto o ran yr oed gorau i gael triniaeth, nac o ran hyd y driniaeth. Yn y cyfamser, mae dulliau eraill o drin DCD yn cynnwys:

- Therapi genynnol – rydym ni wedi dylunio fersiwn byrrach o'r genyn iach oherwydd mae'r genyn normal yn rhy fawr i'w roi mewn firws.

- Ymchwil i driniaeth gyda chelloedd bonyn.

Cyswllt Mae disgrifiad o etifeddiad DCD ar t208.

Mynd ymhellach ▶

Mae drisapersen wedi'i ddylunio i neidio dros ecson rhif 51, a gallai helpu 13% o fechgyn gyda DCD.

Cyswllt Mae disgrifiad o ecsonau ac intronau ar t239.

Sylwch

Wrth drafod cymwysiadau atgenhedlu a geneteg, defnyddiwch eich geiriau'n ofalus. Osgowch ystrydebau fel 'llethr llithrig' a 'babanod dethol' ('*designer babies*'). Defnyddiwch derminoleg wyddonol briodol i gyfleu'n union beth rydych chi'n ei olygu.

Cyswllt Mae disgrifiad o etifeddiad alelau enciliol awtosomaidd ar t197.

Term Allweddol

Liposom: Sffêr ffosffolipid gwag sy'n cael ei ddefnyddio fel cyfrwng i gludo moleciwlau i mewn i gell.

GWEITHIO'N WYDDONOL

Mae catïonau neu anionau'n gallu gwefru liposomau. Mae gwefr negatif ar DNA. Mae DNA plasmid sy'n cynnwys y genyn therapiwtig yn rhwymo wrth liposomau catïonig (positif) a chaiff y plasmidau eu hamsugno, gan ffurfio 'lipogymhlygion'.

41

Gwirio gwybodaeth

Nodwch y geiriau coll.

I drin clefydau genynnol gyda therapi genynnol, gallwn ni gyflwyno genyn iach mewn firws neu mewn ...., yn gweithredu fel fector, neu drwy ei chwistrellu. Mae dystroffi cyhyrol Duchenne yn cael ei achosi gan .... mewn un neu fwy o ecsonau'r genyn dystroffin sy'n achosi newid i ffrâm .... yr mRNA. Rydym ni'n defnyddio oligoniwcleotid .... i rwymo wrth y rhag-mRNA sy'n golygu y gellir gwneud protein gweithredol byrrach.

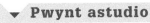

Pwynt astudio

Mae genomeg yn gallu darparu gwell diagnosis a thriniaeth. Mae'n gallu rhagfynegi effeithiau cyffuriau ac awgrymu'r dos cywir.

Ffibrosis cystig (CF)

Mae pobl â ffibrosis cystig yn homosygaidd ar gyfer alel enciliol awtosomaidd. Gallwn ni ddefnyddio prawf gwaed i adnabod cludwyr. Mae'r alel normal yn codio ar gyfer y rheolwr trawsbilennol ffibrosis cystig (*CFTR: Cystic Fibrosis trans-membrane regulator*), protein cellbilen sy'n cludo ïonau clorid allan o gelloedd. Mae ïonau sodiwm yn dilyn ac mae dŵr yn gadael drwy gyfrwng osmosis fel bod y mwcws allgellog yn ddyfrllyd. Dydy CFTR mwtan ddim yn gallu cludo ïonau felly dydy'r dŵr ddim yn symud drwy'r bilen ac mae'r mwcws yn aros yn drwchus ac yn ludiog:

- Mae'r bronciolynnau a'r alfeoli yn tagu, gan achosi gorlenwad ac anhawster i anadlu. Mae'n anodd cael gwared ar y mwcws ac mae'n achosi heintiau yn aml. Mae angen ffisiotherapi ar y frest i gadw'r llwybrau anadlu ar agor.

- Mae'r ddwythell bancreatig yn cael ei blocio a dydy ensymau pancreatig ddim yn gallu cyrraedd y dwodenwm felly dydy bwyd ddim yn cael ei dreulio'n gyflawn na'i amsugno'n llawn. Mae gan blant â ffibrosis cystig chwant bwyd mawr o ganlyniad i hyn.

- Mae'r vas deferens mewn gwrywod yn gallu cael ei flocio, gan leihau ffrwythlondeb.

Rydym ni wedi arunigo a chlonio'r genyn sy'n codio ar gyfer y protein CFTR. Mewn ymdrechion cynnar, cafodd firws wedi'i anactifadu ei ddefnyddio i ddanfon y genyn, ond roedd defnyddio **liposomau**, sef sfferau ffosffolipid gwag yn cynnwys paratoad y genyn, yn fwy llwyddiannus. Mae'r rhain yn cael eu mewnanadlu ag aerosol ac maen nhw'n asio â haen ddwbl ffosffolipid cellbilenni epithelaidd yr ysgyfaint. Mae'r DNA yn mynd i mewn i'r celloedd, sy'n trawsgrifio'r genyn newydd ac yn gwneud y protein CFTR. Mae'r genyn yn dal i weithio ac yn gwella symptomau ffibrosis cystig, ond cyn gynted â bod y celloedd epithelaidd sydd wedi cymryd y genyn wedi'u disodli, rhaid ailadrodd y driniaeth. Triniaeth yw hyn, nid iachâd.

Dull mwy diweddar, sy'n briodol yn yr achosion hynny lle mae mwtaniad ffibrosis cystig penodol yn cynhyrchu protein CFTR sydd ddim wedi'i blygu'n iawn, yw defnyddio cyffur, ivacaftor, sy'n cywiro plygu'r protein.

Effeithiolrwydd therapi genynnol

Mae therapi genynnol wedi cael rhywfaint o lwyddiant, ac mae'r manteision i'r bobl sy'n cael y therapi yn llawer mwy na'r anfanteision. Fodd bynnag:

- Dim ond cyfran fach o'r genynnau sy'n cael eu cyflwyno sy'n mynegi eu hunain.

- Gall fod ymateb imiwn gan y claf.

Mae ceisio darparu cyfleoedd i blant â chlefyd genynnol i fyw bywyd iachach yn ymrwymiad moesol. Rhaid i gymdeithas uno i ymdrin â'r ofn y bydd cwmnïau masnachol yn camddefnyddio techneg therapi genynnol, er enghraifft, i ddewis neu addasu nodweddion plentyn.

Genomeg a gofal iechyd

Mae genomeg yn ymwneud â dadansoddi adeiledd genomau a sut maen nhw'n gweithio a gallwn ni gymhwyso hyn mewn llawer o feysydd, gan gynnwys meddygaeth, biotechnoleg, anthropoleg a gwyddorau cymdeithasol. Mae'n cyfuno technegau DNA ailgyfunol, dilyniannu DNA, mapio genynnau ar raddfa fân a biohysbyseg (*bioinformatics*), h.y. datblygu offer meddalwedd i ddadansoddi data biolegol.

Mae'n 'anodi' DNA, sy'n golygu defnyddio dilyniannau basau i ragfynegi pa ddilyniannau sy'n codio ar gyfer RNA neu broteinau neu'n gwneud gwaith rheoli. Gallwn ni ddefnyddio hyn i lunio casgliadau am ba lwybrau metabolaidd sy'n cael eu rheoli a chymharu genomau. Gallwn ni ddadansoddi'r systemau biolegol mwyaf cymhleth, fel yr ymennydd, neu ddadansoddi sut mae genynnau'n achosi ymatebion i gyffuriau a chlefydau.

Mae'r Project Genom Dynol a'r Project 100K yn enghreifftiau o ddefnyddio genomeg. Rydym ni'n rhagweld gwelliannau gofal iechyd:

- Diagnosis cywirach, e.e. roedd dau frawd yn dioddef o niwed nerfol etifeddol oedd yn achosi colled cyhyrau a gwendid, sef niwropatheg berifferol. Dangosodd y Project 100K fod ganddynt fwtaniad newydd. Nawr mae ganddynt y cyfle i ymuno â threial triniaeth, allai fod o fudd i aelodau eraill o'u teulu gyda'r un mwtaniad.

- Rhagfynegi effeithiau cyffuriau'n well, e.e. trawsnewid codein i wneud morffin, sy'n gyffur lleddfu poen. Mae morffin yn cael ei ddadwenwyno a'i ysgarthu. Os caiff gormod o forffin ei gynhyrchu neu os oes nam ar ei ysgarthu, gall dosiau normal o godein fod yn wenwynig. Mae gwahaniaethau rhwng genynnau unigolion yn effeithio ar lwybrau metabolaidd, felly mae gwybodaeth genomig am glaf yn gallu rhoi sail i benderfyniad am ddos cyffur.

- Triniaethau newydd gwell ar gyfer clefydau, e.e. drwy brofi tiwmor, gallwn ni ganfod newidiadau genynnol y bydd cyffur penodol yn fuddiol iddynt.

- Mae technoleg NGS yn dilyniannu genomau'n gyflym iawn a gallai hyn olygu bod cleifion yn gallu cael therapi unigol yn seiliedig ar eu dilyniant DNA, e.e. mae warffarin yn wrthgeulydd cyffredin sy'n cael ei ddefnyddio i atal strociau a tholchenau. Mae cyfrifo'r dos yn fater cymhleth iawn oherwydd rhyngweithiadau rhwng gwahanol gyffuriau, rhyngweithiadau'r deiet, oed, arwynebedd arwyneb y corff a ffactorau genynnol, yn enwedig dau amrywiolyn genyn penodol, CYP2C9 a VKORC1. Mae genomeg wedi ein galluogi ni i argymell dosiau Warffarin yn seiliedig ar genoteip claf.

Peirianneg meinwe

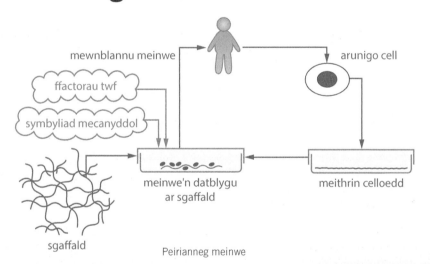

Peirianneg meinwe

Mae peirianneg meinwe yn defnyddio dulliau biocemeg, bioleg celloedd, peirianneg a gwyddor defnyddiau i atgyweirio, gwella neu ddisodli swyddogaethau biolegol. Ei nod yw cynhyrchu organau bio-artiffisial 'oddi ar y silff' ac atffurfio meinweoedd sydd wedi'u hanafu yn y corff.

Mae peirianneg meinwe wedi ein galluogi ni i amnewid llawer o feinweoedd ac organau, e.e. tracea, asgwrn, pledren a chroen. Mae croen artiffisial o'r enw 'Apligraf', y cynnyrch peirianneg meinwe cyntaf i gael ei drwyddedu yn 1998, yn cael ei ddefnyddio'n aml ar gleifion â llosgiadau yn lle impyn (graft) croen. Mae systemau cymorth artiffisial wedi'u hadeiladu sy'n dynwared swyddogaethau'r afu/iau neu'r pancreas, ac rydym ni hefyd yn defnyddio'r technegau i wneud cig artiffisial. Yn y dyfodol, y gobaith yw y gallwn ni drin diabetes, anafiadau i fadruddyn y cefn oherwydd trawma, dystroffi cyhyrol Duchenne, clefyd y galon, a nam ar y golwg a'r clyw.

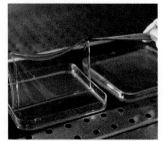

Croen dynol wedi'i feithrin ar gyfer impyn croen

▼ Pwynt astudio

Mae peirianneg meinwe yn golygu gwneud i gelloedd dyfu ar fframwaith o ddefnydd synthetig i gynhyrchu meinwe fel meinwe croen.

Celloedd ar gyfer peirianneg meinwe

Telomerau yw'r dilyniannau niwcleotidau sy'n ailadrodd ar bennau cromosomau, sy'n mynd yn fyrrach ym mhob rhaniad ac yn cyfyngu ar farwoldeb celloedd. Yn 1998, datblygwyd y dechneg i'w hwyhau nhw, gan ymestyn oes celloedd gwahaniaethol. Gallwn ni wahanu celloedd oddi wrth feinweoedd gan ddefnyddio ensymau, e.e. trypsin a cholagenas, ac ar ôl i'w telomerau hwyhau, eu defnyddio nhw i dyfu meinweoedd newydd. Mae enghreifftiau'n cynnwys ffibroblastau i gymryd lle croen neu gondrocytau i gymryd lle cartilag. Fodd bynnag, celloedd bonyn yw'r defnydd gorau ar gyfer peirianneg. Gallwn ni eu hechdynnu nhw o waed ac o feinweoedd solid.

Rydym ni'n dosbarthu celloedd ar gyfer peirianneg meinwe yn ôl eu ffynhonnell:

- Mae celloedd awtologaidd yn dod o'r un unigolyn. Y rhain sy'n achosi'r lleiaf o broblemau o ran gwrthod a throsglwyddo pathogenau, ond dydyn nhw ddim ar gael bob amser, e.e. os oes gan y claf glefyd genynnol neu losgiadau difrifol, neu os yw'n wael iawn neu'n hen iawn.

- Mae celloedd alogenëig yn dod o roddwr o'r un rhywogaeth.

- Mae celloedd senogenig yn dod o rywogaeth arall, e.e. mae celloedd o foch ac o fochdew Tsieina wedi cael eu defnyddio i ddatblygu mewnblaniadau cardiofasgwlar. Mae ymchwil gyda chelloedd moch wedi dangos bod un o'r peryglon yn dod o'r dilyniannau firaol yn DNA'r mochyn, sy'n ddiberygl i foch, ond yn beryglus i fodau dynol. Mae rhai pobl wedi honni eu bod nhw wedi datblygu celloedd moch heb y dilyniannau hyn ynddynt, sy'n gwella'r siawns o ddefnyddio celloedd senogenig ar gyfer therapi.

- Mae celloedd syngenig neu isogenig yn dod o organebau â genynnau unfath.

Sgaffaldiau

Mae celloedd yn cael eu 'hadu' ar sgaffald, h.y. ffurfiad artiffisial sy'n gallu cynnal meinwe 3D. Rhaid iddo wneud y canlynol:

- Caniatáu i gelloedd lynu ato a symud
- Danfon a chadw celloedd a moleciwlau biolegol
- Bod yn fandyllog fel bod maetholion a chynhyrchion gwastraff yn gallu tryledu drwyddo
- Bod yn fioddiraddadwy a chael ei amsugno gan y meinweoedd o'i gwmpas. Dylai ddiraddio ar yr un gyfradd ag y mae meinweoedd yn ffurfio fel ei fod yn ymddatod yn y pen draw gan adael y 'neofeinwe'.

Meithriniadau meinwe

Mae celloedd sydd wedi'u tyfu mewn meithriniad meinwe yn ffurfio llinachau celloedd sy'n glonau, oherwydd mae pob cell sy'n deillio o un rhiant-gell yn unfath o ran genynnau. Rydym ni'n defnyddio'r llinachau celloedd i gynhyrchu samplau meinwe wedi'u clonio ac, mewn rhai achosion, i gynhyrchu organau. Rydym ni'n galw cynhyrchu defnydd wedi'i glonio fel hyn yn glonio therapiwtig, i wahaniaethu rhwng hyn a chlonio organebau cyfan, h.y. clonio atgenhedlol. Un o'i brif fanteision yw bod claf yn annhebygol o wrthod meinwe neu organau sydd wedi'u clonio o'i gelloedd ei hun. Mae'r gyfraith yn caniatáu clonio therapiwtig yn y Deyrnas Unedig, ond nid clonio atgenhedlol.

Yn ystod cyfnod meithrin y feinwe, rhaid i'r celloedd gael ocsigen, maetholion a ffactorau twf a'r pH, y lleithder, y tymheredd a'r potensial dŵr cywir. Mae trylediad yn ddigonol mewn meithriniadau meinwe fel arfer ond wrth i ffurfiadau fynd yn fwy, mae angen mecanweithiau eraill arnynt, e.e. rhwydweithiau capilarïau.

Weithiau, bydd angen symbyliadau ffisegol neu gemegol arbennig er mwyn i'r ffurfiadau cywir wahaniaethu, e.e. mae angen crynodiad ocsigen isel ar gondrocytau, i ddynwared eu datblygiad mewn meinwe ysgerbydol; mae angen straen croesrym ar gelloedd endothelaidd i ddynwared llif gwaed mewn pibellau gwaed; mae angen symbyliadau mecanyddol, fel pylsiau gwasgedd ar feinweoedd cardiofasgwlar, fel falfiau'r galon i ysgogi eu datblygiad.

Celloedd bonyn

Celloedd anarbenigol yw **celloedd bonyn**, ac maen nhw'n gallu datblygu'n llawer o wahanol fathau o gelloedd. Pan mae cell bonyn yn rhannu drwy gyfrwng mitosis, mae'r ddwy epilgell yn gallu naill ai aros yn gell bonyn neu droi'n fath arall o gell gyda gwaith mwy arbenigol, e.e. ffibr cyhyrau neu gell goch y gwaed.

Mathau o gelloedd bonyn

- Mae celloedd bonyn embryonig (*ESC: embryonic stem cells*) yn bodoli mewn embryonau 3–5 diwrnod oed. Mae'r blastocyst yn cynnwys celloedd ESC, ac mae'r rhain yn gallu ffurfio pob math o gell yn y corff. Rydym ni'n dweud eu bod nhw'n llwyralluog. Cafodd y celloedd *ESC* cyntaf eu harunigo yn 1981, o embryonau llygoden, ac yna o embryonau dynol yn 1998.

- Mae rhai meinweoedd oedolyn, e.e. mêr esgyrn, cyhyrau a'r ymennydd yn cynnwys celloedd bonyn llawn dwf, sy'n byw mewn rhan arbenigol o'r feinwe, sef y 'gilfach celloedd bonyn'. Mae'r rhain yn gallu cymryd lle celloedd sy'n cael eu colli oherwydd traul arferol, anaf, neu glefyd ond dydyn nhw ddim yn gallu ffurfio pob math o gell. Mewn rhai organau, e.e. y pancreas a'r galon, mae angen amodau arbennig er mwyn i gelloedd bonyn rannu.

- Yn 2006, cafodd celloedd oedolyn eu 'hailraglennu' yn enynnol i fod yn gelloedd bonyn amlbotensial cymelledig (*iPSC: induced pluripotent stem cells*), sy'n ymddwyn fel *ESC* ac yn gallu gwahaniaethu i ffurfio unrhyw fath o gell.

Mae gan gelloedd bonyn botensial enfawr:

- Ar gyfer peirianneg meinwe i atffurfio meinweoedd ac organau. Er enghraifft, atffurfio esgyrn gan ddefnyddio celloedd sy'n deillio o gelloedd bonyn mêr esgyrn, datblygu celloedd sy'n cynhyrchu inswlin i wella diabetes math I a defnyddio celloedd cyhyr cardiaidd i atgyweirio cyhyr calon sydd wedi'i niweidio.

- Ar gyfer therapïau seiliedig ar gelloedd i drin clefydau. Mae angen llawer mwy o feinweoedd ac organau i'w trawsblannu na'r cyflenwad sydd ar gael. Mae celloedd bonyn sydd wedi'u hysgogi i wahaniaethu i ffurfio mathau penodol o gelloedd yn ffynhonnell adnewyddadwy o gelloedd a meinweoedd newydd i drin clefydau, e.e. dirywiad macwlaidd, anafiadau i fadruddyn y cefn, strociau, llosgiadau, clefyd y galon, diabetes, osteoarthritis ac arthritis gwynegol.

- I sgrinio cyffuriau newydd. Rydym ni wedi bod yn defnyddio llinachau celloedd canser ers amser maith i sgrinio cyffuriau gwrth-diwmor posibl, ond mae celloedd bonyn yn caniatáu i ni brofi cyffuriau mewn llawer mwy o wahanol fathau o gelloedd.

- I ddatblygu systemau model i astudio twf normal a chanfod beth sy'n achosi namau geni.

- I ymchwilio i'r pethau sy'n digwydd yn ystod datblygiad dynol, a sut mae switshis genynnau'n troi celloedd bonyn diwahaniaeth yn gelloedd gwahaniaethol gan ffurfio meinweoedd ac organau.

Manteision defnyddio celloedd bonyn

- Mae celloedd bonyn embryonig yn gallu troi'n unrhyw fath o gell ond mae celloedd bonyn oedolyn yn brinnach.

- Efallai y bydd blastocyst yn cynnwys tua 100 *ESC* felly gallwn ni arunigo niferoedd defnyddiol ohonynt. Mae celloedd bonyn llawn dwf yn brin, felly mae'n anodd eu harunigo nhw o feinwe lawn dwf.

- Mae celloedd bonyn embryonig yn tyfu'n rhwydd mewn meithriniad ac mae'n hawdd cynhyrchu niferoedd mawr. Mae angen mwy o waith i ddatblygu technegau tyfu celloedd bonyn llawn dwf.

Term Allweddol

Cell bonyn: Cell ddiwahaniaeth sy'n gallu rhannu i greu epilgelloedd sy'n gallu datblygu i fod yn wahanol fathau o gelloedd arbenigol neu aros yn gelloedd bonyn diwahaniaeth.

▼ Pwynt astudio

Mae celloedd bonyn yn gelloedd diwahaniaeth sy'n rhannu ac yn bodoli mewn meinweoedd anifeiliaid llawn dwf. Maen nhw'n gallu datblygu'n unrhyw fath arall o gell dan yr amodau cywir.

- Bydd defnyddio celloedd bonyn yn golygu na fydd cymaint o broblem gyda phrinder organau i'w trawsblannu.
- Os yw claf yn cael meinwe sy'n deillio o *ESC*, mae'n debygol y bydd angen cyffuriau atal imiwnedd ar y claf, ac mae'r cyffuriau eu hunain yn gallu achosi sgil-effeithiau. Mae celloedd bonyn llawn dwf y claf ei hun, neu feinweoedd sy'n deillio o'r rhain, yn llai tebygol o gael eu gwrthod gan y system imiwnedd ar ôl cael eu trawsblannu.

Anfanteision defnyddio celloedd bonyn

- Mae technegau echdynnu, meithrin a thrin celloedd bonyn yn dal i gael eu datblygu ac allwn ni ddim rhagfynegi ymddygiad meithriniadau celloedd bob amser. O ganlyniad, mae cynhyrchion technoleg celloedd bonyn, fel y tracea artiffisial, yn ddrud ac yn brin.
- Mae defnyddio celloedd bonyn yn beth newydd iawn felly does dim astudiaethau hirdymor wedi bod yn bosibl eto. Mae pobl yn pryderu ynglŷn â chelloedd yn heneiddio'n gynt a digwyddiadau eraill dydyn ni heb eu rhagweld eto.

Moeseg a defnyddio celloedd bonyn embryonig ym maes clonio therapiwtig

Mae gan y Deyrnas Unedig reoliadau mwy caeth na llawer o wledydd ynglŷn â defnyddio embryonau a chelloedd sy'n dod ohonynt. Mae'r Awdurdod Ffrwythloniad ac Embryoleg Ddynol yn caniatáu trwyddedau ar gyfer ymchwil o'r fath ar embryonau hyd at 14 diwrnod ar ôl ffrwythloniad.

Mae eu gofynion yn cynnwys:

- Bod unrhyw gelloedd bonyn neu linachau celloedd sy'n cael eu creu yn cael eu cynnal am gyfnod amhenodol ac y gellir eu defnyddio mewn llawer o wahanol brojectau ymchwil neu therapi clinigol.
- Bod celloedd bonyn yn cael eu cadw yng Nghronfa Celloedd Bonyn y Deyrnas Unedig fel eu bod nhw ar gael i grwpiau ymchwil eraill, yn genedlaethol ac yn rhyngwladol.
- Na fydd dim gwobr ariannol am unrhyw ddatblygiad na darganfyddiad sy'n digwydd wrth eu defnyddio nhw, er bod modd rhoi patent arnynt.
- Rhaid i roddwyr roi caniatâd penodol i ddefnyddio embryonau sydd wedi'u creu â'u gametau nhw ar gyfer gwaith ymchwil celloedd bonyn.

Mae celloedd bonyn oedolyn wedi cael eu defnyddio ym meysydd ymchwil a meddygaeth ers blynyddoedd lawer, er enghraifft, mae trawsblaniadau mêr esgyrn ar gyfer anhwylderau fel lewcemia yn defnyddio celloedd bonyn mêr yr esgyrn. Does dim problemau moesegol amlwg yn gysylltiedig â defnyddio celloedd bonyn oedolyn. Mae'r materion sy'n gysylltiedig â defnyddio celloedd bonyn embryonig yn cynnwys:

- Ffynhonnell y celloedd bonyn embryonig: mae deddfwriaeth ddiweddar yn caniatáu i ymchwilwyr greu embryonau at ddiben ymchwil ond cyn hyn, roeddent yn defnyddio 'embryonau sbâr' o ffrwythloniad *in vitro*. Roedd rhai pobl yn dadlau bod creu embryonau yn benodol at ddiben ymchwil yn groes i'r egwyddor na ddylid byth creu bywyd dynol fel modd i gyflawni diben. Fodd bynnag, does dim ffordd gyfreithlon o drosglwyddo'r embryonau hyn i groth felly allai unigolyn newydd byth gael ei eni o un ohonynt.
- Statws moesol yr embryo. Dan y Ddeddf Ffrwythloniad ac Embryoleg Ddynol (1990), mae gan embryo hawliau moesol, ond dim i'r un graddau ag unigolyn byw. Mae rhai grwpiau, gan gynnwys yr Eglwys Gatholig, yn honni bod bywyd newydd yn dechrau ar adeg cenhedlu, ac felly y dylai fod gan unrhyw ffoetws hawliau dynol llawn. Mae eraill,

gan gynnwys rhai traddodiadau crefyddol eraill, yn dweud bod hawliau ffoetws yn cynyddu wrth iddo ddatblygu, er enghraifft, wrth iddo ffurfio system nerfol.

- Rydym ni'n cydbwyso hawliau posibl ffoetws yn erbyn y buddion mawr posibl i bobl eraill o ganlyniad i'r ymchwil a'r triniaethau allai ddeillio ohono. Mae rhai pobl yn dweud na allwn ni byth gyfiawnhau defnyddio celloedd *ESC* oherwydd gallem ni ddefnyddio celloedd bonyn oedolyn neu gelloedd *iPSC*.

Ar y llaw arall, mae pobl sy'n ymwneud ag ymchwil yn dweud bod celloedd *ESC* yn dal i fod yn bwysig oherwydd:

- Byddan nhw'n esbonio mecanweithiau biolegol sylfaenol.

- Byddan nhw'n dynodi pa fathau o gelloedd bonyn fydd fwyaf defnyddiol i driniaethau seiliedig ar gelloedd.

- Dim ond pelen o gelloedd yw embryo sy'n llai nag 14 diwrnod oed a does dim posibl iddo fodoli'n annibynnol, felly gallwn ni gyfiawnhau ei ddefnyddio.

- Mae rhai pobl yn ofni y gallai celloedd bonyn arwain at glonio bodau dynol, gweithred sy'n lleihau gwerth sylfaenol bywyd dynol. Mae clonio atgenhedlol bodau dynol yn anghyfreithlon yn y DU ond mae pobl yn ofni y gallai unrhyw wybodaeth a ddarganfyddir yn y gwaith ymchwil gael ei defnyddio i glonio bodau dynol yn rhywle arall. ▶

▼ **Pwynt astudio**

Mae pryderon moesegol am ddefnyddio celloedd *ESC* yn cynnwys eu ffynhonnell a statws a hawliau moesol yr embryo maen nhw'n dod ohono, a'r perygl o ddatblygu clonio atgenhedlol bodau dynol.

Mynd ymhellach

Mae tua 200 o wahanol fathau o gelloedd yn y corff dynol. Mae'r rhain i gyd yn gwahaniaethu o gelloedd bonyn embryonig, sydd eu hunain yn deillio o un gell, y sygot. Mae deall proses gwahaniaethu yn bwysig i ddatblygu triniaeth i glefydau a ffyrdd o atal clefydau, a bydd celloedd bonyn yn ddefnyddiol iawn yn hyn o beth. Rydym ni hefyd yn eu defnyddio nhw i ddatblygu cyffuriau ac i gynhyrchu meinweoedd ac organau i'w trawsblannu. Ond yn gyntaf, rhaid i ymchwilwyr ddysgu sut i gynhyrchu digon o gelloedd bonyn, sut i wneud iddynt wahaniaethu i ffurfio gwahanol fathau o gelloedd, sut i sicrhau bod celloedd sydd newydd wahaniaethu yn goroesi ar ôl cael eu trawsblannu i mewn i gorff a sut i wneud yn siŵr eu bod nhw'n integreiddio i mewn i'r meinweoedd sydd yno'n barod ac yn gweithio gyda nhw. Rhaid datblygu technegau i atal y system imiwnedd rhag ymosod ar y celloedd hyn sydd wedi'u trawsblannu ac i sicrhau nad ydyn nhw'n gallu niweidio'r derbynnydd.

Mae angen gwneud llawer o waith ymchwil. Drwy gydol y broses, rhaid i gymdeithas ddal i ofyn cwestiynau ac ail-werthuso atebion i fod yn siŵr bod gwaith ymchwil yn cael ei wneud o fewn fframwaith moesol a moesegol. Mae'r senedd yn fframio cyfreithiau ac mae gan ein ASau gyfrifoldeb i'n cynrychioli ni yn hyn o beth. Gallwch chi ganfod hanes pleidleisio eich AS i weld a ydych chi'n hapus iddyn nhw barhau i'ch cynrychioli chi. All eich AS ateb y cwestiynau hyn? Allwch chi?

- Ddylem ni ddefnyddio embryonau sbâr o ffrwythloniad *in vitro* o gwbl?
- Ddylem ni sicrhau caniatâd penodol gan rieni cyn defnyddio embryonau sbâr o ffrwythloniad *in vitro*?
- Beth ddylai ddigwydd os yw'r rhieni'n anghytuno a ddylid defnyddio eu hembryonau ai peidio?
- Ddylem ni greu embryonau yn benodol er mwyn echdynnu celloedd bonyn embryonig?
- Os na ddylem, oes yna unrhyw amgylchiadau eraill lle mae'n dderbyniol creu embryo yn fwriadol?
- Fyddai hi'n dderbyniol creu embryo heb fwriad o'i fewnblannu mewn croth?
- Oes gan embryo hawliau?
- Os oes, ydy'r hawliau hyn yr un fath â hawliau ffoetws?
- Ydy'r hawliau hyn yr un fath â hawliau baban newydd-anedig?
- Ydy hawliau embryo yn dibynnu ar ei gyfnod datblygiad?
- Pe bai hi'n sicr y byddem ni'n cael budd mawr o ddefnyddio embryonau ar gyfer ymchwil, fyddai hynny'n golygu bod rhaid i ni wneud hynny o safbwynt moesol?
- Ydym ni'n gwybod digon am gelloedd bonyn amlbotensial cymelledig neu gelloedd bonyn oedolyn i ddweud bod eu defnyddio nhw'n gywerth â defnyddio celloedd bonyn embryonig, a defnyddio'r rheini yn eu lle?

Opsiwn A: Imiwnoleg a chlefydau

Mae clefydau'n gallu cael eu hachosi gan rywbeth sy'n allanol i'r corff, e.e. haint, neu'n fewnol, e.e. cyflwr awtoimiwn. Mae defnyddio gwrthfiotigau yn hanfodol bwysig wrth drin clefydau bacteriol. Mae eu gorddefnyddio nhw, yn enwedig wrth ffermio, wedi arwain at ddethol bacteria sy'n gallu gwrthsefyll gwrthfiotigau, sy'n ei gwneud hi'n anodd trin rhai heintiau.

Mae imiwnoleg yn ymwneud â'r system imiwnedd a sut mae'n amddiffyn y corff. Mae'n golygu astudio ymateb organeb i ymlediad proteinau estron neu ficrobau a'u cynhyrchion. Prif organau'r system imiwnedd yw mêr yr esgyrn a'r chwarren thymws.

Cynnwys y testun

Erbyn diwedd y testun hwn, byddwch chi'n gallu gwneud y canlynol:

- Esbonio bod y corff yn organeb letyol i lawer o organebau eraill.
- Disgrifio nodweddion colera, twbercwlosis, y frech wen, ffliw a malaria, a sut rydym ni'n trin y clefydau hyn.
- Disgrifio'r berthynas rhwng gweithgarwch pathogenaidd firysau a'u dull atgynhyrchu.
- Disgrifio nodweddion gwrthfiotigau, gan gynnwys mecanwaith gweithredu penisilin a thetracyclin.
- Deall sut mae gorddefnyddio gwrthfiotigau wedi achosi lledaeniad rhywogaethau bacteria sy'n gallu gwrthsefyll gwrthfiotigau.
- Deall sut mae rhwystrau naturiol yn lleihau'r risg o haint.
- Gwahaniaethu rhwng y system imiwnedd gynhenid a'r system imiwnedd ymaddasol.
- Disgrifio'r ymatebion imiwn cynradd ac eilaidd.
- Gwahaniaethu rhwng imiwnedd actif ac imiwnedd goddefol.
- Disgrifio effeithiolrwydd gwahaniaethol brechlynnau.
- Ystyried goblygiadau moesegol a moesol rhaglenni brechu.

Clefydau

Y corff fel organeb letyol

Mae rhai pobl wedi dweud na ddylem ni feddwl amdanom ein hunain fel unigolion, ond fel cytrefi. Mae hyn oherwydd, er bod gennym ni 10^{13} o gelloedd yn ein cyrff, mae gennym ni o leiaf y nifer hwnnw o organebau unigol eraill yn byw yn y corff neu arno. Mae'r rhain yn gallu bod yn fewnol, yn byw yn ein celloedd, ein hylif meinweol a'n coluddion, neu'n allanol, ar ein croen a'n gwallt ac yn agoriadau'r corff. Maen nhw'n cynnwys microbau, fel ffyngau, protoctista a dros 1000 o rywogaethau bacteria yn fflora'r coludd. Rydym ni'n gallu cludo parasitiaid mwy eraill, gan gynnwys pryfed, fel chwain, neu fwydod, fel llyngyr.

Mae llawer o'r organebau hyn yn barasitiaid ac mae ganddynt y potensial i achosi clefyd, er enghraifft os ydynt yn secretu tocsinau, os yw eu poblogaeth yn tyfu gormod neu os ydynt yn cael eu trosglwyddo i ran amhriodol o'r corff. Ond mae llawer yn cyfrannu at ein hiechyd cyffredinol; mae gennym ni berthynas gydymddibynnol â'r rhain.

- Mae'r bacteria *E. coli* yn y coluddyn mawr yn syntheseiddio fitamin K, ond yn y stumog a'r coluddyn bach, maen nhw'n gallu achosi clefyd gastroberfeddol.

- Mae'r gwiddon yn ffoliglau blew'r amrannau'n bwyta celloedd marw. Mae'r rhain yn glynu wrth golur llygaid, felly os nad ydych chi'n tynnu eich masgara, gallai eu poblogaeth gronni gormod ac achosi llid.

- *Entamoeba* yw'r protoctistan sy'n pori ar gelloedd marw ein deintgig. Os nad ydych chi'n brwsio digon ar eich deintgig wrth lanhau eich dannedd, bydd y rhain yn atgenhedlu mewn niferoedd mawr ac yn achosi llid y deintgig.

Mae'r bacteria a'r ffyngau sy'n cytrefu ein croen yn atal microbau niweidiol rhag cronni; mae llawer o fflora'r coludd yn gwneud hyn hefyd. Os ydym ni'n cael gwared ar yr organebau defnyddiol hyn, er enghraifft wrth ddefnyddio gwrthfiotigau i ladd bacteria, mae niferoedd organebau eraill, fel burum, yn cynyddu ac yn achosi clefyd. Rhaid i gorff iach gynnal cydbwysedd ecolegol; mae'r holl organebau gwahanol yn cadw trefn ar ei gilydd.

Clefydau pwysig

Mae pob grŵp o organebau'n dioddef **heintiau** a chlefydau. Mae hyd yn oed bacteria'n gallu cael eu heintio gan firysau. Mae bod yn agored i niwed gan bathogenau'n un o briodweddau bywyd, oherwydd mae un organeb yn darparu cynefin i un arall. Yma, rydym ni'n disgrifio rhai clefydau microbaidd sy'n peri goblygiadau cymdeithasol a meddygol sylweddol.

Colera

- Mae colera yn cael ei achosi gan y bacteriwm Gram negatif, siâp coma, *Vibrio cholerae*. Rhaid iddo fod y tu mewn i'r bod dynol lletyol i atgenhedlu.

- Mae colera'n **endemig** mewn rhannau o'r byd. Mae pobl yn cael eu heintio gan fwyd a diod sydd wedi'u halogi. Yna, maen nhw'n **gludyddion** ac yn gweithredu fel **cronfeydd clefyd** drwy halogi cyflenwadau dŵr eraill a lledaenu'r clefyd.

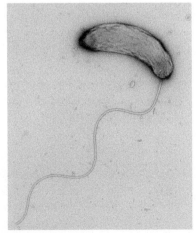

Vibrio cholerae

> **DYLECH CHI WYBOD** ⟩⟩⟩

⟩⟩⟩ Mae'r corff dynol yn gweithredu fel organeb letyol i organebau eraill

⟩⟩⟩ Enghreifftiau o glefydau sy'n cael eu hachosi gan firysau, bacteria a phrotoctista

⟩⟩⟩ Nodweddion haint gan ficrobau sy'n achosi colera, twbercwlosis, y frech wen, ffliw a malaria

⟩⟩⟩ Sut rydym ni'n trin colera, twbercwlosis, y frech wen, ffliw a malaria

▼ **Pwynt astudio**

Mae llawer o organebau'n byw yn y corff, neu arno, mewn perthynas gydymddibynnol neu barasitig â ni. Maen nhw'n gallu achosi clefydau neu ein hamddiffyn ni rhag clefydau.

▼ **Pwynt astudio**

Mae'r gair 'cydymddibyniaeth' yn cyfeirio at organebau o ddwy rywogaeth sy'n byw gyda'i gilydd er budd y naill a'r llall. Weithiau, rydym ni'n defnyddio'r gair 'symbiosis'.

Termau Allweddol

Haint: Clefyd sy'n gallu cael ei drosglwyddo, yn aml drwy fewnanadlu, llyncu neu gyffyrddiad corfforol.

Endemig: Clefyd sy'n digwydd yn aml, ar gyfradd rydym ni'n gallu ei rhagfynegi, mewn lleoliad neu boblogaeth benodol.

Cludydd: Unigolyn neu organeb arall sydd wedi'i heintio ac yn gallu heintio eraill, ond sydd ddim yn dangos symptomau.

Cronfa clefyd: Organeb letyol i bathogen am gyfnod hir, heb lawer o symptomau neu ddim symptomau o gwbl, a allai achosi i glefyd ledaenu.

Term Allweddol

Tocsin: Moleciwl bach, e.e. peptid sy'n cael ei wneud mewn celloedd neu organebau, sy'n achosi clefyd ar ôl dod i gysylltiad ag ef neu ei amsugno. Mae tocsinau'n aml yn effeithio ar facromoleciwlau, e.e. ensymau, derbynyddion arwyneb cell.

Cyswllt Mae cysylltiad rhwng proteinau sianel CFTR diffygiol a ffibrosis cystig; mae disgrifiad o hyn ar t254.

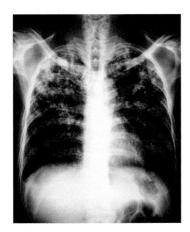

Pelydr-X o ysgyfant yn dangos ceudodau sy'n ymddangos yn aml gyda TB

Mynd ymhellach ▶

Bydd rhywun sydd wedi dioddef TB weithiau'n cludo gwrthgyrff gwrth-TB; bydd prawf croen yn canfod y rhain. Mae prawf croen negatif yn golygu nad oes ganddo ddim gwrthgyrff, felly bydd yn cael cynnig y brechlyn.

- Mae *V. cholerae* yn cynhyrchu **tocsin** yn y coluddyn bach sy'n effeithio ar y proteinau sianel clorid, sef CFTR. Dydy dŵr, na llawer o ïonau, gan gynnwys Cl^-, Na^+, K^+ a $HCO3^-$, ddim yn cael eu hamsugno i'r gwaed ac mae'r claf yn dioddef dolur rhydd difrifol a dyfrllyd. Mae hyn yn achosi diffyg hylif felly mae'r pwysedd gwaed yn gostwng yn sylweddol a gallai'r claf farw o fewn oriau.

- Gallwn ni atal colera â hylendid a charthffosiaeth dda. Mae trin carthion yn well, puro dŵr, trin bwyd yn ddiogel a golchi dwylo'n rheolaidd i gyd wedi lleihau nifer yr achosion o golera. Mae brechlyn ar gael sy'n amddiffyn rhywun dros dro, ond dim ond pobl sy'n wynebu risg uchel iawn sy'n ei gael.

- Mae dwy ran i'r driniaeth:
  - Rydym ni'n rhoi electrolytau i gleifion, naill ai i'w hyfed neu, mewn achosion difrifol, yn fewnwythiennol, fel eu bod nhw'n cael y dŵr a'r ïonau yn ôl.
  - Rydym ni'n trin y bacteria â gwrthfiotigau.

Mae yna enghraifft enwog o epidemioleg, sef astudio lledaeniad clefydau, sy'n dyddio'n ôl i 1854. Bryd hynny, roedd pobl yn meddwl mai 'aer drwg' oedd yn achosi colera. Roedd John Snow, meddyg, yn amau mai dŵr oedd yn ei drosglwyddo felly mapiodd yr achosion pan oedd llawer o bobl yn dioddef o golera yn Soho, Llundain. Dywedodd ef mai'r dŵr o bwmp yn Broad (Broadwick erbyn hyn) Street oedd y ffynhonnell. Cafodd handlen y pwmp ei thynnu i ffwrdd a gostyngodd nifer yr achosion newydd ar unwaith; roedd hyn yn ategu ei ragdybiaeth.

Twbercwlosis (TB)

- Y bacteriwm basilws, *Mycobacterium tuberculosis*, sy'n achosi twbercwlosis. Mae wedi'i enwi ar ôl y twbercylau, sef y cnepynnau o gelloedd marw a chelloedd wedi'u difrodi yn ysgyfaint pobl sydd wedi'u heintio. Weithiau, mae'r twbercylau'n cynnwys ceudodau llawn nwy, sy'n hawdd eu gweld mewn pelydrau-X.

- Mae'r haint yn lledaenu'n gyflym drwy drosglwyddiad aerosol, h.y. mewnanadlu defnynnau llawn bacteria o besychu a thisian pobl wedi'u heintio. Dyma pam, mewn llawer o wledydd, rydych chi'n gweld arwyddion yn dweud 'Dim poeri'. Mae TB yn lledaenu'n gyflym iawn mewn mannau poblog; mewn dinasoedd â phoblogaethau dwys, mae'n bryder iechyd cyhoeddus unwaith eto. Mae cydberthyniad rhannol rhwng systemau imiwnedd llai effeithlon cleifion HIV-AIDS a'r cynnydd diweddar mewn achosion TB mewn rhai ardaloedd.

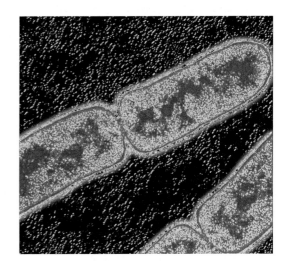

Toriad drwy *Mycobacterium tuberculosis*

- Mae'r bacteria'n heintio'r ysgyfaint gan mwyaf, felly mae cleifion yn datblygu poen yn y frest ac yn pesychu fflem (crachboer), sy'n aml yn cynnwys gwaed. Mae'r bacteria'n gallu heintio nodau lymff yn y gwddf, sy'n chwyddo. Mae pobl yn colli eu chwant bwyd ac yn datblygu twymyn.

- Rydym ni'n trin TB â chwrs hir o wrthfiotigau, ond mae *M. tuberculosis* yn dangos rhywfaint o ymwrthedd i wrthfiotigau.

- I atal TB, rydym ni'n rhoi'r brechlyn BCG i fabanod ac, os yw prawf croen yn dangos yn negatif, i blant hyd at 16 oed. Mae'n amddiffyn tua 75%, ond dim ond am 15 mlynedd. Mae'n llai effeithiol i oedolion, a dim ond pobl sy'n wynebu risg sy'n ei gael. Mae'r brechlyn wedi'i wneud o fath gwanedig o facteriwm sy'n perthyn, *M. bovis*. Mae BCG yn sefyll am 'basilws Calmette a Guérin', y gwyddonwyr o Ffrainc a ddatblygodd y brechlyn.

Y frech wen

- Firws sy'n cynnwys DNA, *Variola major*, sy'n achosi'r frech wen.

- Mae'r firws yn cael ei fewnanadlu neu ei drosglwyddo mewn poer neu o gyrff eraill drwy ddod i gysylltiad agos â rhywun sydd wedi'i heintio.

- Mae'n mynd i bibellau gwaed bach yn y croen, y geg a'r llwnc ac mae'n cael ei wasgaru o gwmpas y corff. Mae'n achosi brech ac yna bothelli llawn hylif, sy'n gadael creithiau ar bobl sy'n goroesi. Mae rhai goroeswyr hefyd yn mynd yn ddall ac yn dioddef anffurfiadau i'w haelodau.

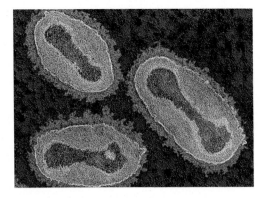

Toriad drwy *Variola major*

- Mae pobl wedi'u heintio'n cael hylifau, cyffuriau i reoli'r dwymyn a'r boen a gwrthfiotigau i reoli heintiau bacteriol, ond mae hyd at 60% yn marw.

- Mae brechlyn y frech wen yn cynhyrchu ymateb imiwn cryf. Mae'n cael ei wneud â firws *Vaccinia* byw, sy'n perthyn yn agos i firws y frech wen, ac mae hwn wedi atal y clefyd yn effeithiol iawn. Cyn iddo fod ar gael, roedd pobl wedi'u heintio'n cael eu cadw ar wahân, i atal y firws rhag lledaenu.

- Drwy gydol hanes, mae miliynau o bobl wedi marw o'r frech wen, gan gynnwys hyd at 500 miliwn rhwng 1900 ac 1979, pan ddatganwyd bod y frech wedi'i dileu, ar ôl ymgyrchoedd brechu a ddechreuodd yn y 19eg ganrif. Dyma'r unig rywogaeth mae bodau dynol wedi'i gwneud yn ddiflanedig yn fwriadol. Mae'r unig firws sydd ar ôl yn cael ei gadw mewn labordai ymchwil â lefelau bioddiogelwch uchel iawn. Mae dadleuon moesegol yn parhau ynglŷn â difodiant llwyr terfynol y rhywogaeth.

Ffliw

- Mae tri is-grŵp o'r firws ffliw, sef ffliw A, B ac C. Ffliw A yw'r un mwyaf cyfarwydd a byddwn ni'n ei ddisgrifio yma. Mae firysau ffliw'n heintio llawer o rywogaethau; mae ffliw adar a ffliw moch wedi darparu ffynonellau parhaus o firysau ffliw newydd sy'n heintio bodau dynol. Pan mae rhywogaeth ffliw newydd yn ymddangos, â phroteinau newydd ar arwyneb y firws, dydy system imiwnedd bodau dynol ddim yn gallu ein hamddiffyn ni'n ddigonol. O ganlyniad i'r diffyg imiwnedd hwn, mae **pandemig** yn digwydd, e.e. yn 1918–1920, heintiodd ffliw Sbaen 500 miliwn o bobl gan ladd dros 50 miliwn,

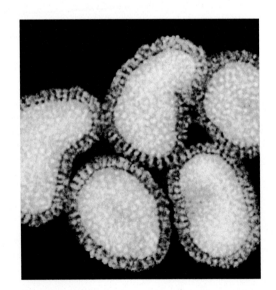

Firysau ffliw

tua 4% o boblogaeth y byd, yn un o'r trychinebau naturiol mwyaf marwol yn hanes bodau dynol.

- RNA yw defnydd genetig y firws ffliw, ond mae'n firws anarferol gan fod ei RNA mewn 8 edefyn unigol, yn hytrach nag un. Mae'r firion wedi'i amgylchynu ag amlen ffosffolipid, sy'n deillio o gellbilen arwyneb yr organeb letyol. Mae'r amlen yn cynnwys dau brotein pwysig sy'n **antigenau**, a'r rhain yw'r sbigynnau ar arwyneb y gronyn firws:

  - Mae haemaglwtinin (H) yn helpu'r firws i fynd i mewn i gell letyol.
  - Mae niwraminidas (N) yn helpu'r firws i adael y gell letyol.

- Mae'r firws ffliw'n ymosod ar bilenni mwcaidd, yn enwedig yn rhan uchaf y llwybr resbiradu, gan achosi dolur gwddf/llwnc tost, peswch a thwymyn.

- Dydy hi ddim yn hawdd rheoli lledaeniad y firws ffliw. Mae'n cael ei fewnanadlu mewn defnynnau o besychu a thisian, sef trosglwyddiad aerosol. Mae mwcws yn amddiffyn y firws. Mae hefyd yn goroesi'n well os yw'r aer yn sych ac os nad oes llawer o olau uwchfioled yn yr amgylchedd, sy'n golygu ei fod yn goroesi'n well yn y gaeaf nag yn yr haf, gan achosi ffliw tymhorol.

- Mae llawer o ffyrdd o leihau'r risg o haint:
  - Golchi dwylo'n rheolaidd.
  - Defnyddio hancesi papur a'u taflu nhw ar ôl pesychu a thisian.
  - Mae brechlynnau ffliw'n gallu bod yn effeithiol, ond mae eu llwyddiant yn amrywio. Mae'r antigenau ar arwyneb y firws yn newid, felly mae angen brechlyn newydd bob blwyddyn.
  - Cwarantin.

Mathau antigenig

Mae llawer o **fathau antigenig** o firws ffliw. Mae'r gwahaniaethau'n ymddangos mewn dwy brif ffordd:

1. Drifft antigenig

   Does dim ensymau prawf-ddarllen RNA, felly ar ôl pob cylch dyblygu, ar gyfartaledd, mae pob firion newydd yn cynnwys mwtaniad newydd. Mae hyn yn cynhyrchu newid graddol yn y proteinau arwyneb, sef drifft antigenig. Mae hyn yn esbonio pam mae angen brechlyn newydd bob blwyddyn.

2. Symudiad antigenig

   Mae ffliw A yn cynnwys 16 gwahanol fath o haemaglwtinin. Mewn bodau dynol, H1, H2 a H3 sydd fwyaf cyffredin. Mae ganddo naw gwahanol fath o niwraminidas. Mewn bodau dynol, N1 ac N2 sydd fwyaf cyffredin. Os caiff un gell ei heintio gan firysau â gwahanol gyfuniadau H ac N, e.e. H1N2 a H2N1, mae'r gwahanol edafedd RNA yn gallu ailgyfuno, gan greu mathau newydd o'r firws, e.e. H1N1 neu H2N2. 'Symudiad antigenig' yw'r newid hwn ac mae'r mathau newydd o'r firws yn gallu achosi **epidemig**.

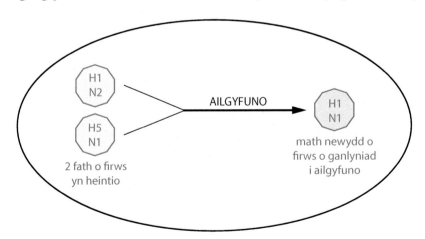

Symudiad antigenig: ffurfio math newydd o firws ffliw drwy gyfrwng ailgyfuno

Mewn rhai rhannau o'r byd, mae pobl ac anifeiliaid yn byw'n agos gyda'i gilydd. Mae ieir a moch, yn enwedig, yn **gronfa anifeiliaid** ar gyfer haint firws newydd mewn bodau dynol, h.y. ffynhonnell haint newydd sy'n ffurfio wrth i firws anifail fwtanu fel ei fod yn gallu heintio bodau dynol. Mae'r firysau ffliw sy'n heintio pobl yn cael eu monitro'n gyson ledled y byd; mae H7N9 wedi peri pryder arbennig ers 2013. Mae'r tabl yn dangos y cyfuniadau H ac N mewn ambell epidemig ffliw diweddar.

Cyswllt Mae mwy o fanylion am yr ymateb imiwn a brechu ar t274.

Termau Allweddol

Math antigenig: Gwahanol unigolion o'r un rhywogaeth bathogenaidd â gwahanol broteinau ar eu harwynebau, sy'n arwain at gynhyrchu gwahanol wrthgyrff.

Epidemig: Clefyd heintus yn lledaenu'n gyflym i nifer mawr o bobl o fewn cyfnod byr.

Sylwch

Cofiwch fod drifft antigenig yn cynhyrchu newidiadau graddol a bod angen brechlyn newydd bob blwyddyn oherwydd nad yw'r ymateb imiwn yn ddigonol. Mae symudiad antigenig yn golygu ail-gyfuno mathau H ac N, ac mae'n gallu achosi epidemig.

		Niwraminidas	
		1	2
Haemaglwtinin	1	Ffliw Sbaen 1918; Ffliw Moch 2009	Endemig mewn bodau dynol, moch, adar
	2		Ffliw Asia 1957
	3		Ffliw Hong Kong 1968
	5	Ffliw Adar 2004	

Malaria

- Y protoctistan *Plasmodium* sy'n achosi malaria. Mae pum rhywogaeth yn achosi malaria, ond *P. falciparum* sy'n achosi'r nifer mwyaf o farwolaethau. Mae *P. vivax* hefyd yn lladd llawer.

- Mae *Plasmodium* yn cael ei drosglwyddo gan dros 100 o rywogaethau mosgito *Anopheles*, wrth iddynt dyllu'r croen i yfed gwaed. Mae'r benywod yn **fectorau** malaria ond dydy'r gwrywod ddim, oherwydd maen nhw'n bwyta neithdar planhigion, nid gwaed.

- Mae malaria'n digwydd mewn cynefinoedd lle mae'r mosgito *Anopheles* yn byw.

- Malaria:
  - Endemig mewn rhai ardaloedd isdrofannol.
  - Epidemig yn gallu digwydd yn ystod tymhorau gwlyb.
  - Gellir ei ystyried yn bandemig hefyd. Mae'n effeithio ar filiynau o bobl ledled y byd ac mae'n lladd mwy o bobl nag unrhyw haint arall, er gwaethaf y blynyddoedd o waith ymchwil a datblygu cyffuriau.

Trosglwyddo malaria

- Pan mae mosgito'n cymryd gwaed o unigolyn sydd wedi'i heintio, mae'r gwaed yn cynnwys cyfnod atgenhedlu'n rhywiol *Plasmodium*, sef y gametocytau. Mae'r rhain yn cynhyrchu sygotau, sy'n datblygu'n gyfnod heintus, sef y sborosoitau. Mae sborosoitau'n mudo o goludd y mosgito i'w chwarennau poer.

- Pan mae'r mosgito'n yfed gwaed eto, mae sborosoitau *Plasmodium* ym mhoer y mosgito'n cael eu chwistrellu i mewn i'r bod dynol. Maen nhw'n teithio i'r afu/iau ac yn atgenhedlu'n anrhywiol yng nghelloedd yr afu/iau, gan gynhyrchu merosoitau.

- Mae'r merosoitau'n cael eu rhyddhau i'r gwaed ac yn heintio celloedd coch y gwaed, lle maen nhw'n gwneud mwy o atgenhedlu anrhywiol.

- Mae'r celloedd coch yn byrstio ac yn rhyddhau mwy o ferosoitau, sy'n heintio mwy o gelloedd coch y gwaed. Mae'r cylch hwn yn ailadrodd bob ail a thrydydd diwrnod a phan mae'r celloedd coch yn byrstio, mae'r dwymyn yn dod yn ôl.

- Mae rhai merosoitau'n datblygu'n gametocytau.

Term Allweddol

Fector: Unigolyn, anifail neu ficrob sy'n cludo pathogen heintus ac yn ei drosglwyddo i organeb fyw arall.

Mynd ymhellach ▶

Wrth i dymheredd y byd gynyddu, mae malaria eisoes yn digwydd ar ledredau uwch. Yr ofn yw y bydd y mosgitos yn goroesi mewn mannau oedd yn anaddas yn y gorffennol, ac y bydd malaria'n lledaenu.

Sylwch

Wrth astudio Safon Uwch, does dim gofyn i chi gofio enwau camau cylchred bywyd *Plasmodium*.

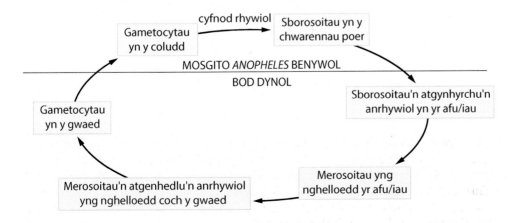

Cylchred bywyd *Plasmodium*

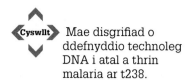

Cyswllt Mae disgrifiad o ddefnyddio technoleg DNA i atal a thrin malaria ar t238.

Trin malaria

- Dydy cyffuriau ddim yn ymosod ar *Plasmodium* pan mae y tu mewn i gelloedd, felly dim ond pan mae *Plasmodium* yn y gwaed maen nhw'n effeithiol. Cafodd cwinin ei ddatblygu i drin malaria yn yr 17eg ganrif, ond mae'n llai effeithiol nawr nag yn y gorffennol. Mae artemisinin yn gyffur mwy newydd ond rydym ni wedi gweld ymwrthedd i hwnnw erbyn hyn. Y driniaeth orau ar hyn o bryd yw artemisinin ar y cyd â chyffuriau eraill, oherwydd mae'n annhebygol y byddai *Plasmodium* yn datblygu ymwrthedd i'r holl gyffuriau ar yr un pryd.

- Mae *P. falciparum* yn mwtanu'n aml ac mae'n cynhyrchu llawer o fathau antigenig. Felly, dydyn ni ddim wedi llwyddo i gynhyrchu brechlyn eto.

Atal malaria

Mae llawer o fesurau ataliol yn bosibl, ac mae'r rhain wedi arwain at ddileu malaria mewn rhai rhannau o'r byd:

Mesur ataliol		Rheswm am ei effaith
Ymateb i ymddygiad mosgitos	Cysgu dan rwydi	Mae mosgitos yn bwydo pan mae'n dywyll
	Trin rhwydi â'r pryfleiddiad pyrethroid	Lladd mosgitos
	Chwistrellu pryfleiddiad ar waliau mewnol	Lladd mosgitos wrth iddynt orffwys ar y waliau ar ôl bwydo
	Draenio neu orchuddio dŵr llonydd, e.e. tanciau dŵr, pyllau	Atal mosgitos rhag mynd i fannau dodwy wyau
	Ffilm o olew ar y dŵr	Gostwng y tyniant arwyneb yn atal y larfau rhag treiddio drwy'r arwyneb i gael ocsigen
Rheoli biolegol	Rhoi pysgod yn y dŵr	Mae'r larfau'n ddyfrol, felly mae'r pysgod yn eu bwyta nhw
	Heintio mosgitos â'r bacteriwm *Wolbachia*	Mae *Wolbachia* yn atal datblygiad *Plasmodium* yn y mosgito
	Defnyddio pelydrau-X i ddiffrwythloni mosgitos gwrywol	Ar ôl iddynt baru, does dim epil yn cael eu cynhyrchu

Mosgito *Anopheles*

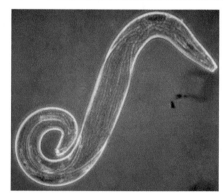

Mae *Plasmodium falciparum* ar ffurf sborosöit yn cael ei chwistrellu i'r gwaed

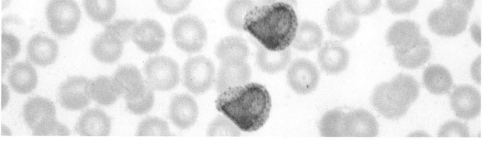

Ffilm gwaed yn dangos dwy o gelloedd coch y gwaed wedi'u heintio â *Plasmodium*

Mae pob dot pinc bach ym mhob cell yn *Plasmodium* unigol yn y cyfnod merosöit

Pathogenedd firysau ac atgenhedlu firysau

Mae firysau wedi cael eu disgrifio fel y 'parasit eithaf' oherwydd y tu allan i gelloedd byw, maen nhw'n ddifywyd. Dydyn nhw ddim yn dangos unrhyw un o nodweddion bywyd, heblaw pan maen nhw y tu mewn i gell letyol, lle maen nhw'n dyblygu.

- Yn y gylchred **lytig**, mae firysau'n atgenhedlu ar unwaith drwy ddefnyddio metabolaeth y gell letyol i gopïo eu hasid niwclëig eu hunain a syntheseiddio protein cot newydd.

  Maen nhw'n gallu cael eu rhyddhau drwy:

  - Lysis y gell letyol, e.e. firws annwyd.

  - Blaguro; yn yr achos hwn, maen nhw'n cael amlen o gellbilen yr organeb letyol, e.e. firws ffliw.

- Mae rhai firysau'n '**lysogenig**'. Maen nhw'n integreiddio eu hasid niwclëig yng ngenom y gell letyol ac yn gallu aros yno am lawer o genedlaethau o gelloedd heb ddim effaith glinigol. Maen nhw'n mynd i'r gylchred lytig yn nes ymlaen, a dyna pryd maen nhw'n cynhyrchu symptomau, e.e. herpes, HIV.

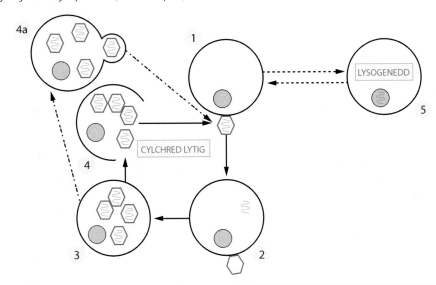

ALLWEDD

1 Firion yn rhwymo wrth gell
2 Chwistrellu asid niwclëig firaol i mewn i'r gell gan adael y got protein ar y tu allan
3 Syntheseiddio asid niwclëig a phrotein y capsid gan ddefnyddio metabolaeth yr organeb letyol; mae'r rhain yna'n ffurfio gronynnau firws aeddfed
4 Lysis y gell yn rhyddhau'r firysau
  neu 4a Gronynnau firws newydd yn blaguro oddi ar arwyneb y gell
5 Asid niwclëig firaol yn integreiddio i mewn i gromosom mewn cell yn yr organeb letyol

Cylchred bywyd firysau

Mae firysau'n gallu bod yn bathogenaidd mewn gwahanol ffyrdd:

- Lysis celloedd: pan mae bacteria wedi'u heintio â bacterioffag, mae gwasgedd y gronynnau firws newydd y tu mewn iddynt yn achosi i'r bacteria fyrstio. Ar y llaw arall, pan fydd celloedd anifail wedi'u heintio â firws, y llid wedi'i achosi gan lymffocytau-T neu wrthgyrff sy'n achosi'r lysis. Un enghraifft yw rhinofirws, un o'r tua 200 o firysau sy'n achosi annwyd, sy'n achosi lysis o'r celloedd yn rhan uchaf y llwybr resbiradol.
- Tocsinau: mae llawer o gydrannau firysau a'u sgil gynhyrchion yn wenwynig. Dydyn ni ddim yn deall y mecanweithiau'n iawn, ond rydym ni wedi arsylwi'r canlynol:
  - Mae firws y frech goch yn gallu achosi i gromosomau asio.
  - Mae firws herpes yn gallu achosi i gelloedd asio.
  - Mae proteinau firaol yn gallu atal synthesis RNA, DNA a phrotein.

▼ **Pwynt astudio**

Does gan firysau ddim cellfuriau na llwybrau metabolaidd, felly dydy gwrthfiotigau ddim yn effeithio arnynt.

Mae disgrifiad o'r ffactorau genetig sy'n achosi rhai canserau ar t214.

- Trawsffurfio cell: mae DNA firws yn gallu integreiddio yn y cromosom lletyol. Os yw'r DNA yn mynd i mewn i broto-oncogenyn neu i enyn atal tiwmorau, mae'n gallu achosi i'r gell gyflawni cellraniad cyflym a direolaeth, h.y. mynd yn ganseraidd. Un enghraifft yw HPV, firws papiloma dynol, sy'n gallu achosi canser ceg y groth drwy fynd i mewn i'r genyn atal tiwmorau, TP53.
- Atal imiwnedd:
  - Atal yr adweithiau sy'n achosi i lymffocytau B a T aeddfedu.
  - Ffurfio llai o wrthgyrff, e.e. mae HIV yn dinistrio grŵp o gelloedd helpu T, felly dydy lymffocytau B ddim yn gallu gwneud gwrthgyrff mwyach. Mae hyn yn amharu ar system imiwnedd pobl â haint HIV felly maen nhw'n dueddol iawn o ddal heintiau.
  - Llai o gelloedd ffagocytig i amlyncu microbau.

Gwrthfiotigau
Mathau o wrthfiotigau

Cyfansoddion gwrth-ficrobau yw rhai sy'n atal twf bacteria. Y rhain yw:
- Antiseptigion i'w defnyddio ar feinweoedd byw, e.e. Dettol.
- Diheintyddion i'w defnyddio ar arwynebau anfyw, e.e. cannydd.
- Gwrthfiotigau.

Mae **gwrthfiotigau** yn cael eu cynhyrchu gan ffyngau ac yn gweithredu ar facteria, ond nid ar firysau ac nid ar gelloedd ewcaryotig. Felly maen nhw'n gallu trin haint bacteriol heb wneud niwed i'r claf. Mae **gwrthfiotigau sbectrwm llydan**, fel ampisilin a thetracyclin, yn effeithio ar lawer o wahanol rywogaethau Gram positif a Gram negatif ond mae **gwrthfiotigau sbectrwm cul** yn llawer mwy dewisol, e.e. dim ond bacteria Gram positif mae penisilin G yn eu lladd.

Mae gwrthfiotigau gwahanol yn effeithio ar agweddau gwahanol ar fetabolaeth bacteria. Ar ôl eu defnyddio nhw ym maes meddygaeth, rydym ni wedi gallu eu dosbarthu nhw:
- Mae gwrthfiotigau **bacterioleiddiol** yn lladd bacteria, e.e. penisilin, sy'n dinistrio cellfuriau bacteria.
- Mae gwrthfiotigau **bacteriostatig** yn atal bacteria rhag lluosogi, ond dydyn nhw ddim yn eu lladd nhw, e.e. sylffonamidau, sy'n atalyddion cystadleuol i ensymau a thetracyclin, sy'n atal synthesis proteinau. Mae metabolaeth arferol y bacteria'n ailddechrau pan nad yw'r gwrthfiotig yn bresennol mwyach.

Cellfuriau bacteria

- Mae peptidoglycan (mwrein) yn ffurfio rhan o gellfur bacteria. Fel mae'r enw'n ei awgrymu, mae'n cynnwys polysacarid a chadwynau byr o asidau amino. Mae ensymau trawspeptidas yn trawsgysylltu'r moleciwlau polysacarid drwy eu glynu nhw at gadwynau ochr yr asidau amino. Mae'r trawsgysylltiadau'n gwneud y cellfur yn gryf, yn rhoi ei siâp i'r gell ac yn ei hamddiffyn hi rhag byrstio oherwydd mewnlifiad dŵr drwy gyfrwng osmosis.
- Mae cellfuriau bacteria Gram positif wedi'u gwneud o haen drwchus o beptidoglycan, sy'n gwneud bron i 90% o'r cellfur. Mae mandyllau yn y peptidoglycan yn cau yn ystod cyfnod dadliwio protocol staen Gram, felly mae fioled grisial yn aros yn y gell, sy'n staenio'n fioled. Rydym ni'n defnyddio saffranin fel gwrthstaen ac mae hwn yn troi'r celloedd Gram positif fioled yn borffor. Mae moleciwlau y tu allan i'r gell yn gallu mynd at y peptidoglycan, sy'n golygu ei fod yn agored i ymosodiad gan lysosym a phenisilin.
- Mae gan gellfuriau bacteria Gram negatif haen denau o beptidoglycan, sydd ddim mwy na 10% o'r cellfur, wedi'i hamgylchynu â haen o lipoprotein a lipopolysacarid. Mae cyfnod dadliwio staen Gram yn amharu ar y moleciwlau hyn sy'n cynnwys lipid ac mae'r staen fioled grisial yn gollwng allan o'r gell, gan ei gadael hi heb staen. Mae saffranin, y gwrthstaen, yn troi'r celloedd Gram negatif yn goch. Mae'r haen sy'n cynnwys lipid yn amddiffyn y peptidoglycan rhag cyfryngau gwrth-ficrobau, gan gynnwys lysosym a phenisilin.

DYLECH CHI WYBOD ›››

- ››› Mae gwrthfiotigau'n gallu bod yn facterioleiddiol neu'n facteriostatig
- ››› Adeiledd cellfur bacteria
- ››› Sut mae penisilin a thetracyclin yn gweithio
- ››› Sut mae gwrthfiotigau wedi arwain at facteria sy'n gallu gwrthsefyll gwrthfiotigau

Term Allweddol

Gwrthfiotig: Sylwedd sy'n cael ei gynhyrchu gan ffwng ac sy'n effeithio ar dwf bacteria.

Mae darlun o adeiledd cellfur bacteria ar t57.

Mecanweithiau gwrthfiotigau

Penisilin

Mae'r ffwng *Penicillium* yn rhyddhau penisilin pan mae ei dwf yn cael ei atal a phan mae dan straen. Yn wreiddiol, roeddem ni'n masgynhyrchu penisilin o *P. notatum*, ond nawr, rydym ni'n defnyddio rhywogaethau *P. chrysogenum* sy'n rhoi llawer mwy o gynnyrch. Rydym ni'n tyfu'r ffwng yn aerobig mewn eplesyddion diwydiannol ac yn puro'r penisilin i'w ddefnyddio. Y penisilin cyntaf a oedd ar gael oedd penisilin G. Roedd rhaid chwistrellu hwn, yn hytrach na'i lyncu, oherwydd roedd asid y stumog yn ei ymddatod. Gallwn ni gymryd penisilin V a deilliadau eraill, fel ampisilin, drwy'r geg. Maen nhw'n gweithio drwy amharu ar gellfuriau bacteria:

- Mae penisilin yn tryledu'n rhwydd drwy gellfur bacteria Gram positif ac mae'n mynd i mewn i rai bacteria Gram negatif drwy foleciwlau ar yr arwyneb o'r enw porinau.

- Mae bacteria'n creu ac yn dadelfennu rhannau o'u cellfuriau'n gyson.

- Mae'r ensym DD-trawspeptidas yn cataleiddu adweithiau cyddwyso sy'n gwneud trawsgysylltiadau rhwng y cadwynau ochr asidau amino sy'n uno moleciwlau peptidoglycan. Enw arall ar yr ensym hwn yw PBP (*penicillin binding protein*/protein rhwymo â phenisilin) oherwydd bod penisilin yn rhwymo wrtho, gan weithredu fel atalydd ensymau.

- Mae'n dal i gael ei ddadelfennu drwy gyfrwng hydrolysis, felly mae'n colli mwy o gellfur nag mae'n ei greu.

- Hefyd, gan nad oes trawsgysylltiadau peptid yn ffurfio, mae moleciwlau rhagsylweddion yn cronni. Mae'r rhain hefyd yn cael eu hydrolysu.

- Pan mae dŵr yn mynd i mewn i'r gell drwy gyfrwng osmosis, dydy'r cellfur gwan ddim yn gallu gwrthsefyll y potensial gwasgedd uwch sy'n achosi lysis yn y gell. Yn wahanol i rai gwrthfiotigau eraill, fel fancomycin, mae'r moleciwl penisilin yn ddigon bach i dreiddio'r holl ffordd drwy'r peptidoglycan, felly mae hyn yn effeithio ar holl drwch y cellfur.

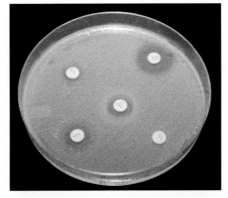

Bacteria yn tyfu ar agar yn dangos ymwrthedd i wrthfiotigau sy'n tryledu o ddisgiau papur hidlo

Tetracyclin

Mae'r ffwng *Streptomyces* yn cynhyrchu tetracyclin, gwrthfiotig sbectrwm eang. Mae'n gweithredu yn erbyn bacteria Gram positif a Gram negatif ac felly mae llawer o ffyrdd o'i ddefnyddio'n feddygol: yn erbyn y bacteria sy'n achosi acne, yn erbyn heintiau cyffredin, fel *Chlamydia*, ond hefyd yn erbyn clefydau prin, fel anthracs a'r pla du. Mae hefyd yn gweithio i raddau yn erbyn rhai parasitiaid sy'n ewcaryotau, gan gynnwys *Plasmodium*. Fodd bynnag, erbyn hyn mae llawer o facteria'n dangos rhywfaint o ymwrthedd i detracyclin.

Mae tetracyclin yn atal synthesis proteinau. Mae'n tryledu i mewn i gelloedd bacteria ac yn cael ei bwmpio i mewn iddynt. Mae'n rhwymo wrth is-uned fach (30S) ribosomau ac yn atal tRNA rhag cydio yn yr ail safle, safle A, fel nad oes modd ychwanegu asidau amino newydd at y gadwyn polypeptid. Mae tetracyclin yn rhwymo'n gildroadwy, felly effaith facteriostatig yw hon.

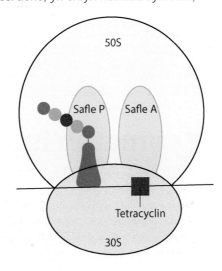

50S

Safle P   Safle A

Tetracyclin

30S

Mecanwaith tetracyclin

Mynd ymhellach ▶

Mae penisilin yn rhwymo'n anghildroadwy wrth waddod serin yn safle actif DD-trawspeptidas. Dydy'r moleciwl ddim yn gyflenwol i siâp y safle actif, felly mae'n atalydd anghystadleuol.

Sylwch

Gwnewch yn siŵr eich bod chi'n gallu esbonio'r gwahaniaeth rhwng gwrthfiotigau bacteriostatig a bacterioleiddiol; gwrthfiotigau sbectrwm llydan neu gul; a rhai sy'n cael eu chwistrellu neu eu llyncu.

Cyswllt Rydych chi wedi dysgu am ataleiddion ensymau yn ystod blwyddyn gyntaf y cwrs hwn.

Mynd ymhellach ▶

Mae gan y rhan fwyaf o asidau amino mewn organebau byw, gymesuredd ffurf L. Mae'r math arall, asidau amino D, yn brin mewn ewcaryotau, ond maen nhw'n bodoli fel niwrodrosglwyddydd yn yr ymennydd ac mewn rhai proteinau. Maen nhw, fodd bynnag, yn niferus iawn yng nghellfur peptidoglycan bacteria.

Mynd ymhellach ▶

Dydy celloedd mamolion ddim yn gallu pwmpio tetracyclin i mewn i'w celloedd. Efallai y bydd ychydig bach yn tryledu i mewn, ond mae'r effaith ar synthesis proteinau'n ddibwys.

▼ **Pwynt astudio**

Mae fancomycin yn ddewis olaf fel gwrthfiotig, ac rydym ni'n ei ddefnyddio i drin heintiau ymwrthol iawn. Ond erbyn hyn mae rhywfaint o ymwrthedd i fancomycin yn digwydd. Mae gwrthfiotig mwy newydd, linesolid, ar gael ond rhaid i ni beidio â defnyddio llawer arno.

Mynd ymhellach ▶

Methisilin yw'r M yn MRSA yn yr Unol Daleithiau, ond ei enw rhyngwladol yw metisilin. Dydy'r cyffur ddim yn cael ei gynhyrchu mwyach, ond mae ei enw'n dal i gael ei ddefnyddio yn MRSA.

45

Gwirio gwybodaeth

Llenwch y bylchau.

Caiff gwrthfiotigau eu cynhyrchu gan ....
Maen nhw'n effeithio ar .... ond nid firysau. Yr enw ar y rhai sy'n atal bacteria rhag atgynhyrchu yw .... Mae gorddefnyddio'r rhain wedi darparu pwysau dethol o blaid bacteria sydd ag .... i wrthfiotigau, e.e. MRSA.

DYLECH CHI WYBOD ›››

››› Rhwystrau naturiol y corff rhag haint

››› Manylion yr ymateb hylifol a'r ymateb cell-gyfryngol

››› Nodweddion yr ymatebion imiwn cynradd ac eilaidd

Gorddefnyddio gwrthfiotigau

Rydym ni wedi bod yn defnyddio gwrthfiotigau ers miloedd o flynyddoedd, ac maen nhw'n ymddangos mewn triniaethau hanesyddol clefydau; roedd y Groegiaid gynt yn defnyddio bara wedi llwydo i atal clwyfau rhag mynd yn heintus. Rydym ni wedi defnyddio llawer arnynt i drin clwyfau rhyfel ac maen nhw wedi achub niferoedd enfawr o fywydau, er enghraifft, yn yr Ail Ryfel Byd. Ers hynny, rydym ni wedi eu defnyddio nhw'n helaeth i drin heintiau mewn pobl, ond hefyd i atal heintiau mewn anifeiliaid fferm. Gan eu bod nhw'n iach, roedd yr anifeiliaid yn gallu defnyddio eu hegni i dyfu, yn hytrach na brwydro yn erbyn haint, felly roedd ffermydd yn fwy cynhyrchiol. Mewn llawer o ffermydd heddiw, dydy gwrthfiotigau ddim yn cael eu defnyddio fel ymateb i haint, ond maen nhw'n cael eu defnyddio'n barhaus, i atal haint.

Mae gwrthfiotigau yn yr amgylchedd yn lladd rhai unigolion, ond os oes mwtaniad sy'n rhoi ymwrthedd i unigolion, bydd yr unigolion â'r mwtaniad hwn yn goroesi. Bydd gan y rhain fantais ddetholus ym mhresenoldeb gwrthfiotigau. Byddant yn atgenhedlu, gan drosglwyddo'r alel sy'n rhoi **ymwrthedd i wrthfiotigau**, a bydd poblogaeth ymwrthol yn ffurfio.

Mae alelau ymwrthedd i wrthfiotigau'n dod o ddwy ffynhonnell:

- Bob tro mae DNA bacteria'n dyblygu, gallai mwtaniad ymddangos sy'n rhoi ymwrthedd. Mae bacteria'n rhannu'n gyflym mewn amodau addas, felly mae ganddynt gyfradd mwtaniadau uchel.

- Mae bacteria'n gallu cael plasmidau o'r amgylchedd sy'n cludo alel sy'n rhoi ymwrthedd. Mae'r plasmidau'n dyblygu y tu mewn i'r bacteriwm ac yn cael eu trosglwyddo i'r epilgelloedd wrth i'r bacteriwm ddyblygu.

Mae'r genynnau wedi mwtanu'n codio ar gyfer proteinau sy'n atal gwrthfiotigau rhag gweithio mewn ffyrdd sy'n dibynnu ar fecanwaith y gwrthfiotig:

Ymwrthedd i benisilin	Ymwrthedd i detracyclin
Secretu ß-lactamas, ensym sy'n diraddio penisilin	Pwmpio tetracyclin allan o'r gell
PBP wedi'i newid, felly mae'r penisilin yn methu rhwymo	Rhyddhau'r tetracyclin sydd wedi rhwymo
Porinau llai, neu lai ohonynt, sy'n golygu bod llai o benisilin yn mynd i mewn	Atal tetracyclin rhag glynu wrth ribosom

Pe na bai unrhyw wrthfiotigau yn yr amgylchedd, byddai defnyddio egni i syntheseiddio'r proteinau hyn yn achosi anfantais ddetholus i'r bacteria a byddent yn marw. Dim ond pan mae'r gwrthfiotig yn bresennol mae ganddynt fantais ddetholus. Felly, parhau i ddefnyddio llawer o wrthfiotigau sy'n cynhyrchu'r broblem ymwrthedd. Mae llawer o facteria sy'n bwysig o safbwynt clinigol yn dangos ymwrthedd i wrthfiotigau, gan gynnwys y rhai sy'n achosi'r gwahanglwyf, TB a gonorea. Mae rhai'n dangos ymwrthedd i lawer o wrthfiotigau, gan gynnwys:

- MRSA – *Staphylococcus aureus* sydd ag ymwrthedd i fethisilin. Mae ganddo ymwrthedd i benisilin a'i holl ddeilliadau, ac rydym ni'n ei drin â fancomycin.

- *Clostridium difficile* – rydym ni'n trin achosion difrifol â fancomycin.

Mae datblygu gwrthfiotigau newydd yn flaenoriaeth bwysig. Hebddynt, fydd hi ddim yn bosibl rheoli haint ar ôl llawdriniaeth. Bydd heintiau bacteriol yn bygwth bywydau unwaith eto.

Yr ymateb imiwn

Mae'r system imiwnedd yn galluogi'r corff i wrthsefyll clefydau. Mae gan y corff rwystrau ffisegol i amddiffyn rhag i bathogenau fynd i mewn. Os yw'r rhain yn methu, mae ganddo ymatebion cellog a chemegol. Felly, er y byddwch chi'n dod i gysylltiad â niferoedd enfawr o ficro-organebau bob dydd, y rhan fwyaf o'r amser, byddwch chi'n aros yn iach. Rhaid i'r corff ganfod antigenau estron o'r tu allan i'r corff a gwahaniaethu rhwng y rhain ac antigenau sy'n dod o feinweoedd y corff ei hun.

Y system imiwnedd gynhenid

Grŵp o rwystrau naturiol yw'r system imiwnedd gynhenid, ac mae'n gwrthsefyll haint mewn llawer o ffyrdd:

- Mae'r croen yn gorchuddio arwyneb allanol y corff, heblaw dros agoriadau fel y geg a'r llygaid.
  - Mae ceratin mewn celloedd epidermaidd yn gwneud y croen yn wrth-ddŵr.
  - Mae colagen ym meinwe gyswllt y dermis, sy'n cael ei gynnal gan fitamin C, yn gwneud y croen yn wydn.
- Mae fflora'r croen, neu'r microbiota, yn cynnwys bacteria a ffyngau, sy'n cystadlu'n well na rhywogaethau pathogenaidd. Yn wahanol i'r pathogenau, dydy hi ddim yn hawdd golchi'r rhain i ffwrdd ac felly mae ymolchi'n rheolaidd yn dal i fod yn ffordd bwysig o wrthsefyll haint.
- Mae'r aer rydym ni'n ei fewnanadlu'n cynnwys micro-organebau a'u sborau. Mae mwcws yn eu dal nhw ac mae cilia'r celloedd epidermaidd sy'n leinio'r llwybrau resbiradol yn dod â nhw at agoriad yr oesoffagws, ac yna rydym ni'n eu llyncu nhw.
- Os caiff rhwystr y croen ei dorri:
  - Os oes capilarïau wedi'u torri, bydd tolchenau'n atal microbau rhag mynd i mewn.
  - Mae llid yn ffurfio. Mae mwy o waed yn llifo tuag at safle'r haint gan ddod â niferoedd mawr o gelloedd ffagocytig. Mae'r capilarïau sydd wedi torri'n gwella ac mae'r tymheredd uwch yn anffafriol i ficrobau.
- Os yw microbau'n mynd i lif y gwaed, mae celloedd ffagocytig gan gynnwys macroffagau a niwtroffilau yn eu hamlyncu nhw ac yn eu treulio nhw.
- Mae dagrau, mwcws a phoer yn cynnwys lysosym, ensym sy'n hydrolysu moleciwlau peptidoglycan yng nghellfuriau bacteria, ac yn eu lladd nhw.
- Mae asid y stumog yn lladd llawer o'r microbau sy'n cael eu llyncu mewn bwyd a diod.

Mynd ymhellach ▶

Mae gan lawer o organebau system imiwnedd gynhenid: mae pob ffylwm anifeiliaid a rhai planhigion yn gallu adnabod pethau sydd ddim yn rhan ohonynt eu hunain. Efallai fod tarddiad esblygol celloedd ffagocytig, e.e. macroffagau a granwlocytau, yn dod o organebau tebyg i *Amoeba*.

Y system imiwnedd ymaddasol

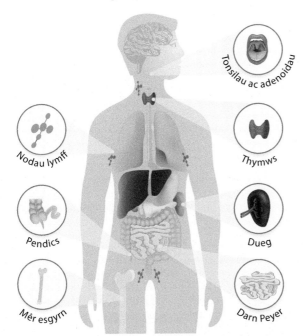

Cydrannau pwysig y system imiwnedd ymaddasol

Mynd ymhellach ▶

Mewn cyflyrau awtoimiwn, nid yw'r system imiwnedd ymaddasol yn adnabod meinweoedd y corff fel rhan ohono'i hun, ac mae'n eu trin nhw fel rhai estron, felly mae gwrthgyrff yn ymosod arnynt.

Mae 'ymaddasol' yn golygu bod y corff yn cynhyrchu ymateb penodol i bob antigen, felly mae'r corff yn addasu. Lymffocytau sy'n darparu'r ymateb hwn. Mae'r rhain yn deillio o gelloedd bonyn ym mêr yr esgyrn ac mae eu hunion swyddogaeth yn dibynnu ar eu lleoliad ar ôl hynny.

Sylwch

Mae gan bob antigen boblogaethau lymffocytau B cof a lymffocytau T cof ar wahân.

Yr ymateb ymaddasol

Mae dwy ran i'r ymateb imiwn penodol hwn.

1 *Yr ymateb hylifol*

Mae'r ymateb hylifol yn cynhyrchu **gwrthgyrff**.

Mae lymffocytau B yn aeddfedu yn y ddueg a'r nodau lymff. Mae'r derbynyddion ar eu cellbilenni'n ymateb i brotein estron yn llif y gwaed ac maen nhw'n ymrannu, gan wneud:

- Celloedd plasma, sy'n rhyddhau gwrthgyrff.
- Celloedd cof, sy'n aros ynghwsg yn y cylchrediad ac yna'n rhannu i ffurfio mwy o lymffocytau B os yw'r un antigen yn ymddangos yn y dyfodol.

Moleciwlau glycoprotein siâp Y, sef imiwnoglobwlinau, yw gwrthgyrff. Mae ganddynt adeiledd cwaternaidd gan fod pob moleciwl yn cynnwys pedwar polypeptid wedi'u dal at ei gilydd gan fondiau deusylffid. Mae'r rhannau newidiol yn benodol i bob antigen. Mae moleciwl antigen yn rhwymo wrth wrthgorff ac mae pob moleciwl gwrthgorff yn gallu rhwymo wrth ddau foleciwl antigen. Mae microbau ag antigenau ar eu harwynebau'n pentyrru gyda'i gilydd, h.y. maen nhw'n cyfludo.

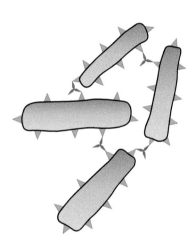

Mae microbau sydd wedi'u cyfludo gan wrthgyrff yn cael eu hamlyncu'n fwy effeithlon gan gelloedd ffagocytig

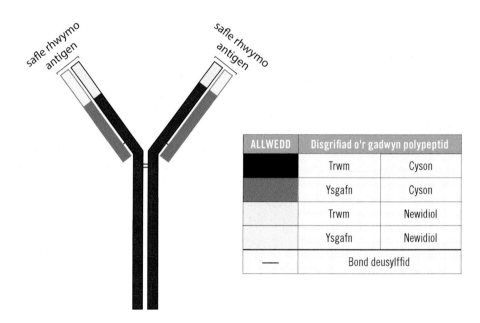

Moleciwl gwrthgorff

ALLWEDD	Disgrifiad o'r gadwyn polypeptid	
	Trwm	Cyson
	Ysgafn	Cyson
	Trwm	Newidiol
	Ysgafn	Newidiol
—	Bond deusylffid	

2 *Yr ymateb cell-gyfryngol*

Mae'r ymateb cell-gyfryngol yn cyfeirio at actifadu celloedd ffagocytig, lymffocytau B a lymffocytau T.

Mae lymffocytau T yn cael eu hactifadu yn y chwarren thymws. Mae'r derbynyddion ar eu cellbilenni'n ymateb i antigenau ac maen nhw'n ymrannu i wneud:

- Celloedd cof T, sy'n aros ynghwsg yn y cylchrediad ac yna'n ymrannu i ffurfio mwy o lymffocytau T os yw'r un antigen yn ymddangos yn y dyfodol.
- Celloedd lladd T neu gelloedd cytotocsig T, sy'n lladd celloedd pathogenaidd â'r antigenau, drwy achosi lysis.
- Celloedd helpu T, sy'n rhyddhau cemegion gan gynnwys cytocinau.

Mae cytocinau'n ysgogi:

- Celloedd ffagocytig, gan gynnwys macroffagau, monocytau a niwtroffilau, i amlyncu pathogenau a'u treulio nhw.

- Lymffocytau B a T i gyflawni **ehangiad clonaidd**, h.y. ymrannu lawer gwaith yn gelloedd genetig unfath nes eu bod nhw'n ffurfio poblogaeth fawr o gelloedd sy'n benodol i antigen penodol. Mae'r celloedd hyn yn gwahaniaethu i wahanol ddosbarthiadau lymffocytau.
- Lymffocytau B i wneud gwrthgyrff.

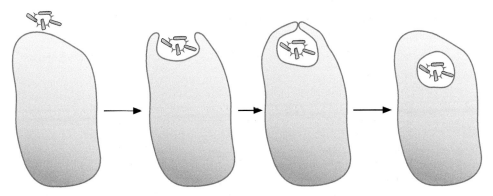

Celloedd ffagocytig yn amlyncu microbau sydd wedi'u cyfludo gan wrthgyrff

▼ **Pwynt astudio**

Lymffocytau T a B sy'n cynhyrchu'r ymateb cell-gyfryngol; lymffocytau B sy'n cynhyrchu'r ymateb hylifol.

Brwydro yn erbyn haint

Yr ymateb imiwn cynradd

- Y tro cyntaf mae'r corff yn dod i gysylltiad ag antigen, mae cyfnod diddigwydd byr pan mae macroffagau'n amlyncu'r antigen estron neu'r gell neu'r firws sydd ynghlwm wrtho, ac yn ymgorffori moleciwlau'r antigen yn eu cellbilenni eu hunain. **Cyflwyno'r antigen** yw hyn ac felly mae macroffagau'n fath o gell sy'n cyflwyno antigenau.
- Mae celloedd helpu T yn canfod yr antigenau hyn ac yn ymateb drwy secretu cytocinau.
- Mae'r celloedd plasma B yn secretu gwrthgyrff am tua thair wythnos. Mae symptomau'r haint yn cilio.

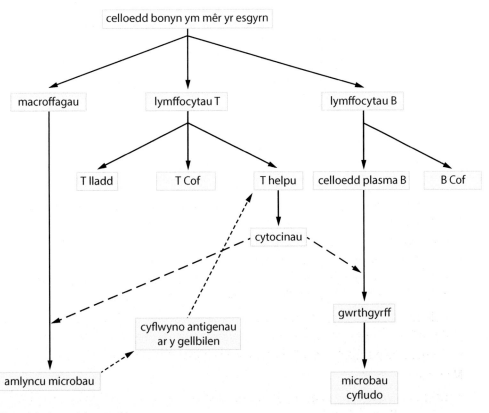

Crynodeb o'r ymateb cynradd

Yr ymateb imiwn eilaidd

Mae'r ymateb eilaidd yn dibynnu ar gelloedd cof ac mae'n gallu gwarchod rhag antigen unfath, hyd yn oed lawer o ddegawdau ar ôl dod i gysylltiad ag ef am y tro cyntaf.

- Ar ôl i hyd yn oed swm bach o antigen ymddangos eto, ar ôl cyfnod diddigwydd byr, bydd y celloedd cof yn cyflawni ehangiad clonaidd, ond yn gyflymach nag yn yr ymateb cynradd.

- Mae gwrthgyrff yn cael eu gwneud yn gyflymach, ac maen nhw hyd at 100 gwaith yn fwy crynodedig nag yn yr ymateb cynradd.

- Mae eu crynodiad yn aros yn uchel yn y cylchrediad am gyfnod hirach a does dim symptomau'n datblygu.

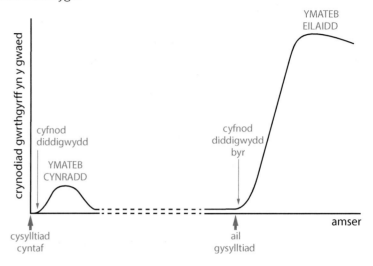

Graff yn dangos ymateb imiwn

Imiwnedd actif a goddefol

Imiwnedd actif

Mae imiwnedd actif yn golygu bod y corff yn gwneud ei wrthgyrff ei hun, wedi'i ysgogi naill ai gan haint neu gan frechiad.

Mae'n para amser hir oherwydd bod yr ymateb yn cynhyrchu celloedd cof.

Brechiad

Pan ydych chi'n cael brechiad, mae'r ymatebion cell-gyfryngol a hylifol yn cael eu cychwyn, er nad oes pathogen niweidiol yn bresennol. Mae **brechlynnau** yn gallu bod yn un o'r canlynol:

- Antigenau wedi'u harunigo o'r pathogen, e.e. brechlyn firws papiloma dynol (HPV).

- Rhywogaethau gwannach neu wanedig o'r pathogen, e.e. brechlyn cyfunol y frech goch, clwy'r pennau a rwbela (MMR).

- Pathogen anactif neu wedi'i ladd, e.e. brechlyn y pas.

- Tocsin wedi'i anactifadu, e.e. brechlyn tetanws.

Mae'r corff yn adnabod y brechlyn fel sylwedd estron ac mae'r system imiwnedd yn ymddwyn fel pe bai pathogen yn bresennol. Imiwnedd 'actif' yw hwn oherwydd mae'r corff yn gwneud ei wrthgyrff ei hun. Gydag amser, mae nifer y celloedd cof yn lleihau os nad yw'r corff yn dod i gysylltiad â'r antigen eto. Felly mewn rhai achosion, byddwn ni'n rhoi un neu fwy o ddosiau atgyfnerthol, e.e. rydym ni'n argymell pigiad tetanws atgyfnerthol bob 10 mlynedd. Mae'r dos atgyfnerthol yn golygu bod y corff yn dod i gysylltiad â'r brechlyn unwaith eto a bydd yr ymateb yn gyflymach, yn fwy ac yn para'n hirach na'r cyntaf. Mae'r corff yn gwneud mwy o gelloedd cof ac felly mae'n ei amddiffyn ei hun am gyfnod hirach.

Imiwnedd goddefol

Mae imiwnedd goddefol yn golygu bod y corff yn cael gwrthgyrff sydd wedi'u cynhyrchu gan unigolyn arall. Mae hyn yn digwydd yn naturiol wrth iddynt gael eu trosglwyddo:

- O fam i ffoetws ar draws y brych.

- I'r baban mewn llaeth o'r fron.

Rydym ni'n rhoi pigiadau gwrthgyrff, neu therapi amnewid Ig (imiwnoglobwlin), mewn rhai sefyllfaoedd, gan gynnwys:

- Os oes angen ymwrthedd cyflym heb fod amser i'r ymateb imiwn actif ddatblygu, e.e. os yw rhywun yn cael ei frathu gan anifail sydd wedi'i heintio â'r gynddaredd; clwyf â risg tetanws uchel iawn; ymweliad brys â rhan o'r byd lle mae haint yn endemig, e.e. personél lluoedd arfog sy'n gorfod teithio'n ddirybudd.

- Achosion o PIDD (*primary immune deficiency disease*/clefyd diffyg imiwnedd cynradd) ac achosion o gyflyrau imiwnedd caffaeledig, e.e. HIV-AIDS, lle dydy cleifion ddim yn gwneud digon o wrthgyrff ac felly ddim yn gallu eu hamddiffyn eu hunain yn ddigonol rhag pathogenau.

Dydy gwrthgyrff wedi'u chwistrellu ddim yn gallu amddiffyn y corff am amser hir, oherwydd mae'r corff yn cychwyn ymateb imiwn yn eu herbyn nhw ar ôl eu hadnabod nhw fel rhai estron. Does gan yr unigolyn sy'n cael y gwrthgyrff ddim celloedd cof perthnasol ychwaith.

GWEITHIO'N WYDDONOL

Ers i ni ddarganfod bod gwrthgyrff yn rhwymo'n ddetholus wrth foleciwlau penodol, rydym ni wedi dyfeisio ffyrdd o'u defnyddio nhw sydd ddim yn ymwneud â'u gallu i ymosod ar bathogenau, gan gynnwys:

- Datblygiad ar gyfer trin canser, sy'n defnyddio gwrthgyrff wedi'u rhwymo wrth gyffuriau cemotherapi i ddanfon y cyffuriau'n uniongyrchol i gelloedd tiwmor.

- Mae'n bosibl y gallem ni drin rhai mathau o feigryn drwy chwistrellu gwrthgyrff yn erbyn protein nodweddiadol.

Effeithiolrwydd brechu

Mae rhai brechlynnau'n fwy effeithiol nag eraill. Felly i ddarparu imiwnedd sy'n para'n hir, mae gwahanol amserlenni i frechlynnau yn erbyn gwahanol glefydau. Er enghraifft, dim ond un dos sydd ei angen o rai ffurfiau ar y brechlyn HPV; mae'r brechlyn yn erbyn meningitis B yn cael ei roi mewn tri dos; mae brechiadau ffliw'n cael eu rhoi'n flynyddol i bobl hŷn.

Er mwyn i frechiad amddiffyn rhywun yn llwyddiannus rhag clefyd:

- Dylai'r antigen fod yn imiwnogenig iawn. Mae hyn yn golygu y byddai un dos o'r brechlyn yn achosi ymateb cryf gan y system imiwnedd. Byddai'n gyflym yn gwneud nifer mawr o foleciwlau gwrthgorff, yn benodol ar gyfer antigen arbennig, e.e. firws *Vaccinia*, sy'n perthyn yn agos i *Variola major*, firws y frech wen, sy'n cael ei ddefnyddio i wneud brechlyn y frech wen.

- Dim ond un math antigenig (seroteip) o'r pathogen ddylai fod, e.e. *Rubella*, y firws sy'n achosi un math o'r frech Almaenig. Mae gan bob firws *Rubella* yr un antigenau ar yr arwyneb felly dim ond un brechlyn sydd ei angen ac mae'r gwrthgyrff sy'n ffurfio'n gallu ymosod ar bob un.

Mae gan y firws ffliw A lawer o seroteipiau oherwydd mae'n ailgyfuno'n enetig ac yn mwtanu'n aml. Os yw'r firws wedi mwtanu, efallai na fydd y celloedd cof gafodd eu cynhyrchu wrth ddod i gysylltiad â'r firws y tro cyntaf yn cael eu hysgogi y tro nesaf. Felly, efallai y byddai angen brechlyn gwahanol i bob math o antigen a gallai'r newidiadau bach i'r antigenau sy'n cael eu cynhyrchu gan fwtaniadau olygu na fydd brechlyn yn hollol effeithiol.

▼ Pwynt astudio

Mae imiwnedd actif yn golygu bod y corff yn gwneud ei wrthgyrff ei hun. Mae imiwnedd goddefol yn golygu bod y corff yn cael gwrthgyrff sydd wedi'u gwneud yn rhywle arall.

Mynd ymhellach ▶

Mae'r gair Saesneg am frechiad, *vaccination*, yn deillio o vacca, y gair Lladin am fuwch. Mae hyn yn cyfeirio at waith Edward Jenner, a oedd yn brechu yn erbyn y frech wen gan ddefnyddio brech y fuwch, pathogen sy'n perthyn ond yn llai peryglus.

46 Gwirio gwybodaeth

Parwch y termau 1–4 â'u hystyron, A–CH.

1. Gwrthgorff.
2. Cell plasma.
3. Brechlyn.
4. Imiwnedd goddefol.

A. Lymffocyt B gwahaniaethol sy'n secretu gwrthgyrff.

B. Imiwnedd tymor byr o ganlyniad i gyflwyno gwrthgyrff wedi'u gwneud gan unigolyn arall.

C. Protein siâp Y sy'n cael ei gynhyrchu fel ymateb i antigen penodol.

CH. Pathogen anactif neu wan, neu un o'i broteinau, sy'n cael ei ddefnyddio i gynhyrchu imiwnedd actif yn erbyn clefyd.

▼ Pwynt astudio

Mae'r brechlynnau mwyaf llwyddiannus, e.e. brechlyn y frech wen, ar gyfer pathogenau â dim ond un math antigenig, ac maen nhw'n imiwnogenig iawn.

Mynd ymhellach ▶

Mae Sefydliad Iechyd y Byd wedi amcangyfrif bod brechiadau'n arbed bron i dair miliwn o fywydau bob blwyddyn.

Ystyriaethau moesegol

Mae brechu'n ffordd lwyddiannus iawn o reoli clefydau heintus a does dim dull arall mor effeithiol. Yn wir, dyma'r unig ffordd o amddiffyn rhag rhai clefydau. Os ydym ni'n llwyddo i frechu digon o bobl yn erbyn clefyd cyffwrdd-ymledol (*contagious*), bydd llai o bathogenau byw yn y boblogaeth, sy'n golygu y caiff llai o bobl eu heintio yn y dyfodol. Gallwn ni reoli lledaeniad y clefyd, sy'n golygu bod hyd yn oed pobl sydd heb gael brechiad wedi'u hamddiffyn i raddau. Imiwnedd 'cymunedol' neu 'dorfol' yw hyn ac mae angen brechu cyfran benodol o bobl er mwyn iddo weithio. Os yw'r gyfran yn gostwng o dan y gwerth critigol hwn, mae'r haint yn gallu lledaenu. Felly, gallwn ni wneud dadl foesol o blaid brechu.

Ond dydy pawb ddim yn cael brechiad. Gallai hyn fod oherwydd:

- Mae'r brechiad yn groes i gyngor meddygol i rai pobl, gan gynnwys pobl:
  - â diffyg imiwnedd, e.e. os oes nam ar y ddueg sy'n golygu nad yw'r system imiwnedd yn gweithio'n iawn
  - sy'n cael cemotherapi
  - sy'n byw â HIV-AIDS
  - hen iawn
  - sy'n wael iawn mewn ysbyty.
- Mae rhai'n dewis peidio â chael brechiadau iddynt eu hunain neu i'w plant am amrywiaeth o resymau sydd ddim yn ymwneud â'u cyflwr meddygol. Mae'r dadleuon yn erbyn brechu'n cynnwys:
  - Gwrthwynebiad crefyddol
  - Ffafrio meddyginiaeth 'naturiol' neu 'amgen'
  - Methu ymddiried yn y cwmnïau fferyllol sy'n cynhyrchu'r brechlynnau
  - Ofnau am ddiogelwch.

▼ **Pwynt astudio**

Rhaid i benderfyniadau ynglŷn â brechu ystyried cost-effeithiolrwydd, hawliau'r unigolyn i ddewis, amddiffyn y gymuned a pha mor ddifrifol yw'r sgil effeithiau.

Cost-effeithiolrwydd

Pan fydd awdurdodau iechyd yn gwneud penderfyniadau am frechu torfol, rhaid iddynt ystyried a ydy'r gost ariannol yn werth y budd. Ar gyfer cyflyrau peryglus, fel y frech goch, maen nhw'n cynghori pawb i gael brechiad, ond ar gyfer ffliw, dim ond i grwpiau targed, fel pobl hŷn, maen nhw'n argymell brechiad. Yn gyffredinol, fodd bynnag, mae llywodraeth y Deyrnas Unedig o'r farn bod brechu'n ffordd gost-effeithiol o amddiffyn y cyhoedd.

Mynd ymhellach ▶

Mae brechiadau wedi arwain at lai o farwolaethau ymysg plant ac felly mae menywod mewn llawer o wledydd yn dewis cael llai o blant. Mae hyn yn effeithio'n sylweddol ar eu hiechyd eu hunain ac yn darparu buddion cymdeithasol ac addysgol.

Brechu gorfodol neu wirfoddol

Polisi'r Deyrnas Unedig yw na chaiff y llywodraeth dresmasu ar hawliau'r unigolyn i ddewis pa feddyginiaeth i'w chymryd, felly dydy brechu ddim yn orfodol. Y gobaith, fodd bynnag, yw bod y buddion mor glir nes bod rhieni'n dewis rhoi brechiadau i'w plant. Mae brechiadau i weithwyr gofal iechyd yn achosi cymhlethdod, oherwydd mae'n ddyletswydd arnynt i beidio â niweidio pobl eraill, a gallai hyn ddigwydd os nad ydynt wedi'u brechu.

Mae barn awdurdodau o gwmpas y byd yn amrywio. Lle mae brechiadau'n orfodol, maen nhw'n pwysleisio bod rhieni sy'n dewis peidio â brechu eu plant, yn ogystal â gwrthod amddiffyn eu plant eu hunain, yn gwrthod amddiffyn pawb sy'n dod i gysylltiad â'u plant. Maen nhw'n dadlau bod gan gymdeithas yr hawl a'r ddyletswydd i'w hamddiffyn ei hun.

Sgil effeithiau

Mae'r rhan fwyaf o gyffuriau meddygol yn achosi sgil effeithiau, ac mae llawer o bobl yn defnyddio hyn fel rheswm i beidio â brechu eu plant. O gofio pa mor gymhleth yw systemau byw, byddai'n anhygoel pe bai moleciwl yn effeithio ar un agwedd yn unig ar fiocemeg y corff. Mae sgil effeithiau cyffredin yn cynnwys llid yn safle'r pigiad, twymyn, blinder a phoen yn y cyhyrau neu'r cymalau. Mae sgil effeithiau difrifol wedi digwydd, ond oherwydd y profion caeth sy'n ofynnol ar gyfer brechlynnau, mae'r rhain yn brin iawn. Mae'r sylw iddyn nhw yn y cyfryngau torfol yn gwneud iddyn nhw ymddangos yn fwy cyffredin nag y maen nhw mewn gwirionedd.

Un enghraifft yw'r brechlyn triphlyg rhag y frech goch, clwy'r pennau a rwbela, MMR. Gostyngodd canran y plant oedd yn cael y brechlyn MMR o 92% i o dan 80% ar ôl cyhoeddiad yn 1998 a oedd yn awgrymu cysylltiad rhwng y brechlyn ac awtistiaeth.

Astudiaeth achos

Mae'r frech goch yn haint firaol cyffwrdd-ymledol sy'n cael ei drosglwyddo drwy'r awyr. Mae'n achosi brech dros y corff i gyd a thwymyn, weithiau dros 40 °C. Mae cymhlethdodau'n digwydd mewn tua 30% o achosion gan gynnwys dolur rhydd, dallineb, llid ar yr ymennydd, niwmonia a hyd yn oed marwolaeth. Cafodd brechlyn ei gyflwyno yn 1963. Yn y Deyrnas Unedig, cafodd tua 97% o'r boblogaeth eu brechu ac ers hynny, mae'r frech goch wedi mynd o fod yn glefyd cyffredin ymysg plant i fod yn eithriadol o brin.

Fodd bynnag, yn 1998, cyhoeddwyd honiadau camarweiniol am y brechlyn cyfunol MMR (y frech goch, clwy'r pennau a rwbela) a oedd yn awgrymu cysylltiad rhwng y brechlyn ac awtistiaeth. Arweiniodd hyn at ostyngiad yng nghanran y boblogaeth oedd yn cael eu brechu. Cafodd yr honiad ei danseilio, ond roedd llawer o niwed wedi'i wneud. Yng Nghymru, gostyngodd y niferoedd a oedd yn cael y brechlyn MMR o 94% o blant dwy oed yn 1995 i 78% erbyn 2003. Yn ardal Abertawe, gostyngodd y niferoedd i 67.5%. Rhwng mis Tachwedd 2012 a mis Gorffennaf 2013, roedd 1,455 o hysbysiadau o'r frech goch ledled Cymru ac roedd 664 o'r rhain yn Abertawe; aeth 88 o bobl i'r ysbyty â'r frech goch a bu farw dyn 25 mlwydd oed o gymhlethdodau. Rhwng trin pobl wael a rheoli'r haint, costiodd y digwyddiad hwnnw'n unig bron i £500,000.

Mynd ymhellach ▶

Clefydau sy'n dod i'r amlwg

Clefydau sy'n dod i'r amlwg yw clefydau heintus mewn bodau dynol y mae nifer yr achosion ohonynt wedi cynyddu dros yr 20 mlynedd diwethaf neu'n debygol o godi yn y dyfodol agos. Mae cydberthyniad rhwng llawer o'r heintiau hyn â'r cynnydd mewn cydgysylltu byd-eang a'r rhyngweithio agos rhwng bodau dynol ac anifeiliaid.

Maen nhw'n cynnwys:

- Clefyd newydd wedi'i achosi gan ficrob anhysbys, e.e. HIV-AIDS
- Clefyd sy'n ymddangos mewn ardaloedd newydd, e.e. firws Gorllewin y Nîl yn Hemisffer y Gorllewin, sy'n achosi enceffalitis.
- Microb sy'n datblygu ymwrthedd i gyfryngau gwrth-ficrobau, e.e. *Staphylococcus aureus* sydd ag ymwrthedd i fethisilin (MRSA).
- Microb o anifail sydd nawr yn heintio bodau dynol, e.e. ffliw adar.
- Esblygiad yn achosi newid mewn microb, e.e. mae'r rhan fwyaf o rywogaethau *E. coli* yn gymharol anfalaen (*benign*), ond mae O157:H7 yn gallu achosi salwch difrifol.
- Organeb sydd wedi'i haddasu'n fwriadol i achosi niwed, e.e. cafodd *Bacillus anthracis*, sy'n achosi anthracs, ei ddefnyddio i halogi post yn yr Unol Daleithiau yn 2001.

Un clefyd sydd wedi dod i'r amlwg yn ddiweddar yw twymyn waedlifol Ebola (*EHF: Ebola hemorrhagic fever*). Mae'n glefyd firaol sy'n achosi twymyn, dolur gwddf, poen cyhyrau a chur pen ac yna chwydu, dolur rhydd a brech, ac mae'n amharu ar yr afu/iau a'r arennau hefyd. Mae rhai pobl yn gwaedu'n fewnol ac yn allanol. Mae'n angheuol mewn 25-90% o achosion, yn aml oherwydd pwysedd gwaed isel ar ôl colli hylif. Cafodd ei ganfod yn Affrica is-Sahara drofannol yn 1976 mewn dau achos a gychwynnodd ar yr un pryd, ac mae nawr yn digwydd o bryd i'w gilydd. Y digwyddiad mwyaf oedd yr epidemig yng ngorllewin Affrica, o fis Rhagfyr 2013 tan fis Ionawr 2016.

Opsiwn B: Anatomi cyhyrysgerbydol dynol

Mae gan fodau dynol sgerbwd mewnol, adeiledd mewnol sy'n cynnal ac yn amddiffyn y corff a hefyd, gan fod ganddo gymalau, yn ein galluogi ni i symud. Mae wedi'i wneud o esgyrn a chartilag, ac mae anhwylderau'r rhain yn gallu cael effeithiau difrifol. Byddwn ni'n disgrifio rhai ohonynt yma. Tendonau sy'n glynu cyhyr ysgerbydol wrth esgyrn, a gewynnau sy'n dal esgyrn at ei gilydd yn y cymalau. Mae adeiledd cyhyrau ac uwchadeiledd celloedd cyhyr yn ategu'r ddamcaniaeth ffilament llithr, sy'n disgrifio sut mae ffibrau cyhyrau'n cyfangu. Mae biocemeg cyhyrau'n esbonio sut caiff egni ei ryddhau er mwyn cyfangu. Mae'r cymalau'n ffurfiadau arbenigol iawn sydd wedi'u gwneud o amrywiaeth o feinweoedd. Byddwn ni'n disgrifio namau sy'n arwain at ddau fath o arthritis.

Erbyn diwedd y testun hwn, byddwch chi'n gallu gwneud y canlynol:

- Disgrifio adeiledd tri math o gartilag a dau fath o asgwrn.
- Deall sut mae'r cydbwysedd rhwng osteoblastau ac osteoclastau'n cynnal adeiledd esgyrn.
- Disgrifio systemau Havers.
- Deall beth sy'n achosi'r llech ac osteomalacia, a sut rydym ni'n eu trin nhw.
- Esbonio'r ddamcaniaeth ffilament llithr ar gyfer cyfangiad cyhyr mewn perthynas ag uwchadeiledd cyhyrau.
- Disgrifio'r gwahaniaethau rhwng ffibrau cyhyrau plycio cyflym a phlycio araf.
- Disgrifio sut mae cyhyrau'n cael egni, hyd yn oed os nad oes llawer o ocsigen ar gael.
- Disgrifio adeiledd a swyddogaethau'r sgerbwd dynol.
- Deall y mathau o dorasgwrn sy'n dueddol i ddigwydd i'r sgerbwd.
- Deall y berthynas rhwng adeiledd fertebrâu gwahanol a'u swyddogaethau.
- Disgrifio beth sy'n achosi rhai anffurfiadau osgo, a sut rydym ni'n eu trin nhw.
- Disgrifio mathau gwahanol o gymalau.
- Deall beth sy'n achosi osteoarthritis ac arthritis gwynegol, a sut rydym ni'n eu trin nhw.
- Disgrifio cymalau fel liferi gradd un, dau a thri.
- Disgrifio adeiledd y cymal synofaidd.
- Esbonio cysyniad cyhyrau gwrthweithiol.

Meinweoedd ysgerbydol

Yn embryonau cynnar y rhan fwyaf o anifeiliaid, mae'r celloedd wedi'u trefnu mewn haenau ymrannu. Mae haen ymrannu'n cynnwys y celloedd sydd yn y pen draw'n ffurfio meinweoedd y corff. Mae tair haen ymrannu mewn embryonau dynol naw diwrnod oed: yr ectoderm, y mesoderm a'r endoderm. Mae **meinwe gyswllt**, gan gynnwys meinweoedd ysgerbydol yr esgyrn a chartilag, yn datblygu o'r mesoderm.

Cartilag

Mae **cartilag** yn feinwe gyswllt galed, hyblyg. Mae'n fwy cywasgadwy a hyblyg nag asgwrn, ond yn llai cywasgadwy a hyblyg na chyhyr.

- Gan ei fod ychydig yn anhyblyg, mae'n gallu dal tiwbiau ar agor, fel y tracea a'r bronci, tiwb Eustachio, sydd rhwng y glust ganol a'r gwddf, y ffroenau a'r pinna (y glust allanol).

- Gan ei fod yn hyblyg, mae'n caniatáu i'r cawell asennau symud.

- Mae'n dychwelyd i'w siâp gwreiddiol ar ôl plygu ac mae ganddo swyddogaeth mewn cymalau sy'n cynnal llwythi fel y cluniau a'r pengliniau.

Condrocytau yw'r celloedd mewn cartilag. Maen nhw'n secretu matrics allgellog sydd wedi'i wneud o brotein tryloyw, sef condroitin. Mae hwn yn gallu cynnwys ffibrau colagen a defnyddiau elastig. Mae'r condrocytau mewn bylchau, neu geudodau, yn y matrics. Does dim pibellau gwaed mewn cartilag felly mae'n dibynnu ar drylediad i gael maetholion ac i gyfnewid nwyon. Gan fod trylediad yn araf, mae cyfradd trosiant cartilag yn araf iawn ac mae'n gwella'n araf iawn. Does dim nerfau mewn cartilag.

Mae tri math o gartilag, ac rydym ni'n eu diffinio nhw yn ôl eu dwysedd a'r mathau o ffibrau sydd ynddynt:

- Mae **cartilag hyalin** yn cynnwys llawer o golagen, ond hwn yw'r math gwannaf o gartilag. Mae'n troi'n asgwrn yn y ffoetws, h.y. mae'n asgwrneiddio, ond mae'n dal i fodoli mewn oedolion ar ffurf cartilag cymalog ar bennau esgyrn, yn uno'r asennau â'r sternwm, yn y trwyn, y laryncs, y tracea a'r bronci. Os caiff ei niweidio, bydd meinwe craith ffibrocartilag yn cymryd ei le. Mae cot ffibrog o feinwe gyswllt, y pericondriwm, yn amgylchynu cartilag hyalin.

- **Cartilag gwyn ffibrog** (ffibrocartilag) yw'r cartilag cryfaf; hwn sy'n gwneud y disgiau rhyngfertebrol a'r gewynnau. Mae ei golagen wedi'i drefnu mewn ffibrau dwys, felly mae ganddo fwy o gryfder tynnol na mathau eraill o gartilag. Mae'r ffibrau wedi'u trefnu i gyfeiriad y straen.

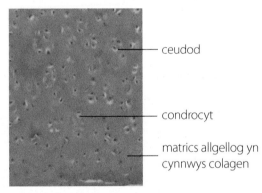

ceudod

condrocyt

matrics allgellog yn cynnwys colagen

Cartilag hyalin dan ficrosgop golau

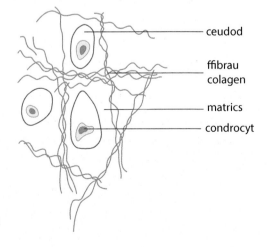

ceudod

ffibrau colagen

matrics

condrocyt

Diagram i ddangos adeiledd ffibrocartilag

DYLECH CHI WYBOD ›››

››› Adeiledd a lleoliadau cartilag hyalin, ffibrog ac elastig

››› Adeiledd asgwrn cywasgedig

››› Swyddogaethau osteoblastau ac osteoclastau

Termau Allweddol

Meinwe gyswllt: Meinwe sy'n cysylltu ac yn cynnal organau neu feinweoedd eraill. Mae ganddi gelloedd wedi'u mewnblannu mewn matrics â ffibrau colagen a meinwe elastig.

Cartilag: Meinwe gyswllt galed, hyblyg yn y llwybrau anadlu resbiradol, ar bennau esgyrn, ar ben blaen yr asennau, yn y trwyn ac yn y glust allanol.

- Mae **cartilag melyn elastig** yn gymedrol gryf. Yn ogystal â cholagen, mae rhwydwaith o ffibrau sydd wedi'u gwneud o elastin yn amgylchynu ei gondrocytau. Mae hyn yn ei wneud yn elastig ond yn cadw ei siâp, e.e. yn y pinna yn y glust ac yn yr epiglotis.

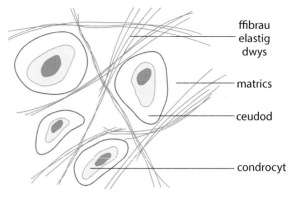

Cartilag melyn elastig

Mynd ymhellach ▶

Gallwn ni ddefnyddio biobeirianneg i dyfu cartilag artiffisial ar sgaffald o fatrics allgellog wedi'i hadu â chelloedd o feithriniad.

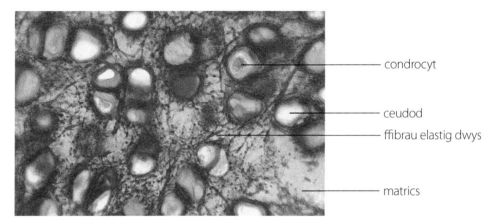

Cartilag melyn elastig dan ficrosgop golau

Asgwrn

Asgwrn yw'r defnydd ysgerbydol mwyaf cyffredin. Mae ei swyddogaethau'n cynnwys:

- Cynnal adeiledd y corff yn y sgerbwd
- Symud, oherwydd mae'r cyhyrau'n safleoedd cydio i esgyrn
- Diogelu organau'n gorfforol, e.e. yr ymennydd
- Rheoleiddio mwynau:
  - Storio, e.e. calsiwm a ffosfforws
  - Dal rhai mwynau sy'n achosi niwed mewn rhannau eraill o'r corff, e.e. plwm
  - Rheoleiddio crynodiad calsiwm yn y gwaed.

Mae dau fath o asgwrn:

- Mae asgwrn sbwngaidd neu fandyllog ar bob pen i'r esgyrn hir ac yn y fertebrâu. Mae ganddo rwydwaith o fylchau sy'n cynnwys mêr yr esgyrn, y feinwe hyblyg lle caiff celloedd gwaed eu gwneud.
- Asgwrn cywasgedig yw 75% o'r asgwrn yn y corff. Mae sianeli Havers a Volkmann yn mynd drwy'r asgwrn, ac mae pibellau gwaed yn gallu mynd drwy'r rhain. Mae asgwrn cywasgedig o gwmpas y rhan fwyaf o'r esgyrn, a dyma sy'n gwneud iddynt edrych yn wyn ac yn sgleiniog. Mae'n gryf ac yn anhyblyg. Mae celloedd o'r enw **osteoblastau** yn ei adeiladu'n gyson, ac mae celloedd o'r enw **osteoclastau** yn ei ddiraddio'n gyson. Mae'r celloedd hyn wedi'u dal mewn matrics sy'n cael ei secretu gan yr osteoblastau. Mae'r matrics hwn yn:
  - 30% organig, ffibrau colagen gan mwyaf, felly mae'n anodd ei dorri.
  - 70% anorganig, hydrocsi-apatit gan mwyaf, sef mwyn sy'n cynnwys llawer o ïonau calsiwm a ffosffad, sy'n galed iawn ac yn anodd ei gywasgu.

Systemau Havers

Mae asgwrn cywasgedig wedi'i wneud o unedau, sef **systemau Havers**, neu osteonau. Mae pob un o'r rhain yn mesur tuag 1 mm ar draws a rhai milimetrau o hyd, ac maen nhw'n rhedeg yn hydredol drwy asgwrn. Mae sianeli Volkmann yn cludo pibellau gwaed o arwyneb yr asgwrn drwodd i'r sianel Havers yng nghanol pob system Havers. Mae'r sianel Havers yn cynnwys rhydwelïyn, gwythiennig, pibellau lymff a ffibrau nerfau.

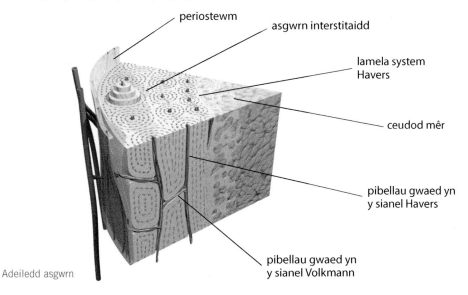

Adeiledd asgwrn

Mae systemau Havers wedi'u hadeiladu mewn cylchoedd consentrig, neu lamelâu, o gwmpas sianeli Havers. Osteoblastau yw'r celloedd asgwrn sy'n secretu'r hydrocsi-apatit sy'n gwneud y lamelâu. Mae'r rhain mewn bylchau, neu geudodau (*lacunae*). Sianeli sy'n ymestyn allan o'r ceudodau i'r lamelâu asgwrn yw'r camlesynnau. Mae'r rhain yn cynnwys allwthiadau o'r osteoblastau, wedi'u trochi mewn hylif sy'n deillio o'r pibellau gwaed yn sianeli Havers a Volkmann. Mae osteoblastau'n cael eu maetholion ac yn cael gwared ar eu gwastraff mewn dwy ffordd:

- Mae matrics y lamelâu ychydig bach yn athraidd, felly mae bwyd ac ocsigen sy'n cyrraedd yn y gwaed yn gallu tryledu drwy'r asgwrn i'r celloedd.

- Mae'r hylif a'r allwthiadau o'r osteoblastau yn y camlesynnau'n cyfnewid defnyddiau. Mae'r camlesynnau'n mynd drwy fatrics yr asgwrn ac mae rhai o geudodau cyfagos yn cysylltu â'i gilydd mewn rhwydwaith tri dimensiwn.

Esgyrn interstitaidd sy'n gwahanu systemau Havers.

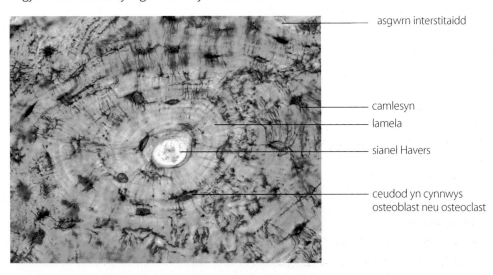

Toriad ardraws system Havers

47

Gwirio gwybodaeth

Parwch y mathau o feinwe 1-4 â'r disgrifiadau A–CH.

1. Cartilag hyalin.
2. Cartilag ffibrog.
3. Asgwrn sbwngaidd.
4. Asgwrn cywasgedig.

A. Dwys, gwyn a sgleiniog ac yn cynnwys systemau Havers.
B. Colagen wedi'i drefnu mewn sypynnau dwys.
C. Meinwe wan, wydrog â chyfran uchel o golagen.
CH. Meinwe hyblyg â llawer o fylchau sy'n cynnwys mêr.

DYLECH CHI WYBOD ›››

››› Mae osteomalacia a'r llech yn cael eu hachosi gan ddiffyg fitamin D neu galsiwm

››› Symptomau osteomalacia a'r llech, a sut rydym ni'n eu trin nhw

››› Beth sy'n achosi clefyd esgyrn brau ac osteoporosis, eu symptomau a sut rydym ni'n eu trin nhw

---

Termau Allweddol

Y llech: Clefyd sy'n effeithio ar blant lle dydy'r esgyrn ddim yn amsugno calsiwm, gan eu gwneud nhw'n feddal ac yn wan, a'u hanffurfio nhw mewn rhai achosion.

Osteomalacia: Clefyd lle dydy esgyrn oedolion ddim yn amsugno calsiwm. Mae'r esgyrn yn mynd yn feddalach ac yn wannach, ac yn anffurfio mewn rhai achosion.

Ffurfio esgyrn

- Mae esgyrn cartilag yn cynnwys esgyrn yr aelodau, y fertebrâu a'r asennau. Maen nhw'n deillio o gartilag hyalin yn yr embryo, mewn proses o'r enw asgwrneiddiad. Mae celloedd cartilag yn mynd yn fflat ac mae halwynau calsiwm yn cael eu dyddodi o'u cwmpas nhw. Mae osteoblastau'n secretu haenau o fatrics asgwrn o gwmpas y cartilag, ac mae osteoclastau'n ymddatod y cartilag. Mae pibellau gwaed yn mynd i mewn.

  Yn esgyrn hir yr aelodau, mae asgwrneiddiad yn dechrau yn y capiau ar ddau ben yr asgwrn (epiffysisau) ac yn y canol (diaffysis). Mae'r cartilag sydd ar ôl yn caniatáu twf, ond mae hwnnw hefyd yn cael ei asgwrneiddio yn y pen draw. Y feinwe gyswllt ddwys, ffibrog o gwmpas yr asgwrn yw'r periostewm. Mae'n datblygu o'r pericondriwm, y feinwe gyswllt o gwmpas y cartilag.

- Mae esgyrn pilen, e.e. pont yr ysgwydd a'r rhan fwyaf o'r penglog (creuan) ac esgyrn yr wyneb yn ffurfio'n uniongyrchol ym meinwe gyswllt yr embryo.

Mae asgwrn yn ddynamig. Mae hynny'n golygu bod osteoblastau yn ei adeiladu ac osteoclastau yn ei ymddatod yn gyson ac ar yr un pryd. Mae cyfeiriad y matrics anorganig yn dibynnu ar gyfeiriad y straen ar yr asgwrn pan mae'n dal pwysau, yn cael ei blygu neu'n cael ei droi. Felly, mae pob asgwrn wedi'i adeiladu i ddal cymaint â phosibl o'r straen sydd arno.

Clefydau esgyrn

Y llech ac osteomalacia

Clefyd yw'r **llech** lle dydy esgyrn plant ddim yn amsugno digon o fwynau, tra mae'r esgyrn yn dal i dyfu. Mae'r esgyrn yn mynd yn feddal ac yn wan, gan arwain at doresgyrn ac anffurfiadau ysgerbydol. Mewn oedolion, dydy'r esgyrn ddim yn tyfu mwyach, ac rydym ni'n galw'r un cyflwr yn **osteomalacia** ac mae'n llai difrifol. Mae arwyddion a symptomau'r llech ac osteomalacia'n cynnwys esgyrn poenus, toresgyrn, ac anffurfiadau ysgerbydol. Mae plant bach yn gallu cael coesau bachog a phlant hŷn yn gallu cael coesau cam (*knock-knees*), ac mae rhai'n cael anffurfiadau yn y penglog, y pelfis a'r asgwrn cefn. Heb ddigon o galsiwm yn y deiet, dydy'r gwregys pelfig ddim yn cyrraedd ei faint normal, a gallai hyn ei gwneud hi'n anodd rhoi genedigaeth.

Mae'r llech ac osteomalacia fel arfer yn digwydd o ganlyniad i ddiffyg fitamin D neu galsiwm. Mae golau'r haul yn troi fitamin D anactif yn fitamin D actif, sy'n ymgorffori calsiwm i mewn i esgyrn.

- Mae defnyddio mwy o eli haul wedi arwain at fwy o achosion o'r llech.
- Gallai plant ddatblygu'r llech os yw eu croen wedi'i orchuddio drwy'r amser, neu os ydynt yn treulio llawer o amser dan do.
- Dydy babanod sy'n bwydo ar y fron ddim yn cael digon o fitamin D os oes gan eu mamau ddiffyg fitamin D am eu bod nhw'n gorchuddio'u croen.
- Os oes gan rywun groen tywyllach, mae angen mwy o olau haul i gynnal lefelau fitamin D yn y corff.

I atal y cyflwr hwn, mae angen i blant ac oedolion gael golau haul a deiet sy'n cynnwys digon o galsiwm. Mae fitamin D yn hydawdd mewn braster. Mae fitamin D i'w gael mewn menyn, wyau, olew afu/iau pysgod a physgod olewog fel twna, pennog ac eog. Weithiau, gallwn ni wrthdroi'r llech ac osteomalacia â golau uwchfioled B neu olew afu/iau penfras – mae'r ddau'n darparu fitamin D – ond gall fod angen llawdriniaeth i gywiro annormaleddau esgyrn.

Mynd ymhellach

Ar ddiwedd y 19eg ganrif, roedd timpanau (*bustles*) yn ffasiynol iawn i fenywod ac yn gwneud i'w cluniau edrych yn llydan iawn. Mewn cyfnod tlawd, roedd timpanau'n awgrymu, yn isdrothwyol, bod y menywod oedd yn eu gwisgo nhw'n dod o deuluoedd cyfoethog a oedd yn gallu fforddio cynnyrch llaeth â llawer o galsiwm ynddo.

Clefyd esgyrn brau

Enw arall ar **glefyd esgyrn brau** yw osteogenesis imperfecta (OI). Mae'n digwydd mewn tuag 1 o bob 20,000 o enedigaethau byw, ac mae'n cynhyrchu esgyrn sy'n torri'n hawdd, ffyrfder (*tone*) cyhyrau gwael a chymalau rhydd. Gallwn ni gadarnhau'r diagnosis drwy brofi colagen o biopsi croen neu gynnal dadansoddiad DNA.

Fel arfer, mae gan golagen gyfran uchel o'r asid amino lleiaf, glycin. Mae OI yn cael ei achosi gan fwtaniad, sy'n golygu bod asidau amino mwy swmpus yn cymryd lle glycin, felly dydy'r moleciwl ddim yn gallu torchi mor dynn ac felly mae'r bondiau hydrogen sy'n dal yr helics triphlyg at ei gilydd yn wannach. Mae anffurfio helics triphlyg colagen yn effeithio ar y ffordd mae'n gweithio: mae'n newid ei ryngweithiad â hydrocsi-apatit ac mae hynny'n gwneud yr esgyrn yn frau.

Does dim ffordd o wella OI. Mae'r driniaeth yn ceisio cynyddu cryfder yr esgyrn i atal toresgyrn a chynnal symudedd:

- Mae cyffuriau'n gallu cynyddu màs esgyrn, lleddfu poen mewn esgyrn a'u gwneud nhw'n llai tueddol o dorri.
- Mae llawdriniaeth, mewn achosion difrifol, yn gosod rhodenni metel y tu mewn i'r esgyrn hir, fel bod plant yn gallu dysgu cerdded.
- Mae ffisiotherapi'n cryfhau'r cyhyrau ac yn gwella symudedd.

Osteoporosis

Mae esgyrn yn tyfu ac yn atgyweirio'n gyflym mewn plant ac maen nhw'n cyrraedd eu hyd terfynol erbyn tuag 17 oed. Mae eu dwysedd yn cynyddu hyd at yr 20au hwyr, ond yn lleihau dros tua 35 oed. **Osteoporosis** yw colli dwysedd esgyrn sbwngaidd ac esgyrn cywasgedig yn annormal, ac mae'n gwneud yr esgyrn yn frau ac yn fwy tebygol o dorri. Torasgwrn braich, arddwrn, clun a fertebra sydd fwyaf cyffredin. Mae'n glefyd cyffredin ac mae'n effeithio ar tua thair miliwn o bobl yn y Deyrnas Unedig. Fel arfer, byddwn ni'n defnyddio sgan asgwrn sy'n mesur dwysedd mwynau yn y glun i roi diagnosis. Yr isaf yw'r dwysedd, y mwyaf tebygol yw'r claf o dorri asgwrn. Yn aml, yr unig adeg caiff diagnosis o osteoporosis ei roi yw os yw torasgwrn yn digwydd yn annisgwyl o hawdd, ond gallwn ni ei weld mewn pobl hŷn os yw osteoporosis yn eu hasgwrn cefn yn eu gwneud nhw'n fyrrach ac yn eu hatal nhw rhag sefyll i fyny'n syth. Mae'n gallu achosi poen cronig a gwendid.

Mae'r ffactorau risg yn cynnwys:

- Oed – mae menywod yn colli dwysedd esgyrn yn gyflym ar ôl diwedd y mislif, ac mae cysylltiad rhwng hyn â'r gostyngiad mewn oestrogen; mae dynion sy'n heneiddio'n wynebu mwy o risg, ac mae cydberthyniad rhwng hyn â chynhyrchu llai o destosteron
- Hanes teulu
- Cyflyrau llidus, fel arthritis gwynegol
- Cyflyrau meddygol neu ddefnyddio cyffuriau'n hirdymor sy'n gallu effeithio ar lefelau hormonau
- Alcohol
- Ysmygu.

Rydym ni'n trin ac yn atal y cyflwr drwy geisio atal toresgyrn a chryfhau esgyrn. Mae'r dulliau'n cynnwys:

- Ymarfer rheolaidd sy'n cynnal pwysau'r corff i gynyddu dwysedd esgyrn
- Bwydydd sy'n cynnwys llawer o galsiwm a fitamin D i gynyddu dwysedd esgyrn, yn enwedig i blant ifanc
- Cyffuriau i wella mewnlifiad calsiwm i'r esgyrn
- Rhoi'r gorau i ysmygu
- Yfed llai o alcohol
- Dysgu peidio â syrthio.

Clefyd esgyrn brau: Anhwylder etifeddol sy'n effeithio ar gydbwysedd cydrannau organig ac anorganig asgwrn, gan arwain at fwy o risg o dorasgwrn.

Mynd ymhellach ▶

Mae mwtaniadau trechol ac enciliol yn gallu arwain at OI. Mae'r rhan fwyaf o'r rhain wedi'u hetifeddu, ond mewn tuag un achos o bob tri, mae'r mwtaniad yn newydd.

Term Allweddol

Osteoporosis: Colli màs a dwysedd asgwrn mewn modd annormal sy'n cynyddu'r risg o dorasgwrn.

Mynd ymhellach ▶

Mae tua 10% o'r asgwrn yn cael ei ddiraddio gan osteoclastau ac yn cael ei ailadeiladu gan osteoblastau ar unrhyw un adeg. Mae'n bosibl colli màs esgyrn os yw'r osteoclastau'n diraddio'n rhy gyflym neu'r osteoblastau'n ailadeiladu'n rhy araf.

Mynd ymhellach ▶

Dylai plant fwyta llawer o galsiwm. Maen nhw'n ei ymgorffori yng nghanol esgyrn, sy'n eu gwneud nhw'n gryf. Mae pobl hŷn yn dyddodi calsiwm ar ymylon yr esgyrn, sy'n llai buddiol.

48

Gwirio gwybodaeth

Llenwch y bylchau.

Os nad yw'r croen yn cael digon o olau haul, dydy'r corff ddim yn syntheseiddio digon o fitamin D ac felly mae diffyg .... yn yr esgyrn. Mewn plant, mae'r esgyrn yn anffurfio mewn cyflwr o'r enw .... Y cyflwr cyfatebol i oedolion yw .... Mae clefyd esgyrn brau'n cael ei achosi gan fwtaniad sy'n effeithio ar golagen gan olygu bod esgyrn yn torri'n hawdd. Mewn pobl ag .... , mae calsiwm yn gollwng allan o esgyrn, gan eu gwneud nhw'n frau ac yn hawdd eu torri.

Cyhyr ysgerbydol

Y briodwedd sy'n diffinio celloedd cyhyrau yw eu bod nhw'n cyfangu a llaesu. Fel esgyrn a chartilag, mae cyhyrau'n deillio o'r mesoderm yn yr embryo. Mae tri dosbarth o gyhyrau – ysgerbydol, anysgerbydol a chardiaidd. Yma, byddwn ni'n disgrifio swyddogaeth a mecanwaith cyhyr ysgerbydol.

Adeiledd

Mae meinwe cyhyr wedi'i gwneud o gelloedd o'r enw ffibrau cyhyrau. Gallwn ni feddwl am gyhyr, fel y cyhyryn deuben yn rhan uchaf y fraich, fel sypyn o sypynnau:

- Mae ffibrau cyhyrau mewn sypyn o'r enw ffasgell, sydd wedi'i amgylchynu â meinwe gyswllt o'r enw perimysiwm.

- Mae'r ffasgellau mewn sypyn, sef y cyhyr. Mae'r rhain wedi'u hamgylchynu â meinwe gyswllt o'r enw epimysiwm.

Cyswllt Rydych chi wedi dysgu am y tri math o gyhyr yn Uned 1 y cwrs hwn.

▼ **Pwynt astudio**

Enwau eraill ar gyhyr ysgerbydol yw cyhyr rhesog, rhychedig neu reoledig. Enwau eraill ar gyhyr anysgerbydol yw cyhyr anrhesog, anrhychedig, llyfn neu anrheoledig.

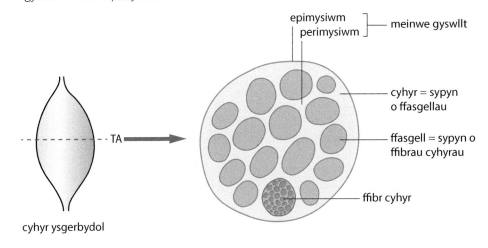

Adeiledd cyhyr ysgerbydol

Term Allweddol

Uwchadeiledd: Adeiledd manwl cell fel mae i'w weld dan y microsgop electron. Rydym ni hefyd yn ei alw'n adeiledd manwl.

Uwchadeiledd cyhyr ysgerbydol

Ffibrau cyhyrau

Cell hir, denau yw ffibr cyhyr. Mae'n cael ei ffurfio wrth i lawer o gelloedd asio yn yr embryo, felly mae'n cynnwys llawer o gnewyll. Rydym ni'n disgrifio celloedd â llawer o gnewyll fel a ganlyn:

- Senosytig, os yw'r cnewyll yn deillio o fitosis.

- Syncytiwm, os yw'r cnewyll yn deillio o asio llawer o gelloedd.

Mae ffibrau cyhyrau'n cynnwys y ddau hyn. Mae'r ffibr cyhyr yn tyfu i'w faint terfynol ar ôl genedigaeth. Enw cellbilen ffibr cyhyr yw'r sarcolema; ei reticwlwm endoplasmig yw'r reticwlwm sarcoplasmig a'i gytoplasm yw'r sarcoplasm.

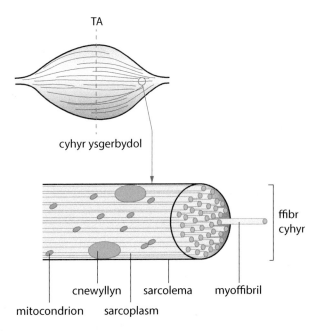

Ffibr cyhyr

Dan y microsgop, mae rhesi ar draws ffibrau cyhyrau, sef y rhychiadau. Mae'r rhain yn cael eu ffurfio gan ffurfiadau o'r enw myoffibrilau, y tu mewn i'r ffibrau cyhyrau.

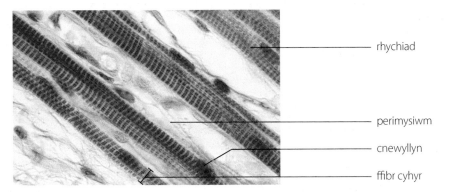

rhychiad

perimysiwm

cnewyllyn

ffibr cyhyr

Rhychiadau mewn ffibrau cyhyrau

Termau Allweddol

Myoffibril: Ffurfiad hir, tenau mewn ffibr cyhyr sydd wedi'i wneud yn bennaf o'r proteinau actin a myosin.

Myoffilament: Ffilamentau tenau o actin yn bennaf a ffilamentau trwchus o fyosin yn bennaf, mewn myoffibrilau, sy'n rhyngweithio i gynhyrchu cyfangiad cyhyr.

Myoffibrilau

Y tu mewn i ffibr cyhyr mae ffurfiadau silindrog hydredol o'r enw **myoffibrilau** ffilament tenau. Mae'r rhain wedi'u pacio gyda'i gilydd a'u hamgylchynu â reticwlwm sarcoplasmig, ac mae mitocondria rhyngddynt. Maen nhw wedi'u gwneud o foleciwlau o'r proteinau actin, troponin, tropomyosin a myosin, wedi'u trefnu mewn ffurfiadau hir, tenau o'r enw **myoffilamentau**. Myosin yw'r prif foleciwl yn y ffilamentau trwchus ac actin yw'r prif foleciwl yn y ffilamentau tenau. Mae eu trefniad geometrig yn

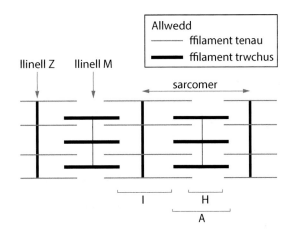

Rhan o fyoffibril yn dangos ei uwchadeiledd

ailadrodd mewn unedau, sef sarcomerau ac mae pob un o'r rhain yn mesur tua 3 μm o hyd. Mae sarcomerau myoffibrilau cyfagos yn eu trefnu eu hunain y tu mewn i'r ffibr cyhyr fel bod ffilamentau myosin trwchus y myoffibrilau i gyd mewn rhes, gan wneud band tywyll, y bandiau A. Mae'r ffilamentau actin tenau hefyd mewn rhes, ac yn gwneud band golau, y band I.

Mae'r llinellau Z yn nodi diwedd sarcomerau a dyma safle cydio ffilamentau actin. Dim ond actin sydd yn y band I. Mae dau ben y ffilamentau myosin yn gorgyffwrdd ag actin yn y band A. Y rhan o'r ffilamentau myosin lle nad oes dim actin yn gorgyffwrdd yw'r rhan H. Weithiau, byddwn ni'n gweld llinell i lawr canol y ffilament trwchus, y llinell M, lle mae moleciwlau myosin yn cydio.

Toriad ardraws drwy fyoffibrilau

Os gwnewch chi doriad drwy fyoffibril, byddwch chi'n gweld y myoffilamentau y tu mewn. Mae'r trefniad sydd i'w weld yn dibynnu ar safle'r toriad:

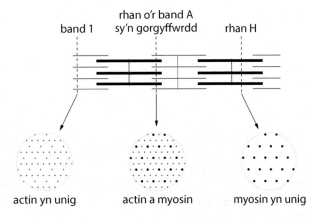

Toriad drwy fyoffibril yn dangos trefniad y myoffilamentau

Mynd ymhellach

Mae I yn sefyll am isotropig, sy'n golygu bod y band yn trawsyrru'r un faint o olau i bob cyfeiriad. Mae A yn sefyll am anisotropig, sy'n golygu nad yw golau'n cael ei drawsyrru'n hafal i bob cyfeiriad.

Sylwch

Dyma ffurfiadau cyhyr yn nhrefn eu maint, o'r mwyaf i'r lleiaf:
1. Cyhyr
2. Ffasgell
3. Ffibr cyhyr
4. Myoffibril
5. Myoffilament.

GWEITHIO'N WYDDONOL

Mae cynnydd gwyddonol yn aml yn dibynnu ar y dechnoleg sydd ar gael. Ar ddechrau'r 1950au, defnyddiodd Andrew Huxley dri math o ficrosgop i ddatblygu ei ddamcaniaethau am adeiledd cyhyrau: y microsgop cyferbyniad gwedd, y microsgop ymyriant a'r microsgop electron.

Y system T

Enw cellbilen ffibr cyhyr yw'r sarcolema. Mae'n ymweinio gan greu tiwbynnau ar draws y myoffibrilau, sef y tiwbynnau ardraws, neu'r tiwbynnau T. Wrth i'r tiwbynnau T groesi'r myoffibrilau, maen nhw'n trosglwyddo ysgogiad nerfol drwy'r ffibr cyhyr yn gyflym iawn, ac mae'r myoffibrilau i gyd yn gallu cyfangu ar yr un pryd. Mae'r reticwlwm sarcoplasmig yn gwneud rhwydwaith o gwmpas y myoffibrilau ac mae'n ymledu wrth y tiwbynnau T i wneud cisterna terfynol. Mae tiwbyn T a'i ddau gisterna terfynol yn gwneud triad.

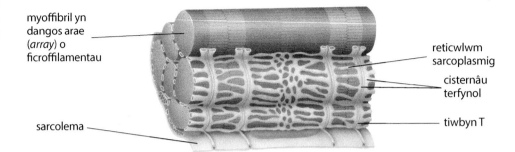

Adeiledd system T

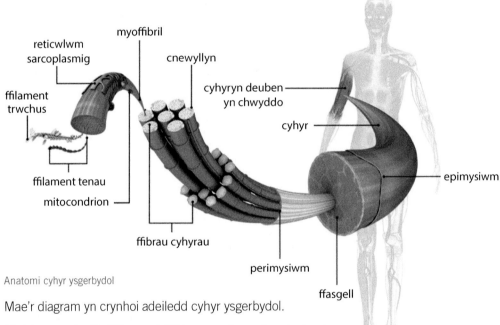

Anatomi cyhyr ysgerbydol

Mae'r diagram yn crynhoi adeiledd cyhyr ysgerbydol.

Y ddamcaniaeth ffilament llithr ar gyfer cyfangiad cyhyr

Mae dau fath o ffilament mewn cyhyr ysgerbydol:

- Actin yw'r ffilamentau tenau gan mwyaf, ond maen nhw'n cynnwys tri gwahanol brotein:
  - Proteinau crwn G-actin yw'r moleciwlau actin, ac maen nhw wedi'u huno mewn cadwyn hir. Mae dwy gadwyn yn dirdroi o gwmpas ei gilydd i ffurfio edefyn ffibrog, F-actin.
  - Mae tropomyosin yn brotein sy'n lapio o gwmpas F-actin, ac yn gorwedd mewn rhigol rhwng y ddwy gadwyn.
  - Mae troponin yn brotein crwn sy'n ymddangos yn rheolaidd ar hyd y ffilament tenau.

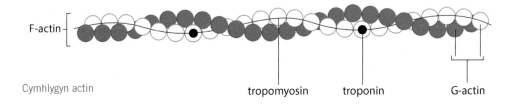

Cymhlygyn actin

- Mae'r ffilamentau trwchus wedi'u gwneud o lawer o foleciwlau myosin. Mae gan bob un ben crwn, ag actifedd ATPas, yn dod allan o gynffon ffibrog. Mae pennau crwn moleciwlau myosin cyfagos 6 nm ar wahân.

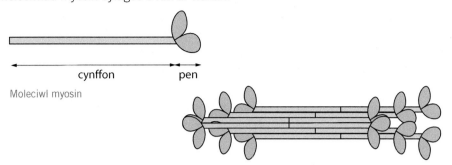

Moleciwl myosin

 Yn Uned 1, fe wnaethoch chi ddysgu bod moleciwlau protein yn gallu bod yn grwn neu'n ffibrog. Mae myosin yn brotein rhyngol oherwydd mae ganddo ben crwn a chynffon ffibrog.

Moleciwlau myosin mewn ffilament trwchus

Mae cyhyrau'n cyfangu wrth i'r ffilamentau actin tenau lithro rhwng y ffilamentau myosin trwchus. Dydy hyd y moleciwlau actin a myosin ddim yn newid ond:

- Mae'r sarcomerau'n mynd yn fyrrach felly mae'r myoffibrilau yn mynd yn fyrrach ac felly mae'r ffibr cyhyr cyfan yn mynd yn fyrrach.

- Mae hyd y band A yn aros yr un fath oherwydd mae wedi'i ddiffinio gan hyd y ffilamentau myosin.

- Mae'r band I yn mynd yn fyrrach.

- Mae'r rhan H yn mynd yn fyrrach; mae'n gallu mynd mor fach nes nad ydym ni'n gallu ei gweld hi.

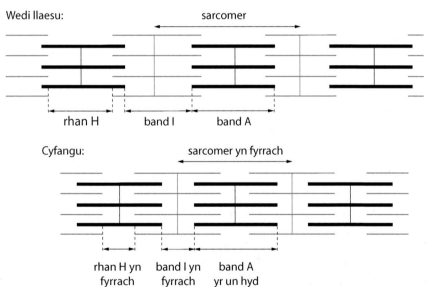

Y ddamcaniaeth ffilament llithr

GWEITHIO'N WYDDONOL

Cafodd myosin ei ddarganfod yn 1864, ac yn 1939, gwelsom ei fod yn fath o ATPas. Yn 1942, dangoswyd bod ATP yn gwneud i fyosin gyfangu, ond dim ond os oedd actin yn bresennol. Cafodd y ddamcaniaeth ffilament llithr ei chynnig yn 1953.

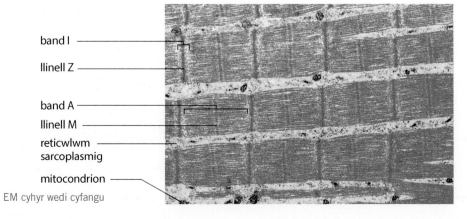

EM cyhyr wedi cyfangu

Termau Allweddol

Damcaniaeth ffilament llithr:
Damcaniaeth cyfangiad cyhyr sy'n datgan bod ffilamentau actin tenau'n llithro rhwng ffilamentau myosin trwchus, fel ymateb i ysgogiad nerfol drwy gyfrwng y system T.

Mae ysgogiadau nerfol yn achosi i gyhyrau gyfangu, mewn proses o'r enw 'cyplu cyffroad-cyfangiad'. Mae'r **ddamcaniaeth ffilament llithr** yn disgrifio mecanwaith moleciwlaidd cyfangiad cyhyrau:

- Mae potensial gweithredu'r ysgogiad nerfol (y cyffroad) yn croesi'r cyswllt niwrogyhyrol.
- Mae'r don ddadbolaru'n mynd ar hyd y sarcolema a'r tiwbynnau T, fel ei bod hi'n treiddio'r holl ffordd drwy'r ffibr cyhyr.
- Mae sianeli calsiwm yn y reticwlwm sarcoplasmig yn agor ac mae ïonau Ca^{2+} yn tryledu i mewn i'r myoffibrilau.
- Mae ïonau Ca^{2+} yn rhwymo wrth foleciwlau troponin, sy'n newid siâp.
- Mae hyn yn symud moleciwlau troponin gan ddatgelu safleoedd cydio â myosin ar yr F-actin.
- Mae'r pennau myosin yn gwneud croes-bontydd at yr actin drwy rwymo wrth y safleoedd cydio hyn.
- Mae ADP ac ïon ffosffad, sydd wedi'u cydio yn y pen yn cael eu rhyddhau, gan newid ongl y pen myosin yn ôl i'w siâp llaes ac mae'r moleciwl myosin yn cylchdroi, gan dynnu'r actin heibio i'r myosin. Hon yw'r strôc bŵer.
- Mae moleciwl ATP arall yn rhwymo wrth y pen myosin ac mae hyn yn torri'r bont ar draws at yr actin.
- Mae hydrolysis yr ATP yn darparu egni ac yn ymestyn y pen myosin eto, yn barod i rwymo wrth actin.
- Mae'r dilyniant yn ailadrodd nes bod yr ïonau Ca^{2+}, oedd yn datgelu'r safleoedd rhwymo wrth fyosin ar yr actin, i gyd wedi'u pwmpio'n ôl i'r reticwlwm sarcoplasmig.

Mynd ymhellach ▶

Rydym ni wedi cyfrifo bod pen myosin yn gallu ffurfio a thorri'r croes-bontydd 100 gwaith bob eiliad.

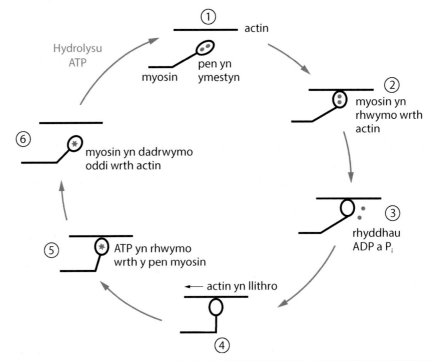

Gwirio gwybodaeth

Rhowch y gosodiadau hyn A–CH, sy'n disgrifio'r mecanwaith ffilament llithr, yn y drefn gywir.

A. Pen myosin yn tynnu'r actin heibio.
B. Ïonau Ca^{2+} yn tryledu i mewn i'r myoffibrilau.
C. Y groes-bont actin-myosin yn torri.
CH. Pennau myosin yn rhwymo wrth actin.

Safle'r ddelwedd	Crynodeb
1	ymestyn y pen myosin
2	myosin yn rhwymo wrth actin
3	rhyddhau ADP a Pi
4	strôc bŵer
5	ATP yn rhwymo wrth y pen myosin
6	myosin yn dadrwymo oddi wrth actin

Crynodeb o'r ddamcaniaeth ffilament llithr

Ffibrau cyhyrau plycio cyflym a phlycio araf

Mae cyhyrau rhesog yn cynnwys cymysgedd o ffibrau cyhyrau plycio cyflym a phlycio araf. Mae cyfrannau a phriodweddau'r rhain yn gallu bod yn gysylltiedig â swyddogaeth y cyhyr:

	Plycio araf (Math I)	Plycio cyflym (Math II)
Defnydd	Dygnwch, e.e. sefyll; rhedeg pellter hir	Pyliau o weithio, e.e. neidio; symud llygaid; hedfan
Enghreifftiau mewn bodau dynol	Ffibrau plycio araf yw tua 80% o gyhyrau'r cefn a'r cyhyr soleus yng nghroth y goes	Ffibrau plycio cyflym yw tua 85% o gyhyrau'r llygad
Ffisioleg	Cyfangu am amser hirach	Cyfangu yna llaesu'n gyflym
	Cyfangu'n araf	Cyfangu'n gyflym
	Blino'n araf	Blino'n gyflym
Myoffibrilau	Llawer o fitocondria'n cynhyrchu crynodiad ATP uchel	Dim llawer o fitocondria
	Dwysedd myoffibrilau yn isel	Dwysedd myoffibrilau yn uchel
Resbiradaeth	Resbiradaeth aerobig	Resbiradaeth anaerobig
	Dwysedd capilarïau'n uchel i gyflenwi ocsigen	Dwysedd capilarïau'n isel oherwydd does dim angen llawer o ocsigen
	Dim llawer o glycogen, oherwydd mae'r gwaed yn dod â glwcos	Storio llawer o glycogen i gynhyrchu glwcos ar gyfer glycolysis
	Crynodiad myoglobin uchel, felly mae ocsigen ar gael hyd yn oed ar wasgedd rhannol ocsigen isel	Crynodiad myoglobin isel oherwydd does dim angen storfa ocsigen
	Ddim yn gwneud llawer o lactad oherwydd does dim llawer o resbiradaeth anaerobig; cael gwared arno'n araf os yw'n ffurfio	Cael gwared ar lactad yn gyflym drwy ei ocsidio i ffurfio pyrwfad neu ei droi'n ôl yn glwcos
Lliw	Mae lliw'r cyhyr yn dywyll oherwydd y cyflenwad gwaed cyfoethog a'r crynodiad myoglobin uchel	Mae lliw'r cyhyr yn olau oherwydd does dim llawer o waed ac mae'r crynodiad myoglobin yn isel
Enghreifftiau mewn cyw iâr	Mae cig coes yn cynnwys cyhyrau'r forddwyd, sy'n cael eu defnyddio i gerdded	Mae cig brest yn cynnwys cyhyrau sy'n cael eu defnyddio ar gyfer pyliau sydyn o weithio wrth hedfan

Amodau anaerobig

Ffynhonnell egni

Os nad oes llawer o ocsigen ar gael, mae llai o ATP yn cael ei wneud drwy gyfrwng ffosfforyleiddiad ocsidiol yn y mitocondria. Yna, mae'r gell yn dibynnu ar ei storfa creatin ffosffad i wneud ATP yn y sarcoplasm. Mae'n trosglwyddo grŵp ffosffad i ADP i gynnal lefelau ATP yn y gell: creatin ffosffad + ADP $\rightleftharpoons$ creatin + ATP. Mae hyn yn gallu parhau nes bod yr holl greatin ffosffad yn y gell wedi'i ddefnyddio. Mae'n darparu egni i'w ddefnyddio mewn pyliau dwys, am hyd at tua 6 eiliad. Mae hydrolysis creatin ffosffad yn gildroadwy ac felly mae'n bosibl ailgyflenwi storfeydd creatin ffosffad pan fydd ATP ar gael.

Os nad oes storfa ffosffad â llawer o egni ar ôl, mae'r gell yn defnyddio lactad sy'n deillio o glycolysis i rydwytho NAD, sy'n cynnal y llwybr glycolysis gan gynhyrchu rhywfaint o ATP. Mae hyn yn cyfyngu ar gyflenwad egni'r gell.

Lludded cyhyrol

Lludded cyhyrol yw pan dydy cyhyr ddim yn gallu cynhyrchu cymaint o rym. Dydy cyhyr cardiaidd byth yn blino; mae'n gorfod cyfangu bob tua 0.8 eiliad, o'r cyfnod cyn genedigaeth am dros gan mlynedd, mewn rhai achosion. Ond mae lludded yn digwydd mewn cyhyrau rhesog ac anrhesog. Mae dau fath o ludded:

- Mae lludded niwral yn golygu bod y nerfau sy'n cychwyn cyfangiad yn methu cynhyrchu signal a'i gynnal.
- Mae lludded metabolaidd yn gallu golygu:
  - Prinder swbstradau, e.e. glwcos, glycogen, i ddarparu egni.
  - Metabolynnau'n cronni, e.e. lactad. Mae'n bosibl bod y lactad yn gostwng y pH yn y ffibr cyhyr, ac felly bod y proteinau cyfangu'n llai sensitif i Ca^{2+} a bod hyn yn amharu ar eu gallu i gyfangu. Efallai fod ffactorau eraill yn cyfrannu at hyn hefyd.

Sylwch

Gwnewch yn siŵr eich bod chi'n gallu esbonio'r berthynas rhwng priodweddau'r ddau fath o ffibr cyhyr gyda'u swyddogaeth a'u modd resbiradu.

▼ **Pwynt astudio**

Mae llawer o agweddau ar gyhyrau'n gallu cyfrannu at berfformiad athletaidd ac yn gallu cael eu newid gyda hyfforddiant, e.e. nifer a diamedr y ffibrau; niferoedd myoffibrilau a mitocondria; màs y myoglobin a'r glycogen sy'n cael eu storio.

Mynd ymhellach ▶

Mae llawer o gyfansoddion wedi'u ffosfforyleiddio yn rhyddhau egni yn ystod hydrolysis. Mae rhai, e.e. creatin ffosffad, yn rhyddhau mwy o egni nag ATP. Mae eraill, e.e. glwcos-6-ffosffad, yn rhyddhau llai. Mae gan ATP swyddogaeth unigryw oherwydd mae'n rhyngol rhwng dau eithaf.

Mynd ymhellach ▶

Mae creatin ffosffad yn gronfa ffosffad yn y rhan fwyaf o fertebratau. Mae infertebratau'n defnyddio arginin ffosffad at y diben hwn.

 Cyswllt Mae disgrifiad o glycolysis ar t44. Mae disgrifiad o fetabolaeth lactad ar t48.

Cyswllt Mae disgrifiad o sut mae inswlin yn gweithio ar t120.

51

Cramp

Cyfangiad cyhyrau caled ac anrheoledig yw cramp ac mae'n gallu digwydd mewn cyhyr rhesog neu anrhesog. Mae cramp yn gyffredin yng nghyhyrau ysgerbydol croth y goes, y fforddwyd a bwa'r droed. Mae'n digwydd yn ystod cystadlaethau dygnwch, fel triathlon neu farathon, neu ar ôl ymarfer corff, hyd yn oed i'r athletwyr gorau. Ond mae cramp hefyd yn gallu digwydd pan mae cyhyr yn llaesu neu'n segur. Mae fel arfer yn ymddangos yn gyflym ac yn para eiliadau, munudau neu oriau.

Yn rhannol, caiff cyfangiad cyhyrau ei reoleiddio gan ïonau Cl^-, sy'n ei atal ac ïonau K^+, sy'n ei gynyddu. Mae crampiau cyhyrau ysgerbydol yn gallu cael eu hachosi gan ludded ac os yw lactad yn cronni, mae hyn yn gallu bod yn sbardun. Mae lactad yn atal effaith Cl^- ond nid effaith K^+, felly byddai'r cyhyrau'n tueddu i gyfangu, gan arwain at gramp. Mae lactad hefyd yn gallu cynhyrchu teimlad o losgi mewn cyhyrau sy'n gweithio, ond dydy mecanwaith hyn ddim yn glir.

Gallai cramp fod yn werthfawr o safbwynt biolegol drwy atal gweithgarwch allai wneud niwed parhaol. Pan fydd ocsigen ar gael unwaith eto, caiff y lactad ei drawsnewid yn ôl yn byrwfad a bydd resbiradaeth aerobig yn gallu ailddechrau.

Ffynonellau egni wrth i gyhyrau gyfangu

Glycogen cyhyrol sy'n darparu'r rhan fwyaf o'r egni i gyfangu. Dim ond tua 2% o fàs y cyhyr yw hwn, crynodiad lawer is nag yn yr afu/iau ond, yn wahanol i glycogen yr afu/iau, pan gaiff ei hydrolysu mae'r glwcos hwn i gyd yn aros yn y ffibrau cyhyrau, yn hytrach na mynd i'r cylchrediad cyffredinol. Mae'r swm sy'n cael ei storio'n dibynnu ar y canlynol:

- Ymarfer corfforol
- Cyfradd metabolaeth waelodol
- Arferion bwyta.

Mae 'taro'r wal' yn digwydd pan fydd athletwyr pellter hir wedi defnyddio eu storfeydd glycogen bron i gyd. Maen nhw'n teimlo'n flinedig dros ben a hyd yn oed yn ei chael hi'n anodd symud. Dyma ffyrdd o'i osgoi:

- Bwyta bwydydd ag indecs glycaemig uchel, h.y. sy'n trawsnewid yn gyflym i greu glwcos yn y gwaed er mwyn osgoi defnyddio glycogen cyhyrol.
- Ymarfer dygnwch fel bod ffibrau cyhyrau plycio araf (math I) yn mynd yn fwy effeithlon ac yn defnyddio brasterau i gael egni yn hytrach na glycogen.
- Llwytho carbohydradau, h.y. cynyddu'r lle sydd ar gael i storio glycogen drwy fwyta llawer o garbohydradau ar ôl disbyddu storfeydd glycogen.

Mae'r rhan fwyaf o garbohydradau yn y deiet yn cynnwys glwcos a ffrwctos. Mae ffrwctos yn cael ei fetaboleiddio i ffurfio glycogen yr afu/iau. Dydy hyn ddim yn effeithio ar glycogen cyhyrol felly dydy ffrwythau a melysion, sy'n cynnwys llawer o ffrwctos, ddim yn ffynonellau egni addas. Y pryd bwyd llwytho carbohydradau clasurol yw pasta, ond mae bara, reis a thatws hefyd yn addas. Rhaid i'r pryd bwyd hwn gynnwys protein hefyd, oherwydd mae cyhyrau yn defnyddio llawer o asidau amino hefyd i gyflawni resbiradaeth aerobig.

Mae un system llwytho carbohydradau'n cynnwys deiet normal a hyfforddi ysgafn. Y diwrnod cyn cystadleuaeth, mae'r athletwr yn gwneud ymarfer corff dwys am gyfnod byr ac yna'n bwyta 12 g o garbohydrad am bob kg o fàs main y corff dros y 24 awr nesaf. Mae hyn yn cynyddu'r storfa glycogen 90%. Ond rhaid rheoli llwytho carbohydradau'n ofalus er mwyn peidio â chyfyngu ar berfformiad oherwydd:

- Os yw athletwr yn bwyta carbohydrad yn syth cyn cystadleuaeth, mae'r inswlin sy'n cael ei secretu fel ymateb yn gostwng lefel glwcos y gwaed gormod.
- Os yw'n bwyta gormod cyn ras, dydy'r system dreulio ddim yn cael amser i brosesu'r bwyd ac mae gwaed yn cael ei ddargyfeirio i'r system dreulio, oddi wrth y cyhyrau.

Adeiledd a swyddogaeth y sgerbwd dynol

Mae'r sgerbwd echelinol yn cynnwys y penglog, yr asgwrn cefn, y sternwm a'r cawell asennau.

Mae'r sgerbwd atodol yn cynnwys y gwregys pectoral, y gwregys pelfig, y breichiau a'r coesau.

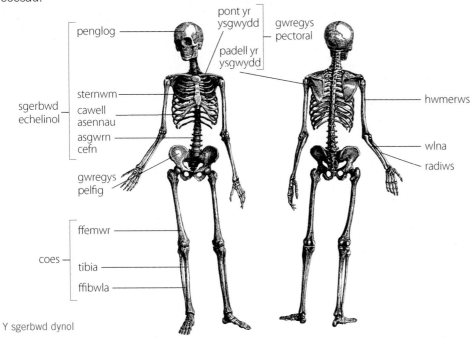

Y sgerbwd dynol

Labeli: pont yr ysgwydd, gwregys pectoral, penglog, padell yr ysgwydd, sternwm, cawell asennau, asgwrn cefn, sgerbwd echelinol, gwregys pelfig, hwmerws, wlna, radiws, coes, ffemwr, tibia, ffibwla

Toresgyrn

Asgwrn yn torri yw torasgwrn. Mae sgan pelydr-X, MRI neu CT yn gallu cadarnhau pa fath o dorasgwrn sydd gan glaf.

Rydym ni'n dosbarthu toresgyrn mewn gwahanol ffyrdd:

- Mecanwaith:
  - Mae torasgwrn trawmatig yn digwydd os yw'r grym ar yr asgwrn yn fwy na'i gryfder. Mae'n digwydd o ganlyniad i ardrawiad neu straen mawr, e.e. syrthio, damwain traffig ffordd neu ymladd.
  - Mae torasgwrn patholegol yn digwydd os yw cyflwr meddygol yn gwneud yr asgwrn yn fwy brau, e.e. OI, canser esgyrn ac osteoporosis.
- Cysylltiad â meinweoedd eraill:
  - Torasgwrn caeedig neu syml: dydy'r croen dros y torasgwrn ddim wedi'i dorri.

Math	Safle
Ysigiad (*greenstick*)	Mae'r asgwrn wedi'i blygu; cyffredin mewn plant
Llinol	Paralel i echelin hir yr asgwrn
Ardraws	Ar ongl sgwâr i echelin yr asgwrn
Arosgo	Ar ongl i echelin yr asgwrn
Wedi malu'n fân	Mae'r asgwrn yn torri'n llawer o ddarnau

  - Torasgwrn agored neu gyfansawdd: efallai fod yr asgwrn yn dod drwy'r croen neu wedi'i ddadleoli tuag i mewn ac yn niweidio meinweoedd eraill. Os yw'r croen wedi'i dorri, mae'r risg o haint yn uchel.

- Safleoedd y darnau o'r asgwrn:
  – Heb eu dadleoli – mae'r esgyrn yn eu safle normal.
  – Wedi'u dadleoli – mae'r esgyrn wedi'u symud o'u safle normal.

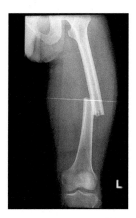

Torasgwrn caeedig wedi'i ddadleoli mewn ffemwr chwith

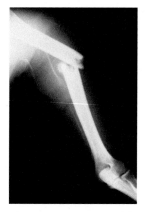

Torasgwrn agored wedi'i ddadleoli mewn hwmerws chwith

Triniaeth

Rheoli poen

Mae rheoli poen yn bwysig iawn ac rydym ni'n argymell ibuprofen. Does dim derbynyddion poen mewn esgyrn ond mae toresgyrn yn boenus iawn oherwydd:

- Mae llawer o dderbynyddion poen yn y feinwe gyswllt o gwmpas yr asgwrn, y periostewm.
- Mae gwingiadau cyhyrau'n digwydd, sy'n dal darnau'r asgwrn yn eu lle.

Atal rhag symud

Mae esgyrn yn gwella'n naturiol. Mae atal asgwrn rhag symud, er enghraifft gyda chast neu sblint, yn atal yr asgwrn rhag symud uwchben y torasgwrn ac oddi tano, ac yn dal y darnau sydd wedi torri yn eu safle normal wrth i'r asgwrn wella. Ar ôl i'r chwydd cychwynnol fynd i lawr, gallwn ni ddefnyddio brês neu hoelion llawfeddygol, sgriwiau, platiau neu wifrau i ddal yr asgwrn sydd wedi torri at ei gilydd yn fwy uniongyrchol wrth iddo wella. Byddem ni'n defnyddio pelydr-X i wneud yn siŵr bod yr esgyrn yn y lle cywir. Mae'n anodd gosod sblint ar esgyrn bach ym mysedd y dwylo a'r traed, felly rydym ni'n lapio'r bys sydd wedi torri at yr un cyfagos fel ei bod hi'n anodd iawn iddyn nhw symud.

Llawdriniaeth

Fel arfer, fyddwn ni ddim yn defnyddio llawdriniaeth oni bai bod atal asgwrn rhag symud wedi methu. Mae'n arferol, fodd bynnag, ar gyfer torasgwrn clun, oherwydd fel arall, gallai atal asgwrn rhag symud am amser hir achosi cymhlethdodau fel heintiau'r frest, doluriau gwasgu a thrombosis gwythiennau dwfn (DVT: deep vein thrombosis). Osteoporosis yw achos mwyaf cyffredin toresgyrn clun, ac felly, gan fod y cleifion hyn fel arfer yn hŷn, mae'r cymhlethdodau'n fwy peryglus na'r llawdriniaeth.

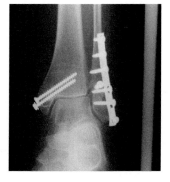

Ffêr/pigwrn wedi'i thorri sydd wedi'i gwneud yn ansymudol drwy osod sgriwiau drwy'r tibia i mewn i blât metel ar y ffibwla

Mae haint yn arbennig o beryglus mewn esgyrn, oherwydd does dim llawer o bibellau gwaed ynddyn nhw, felly all y corff ddim danfon llawer o gelloedd imiwnedd. Wrth drin toresgyn agored, felly, mae angen dilyn gweithdrefnau di-haint caeth a defnyddio gwrthfiotigau i atal haint pellach.

Mae straen dal pwysau'n annog esgyrn i wella. Mae'n ysgogi osteoblastau i gynhyrchu asgwrn newydd o gwmpas y torasgwrn, ac mae osteoclastau'n cael gwared ar unrhyw ormodedd. Fodd bynnag, mae nicotin a maethiad gwael yn arafu'r broses wella.

Yr asgwrn cefn

Mae'r asgwrn cefn dynol yn ffurfiad hyblyg sy'n cynnal y corff; mae'n gallu plygu a throi ac mae hefyd yn amddiffyn madruddyn y cefn. Mae'n cynnwys 33 o fertebrâu wedi'u pentyrru ar ben ei gilydd, wedi'u dal â gewynnau a disgiau cartilag rhyngfertebrol yn eu gwahanu. Mae'r fertebrâu wedi'u henwi ar ôl y rhan o'r corff lle maen nhw'n bodoli:

- 7 fertebra gyddfol yn y gwddf, wedi'u rhifo C1–C7.
- 12 fertebra thorasig yn y thoracs, T1–T12; mae'r asennau a'r sternwm yn cydio yn y rhain.
- 5 fertebra meingefnol yng ngwaelod y cefn, L1–L5.
- 5 fertebra'r sacrwm yn y cluniau, sydd wedi'u hasio i mewn i'r sacrwm.
- 4 fertebra'r asgwrn cynffon heb lawer o symudiad rhyngddynt.

Mae pob fertebra yn cynnwys:

- Y corff fertebrol sy'n dal pwysau ac yn gwrthsefyll cywasgu – mae wedi'i wneud o asgwrn sbwngaidd ac mae'n safle lle mae celloedd gwaed yn ffurfio
- Y bwa fertebrol sy'n amddiffyn madruddyn y cefn
- Allwthiadau i gyhyrau lynu atynt
- Ffasedau i gymalu â'r fertebrâu cyfagos
- Mae gan y fertebrâu thorasig ffasedau i gymalu â'r asennau.

Mae cydberthyniad yn gallu bod rhwng adeiledd fertebrâu mewn rhannau gwahanol o'r asgwrn cefn a'u swyddogaethau:

- Mae gan y fertebrâu gyddfol gorff hirach ac allwthiadau ardraws byrrach na'r fertebrâu thorasig a meingefnol. Mae pob un yn cynnwys sianel rhydweli fertebrol; mae'r rhydweli a'r wythïen fertebrol yn mynd drwy hon i wasanaethu'r ymennydd. Yn gyfraneddol, mae'r sianel fertebrol yn lletach nag yn y fertebrâu is oherwydd bod nerf yr asgwrn cefn ar ei letaf yn ardal y gwddf. Y fertebra gyddfol uchaf (C1) yw'r atlas; hwn sy'n caniatáu i'r pen nodio. Yr ail, C2, yw'r acsis; mae hwn yn cynnwys peg sy'n ffitio yn yr atlas i ganiatáu i'r pen ysgwyd.
- Mae'r fertebrâu thorasig yn cymalu â'r asennau yn ogystal ag â'r fertebrâu cyfagos, felly mae ganddynt llawer o ffasedau, neu arwynebau cymalu. Mae ffasedau'r fertebrâu a'r asen wedi'u dangos yn goch yn y diagramau:

Mynd ymhellach ▶

Mae gan famolion yr un nifer â'i gilydd o fertebrâu yn y gwahanol rannau. Dim ond 7 fertebra gyddfol sydd gan y jiraff hyd yn oed, er bod un fertebra thorasig wedi ymuno â'r gwddf.

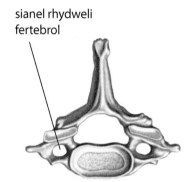

sianel rhydweli fertebrol

7fed fertebra gyddfol

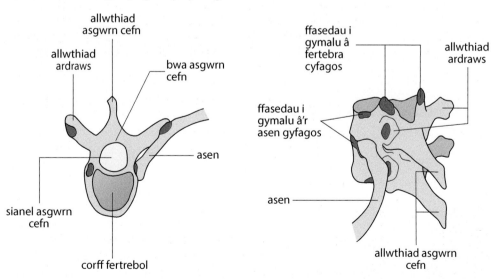

Fertebrâu thorasig ac asen (golwg o'r blaen)

Dau fertebra thorasig ac asen (golwg o'r ochr)

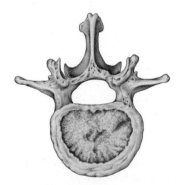

Ail fertebra meingefnol

- Mae fertebrâu'r meingefn yn cynnal y corff ac yn amsugno straen codi a chludo. Mae ganddynt fwy o gnapiau i gyhyrau lynu atynt na'r fertebrâu gyddfol a thorasig. Maen nhw'n fawr ac mae ganddynt gorff mawr, bwa fertebrol trwchus a sianel fertebrol fach.

Osgo ac anffurfiadau osgo

Mae'r diagramau'n dangos yr asgwrn cefn o'r blaen ac o'r ochr. Mae'r olwg o'r ochr yn dangos troeon ceugrwm yn y rhannau gyddfol a meingefnol. Mae'r troeon yn cyfrannu at amsugno sioc a chydbwysedd. Mae cyhyrau, gewynnau a thendonau'n eu cynnal nhw. Mae osgo da'n lleihau straen, ond mae corff rhy drwm a chyhyrau gwan yn gallu anffurfio asgwrn cefn, yn ogystal â rhai cyflyrau genynnol.

Sgoliosis

Mae sgoliosis yn achosi tro i'r ochr yn yr asgwrn cefn, yn ogystal â'r siâp S o'r blaen i'r cefn. Mae'n gallu cael ei achosi pan mae anghydbwysedd cyhyrau'n tynnu'r asgwrn cefn i wahanol gyfeiriadau. Mewn tua 30% o achosion, mae hanes teulu o'r cyflwr, sy'n awgrymu bod genynnau'n cyfrannu at sgoliosis. Mae o leiaf un genyn wedi'i gysylltu â'r cyflwr.

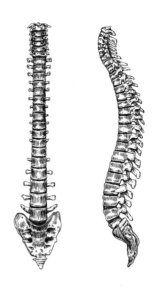

Yr asgwrn cefn dynol

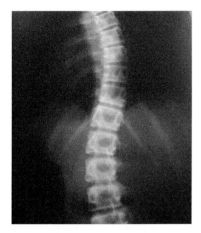

Pelydr-X o'r asgwrn cefn yn dangos sgoliosis

Yr asgwrn cefn dynol

Mae'r driniaeth i sgoliosis yn dibynnu ar aeddfedrwydd y sgerbwd. I blant a phobl ifanc, mae ymarferion ffisiotherapi'n cryfhau cyhyrau'r asgwrn cefn. Gallwn ni ddefnyddio brês neu, gan ddibynnu pa mor ddifrifol yw'r crymedd, llawdriniaeth i sythu'r asgwrn cefn.

Troed fflat

Mae bwa'r droed, neu bont y droed, yn datblygu erbyn tua 10 oed, gan godi ochr fewnol y droed oddi ar y llawr. Os yw'r bwâu wedi disgyn, sef traed fflat, mae'r droed yn rholio i'r ochr fewnol ac mae'n fflat ar y llawr. Pronadu gormodol yw hyn. Mae'n achosi straen ar gyhyrau a gewynnau sy'n gallu achosi poen yn y droed, y ffêr, croth y goes, y pen-glin, y glun neu'r cefn.

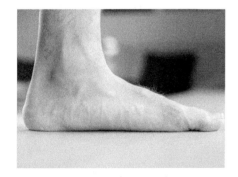

Troed fflat

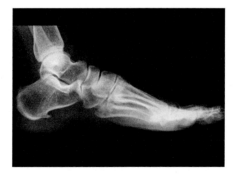

Pelydr-X o droed normal

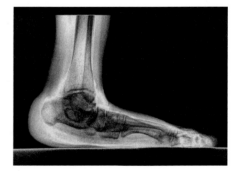

Pelydr-X o droed fflat

Achosion:

- Genetig
- Cynhenid, e.e. cymal annormal neu esgyrn wedi asio
- Arthritis
- Anaf.

Triniaeth:

- Esgidiau sy'n ffitio'n dda i leddfu poen yn y traed
- Gwadn mewnol arbennig i'r esgid, wedi'i wneud a'i ffitio gan giropodydd, i leihau'r pronadu
- Mae ymarferion sy'n ymestyn croth y goes a thendon Achiles yn gallu lleihau pronadu
- Efallai y bydd angen llawdriniaeth i drin namau cynhenid, e.e. i sythu neu wahanu esgyrn.

Coesau cam

Mae gan rywun goesau cam (*knock-knees*) os nad yw ei draed yn cyfarfod wrth i'w bengliniau gyffwrdd. Mae'n normal hyd at tuag 18 mis oed ond mewn pobl hŷn mae'n gallu digwydd oherwydd:

- Y llech, wedi'i hachosi gan ddiffyg fitamin D neu galsiwm

- Haint asgwrn

- Bod dros bwysau neu'n ordew

- Anaf i'r asgwrn crimog, ond yna, dim ond y goes sydd wedi'i hanafu sy'n gam.

Yn y rhan fwyaf o achosion, does dim angen trin y cyflwr hwn, ac, oni bai ei fod wedi'i achosi gan glefyd, mae fel arfer yn gwella'n naturiol. Dros 7 oed, mae rhai plant yn defnyddio brês dros nos ond os yw'r cyflwr yn ddifrifol ac yn parhau tan y glasoed, efallai y bydd angen llawdriniaeth.

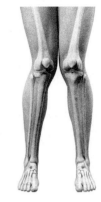

Coesau cam

Swyddogaethau'r sgerbwd

- Cynnal – mae'r sgerbwd yn cynnal y corff ac yn rhoi ei siâp cyffredinol iddo. Mae'r aelodau wedi'u cysylltu â gwregysau ar asgwrn cefn unionsyth. Mae'r cawell asennau a'r sternwm yn cynnal y thoracs.

- Glynu at gyhyrau – mae tendonau'n uno cyhyrau ysgerbydol ag esgyrn. Yn y rhan fwyaf o achosion, mae un pen i'r cyhyr, sef y tarddle, yn sefydlog. Mae'r pen arall, y mewniad, yn symud wrth i'r cyhyr gyfangu. Mae'r mewniad fel arfer yn bellach oddi wrth acsis y corff. Ymestyniadau, neu allwthiadau, ar esgyrn yw safleoedd cydio'r cyhyrau.

- Amddiffyn – mae'r sgerbwd yn gryf ac yn anhyblyg, sy'n amddiffyn llawer o'r organau mewnol rhag niwed. Mae'r penglog yn amgylchynu'r ymennydd ac yn amddiffyn y llygaid a'r glust fewnol a chanol. Mae'r fertebrâu'n amddiffyn madruddyn y cefn. Mae'r cawell asennau a'r sternwm yn amgylchynu'r galon, yr ysgyfaint a phibellau gwaed pwysig.

- Cynhyrchu celloedd coch y gwaed – mae mêr esgyrn yn cynnwys celloedd bonyn gwaedfagol, y celloedd sy'n gallu ymrannu i ffurfio celloedd gwaed mewn proses o'r enw gwaedfagu. Mewn plant, mae hyn yn digwydd gan mwyaf yn yr hwmerws a'r ffemwr, ond mewn oedolion y pelfis a chyrff y fertebrâu sydd bwysicaf.

- Storfa calsiwm – hydrocsi-apatit yw 70% o fatrics esgyrn, ac ïonau calsiwm yw bron 40% o hwnnw. Mae'r calsiwm yn yr asgwrn yn cael ei ddefnyddio i gynnal calsiwm serwm mewn proses homeostatig, ar y cyd â'r chwarren barathyroid a'r arennau. Mae calsiwm yn gollwng allan o'r esgyrn mewn osteoporosis neu os aiff crynodiad ffosffad yn y gwaed yn rhy uchel, e.e. drwy yfed gormod o ddiodydd swigod. Os yw'r unigolyn yn dioddef o'r llech neu osteomalacia, does dim digon o galsiwm yn cael ei ddyddodi mewn esgyrn.

Cymalau

Cymalau yw lle mae esgyrn yn cyfarfod. Gallwn ni eu dosbarthu nhw:

- Cymalau ansymudol, neu asiadau, yw lle mae esgyrn yn tyfu gyda'i gilydd. Mae'r esgyrn yn cydgloi a does dim symudiad rhyngddynt, e.e. yn y greuan.

Cyswllt Rydych chi wedi dysgu yn ystod blwyddyn gyntaf y cwrs hwn bod gan benglogau cigysyddion safleoedd cydio amlwg i gyhyrau, sy'n golygu bod eu genau'n gallu cau'n gyflymach ac yn gryfach na genau llysysyddion.

Mynd ymhellach ▶

Mae rhoddwyr mêr esgyrn yn hanfodol i drin rhai anhwylderau gwaed gan ei fod yn cynnwys celloedd bonyn gwaedfagol. Mae'n cael ei echdynnu dan anaesthetig â nodwydd o gefn y pelfis.

▼ Pwynt astudio

Cofiwch bum swyddogaeth y sgerbwd: cynnal, glynu at gyhyrau, amddiffyn, cynhyrchu celloedd coch y gwaed, storfa calsiwm.

Top penglog dynol yn dangos asiadau

DYLECH CHI WYBOD ›››

››› Y gwahanol fathau o gymal

››› Beth sy'n achosi osteoarthritis ac arthritis gwynegol, a sut rydym ni'n eu trin nhw

Mynd ymhellach ▶

Mae rhai pobl yn dweud bod gan eliffantod bedwar pen-glin a bod gan gamelod bedwar penelin, ond mae gan bob mamolyn ddau o bob un. Mae safleoedd eu harddyrnau a'u fferau/pigyrnau'n drysu pobl.

- Mae cymalau symudol yn caniatáu i esgyrn symud mewn perthynas â'i gilydd.
  - Mae cymalau llithro'n caniatáu i esgyrn lithro dros ei gilydd i roi symudiad i lawer o gyfeiriadau, e.e. rhwng y fertebrâu, yn y ffêr/pigwrn, wyth asgwrn bach yr arddwrn.
  - Mae cymalau colfach yn caniatáu symudiad o fewn un plân, e.e. y pengliniau sy'n pwyntio ymlaen a'r penelinoedd sy'n pwyntio'n ôl.
  - Mae cymalau pelen a chrau'n caniatáu symudiad mewn mwy nag un plân, e.e. cymalau'r glun a'r ysgwydd.

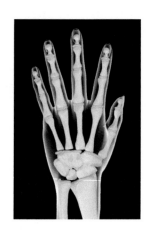

Cymal llithro'r arddwrn

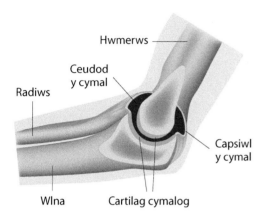

Cymal colfach y penelin

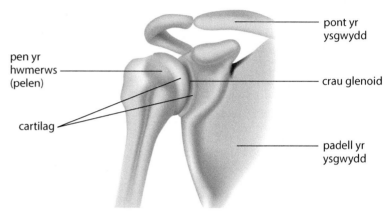

Cymal pelen a chrau'r ysgwydd

Arthritis

Grŵp o gyflyrau sy'n achosi llid yn y cymalau yw arthritis.

Osteoarthritis

Osteoarthritis (OA) yw'r clefyd cymalau mwyaf cyffredin. Mae'n gyflwr dirywiol. Mae glycoprotein a cholagen mewn cartilag cymalog ar ddau ben esgyrn yn diraddio'n gyflymach nag y maen nhw'n cael eu hailadeiladu. Mae'r cynhyrchion ymddatod yn cael eu rhyddhau i geudod y cymal ac mae'r celloedd sy'n leinio'r cymal yn cael gwared arnynt. Ond maen nhw'n achosi llid ac felly mae'r cymal yn chwyddo ac yn mynd yn boenus ac yn stiff. Mae gewynnau hefyd yn gallu mynd yn fwy trwchus ac mae darnau bach o asgwrn yn gallu tyfu a chyfyngu ar symudiad. Mae'r difrifoldeb yn dibynnu ar y cymal lle mae'n digwydd ac ar yr unigolyn.

Mae OA yn gallu effeithio ar unrhyw gymal ond mae fwyaf cyffredin yn y pengliniau, y cluniau a'r bysedd. Does dim cysylltiad genynnol wedi'i sefydlu a dydy OA ddim yn cael ei achosi gan system imiwnedd y corff ei hun yn ymosod ar feinweoedd cymalau, h.y. dydy OA ddim yn gyflwr awtoimiwn.

Ffactorau risg

- Oed: Mae OA fwyaf cyffredin ymysg pobl dros 45 mlwydd oed, er ei fod yn gallu effeithio ar bobl iau.
- Bod dros bwysau, yn enwedig o ran cymalau'r pen-glin a'r glun.
- Plygu cymal yn gyson, fel pobl sy'n dawnsio neu'n gwneud chwaraeon. Pan oedd pobl yn gwau llawer, roedd osteoarthritis yn gyffredin yn y dwylo. Aeth gwau'n llai poblogaidd ac aeth OA yn llai cyffredin, ond nawr mae OA yn fwy cyffredin eto: mae llawfeddygon orthopaedig yn rhagfynegi cynnydd enfawr yn hyn a phroblemau eraill â'r dwylo a'r bysedd, o ganlyniad i ddefnyddio dyfeisiau electronig symudol.

▼ Pwynt astudio

Mae unrhyw air sy'n cynnwys 'arthr-' yn cyfeirio at y cymalau. Mae gair sy'n gorffen ag '-itis' yn disgrifio llid. Mae 'osteo-' yn cyfeirio at esgyrn ac mae '*rheumatoid*' (gwynegol) yn disgrifio cyflyrau imiwn sy'n effeithio ar gymalau a meinwe gyswllt.

Term Allweddol

Osteoarthritis: Cyflwr dirywiol lle mae cartilag cymalog yn diraddio gan gynhyrchu cymalau poenus, llidus.

Mynd ymhellach ▶

Mae ymarfer corff ysgafn rheolaidd a chynnal pwysau iach yn gallu helpu i atal OA. Mae llawer o bobl yn cymryd glwcosamin; mae hwn bron iawn yr un mor effeithiol â phlasebo. Dydy clecio cygnau (*knuckles*) eich dwylo ddim yn cynhyrchu arthritis.

Triniaeth

Does dim ffordd o wella OA. Mae'r driniaeth orau'n dibynnu ar ddifrifoldeb y cyflwr:

- Cynllun ymarfer corff strwythuredig gyda ffisiotherapydd.
- Rheoli poen â chyffuriau NSAID, e.e. asbirin.
- Cymalau newydd, yn enwedig cymalau'r glun a'r pen-glin.
  - Mae manteision cymalau newydd yn cynnwys lleddfu poen, defnyddio llai o gyffuriau, adfer symudedd, symudiad, a gwell ansawdd bywyd.
  - Mae'r anfanteision yn cynnwys y risg o dolchennau a haint, cyfnod gwella hir a mwy o risg o ddadleoli'r glun ar ôl y driniaeth. Gan ddefnyddio'r dechnoleg bresennol, mae'r cymalau newydd hyn yn para tua 15–20 mlynedd, ac mae gorfod cael un newydd arall wedyn yn cynyddu'r anfanteision hyn.

Arthritis gwynegol

Cyflwr awtoimiwn yw **arthritis gwynegol** sy'n ymosod ar esgyrn a chartilag yn y cymalau, yn enwedig yn yr arddyrnau a'r dwylo. Mae'r cymalau'n mynd yn llidus iawn. Mae mwy o waed yn llifo, gan gynhesu'r cymalau a gwneud iddynt chwyddo'n boenus, felly mae'n anodd symud. Mae profion gwaed a delweddu'n gallu cadarnhau diagnosis sy'n seiliedig ar arwyddion a symptomau.

Mae'n ymddangos bod ffactorau genetig ac amgylcheddol yn achosi'r cyflwr. Mae ysmygu'n ffactor risg penodol ond mae tywydd oer, llaith a llawer o gaffein a chig coch yn y deiet hefyd yn cynyddu'r risg.

Does dim ffordd o wella arthritis gwynegol, ond mae triniaethau'n gallu lleddfu'r symptomau ac arafu cynnydd y clefyd.

Nodau'r driniaeth yw lleddfu poen, lleihau llid a'i gwneud hi'n haws i unigolyn weithredu'n gyffredinol:

- Ffisiotherapi, gan gydbwyso gorffwys ac ymarfer corff i gynnal cryfder cyhyrau a gweithredoedd corfforol cyffredinol.
- Cyffuriau – chwistrellu cyffuriau NSAID i'r cymalau i leddfu'r llid a'r boen; mae cyffuriau gwrth-wynegol sy'n addasu clefydau (*DMARD: disease-modifying anti-rheumatic drugs*) yn arafu cynnydd clefyd, er bod sgil effeithiau'n gallu golygu bod y rhain yn anaddas.
- Llawdriniaeth i gael cymalau newydd.

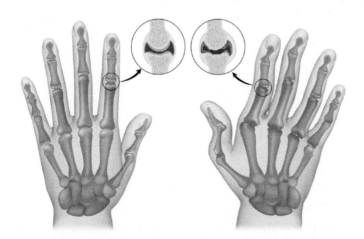

Normal   Arthritis gwynegol

Diagramau'n dangos llaw normal a llaw ag arthritis gwynegol

Pwynt astudio

Cyffuriau gwrthlidiol heb fod yn steroidau yw cyffuriau NSAID (*non-steroidal anti-inflammatory drugs*). Maen nhw'n lleddfu poen a thwymyn ac mae dosiau uchel yn lleddfu llid. Maen nhw'n cynnwys ibuprofen ac asbirin ond nid parasetamol, oherwydd dydy hwn ddim yn lleddfu llid.

Term Allweddol

Arthritis gwynegol: Cyflwr awtoimiwn sy'n ymosod ar esgyrn a chartilag yn y cymalau, gan gynhyrchu poen, chwyddo a stiffni.

Mynd ymhellach ▶

Mae diffyg fitamin D gan lawer o bobl ag arthritis gwynegol, ond dydy ymchwil ddim wedi canfod eto ai dyma ydi achos neu effaith y clefyd.

DYLECH CHI WYBOD ›››

››› Sut mae cymalau'n gweithredu fel liferi

››› Adeiledd y cymal synofaid

››› Sut mae cyhyrau gwrthweithiol yn gweithio

››› Swyddogaeth tendonau

Cymalau fel liferi

Mae lifer yn adeiledd anhyblyg a symudol sy'n colynnu o gwmpas safle sefydlog, y ffwlcrwm. Yr ymdrech yw'r grym sy'n cael ei roi ar y lifer, a'r llwyth yw'r peth sy'n cael ei symud gan y lifer. Yn y corff, mae asgwrn yn adeiledd anhyblyg a symudol ac mae cymal yn ffwlcrwm. Cyfangu cyhyrau sy'n cynhyrchu'r ymdrech a'r rhan o'r corff sy'n symud yw'r llwyth.

Os yw lifer yn caniatáu i chi roi ymdrech fach a chael grym mwy allan, mae'n chwyddhadur (*magnifier*) grym. Mae math arall o lifer yn caniatáu i chi roi ymdrech dros bellter bach a chael yr un grym allan, ond mae'n symud yn bellach na'r ymdrech rydych chi wedi'i rhoi i mewn. Chwyddhadur pellter yw hwn, sy'n fath cyffredin o lifer yn y corff.

- Mewn liferi gradd un, mae'r ffwlcrwm yn y canol, fel mewn si-so. Mae gan y corff lifer gradd un ar dop yr asgwrn cefn. Mae cyhyrau'r gwddf yn cyfangu, gan ddarparu'r ymdrech, sy'n cydbwyso llwyth y penglog. Y ffwlcrwm yw lle mae'r fertebra uchaf, yr atlas, yn cyfarfod ag asgwrn y penglog. Pan mae cyhyrau'r gwddf yn cyfangu, mae'r pen yn gogwyddo i fyny.

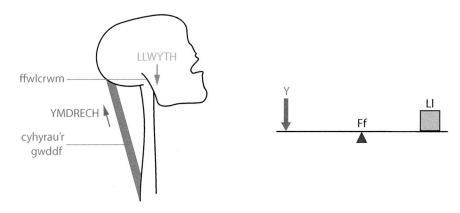

Lifer gradd un

Dychmygwch blentyn bach yn cydbwyso oedolyn mawr ar si-so. Os yw'r plentyn (yr ymdrech) yn llawer pellach oddi wrth y ffwlcrwm, bydd yr oedolyn mawr (y llwyth) yn symud. Felly mae lifer gradd un yn gallu bod yn chwyddhadur grym. Ond yn y pen, mae'r llwyth a'r ymdrech tua'r un pellter â'i gilydd oddi wrth y ffwlcrwm, felly, yn yr achos hwn, mae'r lifer yn gweithio i gynnal osgo, nid i gynyddu'r grym.

- Mewn liferi gradd dau, mae'r llwyth yn y canol, fel mewn berfa. Dydy'r rhain ddim yn digwydd yn unrhyw un o gymalau'r corff ond rydym ni'n eu defnyddio nhw mewn sefyllfaoedd penodol, e.e. sefyll ar flaenau ein traed. Cyhyrau croth y goes sy'n darparu'r ymdrech i godi llwyth y corff, a'r bysedd traed yw'r ffwlcrwm. Mae byrfreichiau (*press-ups*) yn defnyddio lifer gradd dau: y traed yw'r ffwlcrwm, pwysau'r corff, yn y canol, yw'r llwyth a'r ymdrech yw'r dwylo'n pwyso ar y llawr.

GWEITHIO'N WYDDONOL

Mae meysydd gwyddoniaeth yn ategu ei gilydd. Mae deall liferi'n ein helpu ni i ddeall sut mae'r corff yn symud.

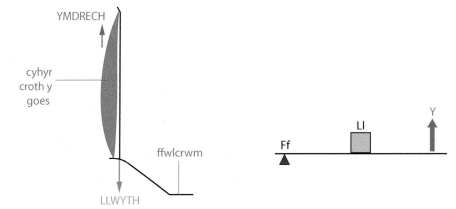

Lifer gradd dau

- Mewn liferi gradd tri, mae'r ymdrech yn y canol, fel defnyddio plicwyr neu chopsticks. Un enghraifft yn y corff yw'r cyhyryn deuben. Wrth i'r cyhyr gyfangu, mae'r ymdrech yn codi llwyth y llaw, a'r penelin yw'r ffwlcrwm. Mae'r llwyth yn symud i'r un cyfeiriad â chyfeiriad gwneud yr ymdrech. Mae'r llwyth yn bellach oddi wrth y ffwlcrwm na'r ymdrech, felly mae'n symud pellter mwy na'r ymdrech. Mae hyn yn enghraifft o chwyddhadur pellter, h.y. mae'r llwyth yn symud pellter mwy na'r ymdrech. Liferi gradd tri yw llawer o liferi'r corff. Yn y liferi hyn, mae'r cyhyr yn gallu cael ei fewnosod yn agos at y cymal, gan gynhyrchu symudiad mawr a chyflym.

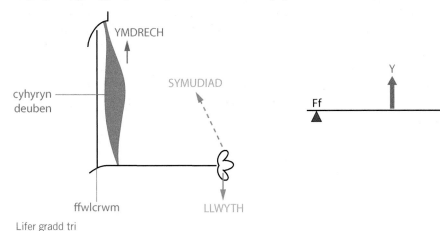

Lifer gradd tri

Sylwch

Cofiwch Ff-Ll-Y. Os yw'r ffwlcrwm yn y canol mae'n lifer gradd un; os yw'r llwyth yn y canol mae'n lifer gradd dau; os yw'r ymdrech yn y canol, mae'n lifer gradd tri.

Cyfrifiad

Os yw lifer mewn cydbwysedd, er enghraifft, os yw si-so'n cydbwyso neu fraich gam yn cael ei dal yn llonydd:

$F_1 \times d_2 = F_2 \times d_2$, lle F_1 ac F_2 yw'r grymoedd sy'n cael eu rhoi gan y llwyth a'r ymdrech, wedi'u mesur mewn newtonau; d_1 a d_2 yw pellteroedd y llwyth a'r ymdrech oddi wrth y ffwlcrwm, wedi'u mesur mewn metrau.

Enghraifft fiolegol: cyfrifwch yr ymdrech mae eich cyhyryn deuben yn ei gwneud wrth i chi ddal bag 1 kg o siwgr yn llonydd yn eich llaw. Mae'r pellter o'ch penelin i'ch llaw yn 30 cm ac mae'r pellter o'ch penelin i fewnosodiad eich cyhyryn deuben ar y radiws yn 3 cm. Tybiwch fod màs 1 kg yn rhoi grym o 9.8 newton.

Mae'r paragraff yn dweud wrthym ni bod $F_1 = 1 \times 9.8$ kg, $d_1 = 0.30$ m; $d_2 = 0.03$ m.

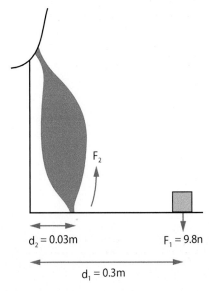

Data'r cyfrifiad

$F_1 \times d_1 = F_2 \times d_2$

$\therefore 1 \times 9.8 \times 0.30 = F_2 \times 0.03$

$\therefore F_2 = \dfrac{9.8 \times 0.30}{0.03} = 98$ newton

= ymdrech mae'r cyhyryn deuben yn ei ddarparu.

Mae'n rhaid i'r cyhyryn deuben roi grym mawr, ond oherwydd bod yr ymdrech yn agos at y ffwlcrwm, mae'n gallu symud y llwyth yn gyflym dros bellter mawr. Y symudiad mawr cyflym hwn sy'n gwneud liferi gradd tri mor ddefnyddiol yn y corff. Mae'r buanedd mawr a'r pellter symud yn cyfrannu at ragoriaeth ym myd chwaraeon.

Sylwch

Mewn lifer gradd tri, mae'r ymdrech yn fwy na'r llwyth. Gwiriwch fod atebion eich cyfrifiadau'n gwneud synnwyr.

Cymal synofaidd: Cymal lle mae cartilag cymalog a hylif synofaidd, sydd wedi'i secretu gan bilen synofaidd, yn iro symudiad esgyrn. Mae'r cymal yn cael ei ddal mewn capsiwl cymal gewynnol.

Cyswllt Mae cyhyrau crwn a hydredol mur y coludd yn gweithio'n wrthweithiol yn ystod peristalsis. Mae cyhyrau crwn a hydredol mur yr iris yn gweithio'n wrthweithiol i reoli diamedr cannwyll y llygad.

Y cymal synofaidd

Enw arall ar gymalau symudol yw **cymalau synofaidd**.

- Dau ben yr esgyrn wedi'u gorchuddio â chartilag cymalog, sef cartilag hyalin, sy'n gwneud cot lithrig.
- Bwlch bach rhwng dau ben yr esgyrn yw'r ceudod synofaidd. Mae'n llawn hylif synofaidd, sy'n cael ei secretu gan y bilen synofaidd sydd o gwmpas y bwlch.
- Mae'r cartilag cymalog a'r hylif synofaidd yn iro'r cymal ac yn amsugno sioc.
- Mae'r hylif synofaidd hefyd yn rhoi maeth i'r condrocytau. Mae hyn yn bwysig oherwydd byddai tryledu maetholion o'r pibellau gwaed yn yr esgyrn, drwy'r cartilag cymalog, yn rhy araf i ddarparu'r maetholion sydd eu hangen i'r condrocytau.
- Mae'r bilen synofaidd wedi'i gorchuddio â philen ffibrog sy'n cynnwys gewynnau. Mae'r bilen synofaidd a'r gewynnau'n gwneud capsiwl y cymal, sy'n dal y cymal at ei gilydd.

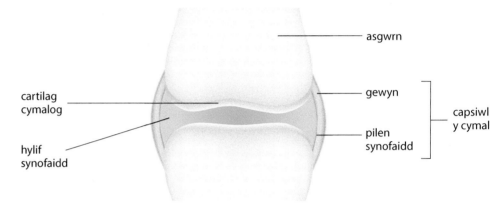

Cymal synofaidd

Cyhyrau gwrthweithiol

Pâr gwrthweithiol: Pan mae un cyhyr mewn pâr gwrthweithiol yn cyfangu, mae'r llall yn llaesu. Maen nhw'n cyfangu ac yn llaesu'n gyd-drefnus.

Pan mae cyhyr yn cyfangu, mae'n gallu tynnu ar asgwrn a phlygu cymal. Ond pan mae cyhyr yn llaesu, dydy'r asgwrn ddim yn cael ei wthio. Mae angen cyhyrau ar wahân i blygu ac estyn cymalau. Maen nhw'n gweithio mewn pâr; mae cyhyryn plygu'n cyfangu i blygu cymal a chyhyryn estyn yn cyfangu i sythu cymal. Pan mae un yn cyfangu, mae'r llall yn llaesu. Mae'r cyhyryn plygu a'r cyhyryn estyn yn **bâr gwrthweithiol**, sy'n golygu eu bod nhw'n cydweithio drwy wneud y gwrthwyneb i'w gilydd yn gyd-drefnus.

Pwynt astudio

Mae'r penelin yn plygu pan mae'r cyhyryn deuben yn cyfangu a'r cyhyryn triphen yn llaesu. Mae'r penelin yn sythu pan mae'r cyhyryn triphen yn cyfangu a'r cyhyryn deuben yn llaesu.

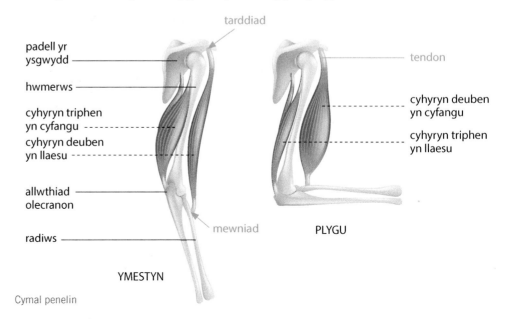

Cymal penelin

Mae gan y penelin dri chyhyryn plygu, a'r cyhyryn deuben yw'r pwysicaf. Mae ei darddiad ar badell yr ysgwydd, ac mae ganddo ddau dendon. Mae ei brif fewniad ar y radiws.

Cyhyryn estyn y penelin yw'r cyhyryn triphen. Mae ganddo darddiadau ar yr hwmerws ac ar badell yr ysgwydd, ychydig o dan gymal yr ysgwydd. Mae ei fewniad ar yr ymestyniad esgyrnog ar gefn y penelin, allwthiad olecranon.

Tendonau

Colagen yw 86% o dendonau, ac maen nhw'n ffurfio mewn ffibrau paralel wedi'u pecynnu'n ddwys. Maen nhw'n uno cyhyrau ag esgyrn ac yn plethu yn y ddau ben i ddarparu cysylltiadau cryf iawn. Mae'r cysylltiadau hefyd yn anelastig, felly dydy hyd y tendonau ddim yn newid wrth i'r cyhyr gyfangu. Felly, mae egni'r cyfangiad yn cael ei drosglwyddo'n effeithlon i symud y cymal, heb golli egni wrth i dendonau newid hyd. Mae ymchwil diweddar wedi rhoi tystiolaeth bod tendonau'n gallu storio egni a gweithredu fel sbringiau, e.e. defnyddio tendon Achiles wrth gerdded.

Fel esgyrn, mae tendonau'n tyfu ac yn ailfodelu wrth i ni eu defnyddio nhw, ond maen nhw'n colli eu priodweddau os nad ydynt yn cael eu defnyddio'n normal:

- Peidio â'u defnyddio – mae diamedr y sypynnau colagen yn nhendon Achilles llygod mawr yn mynd yn llai os yw'r llygod mawr yn segur. Mae'n debygol bod hyn yn wir am famolion eraill, gan gynnwys bodau dynol.

- Micro-ddisgyrchiant – mae tendonau'n colli eu stiffni mewn micro-ddisgyrchiant, hyd yn oed gydag ymarfer corff, ac mae hyn yn creu goblygiadau i drin cleifion sy'n gaeth i'r gwely ac wrth ddylunio ymarfer corff mwy effeithiol i ofodwyr.

52

Gwirio gwybodaeth

Llenwch y bylchau.

Mae .... cymalog a hylif synofaidd yn .... cymalau. Mae cyhyrau'n gweithredu cymalau mewn parau ...., e.e. pan mae'r cyhyryn deuben yn llaesu mae'r cyhyryn triphen yn .... ac mae'r penelin yn ....

Mynd ymhellach

Mae prif swyddogaethau sgerbwd yn cynnwys cynnal a symud y corff. Mae hyd yn oed bacteria'n cynnwys proteinau ffilamentog sy'n gwneud y swyddogaethau hyn ac, fel celloedd ewcaryotig eraill, mae gan organebau ungellog, e.e. *Amoeba*, gytosgerbwd o ficroffilamentau a microdiwbynnau.

Mae gan lawer o infertebratau sgerbwd, er enghraifft:

- Mae gan lawer o sbyngau sgerbwd mewnol wedi'i wneud o golagen wedi'i addasu o'r enw sbongin, ac mae pigau o galsiwm carbonad neu silicon deuocsid yn dod allan o rai ohonynt. Mae gan rai ohonynt sgerbwd allanol calsiwm carbonad hefyd.

- Mae gan echinodermau, e.e. draenogod môr a sêr môr, bigau allanol calsiwm carbonad; nid sgerbwd allanol yw'r rhain, ond estyniadau i sgerbwd mewnol o dan y croen.

- Does gan y rhan fwyaf o folysgiaid ddim sgerbwd mewnol nac allanol, er bod rhannau o'u cyrff yn gallu bod yn galed, e.e. pig octopws, sydd wedi'i wneud o gitin, ac asgwrn ystifflog môr-gyllyll, sydd wedi'i wneud o aragonit, math o galsiwm carbonad.

Mae gan fertebratau sgerbwd mewnol, y sgerbydau echelinol ac atodol, ond mae to'r penglog, y dannedd, cennau a rheiddennau esgyll yn ffurfio sgerbwd allanol hefyd. Dydyn ni ddim yn gwybod llawer am esblygiad cynnar sgerbwd fertebratau, oherwydd mae'r organebau lle esblygodd hwn am y tro cyntaf yn ddiflanedig. Ond mae sgerbydau wedi'u mwyneiddio felly maen nhw'n ffosilio'n dda, sy'n rhoi rhywfaint o dystiolaeth. Rydym ni'n meddwl mai sgerbwd allanol pysgod esgyrnog oedd y sgerbwd cyntaf i fod wedi'i fwyneiddio, e.e. yn eu cennau a'u rheiddennau esgyll. Yn yr ostracodermau, pysgod arfwisgog a di-ên y cyfnod Paleosöig, sydd nawr yn ddiflanedig, roedd y sgerbwd allanol yn amgylchynu'r corff i gyd. Fodd bynnag, mae sgerbwd allanol yn drwm iawn ac wrth i fertebratau esblygu ar y tir, mae wedi lleihau'n sylweddol.

Opsiwn C: Niwrobioleg ac ymddygiad

Rydym ni wedi defnyddio amryw o dechnegau delweddu i archwilio adeiledd yr ymennydd a sut mae'n gweithio. Rydym ni wedi gallu defnyddio'r rhain i ganfod cydberthyniad rhwng rhannau o'r ymennydd ac ymatebion ac ymddygiadau penodol. Gallwn ni fapio anhwylderau, er enghraifft anhwylderau lleferydd, i leoliadau penodol. Mae priodweddau niwroplastig yr ymennydd yn golygu ei fod yn gallu newid ac addasu i amgylchiadau newydd drwy gydol oes drwy addasu synapsau fel ymateb i'r cyfnod datblygu a sbardunau amgylcheddol. Mae newidiadau epigenetig yn esbonio sut mae rhai cyflyrau'n gallu cael eu trosglwyddo ar draws cenedlaethau. Drwy astudio ymddygiad a mathau o ddysgu, gallwn ni ddangos sut mae bodau dynol yn rhyngweithio fel unigolion ac mewn grwpiau cymdeithasol. Gallwn ni ddisgrifio trefniadaeth rhai cymdeithasau anifeiliaid, gan gynnwys cyfeirio at ddefodau tiriogaeth a charwriaeth.

Cynnwys y testun

Erbyn diwedd y testun hwn, byddwch chi'n gallu gwneud y canlynol:

- Disgrifio adeiledd yr ymennydd dynol.
- Disgrifio prif swyddogaethau'r cerebrwm, yr hypothalamws, y cerebelwm a'r medwla oblongata.
- Disgrifio swyddogaethau'r systemau nerfol sympathetig a pharasympathetig.
- Deall sut mae'r hypothalamws yn cysylltu rheoleiddio'r nerfau a'r endocrinau.
- Disgrifio swyddogaethau'r cortecs synhwyraidd a'r cortecs echddygol.
- Deall arwyddocâd y homwncwli synhwyraidd ac echddygol.
- Disgrifio swyddogaethau'r rhannau o'r ymennydd sy'n gysylltiedig ag iaith a lleferydd.
- Disgrifio technegau delweddu'r ymennydd.
- Esbonio arwyddocâd cyfnodau critigol yn natblygiad yr ymennydd.
- Disgrifio ffenomen niwroplastigedd.
- Disgrifio sut mae mynegiad genynnau'n effeithio ar ddatblygiad yr ymennydd ac ymddygiad.
- Esbonio'r gwahaniaethau rhwng ymddygiad cynhenid ac ymddygiad wedi'i ddysgu.
- Disgrifio grwpiau cymdeithasol a'u manteision a'u hanfanteision.
- Esbonio arwyddocâd esblygol ymddygiadau tiriogaethol a charwriaethol a sut mae detholiad rhywiol wedi cynhyrchu'r rhain.

Yr ymennydd

Yr ymennydd dynol yw'r adeiledd mwyaf cymhleth rydym ni'n gwybod amdano yn y bydysawd. Dyma'r ganolfan sy'n cyd-drefnu synwyriadau a gweithgarwch deallusol. Mae ymennydd oedolyn yn pwyso tuag 1.5 kg ac yn cynnwys amcangyfrif o 8.6×10^{10} o niwronau, a phob un o'r rhain yn gwneud dros 1000 o gysylltiadau. Rydym ni'n meddwl bod yr holl gysylltiadau hyn yn bwysig o ran cynhyrchu priodweddau'r ymennydd. Hefyd, mae tua 10^{12} o gelloedd glial, sy'n cynorthwyo swyddogaethau'r niwronau.

Gallwn ni ymchwilio i ddatblygiad esblygiadol yr ymennydd dynol drwy ei gymharu ag ymennydd fertebratau eraill. Mae gan anifeiliaid sy'n ymddangos yn gynharach yn y cofnod ffosiliau ymennydd mwy syml, a gallai fod cydberthyniad rhwng hyn a'u gwahanol ymddygiadau.

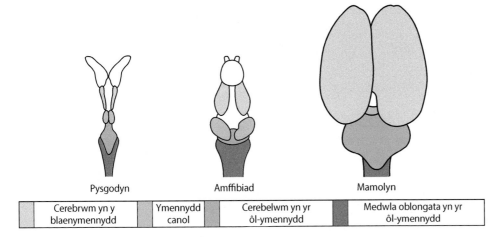

Golwg ddorsal ar ymennydd tri fertebrat

Pilenni'r ymennydd

Mae'r ymennydd yn parhau'n ddi-dor o fadruddyn y cefn ac, fel madruddyn y cefn, mae wedi'i amgylchynu â thair pilen, sef **pilenni'r ymennydd** (*meninges*): y freithell denau ar arwyneb yr ymennydd, y freithell dew sydd ynghlwm wrth y penglog a'r freithell arachnoid rhwng y rhain. Meningitis yw llid ar bilenni'r ymennydd. Mae meningitis firaol yn fwy cyffredin na meningitis bacteriol, ac mae'n aml mor ysgafn nes ein bod ni'n meddwl mai ffliw ydyw. Mae meningitis bacteriol yn gallu bod yn angheuol ond mae rhaglen frechu wedi lleihau nifer yr achosion o feningitis.

Adeiledd yr ymennydd

Fentriglau

Chwydd ym mhen blaen madruddyn y cefn yw'r ymennydd. Mae'n cynnwys pedwar ceudod, sef y **fentriglau**, sy'n parhau'n ddi-dor o'r sianel fertebrol. Mae celloedd sy'n leinio'r fentriglau'n cynhyrchu hylif yr ymennydd, sy'n cylchredeg rhwng y fentriglau ac yn mynd i'r sianel fertebrol. Mae'n debyg i blasma o ran ei gydrannau, er enghraifft:

- Mae'n cyflenwi maetholion, fel glwcos.
- Mae'n cyflenwi ocsigen, wedi'i gludo mewn hydoddiant. Dydy hylif yr ymennydd ddim yn cynnwys celloedd coch y gwaed, ac mae ei liw'n felyn golau.
- Mae'n cynnwys gwrthgyrff a chelloedd gwyn y gwaed, felly mae'n gallu helpu i wrthsefyll haint.

▼ Pwynt astudio

Mae gair sy'n gorffen ag '-itis' yn cyfeirio at lid.

Mynd ymhellach ▶

Mae'r brechlyn Men B ar gael i fabanod. Mae disgyblion ysgol Blwyddyn 13 a myfyrwyr hyd at 25 oed sy'n cofrestru mewn prifysgol yn cael cynnig y brechlyn Men ACWY i amddiffyn rhag meningitis A, C, W ac Y.

Termau Allweddol

Pilenni'r ymennydd (*meninges*): Tair pilen, y freithell denau, y freithell arachnoid a'r freithell dew, sy'n leinio'r penglog a'r sianel fertebrol, o gwmpas yr ymennydd a madruddyn y cefn.

Fentriglau: Pedwar ceudod sydd wedi'u cysylltu yn yr ymennydd; mae hylif yr ymennydd yn cael ei secretu i mewn iddynt.

Mynd ymhellach ▶

Mae fentriglau oedolyn yn cynnwys tuag 80 cm³ o hylif yr ymennydd, ac mae hwn i gyd yn cael ei ailgyflenwi tua bob chwe awr.

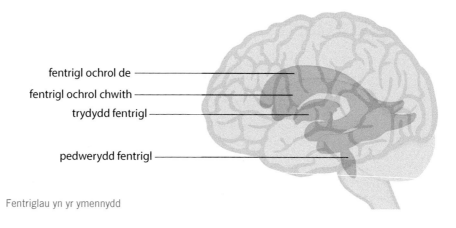

fentrigl ochrol de

fentrigl ochrol chwith

trydydd fentrigl

pedwerydd fentrigl

Fentriglau yn yr ymennydd

Rhannau'r ymennydd

Mae tair rhan i'r ymennydd sydd wedi'u henwi ar ôl eu safleoedd: y blaenymennydd, yr ymennydd canol a'r ôl-ymennydd. Mae'r diagram ar t303 yn dangos eu datblygiad esblygiadol mewn fertebratau. Mae esblygiad yn addasu'r hyn sy'n bresennol eisoes, ac mae rhywogaethau sy'n ymddangos yn ddiweddarach yn y cofnod ffosiliau'n tueddu i gynnwys adeileddau mwy soffistigedig, nid rhai newydd o reidrwydd.

- Yr ôl-ymennydd yw rhan fwyaf cyntefig yr ymennydd dynol, ac rydym ni weithiau'n ei alw'n ymennydd ymlusgiad. Mae'n cynnal swyddogaethau homeostatig sylfaenol:
  - Mae gan y **cerebelwm** arwyneb cordeddol, sy'n rhoi lle i gellgyrff nifer mawr o niwronau. Mae'n cyd-drefnu tasgau gwirfoddol lle mae angen rheoli cyhyrau'n fanwl, e.e. ysgrifennu a chwarae graddfeydd yn gyflym, ac mae'n rheoli'r cyhyrau sy'n cynnal yr osgo.
  - Y **medwla oblongata** sy'n rheoli swyddogaethau sylfaenol gan gynnwys awyru, cynnal pwysedd gwaed, cydbwysedd a rheoleiddio curiad y galon.
- Mae'r ymennydd canol yn cynnwys edafedd nerfau sy'n cysylltu'r ôl-ymennydd a'r blaenymennydd, gan drosglwyddo gwybodaeth ar gyfer y golwg a'r clyw.
- Y blaenymennydd
  - Mae'r **system limbig** yn gysylltiedig ag emosiwn, dysgu, cof:
    - Mae'r **hipocampws** yn rhyngweithio â'r cortecs cerebrol, gan gyfrannu at ddysgu, rhesymu, personoliaeth a chyfnerthu cof mewn storfa barhaol.
    - Canolfan gyfnewid yw'r **thalamws** sy'n anfon ysgogiadau i'r cerebrwm a'u derbyn oddi yno.
    - Mae'r **hypothalamws** yn rheoli swyddogaethau cyffredinol e.e. tymheredd y corff, crynodiad hydoddion yn y gwaed, chwant bwyd, syched, cwsg. Dyma'r brif fan sy'n rheoli'r system nerfol awtonomig ac mae'n cysylltu'r ymennydd â'r system endocrin, drwy'r chwarren bitŵidol.
  - Mae'r **cerebrwm** yn rheoli ymddygiad rheoledig, dysgu, rhesymu, personoliaeth a chof. Mae'n gweithio'n isymwybodol gan mwyaf.

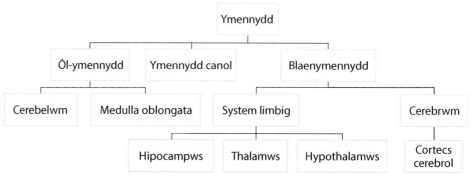

Trefniant yr ymennydd

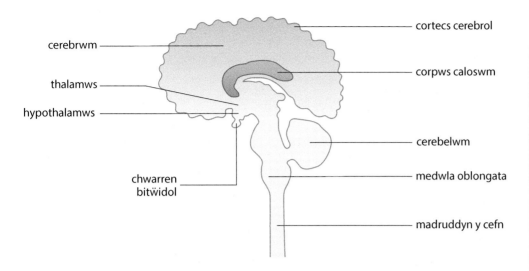

cortecs cerebrol

cerebrwm

corpws caloswm

thalamws

hypothalamws

cerebelwm

chwarren bitwïdol

medwla oblongata

madruddyn y cefn

Toriad saethol drwy'r ymennydd. Sylwch: dydy'r hipocampws ddim i'w weld yn y toriad hwn

Gwirio gwybodaeth

Parwch y ffurfiadau 1–4 â'r disgrifiadau A–CH.

1. Pilenni'r ymennydd.
2. Fentriglau.
3. Cerebelwm.
4. Cerebrwm.

A. Rhan o'r ôl-ymennydd sy'n gysylltiedig â rheoli cyhyrau'n fanwl ac yn anymwybodol.
B. Tair pilen o gwmpas yr ymennydd a madruddyn y cefn.
C. Ceudodau yn yr ymennydd sy'n cynnwys hylif yr ymennydd.
CH. Rhan o'r blaenymennydd sy'n gysylltiedig â meddwl a gwneud penderfyniadau.

Y system nerfol awtonomig

Mae'r **system nerfol awtonomig** yn rhan o'r system nerfol berifferol, a hon sy'n rheoli gwaith parhaus yr organau mewnol, heb ymyriadau ymwybodol. Weithiau, rydym ni'n dweud bod y prosesau hyn yn rhai 'awtomatig' ac maen nhw'n cynnwys gweithredoedd atgyrch, fel llyncu, pesychu, chwydu a thisian. Yr hypothalamws sy'n rheoleiddio'r system nerfol awtonomig. Mae ganddi ddwy gydran wrthweithiol ac, fel systemau gwrthweithiol eraill, fel cyhyrau, e.e. deuben a thriphen, neu hormonau, e.e. inswlin a glwcagon, mae'r agwedd ddeuol yn rhoi rheolaeth fanwl iawn.

- Mae'r system nerfol **sympathetig** yn defnyddio'r niwrodrosglwyddydd noradrenalin. Mae hwn yn gweithio mewn modd tebyg i adrenalin, ac felly mae'r system sympathetig, yn gyffredinol, yn un gyffroadol. Mae ei hysgogiadau nerfol yn cynyddu cyfradd curiad y galon, pwysedd gwaed a chyfradd awyru. Mae cellgyrff niwronau sympathetig ym mreithell madruddyn y cefn ac mewn ganglia y tu allan i fadruddyn y cefn.

- Mae'r system nerfol **barasympathetig** yn defnyddio asetylcolin fel niwrodrosglwyddydd. Mae ei heffaith yn ataliol yn gyffredinol, gan ostwng cyfradd curiad y galon, pwysedd gwaed a chyfradd awyru. Mae cellgyrff niwronau parasympathetig yn yr ymennydd a madruddyn y cefn ac mae eraill yn agos at yr organau targed.

Y system nerfol awtonomig a chyfradd curiad y galon

Mae cynyddu pH y gwaed neu, i raddau llai, pwysedd gwaed yn cynyddu cyfradd curiad y galon. Mae'r ymatebion hyn yn cael eu rheoli'n awtonomig gan y ganolfan gardiofasgwlar yn y medwla oblongata.

Yn ystod ymarfer corff:

- Mae canolfan cyflymu'r galon yn cael ei hysgogi.
- Mae ysgogiadau nerfol yn teithio ar hyd edafedd nerf sympathetig i'r nod sinwatrïaidd.
- Mae'r niwrodrosglwyddydd noradrenalin yn cael ei ryddhau.
- Mae noradrenalin yn rhwymo wrth dderbynyddion cellbilen ar gelloedd y nod sinwatrïaidd.
- Mae amledd dadwefriad trydanol y nod sinwatrïaidd yn cynyddu.
- Mae cyfradd curiad y galon yn cynyddu.

Term Allweddol

System nerfol awtonomig: Y rhan o'r system nerfol berifferol sy'n rheoli gweithredoedd awtomatig y corff. Mae'n gwneud hyn drwy weithgarwch gwrthweithiol y systemau nerfol sympathetig a pharasympathetig.

Mynd ymhellach

Mae trydydd israniad o'r system nerfol awtonomig wedi'i ddisgrifio, sy'n defnyddio ocsid nitrig fel niwrodrosglwyddydd, yn enwedig yn y coludd a'r ysgyfaint.

Mae gan y system sympathetig ymatebion 'ymladd neu ffoi'; mae gan y system barasympathetig ymatebion 'gorffwys a threulio' neu 'fwydo a bridio'.

Yn ystod cwsg:

- Mae canolfan ataliol y galon yn cael ei hysgogi.
- Mae ysgogiadau nerfol yn teithio ar hyd edafedd nerf parasympathetig i'r nod sinwatrïaidd.
- Mae'r niwrodrosglwyddydd asetylcolin yn cael ei ryddhau.
- Mae asetylcolin yn rhwymo wrth dderbynyddion cellbilen ar gelloedd y nod sinwatrïaidd.
- Mae amledd dadwefriad trydanol y nod sinwatrïaidd yn lleihau.
- Mae cyfradd curiad y galon yn gostwng.

Y cortecs cerebrol

Mae'r ymennydd yn ddwyochrol gymesur gan mwyaf felly mae gan y cerebrwm ddau hemisffer, ond mae un, yr hemisffer chwith fel arfer, yn drechol. Mae ffibrau'n cysylltu'r hemisfferau cerebrol, gan fynd drwy'r **corpws caloswm**, y ffurfiad gwynnin mwyaf yn yr ymennydd. Mae pobl wedi awgrymu bod adeiledd arbennig y corpws caloswm yn esbonio pam mae rhai rhannau o'r ymennydd yn ochrol, h.y. yn ymddangos fel eu bod nhw'n gweithio ychydig yn wahanol yn y ddau hemisffer, a gallai hyn gyfrannu at ddealltwriaeth o darddiad gwybyddiaeth bodau dynol.

Y 2–3 mm allanol yw'r cortecs cerebrol. Mae acsonau ei niwronau'n ddyfnach yn yr ymennydd na'u cellgyrff. Mae'r acsonau'n fyelinedig ond dydy'r cellgyrff ddim felly, yn wahanol i fadruddyn y cefn, yn y cerebrwm, mae breithell yn amgylchynu gwynnin.

Mewn ymlusgiaid a physgod, mae'r cortecs cerebrol yn fach ac yn syml. Mewn mamolion, yn enwedig primatiaid, yn y gorffennol esblygiadol diweddar, mae wedi tyfu'n fawr o ran maint a chymhlethdod, felly rydym ni hefyd yn ei alw'n **neocortecs**. Fel y cerebelwm, mae llawer o blygion yn ei arwyneb, sy'n darparu arwynebedd arwyneb mwy a lle i nifer mwy o niwronau na phe bai'r arwyneb yn llyfn.

Mae gan y neocortecs tua 2×10^{10} o niwronau. Rydym ni'n meddwl mai'r cysylltiadau rhwng y rhain sy'n gyfrifol am allu'r cerebrwm i gyflawni swyddogaethau gwybyddol uwch gan gynnwys iaith, gweithredoedd ymwybodol, meddwl a phrosesu mewnbwn synhwyraidd. Mae cysylltiad cryf rhwng y cerebrwm a'r thalamws, yn y system limbig.

Llabedau'r hemisfferau cerebrol

Mae gan y ddau hemisffer cerebrol bedair llabed wahanol. Yn wreiddiol, roedd y rhain yn cael eu disgrifio ar sail eu hadeiledd, ond rydym ni wedi canfod bod ganddynt swyddogaethau penodol:

Llabed	Priodweddau
Blaen	• Agweddau ar bersonoliaeth. • Safle rhesymu, cynllunio, emosiynau a datrys problemau. • Mae'r hemisffer trechol yn cynnwys rhan Broca, sy'n rheoli'r agweddau echddygol ar leferydd. • Mae'n cynnwys y cortecs echddygol.
Arlais	• Mae'n cynnwys cortecs y clyw felly hwn sy'n cynhyrchu synnwyr sain. • Prosesu ysgogiadau cymhleth, e.e. wyneb, golygfeydd. • Mae'n ymwneud â dysgu a'r cof. • Mae llabed yr arlais chwith yn cynnwys rhan Wernicke, sy'n aml yn cael ei chysylltu ag iaith ysgrifenedig a llafar. • Dydy llabedau'r arlais ddim yn ochrol, felly, yn wahanol i rannau eraill yr ymennydd, dydy'r naill na'r llall ddim yn drechol.
Parwydol	• Cysylltiedig â synnwyr blasu. • Ymwneud â phrosesu gweledol-gofodol. • Cynnwys y cortecs corfforol-synhwyraidd.
Ocsipwt	• Mae hwn yn cynnwys prif gortecs y golwg ac mae'n gysylltiedig â'r golwg.

Mynd ymhellach ▶

Os yw pobl yn dioddef epilepsi difrifol, weithiau byddwn ni'n torri'r corpws caloswm. Mae hyn yn lleihau'r dadwefriad trydanol o'r naill hemisffer i'r llall, ac maen nhw'n cael ffitiau'n llai aml.

Mynd ymhellach ▶

Mae gan rywogaethau sy'n ymddangos yn hwyrach yn y cofnod ffosiliau, e.e. primatiaid, fwy o gordeddiadau (*convolutions*) yn eu neo-cortecs na'r rhai sy'n ymddangos yn gynharach, e.e. pysgod, ac mae cydberthyniad rhwng hyn a'u hymddygiad mwy cymhleth.

Mynd ymhellach ▶

Mae cydberthyniad rhwng epilepsi llabed yr arlais a theimladau dwys a chyfriniol. Mae ffitiau yn llabedau'r arlais chwith wedi cael eu cysylltu â gweledigaethau crefyddol.

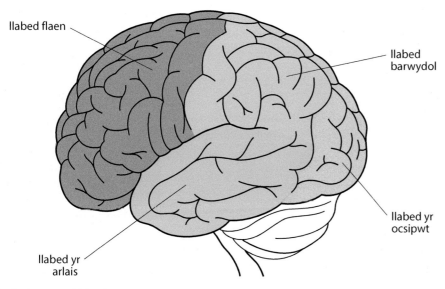

Llabedau'r ymennydd dynol

Rhannau'r hemisfferau cerebrol

Mae tair rhan i'r hemisfferau cerebrol, yn seiliedig ar eu swyddogaethau:

- Mae'r rhannau synhwyraidd, neu'r **cortecs synhwyraidd** neu'r cortecs corffsynhwyrol, yn derbyn ysgogiadau nerfol o dderbynyddion synhwyraidd y corff, drwy'r thalamws. Mae edafedd nerf o ddwy ochr y corff yn croesi yn y corpws caloswm, felly mae'r rhan synhwyraidd yng nghortecs un hemisffer yn prosesu gwybodaeth o'r derbynyddion synhwyraidd yn ochr arall y corff.
- Mae'r **rhannau echddygol**, neu'r **cortecs echddygol**, yn anfon ysgogiadau nerfol drwy'r corpws caloswm, i effeithyddion yn ochr arall y corff.
- **Rhannau cyswllt** yw'r rhan fwyaf o'r cortecs cerebrol. Maen nhw'n:
  - Derbyn ysgogiadau nerfol o fannau synhwyraidd
  - Cychwyn ymatebion i'w trosglwyddo i rannau echddygol
  - Cysylltu gwybodaeth newydd â gwybodaeth sydd wedi'i storio, gan gynhyrchu ystyr
  - Dehongli, prosesu a storio gwybodaeth weledol yn y rhan gyswllt weledol
  - Dehongli, prosesu a storio gwybodaeth glywedol yn y rhan gyswllt glywedol.

▼ **Pwynt astudio**

Mae gan y cerebrwm bedair llabed, yn seiliedig ar adeiledd: y llabedau blaen, arlais, parwydol ac ocsipwt. Mae ganddo dair rhan yn seiliedig ar swyddogaethau: synhwyraidd, echddygol a chyswllt.

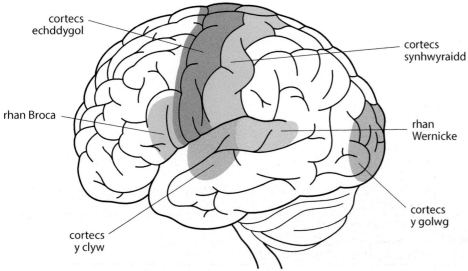

Rhannau gweithredol yr ymennydd dynol

Strôc

Tarfu ar lif gwaed yn yr ymennydd sy'n achosi strôc. Mae rhydweli gerebrol yn methu cyflenwi ocsigen i niwronau'r ymennydd, felly maen nhw'n marw. Cnawdnychiad yw hyn. Mae dau brif beth yn achosi hyn:

- **Strociau ischaemig** yw 87% o strociau, lle mae rhwystr mewn pibell waed. Mae'r pethau canlynol yn gallu achosi hyn:
  - tolchen, neu thrombws, yn ffurfio yn y safle
  - embolws, h.y. defnydd yn teithio yn llif y gwaed.

  Os ydym ni'n canfod strôc ischaemig o fewn tua 4 awr, gallwn ni ei thrin hi'n llwyddiannus â meddyginiaeth 'byrstio tolchenau'.

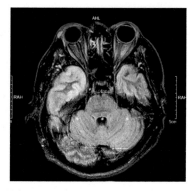

Delwedd MRI o'r ymennydd yn dangos strôc

- **Strociau gwaedlifol** yw 13% o strociau, lle mae gwaed yn llifo i'r ymennydd neu i'r bwlch o'i gwmpas. Mae hyn yn gallu achosi cur pen difrifol.

Pan mae celloedd yr ymennydd yn marw, dydy ysgogiadau nerfol ddim yn gallu teithio ar hyd eu ffibrau mwyach o rannau echddygol yr ymennydd i effeithyddion, ac mae hyn yn achosi parlys. Gall hyn fod ar un ochr i'r corff yn unig. Yn aml, ar yr ochr honno, mae'r claf yn colli ffyrfder (*tone*) cyhyrau oherwydd dydy'r ffibrau cyhyrau ddim yn cael eu hysgogi, ac mae wyneb y claf yn gallu gostwng. Yn y corpws caloswm, mae edafedd nerf yn croesi felly mae strôc yn un hemisffer yn y cerebrwm yn effeithio ar ochr arall y corff.

Pwysedd gwaed uchel yw'r prif ffactor risg ar gyfer strociau ond mae ysmygu tybaco, bod yn ordew a lefel colesterol uchel yn y gwaed yn cynyddu'r risg. Mae'r risg yn cynyddu gydag oed; mae tua 70% o strociau'n digwydd i bobl dros 65 oed. Gallwn ni roi diagnosis o strôc ag archwiliad corfforol a delweddu, e.e. sgan CT neu MRI, ac mae prawf gwaed ac electrocardiogram (ECG) yn gallu diystyru'r posibilrwydd o achosion eraill.

Yr homwncwlysau cortigol

Lluniad neu fodel o'r corff dynol yw'r **homwncwlws** cortigol, sy'n dangos y safleoedd yn y cortecs cerebrol sy'n cynrychioli rhannau o'r corff, a'r rhan o'r cortecs sy'n ymwneud â nhw. Mae'n dangos anatomi'r corff fel map niwrolegol. Mae dau fath o homwncwlws cortigol:

1. Yr homwncwlws synhwyraidd

Mae'r homwncwlws synhwyraidd yn dangos sensitifrwydd cymharol gwahanol rannau o'r corff, fel maen nhw wedi'u cynrychioli yn y cortecs cerebrol. Mae'r rhannau mwyaf sensitif o'r corff wedi'u dangos â'r arwynebedd mwyaf yn y lluniad. Y tafod, y gwefusau, y bysedd a'r organau cenhedlu yw'r rhannau mwyaf sensitif, felly'r rhain yw'r mwyaf yn yr homwncwlws synhwyraidd. Y rhain yw'r mwyaf sensitif oherwydd yma mae dwysedd y derbynyddion synhwyraidd, a'r niwronau synhwyraidd sy'n dod ohonynt, ar ei uchaf. Felly, mae'r rhannau o'r ymennydd sy'n derbyn eu hysgogiadau nerfol yn fwy.

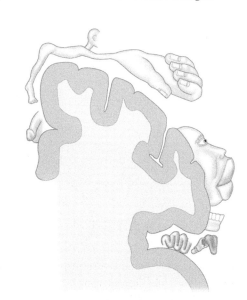

Homwncwlws synhwyraidd ar y cortecs

2. Yr homwncwlws echddygol

Mae'r homwncwlws echddygol yn dangos rheolaeth echddygol gwahanol rannau o'r corff, fel maen nhw wedi'u cynrychioli yn y cortecs echddygol. Mae'n debyg iawn i'r homwncwlws synhwyraidd ond, fel gallwch chi ei weld yn y diagram, mae'r rhannau o'r cortecs sy'n gysylltiedig â rhai organau'n wahanol. Mae cyhyrau'r dwylo'n gallu gwneud symudiadau manwl; rydym ni'n amcangyfrif bod hyd at 43 o gyhyrau'n rheoli mynegiannau'r wyneb; mae rhai o'r rhain yn ddiaros. Mae nifer mawr o ffibrau echddygol yn rheoli cyfangu a llaesu cyhyrau'r llaw a'r wyneb yn fanwl ac felly mae llawer o ran echddygol y cortecs yn ymwneud â nhw. Felly, mae'r wyneb a'r dwylo wedi'u cynrychioli'n fawr yn yr homwncwlws echddygol.

Mae'r delweddau ar y dde'n dangos modelau o'r corff sy'n cynrychioli rheolaeth echddygol (chwith) a sensitifrwydd (dde). Rydym ni'n galw'r rhain yn homwncwlws echddygol a homwncwlws synhwyraidd hefyd, yn ôl eu trefn, er nad ydynt yn cynnwys cynrychioliad o'r cortecs.

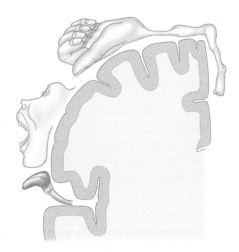

Homwncwlws echddygol ar y cortecs

modelau o'r homwncwlysau echddygol (chwith) a synhwyraidd (dde)

54

Gwirio gwybodaeth

Cwblhewch y paragraff drwy lenwi'r bylchau.

Mae gan y cerebrwm dair prif ran: y rhan synhwyraidd, y rhan echddygol a'r rhan .... Yn y homwncwlws synhwyraidd, mae'r bysedd wedi'u dangos yn fawr iawn oherwydd mae dwysedd y niwronau synhwyraidd yn .... iawn ynddynt. Os caiff cyflenwad gwaed i ran o'r ymennydd ei rwystro gan dolchen, mae celloedd yn marw. Strôc .... yw hyn.

Iaith a lleferydd

Mae anifeiliaid lleisiol, fel caneris, dolffiniaid, tsimpansïaid a bodau dynol yn defnyddio un hemisffer cerebrol yn unig i reoli iaith a lleferydd. Mewn bodau dynol, yr hemisffer chwith yw hwn fel arfer. Swyddogaeth ochrol yw'r enw ar ddefnyddio un hemisffer, yn hytrach na'r ddau, a chafodd ei ddarganfod gan feddygon oedd yn archwilio ymenyddiau ar ôl i bobl farw.

- Yn yr 1880au, darganfu Broca a Wernicke niwed mewn rhannau o'r hemisffer chwith yn ymennydd cleifion ag anawsterau iaith. Mae'r rhannau hyn nawr wedi'u henwi ar eu holau nhw.

- Roedd rhaid aros 70 mlynedd i gadarnhau swyddogaeth ochrol, pan roddodd llawfeddygon ymennydd ysgogiad trydanol i hemisffer de claf oedd yn effro. Pan oeddent yn siarad â'r claf, roedd yn gallu ymateb. Ond os oeddent yn ysgogi'r hemisffer chwith, doedd y claf ddim yn gallu siarad.

- Cafodd y canlyniadau hyn eu hategu yn yr 1960au pan gafodd arbrofion tebyg eu cynnal gan ddefnyddio sodiwm amytal, sy'n gallu anaestheteiddio'r naill hemisffer, ond nid y llall.

Dyma'r ddealltwriaeth bresennol o leoliad rheolaeth iaith:

- Mae'r rhannau synhwyraidd yn y rhannau gweledol a chlywedol.
- Y rhan gyswllt yw rhan Wernicke.
- Y rhan echddygol yw rhan Broca.

Rhan gyswllt yw **rhan Wernicke**, ac mae'n dehongli iaith ysgrifenedig a llafar. Mae niwed yn gallu achosi affasia Wernicke, lle dydy cleifion ddim yn deall pobl eraill yn siarad. Maen nhw'n siarad yn rhugl ac yn ramadegol ond mae eu brawddegau'n aml yn defnyddio geiriau amherthnasol a digysylltiad, ffenomen o'r enw 'salad geiriau'.

GWEITHIO'N WYDDONOL

Mae gwyddoniaeth yn gallu gwneud cynnydd drwy ddefnyddio technoleg newydd. Yn yr 1950au a'r 1960au, o ganlyniad i anaesthetigion newydd a thechnegau trydanol, daeth hi'n bosibl ymchwilio i ymennydd cleifion effro, a chafodd y swyddogaethau ochrol eu cadarnhau.

Pwynt astudio

Mae gan ran Broca reolaeth echddygol dros y lleferydd ac mae'n ymdrin â gramadeg. Rhan Wernicke sy'n rheoli dealltwriaeth o iaith ysgrifenedig a llafar.

Mynd ymhellach ▶

Mae niwroddelweddu'n awgrymu bod rhai o'r swyddogaethau sy'n gysylltiedig â rhan Wernicke hefyd yn digwydd yn rhan Broca.

Mynd ymhellach ▶

Cafodd y rhan fwyaf o astudiaethau cynnar eu gwneud ar ddynion. Yn ddiweddarach, gwelsom ni fod llai o swyddogaeth ochrol mewn menywod. Mae plant sydd wedi cael niwed i'r hemisffer chwith yn gallu datblygu iaith yn eu hemisffer de yn lle hynny.

Mynd ymhellach ▶

Rhannodd Golgi y Wobr Nobel am Ffisioleg neu Feddygaeth yn 1906 am arsylwi, disgrifio a chategoreiddio niwronau yn yr ymennydd.

Mynd ymhellach ▶

Mae hanes hir i ysgogi'r ymennydd yn drydanol. Roedd Scribonius Largus, meddyg llys yr ymerawdwr Rhufeinig o'r ganrif gyntaf, Claudius, yn defnyddio sythbysg (*torpedo fish*) trydanol i drin cur pen/pen tost.

Pwynt astudio

Dydy asesiadau clinigol na delweddu'r ymennydd ddim yn dechnegau ymwthiol, ond mae dulliau ysgogi trydanol yn ymwthiol.

Rhan Broca oedd y rhan iaith gyntaf i gael ei darganfod. Rhan echddygol yw hi ac mae ei niwronau echddygol yn nerfogi cyhyrau'r geg, y laryncs, y cyhyrau rhyngasennol a'r llengig i gynhyrchu'r synau rydym ni'n eu galw'n lleferydd. Os yw'r rhan hon wedi'i niweidio, mae gan glaf affasia Broca. Mae'n gallu deall lleferydd ond efallai y bydd y claf ei hun yn siarad yn araf ac yn aneglur mewn brawddegau anghyflawn, anramadegol.

Mae rhannau Broca a Wernicke mewn llabedau gwahanol, ond maen nhw'n eithaf agos at ei gilydd. Sypyn o ffibrau nerfau yw'r **ffasgell fwaog** a'r farn gyffredinol yw ei bod hi'n cysylltu'r ddwy ran, ond mae ei hunion leoliad yn dal i fod yn destun trafodaeth. Os yw'r ffasgell fwaog wedi'i niweidio, bydd y claf yn gallu deall geiriau ysgrifenedig a llafar ond yn methu siarad.

Niwrowyddoniaeth

Astudio'r ymennydd

Mae effeithiau anafiadau i'r pen ac effeithiau gwahanol gynhyrchion planhigion ar ymddygiad wedi'u gweld drwy gydol hanes ac er bod syniadau wedi newid, hyd yn oed yn y byd hynafol, roedd pobl yn gwybod am agweddau ar ffisioleg yr ymennydd. Roedd llawfeddygon ar faes y gad yn yr Hen Aifft yn gweld affasia a ffitiau ar ôl anafiadau i'r ymennydd a 1300 o flynyddoedd yn ddiweddarach, roedd y Groegiaid gynt yn disgrifio'r cerebrwm, y cerebelwm a'r fentriglau. Yn y ganrif gyntaf, deallodd Galen, meddyg Groegaidd a oedd yn byw yn yr Ymerodraeth Rufeinig, fod y cerebelwm yn rheoli cyhyrau, a'r cerebrwm yn prosesu synhwyrau. Yng nghyfnod y Dadeni, roedd Vesalius yn dyrannu ymenyddiau ac wedi canfod y corpws caloswm, a gwnaeth Leonardo da Vinci luniadau anatomegol gywir o ymenyddiau a phenglogau. Yn y 19eg ganrif, roedd pobl yn honni bod cydberthyniad rhwng chwyddau ar y penglog ac agweddau ar bersonoliaeth, astudiaeth o'r enw ffrenoleg, ond mae hynny wedi'i danseilio erbyn hyn. Ond o ganlyniad i arsylwadau ar faes y gad o'r cydberthyniad rhwng anafiadau a newid i ymddygiad, yn enwedig yn ystod y Rhyfel Byd Cyntaf, rydyn ni'n deall swyddogaethau rhannau gwahanol yr ymennydd yn well. Fel sy'n digwydd mor aml, roedd dealltwriaeth fanylach yn dibynnu ar arloesi technolegol.

Hieroglyff y gair 'ymennydd' (tua 1700 CCC)

Mae tri phrif ddull o astudio'r ymennydd:

- Asesiadau clinigol neu niwroseicolegol, sydd ddim yn ymwthiol. Mae hyn yn ceisio ffurfio cydberthyniad rhwng nam ar sut mae'r ymennydd yn gweithio â rhan o'r ymennydd sydd wedi'i niweidio ar ôl anaf neu salwch niwrolegol. Mae'n asesu cyfeiriadedd, dysgu a chof, deallusrwydd, iaith a chanfyddiad gweledol. Ei nodau cyffredinol yw diagnosis, deall natur unrhyw anaf i'r ymennydd a mesur unrhyw newid dros amser.

- Dulliau ysgogi, sy'n ymwthiol. Mae cerrynt trydanol yn cael ei roi ar ran benodol o'r ymennydd am gyfnod byr ac rydym ni'n arsylwi'r effaith. Gan fod cleifion yn effro yn ystod y triniaethau hyn, maen nhw'n gallu disgrifio eu profiad goddrychol. Y dybiaeth yw bod y cerrynt sy'n cael ei roi'n gywerth â digwyddiad naturiol, ac mae'r effaith yn dynwared yr hyn sy'n digwydd yn arferol. Fel hyn, rydym ni wedi canfod swyddogaethau'r rhannau o'r ymennydd sy'n ymwneud â lleferydd ac iaith, ac wedi astudio rhannau sy'n gysylltiedig â chlefyd Parkinson, dystonia ac anhwylder gorfodaeth obsesiynol (*OCD: obsessive-compulsive disorder*). Rydym ni wedi defnyddio ysgogiad dwfn yr ymennydd i drin cleifion â'r cyflyrau hyn yn ogystal â rhai â phoen cronig neu iselder.

- Delweddu'r ymennydd, sydd ddim yn ymwthiol. Mae amryw o dechnegau delweddu'n gallu dangos y berthynas rhwng ffurfiadau'r ymennydd a'u swyddogaeth.

Electroenceffalograffeg (EEG)

Mae EEG yn defnyddio electrodau ar groen y pen i ganfod amrywiadau foltedd yn yr ymennydd. Rydym ni'n ei ddefnyddio i ddarparu gwybodaeth am weithgarwch trydanol normal ac rydym ni wedi dangos cydberthyniad rhwng yr amrywiadau foltedd a sut mae'r cortecs cerebrol yn gweithio a gwahanol fathau o ymddygiad. Mae EEG yn cyfrannu at ddiagnosis rhai

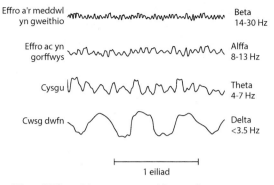

Olinau EEG o rai tonnau ymennydd normal

o anhwylderau'r ymennydd, gan gynnwys epilepsi, anhwylderau cysgu a marwolaeth yr ymennydd ac mae'n gallu cynorthwyo i roi prognosis os yw claf mewn coma. Mae EEG hefyd yn ein galluogi ni i fonitro dyfnder anaesthesia yn ystod llawdriniaeth.

Mae amledd olin EEG yn disgrifio ei rhythm. Mae EEG oedolyn yn wahanol i EEG plentyn, ac mae'r patrwm normal yn amrywio drwy gydol bywyd. Mae olin EEG yn gallu cynnwys sbigynnau a thonnau pigog. Mae'r rhain yn digwydd yn normal, ond maen nhw hefyd yn gallu digwydd yn ystod ffit.

Manteision ac anfanteision

Mae EEG yn ddefnyddiol oherwydd dydy'r broses ddim yn ymwthiol a dydy'r claf ddim yn dioddef clawstroffobia nac yn gorfod aros yn hollol lonydd. Mae'n rhatach na dulliau sganio eraill ac rydym yn deall yn well beth mae'n ei fesur mewn gwirionedd, o safbwynt niwrolegol. Mae'n dangos newidiadau i weithgarwch yr ymennydd dros amrediad milieiliad, yn wahanol i sganiau CT neu MRI. Yn wahanol i MRI, dydy EEG ddim yn swnllyd nac yn defnyddio meysydd magnetig cryf, a fyddai'n broblem petai rheoliadur calon gan glaf, er enghraifft. Ond dim ond gweithgarwch yn y cortecs mae EEG yn gallu ei ganfod ac, yn wahanol i ddemograffeg gollwng positronau (*PET: positron emission tomography*), dydy EEG ddim yn gallu canfod y synapsau lle mae cyffuriau neu niwrodrosglwyddyddion yn gweithredu.

Tomograffeg gyfrifiadurol (CT)

Cafodd sganiau CT eu defnyddio gyntaf ym maes meddygaeth yn yr 1970au. Drwy gydol eu hanes, maen nhw hefyd wedi cael eu galw'n sganiau tomograffeg gyfrifiadurol pelydr X (CT pelydr-X) neu domograffeg echelinol gyfrifiadurol (CAT). Rydym ni'n llunio llawer o ddelweddau pelydr-X, o wahanol onglau, ac yn eu cyfuno nhw â meddalwedd soffistigedig. Mae hyn yn cynhyrchu trawstoriadau cydraniad uchel, neu ddelweddau tomograffeg o'r enw 'rhith dafellau', sy'n ein galluogi ni i weld y tu mewn i'r corff heb ei dorri.

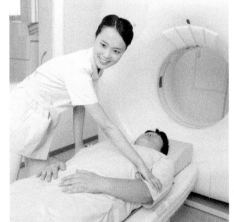

Claf ar fin mynd i mewn i sganiwr CT

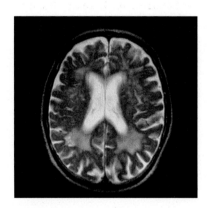

Sgan CT o'r ymennydd dynol

Mae sgan CT o'r pen yn gallu canfod tiwmorau ac anafiadau i'r ymennydd fel torasgwrn penglog a chanfod ai gwaedlif neu dolchen sydd wedi achosi strôc.

Manteision ac anfanteision

Mae CT yn ddefnyddiol oherwydd gallwn ni wneud sgan o'r corff cyfan mewn rhai eiliadau. Mae rhith dafellau'n dangos y rhan dan sylw yn unig, heb ddelweddau rhithiol o ffurfiadau eraill. Gallwn weld y rhan dan sylw o wahanol onglau ac mae gan y ddelwedd gyferbyniad uchel. Ond mae'r pelydriad o sgan CT yn gallu arwain at ganser ac mae rhai pobl yn teimlo ein bod ni'n defnyddio llawer gormod ar y dechneg.

Mynd ymhellach

Rydym ni wedi canfod tarddiad rhai tonnau EEG, e.e. mae tonnau-α a thonnau-ß yn tarddu ar ddwy ochr y cortecs, ond mae tonnau-α yn dod o'r cefn a thonnau-ß yn dod o'r blaen.

Mynd ymhellach

Rydym ni hefyd yn defnyddio sganiau CT mewn meysydd heblaw meddygaeth, fel peirianneg, i brofi defnyddiau heb eu dinistrio, ac archaeoleg, i ddelweddu cynnwys sarcoffagysau.

Delweddu cyseiniant magnetig (MRI)

Mae MRI yn defnyddio meysydd magnetig cryf i alinio protonau mewn moleciwlau dŵr. Rydym ni'n eu monitro nhw wrth iddynt symud eto ar ôl pwls o donnau radio. Mae hyn yn cynhyrchu delweddau cyfrifiadurol manwl o feinweoedd meddal ac organau, felly rydym ni'n ei ddefnyddio i ymchwilio i anatomeg. Mae llawer o ddelweddau'n cael eu llunio a milieiliadau rhyngddynt, felly mae MRI yn gallu dangos sut mae'r ymennydd yn ymateb i ysgogiadau.

Mae MRI yn fwy sensitif na CT, felly mae'n dangos rhai rhannau o'r ymennydd yn fwy effeithiol. Felly, rydym ni'n ei ddefnyddio i ddelweddu canserau'r ymennydd ac mae'n bosibl ei ddefnyddio yn ystod llawdriniaeth ar y canserau hyn. Mae'n rhoi cyferbyniad da rhwng breithell a gwynnin felly mae'n ddefnyddiol i astudio datblygiad ymennydd annormal, clefydau colli myelin fel sglerosis ymledol, a chlefydau cerebrofasgwlar, fel anewrysmau, sy'n gallu arwain at strôc neu ddementia.

Mynd ymhellach ▶

Mae un dechneg MRI sydd wedi'i haddasu yn edrych ar felanin yn yr ymennydd (niwromelanin) ac mae'n gallu canfod newidiadau sy'n gysylltiedig â chlefyd Parkinson, anhwylder iselder difrifol a sgitsoffrenia.

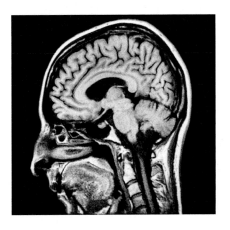

Sgan MRI fertigol drwy ben dynol

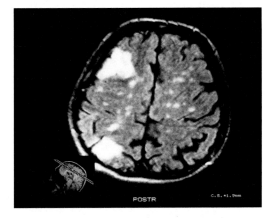

Sgan MRI o glaf â chlefyd Alzheimer datblygedig, yn dangos y namau

MRI gweithredol (fMRI)

Mae fMRI yn ymchwilio i weithredoedd meinweoedd, nid eu hadeiledd, oherwydd mae'n defnyddio meysydd magnetig cryf a phwls tonnau radio i lunio delweddau BOLD (*Blood Oxygen Level Dependent*) sy'n dibynnu ar lefel ocsigen y gwaed. Mae ocsihaemoglobin a haemoglobin yn ymateb yn wahanol ar ôl y pwls radio, felly mae fMRI yn dangos llif gwaed ocsigenedig. Rydym ni'n defnyddio dulliau ystadegol i lunio map 3D, lle mae rhannau o'r cortecs sy'n ymateb i ysgogiadau penodol yn cynhyrchu rhan oleuach yn y ddelwedd. Mae perthynas rhwng hyn a'r mwy o alw am ocsigen gan niwronau gweithredol a chyfran uwch yr ocsihaemoglobin yn y gwaed yn y mannau hynny. Mae fMRI yn asesu gweithgarwch yr ymennydd o un eiliad i'r nesaf, felly hwn yw'r math o sgan ymennydd sy'n cael ei ddefnyddio amlaf. Gallwn ni ei ddefnyddio ym maes seicoleg ac i gynllunio niwrolawdriniaeth.

Mynd ymhellach ▶

Dydyn ni erioed wedi gallu dangos bod meysydd magnetig pwerus yn niweidio DNA, ond mae eu heffeithiau ar feichiogrwydd cynnar, pan mae organau'n ffurfio, yn aneglur. Felly, rydym ni'n defnyddio'r egwyddor ragofalus ar gyfer menywod beichiog.

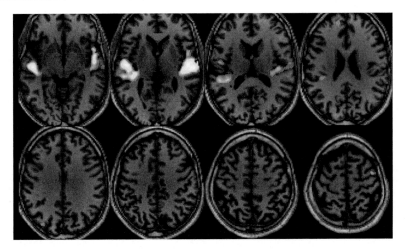

Sgan fMRI o glaf yn gwrando ar gerddoriaeth

Manteision ac anfanteision MRI ac fMRI

Dydy MRI nac fMRI ddim yn defnyddio pelydriad ïoneiddio, sy'n fantais o gymharu â CT, ond maen nhw'n gallu bod yn ddrutach, yn cymryd llawer o amser, ac yn gallu bod yn broblem i bobl â chlawstroffobia neu bobl sy'n sensitif i synau uchel. Mae'r meysydd magnetig yn eu gwneud yn anaddas i bobl â metel yn eu cyrff, e.e. mewnblaniadau yn y cochlea neu reoliaduron cardiaidd. Mae'r galw am y technegau hyn wedi cynyddu ac mae amheuon ynglŷn â'u cost-effeithiolrwydd a'r risg o orddiagnosis, h.y. canfod annormaledd na fyddai byth yn achosi problem mewn gwirionedd.

Tomograffeg gollwng positronau (PET)

Mae sganiau PET (*positron emission tomography*) yn dangos sut mae glwcos ymbelydrol yn cael ei ddefnyddio mewn map 3D o'r ymennydd. Mae'r rhannau gweithredol yn defnyddio mwy o glwcos, yn rhyddhau mwy o ymbelydredd, ac mae'r cyfrifiadur yn trosi hyn yn felyn a choch. Mae'r rhannau llai gweithgar yn edrych yn wyrdd ac yn las. Mae PET yn gallu canfod newidiadau biocemegol yn yr ymennydd cyn i'r newidiadau anatomegol sy'n cyd-fynd â chlefyd yr ymennydd ddigwydd.

Mecanwaith

Mae claf yn cael pigiad fflworodeocsiglwcos (FDG) ac mae hwn yn mynd i'r llwybr resbiradol. Fel glwcos, mae'n cael ei ffosfforyleiddio gan hecsocinas, sy'n weithgar iawn mewn tiwmorau sy'n tyfu'n gyflym. Mae ^{18}F yn FDG yn cymryd lle atom ocsigen mewn glwcos sydd ei angen ar gyfer cam nesaf metabolaeth glwcos, felly does dim adwaith pellach ac mae FDG yn cael ei ddal mewn unrhyw gell sy'n ei dderbyn. Mae ^{18}F yn allyrru positron wrth ddadfeilio. Mae'r positron sy'n cael ei allyrru'n teithio llai nag 1 mm, gan golli egni cinetig nes ei fod yn gwrthdaro ag electron. Mae'r gronynnau'n eu difodi ei gilydd ac yn cynhyrchu pelydrau γ, sy'n cael eu canfod yn y sganiwr.

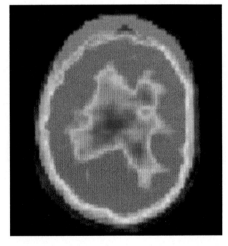

Sgan PET o ymennydd dynol

Ffyrdd o ddefnyddio sganiau PET

- Rhoi diagnosis o lawer o ganserau, a'u monitro nhw. Rydym ni'n defnyddio'r rhan fwyaf o sganiau PET i ganfod metastasis canser, h.y. datblygiad tiwmorau eilaidd.
- Niwroseicoleg:
  - Mae sganiau PET yn cadarnhau, yn ystod gweithgareddau ieithyddol, bod y rhannau yn yr hemisffer chwith yn fwy gweithgar na'r rhannau yn yr hemisffer de.
  - Mae cyflyrau fel clefyd Alzheimer yn gostwng cyfradd metaboleiddio glwcos. Mae hyn yn golygu bod PET gan ddefnyddio FDG yn gallu rhoi diagnosis o glefyd Alzheimer yn gynnar a dweud y gwahaniaeth rhyngddo a mathau eraill o ddementia.
- Seiciatreg: mae rhai olinyddion yn rhwymo'n ddetholus wrth dderbynyddion yr ymennydd ar gyfer dopamin, serotonin neu opioidau. Gallwn gymharu gweithgarwch ymennydd rheolydd iach ag ymennydd cleifion gyda sgitsoffrenia, anhwylderau hwyliau neu gyflyrau eraill, a rhai sy'n camddefnyddio sylweddau.
- Radiolawdriniaeth: Gallwn ddefnyddio sganiau PET fel canllaw i lawdriniaeth ar diwmorau yn yr ymennydd.

Manteision ac anfanteision

Mae sganwyr PET yn ddrud i'w defnyddio a rhaid cynnal y sgan o fewn amser byr ar ôl syntheseiddio'r olinydd ymbelydrol FDG, cyn i'r isotop ddadfeilio. Mae'r claf yn dod i gysylltiad ag ymbelydredd gama ac mae'n cael tua dwywaith cymaint o belydriad ïoneiddio â chlaf sy'n cael sgan CT o'r frest.

Niwroplastigedd

Yn y gorffennol, roedd pobl yn meddwl bod yr ymennydd yn organ statig. Yn ystod y rhan fwyaf o'r 20fed ganrif, roedd pobl yn meddwl nad oedd ei adeiledd yn newid rhyw lawer, ar ôl cyfnod critigol mewn plant ifanc. Nawr mae'n ymddangos bod llawer o agweddau ar yr ymennydd yn aros yn blastig, neu'n hyblyg, hyd yn oed mewn oedolion. Mae ymchwil yn dangos bod profiadau'n gallu newid anatomi'r ymennydd a'i drefn weithredu.

Mae'r ymennydd yn gwneud cysylltiadau newydd â niwronau drwy gydol bywyd, felly mae'n newid ac yn addasu fel ymateb i wybodaeth synhwyraidd, datblygiadau a niwed. Mae'n gallu gwneud iawn am anaf drwy ddefnyddio niwronau eraill i gyflawni tasg benodol, ac mae'n addasu i amgylchedd newydd. Ar ôl strôc neu anaf i'r ymennydd, mae acsonau sydd heb eu niweidio'n tyfu dendridau newydd i ailgysylltu niwronau sydd wedi'u niweidio, gan ffurfio llwybrau nerfau newydd. Mae'r gallu hwn i greu cysylltiadau newydd yn un agwedd ar **niwroplastigedd**. Mae niwroplastigedd yn digwydd yn ystod datblygiad iach, dysgu, cofio, a gwella ar ôl niwed i'r ymennydd.

Mae niwroplastigedd yn cyfeirio at y newidiadau i'r niwronau a'u cysylltiadau:

- Plastigedd synaptig yw gallu synaps i newid ei gryfder, er enghraifft drwy ryddhau swm gwahanol o niwrodrosglwyddydd neu newid yr ymateb yn y niwron ôl-synaptig. Mae'r newidiadau hyn yn ymateb i newid pa mor aml rydym ni'n defnyddio llwybrau synaptig, oherwydd newidiadau i ymddygiad, amgylchedd, prosesau niwral, meddyliau ac emosiynau. Mae plastigedd synaptig yn bwysig i ddysgu a chofio.

- Dydy plastigedd ansynaptig ddim yn effeithio ar synapsau ond mae'n ymwneud â newid cynhyrfedd acson, dendridau neu gellgorff niwron, e.e. drwy addasu sianeli ag adwyon foltedd. Gall hyn ddigwydd fel ymateb i anaf i'r corff.

Mewn ymennydd ifanc, mae niwronau'n ffurfio synapsau'n gyflym ac yn ystod prosesu synhwyraidd, mae synapsau'n gwanhau neu'n cryfhau. Mae'r plastigedd datblygiadol hwn yn digwydd gan mwyaf yn ystod y blynyddoedd cyntaf. Mae plentyndod yn gyfnod critigol – rhaid derbyn mewnbwn synhwyraidd priodol er mwyn datblygu'n iawn. Mae gan fabi filiynau o niwronau ar adeg ei eni, a thua 2500 o synapsau ym mhob un. Erbyn 2–3 oed, mae hyn yn cynyddu i 15,000 ym mhob niwron. Mae llawer o **docio synaptig** yn digwydd yn ystod y glasoed ac erbyn i ni fod yn oedolion, mae gan bob niwron 1000–10,000 o synapsau.

Mae nifer y synapsau wedi lleihau ac mae'r niwronau'n dal i gael eu manwl gyweirio fel hyn drwy gydol bywyd, proses sy'n cael ei hysgogi gan ryngweithio â'r amgylchedd. Mae'r synapsau sydd ar ôl yn effeithlon ac yn gryf. Os ydynt yn cael eu hysgogi'n aml, mae'r patrwm hwnnw o gysylltiadau niwral yn dod yn 'gynhenid' yn yr ymennydd. Mae hyn yn creu llwybr effeithlon, parhaol sy'n ein galluogi ni i drosglwyddo signalau'n gyflym ac yn gywir. Gallwn ni ddefnyddio technoleg delweddu'r ymennydd i gadarnhau'r newidiadau hyn.

Datblygiad yr ymennydd ac iaith

Wrth i'r ymennydd ddatblygu, mae'n mynd drwy gyfnodau critigol sy'n caniatáu datblygu sgiliau penodol, fel iaith. Mae dysgu iaith i ddatblygu cyfathrebu'n broses reddfol, ac mae cyfleoedd i wneud hyn yn digwydd drwy gydol bywyd. Mae'r rhan fwyaf o fabanod yn clebran erbyn eu bod nhw'n 7 mis oed, gan wneud synau tebyg i siarad. Profiadau cynnar yw'r peth pwysicaf o ran datblygu iaith babanod:

- Mae babanod byddar yn clebran llai na babanod sy'n clywed a bydd nam ar eu datblygiad iaith, oni bai eu bod nhw'n cael ffordd arall o fynegi eu hunain yn symbolaidd, fel iaith arwyddion.
- Mae llawer o heintiau yn y glust yn y blynyddoedd cyntaf yn amharu ar y clyw ac yn arafu datblygiad iaith.
- Fyddai merch 'wyllt' sydd heb ddysgu dim iaith cyn bod yn 13 oed fyth yn gallu dysgu mwy na chyfathrebu sylfaenol, hyd yn oed ar ôl hyfforddiant dwys.

Mae iaith yn dechrau datblygu hyd yn oed cyn genedigaeth. Ar ôl 29 wythnos, mae ffoetws yn ymateb i sain sy'n cael ei drawsyrru drwy ddargludiad esgyrn. Mae'n dysgu llais ei fam a phatrwm synau'r iaith mae hi'n ei siarad. Mae adroddiadau wedi sôn am fabanod newydd-anedig yn ymateb i gerddoriaeth oedd yn chwarae drwy gydol y beichiogrwydd.

I ddechrau, mae babanod yn gallu gwahaniaethu rhwng synau, neu ffonemau, pob iaith. Wrth i'r ymennydd ddatblygu, rydym ni'n meddwl bod profiadau'n dethol rhai synapsau sy'n ymwneud â chynhyrchu a chanfod ffonemau. Wrth i fabanod glywed ffonemau, mae gwahanol glystyrau o niwronau yng nghortecs clywedol yr ymennydd yn ymateb i bob sain. Os nad yw rhai ffonemau'n bresennol, bydd y synapsau sy'n cynrychioli'r synau hynny'n cael eu colli, ac mae cydberthyniad rhwng hyn a llai o allu i'w canfod nhw. Gallai hyn esbonio anallu pobl o Japan i wahaniaethu rhwng /l/ ac /r/ wrth siarad Saesneg. Yn 1–2 flwydd oed, mae'r ymennydd yn trefnu synapsau sy'n gysylltiedig ag iaith. Hyd at tua 5 oed, mae'r ymennydd yn dysgu cystrawen neu ramadeg. Mae'n llawer anoddach dysgu'r rhain ar ôl tua 5 mlwydd oed, er bod yr ymennydd yn gallu dysgu geiriau newydd drwy gydol bywyd.

Mae gan rieni ym mhob diwylliant ffordd nodweddiadol o siarad â babanod a phlant bach, gan ddefnyddio brawddegau byr, syml, seiniau llafarog hir a thraw uchel. Mae'r patrymau siarad yn hawdd eu hadnabod, hyd yn oed mewn iaith anghyfarwydd. Rydym ni'n galw siarad fel hyn yn 'iaith rhieni' neu'n 'iaith mam'.

Genynnau, datblygiad yr ymennydd ac ymddygiad

Mae o leiaf draean o'r tua 20,500 o enynnau sy'n gwneud y genom dynol yn cael eu mynegi'n bennaf yn yr ymennydd. Dyma'r gyfran uchaf o enynnau sy'n cael eu mynegi yn unrhyw un rhan o'r corff.

Wrth i organeb dyfu a datblygu, mae adweithiau cemegol, fel methyleiddio DNA a dileu grwpiau asetyl o broteinau histon, yn digwydd, gan ysgogi a diffodd rhannau o'r genom ar adegau penodol ac mewn lleoliadau penodol. Mae ffactorau amgylcheddol yn gallu effeithio'n uniongyrchol ar ddatblygiad yr ymennydd drwy ddylanwadu ar yr effeithiau epigenetig hyn. Mae'r rhain yn fwyaf amlwg yn y dilyniannau sydd ddim yn codio sy'n effeithio ar drawsgrifiad. Felly, mae newidiadau amgylcheddol yn gallu peri newidiadau datblygiadol hirdymor.

Mae newidiadau epigenetig yn gallu effeithio ar ffisioleg; roedd newyn yr Iseldiroedd yn 1944 yn dystiolaeth o hyn. Roedd plant menywod a oedd yn feichiog ar y pryd yn fwy tebygol o fod yn ordew a dioddef o ddiabetes, a chafodd hyn ei briodoli i effaith epigenetig.

Mae'n ymddangos bod rheolaeth epigenetig dros ddatblygiad yr ymennydd yn unigryw i famolion, a bod hyn yn gwneud cyfraniad pwysig at ddatblygiad yr ymennydd ac at esblygiad. Rydym ni'n amau bod newidiadau epigenetig i gelloedd yr ymennydd yn digwydd mewn rhai achosion o salwch meddwl ac ymddygiad caethiwus.

Mae babanod dynol yn llai datblygedig adeg eu geni na llawer o anifeiliaid. Mae hyn yn golygu bod rhaid i'r rhan fwyaf o ddatblygiad ymennydd dynol ddigwydd ar ôl genedigaeth. Felly, mae ffactorau cymdeithasol ac amgylcheddol yn effeithio ar yr ymennydd, a gallai hyn effeithio ar sut mae'n gweithredu drwy gydol oes. Mae newidiadau hirdymor yn digwydd i'r ymennydd mewn anifeiliaid sydd wedi cael gofal da gan eu rhieni, yn enwedig yn yr hipocampws, lle mae genynnau sy'n ymateb i straen yn cael eu tawelu. Gallwn ni dybio bod hyn yn wir am fodau dynol hefyd, ac mae'r effeithiau epigenetig hyn yn cael eu trosglwyddo i genedlaethau'r dyfodol.

Mynegiad genynnau a salwch meddwl

Am lawer o'r 20fed ganrif, roedd pobl yn meddwl mai magwraeth wael a pherthnasoedd teuluol wedi chwalu a oedd yn achosi cyflyrau fel iselder a sgitsoffrenia. Mae astudiaethau

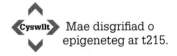 Mae disgrifiad o epigeneteg ar t215.

Pwynt astudio

Mae angen llawer o brofiad iaith ar ôl genedigaeth i gynhyrchu a dadgodio synau siarad; mae clywed ac ymarfer yn hollbwysig.

Mynd ymhellach ▶

Ceir tystiolaeth bod llygod mawr llawn dwf yn lleisio'n wahanol wrth gyfathrebu â'u hepil, yn debyg i iaith rhieni.

Mynd ymhellach ▶

Yn draddodiadol, roeddem ni'n ystyried bod awtistiaeth, anhwylder diffyg canolbwyntio a gorfywiogrwydd (ADHD), anhwylder deubegwn, anhwylder iselder dwys a sgitsoffrenia'n gyflyrau gwahanol. Yn 2013, dangoswyd bod mwtaniadau mewn genynnau penodol yn eu cysylltu nhw.

▼ Pwynt astudio

Mae adborth negatif yn rheoli cynhyrchu cortisol: mae rhyddhau cortisol i lif y gwaed yn arwain at gynhyrchu llai o gortisol; fel arall, byddem ni'n teimlo gormod o straen drwy'r amser.

 Cyswllt Mae adborth negatif yn rheoli crynodiad nifer o hormonau yn y gwaed, e.e. ADH, fel sydd wedi'i ddisgrifio ar t128.

Mynd ymhellach ▶

Mae nifer o ffactorau cymdeithasol eraill yn cael eu beio am salwch meddwl gan gynnwys tlodi, bwlio, straen cymdeithasol, digwyddiadau trawmatig, problemau cyflogaeth, anghydraddoldeb economaidd-gymdeithasol, diffyg cydlyniad cymdeithasol, mudo a gwahaniaethu.

56

Gwirio gwybodaeth

Parwch y termau A–CH â'r nodweddion 1–4.

1. Niwroplastigedd.
2. Tocio synaptig.
3. Epigeneteg.
4. Cortisol.

A. Gostyngiad yn nifer synapsau'r ymennydd rhwng genedigaeth ac aeddfedrwydd.
B. Ffactorau amgylcheddol yn addasu DNA a histonau, gan newid mynegiad genynnau.
C. Hormon sy'n cael ei secretu fel ymateb i straen.
CH. Newid i lwybrau niwral fel ymateb i sbardunau amgylcheddol a datblygiadol.

o ddeuluoedd a gefeilliaid yn dangos bod ffactorau genetig yn cyfrannu at ddatblygu anhwylderau seiciatrig, e.e. mae pobl yn fwy tebygol o ddioddef o iselder a gorbryder os oedd eu rhieni'n dioddef o'r rhain hefyd. Fodd bynnag, yn gyffredinol, dydyn ni ddim wedi llwyddo i gysylltu genyn penodol gydag anhwylder penodol.

Mae'r dulliau genetig o ddeall anhwylderau'r ymennydd wedi canolbwyntio ar amryffurfeddau genetig (*genetic polymorphisms*), ond dydy'r rhain ddim yn esbonio nifer yr afiechydon seiciatrig sy'n bodoli, na'r amrywiad rhyngddynt. Mae llawer o gyflyrau'n bolygenig ac mae rhyngweithiadau'r holl enynnau hyn â'i gilydd, ac â'r amgylchedd, yn cyfrannu at ddatblygiad clefyd. Efallai y bydd unigolyn yn etifeddu tuedd i ddioddef cyflwr penodol, ond na fydd yn ei ddatblygu mewn gwirionedd.

Rydym ni nawr yn deall bod y ffactorau sy'n achosi anhwylderau meddyliol yn gymhleth ac yn amrywiol, gan gynnwys geneteg ac epigeneteg. Mae'r achosion epigenetig yn tarddu o amryw o ffynonellau, ac mae effeithiau'r rhain yn cyfrannu at salwch meddwl. Mae newidiadau epigenetig yn gallu effeithio ar y canlynol:

- Maint rhai rhannau o'r ymennydd: mae anhwylder deubegwn wedi'i gysylltu â chyfaint mwy i'r amygdala.

- Systemau niwrodrosglwyddyddion: mae niwrodrosglwyddyddion annormal wedi cael eu cysylltu â sgitsoffrenia, anhwylder diffyg canolbwyntio a gorfywiogrwydd (*ADHD*), anhwylder gorfodaeth obsesiynol (*OCD*), ffobiâu, anhwylder pryder ôl-drawmatig ac anhwylder pryder cyffredinol.

- Cydberthyniad â defnyddio cyffuriau: mae alcohol yn gallu niweidio gwynnin mewn rhannau o'r ymennydd sy'n effeithio ar feddwl a'r cof ac mae cysylltiad rhwng alcoholiaeth ac iselder; mae amffetaminau ac LSD yn gallu cynhyrchu paranoia a phryder; mae canabis yn gallu gwneud iselder yn waeth.

- Profiadau plentyndod: pan mae plant sydd wedi'u cam-drin yn tyfu'n oedolion, maen nhw'n fwy tebygol na'r boblogaeth gyffredinol o ddioddef o iselder difrifol ac maen nhw'n gwella'n arafach. Mae eu risg o ddatblygu cyflyrau seiciatrig eraill yn llawer uwch, gan gynnwys sgitsoffrenia, anhwylderau bwyta, anhwylderau personoliaeth, clefyd deubegwn a gorbryder cyffredinol. Maen nhw'n fwy tebygol o gamddefnyddio cyffuriau neu alcohol. Mae'n bosibl bod profiadau ofnadwy yn ystod plentyndod wedi gwneud newidiadau epigenetig i'r ymennydd, gan effeithio ar fynegiad genynnau ar adegau pwysig iawn yn ystod eu datblygiad, gan eu gwneud nhw'n fwy tueddol o ddioddef salwch meddwl fel oedolion.

Salwch meddwl a chortisol

Mae mwy o straen yn achosi i'r corff ryddhau mwy o gortisol o'r chwarennau adrenal i'r gwaed. Mae'r hipocampws yn rheoli cynhyrchu cortisol drwy'r acsis HPA (hypothalamws – pitwidol – adrenal). Fel ymateb i straen, mae'r hipocampws yn anfon ysgogiadau nerfol i'r hypothalamws, sy'n rhyddhau dau hormon, hormon rhyddhau corticotroffin a fasopresin arginin (ADH). Mae'r ddau hormon hyn yn ysgogi llabed flaen y chwarren bitwidol i ryddhau hormon adrenocorticotroffig (ACTH), neu adrenocorticotroffin, i'r gwaed. Pan mae celloedd y chwarennau adrenal yn derbyn ACTH, maen nhw'n rhyddhau cortisol. Wrth i'r cortisol gylchredeg yn llif y gwaed, mae'n rhwymo wrth dderbynyddion glwcocorticoid ar yr hipocampws, sy'n ymateb drwy anfon ysgogiadau nerfol ataliol i'r hypothalamws, gan leihau secretiad cortisol.

Mae oedolion sydd wedi dioddef plentyndod trawmatig yn dal i deimlo straen yn gyson. Maen nhw'n cynhyrchu gormod o gortisol drwy'r amser ac mae'r

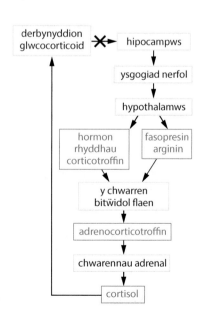

Diagram yn dangos sut mae adborth negatif yn rheoli cynhyrchu cortisol yn yr acsis HPA

ddolen adborth yn rhy brysur. Mae naill ai'r hipocampws neu'r hypothalamws, neu'r ddau, yn methu ymateb yn briodol i'r lefelau cortisol uchel, sy'n arwain at barhau i gynhyrchu hormon rhyddhau corticotroffin. Mae hyn yn golygu mwy o straen cefndir, a gallai hyn fod yn rhan o'r rheswm pam maen nhw'n fwy tueddol o ddioddef salwch meddwl.

Ymddygiad

Mae ymddygiad yn disgrifio'r amryw o bethau mae unigolion yn eu gwneud, mewn perthynas â'u hunain neu eu hamgylchedd.

Ymddygiad cynhenid

Ymddygiad cynhenid yw'r patrymau ymddygiad cymhleth naturiol sy'n bodoli yn y rhan fwyaf o aelodau rhywogaeth. Mae'r rhain yn reddfol. Mae ymddygiad cynhenid yn fwy arwyddocaol mewn anifeiliaid â systemau niwral llai cymhleth, oherwydd mae'n anoddach iddynt ddysgu ac addasu eu hymddygiad eu hunain.

Mae ymddygiadau cynhenid yn cynnwys:

- **Atgyrch**: ymateb cyflym, awtomatig, amddiffynnol i symbyliad penodol sy'n gwella siawns organeb o oroesi, e.e. tynnu llaw'n ôl oddi ar wrthrych poeth.

- **Cinesis**: symudiad organeb gyfan, ond nid i gyfeiriad penodol mewn perthynas â'r symbyliad. Ymatebion heb gyfeiriad yw cinesis. Maen nhw'n fwy cymhleth na gweithredoedd atgyrch ac maen nhw'n cynnwys ymatebion i danbeidrwydd golau, lleithder a thymheredd. Fel ymateb, mae'r unigolyn yn symud yn gyflymach neu'n arafach ac yn newid cyfeiriad ag amlder gwahanol. Mae unigolion o'r un rhywogaeth i gyd yn ymateb yr un fath, felly mae'r symbyliad yn dod ag unigolion at ei gilydd, ond nid oherwydd eu bod nhw'n denu ei gilydd. Yn y math o ginesis o'r enw orthocinesis, mae buanedd symud yn dibynnu ar arddwysedd y symbyliad, e.e. mae pryfed lludw'n symud mwy os yw lleithder yn is.

- **Tacsis**: mae'r organeb gyfan yn symud tuag at symbyliad, mewn tacsis cadarnhaol, neu oddi wrth y symbyliad mewn tacsis negatif. Mae organebau'n gallu samplu'r amgylchedd dros y corff i gyd i ganfod cyfeiriad symbyliad, neu ddefnyddio organau synhwyro dwyochrol i wneud hynny. Mae tacsis yn cael ei enwi ar ôl y symbyliad, e.e. mewn **cemotacsis**, mae'r bacteriwm *E. coli* yn dangos cemotacsis positif wrth nofio i fyny graddiant crynodiad glwcos. Wrth symud oddi wrth olau, mae chwilod duon yn dangos ffototacsis negatif ond mae *Euglena viridis*, y protoctistad ffotosynthetig yn dangos **ffototacsis** positif.

Cyswllt Mae disgrifiad manylach o weithredoedd atgyrch ar t140.

Mynd ymhellach ▶

Os yw pryfed lludw'n symud mwy pan mae'r aer yn sych, maen nhw'n cael mantais ddetholus oherwydd maen nhw'n fwy tebygol o ganfod aer llaith, sy'n eu hatal nhw rhag dioddef diffyg hylif.

Mynd ymhellach ▶

Mae cemotacsis wedi'i ddisgrifio mewn procaryotau ac ewcaryotau, ond mae'r derbynyddion, y signalau mewngellol a'r effeithyddion yn wahanol iawn.

Ymddygiad wedi'i ddysgu

Gallwn ni ddiffinio dysgu fel newid cymharol barhaol i ymddygiad neu sgiliau oherwydd profiad yn y gorffennol. Mae dysgu'n broses ymwybodol neu anymwybodol sy'n adeiladu ar wybodaeth sy'n bodoli ac yn ei haddasu hi. Mae bodau dynol, anifeiliaid a rhai peiriannau'n gallu dysgu. Mae plant yn dysgu drwy chwarae: maen nhw'n arbrofi, yn dysgu rheolau ac yn dysgu sut i ryngweithio ag eraill. Fel mamolion ifanc eraill, mae chwarae'n hollbwysig i'w datblygiad deallusol.

- Mae **cynefino** yn cynnwys dysgu anwybyddu symbyliadau oherwydd nad oes gwobr na chosb i'w cael amdanynt. Un enghraifft mewn bodau dynol yw peidio â chael ein dychryn gan sŵn uchel sy'n ailadrodd, ac mae hyn yn digwydd hyd yn oed mewn ffoetws. Cafodd sŵn isel iawn, yn gwneud dirgryniad, ei roi i bron i 100 o fenywod beichiog. Gan ddefnyddio uwchsain, roedd hi'n bosibl gweld bod ffoetysau 30–34 wythnos oed yn dychryn am yr 14 symbyliad cyntaf yn unig. Mae hyn yn dangos bod yr ymennydd yn barod i ddysgu a chofio pethau ar ôl 30–34 wythnos.

Gwyddau ifanc yn imprintio ar eu rhiant

317

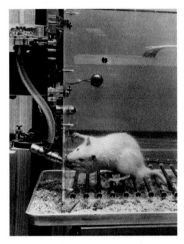

Llygoden fawr mewn bocs Skinner yn pwyso lifer i gael bwyd

Mynd ymhellach ▶

I gynnal arbrawf seicolegol ar fodau dynol, mae'r gyfraith yn mynnu bod y sawl sy'n destun yr arbrawf yn rhoi caniatâd gwybodus a bod y seicolegydd yn gwneud yr arbrawf yn y ffordd leiaf niweidiol bosibl. Mae'r niwed hwn yn gallu bod yn gorfforol neu'n seicolegol; er enghraifft, drwy dwyllo'r unigolyn sy'n destun yr arbrawf am natur yr arbrawf.

- Mae **imprintio** yn fath o ddysgu sy'n digwydd yn gyflym yn ystod cyfnod allweddol, cynnar iawn ym mywydau adar a rhai mamolion. Astudiodd Konrad Lorenz ymddygiad greddfol anifeiliaid, yn enwedig gwyddau gwylltion; mae epil y rhain yn gadael y nyth yn gynnar. Maen nhw'n ymateb i'r gwrthrych mawr symudol cyntaf maen nhw'n ei weld, ei arogli, ei gyffwrdd neu ei glywed – fel arfer y fam – ac yn ymlynu wrth y gwrthrych hwn. Mae'r cysylltiad yn cryfhau wrth iddynt gael cynhesrwydd a bwyd. Mae imprintio ar aelod o'r un rhywogaeth yn bwysig pan fyddant yn ceisio canfod cymar addas ar ôl aeddfedu'n rhywiol. Mae adar ifanc yn gallu imprintio ar lawer o wahanol fathau o wrthrychau symudol, yn enwedig os ydynt yn gwneud synau. Daeth Lorenz yn enwog am gael ei ddilyn gan res o gywion gwyddau a oedd wedi imprintio arno.

- Mae **ymddygiad cysylltiadol** yn cynhyrchu cyflyru, lle mae anifeiliaid yn dysgu cysylltu symbyliad penodol ag ymateb penodol.

  - Mae **cyflyru clasurol** yn ymwneud â chysylltu symbyliad naturiol a symbyliad artiffisial i gynhyrchu'r un ymateb. Un enghraifft enwog yw cŵn Pavlov: Yn yr 1890au, sylwodd y ffisiolegydd o Rwsia, Ivan Pavlov, fod ei gŵn yn glafoerio wrth iddo ddod i mewn i'r ystafell, hyd yn oed os nad oedd yn dod â bwyd iddynt. Gwelodd y byddai'r cŵn yn dechrau glafoerio oherwydd unrhyw wrthrych neu ddigwyddiad roedden nhw wedi dysgu ei gysylltu â bwyd. Defnyddiodd Pavlov gloch fel 'symbyliad niwtral'. Pan oedd yn bwydo ei gŵn, roedd yn canu'r gloch. Ar ôl gwneud hyn nifer o weithiau, dechreuodd ddefnyddio'r gloch ar ei phen ei hun ac roeddent yn glafoerio, hyd yn oed heb y bwyd. Roedd y cŵn wedi dysgu cysylltiad rhwng y gloch a'r bwyd gan gynhyrchu ymddygiad newydd, sef glafoerio. Roedd yr ymateb hwn wedi'i ddysgu, neu wedi'i gyflyru, felly mae'n ymateb cyflyrol. Y bwyd yw'r 'symbyliad heb ei gyflyru', oherwydd roedd hwnnw'n achosi glafoerio bob amser. Roedd y symbyliad a oedd yn niwtral i ddechrau, y gloch, yn 'symbyliad cyflyrol' ar ôl i'r cŵn ddysgu ei fod yn arwydd bod bwyd yn dod.

  - **Cyflyru gweithredol** yw ffurfio cysylltiad rhwng ymddygiad penodol a gwobr neu gosb. Roedd arbrofion gwreiddiol BF Skinner yn defnyddio cnofilod oedd yn dysgu y byddai bwyd yn ymddangos os oeddent yn pwyso lifer. Roedd y bwyd yn atgyfnerthydd cadarnhaol i'r dysgu. Un enghraifft o ddefnyddio atgyfnerthydd negyddol oedd chwarae sŵn uchel nes eu bod nhw'n cyflawni tasg, e.e. pwyso lifer, a fyddai'n diffodd y sŵn. Mae cosb, fel sŵn uchel neu sioc drydanol, ar ôl ymddygiad penodol yn lleihau'r ymddygiad. Cyflyru gweithredol yw sail ymddygiadaeth, sy'n ceisio defnyddio gwobrau a chosbau i newid ymddygiad. Mae arbrofion wedi'u cynnal â phobl i geisio archwilio'r gwahaniaethau rhwng pobl sy'n dewis gwobr fach ar unwaith neu wobr fwy yn nes ymlaen.

- Dydy **dysgu cudd (archwiliadol)** ddim yn cael ei wneud i fodloni angen nac i gael gwobr. Mae llawer o anifeiliaid yn archwilio eu hamgylchoedd newydd ac yn dysgu wrth wneud hynny. Gallai hyn roi gwybodaeth iddynt a allai, yn nes ymlaen, olygu'r gwahaniaeth rhwng byw a marw. Roedd astudiaeth glasurol Tolman yn arsylwi tri grŵp o lygod mawr mewn drysfeydd bob dydd:

Grŵp llygod mawr	1	2	3
Bwyd ar gael	bob amser ar ddiwedd y ddrysfa	dim	dim am 10 diwrnod, ond yn bresennol ar yr 11eg, ar ddiwedd y ddrysfa
Ymddygiad	dysgu rhuthro i ddiwedd y ddrysfa'n gyflym	crwydro ond ddim yn chwilio am ddiwedd y ddrysfa	ar Ddiwrnod 11, rhedeg i ddiwedd y ddrysfa'r un mor gyflym â llygod mawr Grŵp 1

Roedd hyn yn dangos bod llygod mawr Grŵp 3 wedi dysgu am gynllun y ddrysfa am 10 diwrnod, ond heb fod bwyd ar gael i atgyfnerthu hynny, a'u bod nhw wedi defnyddio'r hyn roedden nhw wedi'i ddysgu ar Ddiwrnod 11.

- Mae **dysgu mewnweledol** yn ymddygiad cymhleth sy'n seiliedig ar wybodaeth sydd wedi'i dysgu cyn hynny. Roedd arbrofion Kohler â tsimpansïaid, oedd yn diffinio dysgu mewnweledol, yn yr 1920au. Cafodd ffrwythau eu hongian ychydig y tu hwnt i gyrhaeddiad y tsimpansïaid. Roeddent yn cael ffyn a blychau ac, ar ôl dangos dicter a rhwystredigaeth, daeth y tsimpansïaid o hyd i ffyrdd o gyrraedd y ffrwythau, drwy ddringo a'u taro nhw i lawr. Roedd Kohler yn galw'r dull dysgu hwn, drwy ryngweithio'n bersonol â'r amgylchedd, yn 'ddysgu mewnweledol'. Mae astudiaethau o ddysgu mewnweledol mewn bodau dynol, gan ddelweddu'r ymennydd, yn dangos gweithgarwch yn y cortecs arleisiol de wrth iddynt ganfod y datrysiad, y 'foment a-ha'.

- Mae **dynwared** yn ymddygiad datblygedig. Mae'n fath o ddysgu cymdeithasol sy'n golygu bod patrymau ymddygiad wedi'u dysgu'n gallu lledaenu'n gyflym rhwng unigolion a chael eu trosglwyddo o genhedlaeth i genhedlaeth heb fod angen etifeddiad genetig. Mae'n golygu copïo ymddygiad unigolyn arall, sydd fel arfer yn aelod o'r un rhywogaeth. Fodd bynnag, rydym ni wedi gweld mwncïod Japan yn golchi tatws ar ôl gweld bodau dynol yn eu golchi nhw. Mae gwahaniaethau'n gallu ymddangos rhwng poblogaethau o ganlyniad i ddynwared gwahanol batrymau ymddygiad mewn gwahanol ardaloedd, e.e. mae gwahanol boblogaethau tsimpansïaid yn defnyddio cerrig neu ffyn neu ganghennau i dorri cnau. Mae rhai pobl yn galw gwahaniaethau ymddygiadol sydd wedi'u dysgu rhwng poblogaethau'n 'ddiwylliant'. Mae'r ymddygiadau hyn yn gallu bod yn ymaddasol, gan roi mantais ddetholus i grwpiau o'u cymharu ag eraill.

Mae arbrofion ag epaod ac adar, yn enwedig sofliar Japan, yn dangos dynwared. Mae tystiolaeth o astudio caneuon morfilod ac ymddygiad dolffiniaid yn awgrymu bod yr anifeiliaid hyn yn gallu dynwared hefyd. Does dim llawer o dystiolaeth, fodd bynnag, bod mamolion eraill na grwpiau anifeiliaid eraill yn gallu dynwared.

Byw mewn grwpiau cymdeithasol

Mae ymddygiadau cymdeithasol yn cynnwys rhyngweithiadau rhwng unigolion o'r un rhywogaeth ac mae llawer o rywogaethau'n ffurfio grwpiau cymdeithasol â strwythur penodol, neu gymdeithasau. O fewn y grwpiau hyn, mae ymddygiad un unigolyn yn gallu dylanwadu ar ymddygiad rhai eraill yn y grŵp.

Mae ymddygiad cymdeithasol yn dibynnu ar allu anifeiliaid i gyfathrebu â'i gilydd, er nad yw cyfathrebu rhwng aelodau o'r un rhywogaeth o reidrwydd yn ymddygiad cymdeithasol. Mae anifeiliaid yn cyfathrebu mewn llawer o wahanol ffyrdd, ond mae pob dull cyfathrebu'n golygu un unigolyn yn cynhyrchu signal, y **symbyliad arwydd** sy'n gallu cael ei ganfod gan unigolyn arall. Efallai y bydd y symbyliad arwydd yn sbarduno ymateb cynhenid gan yr ail unigolyn. Un enghraifft yw ymddygiad cardota cyw gwylan y de, *Larus dominicanus*.
Mae'n pigo'r smotyn coch ar big y fam, sy'n achosi iddi hi ail-chwydu bwyd i'r cyw.

Gwylan y De, *Larus dominicanus*

Mae crothell tri phigyn (*3-spined stickleback*) gwrywol yn dangos ymddygiad cymdeithasol yn y gwanwyn. Mae'n newid lliw, yn sefydlu tiriogaeth ac yn adeiladu nyth. Gan ddefnyddio modelau sylfaenol iawn, dangosodd Tinbergen mai'r symbyliad arwydd sy'n gwneud i'r gwryw ymosod, yw unrhyw beth sy'n debyg i abdomen coch gwryw arall. Mae symbyliad arwydd model sy'n debyg i abdomen chwyddedig y fenyw'n gwneud i'r gwryw annog y model i mewn i'r nyth.

Rydym ni'n aml yn galw'r ymddygiadau hyn yn ymddygiadau stereoteip neu'n **batrymau gweithredu sefydlog** (*FAP: Fixed Action Pattern*). Mae FAP yn cynhyrchu symudiadau cyd-drefnus sydd wedi'u diffinio'n glir. Mae'r symbyliad arwydd yn ysgogi llwybrau nerfol sy'n cynhyrchu dilyniant rhagweladwy o batrymau echddygol parod, gan achosi symudiadau heb fod angen gwneud penderfyniad. Mae cysylltiad cryf rhwng y cerebelwm ac FAP oherwydd mae'n cyd-drefnu symudiadau manwl cyflym heb feddwl yn ymwybodol.

Crothell dri phigyn gwrywol, *Gasterosteus aculeatus*

Mae gan fodau dynol ac anifeiliaid FAP cynhenid, e.e. symudiadau baban newydd-anedig i sugno, crïo a dylyfu gên, ac FAP wedi'i ddysgu, e.e. y rhai sy'n symud y coesau i gerdded a reidio beic a'r rhai sy'n symud y bysedd i chwarae feiolin. Maen nhw'n fwy cymhleth na gweithredoedd atgyrch, er bod rhai'n eithaf awtomatig, ond mae eraill yn cael eu hysgogi drwy ddewis. Gallwn ni newid FAP: ei ddysgu, ei gofio a'i berffeithio.

Mae ymateb yr unigolyn yn dibynnu ar ei gyflwr cymhelliant. Er enghraifft, os yw llewpart hela'n llwglyd (cyflwr cymhelliant) bydd yn dechrau ymddygiad llech-hela wrth weld anifail ysglyfaeth (symbyliad arwydd); os nad yw'r llewpart hela'n llwglyd, fydd gweld ysglyfaeth ddim yn peri ymddygiad llech-hela.

Strwythurau cymdeithasol pryfed

Mae gwahanol ffyrdd o drefnu grwpiau cymdeithasol. Dull ewcymdeithasoldeb, sydd i'w weld ymysg morgrug, gwenyn, gwenyn meirch a thermitiaid, sydd â'r lefel uchaf o drefniadaeth. Mae gan **gytrefi ewcymdeithasol** y nodweddion canlynol:

- Gofal am rai ifanc, gan gynnwys gofalu am epil unigolion eraill.
- Cenedlaethau'n gorgyffwrdd mewn cytref.
- Rhannu llafur i greu grwpiau arbenigol, sef castiau. Dydy unigolion ddim yn gallu cyflawni tasgau unigolion o gastiau eraill. Rhannu llafur yw'r prif reswm am lwyddiant cymdeithasau pryfed; mae'n cynyddu effeithlonrwydd cyffredinol y grŵp.

Cytrefi gwenyn mêl

Mae cytref gwenyn mêl, *Apis mellifera*, yn cynnwys un famwenynen a rhai cannoedd o wrywod sy'n gallu atgenhedlu, sef y gwenyn segur. Y rhain yw'r unig aelodau o'r gytref sy'n atgenhedlu. Mae degau o filoedd o weithwyr benywol anffrwythlon sy'n:

- Adeiladu diliau cwyr newydd
- Dod o hyd i fwyd
- Gwneud yr amgylchedd yn addas drwy lanhau'r cwch gwenyn a newid y tymheredd a'r lleithder
- Amddiffyn y gytref
- Gofalu am wenyn ifanc.

Mamwenynen wedi'i hamgylchynu â gwenyn gweithgar

Geneteg gwenyn mêl

Mae'r gofalu am epil gwenyn eraill wedi'i esbonio drwy nodi bod gweithwyr benywol a'r gwenyn ifanc maen nhw'n gofalu amdanynt yn rhannu 75% o'u genynnau, yn hytrach na'r 50% mae epil diploid rhieni diploid yn eu rhannu. Mae'r gweithwyr yn ddiploid. Mae 50% o'u genynnau'n dod o'r gwryw, sy'n haploid, sy'n golygu ei fod yn rhoi ei enynnau i gyd i bob un o'r epil, ac felly mae'r rhain yr un fath ym mhob gweithiwr. Mae'r 50% arall o enynnau'r gweithwyr yn dod o'r frenhines. Mae hi'n ddiploid ac yn rhoi 50% o'i genynnau hi i bob un. Ond mae gan bob gweithiwr 50% gwahanol gan y frenhines felly, ar gyfartaledd, bydd gan bob chwaer yr un 25% o enynnau'r frenhines â gweithwyr eraill. Dydy genynnau unfath ddim yn esbonio ewcymdeithasoldeb yn llwyr oherwydd dydy pob anifail ewcymdeithasol ddim yn rhannu'r nodwedd hon, ac mae rhai anifeiliaid sy'n dangos y nodwedd hon ddim yn ewcymdeithasol.

Cyfathrebu rhwng gwenyn mêl

Enillodd Karl von Frisch Wobr Nobel yn 1973 am ei waith ar gyfathrebu rhwng gwenyn mêl. Mae'r unigolion mewn cytref yn cyfathrebu drwy gyffwrdd â'i gilydd, defnyddio fferomonau ac arddangosfeydd o'r enw dawnsiau. Mae gweithwyr o'r enw sgowtiaid yn dod o hyd i neithdar a phaill. Maen nhw'n dychwelyd i'r cwch gwenyn ac yn cyfathrebu â gweithwyr eraill, y fforwyr, am bellter, cyfeiriad ac arogl y ffynhonnell drwy berfformio dawns ar waliau a llawr y cwch gwenyn.

- Mae'r 'ddawns grwn' yn dweud wrth y fforwyr bod y ffynhonnell bwyd lai na thua 70 m oddi wrth y cwch gwenyn, ond dydy'r ddawns ddim yn dweud i ba gyfeiriad.

- Mae'r 'ddawns siglo' yn dweud wrth y fforwyr bod y bwyd dros 70 m i ffwrdd. Mae'r ddawns yn cyfathrebu ynglŷn â phellter y ffynhonnell bwyd o'r cwch gwenyn a'i chyfeiriad mewn perthynas â'r cwch gwenyn a safle'r haul.

Strwythur cymdeithasol fertebratau

Mae rhyngweithiadau cymdeithasol fertebratau'n amrywio o fyw ar eu pennau eu hunain i fyw mewn grwpiau mawr, cymhleth. Mae grwpiau cymdeithasol wedi esblygu'n annibynnol sawl gwaith. Adar, mamolion, ac i raddau llai, pysgod yw'r fertebratau mwyaf cymdeithasol; maen nhw'n ffurfio grwpiau mawr, sefydlog. Mae gan amffibiaid systemau cyfathrebu acwstig cymhleth sy'n ymwneud â bridio ac, ymysg rhai, gofal rhieni. Mae anifeiliaid cymdeithasol yn dangos un neu ragor o'r ymddygiadau hyn:

- Cydweithio i fagu anifeiliaid ifanc.
- Cenedlaethau sy'n gorgyffwrdd yn byw gyda'i gilydd yn barhaol.
- Cydweithio i fforio neu hela.
- Cydweithio i amddiffyn rhag ysglyfaethwyr.
- Dysgu cymdeithasol, e.e. tsimpansî ifanc yn dynwared defnyddio brigyn i gael termitiaid.

Rydym ni'n cydnabod tri math o grŵp cymdeithasol:

- Egalitaraidd: mae gan bob unigolyn yr un statws, e.e. penwaig.
- Unbenaethol: mae un aelod yn dominyddu a phob un arall yn hafal, e.e. swricatiaid (*meerkats*), bleiddiaid.
- Llinol: mae **hierarchaethau goruchafiaeth** yn bodoli lle mae unigolion â statws uwch yn drechol dros unigolion â statws is. Hwn yw'r math mwyaf cyffredin o drefniadaeth ymysg fertebratau ac weithiau byddwn ni'n ei alw'n 'drefn bigo', gan ein bod ni wedi ei weld gyntaf ymysg ieir mewn cwt ieir. Er mwyn i hierarchaethau goruchafiaeth fodoli, rhaid i anifeiliaid allu adnabod ei gilydd a dysgu.

Hierarchaethau goruchafiaeth

Manteision hierarchaeth goruchafiaeth

Mae goruchafiaeth yn gallu rhoi manteision i'r unigolion trechol:

- Ymysg babwniaid, mae mwy o fenywod ar gael i wrywod â statws uchel, ac mae benywod â statws uchel yn cynhyrchu mwy o epil sy'n goroesi.
- Ymysg mwncïod ferfet, mae mwy o ddŵr ar gael i unigolion â statws uchel.
- Ymysg rhywogaethau adar unweddog, mae'r parau trechol yn cael y tir gorau, felly mae'r epil a'r oedolion yn iachach.
- Ymysg piod môr, adar morol, mae mwy o fwyd ar gael i unigolion â statws uchel.
- Ymysg llwydiaid y gwrych, adar sy'n byw mewn coetiroedd, y gwryw â'r statws uchaf mewn grŵp sy'n gwneud y paru i gyd.

Mae hierarchaeth goruchafiaeth yn lleihau'r ymosodedd sy'n gysylltiedig â bwydo, dewis cymar a dewis safle bridio. Mae'r hierarchaeth yn gymharol sefydlog ac yn cael ei chynnal ag ymosodedd fel arfer. Ymladd yw'r ffordd olaf o ddatrys pethau ac, fel dewis arall, mae cyfres o weithredoedd defodol lle mae pob gweithred yn symbyliad arwydd i weithred nesaf yr anifail arall yn yr ornest. Mae ceirw coch aeddfed yn aros mewn grwpiau un rhyw am y rhan fwyaf o'r flwyddyn. Yn ystod y tymor cyplu, sef y rhidiad, mae'r hyddod aeddfed yn cystadlu ac yn herio ei gilydd drwy ruo a cherdded yn baralel â'i gilydd. Maen nhw'n gallu asesu cyrn, maint corff a gallu ymladd unigolion eraill. Mae eu rhu'n sŵn ag amledd isel ac mae lefel y sŵn yn arwydd o gryfder a maint yr hydd. Fel arfer, bydd yr hydd gwannaf yn ildio ac yn osgoi brwydr. Ond os nad yw'r naill na'r llall yn ildio, byddant yn taro eu cyrn yn erbyn ei gilydd ac weithiau'n cael anafiadau difrifol.

Carw coch yn rhuo

Lemwr cynffon gylchog yn defnyddio arddangosiad gweledol

Anfantais bosibl goruchafiaeth

Y syniad traddodiadol oedd bod unigolion â statws uwch dan lai o straen, ond mae arsylwi'r llygoden dyrchol noeth ewcymdeithasol yn awgrymu nad yw hynny o reidrwydd yn wir. Mae brenhines y llygod tyrchol noeth yn atal cynhyrchiad testosteron a hormon lwtineiddio ymysg y gwrywod, ac yn atal y gylchred ofaraidd gyfan ymysg y benywod. Os caiff hi ei thynnu oddi yno, mae'r lleill yn dod yn ffrwythlon. Gallai fod cysylltiad rhwng goruchafiaeth y frenhines a chrynodiad uchel o glwcocorticoidau yn ei gwaed. Hormonau straen yw'r rhain ac efallai fod anifeiliaid â statws is dan lai o straen, yn wahanol i'r hyn roeddem ni'n ei gredu yn y gorffennol. Mae cydberthyniad rhwng crynodiad corticosteroidau uchel yn y gwaed a mwy o glefydau, e.e. osteoporosis ac atal imiwnedd. Gallai hyn esbonio, yn rhannol, pam dydy'r unigolion israddol ddim yn aml yn herio'r unigolyn trechol am ei safle.

Ymddygiad tiriogaethol

Tiriogaeth yw'r ardal mae anifail yn ei hamddiffyn yn gyson yn erbyn aelodau eraill o'r rhywogaeth.

Dim ond nifer bach o rywogaethau sy'n dangos tiriogaethedd. Yn fwy cyffredin, bydd unigolyn neu grŵp o anifeiliaid yn defnyddio ardal, sef y maestir cartref, ond ddim yn ei amddiffyn o reidrwydd. Mae tiriogaeth yn ei gwneud hi'n haws i anifail atgenhedlu oherwydd mae'n darparu bwyd, safleoedd nythu neu fannau cyplu.

Mae llawer o anifeiliaid yn creu arwyddion i hysbysebu eu tiriogaeth. Maen nhw'n defnyddio sawr, golwg a synau i gyfathrebu gwybodaeth:

▪ Bod y diriogaeth wedi'i meddiannu

▪ Eu rhyw

▪ Eu statws atgenhedlu

▪ Statws goruchafiaeth y sawl sy'n meddiannu'r diriogaeth.

– Mae sawr yn cael ei farcio â throeth, ymgarthion neu o chwarennau sawr arbenigol. Mae'r sawr yn gallu cynnwys fferomonau. Mae'n gallu dweud wrth rywogaethau ysglyfaeth bod yr anifail sy'n dal y diriogaeth yn bresennol, e.e. mae llewpardiaid a jagwariaid yn marcio drwy rwbio yn erbyn planhigion. Mae lemwriaid cynffon gylchog yn marcio arwynebau â'u chwarennau sawr sy'n agos at yr organau cenhedlu. I farcio arwynebau fertigol, maen nhw'n sefyll ar eu dwylo, gan afael yn y rhan uchaf â'u traed wrth roi'r sawr arno.

– Mae arwyddion gweledol yn cynnwys lliw'r anifail neu signalau gweledol hirdymor, fel gadael ymgarthion.

– Mae llawer o anifeiliaid yn lleisio i hysbysebu eu tiriogaeth, gan gynnwys adar, brogaod ac aelodau o deulu'r blaidd. Mae robinod coch Ewropeaidd gwrywol yn ymosodol o diriogaethol. Mae'r frest goch yn hawdd iawn ei gweld wrth iddo ganu ar ymyl ei diriogaeth. Maen nhw'n ymosod ar wrywod eraill sy'n mynd i mewn i'w tiriogaeth ac ar adar bach eraill, heb bryfociad amlwg. Mae hyn yn gyfrifol am hyd at 10% o farwolaethau robinod llawn dwf mewn rhai ardaloedd.

Weithiau, caiff y dulliau hyn eu cyfuno, e.e. mae'r lemwr cynffondro'n dal ei gynffon yn uchel wrth droethi, gan ddefnyddio signal gweledol wrth hysbysebu'r diriogaeth â marciau sawr troeth.

Mae anifeiliaid yn defnyddio ymosodedd defodol i amddiffyn eu tiriogaeth heb fod angen ymladd. Petai tresmaswr yn mynd i'r diriogaeth, bydd y ddau anifail yn dechrau dangos ymosodedd defodol, gan gynnwys ystumiau, lleisio ac arddangosiadau fel lledaenu'r adenydd neu orchuddion y tagellau, dangos crafangau, nodio'r pen, curo'r gynffon a'r corff. Mae cathod domestig yn diriogaethol iawn ac yn amddiffyn ag ystumiau corff defodol, llech-hela, rhythu, poeri a nadu. Mae hyn yn aml yn diweddu wrth i un o'r anifeiliaid, y tresmaswr fel arfer, redeg i ffwrdd, ond os nad yw hyn yn digwydd, mae ymladd yn gallu digwydd fel dewis olaf.

Ymddygiad carwriaethol

Carwriaeth yw'r ymddygiad mae anifeiliaid yn ei ddefnyddio i ddewis cymar i atgenhedlu. Mae carwriaeth yn caniatáu i unigolion adnabod rhai eraill sydd o'r un rhywogaeth, o'r rhyw arall ac yn rhywiol aeddfed a derbyngar. Mae'n gallu ysgogi ymddygiad rhywiol a chydamseru gweithgareddau'r darpar bartneriaid. Mae arferion carwriaeth yn gynhenid ac maen nhw'n sicrhau cyplu mewnrhywogaethol, sy'n debygol o gynhyrchu epil ffrwythlon. Mae carwriaeth anifeiliaid yn cynnwys dawnsiau, cyffwrdd, lleisio, arddangosiadau neu ymladd.

Pan fydd anifeiliaid yn dewis cymar, mae dwy broses wrthwynebol ar waith dros y cenedlaethau:

- Bydd detholiad rhywiol yn gwneud nodwedd yn fwy amlwg ac, felly, yn fwy deniadol i'r rhyw arall. Caiff alelau ar gyfer ffurf fwy sylweddol ar y nodwedd eu dethol a'u trosglwyddo i'r genhedlaeth nesaf.

- Bydd detholiad naturiol yn gwneud y nodwedd yn llai amlwg oherwydd mae'r rhai â ffurf sylweddol yn fwy tebygol o ddioddef ysglyfaethu a chael llai o epil i gludo'r alelau perthnasol.

Mae dau brif fecanwaith yn ystod detholiad rhywiol:

- Mae **detholiad o fewn yr un rhyw** yn golygu cystadleuaeth rhwng gwrywod. Mewn rhai rhywogaethau, mae gwrywod yn cystadlu i gael cyfathrach rywiol â llawer o fenywod. Mae hyn yn gallu digwydd mewn brwydr, e.e. ymysg llewod Affrica ac eliffantod môr y de. Yna, bydd detholiad rhywiol yn ffafrio esblygiad gwrywod sy'n fwy o faint ac yn fwy ymosodol. Mewn systemau â man paru, sy'n gyffredin ymysg adar ond hefyd i'w weld ymysg rhai amffibiaid a mamolion, mae gwrywod yn casglu gyda'i gilydd ac yn perfformio eu defodau carwriaeth o flaen y benywod sydd wedi ymgasglu. Mewn rhai rhywogaethau, e.e. ceiliogod duon, maen nhw'n ymladd i ddangos eu goruchafiaeth.

- **Detholiad rhwng y ddau ryw**. Yn y rhan fwyaf o rywogaethau, y gwryw sy'n dechrau'r garwriaeth ac mae'r fenyw'n dewis naill ai gyplu neu ei wrthod. Mae dau brif fodel ar gyfer hyn:

  – Y model atyniad corfforol: y mwyaf atyniadol yw gwryw, y mwyaf tebygol ydyw o gael ei ddewis gan fenyw, e.e. y grothell tri phigyn: yn y gwanwyn, mae gwrywod a benywod yn symud i ddŵr bas ac mae pob gwryw'n amddiffyn tiriogaeth, lle mae'n cloddio twll, ac yna'n ei lenwi ag algâu, tywod a malurion. Mae'n gwneud twnnel drwy'r nyth ac yn perfformio dawns igam-ogam i'r benywod. Yn gyntaf, mae'n nofio pellteroedd byr i'r chwith ac i'r dde, ac yna mae'n nofio'n ôl i'r nyth yn yr un ffordd. Os yw hi'n dod ato, efallai y bydd ef yn nofio drwy'r twnnel. Mae hi'n ei ddilyn drwy'r twnnel ac yn gadael ei hwyau yno. Mae gan wrywod glwt coch ar y gwddf sy'n **symbyliad arwydd**; mae'n achosi ymosodedd gan wrywod eraill ac yn denu benywod. Mae benywod yn teimlo mwy o atyniad at wrywod â lliw mwy llachar.

  Mae defod carwriaeth yr aderyn deildy gwrywol yn cynnwys adeiladu llwyfan siâp U â brigau a dail, ac ychwanegu gwrthrychau glas, fel mwyar a blodau a hyd yn oed caeadau poteli a llinyn. Mae benyw sy'n ymweld yn cyrcydu yn y deildy ac mae'r gwryw'n perfformio'r 'fflip suo adenydd', lle mae'n ffluwchio ei blu, yn cynhyrchu synau suo ac yn rhedeg yn ôl ac ymlaen. Mae'n perfformio'r ddawns bedair gwaith. Dydy'r fenyw ddim yn gwneud ei dewis nes ei bod hi wedi ymweld â deildai a gwylio perfformiadau llawer o wrywod.

  – Y model handicap gwrywol: mae dwyffurfedd rhywiol yn digwydd mewn rhai rhywogaethau lle mae benywod yn dewis gwrywod. Mae hyn yn golygu bod gan wrywod a benywod wahanol addurnau, lliwiau neu ymddygiadau, e.e. mae gan beunod gwrywol blu cynffon hir, lliwgar a llachar ac mae'r benywod yn frown pŵl; mae gan lewod gwrywol fwng ond does gan y benywod ddim. Mae'r ddamcaniaeth yn awgrymu bod signalau dibynadwy, fel cynffon y paun, yn gostus i'r gwryw. Allai gwryw israddol ddim fforddio signal mor wastraffus o ormodol felly mae'r fenyw'n gwybod bod y signal yn arwydd o ansawdd.

Mynd ymhellach ▶

Does dim angen ymennydd cymhleth, fel ymennydd fertebratau, i ddangos ymddygiad carwriaethol. Mae *Drosophila* gwrywol yn perfformio dawns gyplu i'r fenyw ac os nad yw'r ddawns yn 'gywir', dydy hi ddim yn cyplu.

Mynd ymhellach ▶

Mae pigment coch y grothell yn dod o garotenoidau yn y deiet ac mae'n fwy llachar mewn gwrywod â llai o barasitiaid. Felly, mae'r fenyw'n gallu asesu iechyd y gwryw a'i allu i ddod o hyd i fwyd.

▼ Pwynt astudio

Weithiau, bydd mwy nag un esboniad am nodwedd, e.e. gallwn ni esbonio cynffon y paun â'r model handicap gwrywol a'r model atyniad corfforol mewn rhywogaeth rywiol ddwyffurf.

Adar deildy

58 Gwirio gwybodaeth

Parwch y disgrifiad ag enghraifft o'r math o ymddygiad.

1. Ymddygiad tiriogaethol
2. Detholiad rhwng y ddau ryw
3. Hierarchaeth goruchafiaeth

A. Mae mwy o gymheiriaid ar gael i fabwniaid â statws uchel, ac maen nhw'n atgenhedlu'n fwy llwyddiannus.

B. Mae rhinoserosod yn chwistrellu troeth ar goed a llwyni bob rhai munudau ac yn gwasgaru eu tail drwy'r ardal i gyd.

C. Mae cynffon y gwehydd du gwrywol tua dwywaith hyd ei gorff. Mae gwehyddion duon benywol yn dewis gwrywod â chynffonnau hirach.

1. Mae'r system genhedlu wrywol yn gwneud sbermatosoa aeddfed yn y ceilliau, dan ddylanwad yr hormon gwrywol, testosteron.

(a) (a) Mae'r diagram yn dangos toriad fertigol drwy ran o'r corff dynol gwrywol o'r ochr chwith. Labelwch y ffurfiadau sydd wedi'u dangos. (2)

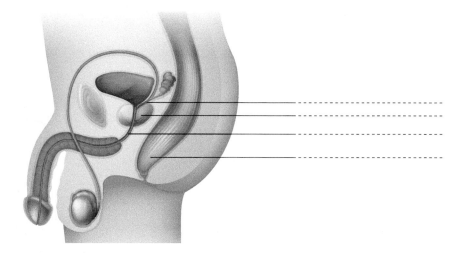

Diagram o'r system genhedlu wrywol

(b) Mae sbermatosoa'n datblygu yn y tiwbynnau semen yn y ceilliau, gyda chymorth celloedd Sertoli. Rhagfynegwch y nodweddion ffisegol fyddech chi'n eu disgwyl gan y celloedd Sertoli, ar sail eu swyddogaeth. (3)

(c) Mae pwysau wedi bod dros lawer o flynyddoedd i ddatblygu dull atal cenhedlu hormonaidd i ddynion ei ddefnyddio. Mae'r ymdrechion presennol yn seiliedig ar ddefnyddio testosteron a'i ddeilliadau. Mae canlyniadau treialon cynnar yn dangos bod dynion sy'n cael eu trin â deilliad testosteron, testosteron enanthad (TE), yn perthyn i un o dri grŵp. Mae'r tabl yn dangos y data:

Disgrifiad o'r ymateb	Cyfrif sberm/cm³ cyn y driniaeth	Cyfrif sberm/cm³ o semen ar ôl 16 wythnos o driniaeth	Cyfrif sberm/cm³ o semen 16 wythnos ar ôl gorffen y driniaeth
Asoosbermig	2×10^7	< 200	2×10^7
Oligosbermig	2×10^7	<3×10^6	2×10^7
Ddim yn ymateb	2×10^7	10^6	2×10^7

(i) Sut gallai cynnal crynodiad uchel o destosteron yn y gwaed leihau cyfrif sberm? (5)

(ii) Pam mae'n bwysig asesu cyfrif sberm y gwirfoddolwyr yn yr arbrofion hyn cyn rhoi pigiadau TE? (1)

(iii) Awgrymwch un sgil effaith fyddech chi'n disgwyl ei gweld mewn dyn sy'n defnyddio TE. (1)

(ch) Roedd data o dri arbrawf ar effeithiolrwydd TE fel dull atal cenhedlu'n rhoi'r canlyniadau canlynol:

Nifer y dynion asoosbermig	447
Nifer y dynion oligosbermig	249
Cyfanswm nifer y beichiogrwyddau	12

(i) Beth yw'r canran beichiogrwydd ymysg y gwirfoddolwyr hyn? (2)

(ii) Mae cyfradd beichiogrwydd ymysg rheolyddion heb eu trin yn 85%. Gan ystyried yr holl wybodaeth sydd wedi'i rhoi uchod, trafodwch y materion sy'n gysylltiedig â phenderfynu ydy TE yn addas i'w ddefnyddio fel dull atal cenhedlu i ddynion. (3)

(Cyfanswm 17 marc)

2. Mae naw rhywogaeth *Adansonia*, y goeden faobab, ac mae chwech o'r rhain yn frodorol i Fadagasgar. Mae'r ffotograff yn dangos grŵp o goed baobab Madagasgaidd. Mae gan y goeden flodau persawrus ysblennydd sy'n agor min nos. Maen nhw'n rhyddhau eu paill i gyd ar eu noson gyntaf.

Baobab (*Adansonia*)

(a) Beth yw ystyr y term peilliad? (2)

(b) Caiff blodau baobab eu peillio gan lemwriaid a chan ystlumod; mae'r ddau anifail hyn yn perthyn i'r dosbarth Mammalia.

   (i) Enwch grŵp arall o organebau sy'n peillio planhigion blodeuol. (1)

   (ii) Yn seiliedig ar ddull peillio blodau baobab, disgrifiwch ddwy o nodweddion eu blodau y byddech chi'n disgwyl eu gweld wrth eu harchwilio nhw â'ch llygaid. (2)

   (iii) Rydym ni'n galw ystlumod a lemwriaid yn beillwyr biotig. Enwch beilliwr anfiotig. (1)

(c) (i) Mae'r electron micrograffau isod yn dangos gronynnau paill dwy rywogaeth o blanhigion blodeuol. Awgrymwch beth yw prif ddull peillio'r ddwy rywogaeth a rhowch reswm am eich atebion. (2)

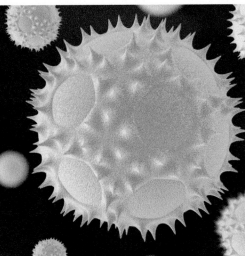

Rhywogaeth A

Rhywogaeth B

   (ii) Rydym ni'n dweud bod blodau suran y coed yn hunanbeilliog (*cleistogamous*), sy'n golygu nad yw'r blodau'n agor. Sut gallai'r rhain gael eu peillio? (1)

(ch) Roedd ffermwr yn tyfu courgettes, a sylwodd fod rhai planhigion yn ei gae yn rhoi mwy o gynnyrch nag eraill. Roedd yn meddwl tybed a oedd perthynas rhwng y gwahaniaeth hwn a dull peillio'r blodau. Roedd yn gwybod bod diamedr paill courgette yn 0.12 mm.

Paratôdd y ffermwr dri gwely prawf o blanhigion, gan drin y blodau ym mhob gwely mewn un o dair gwahanol ffordd:

• Gwely 1: Blodau wedi'u gorchuddio â rhwyd â thyllau'n mesur 0.20 mm ar draws.

• Gwely 2: Trosglwyddo paill o un blodyn i un arall, gan ddefnyddio brwsh paent mân. Yna, gorchuddio'r blodau wedi'u peillio â rhwyd â thyllau'n mesur 0.20 mm ar draws.

• Gwely 3: Peidio â chyffwrdd na gorchuddio'r blodau.

Aeth y ffermwr ati i gyfrif nifer y blodau a oedd yn cynhyrchu courgettes. Mae'r tabl yn dangos sut cafodd pob gwely planhigion ei drin a nifer y blodau a oedd yn cynhyrchu courgettes.

Gwely	Triniaeth	Nifer y blodau	Nifer y blodau a gynhyrchodd courgettes	Canran y blodau a gynhyrchodd courgettes
1	Blodau wedi'u gorchuddio â rhwyd â thyllau'n mesur 0.20 mm ar draws.	391	0	0
2	Trosglwyddo paill o un blodyn i un arall, gan ddefnyddio brwsh paent mân. Yna, gorchuddio'r blodau wedi'u peillio â rhwyd â thyllau'n mesur 0.20 mm ar draws.	367	356	
3	Peidio â gorchuddio na thrin y blodau.	425	378	88.9

(i) Cyfrifwch ganran y blodau a oedd yn cynhyrchu courgettes yng Ngwely 2, i un lle degol. (1)

(ii) Pa air sy'n disgrifio'r planhigion yng Ngwely 3? (1)

(iii) Eglurwch sut mae canran y blodau sy'n cynhyrchu courgettes yn rhoi tystiolaeth i ddiddwytho pa ddulliau peillio allai'r blodau fod wedi'u defnyddio yn y tri achos hyn. (6)

(Cyfanswm 17 marc)

3. Mae mwncïod Capwsin yn gallu gweld lliw. Fel pob primat, mae ganddynt enyn awtosomaidd ar gyfer pigment retina o'r enw S opsin, sy'n codio ar gyfer protein sy'n caniatáu iddynt weld tonfeddi byr, e.e. glas. Mae'r cromosom X yn cludo ail enyn sy'n codio ar gyfer gwahanol opsinau. Mae gan y genyn hwn ddau alel cyd-drechol, X^M, sy'n codio ar gyfer protein sy'n ymateb i donfeddi canolig, e.e. gwyrdd ac X^L, sy'n caniatáu sensitifrwydd i donfeddi hir, e.e. coch.

Mae mecanwaith pennu rhyw mewn mwncïod yr un fath ag mewn primatiaid eraill, gan gynnwys bodau dynol.

(a) (i) Disgrifiwch y mecanwaith pennu rhyw mewn mwncïod Capwsin. (1)

(ii) Nodwch pa liwiau mae mwncïod Capwsin gwrywol yn gallu gwahaniaethu rhyngddynt ac esboniwch pam. (3)

Mwnci Capwsin

(b) (i) Esboniwch y term 'cyd-drechol'. (1)

(ii) Esboniwch pam mae mwncïod Capwsin benywol gwahanol yn gallu gweld lliwiau'n wahanol i'w gilydd. (4)

(c) (i) Lluniwch ddiagram genynnol yn dangos etifeddiad gweld lliwiau coch a gwyrdd mewn croesiad rhwng mwnci Capwsin gwrywol sy'n gweld coch a benyw sy'n gweld coch a gwyrdd. (4)

(ii) Drwy arsylwi llawer o groesiadau rhwng gwrywod sy'n gweld coch a benywod sy'n gweld coch a gwyrdd, cafodd data eu casglu er mwyn ceisio ategu'r esboniad genynnol hwn. Cafodd y ffenoteipiau canlynol eu harsylwi:

Cafodd rhagdybiaeth nwl ei llunio: un genyn ar y cromosom X sy'n rheoli gweld coch a gwyrdd.

Cafodd prawf chi^2 ei gynnal ac roedd y cyfrifiad yn dangos $\chi^2 = 5.4$

Gwahaniaethu rhwng lliwiau	Gwryw	Benyw
Coch	37	30
Gwyrdd	24	0
Coch a gwyrdd	0	21

Defnyddiwch y tabl isod i ganfod a oes modd derbyn y rhagdybiaeth nwl. (4)

Lefel arwyddocâd	0.90	0.10	0.05	0.01
χ^2	1.61	9.24	11.07	15.09

(iii) Sut gallai eich casgliad fod wedi bod yn wahanol pe bai'r cyfrifiad wedi rhoi $\chi^2 = 15.4$? (2)

(iv) Pa reswm biolegol allai esbonio'r canlyniadau roddodd werth χ^2 o 15.4? (1)

(Cyfanswm 20 marc)

4. Mae'r llygoden wedi bod yn organeb ddefnyddiol i astudio geneteg ac esblygiad lliw ffwr. Mae o leiaf bump o enynnau'n rheoli lliw ffwr llygod. Maen nhw'n amrywio o wyn i ddu ond yn y gwyllt, maen nhw'n amrywio o frown tywyll i olau. Mae eu ffwr, er ei fod yn fyr, yn dangos amrywiad parhaus o ran ei hyd.

Dim ond tua 20 g yw pwysau'r llygoden fach gyffredin, *Mus musculus*. Mae'r benywod yn dechrau bridio tua 7 wythnos oed. Mae eu cyfnod cyfebru (*gestation period*) tua 20 diwrnod ac maen nhw'n geni torllwyth o hyd at 12 o epil. Maen nhw'n gallu cynhyrchu torllwyth hyd at 10 gwaith bob blwyddyn.

Llygod brown golau a thywyll

Mae llygod yn byw am tua blwyddyn yn y gwyllt, ond mewn amgylchedd diogel maen nhw'n gallu byw dair gwaith yn hirach. Maen nhw'n rhywogaeth ysglyfaeth ac yn cael eu bwyta gan gathod gwyllt, fel lyncsod a hyd yn oed jagwarod a theigrod, os yw eu ffynonellau bwyd eraill yn brin; gan adar, fel tylluanod a hebogiaid; gan nadroedd ac, mewn rhai diwylliannau, gan fodau dynol.

(a) Awgrymwch pam mae llygod wedi bod yn organebau mor ddefnyddiol i astudio geneteg a newidiadau esblygiadol. (2)

(b) (i) Esboniwch ystyr y term pwysau dethol. (1)

(ii) Cymharwch nodweddion amrywiad parhaus ac amrywiad amharhaus. (3)

(iii) Rhagfynegwch ac esboniwch beth fydd yn digwydd i hyd blew llygod gwyllt wrth i'r tymheredd cyfartalog byd-eang gynyddu. (5)

(c) Ystyriwch un genyn sy'n pennu a ydy llygoden yn wen neu'n lliw, lle mae'r alel sy'n cynhyrchu llygoden liw yn drechol. Os oes 240 o lygod gwyn mewn poblogaeth o 1800, cyfrifwch amlder y genoteip heterosygaidd. (4)

(Cyfanswm 15 marc)

5. Mae'r dull terfynu cadwynau ar gyfer dilyniannu DNA yn defnyddio darnau tua 500–800 o barau basau o hyd, wedi'u torri gan endoniwcleasau cyfyngu. Ensymau bacteriol yw'r rhain a gallwn ni eu defnyddio nhw i arunigo darnau o DNA sy'n cynnwys genynnau. Maen nhw'n torri'r DNA ar ddilyniannau basau penodol ac, os yw'r genyn dan sylw'n ymddangos rhwng y toriadau, gallwn ni arunigo'r genyn.

(a) (a) Mae'r genom dynol yn cynnwys 3×10^{12} o barau basau. Beth yw isafswm nifer y darnau o DNA fyddai eu hangen i ddilyniannu'r genom dynol pe bai pob darn yn cynnwys yr uchafswm o 800 o barau basau? (2)

(b) Mae endoniwcleas cyfyngu cyfarwydd, *Hind*III, yn cael ei arunigo o'r bacteriwm *Haemophilus influenzae*. Mae'r ensym yn gwneud toriad igam-ogam yn y DNA rhwng dau niwcleotid adenin yn y dilyniant:

5' ....AAGCTT.... 3'

3' ....TTCGAA.... 5'

gan adael y pennau gludiog:

5' ....A AGCTT....3'

3' ....TTCGA A....5'

(i) Defnyddiwch saethau wedi'u lluniadu'n glir i ddangos ble gallai *Hind*III dorri'r dilyniant hwn o DNA edefyn dwbl:

5' G G G C C A A A G C T T G T A C G T C A T T T A A A G C T T A A

3' C C C G G T T T C G A A C A T G C A G T A A A T T T C G A A T T (2)

(ii) Ysgrifennwch ddilyniant basau'r darn DNA edefyn dwbl fyddai'r ensym cyfyngu hwn yn gallu ei arunigo o'r darn o DNA sy'n cynnwys y dilyniant uchod. (1)

(iii) Esboniwch arwyddocâd dilyniant basau'r pennau gludiog. (1)

(c) (i) Pe bai'r darn hwn yn cynnwys genyn fyddai'n gallu cynyddu màs cyhyrau, pam byddai hi'n ddadleuol ei fewnosod mewn oocyt cyn ffrwythloniad, i greu embryo? (2)

(ii) Pe baem ni'n caniatáu i embryo o'r fath ddatblygu, byddai'n cynnwys celloedd bonyn. Pam byddai'n fwy defnyddiol defnyddio'r celloedd bonyn embryonig hyn i dyfu meinwe cyhyr mewn meithriniad, yn hytrach na chelloedd bonyn oedolyn, ar ôl i'r meinweoedd embryo wahaniaethu? (2)

(ch) (i) I ddefnyddio'r celloedd bonyn hyn i dyfu meinwe newydd, byddai angen defnyddio sgaffald. Esboniwch sut mae sgaffald yn gweithredu ym maes peirianneg meinwe. (2)

(ii) Rydym ni wedi defnyddio llawer o wahanol ddefnyddiau i wneud sgaffaldiau, gan gynnwys asid polylactig a nanotiwbiau carbon. Esboniwch pam mae asid polylactig yn debygol o fod yn fwy defnyddiol fel sgaffald yn y corff na nanotiwbiau carbon. (1)

(Cyfanswm 13 marc)

6. **Stori ddychmygol**

Dechreuodd Emyr a Rhys yn yr ysgol feithrin ar 3 Medi. Ar 4 Medi cafodd Rhys ei gadw gartref, gyda thymheredd uchel a brech, ac roedd yn teimlo'n wael iawn. Roedd ei chwaer fawr, Betsi, wedi dal haint tra'r oedd yn ei hysgol hi a'i drosglwyddo iddo. Roedd yr haint arbennig hwn yn endemig yn eu rhan nhw o Gymru. Roedd Emyr yn torri ei galon ac, i'w wneud yn hapusach, aeth ei fam ag ef i weld ei ffrind newydd. Wrth gwrs, datblygodd Emyr dymheredd a brech yn fuan wedi hynny, ond o fewn rhai dyddiau, roedd y ddau yn ôl yn yr ysgol a phawb wedi anghofio am y digwyddiad.

60 mlynedd yn ddiweddarach, roedd Emyr a Rhys, nawr yn hen ffrindiau, yn aelodau o'r un grŵp P3O. (Mae Prifysgol y Drydedd Oes yn sefydliad addysgol i bobl sydd wedi ymddeol. Mae dysgu gydol oes yn bwysig iawn.) Gadawodd Gruffydd, arweinydd y grŵp, yn ystod y cyfarfod ac yn ddiweddarach roedd yn dioddef o dymheredd uchel iawn a brech. Aeth Emyr a Rhys i ymweld ag ef, gan fynd â chacennau cri blasus i wneud iddo deimlo'n well, ond wnaethon nhw ddim dal ei haint na dioddef unrhyw afiechyd. Gwellodd Gruffydd o fewn rhai dyddiau a bu pawb fyw'n hapus o hynny ymlaen.

(a) Diffiniwch y term 'endemig'. (1)

(b) (i) Disgrifiwch beth wnaeth macroffagau Emyr i gychwyn ymateb imiwn i'r haint. (2)

(ii) Roedd lymffocytau B a T Emyr yn ymwneud â'r ymateb imiwn cynradd. Disgrifiwch swyddogaeth ei gelloedd helpu T yn hyn. (5)

(iii) Chafodd Emyr a Rhys ddim eu heintio gan Gruffydd, oherwydd roedd eu hymateb imiwn eilaidd yn effeithiol. Disgrifiwch y prif wahaniaethau rhwng yr ymatebion imiwn cynradd ac eilaidd. (4)

Mae TB yn glefyd hysbysadwy, sy'n golygu bod y gyfraith yn dweud bod rhaid hysbysu am achosion o'r clefyd. Mae'r tabl isod yn dangos nifer yr hysbysiadau hynny bob 10 mlynedd ers 1920. Mae hefyd yn dangos nifer y bobl fu farw yn y blynyddoedd hynny, lle roedd TB wedi cyfrannu at eu marwolaeth.

Rydym ni wedi defnyddio streptomycin, y gwrthfiotig cyntaf i fod yn effeithiol yn erbyn *Mycobacterium tuberculosis*, yn erbyn TB ers 1944, ac rydym ni wedi cyflwyno gwrthfiotigau eraill ers hynny. Mae'r brechlyn BCG wedi bod ar gael yn eang ers 1953, ac roedd plant 13 mlwydd oed yn cael eu brechu'n rheolaidd tan ddiwedd yr 1990au.

Blwyddyn	Pob hysbysiad o TB yng Nghymru a Lloegr	Marwolaethau roedd TB wedi cyfrannu atynt
1920	73 332	33 000
1930	67 401	29 500
1940	46 572	23 900
1950	49 358	11 100
1960	23 605	2 450
1970	11 901	1 088
1980	9 142	605
1990	5 204	390
2000	6 575	373
2010	7 797	299

Data gan y Ganolfan Goruchwylio a Rheoli Clefydau Heintus, Public Health England

(c) (i) Cyfrifwch y gostyngiad canrannol yn y marwolaethau roedd TB wedi cyfrannu atynt rhwng 1920 a 2010. Rhowch eich ateb i 1 lle degol. (2)

    (ii) Roedd y gostyngiad canrannol mewn hysbysiadau o TB yng Nghymru a Lloegr yn 89.4% rhwng 1920 a 2010. Esboniwch y gwahaniaeth rhwng cyfran yr achosion a chyfran y marwolaethau rhwng y blynyddoedd 1920 a 2010. (2)

(ch) Disgrifiwch brawf labordy allai ganfod gwrthfiotig addas i'w ddefnyddio i drin haint bacteriol. (4)

(Cyfanswm 20 marc)

7. (a) (i) Mae'r llun yn dangos yr esgyrn mewn coes ddynol sy'n plygu yn y pen-glin. Mae cyhyr mawr blaen y forddwyd yn glynu at y tibia, ychydig o dan y pen-glin. Mae cymal y pen-glin yn gweithredu fel lifer. Dangoswch a labelwch ar y goes safle'r ffwlcrwm a safleoedd a chyfeiriadau'r llwyth a'r ymdrech ar gyfer y lifer hwn. (3)

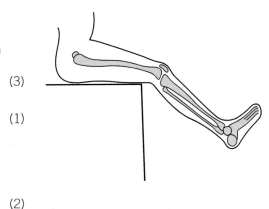

    (ii) Nodwch pa radd yw lifer y pen-glin a rhowch enghraifft arall o lifer o'r radd hon yn y corff dynol. (1)

    (iii) Mae'r cwadriceps yn grŵp o gyhyrau gwrthweithiol ym mlaen y forddwyd a llinynnau'r gar (*hamstrings*) yn grŵp o gyhyrau gwrthweithiol yng nghefn y forddwyd. Esboniwch sut maen nhw'n gweithio i symud cymal y pen-glin. (2)

(b) (i) Dydy ffibrau'r cyhyrau mewn pâr gwrthweithiol byth i gyd yn cyfangu nac i gyd yn llaesu. Pam mae hyn yn fantais o ran rheoli safle'r aelod? (1)

    (ii) Mae'r ddamcaniaeth ffilament llithr yn esbonio cyfangiad cyhyrau. Disgrifiwch sut mae sarcomer yn edrych yn wahanol wrth iddo gyfangu a llaesu. (4)

    (iii) Os yw hyd sarcomer sy'n llaesu yn 2.40 µm a'i fod yn cyfangu 38% o'i hyd cychwynnol, beth yw ei hyd newydd? Rhowch eich ateb mewn unedau addas, i 2 le degol. (3)

(c) (i) Mae rhai athletwyr yn dioddef osteoarthritis wrth iddynt heneiddio. Disgrifiwch y newidiadau i'r cymalau sy'n diffinio'r cyflwr hwn. (3)

    (ii) Weithiau, bydd y cyflwr mor ddifrifol nes bod angen cymal newydd. Pa briodweddau sydd eu hangen mewn defnyddiau i adeiladu cymal newydd? (3)

(Cyfanswm 20 marc)

8. Mae adeiledd ymennydd mamolion yn debyg i ymennydd fertebratau eraill, ond un gwahaniaeth mawr yw maint y blaenymennydd, o'i gymharu â maint y corff. Mae'r diagram isod yn dangos toriad saethol drwy ymennydd llygoden fawr, sy'n famolyn.

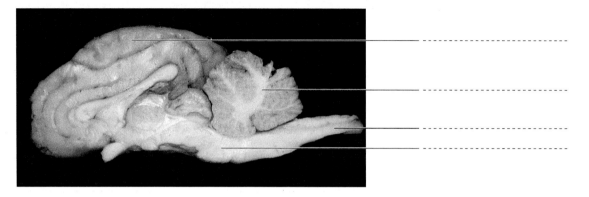

Toriad saethol drwy ymennydd llygoden fawr

(a) (i)   Enwch y ffurfiadau sydd wedi'u labelu ar y diagram o'r ymennydd.   (2)

(ii) Mae llawer o blygion yn arwyneb allanol yr ymennydd blaen, ond llai nag sydd mewn ymennydd dynol. Esboniwch arwyddocâd y sylw hwn.   (2)

(iii) Mae'r ymennydd yn uno'n ddi-dor â madruddyn y cefn. Heblaw'r plygion, sut mae arwyneb y cerebrwm yn gallu bod yn wahanol i arwyneb madruddyn y cefn?   (1)

(iv) Disgrifiwch wahaniaeth arall allai fod i'w weld yn ymennydd pysgodyn, o'i gymharu ag ymennydd mamolyn.   (1)

(b) Darllenwch y darn canlynol ac atebwch y cwestiynau isod:

Mae ymchwil i sgiliau llygod mawr yn magu rhai bach yn darparu modelau defnyddiol ar gyfer ymddygiad bodau dynol. Os yw mamau'n llyfu ac yn twtio eu cenawon yn aml, maen nhw'n datblygu'n unigolion digyffro â chrynodiadau cymharol isel o adrenocorticotroffin a chortisol. Os ydynt dan straen ysgafn, maen nhw'n aros yn ddigynnwrf. Mae gan genawon a gafodd eu hesgeuluso gan eu mamau, heb eu llyfu na'u twtio fawr ddim, lefelau gymharol uchel o adrenocorticotroffin a chortisol. Os ydynt dan straen ysgafn, maen nhw'n ymateb yn gryf.

Dangosodd dadansoddiad fod gan genawon sy'n ymlacio fwy o dderbynyddion glwcocorticoid yn yr hipocampws na'r llygod mawr pryderus. Felly, byddai'r hipocampws yn effeithlon iawn o ran canfod crynodiadau isel o gortisol yn y gwaed, gan anactifadu'r hypothalamws.

Mae'r marmoset a'r tamarin yn fathau o fwnci sy'n byw mewn grwpiau teuluol. Mae arsylwadau'n dangos, os caiff mam marmoset neu damarin ei harunigo oddi wrth fenywod hŷn, profiadol ei theulu, y bydd hi efallai'n methu bwydo ei hepil, neu'n eu dal nhw a'u pennau i lawr, neu ddim yn goddef eu dal nhw a'u cario.

(i)   Disgrifiwch y gwahaniaethau rhwng ymddygiad mamau'r llygod mawr a mamau'r tamarin a'r marmoset o ran magu eu hepil, ac esboniwch sut mae'r ddau ddull ymddwyn yn ddefnyddiol.   (4)

(ii) Disgrifiwch arbrawf a fyddai'n profi a oedd ymateb y cenawon llygod mawr sydd wedi'i ddisgrifio uchod yn ymateb genynnol neu'n un o effeithiau eu hamgylchedd.   (5)

(iii) Mae'n hanfodol ein bod ni'n trin anifeiliaid yn foesegol. Sut byddech chi'n sicrhau bod y llygod mawr hyn yn cael eu trin yn foesegol?   (1)

(iv) Diddwythwch sut mae llyfu ac ymdwtio'n gallu achosi i genawon fod â mwy o dderbynyddion glwcocorticoid yn yr hipocampws na'r llygod mawr pryderus.   (4)

(Cyfanswm 20 marc)

Atebion y cwestiynau gwirio gwybodaeth

Pennod	GG	Ateb
1	1	A – 1; B – 4; C – 3; CH – 2
2	2	ffotosystemau; cymhlygyn antena; cloroffyl-a; cludyddion
	3	ribwlos bisffosffad; NADP; golau-ddibynnol; trios ffosffad
	4	1 – CH; 2 – C; 3 – A; 4 – B
3	5	glycolysis; cytoplasm; pyrwfad; mitocondria; Krebs; cadwyn trosglwyddo electronau
	6	1 – B; 2 – A; 3 – B; 4 – A; 5 – A+B
4	7	1 – B; 2 – A; 3 – C
	8	2; 3; 4
5	9	1 – CH; 2 – A; 3 – C; 4 – B
	10	1 – C; 2 – B; 3 – CH; 4 – A
	11	1 – A; 2 – CH; 3 – C; 4 – B
	12	1 – CH; 2 – B; 3 – C; 4 – A
	13	blŵm algaidd; golau; ffotosynthesis; saprobiontig; ocsigen; nitraid
6	14	1 – CH; 2 – C; 3 – A; 4 – B
	15	1 – C; 2 – CH; 3 – A; 4 – B
7	16	1 – B; 2 – C; 3 – A; 4 – D
	17	hypothalamws; bitŵidol ôl; ADH; dwythell gasglu; medwla
	18	deiet; pwysedd; gwrthgerrynt; gwaed/antigenau lewcocytau dynol
	19	1 – B; 2 – C; 3 – A
8	20	ymennydd; madruddyn y cefn; synhwyraidd; echddygol
	21	synhwyraidd; echddygol; cellgorff; acson; gwain fyelin; ynysydd trydanol
	22	4; 3; 1; 7; 6; 2; 5
9	23	1 – C; 2 – CH; 3 – B; 4 – A
	24	tiwbynnau semen; sbermatogenesis; sbermatocytau cynradd; sbermatidau; Sertoli
	25	oogenesis; mitosis; meiosis; Graaf; ofwliad
	26	1 – CH; 2 – A; 3 – C; 4 – B
	27	isel; ffoligl Graaf; ofwliad; corpus luteum; progesteron
10	28	1 – B; 2 – A; 3 – CH; 4 – C
	29	1 – B; 2 – C; 3 – CH; 4 – A
	30	1 – C; 2 – A; 3 – B; 4 – D; 5 – CH
	31	ocsigen; ensymau; cynwreiddyn; endosberm/cotyledon; cyneginyn; ffotosynthesis
11	32	1 – C; 2 – B; 3 – A; 4 – CH
	33	homosygaidd; heterosygaidd; enciliol; cyd-drechol
	34	1 – B; 2 – A; 3 – CH; 4 – C
12	35	rhywogaeth; amharhaus; amgylchedd; polygenig
	36	1 – CH; 2 – A; 3 – B; 4 – C
	37	1 – CH; 2 – C; 3 – B; 4 – A
	38	A – 2; B – 3; C – 1

Pennod	GG	Ateb
13	39	1 – B; 2 – C; 3 – A
	40	1 – A; 2 – C; 3 – B; 4 – CH
	41	plasmid; dileadau; darllen; gwrthgyfeiriad
	42	A – 3; B – 4; C – 1; CH – 2
	43	gwahaniaethu; mêr; meinwe; cyffuriau
14	44	A – 2; B – 2; C – 1; CH – 1; D – 3
	45	ffyngau; bacteria; gwrthfiotigau bacteriostatig; ymwrthedd
	46	1 – C; 2 – A; 3 – CH; 4 – B
15	47	1 – C; 2 – B; 3 – CH; 4 – A
	48	calsiwm; y llech; osteomalacia; osteoporosis
	49	4; 1; 5; 2; 3
	50	B; CH; A; C
	51	A – 3; B – 1; C – 2
	52	cartilag; iro; gwrthweithiol; cyfangu; ymestyn
16	53	1 – B; 2 – C; 3 – A; 4 – CH
	54	cyswllt; uchel; ischaemig
	55	1 – CH; 2 – A; 3 – D; 4 – C; 5 – B
	56	1 – CH; 2 – A; 3 – B; 4 – C
	57	1 – cynefino; 2 – dynwared; 3 – imprintio
	58	1 – B; 2 – C; 3 – A

Atebion y Cwestiynau arholiad enghreifftiol

Uned 3

1. (a) (i) Clorotig
   (ii) Diffyg mwynau / haearn / magnesiwm
   (iii) Profi pridd yn gemegol / Ychwanegu mwynau / gwrtaith / halwynau haearn / halwynau magnesiwm at y pridd a chanfod oedd mwy o ddail yn glorotig

   (b) Cynnyrch yn lleihau o 2005–2015; cynhesu byd-eang felly cnydau ddim yn tyfu cystal / mwynau'r pridd yn cael eu disbyddu'n raddol; Y bob amser yn llai nag Ya; oherwydd mae Ya yn cynnwys gwerthoedd y 5 mlynedd ddiwethaf, pan oedd y cynnyrch yn fwy

   (c) (i) Ïonau H^+ o ffotolysis dŵr yn y gofod thylacoid; pwmp protonau yn y bilen thylacoid; cael gwared ar H^+ yn y stroma drwy rydwytho NADP
   (ii) X = carbon deuocsid ac Y = glyserad-3-ffosffad / glyserad ffosffad
   (iii) Trawsnewid trios ffosffad yn RuBP
   (iv) Atffurfio RuBP; fel bod y gylchred yn gallu parhau

2. (a) (i) llwybr = cyfres o adweithiau wedi'u rheoli gan ensymau lle mae cynnyrch un adwaith yn swbstrad i'r adwaith nesaf

   catabolig = ymddatod moleciwl
   (ii) Cyfres o gludyddion yn gyfagos i'w gilydd fel bod electronau'n cael eu trosglwyddo'n uniongyrchol o'r naill i'r llall

   (b) (i) Wrth i grynodiad DNP gynyddu, mae cynhyrchu ATP yn lleihau / cydberthyniad negatif;
   Perthynas linol yn fras
   (ii) Dim graddiant protonau felly dim llif protonau drwy ATP synthetas;
   Felly does dim ATP yn cael ei wneud
   (iii) Cyfradd resbiradu'n cynyddu oherwydd does dim adborth negatif gan ATP;
   Ocsidio'r carbohydradau a'r brasterau sydd wedi'u storio
   (iv) Yr unig ffordd mae ATP yn cael ei gynhyrchu yw gan ffosfforyleiddiad lefel swbstrad ym mhroses glycolysis;
   Felly does dim modd cynhyrchu digon o ATP;
   Egni o'r gadwyn trosglwyddo electronau ddim yn cael ei ymgorffori mewn ATP; Colledion gwres gormodol yn dadnatureiddio proteinau'r celloedd, sy'n marw

3. (a) (i) Mae'n cynnwys cydrannau ac nid yw eu cynnyrch yn hysbys; echdynion burum, echdynion wy a phepton
   (ii) Fel ffynhonnell egni ac fel ffynhonnell garbon

   (b) Mae cyfrwng twf yn cynnwys penisilin;
   Mae bacteria heb yr alel ymwrthedd yn cael eu lladd gan benisilin ac mae rhai â'r alel ymwrthedd yn goroesi

   (c) (i) Fioled grisial;
   Ïodin Lugol;
   Aseton – alcohol;
   Saffranin;
   Mae'r rhai sy'n staenio'n borffor yn Gram positif;
   Mae ganddyn nhw ymwrthedd i benisilin;
   Cyfrif sampl a sgorio'r rhai sy'n staenio'n goch (Gram negatif) ac yn borffor (Gram positif);
   Canran sy'n debygol o gael eu lladd gan benisilin

   $= \dfrac{\text{nifer y rhai Gram positif}}{\text{cyfanswm}} \times 100\%$

   (ii) (Nifer ar ôl 40 h, cyn ychwanegu penisilin
   $= 8.2 \times 10^{10} / cm^3$)
   O'r rhagfynegiad, ar ôl ychwanegu penisilin, disgwyl 87% o'r nifer cyn ychwanegu penisilin.
   Ar ôl ychwanegu penisilin, disgwyl y bydd
   $(100 - 87) = 13\%$ ar ôl;
   $= \dfrac{13}{100} \times 8.2 \times 10^{10} = 13 \times 8.2 \times 10^8 = 1.1 \times 10^{10}\ cm^{-3}$
   ar ôl / $\dfrac{(8.2 - 0.71) \times 10^{10}}{8.2 \times 10^{10}} \times 100 = 91.3\%$ wedi'u lladd;
   Ateb i 1 lle degol;
   Felly roedd y rhagfynegiad yn ddilys oherwydd roedd y nifer yn gostwng yn debyg i'r rhagfynegiad;
   Ond cyfyngiad ar y dilysrwydd oherwydd roedd yn mynd dros y gyfradd lladd wirioneddol

4. (a) Planhigion eraill yn bresennol;
   Daear noeth yn bresennol

   (b) Cafodd coed eu prysgoedio yn 2000 ar ôl casglu'r data

   (c) (i) Aeth gorchudd % pob planhigyn i fyny tan 2010 ac yna aeth i lawr;
   Gostyngodd yr helyglys hardd, y frwynen babwyr a gweiriau i gyd i 0;
   Cynyddodd dail marw
   (ii) Mwy o hwmws; mwy o ddŵr ar gael;
   o 2010 ymlaen llai o arddwysedd golau

   (ch) $\dfrac{7.2 - 2.1}{2.1} \times 100 / \dfrac{5.1}{2.1} \times 100$;
   $= 242.9\%$;
   + / cynnydd; (1 ll.d.);

   (d) Olyniaeth eilaidd

   (dd) Datblygiad cymuned planhigion yn llawer arafach

5. (a) Llawer o olau / mewnbwn egni'n uchel felly cadwynau bwydydd hir / gweoedd bwydydd cymhleth;
   Cynnes a llaith felly lle da i blanhigion dyfu;
   Llawer o fathau o blanhigion felly llawer o fathau o anifeiliaid;

   (b) Deddfwriaeth i warchod y cynefin;
   Casglu hadau ar gyfer cronfa hadau;
   Eu bridio nhw mewn gerddi botanegol a'u hailgyflwyno nhw;
   Addysgu pobl sy'n defnyddio'r ardal

(c) (Uwchbridd noeth yn erydu ac) mae cynnwys mwynau'r gweddill yn is;

(Dŵr yn anweddu'n araf felly) mae'r pridd yn mynd yn wlypach; Mae'r pridd yn oerach;

Twf bacteria dadnitreiddio, ac felly mae'r pridd yn colli ei nitradau

(ch)(i) Cynyddodd ffermio ymgynhaliol i tua thair gwaith yn fwy;

Roedd ffermio dwys wedi dyblu, fwy neu lai;

Gostyngodd ransio a phorfeydd i tua un rhan o bedwar deg

(ii) Echdynnu asidau brasterog;

Adweithio â methanol / alcohol;

Syntheseiddio biodiesel

(d) Rhaid i systemau byd-eang weithredu o fewn y cyfyngiadau hyn i atal newid sydyn ac anwrthdroadwy i'r amgylchedd

6. (a) Oherwydd byddai cyfaint y dŵr sy'n llifo i mewn yn newidiol

(b) Llawer o unigolion o bob rhywogaeth a chyfrifo cymedr;

Unigolion o rywogaeth â genynnau tebyg;

Unigolion yr un oed;

Unigolion yr un rhyw;

Unigolion iach

(c) (i) Llygoden fawr = 322 a bod dynol = 311

(ii) Plasma – gwerthoedd tebyg / i gyd rhwng 300 a 360 mOsmol dm^{-3};

Crynodiadau troeth i gyd yn uwch;

Crynodiadau troeth yn fwy newidiol

(ch)(i) Cydberthyniad rhwng mwy o ddŵr yn y cynefin a throeth mwy gwanedig

(ii) Aelod esgynnol – pwmpio ïonau allan;

Potensial dŵr hylif meinweol y medwla'n gostwng;

Aelod disgynnol – dŵr allan drwy gyfrwng osmosis;

Dŵr o'r medwla'n cael ei adamsugno i'r fasa recta;

Dwythell gasglu'n mynd drwy fan â photensial dŵr isel yn y medwla;

Dŵr yn gadael y ddwythell gasglu drwy gyfrwng osmosis

(iii) Efallai fod aelod esgynnol y llygoden fawr yn pwmpio ïonau i mewn i'r medwla'n fwy effeithlon / efallai fod y potensial dŵr ym medwla'r llygoden fawr yn is / efallai fod gan y llygoden fawr gyfran uwch o neffronau cyfagos i'r medwla

7. (a) A = cell Schwann + ffurfio gwain fyelin / yn ynysu'r acson yn drydanol

C = gronynnau Nissl + synthesis proteinau

(b) (i) Trwch = $\dfrac{\text{trwch ar y ddelwedd}}{\text{chwyddhad}} = \dfrac{15}{50\,000} \times 1000$;

= 0.3 μm (1 ll.d.)

(ii) Mae A yn lapio ei bilen o gwmpas yr acson lawer gwaith; ac yn tynnu ei gytoplasm yn ôl (gan adael B)

(iii) Bob tro mae B yn dirwyn o gwmpas yr acson mae'n gadael dau drwch cellbilen;

(Mae'r ddwy gellbilen yn ddwy-haen ffosffolipid) mae pob dirwyniad yn 4 moleciwl ffosffolipid o drwch;

Tybio bod nifer y bandiau tywyll yn B = nifer dirwyniadau cell Schwann o gwmpas yr acson;

∴ Trwch pob band tywyll = $\dfrac{\text{trwch B}}{\text{nifer y dirwyniadau}}$;

∴ Hyd 1 moleciwl ffosffolipid

= $\dfrac{\text{trwch pob band tywyll}}{4}$

(c) (i) Mae diamedr lletach yn rhoi trosglwyddiad cyflymach;

Mae gan acson enfawr yr ystifflog fuanedd dargludo cyflymach na niwron echddygol;

Mae'r diamedr lletach yn caniatáu i ïonau lifo drwy'r rhan fwyaf o'r acson felly mae llai o wrthiant corfforol o ganlyniad i gyffwrdd â'r bilen;

Mae myeliniad yn cynyddu buanedd trosglwyddo;

Mae gan ffibr synhwyrydd cyffwrdd dynol ysgogiadau cyflymach na'r ffibr synhwyrydd tymheredd;

Mae'r potensial gweithredu'n defnyddio dargludiad neidiol

(ii) Mae tymheredd yn cynyddu buanedd dargludo;

Mae ffibr enfawr y mwydyn/pryf genwair yn trosglwyddo'n gyflymach na ffibr enfawr yr ystifflog;

Mae ïonau'n tryledu'n gyflymach ar dymheredd uwch

Uned 4

1. (a) dwythell alldaflu; chwarren y prostad; wrethra; rectwm

(b) Cnewyllyn mawr; llawer o fitocondria; cryn dipyn o RE; llawer o organigion Golgi

(c) (i) Adborth negatif; crynodiad testosteron uchel yn atal cynhyrchiad LH; felly llai o dargedu'r celloedd interstitaidd; felly cynhyrchu llai o destosteron; felly dim cynhyrchu sberm aeddfed

(ii) I gyfrifo i ba raddau mae'n atal sberm rhag ffurfio

(iii) Cynyddu màs cyhyrau / mwy o flew ar y corff

(ch)(i) % beichiogrwyddau = $\dfrac{12}{696} \times 100$

= 2% (0 ll.d.) / 1.7% (1 ll.d.)

(ii) Lleihau'r gyfradd beichiogrwydd ∴ addas;

Yn ôl i gynhyrchu sberm yn normal o fewn 16 wythnos ∴ addas;

Sgil effeithiau ∴ anaddas

2. (a) Trosglwyddo paill o anther un blodyn i stigma aeddfed blodyn o'r un rhywogaeth

(b) (i) Pryfed / gwenyn / gwyfynod

(ii) Carpelau/brigerau wedi'u dal y tu mewn i'r blodyn; petalau mawr

(iii) Gwynt / dŵr

(c) (i) Rhywogaeth A: Pryfed + pigau yn glynu wrth gorff pryf / enwi rhan o'r corff

Rhywogaeth B: Gwynt + llyfn / siâp aerodynamig

(ii) Hunanbeilliad – yn peillio'u hunain

(ch)(i) Canran y blodau oedd yn cynhyrchu courgettes

= $\dfrac{356}{367} \times 100 = 97.0\%$

(ii) Rheolydd

(iii) Courgettes yw ffrwyth y planhigyn a rhaid peillio cyn eu cynhyrchu nhw;

1 – gallai peilliad gwynt a hunanbeilliad ddigwydd;

1 – does dim ffrwyth wedi ffurfio felly gallwn ni ddiddwytho nad yw courgettes yn cael eu peillio gan y gwynt nac yn hunanbeillio;

2 – mae peilliad llaw yn dynwared peilliad gan bryf + gallai hunanbeilliad ddigwydd;

2 – mae'r cynnyrch uchel iawn yn awgrymu bod y planhigion yn cael eu peillio gan bryfed yn y cae;

3 – gallai peilliad gan y gwynt, peilliad gan bryfed a hunanbeilliad ddigwydd;

3 – mae'r cynnyrch yn uchel ond yn is nag yng ngwely 2, oherwydd siawns sy'n pennu pa flodau mae pryfed yn ymweld â nhw

3. (a) (i) Gwryw XY a benyw XX

(ii) Maen nhw i gyd yn gweld glas oherwydd mae ganddynt y genyn S opsin;

Os oes ganddynt yr alel X^M, maen nhw hefyd yn gweld gwyrdd;

Os oes ganddynt yr alel X^L maen nhw'n gweld coch (yn lle gwyrdd)

(b) (i) Mae'r ddau alel yn cael eu mynegi yn yr heterosygot felly mae'r ffenoteip yn wahanol i'r ddau homosygot.

(ii) Mae gan fenywod ddau gromosom X / alelau rhyw-gysylltiedig ar gyfer gweld lliwiau;

Os yn homosygaidd / $X^M X^M$, maen nhw'n gweld gwyrdd (yn ogystal â glas);

Os yn homosygaidd $X^L X^L$, maen nhw'n gweld coch (yn ogystal â glas);

Os yn heterosygaidd, $X^M X^L$, maen nhw'n gweld coch a gwyrdd (yn ogystal â glas);

(c) (i) Rhieni X^L Y X^M X^L
Gametau (X^L)(Y) (X^M)(X^L)
F1

Gametau	(X^M)	(X^L)
(X^L)	$X^M X^L$ benyw: gwyrdd a choch	$X^L X^L$ benyw: coch
(Y)	$X^M Y$ gwryw: gwyrdd	$X^L Y$ gwryw: coch

(ii) Lefel arwyddocâd = 0.05;

χ^2 = 5.4 < gwerth critigol / 11.07;

Derbyn rhagdybiaeth nwl;

siawns sy'n achosi unrhyw wahaniaeth i'r gymhareb Fendelaidd

(iii) χ^2 = 15.4 > gwerth critigol / 11.07;

Gwrthod y rhagdybiaeth nwl

(iv) Genyn(nau) eraill yn ymwneud â'r peth / effeithiau epigenetig / sampl yn rhy fach

4 (a) Bach;
atgenhedlu cyflym / torllwythi mawr yn aml

(b) (i) Nodwedd yn yr amgylchedd sy'n rhoi mantais i rai ffenoteipiau fel eu bod nhw'n atgenhedlu'n fwy llwyddiannus nag eraill

(ii) Mae parhaus yn golygu llawer o werthoedd o fewn amrediad ac mae amharhaus yn golygu nifer bach o werthoedd;

Mae parhaus yn bolygenig ac mae amharhaus yn fonogenig;

Mae parhaus yn cynnwys dylanwad genynnol ac amgylcheddol ac mae amharhaus yn cynnwys dylanwad genynnol yn unig

(iii) Bydd llygod â blew byrrach yn aros yn oerach;

Felly mae ganddynt fantais ddetholus;

Byddant yn cael mwy o epil na llygod â blew hirach;

Byddant yn cyfrannu cyfran fwy o alelau blew byrrach i'r genhedlaeth nesaf; Dros lawer o genedlaethau, bydd cyfran yr alelau ar gyfer blew byrrach yn cynyddu yn y boblogaeth

(c) Os mai'r alel llygod gwyn yw a, f(aa) = $\frac{240}{1800}$ = 0.13;

q^2 = 0.13 ∴ q = $\sqrt{0.13}$ = 0.36 (2 l.d.);

p + q = 1 ∴ p = 1 – 0.36 = 0.64;

Os mai'r alel sy'n cynhyrchu llygod â lliw yw A, f(Aa) = 2pq = 2 × 0.64 × 0.36 = 0.46 (2 l.d.)

5. (a) $\frac{3\,000\,000\,000\,000}{800}$ = 3.75 × 10^9; (2 l.d.)

(b) (i) 5′ GGGCCAA↓AGCTTGTACGTCATTTAA↓AGCTTAA
3′ CCCGGTTTCGAACATGCAGTAAATTTCGAATT
           ↑   ↑

(ii) AGCTTGTACGTCATTTAA
ACATGCAGTAAATTTCGA

(iii) Maen nhw'n gyflenwol felly mae dau ddilyniant DNA gyda'r un pennau gludiog yn gallu paru basau â'i gilydd yn rhwydd

(c) (i) Mae'n newid celloedd llinach / effeithio ar genedlaethau'r dyfodol;

Gallai ryngweithio â genynnau eraill mewn ffordd annisgwyl

(ii) Mwy o gelloedd bonyn mewn embryo/haws arunigo o embryo;

Dydy celloedd bonyn oedolyn ddim yn llwyralluog felly efallai na fyddant yn gwahaniaethu mor rhwydd

(ch) (i) Gadael i gelloedd lynu;

Caniatáu trylediad maetholion / cynhyrchion gwastraff

(ii) Dydy nanotiwbiau carbon ddim yn fioddiraddadwy a byddent yn aros yn yr adeiledd wedi'i beiriannu, ond mae asid polylactig yn gallu cael ei fetaboleiddio i ffurfio asid lactig a'i ddileu

6. (a) Mae clefyd yn endemig os yw'n digwydd yn aml, mewn lleoliad neu boblogaeth benodol

(b) (i) Amlyncu'r pathogen;
cyflwyno antigenau ar y bilen

(ii) Secretu cytocinau;

Achosi i lymffocytau gyflawni ehangiad clonaidd;

Lymffocytau B yn gwahaniaethu i ffurfio celloedd plasma;

Sy'n secretu gwrthgyrff;

Mwy o facroffagau yn amlyncu pathogenau

(iii) Cyfnod diddigwydd byrrach;

Cynhyrchu gwrthgyrff yn gyflymach / cynhyrchu mwy o wrthgyrff mewn amser byrrach;

Angen llai o antigenau i ysgogi ymateb;

Cynhyrchu mwy o wrthgyrff / crynodiad y gwrthgyrff yn y gwaed yn aros yn uwch am amser hirach

(c) (i) Gostyngiad gwirioneddol = 33000 – 299 = 32701;

gostyngiad % = $\frac{32701}{33000}$ × 100 = 99.1 (1 ll.d.)

(ii) Brechlyn ar gael nawr ond nid yn 1920;

Felly llai o achosion yn digwydd;

Gwrthfiotigau ar gael nawr ond nid yn 1920;

Felly cyfran lai yn angheuol

(ch) Tyfu lawnt o facteria;

Rhoi disgiau papur hidlo â gwrthfiotig ynddynt ar y lawnt;

Meithrin ar 25 °C;

Y gwrthfiotig mwyaf effeithiol yn creu'r cylch clir lletaf

7. (a) (i)

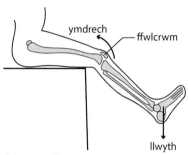

(ii) 3edd + penelin

(iii) Mae'r cwadriceps yn cyfangu a llinyn y gar yn llaesu i blygu'r pen-glin;

Mae'r cwadriceps yn llaesu a llinyn y gar yn cyfangu i sythu'r pen-glin

(b) (i) Rheoli safle'r aelod yn fanwl

(ii) Llaesu: ffilamentau trwchus / myosin wedi'u hamgylchynu â ffilamentau tenau / actin; gyda rhywfaint o orgyffwrdd

Cyfangu: ffilamentau tenau / actin yn llithro rhwng ffilamentau trwchus / myosin

Bandiau I / H yn fyrrach;

Band A yr un hyd

(iii) Cyfangu $\frac{38}{100}$ × 2.40 = 0.91 µm;

∴ hyd newydd = 2.40 – 0.91;

= 1.49 µm

(c) (i) Mae colagen a phroteoglycan / glycoprotein yn diraddio'n gyflymach nag y maen nhw'n cael eu syntheseiddio;

Disbyddu cartilag cymalog;

Chwyddo;

Gewynnau mwy trwchus / darnau bach o asgwrn yn datblygu

(ii) Cryf; ysgafn; cemegol anadweithiol

8. (a) (i)

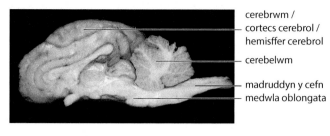

cerebrwm / cortecs cerebrol / hemisffer cerebrol

cerebelwm

madruddyn y cefn

medwla oblongata

(ii) Plygion felly mwy o arwynebedd i gellgyrff felly mwy o niwronau

Mae gan fodau dynol fwy o allu deallusol na llygod mawr

(iii) Yn y cerebrwm, mae'r freithell ar y tu allan ac ym madruddyn y cefn, mae'r gwynnin ar y tu allan

(iv) Mae cerebrwm pysgod yn llai mewn perthynas â gweddill yr ymennydd / corff

(b) (i) Mae llygod mawr yn dangos ymddygiad cynhenid / greddfol;

Ymateb ar unwaith;

Mae mwncïod yn gallu dysgu drwy ddynwared;

Trosglwyddo gwybodaeth o un genhedlaeth i'r nesaf

(ii) Newidyn annibynnol = presenoldeb neu absenoldeb llyfu ac ymdwtio;

Newidyn dibynnol = pa mor bryderus yw'r llygoden fawr lawn dwf;

Newidynnau rheoledig – dau o ffactor straen / oed / rhyw / brodyr a chwiorydd;

Llawer o lygod mawr ym mhob grŵp

(iii) Straen ysgafn yn unig

(iv) (Mae llyfu ac ymdwtio'n cynhyrchu) newidiadau epigenetig;

Er enghraifft, llai o fethylu DNA / dadasetyleiddio histonau;

I'r genyn derbyn glwcocorticoid; Cysylltiedig â lefelau uchel mynegiad genyn

Geirfa

Adamsugniad detholus Mewnlifiad moleciwlau ac ïonau penodol o hidlif y glomerwlws yn y neffron yn ôl i lif y gwaed.

Adborth negatif Mae newid i system yn cynhyrchu ail newid, sy'n gwrthdroi'r newid cyntaf.

Adwaith acrosom Mae ensymau acrosom yn treulio'r corona radiata a'r zona pellucida, gan ganiatáu i gellbilen y sberm asio â chellbilen yr oocyt.

Adwaith cortigol Pilenni gronynnau cortigol yn asio â chellbilen yr oocyt, gan ryddhau eu cynnwys, sy'n trawsnewid y zona pellucida yn bilen ffrwythloniad.

Alel Dilyniant niwcleotidau sy'n gallu amrywio ar gyfer genyn penodol mewn locws penodol, sy'n codio ar gyfer ffenoteip gwahanol.

Amlder alel Amlder alel yw cyfran, ffracsiwn neu ganran yr alel hwnnw, o'r holl alelau o'r genyn hwnnw, mewn cyfanswm genynnol.

Amrywiad Y gwahaniaeth rhwng organebau o'r un rhywogaeth.

Anfiotig Rhan o amgylchedd organeb sy'n anfyw e.e. tymheredd yr aer, argaeledd ocsigen.

Antigen Moleciwl sy'n achosi i'r system imiwnedd gynhyrchu gwrthgyrff yn ei erbyn. Mae antigenau'n cynnwys moleciwlau unigol a moleciwlau ar firysau, bacteria, sborau neu ronynnau paill. Maen nhw'n gallu ffurfio y tu mewn i'r corff, e.e. tocsinau bacteria.

Anwahaniad Cellraniad diffygiol yn ystod meiosis sy'n golygu bod un o'r epilgelloedd yn cael dau gopi o gromosom a'r llall yn cael dim.

Arthritis gwynegol Cyflwr awtoimiwn sy'n ymosod ar esgyrn a chartilag yn y cymalau, gan gynhyrchu poen, chwyddo a stiffni.

Arunigo atgenhedlu Atal atgenhedlu ac, felly, llif genynnau rhwng grwpiau sy'n bridio o fewn rhywogaeth.

Biodanwydd Tanwydd wedi'i wneud gan broses fiolegol fel treuliad anaerobig, yn hytrach na gan brosesau daearegol, fel gwres a chywasgu hirdymor, sydd wedi ffurfio tanwyddau ffosil.

Biomas Màs y defnydd biolegol mewn organebau sy'n fyw, neu oedd yn fyw'n ddiweddar.

Biotig Rhan o amgylchedd organeb sy'n fyw, e.e. pathogenau, ysglyfaethwyr.

Brechlyn Pathogen gwan neu sydd wedi'i ladd, neu docsin neu antigen sy'n deillio ohono, sy'n ysgogi'r system imiwnedd i gynhyrchu ymateb imiwn yn ei erbyn heb achosi haint.

Cadwraeth Gwarchod, cynnal, rheoli ac adfer cynefinoedd naturiol a'u cymunedau ecolegol, i gynyddu bioamrywiaeth gan ganiatáu gweithgareddau addas gan fodau dynol.

Cartilag Meinwe gyswllt galed, hyblyg yn y llwybrau anadlu resbiradol, ar bennau esgyrn, ar ben blaen yr asennau, yn y trwyn ac yn y glust allanol.

Cell bonyn Cell ddiwahaniaeth sy'n gallu rhannu i greu epilgelloedd sy'n gallu datblygu i fod yn wahanol fathau o gelloedd arbenigol neu aros yn gelloedd bonyn diwahaniaeth.

Cemiosmosis Llif protonau i lawr graddiant electrocemegol, drwy ATP synthetas, ynghyd â synthesis ATP o ADP ac ïon ffosffad.

Cerebelwm Rhan o'r ôl-ymennydd sy'n cyd-drefnu manwl gywirdeb ac amseriad gweithgareddau'r cyhyrau, gan gyfrannu at gydbwysedd ac osgo ac at ddysgu sgiliau echddygol.

Cerebrwm Dau hemisffer sy'n gyfrifol am integreiddio swyddogaethau synhwyraidd a chychwyn swyddogaethau echddygol gwirfoddol. Ffynhonnell swyddogaethau deallusol mewn bodau dynol, sy'n fwy datblygedig nag mewn anifeiliaid eraill.

Cilfach Swyddogaeth a safle rhywogaeth o fewn ei hamgylchedd, gan gynnwys pob rhyngweithiad â ffactorau biotig ac anfiotig ei hamgylchedd.

Clefyd esgyrn brau Anhwylder etifeddol sy'n effeithio ar gydbwysedd cydrannau organig ac anorganig asgwrn, gan arwain at fwy o risg o dorasgwrn.

Clôn Poblogaeth o gelloedd neu organebau â genynnau unfath sydd wedi'u ffurfio o un gell neu riant, yn ôl eu trefn.

Cludiant actif eilaidd Cyplu trylediad, e.e. trylediad ïonau sodiwm, i lawr graddiant electrocemegol i ddarparu egni i gludiant actif, e.e. cludiant actif glwcos i fyny ei raddiant crynodiad.

Cludydd (Geneteg) Benyw â ffenoteip normal gydag un alel normal trechol ac un alel enciliol wedi mwtanu.

Cludydd (Patholeg) Unigolyn neu organeb arall sydd wedi'i heintio ac yn gallu heintio eraill, ond sydd ddim yn dangos symptomau.

Croesiad prawf, ôl-groesiad Croesiad rhwng unigolyn gyda ffenoteip y nodwedd drechol, ond genoteip anhysbys, gydag unigolyn homosygaidd enciliol ar gyfer y genyn dan sylw.

Croesryw Epil croesiad rhwng aelodau o rywogaethau gwahanol.

Cronfa clefyd Organeb letyol i bathogen am gyfnod hir, heb lawer o symptomau neu ddim symptomau o gwbl, a allai achosi i glefyd ledaenu.

Cwsg/ynghwsg Mae'r term hwn yn disgrifio hedyn pan mae ei dwf actif wedi'i atal. Cyn i eginiad ddigwydd, rhaid bodloni amodau penodol.

Cydensym Moleciwl sydd ei angen ar ensym er mwyn gweithredu.

Cydfwytäedd Rhyngweithiad rhwng organebau o ddwy rywogaeth sydd o fudd i un ond ddim yn effeithio ar y llall.

Cydymddibyniaeth Rhyngweithiad rhwng organebau o ddwy rywogaeth, sydd o fudd i'r naill a'r llall.

Cyfanswm genynnol Yr holl alelau sy'n bresennol mewn poblogaeth ar adeg benodol.

Cyflenwad Faint o unigolion o rywogaeth sydd mewn ardal neu gyfaint penodol.

Cyfnod di-ddigwydd absoliwt Cyfnod pan nad yw hi'n bosibl cychwyn potensial gweithredu newydd.

Cyfradd geni Gallu poblogaeth i atgenhedlu; nifer yr unigolion newydd sy'n ymddangos o ganlyniad i atgenhedlu bob uned amser.

Cymal synofaidd   Cymal lle mae cartilag cymalog a hylif synofaidd, sydd wedi'i secretu gan bilen synofaidd, yn iro symudiad esgyrn. Mae'r cymal yn cael ei ddal mewn capsiwl cymal gewynnol.

Cymhlygyn antena   Arae (*array*) o foleciwlau protein a moleciwlau pigment ym mhilenni thylacoid y grana sy'n trosglwyddo egni o olau ar amrediad o donfeddi i gloroffyl-a, yn y ganolfan adweithio.

Cymuned uchafbwynt   Cymuned sefydlog, hunanbarhaol sydd wedi cyrraedd cydbwysedd â'i hamgylchedd, a lle nad oes mwy o newid yn digwydd.

Cymuned   Poblogaethau o ddwy neu fwy o rywogaethau sy'n rhyngweithio yn yr un cynefin ar yr un pryd.

Cynefin   Y man lle mae organeb yn byw.

Cynhesu byd-eang   Cynyddu tymheredd cyfartalog y byd, y tu hwnt i'r effaith tŷ gwydr sy'n cael ei hachosi gan beth oedd crynodiad carbon deuocsid yn yr atmosffer yn y gorffennol.

Cynhwysedd cludo   Y nifer uchaf y mae poblogaeth yn amrywio o'i gwmpas mewn amgylchedd penodol.

Cynhwysiant   Newidiadau i gellbilen sberm sy'n ei gwneud hi'n fwy hylifol ac yn caniatáu i'r adwaith acrosom ddigwydd.

Cynhyrchedd cynradd   Cyfradd trawsnewid egni yn fiomas gan gynhyrchwyr.

Cynhyrchedd cynradd crynswth   Cyfradd cynhyrchu egni cemegol mewn moleciwlau organig drwy gyfrwng ffotosynthesis mewn arwynebedd penodol, mewn amser penodol, wedi'i fesur mewn k_J m^{-2} bl^{-1}.

Cynhyrchedd cynradd net   Egni yn biomas y planhigyn sydd ar gael i ysyddion cynradd, wedi'i fesur mewn k_J m^{-2} bl^{-1}.

Cynhyrchedd eilaidd   Cyfradd trawsnewid egni cemegol bwyd ysyddion yn fiomas.

Cynllun Z   Y llwybr mae electronau'n ei ddilyn mewn ffotoffosfforyleiddiad anghylchol.

Cysylltedd rhyw   Genyn wedi'i gludo ar gromosom rhyw, fel bod nodwedd mae'n ei hamgodio yn ymddangos yn bennaf mewn un rhyw.

Cysylltiedig   Disgrifiad o enynnau sydd ar yr un cromosom â'i gilydd ac felly ddim yn arwahanu'n annibynnol yn ystod meiosis.

Cytref (o facteria neu ffwng)   Clwstwr o gelloedd, neu glôn, sy'n cael ei ffurfio o un bacteriwm neu sbôr ffwngaidd drwy atgynhyrchu anrhywiol.

Chwiliedydd   Darn byr o DNA sydd wedi'i labelu â marciwr fflworoleuol neu ymbelydrol, sy'n cael ei ddefnyddio i ganfod presenoldeb dilyniant basau penodol mewn darn arall o DNA, drwy baru basau cyflenwol.

Dadamineiddio   Tynnu grŵp amin o foleciwl. Mae gormodedd o asidau amino yn cael ei ddadamineiddio yn yr afu/iau gan drawsnewid y grŵp amin yn wrea.

Dadbolaru   Gwrthdroi'r potensial ar draws pilen niwron dros dro fel bod y tu mewn yn mynd yn llai negatif na'r tu allan wrth drosglwyddo potensial gweithredu.

Dadhydrogeniad   Tynnu un neu fwy o atomau hydrogen allan o foleciwl.

Damcaniaeth ffilament llithr   Damcaniaeth cyfangiad cyhyr sy'n datgan bod ffilamentau actin tenau'n llithro rhwng ffilamentau myosin trwchus, fel ymateb i ysgogiad nerfol drwy gyfrwng y system T.

Dargludiad neidiol   Trosglwyddo ysgogiad nerfol ar hyd acson myelinedig lle mae'r potensial gweithredu'n neidio o un nod Ranvier i'r nod nesaf.

Datgarbocsyleiddiad   Tynnu grŵp carbocsyl o foleciwl, gan ryddhau carbon deuocsid.

Detholiad naturiol   Mae gan organebau â ffenoteipiau sy'n gweddu i'w hamgylchedd siawns uwch o oroesi ac atgenhedlu, sy'n ei gwneud hi'n fwy tebygol bod alelau ffafriol yn cael eu trosglwyddo o un genhedlaeth i'r nesaf.

Dihalwyno   Tynnu mwynau o ddŵr heli.

DNA ailgyfunol   DNA sy'n cael ei gynhyrchu drwy gyfuno DNA o ddwy wahanol rywogaeth.

DNA ligas   Ensym sy'n uno darnau o DNA drwy gatalyddu'r broses o ffurfio bondiau ffosffodeuester rhwng eu hesgyrn cefn siwgr-ffosffad.

Dosbarthiad   Yr arwynebedd neu'r cyfaint lle mae unigolion o rywogaeth i'w cael.

Dŵr croyw   Mae crynodiad yr halwynau sydd wedi hydoddi mewn dŵr croyw yn isel, h.y. <0.05% (w/v). Weithiau rydym ni'n ei alw'n ddŵr melys, i wahaniaethu rhyngddo a dŵr môr, sy'n hallt.

Dŵr metabolaidd   Dŵr sy'n cael ei gynhyrchu drwy ocsidio cronfeydd bwyd.

Ecodwristiaeth   Teithio'n gyfrifol i ardaloedd naturiol mewn ffordd sy'n gofalu am yr amgylchedd ac yn gwella lles pobl leol.

Ecosystem   Cymuned nodweddiadol o rywogaethau cyd-ddibynnol sy'n rhyngweithio â chydrannau anfiotig eu cynefin.

Effaith sylfaenydd   Colli amrywiad genetig mewn poblogaeth newydd sydd wedi'i sefydlu gan nifer bach iawn o unigolion o boblogaeth fwy.

Eginiad   Y prosesau biocemegol a ffisiolegol sy'n troi hedyn yn blanhigyn sy'n cyflawni ffotosynthesis.

Electrofforesis   Techneg labordy sy'n gwahanu moleciwlau yn ôl eu maint, gan ddibynnu ar eu cyfradd symud o dan foltedd penodol.

Endemig   Clefyd sy'n digwydd yn aml, ar gyfradd rydym ni'n gallu ei rhagfynegi, mewn lleoliad neu boblogaeth benodol.

Ensym cyfyngu   Ensym bacteriol sy'n torri asgwrn cefn siwgr-ffosffad moleciwlau DNA ar ddilyniant niwcleotidau penodol.

Epidemig   Clefyd heintus yn lledaenu'n gyflym i nifer mawr o bobl o fewn cyfnod byr.

Epigeneteg   Rheoli mynegiad genynnau drwy addasu DNA neu histonau, ond heb newid dilyniant niwcleotidau'r DNA.

Erydiad pridd   Cael gwared ar uwchbridd, sy'n cynnwys maetholion gwerthfawr.

Esblygiad   Newid i ffenoteip cyfartalog poblogaeth.

Ewtroffigedd   Cyfoethogi cynefinoedd dyfrol yn artiffisial â maetholion ychwanegol. Mae'n aml yn cael ei achosi gan ddŵr ffo gwrteithiau.

Fector (Geneteg)   Firws neu blasmid sy'n cael ei ddefnyddio fel cyfrwng i gludo defnydd genynnol estron i mewn i gell.

Fector (Patholeg)   Unigolyn, anifail neu ficrob sy'n cludo pathogen heintus ac yn ei drosglwyddo i organeb fyw arall.

Fentriglau   Pedwar ceudod sydd wedi'u cysylltu yn yr ymennydd; mae hylif yr ymennydd yn cael ei secretu i mewn iddynt.

Ffactor gyfyngol Ffactor sy'n cyfyngu ar gyfradd proses ffisegol oherwydd ei bod hi'n brin. Mae cynyddu ffactor gyfyngol yn cynyddu cyfradd y broses.

Ffotoffosfforyleiddiad Adwaith endergonig sy'n bondio ïon ffosffad â moleciwl ADP gan ddefnyddio egni o olau, i wneud ATP.

Ffotoffosfforyleiddiad anghylchol Mae ATP yn gallu cael ei gynhyrchu gan electronau sy'n dilyn llwybr llinol o ddŵr, drwy PSII a PSI at NADP, i'w rydwytho.

Ffotoffosfforyleiddiad cylchol Mae ATP yn gallu cael ei gynhyrchu gan electronau sy'n dilyn llwybr cylchol ac yn cael eu hailgylchu'n ôl i mewn i'r cloroffyl-a yn PSI.

Ffotolysis Hollti moleciwlau dŵr â golau, gan gynhyrchu ïonau hydrogen, electronau ac ocsigen.

Ffrwyth Ffurfiad sy'n datblygu o fur yr ofari, ac yn cynnwys un neu fwy o hadau.

Ffrwythloniad Asio gametau gwrywol a benywol i gynhyrchu sygot.

Ffurfiant rhywogaethau Ffurfio rhywogaeth newydd.

Ffurfiant rhywogaethau alopatrig Esblygiad rhywogaethau newydd o gymdogaethau sydd wedi'u harunigo mewn gwahanol leoliadau daearyddol.

Ffurfiant rhywogaethau sympatrig Esblygiad rhywogaethau newydd o gymdogaethau sy'n rhannu lleoliad daearyddol.

Genyn Darn o DNA sy'n codio ar gyfer polypeptid ac sydd mewn locws penodol ar gromosom.

Gorbysgota Cynaeafu pysgod ar gyfradd uwch na chyfradd atgenhedlu'r pysgod.

Gwrthfiotig Sylwedd sy'n cael ei gynhyrchu gan ffwng ac sy'n effeithio ar dwf bacteria.

Gwrthgorff Imiwnoglobwlin sy'n cael ei gynhyrchu gan system imiwnedd y corff fel ymateb i antigenau.

Haint Clefyd sy'n gallu cael ei drosglwyddo, yn aml drwy fewnanadlu, llyncu neu gyffyrddiad corfforol.

Hedyn Ffurfiad sy'n datblygu o ofwl ffrwythlon ac sy'n cynnwys embryo a storfa fwyd wedi'u cau mewn hadgroen.

Hierarchaeth goruchafiaeth System i raddio cymdeithas o anifeiliaid; mae pob anifail yn ymostyngol i anifeiliaid ar raddau uwch ond yn drech nag anifeiliaid ar raddau is.

Homwncwlws Lluniad o'r berthynas rhwng cymhlethdod nerfogaeth gwahanol rannau o'r corff a'r mannau a'r safleoedd yn y cortecs cerebrol sy'n eu cynrychioli nhw.

Hormon gwrthddiwretig Hormon sy'n cael ei gynhyrchu yn yr hypothalamws a'i secretu gan y chwarren bitŵidol ôl. Mae'n gwneud celloedd y tiwbyn distal troellog a muriau'r ddwythell gasglu yn fwy athraidd i ddŵr, sy'n arwain at adamsugno mwy o ddŵr.

Lefel droffig Lefel bwydo; y nifer o weithiau y mae egni wedi'i drosglwyddo rhwng yr Haul ac organebau olynol ar hyd cadwyn fwyd.

Liposom Sffêr ffosffolipid gwag sy'n cael ei ddefnyddio fel cyfrwng i gludo moleciwlau i mewn i gell.

Math antigenig Gwahanol unigolion o'r un rhywogaeth bathogenaidd â gwahanol broteinau ar eu harwynebau, sy'n arwain at gynhyrchu gwahanol wrthgyrff.

Medwla oblongata Rhan o'r ôl-ymennydd sy'n cysylltu'r ymennydd â madruddyn y cefn ac yn rheoli swyddogaethau anwirfoddol, awtonomig.

Meinwe gyswllt Meinwe sy'n cysylltu ac yn cynnal organau neu feinweoedd eraill. Mae ganddi gelloedd wedi'u mewnblannu mewn matrics â ffibrau colagen a meinwe elastig.

Mewnblaniad Y blastocyst yn suddo i mewn i'r endometriwm.

Mewnfudo Symudiad unigolion i mewn i boblogaeth o'r un rhywogaeth.

Myoffibril Ffurfiad hir, tenau mewn ffibr cyhyr sydd wedi'i wneud yn bennaf o'r proteinau actin a myosin.

Myoffilament Ffilamentau tenau o actin yn bennaf a ffilamentau trwchus o fyosin yn bennaf, mewn myoffibrilau, sy'n rhyngweithio i gynhyrchu cyfangiad cyhyr.

Nitreiddiad Ychwanegu nitrogen at y pridd, yn fwyaf cyffredin ar ffurf ïonau nitraid (NO_2^-) a nitrad (NO_3^-).

Niwrodrosglwyddydd Cemegyn sy'n cael ei secretu fel ymateb i botensial gweithredu, sy'n cludo signal cemegol ar draws synaps, o un niwron i'r nesaf, lle mae potensial gweithredu newydd yn cael ei gychwyn.

Niwroplastigedd Gallu'r ymennydd i addasu ei adeiledd a'i weithrededd ei hun ar ôl newidiadau o fewn y corff neu yn yr amgylchedd allanol.

Ôl troed carbon Y swm cywerth o garbon deuocsid y byddai unigolyn, cynnyrch neu wasanaeth yn ei gynhyrchu mewn blwyddyn.

Olyniaeth Newid i strwythur cymuned, a chyfansoddiad ei rhywogaethau, dros amser.

Olyniaeth eilaidd Y newidiadau i gymuned ar ôl i rywbeth darfu ar gynefin sydd wedi'i gytrefu, neu ddifrodi'r cynefin.

Olyniaeth gynradd Newid i strwythur cymuned, a chyfansoddiad ei rhywogaethau, dros amser mewn ardal sydd ddim wedi'i chytrefu o'r blaen.

Oncogenyn Proto-oncogenyn gyda mwtaniad sy'n achosi canser.

Osmoreolaeth Rheoli potensial dŵr hylifau'r corff drwy reoleiddio cynnwys dŵr y corff.

Osteoarthritis Cyflwr dirywiol lle mae cartilag cymalog yn diraddio gan gynhyrchu cymalau poenus, llidus.

Osteomalacia Clefyd lle dydy esgyrn oedolion ddim yn amsugno calsiwm. Mae'r esgyrn yn mynd yn feddalach ac yn wannach, ac yn anffurfio mewn rhai achosion.

Osteoporosis Colli màs a dwysedd asgwrn mewn modd annormal sy'n cynyddu'r risg o dorasgwrn.

Pandemig Epidemig dros ardal eang iawn, sy'n croesi ffiniau rhyngwladol ac yn effeithio ar nifer mawr iawn o bobl.

Pâr gwrthweithiol Pan mae un cyhyr mewn pâr gwrthweithiol yn cyfangu, mae'r llall yn llaesu. Maen nhw'n cyfangu ac yn llaesu'n gyd-drefnus.

Paratŵr Edefyn DNA tua 10 niwcleotid o hyd sy'n paru ei fasau gyda phen edefyn hirach arall, gan wneud darn gydag edefyn dwbl. Mae DNA polymeras yn gallu cydio yn hwn cyn ei ddyblygu.

Patrwm gweithredu sefydlog Ymddygiad cynhenid sy'n ddilyniant cymhleth o ddigwyddiadau sy'n cael ei gwblhau, ar ôl i symbyliad arwydd ei gychwyn.

Pathogen Organeb sy'n achosi clefyd mewn organeb letyol.

Peilliad Trosglwyddo gronynnau paill o'r anther i'r stigma aeddfed mewn planhigyn o'r un rhywogaeth.

Pen gludiog Dilyniant o fasau heb eu paru ar foleciwl DNA edefyn dwbl sy'n paru ei fasau'n rhwydd ag edefyn cyflenwol.

Pilenni'r ymennydd (*meninges*) Tair pilen, y freithell denau, y freithell arachnoid a'r freithell dew, sy'n leinio'r penglog a'r sianel fertebrol, o gwmpas yr ymennydd a madruddyn y cefn.

Plasmid Dolen fach gron o DNA edefyn dwbl sy'n ei ddyblygu ei hun mewn bacteria.

Poblogaeth Grŵp o organebau o'r un rhywogaeth sy'n rhyngfridio ac yn byw mewn cynefin penodol.

Polyploidedd Cyflwr lle mae gan organeb fwy na dwy set gyflawn o gromosomau.

Potensial gorffwys Y gwahaniaeth potensial ar draws pilen cell pan nad oes ysgogiad nerfol yn digwydd.

Potensial gweithredu Cynnydd a gostyngiad cyflym y potensial trydanol ar draws pilen nerfgell wrth i ysgogiad nerfol fynd heibio.

Protandredd Brigerau blodyn yn aeddfedu cyn y stigmâu.

Prysgoedio Torri coed yn agos at y ddaear a'u gadael nhw am lawer o flynyddoedd i dyfu eto.

Pwynt digolledu golau (a elwir weithiau'n **pwynt digolledu**) Yr arddwysedd golau lle does gan blanhigyn ddim cyfnewid nwyon net oherwydd mae cyfaint y nwyon sy'n cael eu defnyddio a'u cynhyrchu mewn resbiradaeth a ffotosynthesis yn hafal.

Pwysau dethol Ffactor amgylcheddol sy'n gallu newid amlder alelau mewn poblogaeth, os yw'n gyfyngol.

Resbiradaeth aerobig Rhyddhau symiau mawr o egni, a'i ddarparu ar ffurf ATP, drwy ymddatod moleciwlau. Ocsigen yw'r derbynnydd electronau terfynol.

Resbiradaeth anaerobig Ymddatod moleciwlau yn absenoldeb ocsigen, gan ryddhau swm cymharol lai o egni, a gwneud ychydig bach o ATP drwy gyfrwng ffosfforyleiddiad lefel swbstrad.

Rhywogaeth Grŵp o organebau gyda ffenoteipiau tebyg sy'n gallu rhyngfridio i gynhyrchu epil ffrwythlon.

Rhywogaeth arloesol Y rhywogaeth gyntaf i gytrefu ardal newydd mewn olyniaeth ecolegol, e.e. algâu, cennau a mwsoglau mewn seroser.

Rhywogaethau ecwilibriwm Rhywogaethau sy'n rheoli eu poblogaeth drwy gystadlu yn hytrach na thrwy atgenhedlu a gwasgaru.

Saprobiont Micro-organeb sy'n cael ei bwyd o weddillion organebau eraill sydd wedi marw neu'n pydru.

Sbectrwm amsugno Graff sy'n dangos faint o olau sy'n cael ei amsugno ar wahanol donfeddi.

Sbectrwm gweithredu Graff sy'n dangos cyfradd ffotosynthesis ar wahanol donfeddi.

Sefydlogi nitrogen Organebau procaryotig yn rhydwytho atomau nitrogen mewn moleciwlau nitrogen i ffurfio ïonau amoniwm.

Staen Gram Dull o staenio cellfuriau bacteria i gynorthwyo i'w hadnabod nhw.

Symudiad genetig Amrywiadau ar hap mewn amlderau alelau ymysg poblogaeth.

System Havers Yr uned adeiledol a swyddogaethol mewn asgwrn cywasgedig; yr osteon.

System nerfol awtonomig Y rhan o'r system nerfol berifferol sy'n rheoli gweithredoedd awtomatig y corff. Mae'n gwneud hyn drwy weithgarwch gwrthweithiol y systemau nerfol sympathetig a pharasympathetig.

Techneg aseptig Math o ymarfer yn y labordy sy'n cadw cyfarpar yn ddi-haint ac yn atal halogi'r cyfarpar a'r amgylchedd.

Terfyn craidd Byddai croesi'r terfyn planedol hwn yn rhoi'r ddaear mewn cyflwr newydd ac annisgwyl gyda chanlyniadau difrifol i'r biosffer.

Terfynau'r blaned Rhaid i systemau byd-eang weithredu o fewn y cyfyngiadau hyn i atal newid sydyn ac anwrthdroadwy i'r amgylchedd.

Tocio synaptig Dileu synapsau; mae hyn yn digwydd rhwng plentyndod cynnar ac aeddfedrwydd.

Tocsin Moleciwl bach, e.e. peptid sy'n cael ei wneud mewn celloedd neu organebau, sy'n achosi clefyd ar ôl dod i gysylltiad ag ef neu ei amsugno. Mae tocsinau'n aml yn effeithio ar facromoleciwlau, e.e. ensymau, derbynyddion arwyneb cell.

Torri detholus Torri dim ond rhai coed, gan adael y gweddill yn eu lle.

Transgriptas gwrthdro Ensym sy'n deillio o retrofirws sy'n catalyddu'r broses o syntheseiddio cDNA o dempled RNA.

Trawsamineiddiad Adwaith wedi'i gatalyddu gan ensym sy'n trosglwyddo grŵp amino i asid α-ceto, gan wneud asid amino.

Trawsenynnol Organeb sydd â'i genynnau wedi'u haddasu drwy ychwanegu genyn neu enynnau o rywogaeth arall.

Troffoblast Y celloedd sy'n ffurfio haen allanol y blastocyst.

Ungnwd Tyfu niferoedd mawr o blanhigion cnwd genetig unfath mewn ardal benodol.

Uwchadeiledd Adeiledd manwl cell fel mae i'w weld dan y microsgop electron. Rydym ni hefyd yn ei alw'n adeiledd manwl.

Uwch-hidlo Hidlo dan wasgedd uchel.

Y llech Clefyd sy'n effeithio ar blant lle dydy'r esgyrn ddim yn amsugno calsiwm, gan eu gwneud nhw'n feddal ac yn wan, a'u hanffurfio nhw mewn rhai achosion.

Ymagor Agor yr anther i ryddhau gronynnau paill.

Ymwrthiant amgylcheddol Mae hyn yn cyfeirio at ffactorau amgylcheddol sy'n arafu twf poblogaeth.

Ymwrthedd i wrthfiotigau Sefyllfa lle dydy gwrthfiotig a oedd yn arfer lladd micro-organeb ddim yn effeithio arni mwyach.

Ysgarthiad Cael gwared ar wastraff metabolaidd sydd wedi'i wneud gan y corff.

Mynegai